国家卫生健康委员会"十三五"规划教材

全国高等学校教材

供基础、临床、预防、口腔医学类专业用

U0658836

康复医学

Rehabilitation Medicine

第6版

主　编　黄晓琳　燕铁斌

副主编　王宁华　岳寿伟　吴　毅　敖丽娟

人民卫生出版社

People's Medical Publishing House

图书在版编目（CIP）数据

康复医学 / 黄晓琳，燕铁斌主编. —6 版. —北京：人民卫生
出版社，2018

全国高等学校五年制本科临床医学专业第九轮规划教材

ISBN 978-7-117-26679-6

Ⅰ. ①康… Ⅱ. ①黄… ②燕… Ⅲ. ①康复医学－高等学
校－教材 Ⅳ. ①Q49

中国版本图书馆 CIP 数据核字（2018）第 165623 号

| 人卫智网 | www.ipmph.com | 医学教育、学术、考试、健康，购书智慧智能综合服务平台 |
| 人卫官网 | www.pmph.com | 人卫官方资讯发布平台 |

康 复 医 学

第 6 版

主　　编：黄晓琳　燕铁斌

出版发行：人民卫生出版社（中继线 010-59780011）

地　　址：北京市朝阳区潘家园南里 19 号

邮　　编：100021

E - mail：pmph @ pmph.com

购书热线：010-59787592　010-59787584　010-65264830

印　　刷：人卫印务（北京）有限公司

经　　销：新华书店

开　　本：850×1168　1/16　印张：19　插页：8

字　　数：562 千字

版　　次：1993 年 8 月第 1 版　　2018 年 8 月第 6 版
　　　　　2023 年 11 月第 6 版第 10 次印刷（总第 55 次印刷）

标准书号：ISBN 978-7-117-26679-6

定　　价：49.00 元

打击盗版举报电话：010-59787491　E-mail：WQ @ pmph.com

（凡属印装质量问题请与本社市场营销中心联系退换）

编　委

以姓氏笔画为序

王宁华（北京大学第一医院）

刘宏亮（陆军军医大学西南医院）

许光旭（南京医科大学）

李　玲（中国人民解放军总医院第一附属医院）

吴　毅（复旦大学附属华山医院）

吴　霜（贵州医科大学附属医院）

何成奇（四川大学华西医院）

张长杰（中南大学湘雅二医院）

张志强（中国医科大学附属盛京医院）

范建中（南方医科大学南方医院）

岳寿伟（山东大学齐鲁医院）

敖丽娟（昆明医科大学）

倪国新（福建医科大学附属第一医院）

倪朝民（中国科学技术大学附属第一医院）

郭铁成（华中科技大学同济医学院附属同济医院）

黄晓琳（华中科技大学同济医学院附属同济医院）

窦祖林（中山大学附属第三医院）

燕铁斌（中山大学孙逸仙纪念医院）

秘　书

王熠钊（华中科技大学同济医学院附属同济医院）

融合教材阅读使用说明

❶ 扫描教材封底圆形图标中的二维码,打开激活平台。

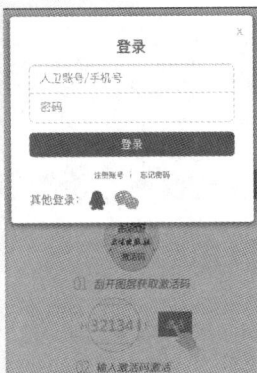

❷ 注册或使用已有人卫账号登录,输入刮开的激活码。

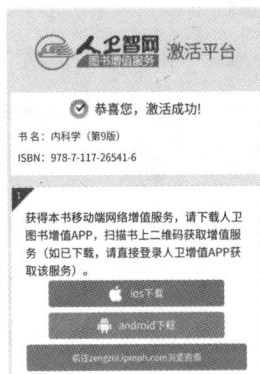

❸ 下载"人卫图书增值"APP,也可登录zengzhi.ipmph.com浏览。

❹ 使用APP"扫码"功能,扫描教材中二维码可快速查看数字内容。

配套教材(共计56种)

全套教材书目

《康复医学》(第6版)配套教材

《康复医学学习指导与习题集》　主编:吴毅、黄晓琳

读者信息反馈方式

欢迎登录"人卫e教"平台官网"medu.pmph.com",在首页注册登录后,即可通过输入书名、书号或主编姓名等关键字,查询我社已出版教材,并可对该教材进行读者反馈、图书纠错、撰写书评以及分享资源等。

党的十九大报告明确提出，实施健康中国战略。没有合格医疗人才，就没有全民健康。推进健康中国建设要把培养好医药卫生人才作为重要基础工程。我们必须以习近平新时代中国特色社会主义思想为指引，按照十九大报告要求，把教育事业放在优先发展的位置，加快实现教育现代化，办好人民满意的医学教育，培养大批优秀的医药卫生人才。

着眼于面向 2030 年医学教育改革与健康中国建设，2017 年 7 月，教育部、国家卫生和计划生育委员会、国家中医药管理局联合召开了全国医学教育改革发展工作会议。之后，国务院办公厅颁布了《国务院办公厅关于深化医教协同进一步推进医学教育改革与发展的意见》（国办发〔2017〕63 号）。这次改革聚焦健康中国战略，突出问题导向，系统谋划发展，医教协同推进，以"服务需求、提高质量"为核心，确定了"两更加、一基本"的改革目标，即：到 2030 年，具有中国特色的标准化、规范化医学人才培养体系更加健全，医学教育改革与发展的政策环境更加完善，医学人才队伍基本满足健康中国建设需要，绘就了今后一个时期医学教育改革发展的宏伟蓝图，作出了具有全局性、战略性、引领性的重大改革部署。

教材是学校教育教学的基本依据，是解决培养什么样的人、如何培养人以及为谁培养人这一根本问题的重要载体，直接关系到党的教育方针的有效落实和教育目标的全面实现。要培养高素质的优秀医药卫生人才，必须出版高质量、高水平的优秀精品教材。一直以来，教育部高度重视医学教材编制工作，要求以教材建设为抓手，大力推动医学课程和教学方法改革。

改革开放四十年来，具有中国特色的全国高等学校五年制本科临床医学专业规划教材经历了九轮传承、创新和发展。在教育部、国家卫生和计划生育委员会的共同推动下，以裘法祖、吴阶平、吴孟超、陈灏珠等院士为代表的我国几代著名院士、专家、医学家、教育家，以高度的责任感和敬业精神参与了本套教材的创建和每一轮教材的修订工作。教材从无到有、从少到多、从多到精，不断丰富、完善与创新，逐步形成了课程门类齐全、学科系统优化、内容衔接合理、结构体系科学的立体化优秀精品教材格局，创建了中国特色医学教育教材建设模式，推动了我国高等医学本科教育的改革和发展，走出了一条适合中国医学教育和卫生健康事业发展实际的中国特色医药学教材建设发展道路。

在深化医教协同、进一步推进医学教育改革与发展的时代要求与背景下，我们启动了第九轮全国高等学校五年制本科临床医学专业规划教材的修订工作。教材修订过程中，坚持以习近平新时代中国特色社会主义思想为指引，贯彻党的十九大精神，落实"优先发展教育事业""实施健康中国战略"及"落实立德树人根本任务，发展素质教育"的战略部署要求，更加突出医德教育与人文素质教育，将医德教育贯穿于医学教育全过程，同时强调"多临床、早临床、反复临床"的理念，强化临床实践教学，着力培养医德高尚、医术精湛的临床医生。

我们高兴地看到，这套教材在编写宗旨上，不忘医学教育人才培养的初心，坚持质量第一、立德树人；在编写内容上，牢牢把握医学教育改革发展新形势和新要求，坚持与时俱进、力求创新；在编写形式上，聚力"互联网＋"医学教育的数字化创新发展，充分运用 AR、VR、人工智能等新技术，在传统纸质教材的基础上融合实操性更强的数字内容，推动传统课堂教学迈向数字教学与移动学习的新时代。为进一步加强医学生临床实践能力培养，整套教材还配有相应的实践指导教材，内容丰富，图文并茂，具有较强的科学性和实践指导价值。

我们希望，这套教材的修订出版，能够进一步启发和指导高校不断深化医学教育改革，推进医教协同，为培养高质量医学人才、服务人民群众健康乃至推动健康中国建设作出积极贡献。

林蕙青

2018 年 2 月

全国高等学校五年制本科临床医学专业
第九轮 规划教材修订说明

全国高等学校五年制本科临床医学专业国家卫生健康委员会规划教材自 1978 年第一轮出版至今已有 40 年的历史。几十年来，在教育部、国家卫生健康委员会的领导和支持下，以裘法祖、吴阶平、吴孟超、陈灏珠等院士为代表的我国几代德高望重、有丰富的临床和教学经验、有高度责任感和敬业精神的国内外著名院士、专家、医学家、教育家参与了本套教材的创建和每一轮教材的修订工作，使我国的五年制本科临床医学教材从无到有，从少到多，从多到精，不断丰富、完善与创新，形成了课程门类齐全、学科系统优化、内容衔接合理、结构体系科学的由规划教材、配套教材、网络增值服务、数字出版等组成的立体化教材格局。这套教材为我国千百万医学生的培养和成才提供了根本保障，为我国培养了一代又一代高水平、高素质的合格医学人才，为推动我国医疗卫生事业的改革和发展做出了历史性巨大贡献，并通过教材的创新建设和高质量发展，推动了我国高等医学本科教育的改革和发展，促进了我国医药学相关学科或领域的教材建设和教育发展，走出了一条适合中国医药学教育和卫生事业发展实际的具有中国特色医药学教材建设和发展的道路，创建了中国特色医药学教育教材建设模式。老一辈医学教育家和科学家们亲切地称这套教材是中国医学教育的"干细胞"教材。

本套第九轮教材修订启动之时，正是我国进一步深化医教协同之际，更是我国医疗卫生体制改革和医学教育改革全方位深入推进之时。在全国医学教育改革发展工作会议上，李克强总理亲自批示"人才是卫生与健康事业的第一资源，医教协同推进医学教育改革发展，对于加强医学人才队伍建设、更好保障人民群众健康具有重要意义"，并着重强调，要办好人民满意的医学教育，加大改革创新力度，奋力推动建设健康中国。

教材建设是事关未来的战略工程、基础工程，教材体现国家意志。人民卫生出版社紧紧抓住医学教育综合改革的历史发展机遇期，以全国高等学校五年制本科临床医学专业第九轮规划教材全面启动为契机，以规划教材创新建设，全面推进国家级规划教材建设工作，服务于医改和教改。第九轮教材的修订原则，是积极贯彻落实国务院办公厅关于深化医教协同、进一步推进医学教育改革与发展的意见，努力优化人才培养结构，坚持以需求为导向，构建发展以"5+3"模式为主体的临床医学人才培养体系；强化临床实践教学，切实落实好"早临床、多临床、反复临床"的要求，提高医学生的临床实践能力。

在全国医学教育综合改革精神鼓舞下和老一辈医学家奉献精神的感召下，全国一大批临床教学、科研、医疗第一线的中青年专家、学者、教授继承和发扬了老一辈的优秀传统，以严谨治学的科学态度和无私奉献的敬业精神，积极参与第九轮教材的修订和建设工作，紧密结合五年制临床医学专业培养目标、高等医学教育教学改革的需要和医药卫生行业人才的需求，借鉴国内外医学教育教学的经验和成果，不断创新编写思路和编写模式，不断完善表达形式和内容，不断提升编写水平和质量，已逐渐将每一部教材打造成了学科精品教材，使第九轮全套教材更加成熟、完善和科学，从而构建了适合以"5+3"为主体的医学教育综合改革需要、满足卓越临床医师培养需求的教材体系和优化、系统、科学、经典的五年制本科临床医学专业课程体系。

其修订和编写特点如下：

1．教材编写修订工作是在国家卫生健康委员会、教育部的领导和支持下，由全国高等医药教材建设研究学组规划，临床医学专业教材评审委员会审定，院士专家把关，全国各医学院校知名专家教授编写，人民卫生出版社高质量出版。

2．教材编写修订工作是根据教育部培养目标、国家卫生健康委员会行业要求、社会用人需求，在全国进行科学调研的基础上，借鉴国内外医学人才培养模式和教材建设经验，充分研究论证本专业人才素质要求、学科体系构成、课程体系设计和教材体系规划后，科学进行的。

3．在教材修订工作中，进一步贯彻党的十九大精神，将"落实立德树人根本任务，发展素质教育"的战略部署要求，贯穿教材编写全过程。全套教材在专业内容中渗透医学人文的温度与情怀，通过案例与病例融合基础与临床相关知识，通过总结和汲取前八轮教材的编写经验与成果，充分体现教材的科学性、权威性、代表性和适用性。

4．教材编写修订工作着力进行课程体系的优化改革和教材体系的建设创新——科学整合课程、淡化学科意识、实现整体优化、注重系统科学、保证点面结合。继续坚持"三基、五性、三特定"的教材编写原则，以确保教材质量。

5．为配合教学改革的需要，减轻学生负担，精炼文字压缩字数，注重提高内容质量。根据学科需要，继续沿用大 16 开国际开本、双色或彩色印刷，充分拓展侧边留白的笔记和展示功能，提升学生阅读的体验性与学习的便利性。

6．为满足教学资源的多样化，实现教材系列化、立体化建设，进一步丰富了理论教材中的数字资源内容与类型，创新在教材移动端融入 AR、VR、人工智能等新技术，为课堂学习带来身临其境的感受；每种教材均配有 2 套模拟试卷，线上实时答题与判卷，帮助学生复习和巩固重点知识。同时，根据实际需求进一步优化了实验指导与习题集类配套教材的品种，方便老师教学和学生自主学习。

第九轮教材共有 53 种，均为**国家卫生健康委员会"十三五"规划教材**。全套教材将于 2018 年 6 月出版发行，数字内容也将同步上线。教育部副部长林蕙青同志亲自为本套教材撰写序言，并对通过修订教材启发和指导高校不断深化医学教育改革、进一步推进医教协同，为培养高质量医学人才、服务人民群众健康乃至推动健康中国建设寄予厚望。希望全国广大院校在使用过程中能够多提供宝贵意见，反馈使用信息，以逐步修改和完善教材内容，提高教材质量，为第十轮教材的修订工作建言献策。

全国高等学校五年制本科临床医学专业第九轮规划教材
教材目录

序号	书名	版次	主编			副主编			
1.	医用高等数学	第7版	秦 侠	吕 丹		李 林	王桂杰	刘春扬	
2.	医学物理学	第9版	王 磊	冀 敏		李晓春	吴 杰		
3.	基础化学	第9版	李雪华	陈朝军		尚京川	刘 君	籍雪平	
4.	有机化学	第9版	陆 阳			罗美明	李柱来	李发胜	
5.	医学生物学	第9版	傅松滨			杨保胜	邱广蓉		
6.	系统解剖学	第9版	丁文龙	刘学政		孙晋浩	李洪鹏	欧阳宏伟	阿地力江·伊明
7.	局部解剖学	第9版	崔慧先	李瑞锡		张绍祥	钱亦华	张雅芳	张卫光
8.	组织学与胚胎学	第9版	李继承	曾园山		周 莉	周国民	邵淑娟	
9.	生物化学与分子生物学	第9版	周春燕	药立波		方定志	汤其群	高国全	吕社民
10.	生理学	第9版	王庭槐			罗自强	沈霖霖	管又飞	武宇明
11.	医学微生物学	第9版	李 凡	徐志凯		黄 敏	郭晓奎	彭宜红	
12.	人体寄生虫学	第9版	诸欣平	苏 川		吴忠道	李朝品	刘文琪	程彦斌
13.	医学免疫学	第7版	曹雪涛			姚 智	熊思东	司传平	于益芝
14.	病理学	第9版	步 宏	李一雷		来茂德	王娅兰	王国平	陶仪声
15.	病理生理学	第9版	王建枝	钱睿哲		吴立玲	孙连坤	李文斌	姜志胜
16.	药理学	第9版	杨宝峰	陈建国		臧伟进	魏敏杰		
17.	医学心理学	第7版	姚树桥	杨艳杰		潘 芳	汤艳清	张 宁	
18.	法医学	第7版	王保捷	侯一平		丛 斌	沈忆文	陈 腾	
19.	诊断学	第9版	万学红	卢雪峰		刘成玉	胡申江	杨 炯	周汉建
20.	医学影像学	第8版	徐 克	龚启勇	韩 萍	于春水	王 滨	文 戈	高剑波 王绍武
21.	内科学	第9版	葛均波	徐永健	王 辰	唐承薇	肖海鹏	王建安	曾小峰
22.	外科学	第9版	陈孝平	汪建平	赵继宗	秦新裕	刘玉村	张英泽	李宗芳
23.	妇产科学	第9版	谢 幸	孔北华	段 涛	林仲秋	狄 文	马 丁	曹云霞 漆洪波
24.	儿科学	第9版	王卫平	孙 锟	常立文	申昆玲	李 秋	杜立中	母得志
25.	神经病学	第8版	贾建平	陈生弟		崔丽英	王 伟	谢 鹏	罗本燕 楚 兰
26.	精神病学	第8版	郝 伟	陆 林		李 涛	刘金同	赵旭东	王高华
27.	传染病学	第9版	李兰娟	任 红		高志良	宁 琴	李用国	

序号	书名	版次	主编	副主编
28.	眼科学	第9版	杨培增 范先群	孙兴怀 刘奕志 赵桂秋 原慧萍
29.	耳鼻咽喉头颈外科学	第9版	孙 虹 张 罗	迟放鲁 刘 争 刘世喜 文卫平
30.	口腔科学	第9版	张志愿	周学东 郭传瑸 程 斌
31.	皮肤性病学	第9版	张学军 郑 捷	陆洪光 高兴华 何 黎 崔 勇
32.	核医学	第9版	王荣福 安 锐	李亚明 李 林 田 梅 石洪成
33.	流行病学	第9版	沈洪兵 齐秀英	叶冬青 许能锋 赵亚双
34.	卫生学	第9版	朱启星	牛 侨 吴小南 张正东 姚应水
35.	预防医学	第7版	傅 华	段广才 黄国伟 王培玉 洪 峰
36.	中医学	第9版	陈金水	范 恒 徐 巍 金 红 李 锋
37.	医学计算机应用	第6版	袁同山 阳小华	卜宪庚 张筠莉 时松和 娄 岩
38.	体育	第6版	裴海泓	程 鹏 孙 晓
39.	医学细胞生物学	第6版	陈誉华 陈志南	刘 佳 范礼斌 朱海英
40.	医学遗传学	第7版	左 伋	顾鸣敏 张咸宁 韩 骅
41.	临床药理学	第6版	李 俊	刘克辛 袁 洪 杜智敏 闫素英
42.	医学统计学	第7版	李 康 贺 佳	杨土保 马 骏 王 彤
43.	医学伦理学	第5版	王明旭 赵明杰	边 林 曹永福
44.	临床流行病学与循证医学	第5版	刘续宝 孙业桓	时景璞 王小钦 徐佩茹
45.	康复医学	第6版	黄晓琳 燕铁斌	王宁华 岳寿伟 吴 毅 敖丽娟
46.	医学文献检索与论文写作	第5版	郭继军	马 路 张 帆 胡德华 韩玲革
47.	卫生法	第5版	汪建荣	田 侃 王安富
48.	医学导论	第5版	马建辉 闻德亮	曹德品 董 健 郭永松
49.	全科医学概论	第5版	于晓松 路孝琴	胡传来 江孙芳 王永晨 王 敏
50.	麻醉学	第4版	李文志 姚尚龙	郭曲练 邓小明 喻 田
51.	急诊与灾难医学	第3版	沈 洪 刘中民	周荣斌 于凯江 何 庆
52.	医患沟通	第2版	王锦帆 尹 梅	唐宏宇 陈卫昌 康德智 张瑞宏
53.	肿瘤学概论	第2版	赫 捷	张清媛 李 薇 周云峰 王伟林 刘云鹏 赵新汉

第七届全国高等学校五年制本科临床医学专业教材评审委员会名单

顾 问

吴孟超　王德炳　刘德培　刘允怡

主 任 委 员

陈灏珠　钟南山　杨宝峰

副主任委员（以姓氏笔画为序）

王　辰　王卫平　丛　斌　冯友梅　李兰娟　步　宏

汪建平　张志愿　陈孝平　陈志南　陈国强　郑树森

郎景和　赵玉沛　赵继宗　柯　杨　桂永浩　曹雪涛

葛均波　赫　捷

委 员（以姓氏笔画为序）

马存根　王　滨　王省良　文历阳　孔北华　邓小明

白　波　吕　帆　刘吉成　刘学政　李　凡　李玉林

吴在德　吴肇汉　何延政　余艳红　沈洪兵　陆再英

赵　杰　赵劲民　胡翊群　南登崑　药立波　柏树令

闻德亮　姜志胜　姚　智　曹云霞　崔慧先　曾因明

颜　虹

黄晓琳

女，1960 年 7 月生于武汉。教授，主任医师，博士生导师。华中科技大学同济医学院附属同济医院康复医学教研室主任，世界卫生组织康复培训与研究合作中心主任。国际物理医学与康复学会理事，中国康复医学会副会长，中华医学会物理医学与康复学会副主任委员，中国医疗保健国际交流促进会康复医学分会副主任委员，中国医院协会医疗康复管理机构分会常委，湖北省康复医学会会长，湖北省康复医疗质控中心主任。《中华物理医学与康复杂志》总编，《中国康复》杂志主编，《神经损伤与功能重建》杂志和《康复学报》副主编，《中国康复医学杂志》及《骨科》杂志编委等。

从事康复医教研工作 33 年。负责八年制、七年制和五年制医学生的康复医学教学、留学生班的全英文教学及专业实习指导等；担任湖北省高等学校精品课程"康复医学"负责人；主编（译）和参编康复医学专业教材和专著 20 余部，先后多次获得原卫生部、科技部以及华中科技大学优秀教材奖，华中科技大学教学质量及教学成果一等奖，被评为华中科技大学教学名师。主持国际科研课题 2 项、国家科研课题 10 余项；在国内核心期刊发表学术论文 80 余篇，SCI 论文 20 余篇；获国家专利 3 项，中华医学奖三等奖 1 项。

燕铁斌

男，1956 年 4 月生于南京。教授，主任医师，博士生导师，国际物理医学与康复学会理事，中国康复医学会副会长，中国康复医学会康复治疗专业委员会主任委员，广东省康复医学会名誉会长，广东省康复与养老工程技术研究中心主任，中山大学康复治疗学系副主任，中山大学孙逸仙纪念医院康复医学科前任主任。

主持国家自然科学基金 5 项，国家科技攻关子课题 3 项，教育部、省科技厅等项目 16 项。获原国家卫生计生委脑卒中防治工程委员会突出专家贡献奖，宝钢优秀教师奖、全国优秀科技工作者荣誉称号；中国康复医学会科技进步一等奖，华夏医学科技奖三等奖、省科技进步奖三等奖共 4 项，国家专利 10 项。主编（副主编）专著 30 余部；发表中文论文 130 余篇，英文（SCI 收录）30 余篇。多次应邀在国际会议上报告并担任分会场主席。培养博士后 4 人，博士生 17 人，硕士生 20 余人。《中华物理医学与康复杂志》《中国康复医学杂志》《中国康复》《康复学报》副主编，*NeuroRehabilitation* 和 *International Journal of Neurology Research* 杂志编委。

王宁华

　　女，1964 年 5 月生于北京。北京大学第一医院康复医学科主任，主任医师，博士生导师。现担任中华医学会物理医学与康复分会副主任委员、中国医师协会住院医师规范化培训专委会副主任委员、中国老年学会康复分会副会长、医学促进会康复分会副会长、北京康复医学会副会长等职务。

　　负责并参与国家 863 计划、科技部、教育部、北京市科委重大项目、首都医学发展科研基金等课题。主编专著和教材有《康复医学概论》等 10 部，主译《脑卒中康复 – 优化运动技巧的练习与训练指南》《运动控制原理与实践》等 10 部，以第一作者和责任作者发表论著 90 余篇，参与了 20 余种书籍的编写。

岳寿伟

　　男，1963 年 9 月生于山东临沂。教授，主任医师，博士生导师。山东大学齐鲁医院康复中心主任。现任中华医学会物理医学与康复学分会主任委员，中国康复医学会副会长，中国医师协会康复医师分会副会长，山东省康复医学会会长。

　　从事康复教学工作 25 年。在颈椎病、腰椎间盘突出症的诊治中颇有建树。《中国康复医学杂志》副主编，已承担国家自然科学基金项目 5 项，已发表 SCI 论文 30 余篇，副主编规划教材 2 部，主编学术专著 5 部。曾获山东省科技进步二等奖 1 项，三等奖 3 项。

吴毅

男，1961年12月生于上海，复旦大学附属华山医院康复医学科主任，复旦大学上海医学院康复医学系主任，教授，博士生导师。中国康复医学会常务理事，中国康复医学会脑血管病康复专委会副主任委员。2000年曾在美国华盛顿大学康复医学中心进修学习半年。

从事教学工作28年。曾主持国家自然科学基金项目7项，国家科技部（863计划）项目1项。发表论文150余篇，SCI收录30余篇。培养博士后3名，博士和硕士研究生30余名。获中国康复医学会科技进步奖一等奖，中华医学奖二等奖、教育部科技奖二等奖和上海市科技进步奖二等奖和三等奖各一项。

敖丽娟

女，1962年2月生于云南，教授，主任医师，博士生导师，现任昆明医科大学康复学院院长，云南省康复医学研究中心主任，云南省高校康复医学工程中心主任，主要学术任职：国际物理医学与康复医学会理事，中国医师协会康复医师分会副会长，中国医师协会住院医师规范化培训康复医学科专业委员会副主任委员，教育部医学技术类教学指导委员会委员等。

从事康复医学临床及教学工作30余年。主要学术研究在康复医学教育、脑卒中、脊髓损伤、儿童脑瘫康复、痉挛、疼痛及神经源性膀胱的管理。获云南省级教学名师，云南省政府云岭名师称号。2017年获中国康复医学会年度优秀康复医师奖。

前　言

　　《康复医学》规划教材从 20 世纪 90 年代出版以来，为培养我国临床医学人才作出了重要贡献。2013 年第 5 版出版至今已近 5 年了，在此期间，我国康复医学事业进入了快速发展新阶段。医学的目标已经从最初的"救命治病"逐渐发展为"增进健康、改善功能、重返社会、提高生存质量"。2009 年 4 月中共中央、国务院发布的《关于深化医药卫生体制改革的意见》，首次提出了"预防、治疗、康复三结合"的三位一体方针，从而奠定了国家卫生发展战略的新国策。

　　此次第 6 版修订，总原则按照全国高等学校五年制本科临床医学专业规划教材修订工作原则和基本要求：科学整合课程，实现整体优化，淡化学科意识，注重系统科学；并继续贯彻"三基、五性、三特定"的编写原则和要求。修订思路上，强化了康复理念和临床康复思路，强调了早期康复介入和全程康复医疗服务，使医学生能够建立功能观和整体观。主要修订：增加了《健康中国 2030 规划纲要》中与康复有关的内容，康复的价值，分级诊疗模式中的康复作用，康复新进展，如跨界康复、学科融合、亚专科建设以及近年国际、国内重要文献、政策资料纳入；删减了对康复医学相关基础理论的描述；为使本书更贴近前沿，增加了康复评定新技术，如肌骨超声技术和 ICF（国际功能、残疾和健康分类）在临床康复中的应用；增加了康复治疗新方法，如康复机器人、虚拟现实等，删除了临床上少用或基本不用的方法，如冷冻手术；考虑到医学生将来不会直接从事康复治疗工作，删减了康复治疗技术中的具体操作内容，突出了治疗作用及适应证的介绍。此外，为进一步提高本书的实用性，还增加了临床实用性内容，如重症康复和手术快速康复。

　　此次修订的一大亮点是本教材融合了数字内容，一些图表以及用文字不易表述的内容都编进了数字内容中，使得本版教材的内容更加丰富，但字数和整体篇幅与 5 版相当。

　　在修订过程中，得到了《康复医学》第 6 版编写组全体成员的大力支持和认真负责地参与工作，成稿过程中经过编者互审，提出意见，多次修改，力求承前启后，使新版更加适应时代发展和教学改革的需求，使得本教材的修订能如期完成，在此，一并表示诚挚的感谢！鉴于第 6 版的内容有较大的改动和增删，是否符合新时代临床医学的发展，请广大师生和读者不吝赐教，惠予指正，以便在下次修订时进一步改善。

黄晓琳　燕铁斌

2018 年 5 月

目　录

第三章　康复医学评定　　39

第四章　康复治疗技术 102

本书测试卷

第一章 康复概论

第一节 概 述

一、康复

（一）概念

康复（rehabilitation）是指采用各种措施，消除或减轻康复对象（病、伤、残者等）身心及社会功能障碍，使其功能达到或保持在最佳水平，增强其生活自理能力，重返社会，提高其生存质量。尽管有的病理变化无法消除，但经过康复，仍然可以使个体达到其最佳的生存状态。

（二）内涵

1. 康复范畴 康复所采用的各种措施包括医学、工程、教育、社会、职业等一切手段，分别称为医疗康复（medical rehabilitation）、康复工程（rehabilitation engineering）、教育康复（educational rehabilitation）、社会康复（social rehabilitation）、职业康复（vocational rehabilitation），从而构成了全面康复（comprehensive rehabilitation）。

2. 康复目的 康复以人为对象，针对的是病、伤、残者的功能障碍，其目的是提高局部及整体功能水平，提高生存质量（the quality of life），最终融入社会（social integration）。有些康复对象也许局部或系统功能无法恢复，但通过积极的康复仍然可以使其带着某些功能障碍而过着有意义的生活。

（三）康复服务方式

世界卫生组织提出的康复服务方式有以下三种：

1. 机构康复（institution-based rehabilitation，IBR） 机构是指康复实施的实体和场所，包括：①综合医院中康复医学科开展的门诊和住院患者的康复，临床相关学科内开展的床边康复；②康复专门机构内开展的康复，如独立的康复医院（中心）、专科康复医院（中心）、康复门诊等。

康复对象在机构内接受到的康复称为机构康复，其特点是具备了较为完善的康复设备，有经过正规培训的各类康复专业人员（如康复医师、康复治疗师、康复护士等），开展的康复治疗比较系统和规范，能解决病、伤、残者的各种康复问题。其不足是病、伤、残者必须来该机构内才能接受康复服务，服务对象受到床位数和住院日的限制。

2. 社区康复（community-based rehabilitation，CBR） 社区是指具有一定人群和地域特征的特定范围。康复对象在社区内接受到的康复称为社区康复，其特点是这种康复依靠社区资源（人、财、物、技术），为本社区病、伤、残者（特别是恢复期和慢性期的对象）开展就地康复服务，是分级诊疗中基层首诊的基础。

社区康复强调的是发动社区、家庭和患者参与，以医疗、教育、社会、职业等全面康复为目标；其不足是受场地、设备和技术等条件的限制，对一些病情比较复杂患者的功能恢复需要转介到上级医院或专科康复机构进行康复。因此，建立有效的上下转诊系统（双向转诊），解决当地无法解决的各类康复问题，是确保社区康复有效运作的长效机制。

3. 居家康复（home-base rehabilitation） 居家康复也称为上门康复服务（out-reaching rehabilitation service，ORS），是指具有一定水平的康复专业人员，走出康复机构，到病、伤、残者家庭开展康复服务。居家康复的最大特点是康复对象在家庭就可以享受到既往在康复机构内才可以享受到的康复服务,是实现康复全生命周期覆盖的保证。其不足是受现阶段康复专业人员数量不足的限制,能提供的服务对象有限;同时限于家庭场地的制约,机构内康复的许多设备都不能随康复专业人员上门出诊而随同携带,因此,康复的内容也限制。

4. 三者关系　机构康复、社区康复、居家康复这三种服务并非平行,也不互相排斥,而是相辅相成,构成了一个完整的康复服务体系。没有有效的机构康复就难有良好的社区康复和居家康复;没有良好的社区康复和居家康复,机构康复只能为少数康复对象服务,也无法解决占人口10%～15%残疾者的康复需求,而有效的医保政策是实现康复分级诊疗有效运作的可靠保障。

二、医疗(医学)康复

(一) 概念

医疗康复或称为医学康复,是康复的重要组成部分,是康复理念在医学领域中的应用,是指通过医疗手段来解决病、伤、残者的功能障碍,达到康复的目的。

(二) 内涵

医疗康复涵盖了整个医学范畴,但着重于临床医学。临床上手术或非手术的方法均属于医疗康复的范畴。例如,多脏器外伤的重症患者,在临床急救的同时介入康复,此时康复的目的是保持患者肢体的正确体位,预防因卧床而发生的压疮、肺部感染、深静脉血栓、肌肉萎缩等并发症,此时,医疗康复等同于临床医学。二者最大的区别在于临床医学更多地关注救命治病,而医疗康复更多关注的是对那些救治过来的对象如何预防各种并发症、尽可能改善或提高患者的功能。

(三) 应用

最能体现医疗康复内涵的事件是20世纪90年代国内普遍开展的"三项康复"。具体包括脊髓灰质炎后遗症的手术矫正、白内障手术复明、聋哑儿童的语言训练。以聋哑儿童的语言训练为例,针对聋哑儿童的听力和言语障碍,耳鼻喉科医生给予必要的手术干预,工程人员根据聋哑儿童残存的听力和言语能力,提供必要的助听器,康复科的言语治疗人员针对聋哑儿童残存的听力和言语能力或在佩戴助听器后,实施听力和言语训练,提高听力和言语功能,从而进一步提高生活自理能力。这种多学科之间的合作完美地体现了医疗康复的内涵和精髓,是任何单一学科都难以实现。

随着临床学科对医疗康复概念的认同,医疗康复不断渗透到临床学科的日常工作中,并不断形成了新的康复领域或亚专业。例如,重症医学科积极开展早期康复催生了重症康复;心脏科(心血管内科与心胸外科)积极开展床边康复催生了心脏康复的出现;妇产科关注孕产妇的康复,开创了盆底康复领域。这些与康复密切相关的临床专科康复的开展,如果仅依靠康复科是难以开展和推动。

三、康复医学

(一) 概念

康复医学(rehabilitation medicine)虽然与医疗康复或医学康复在名称上只是顺序的颠倒,但其内涵有很大的不同。康复医学源自于医学康复,是临床医学的一个重要分支。临床上常将康复医学简称为康复,但两者不能等同。从学术上看,康复(rehabilitation)是一个事业,医学康复(medical rehabilitation)是一个领域,而康复医学(rehabilitation medicine)是一个具体的专业或专科,具有自己的学科特点。简言之,康复医学是以研究病、伤、残者功能障碍的预防、评定和治疗为主要任务,以改善病、伤、残者的躯体功能,提高生活自理能力,改善生存质量为目的的一个医学专科。自20世纪80年代现代康复引入中国之际,康复医学科就已经与内科、外科、妇产科、儿科等临床学科并列为临床二级学科(临床医学为一级学科),可见其在临床学科中地位的重要性。

(二) 对象与范围

医学康复的对象很广泛,包括所有需要救治的患者,涉及临床各学科。与医学康复相比,康复医学的对象包括以下三个方面。

1. 各种原因引起的功能障碍者 康复医学是以研究功能障碍的预防和治疗为导向的一门医学专科,因此,康复医学的对象包括所有不能正常发挥身体、心理和社会功能的各种疾患,如躯体、内脏、精神、心理等方面。引起功能障碍的原因是多方面的,可以是现存的或潜在的;先天性的或后天性的;可逆的或不可逆的;部分的或完全的。功能障碍可以与疾病并存,也可以是疾病的后遗症。这些功能障碍问题临床医学往往难以全部解决。根据全国第二次残疾人抽样调查结果,我国残疾人总数为 8296 万,占人口总数的 6.34%,涉及至少 2.6 亿家庭人口;其中近 6000 万人需要康复,占残疾人总数 72.28%。

2. 各种原因引起的慢性病患者、亚健康人群 随着医疗技术的提高,各类疾病的死亡率不断下降,慢性病生存者数量明显增加。据统计,我国有 2.7 亿慢性病患者和 1 亿多慢性疼痛患者。预计至 2030 年,我国慢性病患病率将高达 65.7%,其中 80% 的慢性病患者需要康复治疗。此外,随着社会的发展、高科技不断向日常生活中渗透,体力活动减少,生活节奏加快,导致了亚健康群体也逐渐增加,而这一群体多发生在中青年,是家庭和社会的中流砥柱,他们是康复急需关注的对象。

3. 不断增长的老年人群 人口老化是国际性问题。身体障碍与年龄老化一般成正比,年龄越大,各种疾病或功能障碍的发生率越高。我国已经进入了人口老年化快速发展时期。2009 年,60 岁以上老年人就已占到了全国总人口的 10%;统计资料显示,截至 2011 年底全国 60 岁以上老年人口达到约 1.9 亿,其中需要康复服务的约 7000 多万人;预测到 2020 年,60 岁以上老年人口将达到 2.43 亿,占总人口的 16%~17%。因此,老年人群将成为康复医学的一个主要对象。

四、康复医学的组成

康复医学包括康复预防、康复评定和康复治疗。

(一)康复预防

康复预防是指通过下列有效手段预防各类残疾的发生、延缓残疾的发展。

1. 一级预防 预防各类病、伤、残的发生,是最为有效的预防,可降低残疾发生率 70%。所采取的措施包括宣传优生优育,加强遗传咨询、产前检查、孕期及围生期保健;适时预防接种;积极预防各类疾病;防止意外事故;早期干预并积极治疗各类疾病、慢性病、老年病;合理营养;合理用药;加强卫生宣教、注意精神卫生。

2. 二级预防 限制或逆转由身体结构损伤(impairment)造成的活动受限或残疾(disability),可降低残疾发生率 10%~20%。所采取的措施包括早期发现病、伤、残,早期采取有效手段治疗病、伤、残;根据需要适时采取必要手术治疗各类疾患、改善或提高功能。

3. 三级预防 防止活动受限、避免残疾发展为参与受限或残障(handicap),最大限度地减少残疾或残障给个人、家庭和社会所造成的影响。所采取的措施包括康复医学中常用的物理治疗、作业治疗、心理治疗、言语治疗以及假肢、支具、辅助器、轮椅等。此外,根据康复对象的需求,适时介入教育康复、职业康复、社会康复等,是康复对象重返家庭和社会的重要保障。

(二)康复评定

1. 概念 康复评定(rehabilitation evaluation/assessment)是康复治疗的基础,没有评定就无法制订治疗计划、评价治疗效果。没有康复评定的治疗方案一定不是一个规范的治疗方案。康复评定不同于疾病的诊断,但远比疾病诊断细致。由于康复医学的对象是有功能障碍的患者,治疗目的是最大限度地恢复、重建或代偿其功能,因此,康复评定的重点不是寻找疾病的病因、作出疾病的诊断,而是客观地、准确地评定功能障碍的原因、性质、部位、范围、严重程度、发展趋势、预后和转归,为制订有效的康复治疗计划打下牢固的科学基础。

2. 评定时间 康复评定应在康复治疗开始前(初期评定)、康复治疗中(中期评定)、康复治疗结束后(末期评定)进行,根据评定结果来制订、修改治疗计划和对康复治疗效果和结局作出客观的评价。康复医疗应该始于评定,止于评定。

3. 评定内容　包括整体（宏观）评定和具体（微观）评定。

（1）整体或宏观评定：一般以《国际病损、残疾、残障分类（International Classification of Impairments, Disabilities & Handicaps, ICIDH）》为依据，近年来，更加趋向于采用《国际功能、残疾与健康分类（International Classification of Functioning, Disability and Health, ICF）》来评定。ICIDH 从器官水平（残损）、个体水平（残疾）、社会水平（残障）三个层面评定患者的功能，而 ICF 则是在 ICIDH 的基础上发展起来，除了从器官水平（身体结构与功能）、个体水平（活动）、社会水平（参与）三个层面，还结合了环境和个体自身因素的影响。有关 ICIDH 和 ICF 的介绍详见本章第三节。

（2）具体或微观评定：是指针对某种功能障碍所采取的评定方法。例如，针对肌肉力量减退采取的手法肌力评定，针对关节活动范围采取的关节活动范围测量，针对平衡功能采取的 Berg 平衡量表评定，针对日常生活自理能力采取的 Barthel 指数评定，等等。

（三）康复治疗

康复治疗是指通过各种有效的专科治疗手段，最大限度地改善病、伤、残者的功能障碍。

1. 康复治疗原则　强调早期介入、综合实施、主动参与、全程干预。

（1）早期介入：早期是指康复治疗介入的时机。何谓早期？过去认为患者病情稳定后介入康复就是早期，目前则认为康复的早期介入要看患者发病后入住的科室，对于急危重症患者，重症医学科、临床学科的重症监护室（如神经内外科、心血管内外科等）就是康复早期介入的第一场所。此时的康复介入需要与临床救治同步；而对于入住相关临床科室的患者，入院后的床边康复也是早期康复。

（2）综合实施：指的是康复治疗需要采取一切可以使用的有效方法或手段，包括药物和非药物、中西医结合、主动参与和被动接受等。

（3）主动参与：对于清醒患者，在确保安全的前提下，应该鼓励尽可能参与一切与功能恢复有关的康复治疗。大量证据表明，患者能否主动参与康复治疗与功能改善和恢复直接相关。

（4）全程干预：除了少数功能障碍，如肌肉软组织的急性损伤或某些痛症，绝大多数的功能障碍，特别是神经系统病损（如脑和脊髓损伤等）或慢性疾患（如高血压、糖尿病、关节退变等）造成的功能障碍，常常需要长期的康复治疗。因此，康复在生命周期的全程覆盖日益受到关注。

2. 康复治疗治疗手段　常用手段如下。

（1）物理治疗（physical therapy, PT）：通过功能训练、物理因子和手法治疗的手段，重点是改善肢体功能。包括肢体的主、被动活动，体位转变训练，平衡训练，行走训练，等等。

（2）作业治疗（occupational therapy, OT）：针对患者功能障碍，制定个体化的作业活动（tasks），重点是改善上肢功能和日常生活活动能力。包括上肢的主、被动活动，手功能训练，日常生活活动能力训练（如穿衣、洗漱、进餐、如厕、家务活动等），助行器（如手杖）、足托、生活辅助用具的制作及使用，等等。

（3）言语治疗（speech therapy, ST）：重点是改善交流能力（包括听、说、读、写功能）和吞咽功能。

（4）康复工程（rehabilitation engineering, RE）：主要是借助于现代科技为伤残人士服务，主要是安装和使用假肢、利用机器人辅助训练和改善患者功能，等等。

（5）康复护理（rehabilitation nursing, RN）：主要是预防各种并发症和及时给予针对性的健康教育。前者包括床上良肢位、肺部护理、预防压疮及下肢深静脉血栓等；后者包括患者及其家属的健康教育，等等。

（6）中医治疗（traditional Chinese medicine, TCM）：包括中药、针灸、中医手法、传统锻炼方法如太极拳、八段锦等，达到改善功能的目的，等等。

（7）心理咨询（psychological therapy, PsT）：通过心理疏导和宣泄，调节心理状态，改善心理功能，等等。

（8）文体治疗（recreation therapy, RT）：借助于文娱活动（如唱歌、跳舞、书法、绘画等），调节精神心理活动，改善躯体功能，等等。

（9）社会服务（social service, SS）：主要是对病伤残者提供社会康复方面的指导，如职业培训、再就业，等等。

第二节　康复医学与临床医学关系

一、康复医学与临床医学相互融合

（一）临床学科以延续生命为宗旨

临床学科是以治疗疾病为主导，以救命治病为切入点，关注的是患者生命的延续、疾病的产生及其治疗、复发的预防等方面。没有临床医学成功的救治，不可能有康复医学科的存在。因此，临床医学是康复医学的基础。综合医院应当为患者提供早期有效的康复医疗服务，以疾病、损伤的急性期临床康复为重点，康复医师和治疗师深入其他临床科室，提供早期、专业的康复医疗服务，提高患者整体治疗效果，为患者转入专业康复机构或回归社区、家庭做好准备。

（二）康复医学以改善功能为目的

康复医学以改善患者的功能为主导，是建立在临床成功救治患者、延续生命的基础之上。因此，康复医学应该与临床学科的救治同时介入，从医疗的第一阶段开始。患者在临床抢救的同时就应得到康复医学专科医师和治疗师的诊治，及时实施物理治疗、作业治疗、康复护理等。各治疗部分介入任务的多少，将随时间而有所变化。在欧美康复发达国家，康复医师会直接介入相关学科，与相关学科的医生一起讨论患者的治疗方案。例如，康复科医生直接参与骨科择期手术前手术方案的制订，治疗人员在手术前就指导患者进行必要的锻炼和手术后早期的锻炼以及必要的助行器使用方法；康复科医生直接介入 ICU（重症监护室）开展重症患者的早期康复、到 CCU（心脏科的重症监护室）给心脏病患者床边康复治疗。

（三）综合医院康复医学科的功能定位

综合医院是康复的最佳场所。康复开始得越早功能恢复的效果越好，费时少，经济、精力耗费少。急性期开始的所有医疗内容，都含有康复的意义。承担医疗第一线任务的综合医院，对康复负有重要的责任，是取得康复成功的关键。可以说，综合医院应是开始康复的最佳场所、住院期间是康复介入的最佳时机。2011 年 4 月 4 日，原卫生部发布了《综合医院康复医学科建设与管理指南》。指南中明确指出了综合医院康复医学科是在康复医学理论指导下，应用功能评定和物理治疗、作业治疗、言语治疗、心理康复、传统康复治疗、康复工程等康复医学诊断和治疗技术，为患者提供全面、系统的康复医学专业诊疗服务的临床科室。二级以上（含二级）综合医院应当按照《综合医院康复医学科基本标准》设置独立科室开展康复医疗服务，科室名称统一为康复医学科。综合医院应当具备与其功能和任务相适应的诊疗场所、专业人员、设备设施以及相应的工作制度，以保障康复医疗工作的有效开展。

二、临床医师与康复的早期介入

在患者的全面康复中，临床医师起着非常重要的作用，应该充分掌握康复医学理论和实践，为患者全面康复服务。

（一）临床医师要及时更新观念

20 世纪的临床医师主要关注疾病的诊断和疾病对个体的生物学影响，包括致病因素、发病机制、病理改变以及临床的处理与预后和转归。21 世纪的临床医师应该具备以下几条：

1. 熟悉完整的医学体系　康复的观点和技术，应成为医疗计划的一个组成部分，应当是所有临床医师的医疗手段的一个组成部分。如果患者的功能不能很好地发挥，不能正常地生活和工作，这意味着医疗工作并没有结束。

2. 了解有效的治疗手段　临床医师的工作是处在一个最有利、有效的康复阶段。康复工作进行得愈早，效果愈好，可以节省以后许多精力、经济。

3. 掌握全程服务理念　临床医师是二级预防的组织者和执行者。合格的临床医师不仅应对住院、门诊患者负责，还应为出院后的患者负责。不仅是治病救人，还要为患者功能负责。

（二）临床医师要有康复职责

康复是所有医师的责任，临床阶段是康复的最佳时期。临床医师既是专科医师，经过学习后也可以成为该专科的康复医师。从某种意义上说，这样的专科康复医师对该专科患者的康复，会比康复医学科的专科医师做得更好，因为他们对该科疾病的病理、临床及转归更为熟悉，更清楚可能发挥的潜力。日本的康复医师队伍中，就明确规定了有两类康复医师：康复医学专科医师和认定的康复医师。康复医学专科医师全面掌握康复医学的理论和实践，具有康复医学各方面的知识和经验。认定的康复医师即临床专科康复医师，是从事于某一临床专科的医师，经过培训、学习后，具有康复医学理论知识，能掌握该科疾病的康复知识和处理技能。两种康复医师密切合作，互相补充，从而构成康复医疗工作的中流砥柱。

三、从医学生开始培养康复的意识

（一）转变培养目的

医学生是医疗卫生体系的生力军，明天的栋梁之才。21 世纪对医学生的要求已经远远超越了传统医学模式中的"救命治病"，而更关注其后的"功能恢复""生活自理"以及"生活质量"，这些都体现在 WHO 的《国际功能、残疾和健康分类（ICF）》之中。因此，21 世纪毕业的医学生，既要掌握救命治病的技术，又要熟悉功能恢复的理念，并将其融入到医疗实践之中。

（二）转变工作职责

医学生毕业后面临的将不仅是要求能治好疾病的社会和人群，还要面对着社会与患者更加强烈的康复需求。随着医学科技的进步，人们伤病后的存活率提高，需要康复的人数必然增加。面对着愈来愈多的伤病、慢性病和老年病患者，他们不仅要生存，而且要高质量地生活下去。人们论断：随着医学科学的进步，康复医学必将成为医学的前沿学科。未来的医师必须要识别、了解及解决这些问题。医学生在临床实习中，对许多急性病的治疗和外科手术的神奇效果常会感到吃惊和羡慕；但也会对病房、门诊遇到的许多亚急性、慢性患者和特殊患者的处理办法少、疗效差而感到困惑。为此，医学生更需要尽快、尽多地掌握康复知识，以便能为将来工作上需要解决的这些问题，积累知识与能力。所有的毕业生都应该成为患者康复过程中的积极而可靠的专家。

（三）更新医学理念

医学生除了应该掌握临床常使用的药物、手术治疗以外，还应了解康复。包括康复的理论，贯彻生物 - 社会 - 心理模式的国际功能、残疾、健康分类（ICF）；康复系统的结构和实践，包括急性、亚急性期康复和各种慢性疾病的康复；康复治疗的主要手段，如物理治疗、作业治疗和其他康复治疗的原理和潜力；综合康复方案及其主要适应证；特殊患者的康复需求，如：脑卒中、多发性损伤、下背痛、关节炎、癌症等。

医学生应了解康复开始得愈早愈好。要不断地调整目标、措施，总的目标是要恢复、增进功能。由于慢性病、残疾可影响到多个系统，所以应以整体人为目标，要在身体上、心理上、社会上、职业上加以调整提高，恢复到尽可能高的水平。康复强调对患者的教育，帮助他学会带着伤病、带着残疾生活在家庭、工作和社会环境之中。

四、康复医学科管理

（一）康复医学工作方式

1. 康复治疗团队　临床学科的工作模式基本定型，通常是医师接诊患者，制订治疗方案，开出治疗处方，护士执行。而康复医学与临床学科略有不同，采用的是多专业协同工作的方式，共同组成康复治疗团队（team work）。

（1）工作模式：在康复治疗团队中，首诊的是康复医师（physiatrist），成员包括物理治疗师（physiotherapist，PT）、作业治疗师（occupational therapist，OT）、言语治疗师（speech therapist，ST）、心理治疗师（psychotherapist）、假肢与矫形器师（prosthesis and orthosis，P&O）、文体治疗师（recreation therapist，RT）、康复护士（nurse，NR）、社会工作者（social worker，SW）等。这种模式较好地体现了以人为本，以患者为中心的服务方式，能更好地为患者提供服务。

（2）工作流程：当患者进入康复或需要实施康复时，首先由医师接诊，诊视患者后，开出治疗方案（医嘱）；同时，康复医生还要根据患者存在的功能障碍及其程度开出转介单（不是转诊单），转介患者到康复科不同的治疗部门（如物理治疗、作业治疗、言语吞咽治疗等）。康复科内不同治疗部门的治疗师再依据医生的转介单进一步评定患者，根据评定结果制订出适合于该患者的具体康复方案，包括近期、中期、远期治疗目标，最终形成一个完整的治疗计划，再由各专业人员分头付诸实施。治疗中再定期召开治疗团队（组）的讨论会，对计划的执行结果进行评价、修改、补充。治疗结束时，需要再次召开治疗组会对康复效果总结，并为下阶段治疗或出院后的康复提出意见。

康复医学工作流程见图 1-1。

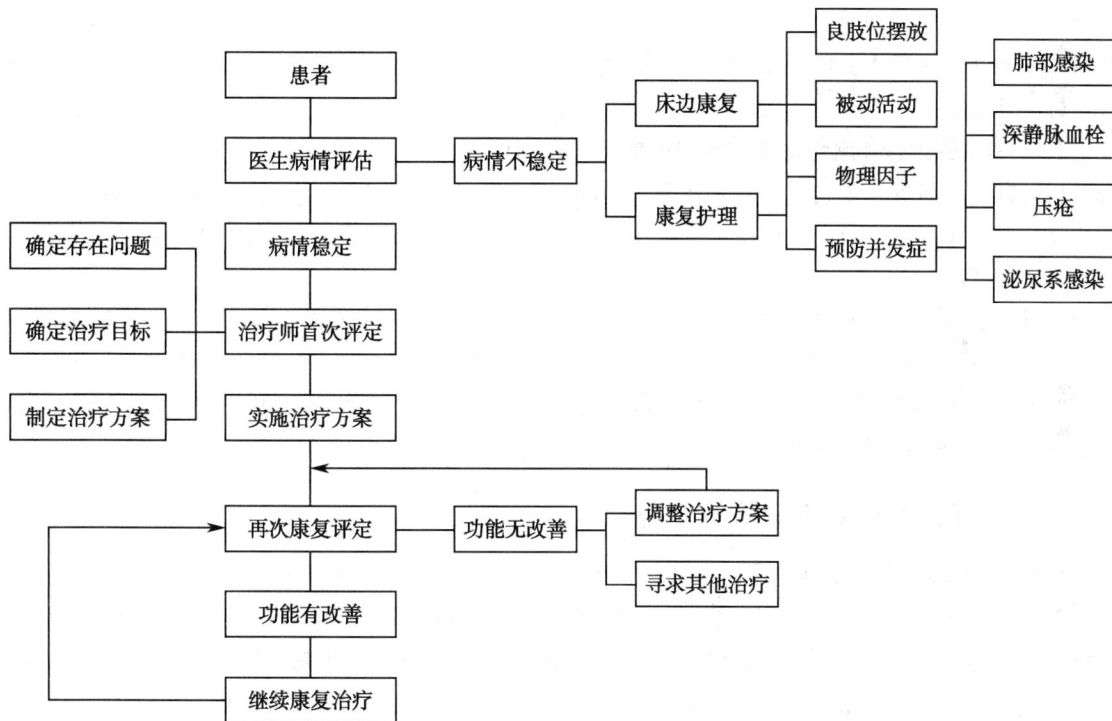

图 1-1 康复医学工作流程图

2. 康复治疗成效 在实施康复时，常通过检查患者是否达到了短期目标和长期目标来验证康复成效。

（1）短期目标（short term）：是指经过康复专业人员和患者的努力，可以很快达到的具体目标。短期目标的实现在时间上通常是几天或 1～2 周。例如，长期卧床患者的短期目标可能是由卧位到坐位的体位转变；颈椎或胸椎外伤致截瘫患者的短期目标可能是膀胱功能重建或拔出尿管。

（2）长期目标（long term）：是短期内难以达到，需要经过一段时间的积极努力才有可能达到的具体目标。例如，脑卒中偏瘫患者恢复行走功能，外伤致截瘫患者在助行器的帮助下辅助行走，提高患者的生活自理能力，等等。实现短期目标是实现长期目标的前提和基础，若干个短期目标构成了长期目标。

（二）康复介入的时机

1. 康复早期介入　早期介入是功能恢复的关键时期。早期康复的手段则应根据患者病情选择。例如，对于急危重症患者，预防性康复（如摆放良肢位、预防压疮、肺部感染、深静脉血栓等）、助力性康复（如借助于高科技开展肢体的被动活动、肌肉电刺激、功能性踏车等）是早期康复的主要内容。康复治疗的这种早期介入催生了重症康复的出现，也使得重症患者在临床科室就得到了早期康复治疗。

2. 康复全程服务　康复医疗工作必须从伤病的早期进行，直至患者回归社会或家庭。有些病伤者可能只经历某一阶段，即可恢复工作，而有些病伤残者虽经努力，仍不能生活自理，终生需要他人帮助。所以在整个流程中的各种机构，均应设置良好的康复服务设施，以满足病伤者的需要。医疗机构需要有急性病医院（综合医院）、慢性病医院（康复医院）、日间医院或护理中心、社区医疗站等系列机构，形成对康复对象提供分阶段康复、各级医院之间的双向转诊、康复对象的全程服务的网络体系，对患者、家庭、社会都十分有利。

（三）康复亚专科建设

临床各科各个系统疾病在所有阶段都可以介入康复。进入 21 世纪后，康复医学逐渐与临床医学无缝对接或相互融合，催生了康复医学亚专科的形成与发展。

1. 与神经内外科的合作和融合形成了神经康复专科（neuro-rehabilitation）　康复医学团队由于可以早期介入重症监护室开展床边康复，从而在临床医生救治患者的同时开展康复，此时以预防性康复和被动性康复为主要手段，为患者后续病情稳定后的进一步康复（此时主要为主动性康复）打下良好的基础。

2. 与骨科的合作和融合形成了肌骨康复专科（orthopedic rehabilitation）　康复医学科团队在患者手术前就可以参与骨科对患者手术方案的制订，了解患者的手术及该手术对肌肉骨骼可能造成的损伤。为手术后的康复开展相应的术前康复指导和适应性肌肉训练，以确保术后可以尽早在床上活动或离床活动。

3. 其他康复专科的形成与发展　例如，与心血管内外科的合作和融合催生了心血管病康复专科（cardiac rehabilitation）、与呼吸科的合作和融合形成了肺康复专科（pulmonary rehabilitation）、与儿科的合作和融合形成了儿童康复专科（pediatric rehabilitation）；其他还包括疼痛康复专科（pain rehabilitation）、肿瘤康复专科等。

五、分级诊疗模式中康复的作用

（一）分级诊疗模式及其内涵

1. 分级诊疗起源　长期以来，我国医疗资源的分布极为不合理，大医院人满为患，基层医疗机构利用不足。以 2014 年为例，全国医疗机构总诊疗人次超过 76 亿，出院人次数超过 2 亿，如此巨大的诊疗主要分布在城市三级医疗服务机构，而基层医疗卫生的诊疗人次从 2009 年的 62% 下降到 58%，出院人数从 32% 下降到 20%。既浪费了资源，影响了医疗服务体系的整体效益，也推高了医疗费用，加重了患者负担和医保资金的支付压力。

分级诊疗是近年来国家大力推行的一项惠民新举措。2015 年发布的《国务院办公厅关于推进分级诊疗制度建设的指导意见》作为建立分级诊疗制度的总纲领，在此基础上连续出台了一系列关于高血压、糖尿病分级诊疗重点任务、家庭医生签约、医联体建设的相关文件，从而形成了家庭医生、医联体、慢性病管理的体系化的文件。同时，分级诊疗制度的定位也逐步强化，卫生和健康大会将分级诊疗制度定位为五项基本医疗卫生服务。2016 年全国卫生和健康大会中，习近平总书记强调分级诊疗制度建设是今后医改中最重要的工作。因此，医改十三五规划将建立"分级诊疗制度"置于重点医改任务之首，分级诊疗成为医改的重中之重。

2. 分级诊疗内涵　所谓分级诊疗，是指按照疾病的轻、重、缓、急等临床特点，以及治疗的难易程度对诊疗服务进行分期、分级提供，即不同级别的医疗机构承担疾病急性期或急性后各期的治疗,逐步形成基层首诊、双向转诊、急慢分治、上下联动的分级诊疗模式,建立符合国情的分级诊疗制度。

(1)基层首诊:坚持群众自愿、政策引导,鼓励并逐步规范常见病、多发病患者首先到基层医疗卫生机构就诊,对于超出基层医疗卫生机构功能定位和服务能力的疾病,由基层医疗卫生机构为患者提供转诊服务。

(2)双向转诊:坚持科学就医、方便群众、提高效率,完善双向转诊程序,建立健全转诊指导目录,重点畅通慢性期、恢复期患者向下转诊渠道,逐步实现不同级别、不同类别医疗机构之间的有序转诊。

(3)急慢分治:明确和落实各级各类医疗机构急慢病诊疗服务功能,完善治疗—康复—长期护理服务链,为患者提供科学、适宜、连续性的诊疗服务。急危重症患者可以直接到二级以上医院就诊。

(4)上下联动:引导不同级别、不同类别医疗机构建立目标明确、权责清晰的分工协作机制,以促进优质医疗资源下沉为重点,推动医疗资源合理配置和纵向流动。

(二)分级诊疗模式进一步推动了康复体系建设

分级诊疗大大推动了康复医疗服务体系的发展。提高三级综合医院康复科早期介入能力,鼓励二级综合医院和康复专科医院开展稳定期患者康复服务,并促进社区卫生服务中心积极发挥恢复期康复服务功能,促进需要进一步康复治疗的患者分流和下沉,这将在一定程度上改善区域医疗资源的使用效率,有效缓解看病难和看病贵问题。

康复机构是分流大医院患者的重要渠道之一。在美国,患者度过急性期治疗后,会根据情况迅速转入亚急性期治疗医院、康复医疗机构或长期护理机构,在这个过程中,康复医疗对患者的身体功能评定对急性期患者的分流提供了重要依据,同时康复医疗机构的存在也为部分需要康复患者提供了一个分流的渠道。

根据原卫生部 2012 年数据,目前我国仅有 322 家康复医院,其中城市 206 家,农村 116 家,这意味着全国 600 多城市中一多半仍未拥有康复专科医院。全国不到 400 所的康复专科医院和不足 4000 家设立康复科的综合医院中,共编制床位 5.2 万张(其中,76% 在综合医院),约占全国医院总床位数的 1.18%。因此,分级诊疗模式的建立必将康复医学的全面提速发展。

第三节 残疾发生与预防

一、概述

(一)几个概念

1. 残疾(disability) 这里所指的残疾(disability)是一种广义的提法,不是本节"二、残疾分类"里面所提到的国际残疾分类(ICIDH)的概念。

(1)名称的翻译:长期以来,中文将 disability 翻译为残疾。虽然一直沿用至今,但越来越多的专业人员认为将 disability 直接翻译为残疾并没有全面体现 disability 的内涵,有失偏颇。近年来,不断有学者呼吁,建议将 disability 翻译为失能、弱能,这种翻译能更好地体现英文的原意。

实际上,disability 是一个复合单词,由词根 -ability(能力)和前缀 dis-(没有或失去)组成。翻译成失能或弱能可以更好地表达了 disability 的内涵(是指在某些能力方面比较弱或失去了某些功能),也更容易为患者及其家属所接收(中文更加偏中性词)。鉴于失能或弱能的翻译还没有被国家医学名词所接收,本书有关 disability 的翻译仍然使用残疾。

(2)内涵:残疾(disability)是指因外伤、疾病、发育缺陷或精神因素造成明显的身心功能障碍,不同程度地丧失正常生活、工作和学习的一种状态。广义的 disability 包括病损(impairment)、残障(handicap)在内,成为人体身心功能障碍的总称。

2. 残疾者或称为失能者(person with disability) 早年人们常使用"残疾人"(disabled person)

一词来指心理、生理、人体结构上，某种组织缺失、功能丧失或异常，使部分或全部失去以正常方式从事个人或社会生活能力的人。其后，国际社会认为 disabled person 带有一定的贬义，从 20 世纪 90 年代中期开始，联合国相关文件中就改用了 person with disability（失能者或弱能者）来代替 disabled person（残疾人）。二者最大的区别在于 disabled person 首先关注的是个体的能力的缺失或失能（disabled），然后才是 person（个体），而 person with disability 强调是首先 person（人），随后才是个体伴随的能力缺失或失能（disability）。虽然我国目前在许多文件中仍使用"残疾人"这一词语，未能反映国际用词的改进，但相信在不远的将来会修正这一概念。

3. **社区康复（community-based rehabilitation，CBR）**　是世界卫生组织在 20 世纪 70 年代所倡导的一种行之有效的康复服务形式。1994 年由联合国三大机构：世界卫生组织（WHO）、国际劳工组织（ILO）和联合国教科文组织（UNESCO）联合讨论，共同制定了关于 CBR 的联合意见书，书中对 CBR 的定义是："CBR 是社区发展的一项策略，是使所有残疾人得到康复、具有平等的机会和达到社会一体化"；其目标是："确保残疾人能充分发挥其身心能力，能够获得正常的服务与机会，能够完全融入所在社区与社会之中"。

（二）导致障碍（残疾）原因

2011 年世界卫生组织在《世界残疾报告》中指出，全世界带有各类功能障碍的残疾的人数占总人口的 15% 左右，80% 在发展中国家。常见的致残原因有以下几个方面。

1. **疾病**　几乎所有疾病都可以导致功能障碍的发生，最常见的几类如下。

（1）传染病：如脊髓灰质炎、乙型脑炎、脊椎结核等。

（2）孕期疾病：如风疹、宫内感染、妊娠高血压综合征等。

（3）慢性病和老年病：如心脑血管疾病、慢性阻塞性肺疾病、类风湿关节炎、肿瘤等。

（4）遗传：可致畸形、精神发育迟滞、精神病等。

2. **营养不良**　蛋白质严重缺乏可引起智力发育迟缓，维生素 A 严重缺乏可引起角膜软化而致盲，维生素 D 严重缺乏可引起骨骼畸形等。

3. **理化因素**　如噪声、烧伤、链霉素或庆大霉素中毒、酒精中毒等。

4. **意外事故**　如交通事故、工伤事故、运动损伤、产伤等，可致颅脑损伤、脊髓损伤、骨骼肌肉系统损伤等。

5. **社会、心理因素**　可致精神病等。

二、国际残疾分类

（一）传统模式

20 世纪 80 年代以前的疾病模式是：病因→病理→表现。1980 年 WHO 组织有关专家对多种疾病的过程做了大量调查研究后将其延伸为疾病→残疾，说明疾病的后果除了治愈与死亡之外，还有相当一部分遗留或伴随着残疾而存活。

（二）ICIDH 模式

1980 年发布的《国际病损、残疾、残障分类》（International Classification of Impairments, Disabilities & Handicaps, ICIDH）将残疾划分为三个独立的类别，即病损、残疾、残障。这是根据疾病对个体生存主要能力的影响，进行不同侧面的分析，根据能力的丧失情况制定对策。将人们从"病因 - 病理 - 表现"的医学生物学模式引导出来，对各类医疗与康复工作人员起了重要的指导作用（图 1-2）。

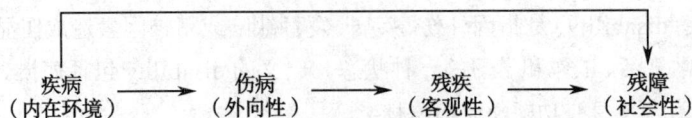

疾病（内在环境）→ 伤病（外向性）→ 残疾（客观性）→ 残障（社会性）

图 1-2　ICIDH 模式

1. **病损（impairment）** 也有称之为病伤、残损，现改称为"身体结构受损"。是指心理上、生理上或解剖结构上或功能上的任何丧失或异常，是生物器官系统水平上的残疾。可分：①智力残损；②其他心理残损；③语言残损；④听力残损；⑤视力残损；⑥内脏（心肺、消化、生殖器官）残损；⑦骨骼（姿势、体格、运动）残损；⑧畸形；⑨多种综合的残损。在每一类残损中又有许多细分项目。

2. **残疾（disability）** 现改称为"活动受限"，是由于残损使能力受限或缺乏，以致人们不能按正常的方式和范围进行活动。是个体水平上的残疾。残疾可分：①行为残疾；②交流残疾；③生活自理残疾；④运动残疾；⑤身体姿势和活动的残疾；⑥技能活动残疾；⑦环境适应残疾；⑧特殊技能残疾；⑨其他活动方面的残疾。在每一类残疾又分列多个项目。

3. **残障（handicap）** 现改称为"参与限制"，是由于残损或残疾，而限制或阻碍一个人完成正常的（按年龄、性别、社会和文化等因素）社会作用，是社会水平的残疾。残障可分：①定向识别（时、地、人）残障；②身体自主残障（生活不能自理）；③行动残障；④就业残障；⑤社会活动的残障；⑥经济自立残障；⑦其他残障。在1～6类残障中又分成9个等级，在第7类中分4个等级。

（三）ICF 模式

1. **ICIDH 的不足** 随着人口的老龄化、卫生保健和医疗服务重点的转移，ICIDH 在促进康复医学发展的同时，不足之处也日益彰显。主要表现在：①它是从生物、个人和社会水平来对残疾进行思考，忽略了患者自身主观障碍所产生的影响；②在 ICIDH 中并没有体现出环境的概念，而环境状况有时却对个体的功能产生决定性的影响；③在 ICIDH 中概念之间是单向、平面式的关系，在实际使用中有很大的局限性。

2. **ICF 的起源** 基于对 ICIDH 局限性的思考，WHO 在经过 10 年国际间的努力与合作之后，于 2001 年 5 月 22 日第 54 届世界卫生大会通过了新的分类方法，《国际功能、残疾与健康分类》（International Classification of Functioning, Disability and Health, ICF）。与 ICIDH 相比，ICF 更为注重积极的一面，如使用健康状况代替疾病和失调、用活动代替残疾、用参与代替残障、在理论框架中引入环境因素、采用交互、立体的模式描述概念之间的相互关系、强调了个人体验在功能发挥中的作用等。

ICF 起源于世界卫生组织和美国国家健康研究所在 16 个国家 20 个地点组织实施的跨文化可适用性研究，以推动 ICF 在临床和研究项目中的应用。其设计用途包括：① ICF 中最有实际意义的分类以用户友好的方式呈现，以识别和判断个体功能状况；②包含的诊断信息允许用户对健康状况及其相关功能问题的联系进行研究；③环境因素编码和记录个人因素的可能性让使用者可以记录和理解情景性因素对个体功能因素的影响。

ICF 与《国际疾病分类》（International Classification of Disease, ICD）配套使用，ICD 是确定所患疾病种类和名称，ICF 则是确定患者实际的功能状态。ICF 摒弃了一些贬义、负面的词语，强调以功能为基础，强调了环境与内因的重要性。将原来的 disability 改用"活动限制"，handicap 改用"参与限制"代替。

三、国际功能、残疾、健康分类（ICF）

（一）ICF 框架结构

ICF 包括身体功能和结构、活动和参与，以及背景性因素（个体因素和环境因素）两大部分（图 1-3）。在 ICF 中，健康取决于上述因素之间的交互作用，这种作用是双向的、非静态的，一种成分的变化会对其他成分产生作用，从而促进或者阻碍健康。

1. **身体功能和结构、活动和参与是 ICF 的主体与核心** 占据了 ICF 框架模式的中心。从此模式可以看出，健康（health）既可以受到疾病（disease）或紊乱（disorders）的影响，也可以受到环境（environment）和个体（person）因素的影响。

（1）身体功能和身体结构：这是两个不同但相互平行的部分。例如，身体功能如"视功能"，而身体结构则为"眼及其相关结构"。结构的损伤可以包括解剖结构上的畸形、缺失或身体结构上的显著变异。当存在某种损伤时,可能有身体功能或结构失常,但也可能与其他各种疾病、障碍或生理状态有关。

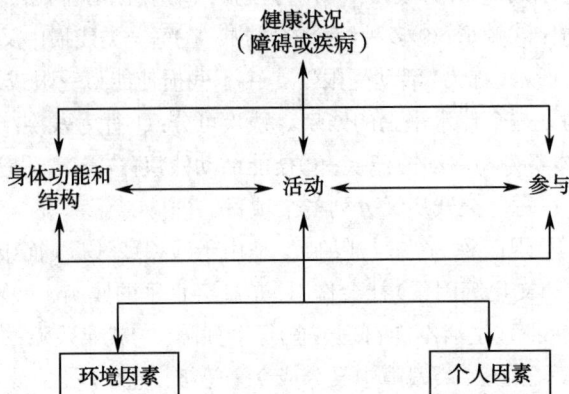

图1-3 ICF模式

(2)活动和参与:是由个体执行一项任务或行动。参与是投入到一种生活情景中。活动受限是个体在进行活动时可能遇到的困难。参与局限是个体投入到生活情景中可能经历的问题。活动和参与的领域包括全部生活领域:学习和应用知识、一般任务与要求、交流、活动、自理、家庭生活、人际交往和联系、主要生活领域、社区、社会和公民生活等9个方面,即从基本学习或观察,到更复杂的领域如人际交往或就业。这些成分可以命名为"活动"(activity)或"参与"(participation)或同时使用两者。

2. 背景性因素代表了个体生活和生存的全部背景 包括环境因素和个人因素。环境因素构成了人们生活和指导人们生活的自然、社会和态度环境。这些因素对个体而言是外在的,对个体的活动表现、活动能力以及身体功能与结构会产生积极或消极的影响。

(1)环境因素:包含两个不同层面:①个体所处的现实环境:包括如家庭、工作场所和学校等。包括环境的自然和物质特征以及直接接触人群,如家人、熟人、同行和陌生人等。②个体所处的社会环境:社会结构、服务机构和社区体制均会对个体产生影响。包括与工作环境有关的组织、服务机构、社区活动、政府机构、通讯和交通服务部门以及如法律、条例、正式或非正式的规定、态度和意识形态等。

(2)个人因素:包括性别、种族、年龄、其他健康状况、生活方式、习惯、教养、应对方式、社会背景、教育、职业、过去与现在的经历(过去的生活事件和现时的事件)、总的行为方式和性格类型、个人心理优势和其他特征等,所有这些因素或其中任何因素都可能在任何层次的残疾中发挥作用。ICF未对个人因素进行分类。

(二)ICF的理论模式

包括功能与残疾模式、医学和社会模式。

1. 功能与残疾模式 ICF将功能和残疾分类作为一种交互作用和演进的过程,提供了一种多角度方法,为了将当前有关各种构成成分间的交互作用以形象的方式展示出来,制作了ICF成分间的交互作用示意图(图1-3)。例如,患者可能有损伤而没有能力受限(如:麻风病可导致毁容但对个人的能力没有影响);有活动表现和能力受限但没有显著的损伤(如:由于许多疾病可能降低日常活动表现);有活动表现问题但没有损伤或能力受限(如:HIV呈阳性的个体或患精神病后康复出院的患者可能在人际交往或工作时面对污名或歧视);在无辅助的情况下有能力受限,但在现实环境中活动表现没有问题(如:存在活动受限的个体可以通过社会提供的帮助技术而到处活动)。

2. 医学和社会模式 医学模式认为残疾是有关人的问题,是直接由疾病、创伤或其他健康状况造成的结果,对残疾的重点是治疗或个体的调适和行为改变。社会模式认为残疾主要是由社会引发的问题,而且基本上是个体充分融入社会的问题。残疾不仅是个体的属性,而且是多种条件的复杂集合,其中的许多问题是由社会环境所造成的。所以,控制这种问题需要社会行动,从大范围讲这是社会的集体责任,需要在一切社会生活领域为残疾人的充分参与对环境作出必要的调整,要求社会改变其态度或观念的问题,是一种人权问题。ICF 建立在这两种相对模式认同的基础上,采用了"生物 - 心理 - 社会"的方法,试图建立一种综合性理论,从生物、个体和社会前景对健康提供一致的观点。

（三）ICF 的应用

1. ICF 的总目标　提供一种描述健康和与健康相关状况的统一与标准化的语言和理论框架。通过使用 ICF,能够认识、研究健康和与健康相关的状况和结果,建立一种公共的语言以供不同的使用者进行交流。此外,统一的编码系统也使得 ICF 可用于大健康系统的建设,应用于社会保障、政策制定、国家和国际人口调查等多个方面。根据世界卫生组织的目标,ICF 的应用可从统计工具、研究工具、临床工具、社会政策工具和教育工具 5 个方面出发考虑。

2. ICF 家族成员　ICF 作为标准的健康分类共有 1400 多条类目,既完整地涵盖了功能体验的健康领域,又包含了可能对此产生影响的环境因素,但由于内容广泛、结构概念相对抽象造成临床使用中的困难。为了促进 ICF 的应用,世界卫生组织先后开发出了 ICF 检查表和 ICF 核心分类组合(Core Set)。ICF 核心分类组合的开发正在持续进行中,以描述在特定卫生保健情境下(急性期、亚急性期以及慢性期)经历特定健康状况(如脑卒中、脊髓损伤、糖尿病)人群的功能和残疾情况。

ICF 核心分类组合共有三种类型:综合版(Comprehensive Set)、简明版(Brief Set)和通用版(Generic Set),可通过 WHO 网站(http://www.icf-core-sets.org)进行查询。

(1)综合版 ICF 核心分类组合:包括了处于某种健康或特定卫生保健情境下,可能面临的典型问题的 ICF 类目,能够作为检查表指导功能评定,防止使用者遗漏某些重要的功能问题。

(2)简明版 ICF 核心分类组合:来源于综合版 ICF 核心分类组合,适用于需要进行简单功能评估的状况,提供与疾病或某种医疗情境相关的临床资料,也是临床和流行病学研究中有效描述功能和残疾的最低标准。通用版 ICF 核心分类组合适用于任何卫生保健情境,实现了不同疾病患者间功能的可比性,对于卫生统计、公共卫生、临床应用均有重要的意义和价值。

(3)通用版 ICF 核心分类组合:包括 ICF 通用组合(ICF Generic Set)和 ICF 康复组合(ICF Rehabilitation Set),可以帮助评定者快速了解被评者的功能水平,目前两者在我国临床中的使用正在积极推广过程中。

四、我国残疾分类方法

（一）五类残疾分类

1987 年全国残疾人抽样调查时按照五类残疾分类,即视力残疾、听力语言残疾、智力残疾、肢体残疾、精神残疾。

（二）六类残疾分类

1995 年将听力语言残疾分列,成为六类残疾标准。该分类立足于我国国情,主要根据残疾部位,暂未包括内脏残疾。2006 年我国进行了第二次全国残疾人抽样调查,所使用的残疾标准是在 1995 年修订的六类残疾标准基础上,作了适当的修改。

五、残疾预防

残疾预防应在国家、地方、社区、家庭不同层次进行,应在胎儿、儿童、青年、成年、老年不同时期进行。残疾预防需卫生、民政、教育、司法、残联多部门共同努力。

（一）采取三级预防

具体内容见本章第一节。

（二）实施基本对策

针对《国际残疾分类》的三个类别，予以不同对策。

1. **病损**　包括：①恢复或改善存在的功能障碍；②预防和治疗并发症；③调整心理状态，加强接受与克服的心理。

2. **残疾**　包括：①利用和加强残存的功能，如偏瘫患者的健肢单手操作，截瘫患者的上肢训练，以代偿功能的不足，以及必要的矫形手术等；②假肢、支具、轮椅、辅助器的装配和使用，以补偿功能。

3. **残障**　包括：①改善居住和社会环境，如住宅、公共建筑、街道、交通工具等；②改善家庭环境，包括家属在心理上、护理上、经济上的支持；③促进就业，保证受教育和过有意义的生活；④实施无障碍设施，确保残疾人尽可能和健全人一样参与社区活动。

第四节　康复医学发展

一、康复与康复医学的形成

（一）西方发展简史

康复在西方具有悠久的历史。

早在古罗马和希腊时代，人们就已经开始应用日光浴、空气浴及水疗治疗各种疾病。如古希腊的渔夫们常利用一种会放电的鱼来治疗关节痛，公元前 400 年希腊医生 Hippocarates 第一个利用日光治病；16 世纪，瑞士医生用磁石治疗脱肛、水肿、黄疸等外科疾病。古代矫形外科也早就应用假肢和支具。

现代康复与康复医学的形成与发展也经历了漫长的历史。20 世纪 20 年代以前为初创期，20～40 年代末是建立期，50～80 年代是成熟期，20 世纪 80 年代以后是发展壮大时期。

世界大战促进了康复的发展。战争给人类带来了巨大的灾难，同时也推动了急救医学和康复医学的发展。第一次和第二次世界大战导致了无数伤残人士，为了改善这些有功能障碍对象的活动、提高生活自理能力、提高生存质量，一门新的、跨学科的专业应运而生，这就是康复医学。因此，康复医学的发展是人们在医学观念上的一个进步，是从单纯的生物学观点，只注意器官与系统的病理变化，研究其消除、治疗技术，进化到对患者局部和整体功能的恢复与提高，从而为患者的伤病痊愈后回归社会、工作，打下良好的基础。

（二）东方发展简史

我国古代已有使用针灸、导引、热、磁等治疗的历史。

我国 1949 年后成立了一些荣军疗养院、荣军康复院，制定了革命残废军人的定级、抚恤和优待政策。开办了盲、聋哑学校，残疾人工厂及福利院。综合医院成立了物理治疗科、针灸按摩科，许多医学院校开设了物理治疗学、物理医学课程。

现代康复医学引进我国是在 20 世纪 80 年代初期，其后原卫生部规定二级以上医院必须建立康复医学科，是综合医院必须建立的临床学科之一。并提出：综合医院康复医学科，是在康复医学理论指导下，应用功能评定和物理治疗、作业治疗、传统康复治疗、言语治疗、心理治疗、康复工程等康复医学的诊断治疗技术，与相关临床科室密切协作，着重为疾病的急性期、恢复早期的有关躯体或内脏器官功能障碍的患者，提供临床早期的康复医学专业诊疗服务，同时，也为其他有关疑难的功能障碍的患者提供相应的后期康复医学诊疗服务，并为所在社区的残疾人康复工作提供康复医学培训和技术指导。此外，还批准建立了一些独立的康复医院。

二、康复与康复医学的发展

（一）社会和患者的需要

在医学取得巨大进展的今天，慢性病已成为医疗的重要问题，目前人类的死因主要是心肌梗死、脑卒中、癌症和创伤,但这些患者除急性期死亡外,有很大部分可以存活一个长时期,对于存活患者的生存质量的提高,就有待于康复医学。如心肌梗死患者中,参加康复治疗者的死亡率比不参加者低36.8%。在脑卒中存活的患者中,进行积极的康复治疗,可使90%的存活患者能重新步行和自理生活,可使30%的患者能恢复一些较轻的工作。相反,不进行康复治疗,上述两方面恢复的百分率相应地只有6%和5%。在死亡率方面康复组比未经康复治疗组也低12%。因此,康复医学是人类社会发展的一个必然阶段,是人类物质文明和精神文明的体现。

(二)经济发展的必然结果

1. 人口平均寿命延长 人口平均寿命延长以后,老年人的比重明显增多,60%的老年人患有多种老年病或慢性病,迫切需要进行康复,因而近年来老年康复问题越来越突出;老年人心肌梗死、脑卒中和癌症的发病率比年轻人高,这也使得康复医学的重要性更为突出。

2. 工业与交通日益发达 工业与交通日益发达以后,尽管采取了各种安全防护措施,虽能降低工伤和车祸的发生率,但工伤和车祸致残的绝对人数肯定比以往增多。这部分残疾人同样迫切需要积极的康复治疗,使他们残而不废。

3. 文体活动日益发达 文体活动随着经济和生活水平提高而蓬勃发展。体操、跳水、赛车、摔跤、攀岩、杂技等难度较高或危险性大的文体活动,无论在训练和竞赛过程中,每时每刻都出现受伤致残的危险,由于这种原因而造成残疾损伤的患者,同样需要康复医学为他们的将来作出贡献,康复医学或使他们重返旧业,或使他们残而不废。所以在急性处理以后,他们的前途主要依靠康复治疗。

4. 慢性病增加 世界卫生组织近年来,注意到疾病谱中慢性疾病比重增加,强调慢性疾病的预防、治疗。许多性疾病伴有各种程度的功能减退或丧失,更加需要康复服务。

(三)应付巨大自然灾害和战争

在目前人类还不能完全控制自然灾害和战争根源,飓风、地震、水火灾害和战争都是难以避免的,地震造成了大量残疾人;战争也产生许多伤残者。对于这些伤残人,需要进行积极康复治疗,这也是必须重视发展康复医学的主要原因之一。

(四)医学愈进步,康复需求愈大

随着科技进步,医学技能提升,能早期识别、诊断、治疗许多原来认为不可能治疗的疾病,存活率提高,存活者往往需要进一步的康复医疗。而高科技的发展,尤其是高科技与康复医学的融合,也使得原来不可能或难以实现的目标成为可能;此外,目前在康复医学科日益盛行的机器人辅助行走、虚拟现实环境训练、功能性电刺激等,让越来越多的病伤残者最大限度地恢复功能、重返社会。

三、健康中国与康复发展机遇

2016年10月25日,中共中央、国务院颁发了《"健康中国2030"规划纲要》,为推进健康中国建设,提高人民健康水平,提出了纲领性和指导性意见。其中与康复有关的内容主要有以下几个方面。

(一)共建共享、全民健康

1. 共建共享是建设健康中国的基本路径 统筹社会、行业和个人三个层面,形成维护和促进健康的强大合力;促进全社会广泛参与,强化跨部门协作,深化军民融合发展,调动社会力量的积极性和创造性,加强环境治理,保障食品药品安全,预防和减少伤害,有效控制影响健康的生态和社会环境危险因素,形成多层次、多元化的社会共治格局。

共享共建对康复的机遇和挑战是横向发展和渗透,体现在康复的跨学科发展,系统外从医疗外延到民政、残联、社保等领域,系统内从康复科外延到其他临床学科,实现康复的早期介入。

2. 全民健康是建设健康中国的根本目的 立足全人群和全生命周期两个着力点,提供公平可及、系统连续的健康服务,实现更高水平的全民健康。要惠及全人群,不断完善制度、扩展服务、提高质量,使全体人民享有所需要的、有质量的、可负担的预防、治疗、康复、健康促进等健康服务,突出解决好妇女儿童、老年人、残疾人、低收入人群等重点人群的健康问题。要覆盖全生命周期,针对生命不同阶段的主要健康问题及主要影响因素,确定若干优先领域,强化干预,实现从胎儿到生命终点的全程健康服务和健康保障,全面维护人民健康。

全民健康对康复的机遇和挑战是纵向发展和全程干预,体现在加强康复医疗体系建设,分级诊疗中的康复下沉,实现居家康复、全程康复。

3. 共建共享、全民健康是建设健康中国的战略主题 以人民健康为中心,坚持以基层为重点,预防为主,中西医并重,把健康融入所有政策。实现共建共享的卫生与健康工作方针,需要针对生活行为方式、生产生活环境以及医疗卫生服务等健康影响因素给予有效干预;并坚持政府主导与调动社会、个人的积极性相结合,共同推动人人参与、人人尽力、人人享有,落实预防为主,推行健康生活方式,减少疾病发生,强化早诊断、早治疗、早康复,最终实现全民健康。

(二)体医融合和非医疗健康干预

体医融合是将健身活动与医疗保健结合起来。建立完善针对不同人群、不同环境、不同身体状况的运动处方库,推动形成体医结合的疾病管理与健康服务模式,发挥全民科学健身在健康促进、慢性病预防和康复等方面的积极作用。加强全民健身科技创新平台和科学健身指导服务站点建设。加强康复、老年病、长期护理、慢性病管理、安宁疗护等接续性医疗机构建设。

全面建成统一权威、互联互通的人口健康信息平台,规范和推动"互联网+健康医疗"服务,创新互联网健康医疗服务模式,持续推进覆盖全生命周期的预防、治疗、康复和自主健康管理一体化的国民健康信息服务。

四、有关康复的政策法令

康复涉及许多社会学的内容,其发展必须依靠社会、政府和国际合作。

(一)国际有关康复的政策法令

1. 联合国颁布的政策法令 1971年联合国第26次大会通过2856号决议《精神迟滞者权利宣言》;1975年第30次大会通过3447号决议《残疾人权利宣言》;1982年第37次大会通过3752号决议,确定1983—1992年为联合国残疾人十年,制定了《关于残疾人的世界行动纲领》;1993年12月20日第48/96号决议通过了《残疾人机会均等标准规则》;1994年国际劳工组织、联合国教科文组织、世界卫生组织发表了联合意见书:《社区康复——残疾人参与、残疾人受益》;2006年12月联合国大会通过了《残疾人权利国际公约》。从"宣言"到制定"公约",说明更具有法律与行政的责任,具有约束力。

2. 世界卫生组织颁布的政策法令 20世纪70年代,WHO估计全球残疾率约为10%。1980年WHO制定了《国际残疾分类》;1981年发表了《残疾的预防与康复》;2001年世界卫生组织又修订通过了《国际功能、残疾与健康分类》(ICF);2004年发表了新的CBR联合意见书;2005年第58次世界卫生大会通过了WHA58.23决议《残疾,包括预防、管理和康复》;2011年6月9日发布了《世界残疾报告》。

3. 世界残疾报告 该报告指出全球超过10亿人或15%的人口带有某种形式的残疾而生存。残疾人数量持续增长的原因,一是与人口老龄化密切相关,二是与残疾有关的慢性疾病状况增加有关,如糖尿病、心血管疾病和精神疾病。报告就各国政府如何为残疾人提供各类保障提出9条行动建议。包括:使残疾人进入所有的主流体系并获得服务;为残疾人投资具体的项目和服务;通过全国性的残疾政策和行动计划;残疾人的参与;提供人力资源能力;提供充分的资助并提升可支付性;提升公众关于残疾的意识和认知;加强残疾数据的收集;加强和支持残疾研究。报告建议,各个国家政府应通过建立各部门明确的职责范围、协调和管理机制,发展国家残疾策略和行动计划;通过制定服务标准、监控和推行达标来调整为残疾人所提供的服务;采取国家无障碍标准以确保在新建建筑、交通、信息以及交流方面达标;大力开展交流宣传活动以增加公众对残疾的认识和理解。

4. 关心支持康复事业的国际组织 包括联合国儿童基金会(UNICEF)、联合国粮农组织(FAO)、联合国发展总署(UNDP)、联合国经济社会理事会(UNESC)等等。一些非政府的国际组织(NGO)也对康复事业的发展起着指导、推动作用,如康复国际(Rehabilitation International,RI)、残疾人国际（DPI）、国际物理医学与康复医学学会（International Society of Physical & Rehabilitation Medicine，ISPRM）、世界物理治疗联盟（WCPT）及世界作业治疗师联盟（WFOT）等。

国际上规定每年 12 月 3 日是"国际残疾人日"。

（二）国内有关康复的政策法令

1. 起步阶段，政府主导　我国现代康复自 20 世纪 80 年代初引进以来，彼时西方现代康复已经发展了 30～40 年。但国内现代康复在起步阶段就受到了国家的高度重视。1988 年国务院批准颁布实施了《中国残疾人事业五年工作纲要》（1988—1992 年），有创见地提出了三项康复（小儿麻痹后遗症矫治、白内障复明、聋儿听力言语训练），在大康复领域中取得了很大成绩，引起了国际关注。1988 年原建设部、民政部和中残联发布了《方便残疾人使用的城市道路和建筑物设计规范》，确定建筑物内、外部的无障碍设计要求。1990 年 12 月 28 日全国人大常委会一致通过了我国第一部《中华人民共和国残疾人保障法》，2008 年 4 月经过人大常务会修订通过新版。此外，教育部还专门制定了《残疾人教育法》。2001 年在我国第十个国民经济发展纲要中，已将康复纳入其中，凸显了政府对康复的高度重视。2008 年 3 月 28 日国家发布了《中共中央国务院关于促进残疾人事业发展的意见》，将残疾人康复纳入国家基本医疗卫生制度和基层医疗卫生服务内容，逐步实现残疾人人人享有康复服务。

每年 5 月第 3 个星期天为全国助残日，每年都有特定的目标和主题。

2. 发展阶段，政府重视　"十二五"以来是康复发展的大好时机。

"十二五"期间国家加大了推动康复医学发展的力度。2009 年 4 月中共中央、国务院发布了《关于深化医药卫生体制改革的意见》，首次提出了"预防、治疗、康复三结合"的三位一体方针。2010 年卫生部、人力资源部、民政部、社会保障部、财政部、中国残联等部委联合发文《关于将部分医疗康复项目纳入基本医疗保障范围的通知》，从 2011 年 1 月 1 日起康复项目纳入基本医疗保障范围，2011 年 5 月 3 日卫生部颁布了《综合医院康复医学科建设与管理指南》，明确提出二级以上综合医院康复医学科以相关伤病的早期临床干预为重点。2011 年卫生部文件《关于开展建立完善康复医疗服务体系试点工作的通知》则明确提出要建立三级康复医疗分级诊疗体系（急性期：综合性医院；康复期：康复医院；长期随访期：社区医院）。此外，康复治疗师的培养纳入了《2011—2020 卫生人才发展规划》重大人才工程；常用康复治疗技术操作规范由卫生部正式颁布，规范学科的发展；康复医疗服务体系建设在全国 14 个省展开试点工作，等等。所有这些都体现了国家对康复医学"短板"现象的关注和改善力度，也揭开了康复医学发展的新篇章。

"十三五"是康复全面提速发展的黄金时期。国家发布了一系列推动康复全面提速发展的纲领性文件，如《"十三五"深化医药卫生体制改革规划》《"十三五"卫生与健康规划》等。提出了分级诊疗模式，强调要强化康复医疗工作的前移（重症康复）和下沉（社区康复、居家康复），要进一步推动医疗保险进入康复，以及健康中国发展规划等国家政策，彰显了国家增强对康复医疗的扶持力度；而加大对康复人才的培养和康复医疗机构建设的投入更加凸显了国家对康复事业的重视和导向；也为全面实现预防 - 治疗 - 康复三结合的医疗方针进一步夯实了基础。

（燕铁斌）

学习要点：

1. 掌握康复、医学康复、康复医学的概念。

2. 掌握康复医学与临床医学的关系。

3. 熟悉康复医学的组成和康复治疗的常用手段。

4. 熟悉 ICIDH 和 ICF 的基本框架。

5. 了解康复医学的工作方式。

6. 了解国内外残疾的分类以及有关康复的方法。

第二章　康复医学相关基础

第一节　人体运动学

一、定义

人体运动学（human kinesiology）起源于希腊语的"运动（kinesis）"和"研究（logy）"，主要研究的是在外力的作用下，身体位置、速度、加速度间的相互关系。身体的运动形式有平移和旋转。

平移是指身体所有部位进行的平行的、同一方向的移动，平移可以沿直线或曲线方向进行，如人在行走时，头的某一点在平移的同时，随着步态上下的动作呈现一种波浪式的曲线运动。旋转轴的位置是旋转主体中位移为零的部位，对于肢体或躯干，旋转轴的位置就在关节上或关节附近。

关节的位移无论是平移还是旋转，都可描述为主动运动或被动运动。主动运动是由肌肉收缩活动引起；被动运动是由肌肉以外的动力所驱动，如他人的推力、重力或牵拉结缔组织的张力。

二、骨骼运动学

1. **运动面**　身体的三个基本平面包括矢状面、冠状面和水平面。矢状面是指前后方向，将人体分为左右两部的纵切面。冠状面是指左右方向，将人体分为前后两部的纵切面。水平面是指与地面平行，与矢状面和冠状面相互垂直，将人体分为上下两部的平面。

2. **旋转轴**　骨骼会在一个与旋转轴垂直的平面内围绕关节旋转，而轴的位置就在关节的凸面。例如，肩可以在三个关节面上运动，即有三个旋转轴。屈曲和伸展沿内外轴即冠状轴旋转；外展和内收沿着前后即矢状轴进行；内旋和外旋沿着垂直轴进行。尽管三个直交的轴线是固定的，但实际上在关节活动范围内，每个轴线都会有微小的移动。只有在一种情况下旋转轴会保持固定，即关节的凸起是一个平滑的球面，而与之吻合的是一个平滑的凹面。

3. **关节运动的描述**　关节是由两块或更多的骨或肢体节段连接而成。关节的活动可以从两个方面描述：①近端节段可以围绕远端相对固定的节段旋转；②远端节段可以围绕近端的相对固定节段旋转。如在膝关节活动中，"股骨对胫骨运动"和"胫骨对股骨运动"是对骨骼运动较好的描述。

大部分上肢的运动为远端节段对近端节段的运动，上肢关节的近端节段通常是借助肌肉、重力或惯性稳定，而远端节段所受的约束较少，可以旋转。进食和抛球是典型的上肢远端节段对近端节段的运动，而引体向上则是上肢近端节段对远端节段的运动。

近端节段对远端节段和远端节段对近端节段的运动也可在下肢运动中体现。如"站立相"是小腿立于地面支撑起身体的全重，"摆动相"即小腿向前移动。另外，踢球动作也是典型的近端节段对远端节段的运动，该运动需要股四头肌的力量来控制身体，使其缓慢下沉。

开链运动和闭链运动，在康复医学中经常用于描述节段的相对运动。运动链是指一系列的关节链接，如骨盆以及下肢的股骨、胫骨和足；"开""闭"用来描述肢体末端是否固定于地面或牢固的物体上。开链运动是指运动链的远端没固定在地面或物体上，远端节段可以自由活动；闭链运动是指运动链的远端固定在地面或物体上，而近端可以自由移动。这些概念多用于对下肢肌肉抗阻训练的描述。

三、关节运动学

1. **关节的形态**　关节的运动学是指关节面的活动，大多数关节面都有一些弯曲，即其中一面相对凸起,另一面相对凹陷,这种凹凸的连接可以增加关节接触面积、增强吻合度,起到稳定关节的作用。

2. 关节面的基本运动　曲面关节之间的基本运动包括滚动、滑动和转动。滚动是指一个旋转关节面上的多点与另一关节面上的多点相接触;滑动是指一个关节面上的单个点与另一关节面上的多个点相接触;转动是指一个关节面上的单个点在另一关节面的单个点上的旋转。

3. 关节运动的原理　凸面对凹面的运动而言,凸面的滚动与滑动的方向相反;凹面对凸面运动而言,凸面的滚动与滑动的方向相同。在盂肱关节的凸 - 凹面活动中,收缩的冈上肌驱动凸起的肱骨头在关节窝内滚动,使肱骨外展。滚动的凸面一般都会伴有反方向的滑动,肱骨头向下的滑动抵消了由于肱骨头滚动出现的向上移动。

滚动 - 滑动与旋转组合:人体中的某些关节可以产生滚动 - 滑动与旋转的组合,如膝关节的屈曲和伸展,在进行股骨对胫骨的伸展时,股骨髁为凸起面,胫骨平台为凹陷面,相对固定的胫骨与股骨内、外侧髁产生滚动和滑动,股骨同时轻微向内旋转。若胫骨相对于固定的股骨伸展,同样出现上述现象。在膝关节,伴随屈曲和伸展产生的旋转是自动发生的,这样相适应的旋转可以在完全伸膝时帮助锁定膝关节。

骨骼的关节面都是凸起或凹陷的,根据活动的骨骼而定,凸面可以围绕凹面旋转,反之亦然。关节在运动时,凸面的滚动和滑动方向是相反的,如此反向的滑动可抵消凸面滑动造成的平移;凹面的滚动与滑动的方向相同。这些关节运动原理为临床手法治疗提供了理论依据。

四、动力学

动力学主要研究各种力对主体的作用。作用于身体上的力一般称为载荷,它可使身体移动或保持平稳,也可使组织变形和损伤。骨骼肌肉系统常见的载荷有拉伸、挤压、弯曲、剪切、扭转以及混合载荷。正常组织在一定范围内具有对抗结构或形态变化的能力,但若某一组织由于疾病、损伤或长期不活动,抵抗载荷的能力将大幅度降低。骨质疏松发生后,压力、扭转和弯曲等载荷,有可能造成骨折。

1. 作用于人体的力　力是一种可以使物体变形或移动的功,根据其以何种方式使物体变形,可称为压缩力、拉伸力、剪切力等,如果力都作用在同一个方向,力可以直接相加。但是,如果作用在不同的方向,每个力必须被分解成两个虚构的成分,即用简单的三角学方法,将这个力分解成呈 90°、作用在两个解剖学方向的力。

(1)内力:是指人体内部各种组织器官相互作用的力。其中最重要的是肌肉收缩所产生的主动拉力,这是维持人体姿势和产生运动的动力;其次是各种组织器官的被动阻力。

(2)外力:是指外界环境作用于人体的力。主要的外力有:

1)重力:由人体或运动器官各节段以及哑铃、重锤等运动器械受万有引力的影响而产生的力,是人体保持直立及运动时必须克服的负荷,其方向竖直向下,大小与人体及物体的质量相等。

2)机械的其他阻力:进行运动器械锻炼时,除要克服器械重力外,还常需克服器械的惯性、摩擦力或弹力。

3)静力支撑反作用力:在静止状态下,地面或器械通过支撑点作用于人体对重力的反作用力,大小与重力相同,方向相反。

4)动力支撑反作用力:人体做加速度运动时所受的支撑反作用力,还要加上与加速度运动力的大小和方向相反的反作用力。

5)摩擦力:是指人体或肢体在地面上或器械上滑动时所受到的摩擦阻力,其大小因人体或肢体重量及地面或器械表面粗糙程度而异,行走时摩擦力的方向与运动方向相同。

6)流体作用力:指人体在流体中运动时所承受的流体阻力,大小与运动速度、流体密度成正比,故在水中运动受到的阻力较空气中大。但由于水的浮力抵消了大部分重力,因此人在水中运动时比较省力。

外力可作为运动训练的负荷,选择与这种负荷相匹配的肢体运动方向和力度、投入工作的肌群及其收缩强度,是肌力训练的方法学理论基础。

2. 人体的力学杠杆   肌肉、骨骼和关节的运动都存在着杠杆原理。任何杠杆均有三个点:力点、支点和阻力点。在人体,力点是肌肉在骨上的附着点,支点是运动的关节中心,阻力点是骨杠杆上的阻力,与运动方向相反。支点到力点的垂直距离为力臂,支点到阻力点的垂直距离为阻力臂。根据力点、支点和阻力点的位置关系,可将杠杆分为三类。

(1)第一类杠杆:支点位于力点与阻力点之间。这类杠杆的主要作用是传递动力和保持平衡,故称之为"平衡杠杆"。支点靠近力点时有增大速度和幅度的作用,支点靠近阻力点时有省力的作用。如肱三头肌作用于尺骨鹰嘴产生伸肘动作,由于肌肉附着点接近肘关节,故手部有很大的运动范围,然而手部较小的阻力即可阻止肱三头肌的运动。

(2)第二类杠杆:阻力点位于力点和支点之间。这类杠杆力臂始终大于阻力臂,可用较小的力来克服较大的阻力,有利于做功,故称之为"省力杠杆"。如足承重时跖屈使身体升高,原理类似于抬起独轮推车的车把,其特点是阻力点移动的力矩小于肌肉的运动范围。

(3)第三类杠杆:力点位于阻力点和支点之间。此类杠杆由于力臂始终小于阻力臂,力必须大于阻力才能引起运动,不省力,但可以获得较大的运动速度,故称之为"速度杠杆"。如肱二头肌引起屈肘动作,运动范围大,但作用力较小。

人体中多数是第一、三类杠杆,其特点是将肌腱的运动范围在同方向或反方向上放大,但比较费力,肌肉附着点越靠近关节越明显。其生物学优势是肌肉集中排列,能使四肢更轻、更细。若一块肌肉跨过关节分别止于两块骨上,一块固定,另一块可动,肌肉收缩可产生两种效应,即转动效应和关节的反作用力。

第二节 骨与关节生物力学

生物力学(biomechanics)是研究生物体内力学问题的科学,它是力学、生物学、医学等学科相互渗透的学科。

一、骨骼的生物力学

骨骼系统是人体重要的力学支柱,不仅承受着各种载荷,还为肌肉提供可靠的动力联系和附着点。骨主要由矿物羟磷灰石微晶和 I 型胶原构成。胶原蛋白为骨提供了相当大的拉伸强度,并使骨在折裂时展现出韧性,而矿物成分使骨具有一个非常高的压缩模量和高抗压强度。刚度定义了骨的特征,使滑膜关节表面有精确的形状,在荷载作用下变形很小,并使肌肉拉动骨时产生快速运动。如果骨的刚度下降,快速的肌肉收缩则会导致弯曲,并减缓肢体的角运动。另外,骨的力学性质受年龄、性别、部位等因素影响。

骨的变形以弯曲和扭转最为常见,弯曲是沿特定方向上连续变化的线应变的分布,扭转是沿特定方向上的角应变的连续变化。骨骼的层状结构充分发挥了其力学性能。从受力情况分析,一长骨若中部受到垂直于长轴的力的作用,该长骨的两端由关节固定,中间部的力使其长度伸长并弯曲,与两端关节固定点形成相反的平行力,越靠近骨皮质的部位应力越大;若受到扭转力的作用,情况亦是如此,骨的一部分类似于一个圆柱体,圆柱的端面受一对大小相等、方向相反的力矩作用,发生角应变,轴心的应变及剪应力为零,圆柱体表面的力最大,即骨皮质所受的力最大,而骨皮质是最坚硬的部位,抗压力、抗扭转力最强。

二、应力对骨生长的作用

应力刺激对骨的强度和功能的维持有积极的意义。骨是能再生和修复的生物活性材料,有机体内的骨处于增殖和再吸收两种相反过程中,此过程受很多因素的影响,如应力、年龄、性别以及某些激素水平,但应力是比较重要的因素。研究表明,骨骼都有其最适宜的应力范围,应力过大或过小都会使其吸收加快。一般认为,机械应力对骨组织是有效的刺激。骨骼的力学特性是由其物质组成、骨量和几何结构决定的,当面临机械性应力刺激时,常常出现适应性的变化,否则,将会发生骨折。负重对维持骨小梁的连续性、提高交叉区面积起着重要作用,施加于骨组织上的机械应力可引起骨骼的变形,这种变形导致成骨细胞活性增加,破骨细胞活性减弱。瘫痪的患者,骨骼长期缺乏肌肉运动的应力作用,使骨吸收加快,产生骨质疏松。另外,失重也可造成骨钙丢失。骨在应力作用下羟磷灰石结晶的溶解增加,使发生应变的骨组织间隙液里的钙离子浓度增大,以利于无机晶体的沉积。骨的重建是骨对应力的适应,常受应力刺激的部位生长,较少受到应力刺激的部位吸收。制动或活动减少时,骨因缺乏应力刺激而出现骨膜下骨质的吸收,强度降低。骨折钢板内固定时,载荷通过钢板传递,骨骼受到的应力刺激减少,骨骼的直径缩小,抗扭转能力下降。相反,反复的高应力刺激,可引起受刺激部位骨膜下的骨质增生。

自适应重构,骨骼组织通常能够适应它们的机械性能,以配合施加给它们的力。这个原则称为沃夫定律(Wolff's Law)。一个组织的变形量与它所承受的机械载荷成正比。细胞为适应这一增加的应变,要通过产生更多的细胞外基质来响应,从而增加组织的刚度,并逐步返回到正常的应变水平。同样,减少载荷则导致组织应变降低,基质合成减少和刚度降低,使组织应变增加到正常值。这种负反馈系统确保骨重构适应力学环境。动物实验表明,每天至少36个比较明显的加载周期才能使骨产生最大的增生反应,而每天少于4次循环加载则出现组织的吸收。而且,骨细胞响应的是最大负荷而不是时间 - 平均负荷。

三、骨痂的生物力学

骨折愈合后的机械力学特性依赖于愈合骨痂的物理特性和几何特性,骨强度的恢复与连接骨折块的新骨形成的数量密切相关,骨痂的强度与其钙的含量有关。在骨折修复的过程中,骨折愈合对骨折块活动的机械力高度敏感。无论以何种方式固定,在负荷的作用下,骨折块都会发生一定的运动,影响到骨折修复的形态。不同组织可承受不同强度的应力,在骨折愈合早期,骨折处形成的肉芽组织能很好地耐受骨折块间的应力变化;在修复过程中,细胞的类型和性质决定了骨折的稳定性,在骨折断端紧密连接机械稳定性的情况下,软骨形成的数量极少,但由于存在哈弗系统直接塑形愈合的作用,会在骨折断端间形成一层薄骨痂。而在骨折断端未获得机械稳定性时,早期的骨痂不能在断端间形成桥接,而是形成丰富的软骨骨痂,这些骨痂随稳定性的加强,通过软骨内骨化转变成骨。在软骨骨痂钙化的过程中,如果骨折间隙较大,并且不具备足够的稳定性,那么由于纤维组织的存在,纤维软骨骨痂不能转变为成骨性骨痂组织,则会发生骨折不愈合。

四、关节软骨的生物力学

1. 关节软骨的结构与组成 关节软骨是组成活动关节面的有弹性的负重组织,可减少关节面在滑动中的摩擦,具有润滑和耐磨的特性,并有吸收机械震荡、传导负荷至软骨下骨的作用。关节软骨主要由大量的细胞外基质和散在分布的高度特异细胞(软骨细胞)组成,基质的主要成分是水、蛋白多糖和胶原,并有少量的糖蛋白和其他蛋白,这些成分构成了关节软骨独特而复杂的力学特性。

关节结构的变化会改变关节承载和力的传递方式,改变关节的润滑度可改变关节软骨的生理状态。扫描电镜发现,正常关节软骨的表面是紧密的带微孔的表面编织结构,而变性的软骨表面常常出现撕裂和剥脱现象。关节软骨的表面有明显的不规则特性,这种特性有助于润滑,可显著增加关节软骨的摩擦和变性概率。

2. 关节的润滑 关节滑液是由滑膜分泌到关节腔的一种透明的或微黄的高黏滞性液体,它是一种血浆透析液,不含凝血因子、红细胞和血红蛋白,但含有透明质酸盐、葡萄糖氨基聚糖和具有润滑作用的糖蛋白。关节的润滑有两种基本形式：液膜润滑和边界润滑。液膜润滑的润滑剂是关节液，边界润滑包含一层吸附在两个相向关节面上的润滑剂分子，当两个关节面的粗糙部开始接触或当液膜被大载荷挤出关节间隙时，边界润滑开始起作用。软骨内间隙液增压形成了混合润滑模式，这些间隙液承受了大部分的载荷，同时相互接触的胶原-蛋白多糖基质之间的边界润滑承担了剩余的载荷。混合润滑降低了关节的摩擦和磨损。在病理状态下，关节内的润滑机制将受到病变润滑特性和软骨特性改变的影响。

3. **软骨的生物力学特性**   活动关节的软骨要承载人一生中几十年的静态或动态的高负荷，其结构中的胶原、蛋白多糖与其他成分组成一种强大的、耐疲劳的、坚韧的固体基质，以承担关节活动时产生的压力和张力，关节软骨有独特的生物力学特性。

关节结构的破坏，如半月板和韧带的撕裂，都将改变关节面应力的大小，与关节不稳和软骨的生化改变密切相关。在实验动物中，切断前交叉韧带或切除半月板后，关节软骨表面出现纤维化、蛋白多糖的聚集数量下降、水合增加、关节囊增厚、骨赘形成。在组织学与生化成分改变的同时，力学特性也发生改变。如切除前交叉韧带后，拉伸与剪切弹性模量渐进性降低；关节不稳时，压缩弹性模量降低，液压渗透性增加，导致基质变形增加，生理负荷时液体流量增加，负重时液压减小，应力遮挡效应减弱。

4. **关节面的运动**   关节面的组成有多种，但这些表面的大部分区域在某一位置上精确地适应，这称为紧密充填（close-packed position），在此状态关节最稳固。例如，膝关节的紧密状态是完全伸直。其他的位置，关节表面不完全匹配，并且能够通过旋转、滚动和滑动的组合产生彼此相对运动。紧密状态通过接触并压紧或拧紧（screwed home）以达到关节表面完全吻合，纤维囊和韧带最大程度的螺旋和紧张，此状态要发生进一步的运动是不可能的。紧密状态表面一般不能被正常的外力分开，骨可以看作被暂时锁定，就好像没有关节存在一样。紧密状态是最后的极限位置，关节周围的肌肉收缩可以稳固这种状态，由于这些肌肉力量不足而出现的异常运动会导致关节结构的损伤。

五、肌肉的生物力学

（一）肌肉的分型
根据肌细胞分化情况可将肌肉分为骨骼肌、心肌和平滑肌。骨骼肌按其在运动中的不同作用，又可分为原动肌、拮抗肌、固定肌和协同肌。

1. **原动肌（prime mover）**   在运动的发动和维持中一直起主动作用的肌肉称原动肌。

2. **拮抗肌（antagonistic muscles）**   指与运动方向完全相反或发动和维持相反运动的肌肉。原动肌收缩时，拮抗肌协调地放松或做适当的离心收缩，以保持关节活动的稳定性，增加动作的精确性，并能防止关节损伤。如在屈肘运动中，肱二头肌是原动肌而肱三头肌是拮抗肌。

3. **固定肌（fixation muscles）**   为了发挥原动肌对肢体的动力作用，需将肌肉近端附着的骨骼充分固定，起这一作用的肌肉为固定肌。如在肩关节，当臂下垂时，冈上肌起固定作用。

4. **协同肌（synergic muscles）**   一块原动肌跨过一个单轴关节可产生单一运动，多个原动肌跨过多轴或多个关节，就能产生复杂的运动，这就需要其他肌肉收缩来消除某些因素，这些肌肉可辅助完成某些动作，称为协同肌。

在不同的运动中，某块肌肉可担当原动肌、拮抗肌、固定肌或协同肌等不同的角色。即使在同一运动中，由于重力的协助或抵抗力不同，同一块肌肉的作用也会改变。

（二）肌肉的收缩形式
在 ATP 和 Ca^{2+} 的激动下，肌纤维中的肌球蛋白与肌动蛋白的横桥相结合，产生收缩。骨骼肌的两端附着于骨骼上，随肌纤维长度的变化，产生复杂的功能活动，其收缩形式有等张收缩、等长收缩和等速收缩。肌肉收缩时，当阻力负荷低于肌肉所产生的力时，肌肉发生的收缩称为向心性收缩（concentric contraction）；当阻力负荷大于肌肉收缩所产生的力时，肌肉被拉长，称为离心性收缩

（eccentric contraction）。

1. 等张收缩（isotonic contraction）　在肌肉收缩时，整个肌纤维的长度发生改变，张力基本不变，可产生关节的运动。此类肌肉收缩又根据肌纤维长度变化的方向不同分为：

（1）等张向心性收缩（isotonic concentric contraction）：肌肉收缩时肌纤维向肌腹中央收缩，长度变短，肌肉的起止点相互接近。如肱二头肌收缩引起的肘关节屈曲。

（2）等张离心性收缩（isotonic eccentric contraction）：肌肉收缩时肌纤维的长度变长，肌肉起止端远离，此时肌肉收缩是为了控制肢体的运动速度。如下蹲时，股四头肌收缩但长度延长，其作用是控制下蹲的速度。

2. 等长收缩（isometric contraction）　肌肉收缩时，肌纤维的长度基本不变，表现为肌张力增高，但不产生关节的运动。

3. 等速收缩（isokinetic contraction）　肌肉收缩时产生的张力可变，但关节的运动速度是不变的。等速收缩也分为向心性和离心性收缩，等速收缩产生的运动称为等速运动。

4. 肌肉对电刺激的反应　神经活动的状态可通过在一定频率下单一刺激、重复刺激或其他刺激的模式来控制。单一刺激时，肌肉的张力很快上升，之后在不同的时间内降至基线，通常小于 200 毫秒，称为肌肉的单收缩，是对单一神经刺激做出的收缩反应。如果第一次神经刺激的反应已回到基线，肌膜处于稳定状态，紧接着再出现第二次神经活动，重复刺激的结果不会增加肌肉收缩力，只是另一单收缩的开始。但是，如果神经的刺激频率增加，在前一刺激引起的收缩张力未恢复到基线前，又发生下一刺激，此时引起的张力强度比单收缩时要大。随刺激频率的增加，肌肉张力表现出综合效应，即高频率的刺激可使张力达到最大并保持在此水平，这称为强直收缩。强直收缩所产生的张力要比单收缩产生的张力高数倍，这是中枢神经系统通过改变刺激频率来改变肌肉收缩力的有效机制。机体通过有秩序的募集运动单位并调节刺激频率使肌肉获得最佳的收缩，产生肢体运动。

5. 骨骼肌收缩与负荷的关系　肌肉是躯体运动的基本驱动者，当神经冲动作用于肌肉时，肌肉产生收缩并且肌肉的长度也缩短。在等张收缩时，肌肉收缩的速度与肌肉的负荷有关，低负荷肌肉的收缩速度快于高负荷的肌肉。随着肌肉收缩的速度变小，肌肉的收缩力增加。与此相类似，肌肉等长收缩力趋于最大时，肌肉缩短的速度趋于零。向心收缩的肌肉产生更大的力、做更多的功。对于一个给定的递增负荷，肌肉伸长的速度小于其缩短的速度。因此，肌肉在进行抗阻力收缩时，表现出类似硬材料的力学特征。而当收缩力超过最大收缩力的 50% 时，力量与速度之间的关系发生突然的变化。在临床上，力量与速度之间的这种双曲线关系很重要，因为在速度增加时，力量迅速下降。

离心性收缩的机械效率高而耗氧量低，因此离心性运动消耗的能量少。与向心性收缩相比，离心性收缩的另一优点是在相同的收缩速度下，肌肉做最大自主性收缩和产生最大力矩时，神经肌电活动只表现为次最大活动，而且，反复地进行离心性收缩训练也可以提高肌肉对抗运动性延迟性肌肉疼痛的能力。

六、肌腱和韧带的生物力学

（一）肌腱和韧带的拉伸特性

肌腱是机体软组织中具有最高拉伸强度的组织之一，原因是它由胶原组成，而胶原是强度最大的纤维蛋白，同时这些蛋白纤维沿张力的作用方向平行排列。胶原的力学性质主要由胶原纤维的结构、胶原与细胞外间质、蛋白多糖之间的相互作用决定。骨 - 肌腱 - 肌肉的结构性质依赖于肌腱本身、肌腱与骨附着处、肌腱肌肉交界处三者的力学性质。

肌腱和韧带与许多组织一样，具有与时间和过程相关的弹性特性，即肌腱和韧带的伸长不仅与受力的大小相关，也与力的作用时间及过程相关。这种黏弹性反映了胶原的固有性质及胶原与基质之间的相互作用。肌腱和韧带与时间的关系可以用蠕变 - 应力松弛曲线来表示。组织因持续受到特定载荷而随时间延长发生的拉伸过程，称为蠕变；另一方面，组织因受到持续拉伸而随时间延长发生应力减小的过程，称应力松弛。肌腱和韧带随载荷过程发生的变化，是指载荷 - 拉长曲线的形状随前载荷的变化而变化。在等张收缩中，肌肉 - 肌腱的单位长度保持不变，然而由于蠕变的作用，导致肌腱和韧带拉伸，肌肉缩短。从生理学角度讲，肌肉长度的缩短可降低肌肉的疲劳程度，所以，肌腱和韧带的蠕变在等张收缩中可增加肌肉的工作能力。另外，肌腱、韧带的黏弹性与其载荷有关。所以，在预载荷之后，软组织的载荷 - 伸长曲线才有最大的可重复性。肌腱和韧带的性质还与应变的速率有关，拉长的速度越快，肌腱的强度越大。

（二）影响肌腱和韧带力学的因素

除黏弹性外，解剖部位、运动水平、年龄、温度都是影响肌腱和韧带力学性质的因素。

1. 解剖部位　不同解剖部位的肌腱和韧带所处的生化环境不同，承受的应力不同，其生物力学性质也不同。如成年猪趾屈肌腱的极限拉伸强度比趾伸肌腱大两倍，生化分析表明，趾屈肌腱中的胶原含量比趾伸肌腱多。

2. 锻炼和固定　锻炼对肌腱和韧带的结构和力学性质有长期的正面效应。例如经长期训练后，小猪趾屈肌腱的弹性模量、极限载荷都有增加。锻炼对胶原纤维的弯曲角度和弯曲长度有明显的影响，还能增加胶原的合成，增加肌腱中大直径胶原纤维的百分比。大直径的胶原纤维比小直径的胶原纤维承受更大的张力，因为大直径的胶原纤维中，纤维内的共价交联较多。

3. 年龄　年龄是影响肌腱和韧带力学性质的重要因素，随着年龄的增长，肌腱胶原纤维波浪弯曲角度减小。在发育成熟前，线性区域之后是一个单一的屈服区，出现不可逆转的拉伸及结构破坏，在屈服区内可观察到近乎于零的弹性模量。发育成熟后，这个屈服平台消失，代替它的是两个不同的屈服区域。随着发育成熟，肌腱的极限拉伸强度和极限应变也增加。青壮年人和老年人的肌腱极限拉伸强度显著高于未成年人，青壮年人肌腱的模量高于未成年人和老年人。

成年人的肌腱中，蛋白多糖呈丝状结构重叠垂直排列，而在未成年人的肌腱中，蛋白多糖的丝状结构排列方向不一。与成年人的肌腱相比，未成年人的肌腱在低拉伸强度下更容易撕裂。这一特性表明，胶原纤维之间的蛋白多糖桥联在肌腱传递张力时起重要作用，能加强组织的强度。

七、周围神经损伤的生物力学

导致周围神经损伤的原因有很多，最常见的是机械性损伤，如切割伤、骨折脱位所致的神经压迫伤和牵拉性损伤等，本部分主要讨论比较常见的神经卡压和牵拉损伤的生物力学。

（一）神经卡压的生物学变化

在严重的急性损伤中，神经纤维的机械形变是引起神经病理改变的原因；在慢性卡压中，缺血则成为损伤发生的主要因素。迟发的效应包括水肿、出血、神经纤维变性以及导致神经滑动减少的粘连。卡压引起的缺血将导致神经内毛细血管内皮细胞的缺氧及机械性损伤，使其对水分、各种离子和蛋白质的通透性增高，当血供恢复时，会导致神经内水肿。水肿的程度与卡压的强度和持续时间有关。

最轻微的卡压性损伤可造成传导阻滞或Ⅰ度损伤。在这类损伤中，卡压因素一旦去除，阻滞可迅速逆转，提示损伤与神经内血管部分或完全闭塞导致的供氧减少有关。在高强度卡压下，不仅存在血管闭塞，还可有神经纤维和血管的破坏。长期持续的传导阻滞将形成局部神经内水肿和节段性脱髓鞘，引起Ⅲ度和Ⅳ度损伤。

（二）神经牵拉的生物力学

最初牵拉时，由于神经干的松弛，神经可以很迅速且很容易地被拉长，神经束被牵拉，振动消失。当牵拉继续时，神经纤维内部张力增加，并和神经束膜一起被牵拉。当神经束被牵拉时，它们的横截面积减少，使神经束内压力升高，导致卡压神经的形变和缺血（Ⅰ度损伤），当神经拉长接近弹性限度时，神经束内的纤维开始断裂（Ⅱ度损伤），牵拉增加时，神经束内的神经内管断裂（Ⅲ度损伤），然后是神经束膜的撕裂（Ⅳ度损伤），更大的牵拉则引起神经外膜撕脱和神经的连续性丧失（Ⅴ度损伤）。这些损伤与神经束内广泛损伤及纤维变性有关，后者能阻碍神经再生。

第三节 运动对机体的影响

运动是生命的标志,不仅表现为物体的物理性位移,而且也表现为生物体内部结构的动态变化。它是人类最常见的生理性刺激,对多个系统和器官的功能具有明显的调节作用,能够调节 DNA 转录、蛋白质的翻译、酶和激素诱导因子的形成,使机体最终适应运动的需要,调整和重塑组织功能。

一、运动的生理效应

运动是生命活动的标志,只要生命存在,运动就不会停止。运动时身体的各系统都将产生适应性的变化,继而引起功能的改变。康复治疗时进行的有针对性的功能训练,可调节各系统的功能,对改善患者的身、心功能障碍有着积极的意义。

(一)运动对心血管系统的影响

1. 循环调节 心血管系统会随着躯体的运动而产生特异性变化,随运动强度的增加,骨骼肌对有氧代谢系统的要求增强,心血管系统必须产生相应的适应性变化来满足对肌肉的能量供应。运动形式不同,产生的生理反应也不同。等张运动主要表现为心率加快、回心血量增多、外周阻力下降、收缩压增高、舒张压不变和心肌摄氧量增加。等长抗阻运动表现为血压升高、心肌摄氧量增加、心率加快、心排血量中度增加、每搏量和外周阻力变化不大。

运动时肾素 - 血管紧张素的分泌可以引起动静脉的收缩,参与运动时的血压调节,同时抑制肾脏水和钠的排出,增加循环血量。另外,运动时骨骼肌血管床扩张,血流灌注增加,肌肉收缩时,静脉受挤压,使血液流向心脏;当肌肉舒张时,静脉重新充盈,如此循环,防止血液的淤积。呼吸运动的加强也促使肢体的静脉血回流入腔静脉。

2. 心率调节 运动时心血管系统第一个可测的反应是心率增加。在心脏每分钟排出的血量中,心率因素占 60%~70%,而前负荷和后负荷因素占 30%~40%,因此心率增加是心排血量增加的主要原因。运动时心脏做功负荷、心率与氧摄入量呈线性增加关系,在低强度运动和恒定的做功负荷中,心率将在数分钟内达到一个稳定的状态;而在高负荷状态下,心率需较长时间才能达到更高的平台。随着年龄的增加,最大心率将下降,这种负相关是由于心脏功能的减退造成的。具有良好心血管适应能力的人,随着年龄的增长,最大心率的下降速度是缓慢的。此外,心率的变化还与肌肉运动的方式有关。动态运动所增加的心率要比恒定运动增加的多;卧床后心率增加可能与重力对压力感受器的刺激减少有关;轻度或中度运动,心率的改变与运动强度一致。

3. 血压调节 运动时,心排血量增多和血管阻力改变可以引起相应的血压升高。但在运动中,由于骨骼肌血管床的扩张,总外周血管阻力明显下降,这样有利于增加心排血量。收缩压通常与所达到的最大运动水平有关,当极限运动后,收缩压往往下降,一般在 6 分钟内恢复到基础水平,然后保持在比运动前稍低的水平数小时。有时,突然停止运动后,由于静脉池的作用,收缩压会出现明显的下降。运动时,由于代谢增加,运动肌肉中的动脉扩张,不运动的组织中的血管收缩,阻力增加,但其总的净效应是全身血管的阻力降低。一般情况下,运动时收缩压增高,而舒张压不变。在无氧、等长收缩及仅有小肌群参与的大强度运动时,虽可明显增加心排血量,但由于此时局部血管扩张的作用较少,总外周血管阻力没有相应地下降,舒张压明显升高。另外,运动时血压升高还与收缩肌群的神经冲动传入大脑高级中枢,抑制迷走神经、兴奋交感神经,促进儿茶酚胺分泌有关。

4. 心血管功能调节 运动时,自主神经和血管内皮细胞衍生的舒缓因子的双重调节作用使冠状动脉扩张,心脏舒张期的延长使冠状动脉得到更充分的灌注,改善冠状动脉的血供。另外,运动能增加纤溶系统的活性,降低血小板的黏滞性,防止血栓形成。仅持续运动数秒,心血管系统就会出现复杂的适应性变化,其程度取决于运动的种类和强度。由于运动时心排血量增加,引起系统动脉压增加,其中不参与运动的组织外周血管阻力增加,而参加运动的肌肉外周血管阻力则下降。由此可见,机体运动时产生一系列复杂的心血管调节反应，既能为运动的肌肉提供足够的血液供应和热量，又可保证重要器官如心、脑的血液供应。随着运动时间的延长，β 肾上腺能受体受到刺激，通过正性收缩能效应，提高心肌的收缩力。

运动时，心肌收缩力增强是心搏出量增加的重要机制。长期运动的人，安静时心率较慢，而每搏输出量因左心室收缩期末容量缩小而增加，故心脏的每分输出量并不减少。这就为心脏提供了较多的功能储备，使其在亚极量负荷下仍可以较低的心率来完成工作，在极量负荷下可用提高心率来满足机体的需要。

（二）运动对呼吸系统的影响

肺的主要功能为进行气体交换、调节血容量和分泌部分激素。运动可增加呼吸容量，改善 O_2 的吸入和 CO_2 的排出。主动运动可改善肺组织的弹性和顺应性。吸气时膈肌的运动对肺容量有较大的影响，正确的膈肌运动训练有利于增加肺容量，肺容量增加后，摄氧量也随之增加。在摄氧量能满足需氧量的低或中等强度运动中，只要运动强度不变，即能量消耗恒定，摄氧量能保持在一定水平，该水平称为"稳定状态"。但在运动的起始阶段，因呼吸、循环的调节较为迟缓，氧在体内的运输滞后，致使摄氧量水平不能立即到位，而是呈指数函数曲线样逐渐上升，称为"非稳态期"，这一阶段的摄氧量与根据稳定状态推断出的需氧量相比，其不足部分即无氧供能部分称为"氧亏"。当运动结束进入恢复期时，摄氧量也并非从高水平立即降至安静时的水平，而是通过快、慢两个下降曲线逐渐移行到安静水平，这一超过安静状态水平而多消耗的氧量即为"氧债"。一般来说，"氧债"与总的"氧亏"是等量的。

"稳定状态"是完全的供能过程，而"氧亏"的摄氧量与根据稳定状态推算出的需氧量相比，其不足部分是无氧供能部分。运动时消耗的能量随运动强度加大而增加，以中等强度的负荷运动时，在到达稳定状态后持续运动期间的每分摄氧量即反映该运动的能量消耗和强度水平。在运动中，每分摄氧量随功率的加大逐渐增加，但当功率加大到一定值时，每分摄氧量达到最大值并不再增加，此值称为最大摄氧量（VO_{2max}）。VO_{2max} 的绝对值以"L/min"为单位，相对值以"ml/（kg·min）"为单位，相对值消除了体重的影响，在进行个体比较时更有实际意义。

（三）运动对肌纤维的影响

运动是由骨骼肌在神经支配下完成收缩和舒张动作而产生的，肌肉和关节的运动类型与肌肉的分布、关节的形态、神经冲动的强弱有关。运动是由运动单位（motor unit）启动的，一个运动单位包括一个 α 运动神经元的轴突和它所支配的肌纤维。在运动单位中，所有的肌纤维都具有相同的收缩和代谢特性，这表明肌肉纤维的类型与其运动神经有关。应用组织化学染色可区分不同的肌肉纤维类型，其原理基于肌肉结构蛋白在一定化学反应下的活性和代谢途径。

人类骨骼肌存在三种不同功能的肌纤维：Ⅰ型慢缩纤维，又称红肌，即缓慢 - 氧化型肌纤维；Ⅱa 型和Ⅱb 型快缩纤维，又称白肌。Ⅰ型纤维比其他类型纤维的收缩和舒张时间都要长，比较抗疲劳，从结构上说，这些纤维有较多的线粒体和毛细血管。Ⅱa 型或称快速氧化酵解型纤维，氧化和酵解代谢途径均较完善，抗疲劳特性介于Ⅰ型和Ⅱb 型之间。Ⅱb 型或称快速酵解型纤维，是运动单位中数量最多的肌纤维，具有最长的轴突和最大的细胞体、最快的收缩时间和最小的抗疲劳能力，这种纤维具有完善的酵解系统，但氧化系统不完善。另外，人类可能有Ⅱc 型纤维，这类肌纤维有独特的肌球蛋白，耐力型运动员训练期间，肌肉中可能含有 10% 的Ⅱc 型纤维。

中枢神经系统在募集运动单位或肌纤维时是以其大小为顺序的。以Ⅰ型纤维为主的小的运动单位首先被募集，由Ⅱb 型纤维构成的最大的运动单位则主要在高强度运动时被募集，而Ⅱa 型纤维或运动单位在大小上介于前二者之间。低强度运动显著消耗Ⅰ型纤维内的糖原，而对Ⅱ型纤维内的糖原影响甚微；反之，高强度的运动消耗Ⅰ型和Ⅱ型纤维内的糖原，尤以后者更为明显。

在一定条件下不同肌纤维的类型可发生转变。运动训练可使运动单位成分发生适应性的转变，这种可塑性使肌纤维在形态学和功能上均随所受的刺激不同而发生相应的变化。有研究表明，在Ⅱ

型纤维中，Ⅱa 型和Ⅱb 型纤维可以互相转变。耐力训练在减少Ⅱb 型纤维的同时可增加Ⅱa 型纤维的比例，而力量训练可增加Ⅱb 型纤维的比例。使用刺激Ⅰ型纤维的低频电刺激Ⅱ型纤维，部分Ⅱ型纤维可转变为Ⅰ型纤维。

（四）运动对骨骼肌的影响

1. 力量训练　力量大和重复次数少的训练可增加肌肉力量，这是肌肉横截面积增加的结果。神经系统的参与也是力量训练取得效果的重要因素。肌肉力量的增加与运动单位的募集有密切的关系，力量训练可改变中枢神经系统对运动单位的作用，使更多的运动单位同步收缩而产生更大的收缩力量。

抗阻训练通常是在阻力负荷条件下完成 1～15 次动作，其原则是重复练习至不能再继续。负荷大和重复次数少的练习主要增加肌肉的力量和体积，而对耐力无明显影响。所有类型的肌纤维均会对力量训练产生适应性，这种适应性增加了肌纤维对抗外界阻力的能力，其原因是肌肉中收缩蛋白含量的增加。

2. 耐力训练　力量训练的结果是使肌肉变得更强壮，体积增大，而耐力训练的结果是令肌肉产生适应性变化，这种变化主要是肌肉能量供应的改变。对耐力训练而言，选择的阻力负荷应以 20 次以上动作为宜。耐力训练对肌纤维内线粒体的影响比较明显，线粒体的数量和密度随训练的增加而增加。

3. 爆发力训练　持续数秒至 2 分钟的高强度训练主要依赖无氧代谢途径供能，又称无氧训练，其能量供应主要来源于储存的磷酸肌酸分解为 ATP 以及葡萄糖的酵解。无氧训练所产生的人体适应性变化主要表现为磷酸肌酸储存量的增加，另外，参与糖酵解的某些酶的活性也增加，但这种酶活性的变化比有氧训练引起的变化小得多。

（五）运动对关节代谢的影响

关节骨的代谢主要依赖于日常活动时的加压和牵伸，如站立位时重力使关节骨受压、肌腱对骨的牵伸，这两种作用直接影响关节骨的形态和密度。关节附近的骨折、关节置换术后，应及时正确地应用运动疗法，以刺激软骨细胞，增加胶原和氨基己糖的合成，防止滑膜粘连和血管翳的形成，从而增加关节活动范围，恢复关节功能。运动提供的应力使胶原纤维按功能需求有规律地排列，促进关节骨折的愈合。

各种运动均可造成关节的磨损，在生物力学中，承载体的磨损是在化学或力学因素作用下进行性的物质磨损。力学因素引起机械性磨损，疲劳磨损是发生于承载体表面、与润滑现象无关的机械性磨损。关节的重复性载荷引起关节内周期性应力应变，导致软骨疲劳，这种疲劳随软骨内微损伤的积累而扩大，致使软骨表面原本排列致密的胶原网变得肿胀、松散，最终这些破坏扩展到关节的表面，使其破裂。频繁的关节运动可导致关节软骨的疲劳、磨损。一般情况下，正常软骨的新陈代谢足以维持组织的平衡，但如果损伤的速度高于软骨细胞再生的速度，微损伤的积累效应就会发生，导致软骨的破坏，影响关节功能。

关节的负重和运动对维持正常关节软骨的组成、结构和机械特性非常重要，负荷的类型、强度和频率直接影响关节软骨的功能。当负重的强度和频率超出或低于某一范围时，关节软骨的合成和降解的平衡被打破，软骨的组成与超微结构均发生变化。

关节软骨是没有神经分布的组织，所以，神经不能为软骨细胞传递信息。研究表明，软骨细胞对压力 - 形变非常敏感，作用在组织中的力学变化导致了细胞膜应力 - 应变的变化，使细胞获得足够的信息。关节的负重与否、活动方式是软骨生化特性改变的主要刺激因素，影响软骨的生物力学特性，如关节软骨受到机械刺激时会发生再塑形。

关节负荷过大、过度使用或受到撞击都可影响关节软骨的功能，单一的冲击或反复的损伤均可增加软骨的分解代谢，成为进行性退变的始动因素。适量的跑步运动可增加关节软骨中蛋白多糖的含量与压缩硬度，增加未成熟动物关节软骨的厚度。

（六）运动对骨代谢的影响

1. 运动对骨密度的影响　骨骼的密度与形态取决于施加在骨上的力，运动可增加骨的受力，刺激骨生长，使骨量增加；反之，骨受力减少可抑制其生长，使骨量减少。通常体力劳动者骨密度高于脑力劳动者；卧床的患者，腰椎骨矿物质平均每周减少 0.9%，且卧床时间越长骨质疏松越严重。

冲击性运动（如踏步、跳跃）对髋部骨骼具有良好的刺激作用。观察表明，排球与体操运动员的骨密度明显高于游泳运动员和正常人，且具有部位特异性。承重训练有利于腰椎骨密度的增加。快速行走时，腰椎的载荷比直立位增加 1 倍；慢跑时，腰椎的载荷比直立位增加 1.75 倍；直立位举重物时，腰椎的承载则更大。中等强度的承重训练（如慢跑、爬楼梯）能维持骨量和保持骨的弹性。进行等长抗阻训练时不产生骨关节的运动，可实现疼痛最小化和靶骨骼受力最大化，该训练对合并有骨性关节病的骨质疏松症患者较为适合。

2. 运动对雌激素的影响　雌激素是稳定骨钙的重要因素，女性在绝经后，由于雌激素水平的下降，骨量丢失速度加快。运动可使绝经后妇女的雌激素水平轻度增加，从而增加骨钙含量。研究表明，全身运动加局部专项锻炼 6 个月后，老年女性跟骨骨密度增高、骨强度增强、骨质疏松患病率下降。参加舞蹈和长跑的女性血清总碱性磷酸酶和游泳者的雌二醇水平均显著高于对照组。此外，太极拳运动也可使妇女雌激素分泌增加，有效地减少骨矿物质的自然丢失，改善骨骼的钙磷代谢。

（七）运动对肌腱的影响

运动训练对肌腱的结构和力学性质有长期的正面效应。例如经长期训练后，小猪趾屈肌腱的弹性模量、极限载荷都有所增加。训练还能增加胶原的合成，增加肌腱中大直径胶原纤维的比例。

成年人的肌腱中蛋白多糖呈丝状结构重叠垂直排列，而在未成年人的肌腱中，蛋白多糖的丝状结构排列方向不一。与成年人的肌腱相比，未成年人的肌腱在低拉伸强度下更容易撕裂。这一特性表明，胶原纤维之间的蛋白多糖桥联在肌腱传递张力时起重要作用，能加强组织的强度。

（八）运动对脂代谢的影响

脂代谢受多种因素调控，其代谢紊乱会增加缺血性心脑血管疾病的发病率。长链脂肪酸是脂肪氧化的重要来源。脂肪酸的来源有血浆脂质、细胞内甘油三酯和磷脂池及肌纤维间脂肪组织中的甘油三酯。在 $40\%VO_{2max}$ 的强度下运动时，脂肪酸氧化所提供的能量约占肌肉能量来源的 60%。运动还可提高脂蛋白脂肪酶的活性，加速富含甘油三酯的乳糜微粒和极低密度脂蛋白的分解，降低血浆甘油三酯、胆固醇、低密度脂蛋白和极低密度脂蛋白水平，增高高密度脂蛋白和载脂蛋白 AI 的水平。研究表明，坚持长跑运动的老年人血浆胆固醇、甘油三酯、低密度脂蛋白、载脂蛋白 AI 水平显著低于非运动组，并且锻炼改善脂代谢的程度还与锻炼时间呈正相关。任何强度的持续运动如马拉松、越野、滑雪甚至休闲性慢跑，都有降血脂效应。

运动可促进组织特别是骨骼肌中脂蛋白脂肪酶的基因表达，而脂肪组织中的脂蛋白脂肪酶的基因表达无变化。脂蛋白脂肪酶对于组织摄取血浆中富含甘油三酯的脂蛋白是必需的，脂蛋白脂肪酶的活性与血浆甘油三酯水平呈负相关。研究结果表明，运动具有促进内源性激素如儿茶酚胺和胰岛素转移至骨骼肌、增加脂蛋白脂肪酶活性的作用。有研究表明，运动和胰岛素均能促使葡萄糖转载体移位至细胞膜、增加细胞膜的转运和糖原合成，提高机体葡萄糖的利用度，改善脂质代谢。

（九）运动对中枢神经系统的影响

中枢神经对全身器官的功能起调控作用，同时又需要周围器官不断传入信息以保持其紧张度和兴奋性。运动是中枢神经最有效的刺激形式，所有的运动都可向中枢神经提供感觉、运动和反射性传入。多次重复训练是条件反射的形成条件，随运动复杂性的增加，大脑皮质将建立暂时性的联系和条件反射，神经活动的兴奋性、灵活性和反应性都得以提高。运动可调节人的精神和情绪，锻炼人的意志，增强自信心。另外，在康复训练过程中，通过功能性磁共振成像（functional magnetic resonance imaging，fMRI）可以观察到大脑可塑性的连续变化，说明运动对大脑的功能重组和代偿也起着重要作用。

二、制动对机体的影响

制动（immobilization）是临床最常用的保护性治疗措施，制动的形式有固定、卧床和瘫痪。长期制动可引起制动或废用综合征，此情况主要见于因急性病或外伤需长期卧床者，或因瘫痪而不能离床者。对于严重疾病和损伤患者，卧床是保证其度过伤病危重期的必要措施。但是，长期卧床或制动可增加新的功能障碍，加重残疾，有时其后果较原发病和外伤的影响更为严重，甚至损害多系统的功能。因此对制动患者要提倡合理运动，对卧床患者要提倡起床、站立、活动。

（一）制动对心血管系统的影响

1. 心率变化　严格卧床者，基础心率增加。基础心率对保持一定水平的冠状动脉血流极为重要，因为冠状动脉的灌注在心搏的舒张期。基础心率加快，舒张期缩短，将减少冠状动脉的血流灌注，所以，长期卧床者，即使从事轻微的体力活动也可能导致心动过速。卧床后最大摄氧量（VO_{2max}）下降，VO_{2max}是衡量心血管功能的常用指标，它既反映心排血量又反映氧的分配和利用。VO_{2max}下降，肌肉功能容量减退，肌力和耐力下降。

2. 血容量变化　直立位时血液流向下肢，这是血管内血液静压的结果，卧位时此静压解除，这些"多余"的血液从下肢流向胸腔，使中心血容量增加，导致右心负荷增加，压力感受器刺激增强，利尿素释放增加，肾小球滤过率增加，尿量增多，血浆容量减少。卧床 1～2 小时，血容量减少明显；卧床 24 小时，血容量可减少 5%；卧床 14 天，血容量减少 20%。长期卧床患者的心脏对体液重新分布的反应在早期和后期有所不同。长期卧床患者血小板聚集、动脉血流速度降低、下肢血流阻力增加、血液的黏滞度增高，均增加了静脉血栓形成的危险性。

3. 血压变化　长期卧床的患者易发生直立性低血压，患者由卧位转为直立位时血压明显下降，出现头晕、恶心、出汗、心动过速，甚至晕厥。其发生机制有：①由于重力的作用，血液从中心转到外周，即血液由肺和右心转向下肢；②交感-肾上腺系统反应不良，不能维持正常血压。

4. 心功能变化　长期卧床，血容量降低、下肢静脉顺应性增加、肌肉萎缩导致肌肉泵的作用降低等因素，均可使心室充盈量下降，每搏量减少，心功能降低；加之卧床可影响红细胞中酶的活性，也使氧运载和使用效率下降。

（二）制动对呼吸系统的影响

卧位时，膈肌上移，胸腔容积减小，体液容量相对增加，从而导致肺的水化和咳嗽反射减弱，易形成坠积性肺炎。卧床数周后，患者全身肌力减退，呼吸肌的肌力也下降，加之卧位时胸廓外部阻力和弹性阻力增加，不利于胸部扩张，肺的顺应性降低，肺活量明显下降。另外，卧位时膈肌的运动部分受阻，使呼吸运动减弱。侧卧位时受压一侧的肺通气不良而血流灌注过度，造成动静脉短路，导致通气/血流的比值失调。

卧床使气管纤毛的功能下降，分泌物黏附于支气管壁，排出困难。侧卧位时，受压侧的支气管壁附着的分泌物较未受压一侧多，而由于咳嗽无力和卧位不便咳嗽，分泌物沉积于受压侧的支气管中，容易诱发呼吸道感染。肺栓塞多是下肢深静脉血栓形成的并发症。

（三）制动对骨骼肌的影响

肌肉如果被固定一段时间，其大小、结构、生理特性和代谢特性均会发生变化。肢体由于疼痛限制活动，或悬挂肢体、失重状态也可以产生肌肉废用。被固定和废用的肌肉由于缺乏中枢神经系统的兴奋刺激，不能产生正常的收缩力，不能改变自身的长度，表现为活动受限或收缩力丧失。

肌肉固定所出现的第一个变化是肌肉萎缩，即整个肌肉的重量和体积下降。肌肉重量的下降是非线性的，固定后早期肌肉重量的下降最快，呈指数下降趋势。

由于肌肉收缩力的大小与其横截面积的大小有关，萎缩的肌肉表现为肌肉收缩力的下降。固定和废用不仅缩小了肌肉的体积，也降低了肌肉工作的能力，增加了肌肉的易疲劳性，如能量供应减少、脂肪利用能力和有氧代谢能力降低。

肌肉固定后所引起的变化与其被固定时的长度有关。在无牵拉状态下固定的肌肉出现的萎缩和收缩力下降要比肌肉在牵拉状态下固定出现的变化大得多。处于牵拉状态下被固定的肌肉，收缩力和横截面积降低较多，然而肌肉体积的改变却较小，这是由于肌肉处于被拉长的状态时，肌纤维内合成了新的收缩蛋白，同时在已有的肌原纤维基础上，有新的肌小节形成，肌纤维面积的缩小被增加的肌小节的所抵消。肌肉被固定在缩短位置时，对被动牵拉可以产生更大的张力。可见肌肉被固定后，其伸展性是限制关节活动的一个因素。

在肌肉固定的最初几个小时里，肌肉内蛋白质的合成速率下降，激素水平在固定的早期发生变化，固定的肌肉对胰岛素的敏感性明显降低。因此，葡萄糖进入肌细胞更加困难。固定肌肉后，糖皮质激素水平的升高可抑制肌肉中蛋白质的合成。长时间卧床，由于肌肉局部血流量的减少及其运氧能力的降低，造成肌肉相对缺血缺氧，直接影响糖代谢过程，使有氧活动减弱，无氧酵解活动加强。肌肉蛋白质代谢的变化表现为蛋白质合成减少而分解增加，导致蛋白总量下降。在卧床的早期，骨骼肌中 Ca^{2+} 的变化主要是肌浆网对 Ca^{2+} 的摄取和释放增加，直接影响骨骼肌的收缩功能。

健康人石膏固定肘关节 4 周后，前臂周径减小 5%；制动 5~7 天后，肌肉重量下降最明显。组织学观察显示，制动 7 天，肌纤维间结缔组织增生，肌纤维变细，排列紊乱，电镜下可见线粒体明显肿胀，有结晶体形成。

（四）制动对韧带的影响

固定后，关节出现僵直，导致滑膜粘连，纤维连接组织增生。关节挛缩是由于新生胶原纤维形成纤维内粘连，妨碍了韧带纤维平行滑动造成的。

韧带的特性也受固定的影响，兔膝关节固定 9 周后，股骨 - 内侧副韧带 - 胫骨复合体的特性急剧减弱，复合体的拉伸载荷只有对照组的 33%，断裂的吸收能量只有对照组的 16%。固定后，内侧副韧带的弹性模量和极限拉伸强度均有所下降。关节重新活动可使股骨 - 内侧副韧带 - 胫骨复合体和股骨 - 前交叉韧带 - 胫骨复合体的结构特性由固定后的结果发生缓慢的逆转。1 年后，上述两复合体的极限载荷和断裂时的能量吸收已达对照组的 80%~90%。内侧副韧带自身的力学特性在内固定解除 9 周即恢复正常。这表明，韧带附着处力学特性的恢复要比韧带自身力学特性恢复得慢，固定几周则需要几个月的时间进行活动以恢复正常。

固定可明显降低骨 - 韧带复合体的结构特性和韧带的力学特性，同时显著减少附着区的结构特性。韧带本身的力学特性在解除固定后较短的时间内即可恢复到对照组水平，而附着区要恢复到以前的强度和力量则需要更长的时间，在这一时期，复合体仍为薄弱环节，易发生撕脱损伤。

（五）制动对关节的影响

骨代谢主要依赖于日常的加压和牵伸，站立位的重力使骨受压，肌腱的作用在于牵伸，以上两力直接影响到骨的形态和密度。太空飞行相关的研究证明，沿长骨纵轴的压力减小是导致骨质疏松的主要原因。长期制动，骨骼将发生以下变化：开始骨吸收加快，特别是骨小梁的吸收增加，骨皮质吸收也很显著，稍后则吸收减慢，但持续时间很长。常规 X 线摄片不能观察到早期的骨质疏松，骨密度下降 40% 时方有 X 线阳性表现。而骨扫描则较敏感，由于骺端的血流增加而使该部位骨质疏松的检出率明显增加。

长期制动可产生严重的关节退变，关节周围韧带的刚度降低，强度下降，能量吸收减少，弹性模量下降，肌腱附着点处变得脆弱，韧带易于断裂。关节囊壁的血管、滑膜增生，纤维结缔组织和软骨面之间发生粘连，出现疼痛，继而关节囊收缩，关节挛缩，活动范围减小。关节囊的缩短和关节制动于一定位置，使关节软骨接触处受压，含水量下降，透明质酸和硫酸软骨素含量减少。慢性关节挛缩时，关节囊内和关节周围结缔组织重构，软骨变薄，血管增生，骨小梁吸收。

通过制动和应用支具可减少关节的负荷和运动，但可导致关节软骨的萎缩和退变。应用外固定后缺乏正常活动的关节，如两个相对的关节面，可出现接触面的软骨退变和损伤，损伤的程度取决于负荷的大小和持续时间。强制制动关节非接触面的变化有纤维化、蛋白多糖合成减少、蛋白多糖的形态改变,这些变化的部分原因是通过关节滑液扩散的营养物质减少。应用支具或绷带固定时,关节运动部分受限,与强制固定相比,关节软骨的损害较轻。除了关节软骨组成的改变外,制动时关节软骨的机械性能也受到损害。这些生化与力学的改变,部分可因关节制动的解除和恢复活动而逆转,但会因制动时间过长和程度的增加而降低恢复的效果。

(六)制动对中枢神经系统的影响

长期制动以后,由于感觉输入减少,可以产生感觉异常和痛阈降低。与社会隔离,感觉输入减少,加之原发疾病和外伤的痛苦,会使患者产生焦虑、抑郁、情绪不稳定和神经质,或出现感情淡漠、退缩、易怒、攻击行为,严重者有异样触觉、运动觉、幻视与幻听。患者认知能力下降,判断力、解决问题能力、学习能力、记忆力、协调力、精神运动能力、警觉性等均可出现障碍。

(七)制动对消化系统的影响

长期卧床及病痛可减少胃液的分泌,使胃排空时间延长,食欲下降,造成蛋白和碳水化合物吸收减少,产生一定程度的低蛋白血症。胃肠蠕动减弱,食物残渣因在肠道内停留的时间过长、水分吸收过多而变得干结,引起排便困难,造成便秘。另外,卧床使用便盆困难和排便习惯的改变也是造成便秘的原因。

(八)制动对泌尿系统的影响

卧床时抗利尿激素的分泌减少,排尿增加,随尿排出的钾、钠、氯均增加。由于钙自骨组织中转移至血,产生高钙血症,血中多余的钙又经肾脏排出,产生高钙尿症。卧床后1～2天尿钙即开始增高,5～10天内增高显著,高钙尿症还与皮质醇的释放有关。尿排出的钙磷增加、尿潴留、尿路感染是尿道结石形成的三大因素,尿中较高的钙磷含量为结石的形成提供了物质基础。卧位时腹压减小,不利于膀胱排空;腹肌无力和膈肌活动受限、盆底肌松弛、神经损伤患者神经支配异常而导致括约肌与逼尿肌活动不协调,是导致尿潴留的因素。瘫痪患者导尿次数多,尿路感染的概率增加。结石的形成降低了抗菌药物的治疗效果,尿路感染反复发作。

(九)制动对皮肤系统的影响

制动可使皮肤及其附件产生萎缩和压疮,皮下组织和皮肤的坚固性下降。食欲不佳和营养不良加速了皮下脂肪的减少和皮肤的角化;皮肤卫生不良导致细菌和真菌感染及甲沟炎。大面积压疮使血清蛋白质尤其是白蛋白减少,血清蛋白质减少使组织渗透压降低,加速液体向细胞间渗出,引起下肢皮肤水肿。

(十)制动对代谢和内分泌系统的影响

长期卧床往往伴有代谢和内分泌系统功能障碍,其出现较肌肉、骨骼和心血管系统并发症为晚,但恢复也较慢,往往在心血管功能开始恢复时,代谢和内分泌系统变化方表现出来。这些变化的原因除制动外,也可能与原发伤病有关。

1. 负氮平衡　制动期间抗利尿激素的分泌减少,导致多尿,氮排出量明显增加,加上制动引起的食欲减退所造成的蛋白质摄入减少,可出现低蛋白血症、水肿和体重下降。氮排出量增加开始于制动的第4～5天,在第2周达到高峰,并一直持续下去。卧床3周所造成的负氮平衡可以在1周左右恢复,但卧床7周造成的负氮平衡则需要7周才能恢复。

2. 激素水平变化　抗利尿激素的分泌水平在卧床后的第2～3天开始下降,肾上腺皮质激素分泌增加,雄激素水平降低。糖耐量降低,血清胰岛素和胰岛素C肽同时增高,在制动后1个月达到高峰,这种情况不是胰岛素的分泌减少,而是对胰岛素的利用下降。血清甲状腺素和甲状旁腺素增高或不稳定,是造成高钙血症的原因之一。

3. 水电解质改变　高钙血症是制动后常见而又容易忽视的水电解质异常,在因骨折固定或牵引而长期卧床的儿童中,高钙血症的发生率可达50%。卧床休息4周左右可以发生症状性高钙血症,早期症状包括食欲减退、腹痛、便秘、恶心和呕吐,进行性神经体征为无力、低张力、情绪不稳、反应迟钝,最后发生昏迷。

第四节　神经学基础

一、中枢神经发育机制

（一）神经诱导

神经诱导（neural induction）包括形成神经板的原发诱导和早期脑与脊髓的次发诱导。原发诱导的关键是中胚层向外胚层释放神经化因子（neuralizing factor），使神经组织具有特异性；次发诱导是中胚层向外胚层释放中胚层化因子（mesodermalizing factor），此因子在神经外胚层各部的浓度差，决定着脑区域分化的差别，中胚层的前部与外胚层相互作用诱导出前脑，中胚层中部与外胚层相互作用诱导出中脑和后脑，中胚层的最后部与外胚层相互作用诱导出脊髓。

诱导可产生于细胞间的直接接触，也可由一些可弥散的生物活性物质所介导。直接接触诱导可通过细胞间信息的传递实现；而弥散性诱导，则因组织产生的一些大分子物质释放到细胞外基质，形成一定的浓度梯度，影响组织的定向分化和形态而发生。分子生物学技术已成功地应用于对非洲蟾蜍和小鸡的研究，识别了很有希望成为诱导神经组织或促使其模式形成的内源性诱导因子，如成纤维细胞生长因子（fibroblast growth factor，FGF）、肝细胞生长因子（hepatocyte growth factor，HGF）、noggin、follistatin 等，这使人们对神经诱导的机制有了更进一步的认识。

（二）神经细胞的分化

由一个前体细胞转变成终末细胞的多步骤过程称为神经细胞的分化（differentiation）。神经细胞的分化与其他过程是重叠的，如在神经上皮不断增殖的过程中，细胞也开始进行迁移和分化。虽然依照两栖动物胚胎的实验研究，神经谱系早在卵裂球时便已确定，但环境因素可在神经细胞分化过程中的不同阶段起作用，这在脊椎动物尤为明显。发育的神经细胞处于复杂的环境中，包括机械张力、生化的多样性以及电流等，对于每个细胞来说，这些不断变化着的时空信息构型，既有神经细胞本身的化学因素，又有驱动分化过程的环境因素。神经生长因子（nerve growth factor，NGF）对神经系统的分化发育起重要作用。在胚胎发育的早期，NGF 有营养神经的效应，促进神经的有丝分裂；对神经元的分化也有很大影响，对交感神经细胞、嗜铬细胞、基底前脑胆碱能神经元等有生化和形态分化效应；对神经纤维的生长方向有引导作用，使神经纤维沿着 NGF 浓度逐渐增高的方向生长。

（三）中枢神经元的连接

同一类神经元发出的纤维聚集成走向相同的神经束，即同类神经元聚集成密集的集团。神经元复杂而有条不紊的连接，是神经系统整合功能的基础。其可能的机制为：某一特定神经纤维选定的最终路线，是根据各种不同先遣丝探索前面的环境和每一先遣丝所遇到的多种元素间的亲和性差异所做出的一系列决定。

研究证实，神经元间建立联系依赖于来自周围基质及其他细胞的许多分子信号，有的分子信号促进突起生长，有的抑制。神经元轴突的生长锥（growth cone）有识别分子信号的受体，在不同的时间和空间先后表达，以识别途中一连串的分子信号，最终找到目标。

目前已知的引导轴突生长的分子有：细胞黏着分子（cell adhesion molecules，CAM）、钙黏着蛋白（cadherin，CAD）和细胞外基质分子（extracellular matrix，ECM）。细胞外基质分子，如胶原、层粘连蛋白、纤连蛋白是多种神经元长出神经突的底物，能提供许多不同轴突生长的公共通路。整合素（integrin）是此类基质蛋白受体家族的成员之一，其功能是对细胞外信号与胞浆功能进行整合。

（四）神经细胞的迁移

神经系统发育过程中一个独特的现象是神经细胞的迁移（migration），其可能原因一是由于神经细胞的发生区与最终的定居区不同，二是神经元的纤维联系均有其特定的靶细胞，为达到靶部位，神经细胞在发育过程中需要不断地迁移。细胞迁移的因素有细胞及突起的积极移动，沿着胶质细胞爬行，受多种化学因子局部浓度梯度的影响。细胞的迁移运动多呈阿米巴样运动，即迁移的细胞先伸出一个引导突,细胞本身附着于适宜的底物上,细胞核注入引导突,最后细胞核后方的尾突撤回。放射状胶质细胞在引导神经细胞迁移过程中起着决定作用。电镜三维重建技术表明,单个迁移细胞能同时与几条胶质纤维接触,并在不同的放射状胶质纤维束之间交换,当大部分神经细胞完成迁移后,放射状胶质细胞即转变为星形胶质细胞。随着发育阶段的不同,神经细胞粘连分子(neural cell adhesion molecule, NCAM)也发生化学变化,如由神经嵴细胞产生的透明质酸恰好在细胞迁移期含量最高,大量的透明质酸为细胞迁移开拓了空间。在神经嵴细胞的迁移前和迁移后,NCAM 含量高而纤维连接蛋白含量低,增加了细胞的稳定性,此时,若 NCAM 含量低而纤维粘连蛋白含量高,则可增加细胞的自由性。实验证明,层粘连蛋白是促进细胞迁移的基质,而一些蛋白聚糖则可限制细胞的迁移。

(五)神经细胞的程序性死亡

在神经系统的发育过程中,细胞在生长分化的同时也发生大量的死亡,发育中出现的这种由细胞内特定基因程序表达介导的细胞死亡称程序性细胞死亡(programmed cell death)或称凋亡(apoptosis)。程序性细胞死亡是多细胞动物生命活动中必不可少的过程,与细胞增殖同样重要。这种生与死的动态平衡保证了细胞向特定组织、器官的表型分化,构筑成熟的机体,维持正常的生理功能,它使神经系统的发育达到了结构的高度精细和功能的完美。程序性细胞死亡异常与胚胎发育缺陷、组织分化错乱、肿瘤发生等有密切关系。

机体对细胞凋亡的控制包括促进和抑制两个方面,只有这两个过程相互平衡,神经系统的发育才能正常。机体在行使凋亡抑制作用时,凋亡抑制蛋白发挥着重要的调控作用,主要包括 Bcl-2 家族的抗凋亡成员、死亡受体阻断分子等。Bcl-2 家族中抗凋亡成员的作用机制主要是通过线粒体途径实现的。虽然细胞凋亡的信号各异,但凋亡的生物化学特性和死亡通路却保持高度保守和恒定。凋亡细胞的去路有:由邻近细胞或巨噬细胞的溶酶体经异噬作用消除,由细胞自身溶酶体经自噬作用消除,以及不经任何溶酶体作用的退化。

二、神经反射

(一)脊髓水平的反射

脊髓反射是指脊髓固有的反射,其反射弧并不经过脑,但在正常情况下,其反射活动是在脑的控制下进行的。完成反射的结构是脊髓的固有装置,即脊髓灰质、固有束和神经根。脊髓反射分为躯体反射和内脏反射。

1. 躯体反射(somatic reflex) 是指骨骼肌的反射活动,包括牵张反射、屈肌反射和浅反射。

(1)牵张反射(stretch reflex):当骨骼肌被拉长时,可反射性地引起收缩,这种反射称为牵张反射。牵张刺激沿粗纤维经脊神经后根直接传至脊髓前角的 α 和 γ 神经元,引起梭内肌和梭外肌的收缩。膝反射和跟腱反射都是牵张反射。"肌张力"也是牵张反射的一种,可使肌肉保持一定的紧张度,抵抗地心的引力,从而保持身体直立。

(2)浅反射(superficial reflex):是指刺激皮肤、黏膜引起相应肌肉反射性地收缩。常见的有腹壁反射、提睾反射、屈趾反射等。

(3)病理反射(pathological reflex):是一种原始的屈肌反射,正常时因受大脑皮质传导束的抑制而不表现出来,但当上运动神经元受损时,下运动神经元脱离了高级中枢的控制,这些受抑制的反射就释放出来,如 Babinski 征属于病理性反射,但 2 岁以下的儿童由于锥体束尚未发育完善,可出现这种反射。

(4)节间反射(intersegmental reflex):是指脊髓一个节段神经元发出的轴突与邻近神经元发生联系,通过上下节段之间神经元的协同活动所诱发的反射活动,如牵拉近端关节屈肌可引起同侧肢体的反射性屈曲,当快走、跑步时该反射较明显。脑性瘫痪患儿、脑卒中偏瘫患者特有的联合反应、协同运动也与节间反射有关。

2. 内脏反射（visceral reflex）　包括躯体 - 内脏反射、内脏 - 内脏反射和内脏 - 躯体反射。如立毛肌反射、皮肤血管反射、瞳孔对光反射、直肠排便反射和性反射。

（二）脑干水平的反射

为了维持姿势，必须对来自四肢、躯干的本体感觉和前庭及视觉系统的信息进行中枢性整合，这种整合主要在脊髓和脑干，并且受到小脑与大脑皮质的控制。人一般在出生 8 个月后脑干水平的反射消失，脑性瘫痪患儿的这种反射往往持续很长时间不消失。

1. 阳性支持反应（positive supporting reaction）　延髓动物的一只足底及跖趾关节接触地面时，刺激了本体感受器而引起下肢呈强直状态为阳性支持反应。正常人出生以后第 3～8 个月内可有此反应，中枢性神经病损者亦可出现，此时由于麻痹侧足趾关节最先着地而诱发下肢伸肌紧张性增高，膝关节强直或反张，使体重很难移到该侧下肢上来。

2. 紧张性颈反射（tonic neck reflex）　是指颈部扭曲时，脊椎关节和肌肉、韧带的本体感受器的传入冲动对四肢肌肉紧张性的反射性调节，其反射中枢位于颈部脊髓。当头向一侧转动时，下颌所指一侧的伸肌紧张性增强，表现为上下肢伸展，而枕骨所指一侧屈肌张力增强，表现为上下肢屈曲，称为非对称性紧张性颈反射。头后仰时，上肢伸展、下肢屈曲；头前屈时，上肢屈曲、下肢伸展，称为对称性紧张性颈反射。这类反射可在幼儿期一过性短期出现，成人脑卒中偏瘫患者也可出现。

3. 紧张性迷路反射（tonic labyrinthine reflex）　是指内耳迷路的椭圆囊和球囊的传入冲动对躯体伸肌紧张性的反射性调节，该反射的中枢主要在前庭核。去大脑动物仰卧位时伸肌张力最高，俯卧位时伸肌张力最低。Bobath、Brunnstrom 等人主张利用姿势反射调整肌张力，改善动作或姿势。

4. 抓握反射（grasp reflex）　压迫刺激手掌或手指腹侧，引起手指屈曲内收活动，称为抓握反射。可见于出生 1～4 个月的婴儿，脑性瘫痪患儿、脑卒中偏瘫患者也会出现该反射。

5. 翻正反射（righting reflex）　正常动物可以保持站立姿势，若将其推倒则可翻正过来的反射称为翻正反射。翻正反射可分为视觉、迷路、颈和躯干翻正反射 4 种。

（三）大脑水平的反射

人体在维持各种姿势和完成各种动作时，需要感知自身姿势，将运动的本体感觉、视觉及触觉的信息在中枢神经系统中整合处理，再对全身肌张力进行不断调整。无论是静态姿势，还是随意运动时的姿势，都需要抵抗重力进行相关肌群的自动性活动，以保持平衡。大脑水平的反射活动从出生后 6～18 个月内出现，并且终身保持。大脑水平的平衡反应有：

1. 降落伞反应（parachute reaction）　人在垂直位置急剧下落时，四肢外展、足趾展开，呈现与地面扩大接触的准备状态，该反应称为降落伞反应。

2. 防御反应（defence reaction）　是在水平方向上急速运动时产生的平衡反应，包括坐位反应、立位反应、膝立立位反应等。

3. 倾斜反应（tilting reaction）　人在支持面上取某种姿势，当改变支持面的倾斜角度时诱发出躯体的姿势反应称为倾斜反应。

三、中枢神经损伤反应

神经受损的因素有物理性创伤、化学物质中毒、感染、遗传性疾病以及老化、营养代谢障碍等。中枢神经损伤时，除损伤区域的神经组织直接受损外，由此继发的动力性损伤也很重要，如脑卒中引起的缺血、缺氧继发的神经元胞膜的改变，细胞膜内外的离子交换，Ca^{2+} 大量进入细胞内，随后发生的细胞内级联事件，加重了脑损伤，继而引起脑功能的缺失。脊髓损伤早期主要是局部出现水肿和神经元变性，胶质细胞浸润；由于轴突离断出现的逆行性溃变，灰质神经元的核周体变性，胞体内细胞器减少；白质的上、下行纤维由于与胞体离断，出现典型的 Waller 变性（Wallerian degeneration）、轴突变性、髓鞘崩解。晚期的变化为瘢痕增生、囊肿、硬膜粘连、溶血性硬脊膜炎、神经胶质化。周围神经损伤后，远端轴突脱离了神经元胞体的代谢中心，发生 Waller 变性，轴突肿胀，外形呈不规则串珠状,随后出现断裂和溶解。损伤后数小时,郎氏结两端的髓鞘收缩,髓鞘的板层裂开。轴突终末溃变,可见施万细胞(Schwann cell)吞噬轴突终末的现象。损伤近端的神经纤维也发生溃变。轴索损伤后,神经元胞体肿胀、核偏位、尼氏体消失,出现明显的变性或坏死。

　　星形胶质细胞既能对神经元的活动作出回应,又能调节神经元的活动。中枢神经系统的损伤可诱发星形胶质细胞的增生,表现为表达胶质纤维酸性蛋白(GFAP)阳性细胞数目增多,细胞变大,细胞突起伸展成广阔的网络结构,最终形成胶质瘢痕。这些胶质瘢痕中可能含有部分少突胶质细胞和髓鞘碎片,其微环境会抑制损伤的中枢神经轴突再生。

四、中枢神经的可塑性

　　为了主动适应和反映外界环境的各种变化,神经系统能发生结构和功能的改变,并维持一定时间,这种变化就是可塑性(plasticity)或可修饰性(modifiability)。神经系统的可塑性决定了机体对内外环境刺激发生行为改变的反应能力,这包括后天的差异、损伤、环境及经验对神经系统的影响。

　　神经系统结构和功能的可塑性是神经系统的重要特性,各种可塑性变化既可在神经发育期出现,也可在成年期和老年期出现。具体而言,神经系统的可塑性突出地表现为以下几个方面:胚胎发育阶段,神经网络形成的诸多变化;后天发育过程中,功能依赖性神经回路的突触形成;神经的损伤与再生(包括脑移植)以及脑老化过程中神经元和突触的各种代偿性改变等。

(一)大脑的可塑性

1. 发育期可塑性　中枢神经系统若在发育阶段受到外来干预,相关部位的神经联系会发生明显的异常改变。中枢神经系统的损伤若发生在发育期或幼年,功能恢复情况比同样的损伤发生在成年时要好。研究表明,中枢神经可塑性有一个关键期,在这一关键时期以前,神经对各种因素最敏感,在这一时期以后,神经组织可变化的程度则大大降低。各种动物神经发育和可塑性的关键期出现的时间不同,持续时间的长短也有差异。

　　胚胎发育期脑内神经回路的形成一般是由基因控制的,但这一时期神经回路的联系是相对过量的,胚胎期这种过量的神经连接在形成成熟的神经网络之前,必须经过功能依赖性和刺激依赖性调整和修饰过程。因此,即使是在发育期,环境因素与基因因素同样对神经系统的可塑性起决定性的影响。

2. 成年损伤后可塑性　在发育成熟的神经系统内,神经回路和突触结构都能发生适应性变化,如突触更新和突触重排,突触更新和突触重排的许多实验证据来自神经切除或损伤诱发的可塑性变化。在神经损伤反应中,既有现存突触的脱失现象,又有神经发芽(sprouting)形成新的突触连接。神经损伤反应还可以跨突触的出现在远离损伤的部位,如外周感觉或运动神经损伤可以引起中枢感觉运动皮质内突触结构的变化和神经回路的改造、一侧神经损伤也可以引起对侧相应部位突触的重排或增减。

　　结构的可塑性:脑结构的可塑性包括轴突和树突发芽,突触数量增多,这些变化可提高大脑对信息的处理能力。实验观察表明,康复训练能使脑梗死灶周围的星形胶质细胞、血管内皮细胞、巨噬细胞增殖,侧支循环改善,促进病灶修复及正常组织的代偿作用,从而促进运动功能的恢复。

　　功能的可塑性:脑功能可塑性主要表现为脑功能的重组、潜伏神经通路的启用及神经联系效率增强等。部分神经元损伤后,其功能可通过邻近完好神经元的功能重组、或通过较低级的中枢神经来部分代偿;皮质下中枢也存在功能重组,脊神经或背根离断后,脊髓背角定位域的神经元对外周皮肤感受野刺激完全不发生反应,而经几周的恢复后,背角定位域即出现功能重组。

(二)突触的可塑性

1. 突触的结构和分类　神经元(neuron)是构成神经系统结构和功能的基本单位,其形态和大小差别很大,但结构相似,由胞体和突起两部分组成,突起由树突和轴突组成。轴突的末端有许多分支,其末端的膨大部分称为突触小体,这些小体与其他神经元相接触形成突触(synapse)。根据信息传递媒介物性质的不同分为化学突触（chemical synapse）和电突触（electrical synapse）。化学突触的信息传递媒介物是神经递质，其结构分为突触前膜、突触间隙和突触后膜。电突触的信息传递媒介物是局部电流，其结构无前膜和后膜之分，电流多存在于两个神经元紧密接触的部位，一般为双向传导，传递速度快，几乎无潜伏期。在人类中枢神经系统中，通过缝隙连接进行信息交流的电突触含量稀少，主要局限于紧密耦合的神经元群，如延髓的呼吸中枢。

2. **突触的可塑性形式**　成年动物的神经系统尽管通常不具备增殖和分裂的能力，即不能再产生新的神经元，但神经元却持续拥有修饰其显微形态和形成新的突触连接的能力，这种能力是中枢神经系统可塑性的基础。神经元受损后，突触在形态和功能上的改变称为突触可塑性（synaptic plasticity），中枢神经的可塑性大多情况下是由突触的可塑性完成的。突触可塑性的形式有：

（1）强直后增强：突触前末梢在接受一短串强刺激后，突触后电位发生明显增强的现象。

（2）习惯化和敏感化：当重复给予较温和的刺激时，突触对刺激的反应逐渐减弱甚至消失，这种现象称为习惯化。重复出现较强的刺激尤其是伤害性刺激时，轴突对刺激的反应性增强，传递效能增强称为敏感化。

（3）长时程增强和长时程抑制：长时程增强是突触前神经元受到短时间的快速重复性刺激时，在突触后神经元快速形成的持续时间较强的突触后电位增强，与记忆有关。长时程抑制是指突触传递效率的长时程降低。

神经元受损后，突触在形态和功能上均可发生改变，具有可塑性潜力的突触多数为化学突触。形态的可塑性是指突触形态的改变及新的突触联系的形成和传递功能的建立，这种可塑性持续时间较长；功能的可塑性指突触的反复活动引起突触传递效率的增加（易化）或降低（抑制）。神经元生长的程序性控制影响着轴突生长的速度和程度，神经元发育程序的阶段与基因表达的顺序开关有关。

突触可根据被使用的频率发生不同的改变，最终建立神经传导的最佳通路。对海马神经元的研究显示，即使是简单的突触活动，也可在数小时后或更长时间内提升突触的强度和敏感性（长时程增强）。出生后不久，突触及树突棘的正常生长活动使二者在数目和长度上增长，这些生长活动取决于神经活动的强度，在受伤及神经活动功能丧失的区域这些生长会被削弱。

（三）决定神经元轴突生长能力的分子

细胞骨架由微管、微丝和神经丝等构成。Crag 根据轴浆转运理论提出，损伤的轴突再生时，胞体合成和转运不急需的功能蛋白减少，而有利于轴突重建的物质增加。管蛋白和肌动蛋白是再生过程中的优势转运蛋白，管蛋白组装成细胞骨架中的微管，肌动蛋白组装成微丝。在生长锥的丝状伪足中富含微丝，体部及板状伪足（lamellipodia）中富含微管。微管和微丝参与轴浆转运机制和细胞内外的信息传递。不同的微管结合蛋白（microtubule-associated proteins，MAPs）对于控制轴突生长锥的微管形成和稳定起决定性作用。生长相关蛋白（growth associated proteins，GAPs）集中于轴突生长锥，与跨膜信息传递、突触联系和学习记忆过程有关。

（四）神经元外部微环境对神经再生的调控

1. **胶质细胞和施万细胞的增殖和分泌**　适当的增殖有利于再生轴突的生长，但过度的增殖所形成的瘢痕则阻碍再生轴突的生长和延伸，并使再生轴突退变。效应双向性的含义：一是胶质细胞既分泌促进生长的因子，又分泌抑制因子；二是促进性因子的作用性质取决于局部因子的浓度，如过量的 NGF 起抑制效应。

2. **神经元与胶质细胞的相互作用**　外周轴突接触施万细胞后，使施万细胞增殖，并表达 NGF 受体和形成基底膜；直接接触还使培养的星形胶质细胞停止分化，开始增殖并分泌生长因子，从而保证神经元存活、促进突起生长。成熟的神经元和胶质细胞之间，通过胞浆转运进行物质交换，有助于结构和功能的维持。

3. **环境对突触可塑性的影响**　遗传和后天环境因素共同决定了中枢神经系统的结构复杂性。人们很早就注意到，生活环境的改变的确可以引发神经系统结构和功能的不同变化，在不断变化的环境下生长的动物，由于接受较多的环境信息刺激，其神经系统发育程度、突触数量、树突的长度和分支数量以及胶质细胞数量等，远远胜过生活在缺乏环境信息刺激条件下的动物。从这些微结构的变化，推测神经元之间的相互联系增强，有可能建立了某些新的联系。这些观察结果表明，后天经验和学习等非病理因素能够影响和改变神经元和突触的组织结构和生理效能。

（五）康复训练对大脑可塑性的影响

迄今为止，无论是生物学还是临床医学的研究，都没有证据表明高度分化的神经细胞具有再生能力。然而，无论是动物实验还是临床观察，都会发现脑损伤后丧失的脑功能可以有某种程度的恢复，这说明在大脑损伤的恢复过程中，存在着不同于再生的其他恢复机制。脑损伤后的可塑性可能与下列因素有关：①兴奋和抑制的平衡被打破，抑制被解除；②神经元的联系远大于大脑的实际功能联系；③原有的功能联系加强或减弱；④神经元的兴奋性改变，新的轴突末梢发芽和新的突触形成。但总的来说，脑的可塑性分为结构的可塑性和功能的可塑性。

脑可塑性的发生和功能的重组是一个动态变化的过程，脑卒中后功能重组可以分为 4 个阶段：①脑卒中后的即刻改变，整个神经网络都处于一种抑制状态，这与远隔功能抑制的理论相一致；②主要是未受损半球的增量调节和过度活动；③双侧半球运动相关区域的激活减低，在这一阶段，残存的神经网络建立新的平衡；④脑卒中后恢复的慢性阶段。脑损伤后功能重组的动态变化提示，在脑卒中恢复的不同时期，应采用不同的康复措施以促进脑功能的重组和运动功能的恢复。

（六）脊髓的可塑性

1. 脊髓可塑性的形式　脊髓是中枢神经的低级部位，与脑一样也具有可塑性。如切除猫后肢的大部分背根，发现保留完好的背根神经纤维在脊髓的投射密度增大，说明保留的背根与附近被切除的背根之间发生了可塑性变化。经电镜定量技术证实，未受损伤的神经纤维的侧支出芽参与了新突触的形成，使因伤而减少的突触数量产生恢复性增加。脊髓可塑性变化的主要表现形式为附近未受伤神经元轴突的侧支先出芽，以增加其在传入靶区的投射密度，随后与靶细胞建立联系。在这一过程中，突触性终末除了发生数量变化外，还出现终末增大、突触后致密区扩大的结构变化和一般生理生化改变。脊髓损伤后轴突的出芽主要包括 3 种形式，即再生性出芽（regenerating sprouting）、侧支出芽（lateral sprouting）和代偿性出芽（compensatory sprouting）。再生性出芽是指在受伤轴突的神经元仍存活时，该轴突近端以长出新芽的方式进行再生。侧支出芽是指在损伤累及神经元胞体或近端轴突损伤进而造成整个神经元死亡时，附近未受伤的神经元从其自身的侧支上生出新芽。在发育过程中神经元轴突的部分侧支受伤时，其正常的侧支发出新芽以代偿因受伤而丢失的侧支，这种出芽称代偿性出芽。研究表明，脊髓损伤后的可塑性变化与大脑一样，具有发育阶段差异和区域差异特征。

2. 脊髓模式发生器　模式发生器（pattern generator）指的是位于脊髓和脑干中的中间神经元形成节律性神经元放电，进而引起如呼吸、跑步、咀嚼等节律性动作。脊髓模式发生器（spinal pattern generator）特指位于脊髓内、能自动产生稳定振荡、有序激活伸屈肌群进行交替收缩、激发肢体节律运动的模式发生器，具有独立于脊髓上神经中枢和外周感觉输入、自我维持运动样神经活动的特性。

脊髓模式发生器的位置接近脊髓表面，主要由兴奋、侧抑制、末端交叉抑制 3 种基本中间神经元构成，呈链式和阵列式排列，能在缺乏高层控制信号和外部反馈信息的情况下，产生稳定的振荡行为，输入信号的波幅、频率以及多信号之间的相位关系决定输出的运动模式。运动行为的产生需要运动神经元和模式发生器网络神经元的相互协调。

模式发生器的网络具有多功能性，网络的边界是灵活的，可以实现网络重组。在节律运动过程中，持续的 Na^+ 电流是神经元节律激发的基础；电压敏感的离子电流对模式发生器内突触的整合起驱动作用；Ca^{2+} 电流可在运动神经元内产生动作电位。

一般情况下，神经系统的不同结构都存在与其他结构既分开又能产生节律性爆发行为的神经元。这种功能可以是自发的，也可能需要某种起始信号，但模拟信号的发出不需要大脑下传信号的刺激。脊髓横断模型的研究表明，某些神经束诱发的重复放电足以产生运动，说明引起节律行为的散在振荡发生器主要位于脊髓的中间神经元内。减重平板步行训练（body weight support treadmill training，BWSTT）是治疗脊髓损伤常用的训练方法，其治疗机制就是利用脊髓模式发生器的原理。减重平板步行训练影响了脊髓内产生模式运动的中间神经元相关的反射通路，脊髓感觉传入的时相激活有助于重塑脊髓网络，产生相应的节律运动。

脊髓模式发生器的放电可受外周系统调控，因为它可被适当部分的传入神经所调节。例如，四肢动物在运动的动态相时，如果对处于悬空状态的脚施加皮肤刺激，会产生避让障碍物的躲避动作；当下肢仍在承重状态时，刺激皮肤则没有这样的反应，说明感觉传入信号存在一种重要的相位依赖性调节。

五、脑老化

脑老化（aging of the brain）是指脑生长、发育、成熟到衰亡过程中的后一阶段，包括一系列生理、心理、形态结构和功能的变化，其表现以脑功能降低、减弱和消失为特征。老年人的脑可见轻中度的脑萎缩和脑沟变宽，与年轻人的脑相比，脑膜外表上呈不透明的乳白色，并可粘连到下面的皮质，在近大脑半球顶部可有部分钙沉积。虽然在脑老化过程中神经元的丧失不是主要的，但似乎大量的细胞要经历胞体、树突和轴突的变化。许多神经元跟外周轴突的分支有进行性的限制和萎缩，还有不规则的树突棘丢失和沿着残余树突分支出现的串珠样肿胀。这些变化可能与进行性蛋白合成能力降低有关，也可能是脂褐素的沉积和神经元纤维缠结增加侵入细胞质空间的结果。然而，也有一些研究发现，脑老化时，神经元生长的能力并不丧失，伴随着某些树突系统的进行性破坏，其他神经元长出进一步的树突延伸部分，从而增加了它们的有效突触面积来代偿。

脑的老化过程，一方面是随着生长 - 发育 - 退化的自然规律，向结构和功能减退的方向发展变化；另一方面，在一定时期包括在老年时期，还包含着脑功能的积累、丰富回忆和加工，即脑所具有的可塑性，有向脑功能增强、补偿、提高的趋势发展，这种变化在很大程度上补偿了脑老化过程中某些结构功能的退化。

（岳寿伟）

学习要点：

1. 人体运动学的定义。
2. 作用于人体的力的种类。
3. 运动对心血管系统的影响。
4. 运动对肌肉、骨代谢的影响。
5. 运动对机体的主要影响。
6. 应力对骨生长的作用。
7. 肌肉的收缩形式。
8. 韧带和肌腱的生物力学性质。
9. 中枢神经损伤的反应。
10. 中枢神经损伤后的可塑性。
11. 突触的可塑性。
12. 神经元外部微环境对神经再生的调控。
13. 康复训练对大脑可塑性的影响。

笔记

第三章　康复医学评定

第一节　运动功能评定

一、肌张力评定

（一）定义

肌张力（muscle tone）是指肌肉组织在松弛状态下的紧张度。正常肌张力有赖于完整的外周神经和中枢神经系统调节机制以及肌肉本身的特性，如收缩能力、弹性、延展性等。肌张力是维持身体各种姿势和正常活动的基础，根据身体所处的不同状态，肌张力可表现为以下几种形式：

1. **静止性肌张力**　是指肌肉处于不活动状态下具有的紧张度。
2. **姿势性肌张力**　是指人体维持一定姿势（如站立或坐位）时，肌肉所具有的紧张度。
3. **运动性肌张力**　是指肌肉在运动过程中具有的紧张度。

（二）异常肌张力

主要包括以下几种形式：

1. **肌张力增高**　是指肌张力高于正常静息水平。肌张力增高的状态有痉挛（spasm）和强直（rigidity）。痉挛多见于锥体束病变，表现为速度依赖性的牵张反射亢进，检查者在被动活动患者肢体时，起始感觉阻力较大，但在运动过程中突然感到阻力减小，此现象又称折刀现象（clasp-knife phenomenon）。强直多见于锥体外系病变，表现为在肢体的被动运动过程中，主动肌和拮抗肌同时收缩，各方向上的阻力均匀一致，与弯曲铅管的感觉类似，因此称为铅管样强直（lead-pipe rigidity），若同时伴有震颤则出现规律而断续的阻力降低或消失，称齿轮现象（cogwheel phenomenon）。

2. **肌张力减低**　是指肌张力低于正常静息水平。对关节进行被动运动时感觉阻力降低或消失，表现为关节活动范围增加。肌张力减低见于下运动神经元疾病、小脑病变、脑卒中软瘫期、脊髓损伤的休克期等。

3. **肌张力障碍**　是一种因持续的肌肉收缩导致扭曲和重复运动及异常姿势的神经性运动障碍，临床上常见类型有扭转痉挛、痉挛性斜颈及手足徐动症等。肌张力障碍可由遗传因素（原发性、特发性肌张力障碍）所致，也可由外伤、感染、中毒及代谢异常等因素所致。根据受累的部位可分为全身性、局灶性及节段性肌张力障碍。

（三）肌张力的检查方法

1. **病史**　详细询问痉挛发生的频率、受累的肌肉及数目、痉挛的利弊、引发痉挛程度改变的原因等。

2. **视诊**　仔细观察患者有无肢体或躯体的异常姿态、刻板样运动模式、自发性运动缺失等。

3. **触诊**　以触摸肌肉的硬度来判断肌张力。

4. **反射**　应特别注意检查患者是否存在腱反射亢进等现象。

5. **被动运动**　被动运动检查可观察肌肉对牵张刺激的反应，通过检查者的手来感觉肌肉的抵抗，是最常用的检查方法。通过被动运动检查可发现是否存在肌张力增高或减低，是否有阵挛，并与挛缩进行比较和鉴别。

6. **摆动检查**　是以一个关节为中心，使远端肢体快速摆动，摆动时主动肌和拮抗肌交互快速收缩，观察其摆动幅度的大小。肌张力减低时，摆动幅度增大；肌张力增高时，摆动幅度减小。

7. 其他检查方法　①伸展性检查：让肌肉缓慢被动伸展时，观察其能达到的最大伸展度，可提示该肌肉的肌张力有无增高或减低。②姿势性肌张力检查：让患者变换姿势和体位，观察并记录其抵抗的状态。③生物力学评定方法，如通过等速测力技术来评价痉挛的严重程度。④电生理评定方法，如通过刺激胫神经引出 H 反射，再测定患者的 H 波和 M 波波幅，并计算其比值，以定量评价 α 运动神经元的兴奋性。

（四）肌张力的评价标准

1. 正常肌张力评价标准　肌肉外观应具有特定的形态，肌肉应具有一定的弹性；跨同一关节的主动肌与拮抗肌进行有效的收缩可使关节固定，将肢体被动地放在空间的某一位置上，突然松手时，肢体保持肢位不变，可以维持主动肌与拮抗肌的平衡；具有随意使肢体由固定姿势向运动状态转变的能力，在需要的情况下，能够完成某肌群的协同动作，具有某块肌肉独立运动的能力。

2. 痉挛的评定标准　痉挛的准确量化评定比较困难，临床上多根据量表进行评定，最常用的评定量表是改良 Ashworth 痉挛评定量表（表 3-1）。

表 3-1　改良 Ashworth 痉挛评定量表

等级	评定标准
0 级	无肌张力增加，被动活动患侧肢体在整个运动范围（ROM）内均无阻力
1 级	肌张力稍增加，被动活动患侧肢体到终末端时有轻微的阻力
1+ 级	肌张力稍增加，被动活动患侧肢体时在 1/2 的 ROM 时有轻微的"卡住"感觉，后 1/2 的 ROM 中有轻微的阻力
2 级	肌张力轻度增加，被动活动患侧肢体在大部分 ROM 内均有阻力，但仍可以活动
3 级	肌张力中度增加，被动活动患侧肢体在整个 ROM 内均有阻力，活动比较困难
4 级	肌张力高度增加，患侧肢体僵硬，阻力很大，被动活动十分困难

（五）评定的注意事项

由于影响肌张力的因素较多，且肌张力呈动态变化，因此临床上同一患者的同一肌肉或肌群的肌张力在不同情况下会发生变化，在肌张力的评定过程中需注意以下事项。

1. 被动牵伸的速度不同，痉挛肌肉发生反应的角度也会不同，所以在比较痉挛评定结果时，需确保被动运动的速度相同。

2. 痉挛量化评定的可信度还受患者努力的程度、情感、环境温度、评定时并存的问题（如尿道结石、感染、膀胱充盈、便秘、压疮、静脉血栓、疼痛、局部肢体受压等可使肌张力增高）、患者的整体健康水平（如发热、代谢和电解质紊乱对肌张力的影响）、药物、患者的体位等因素的影响。因此，进行痉挛量化评定时，必须使评定的程序严格标准化。

3. 再次评定时，应注意尽量选择相同的时间段和评定条件。

二、肌力评定

肌力（muscle strength）是指肌肉收缩时产生的最大力量，是肌肉、骨骼、神经系统疾病的诊断及康复评定的最基本内容之一。

肌力评定的主要目的是判断肌力减弱的部位和程度，协助某些神经肌肉疾病的定位诊断，预防肌力失衡引起的损伤和畸形，评价肌力增强训练的效果。

常用的肌力测定方法有徒手肌力测试（manual muscle test，MMT）、等长肌力测试（isometric muscle test，IMMT）、等张肌力测试（isotonic muscle test，ITMT）、等速肌力测试（isokinetic muscle test，IKMT）。

（一）徒手肌力测试

MMT 是根据受检肌肉肌群的功能，选择不同的受检体位，在减重、抗重力和抗阻力条件下完成一定动作，按动作的活动范围和抗重力或抗阻力的情况进行分级。此方法简便、易行、科学、实用，在临床中得到广泛应用。MMT 的缺点是只能表明肌力的大小，不能评价肌肉收缩耐力；定量分级标准较粗略；难以排除测试者主观评价的误差。

1. 徒手肌力检查的一般原则　①大脑支配的是运动模式，而不是一块或一组肌肉的收缩，因此 MMT 是测试相关的主动肌和协同肌共同完成指定运动时所产生的最大力量；②学习 MMT，须具备一定的解剖、生理知识，包括肌肉的起止点、作用、肌纤维的走向和关节运动的方向、角度，以及可能出现的代偿等，只有具备扎实的基础知识，才能熟练掌握此项检查技术；③ MMT 测试的是某块肌肉或某组肌群的随意收缩能力。中枢神经系统损伤后，因上运动神经元损伤导致肌痉挛及异常运动模式，无法完成分离运动，故 MMT 不适用于中枢神经系统损伤后还未出现分离动作的患者。

2. 肌力分级标准　通常采用 6 级分级法，各级肌力的具体标准见表 3-2。

表 3-2　MMT 肌力分级标准

级别	名称	标准	相当于正常肌力的百分比（%）
0	零（Zero, O）	无可测知的肌肉收缩	0
1	微缩（Trace, T）	有微弱肌肉收缩，但没有关节活动	10
2	差（Poor, P）	在去重力条件下，能完成关节全范围运动	25
3	尚可（Fair, F）	能抗重力完成关节全范围运动，不能抗阻力	50
4	良好（Good, G）	能抗重力及轻度阻力完成关节全范围运动	75
5	正常（Normal, N）	能抗重力及最大阻力完成关节全范围运动	100

为了更加细致地评价肌力，有学者将表中 2、3、4、5 级进一步划分为 2^-、2、2^+、3^-、3、3^+、4^-、4、4^+、5^-、5。如测得的肌力比 2、3、4、5 级中的某级稍强时，可在该级的右上角加"+"号，稍差时则在右上角加"−"号，以补充分级的不足

3. 主要肌肉的检查

（1）上肢 MMT 测定方法：见表 3-3。

表 3-3　上肢 MMT 测定法

肌肉	检查与评定		
	1 级	2 级	3、4、5 级
三角肌前部 喙肱肌	仰卧，试图肩前屈时可触及三角肌前部收缩	健侧卧位，患侧上肢置滑板上，肩可主动屈曲	坐位，肩内旋，肘屈，掌心向下：肩前屈达 90°，阻力加于上臂远端
三角肌后部 大圆肌 △背阔肌	俯卧，试图肩后伸时可触及大圆肌、背阔肌收缩	健侧卧位，患侧上肢置滑板上，肩可主动后伸	俯卧：肩外展 30°~40°，阻力加于上臂远端
三角肌中部 冈上肌	仰卧，试图肩外展时可触及三角肌收缩	同左，上肢放滑板上，肩可主动外展	坐位，肘屈：肩外展至 90°，阻力加于上臂远端
冈下肌 小圆肌	俯卧，上肢置床缘外自然下垂，试图肩外旋时在肩胛骨外侧缘可触及肌收缩	同左，肩可主动外旋	俯卧，肩外展，肘屈，前臂床缘外自然下垂：肩外旋，阻力加于前臂远端
肩胛下肌 大圆肌 △胸大肌 △背阔肌	俯卧，上肢置床缘外自然下垂，试图肩内旋时在腋窝前、后襞可触及相应肌肉收缩	同左，肩可主动内旋	俯卧，肩外展，肘屈，前臂置床缘外自然下垂：肩内旋，阻力加于前臂远端
肱二头肌 肱肌 肱桡肌	坐位，肩外展，上肢放滑板上，试图肘屈时可触及相应肌肉收缩	同左，肘可主动屈曲	坐位，上肢自然下垂：前臂旋后（测肱二头肌）或旋前（测肱肌）或中立位（测肱桡肌），肘屈曲，阻力加于前臂远端

续表

肌肉	检查与评定		
	1 级	2 级	3、4、5 级
肱三头肌 肘肌	坐位,肩外展,上肢放滑板上,试图肘伸时可触及肱三头肌收缩	同左,可主动伸肘	俯卧,肩外展,肘屈,前臂置床缘外自然下垂:伸肘,阻力加于前臂远端
肱二头肌 旋后肌	俯卧,肩外展,前臂置床缘外自然下垂,试图前臂旋后时可于前臂上端桡侧触及肌收缩	同左,前臂可主动旋后	坐位,肘屈 90°,前臂旋前:前臂旋后,握住腕部施加反方向阻力
旋前圆肌 旋前方肌	俯卧,肩外展,前臂置床缘外自然下垂,试图前臂旋前时可在肘下、腕上触及肌收缩	同左,前臂可主动旋前	坐位,肘屈 90°,前臂旋后:前臂旋前,捏住腕部施加反向阻力
尺侧腕屈肌	患侧侧卧位,前臂旋后 45°,试图腕掌屈及尺偏时可触及其止点活动	同左,前臂旋后 45°,可见大幅度腕掌屈及尺偏	同左,屈肘,前臂旋后:腕向掌侧屈并向尺侧偏,阻力加于小鱼际
桡侧腕屈肌	坐位,前臂旋前 45°,试图腕背伸及桡偏时可触及其止点活动	同左,前臂旋前 45°,可见大幅度腕掌屈及桡偏	同左,前臂旋后 45°:腕向掌侧屈并向桡侧偏,阻力加于大鱼际
尺侧腕伸肌	坐位,前臂旋前 45°,试图腕背伸及尺偏时可触及其止点活动	同左,前臂旋前 45°,可见大幅度腕背伸及尺偏	同左,前臂旋前:腕背伸并向尺侧偏,阻力加于掌背尺侧
桡侧腕长、短伸肌	坐位,前臂旋后 45°,试图腕背伸及桡偏时可触及其止点活动	同左,前臂旋后 45°,可见大幅度腕背伸及桡偏	同左,前臂旋前 45°,腕背伸并向桡侧偏,阻力加于掌背桡侧
指总伸肌	试图伸掌指关节时可触及掌背肌腱活动	前臂中立位,手掌垂直时掌指关节可主动伸展	伸掌指关节并维持指间关节屈曲,阻力加于手指近节背面
指浅屈肌	屈近端指间关节时可在手指近节掌侧触及肌腱活动	有一定的近端指间关节屈曲活动	屈曲近端指间关节,阻力加于手指中节掌侧
指深屈肌	屈远端指间关节时可在手指中节掌侧触及肌腱活动	有一定的远端指间关节屈曲活动	固定近端指间关节,屈远端指间关节,阻力加于手指末节指腹
拇收肌	内收拇指时可于 1、2 掌骨间触及肌肉活动	有一定的拇内收动作	拇伸直,从外展位内收,阻力加于拇指尺侧
拇长、短展肌	外展拇指时可于桡骨茎突远端触及肌腱活动	有一定的拇外展动作	拇伸直,从内收位外展,阻力加于第 1 掌骨桡侧
拇短屈肌	屈拇时于第 1 掌骨掌侧触及肌肉活动	有一定的拇屈曲动作	手心向上:拇指掌指关节屈曲,阻力加于拇指近节掌侧
拇短伸肌	伸拇时于第 1 掌骨背侧触及肌腱活动	有一定的拇伸展动作	手心向下:拇指掌指关节伸展,阻力加于拇指近节背侧
拇长屈肌	屈拇时于拇指近节掌侧触及肌腱活动	有一定的拇屈曲动作	手心向上,固定拇指近节:屈指间关节,阻力加于拇指远节指腹
拇长伸肌	伸拇时于拇指近节背侧触及肌腱活动	有一定的拇指间关节伸展动作	手心向下,固定拇指近节:伸指间关节,阻力加于拇指远节背侧

注:△为躯干肌

（2）下肢 MMT 测定方法：见表 3-4。

表 3-4　下肢 MMT 测定法

肌肉	检查与评定		
	1级	2级	3、4、5级
髂腰肌	仰卧，试图屈髋时于腹股沟上缘可触及肌活动	患侧卧，托住健侧下肢，可主动屈髋	仰卧，小腿悬于床缘外：屈髋，阻力加于股远端前面
臀大肌 腘绳肌	俯卧，试图伸髋时于臀部及坐骨结节下方可触及肌活动	患侧卧，托住健侧下肢，可主动伸髋	俯卧，屈膝（测臀大肌）或伸膝（测腘绳肌）：髋伸 10°～15°，阻力加于股远端后面
大、长、短收肌 股薄肌 耻骨肌	仰卧，腿外展 30°，试图髋内收时于股内侧可触及肌活动	同左，下肢放滑板上，髋关节可主动内收	患侧卧，两腿伸直，托住对侧下肢：髋内收，阻力加于股远端内侧
臀中、小肌 阔筋膜张肌	仰卧，试图髋外展时于大转子上方可触及肌活动	同左，下肢放滑板上，髋关节可主动外展	健侧卧，健侧下肢稍屈：髋外展，阻力加于股远端外侧
股方肌 梨状肌 臀大肌 上、下孖肌 闭孔内、外肌	仰卧，伸膝，试图髋外旋时于大转子上方可触及肌活动	同左，髋关节可主动外旋	仰卧，小腿置床缘外下垂：髋外旋，阻力加于小腿下端内侧
臀小肌 阔筋膜张肌	仰卧，伸膝，试图髋内旋时大转子上方可触及肌活动	同左，可主动内旋髋关节	仰卧，小腿置床缘外下垂：髋内旋，阻力加于小腿下端外侧
腘绳肌	俯卧，试图屈膝时于于腘窝两侧触及肌腱活动	患侧卧，托住健侧下肢，可主动屈膝	俯卧，屈膝，阻力加于小腿下端后侧
股四头肌	仰卧，试图伸膝时可触及髌韧带活动	患侧卧，托住健侧下肢，可主动伸膝	仰卧，小腿置床缘外下垂：伸膝，阻力加于小腿下端前侧
腓肠肌 比目鱼肌	侧卧，试图踝跖屈时可触及跟腱活动	同左，踝可主动跖屈	俯卧，伸膝位（测腓肠肌）或屈膝位（测比目鱼肌）：踝跖屈，阻力加于足前掌
胫前肌	仰卧，试图踝背屈、足内翻时可触及其活动	侧卧，可主动踝背屈、足内翻	坐位，小腿下垂：踝背屈并足内翻，阻力加于足背内缘
胫后肌	仰卧，试图足内翻时于内踝后方可触及腱活动	同左，可主动踝跖屈、足内翻	患侧卧，足置于床缘外：内翻并踝跖屈，阻力加于足内缘
腓骨长、短肌	仰卧，试图足外翻时于外踝后方可触及腱活动	同左，可主动踝跖屈、足外翻	健侧卧：使跖屈的足外翻，阻力加于足外缘
趾长、短屈肌	屈趾时于趾近端掌面可触及腱活动	有主动屈趾活动	仰卧：屈趾，阻力加于足趾近端掌面
趾长、短伸肌	仰卧，伸趾时于足背可触及腱活动	同左，有主动伸趾活动	同左：伸趾，阻力加于足趾近端背面
踇趾长伸肌	坐位，伸踇时于踇趾近端背侧可触及腱活动	同左，有主动伸踇活动	同左，固定踇趾近节：伸踇，阻力加于踇趾近端背面

（3）躯干 MMT 测定方法：见表 3-5、表 3-6。

表 3-5　躯干 MMT 测定法（一）

肌肉	检查与评定		
	1级	2级	3、4、5级
斜方肌 菱形肌	坐位，臂外展置于桌面，试图使肩胛骨内收时可触及肌收缩	同左，使肩胛骨主动内收时可见运动	俯卧，两臂稍抬起：使肩胛骨内收，肩胛骨内侧缘施加向外阻力

续表

肌肉	检查与评定		
	1级	2级	3、4、5级
斜方肌下部	俯卧,上臂前屈,内旋,试图使肩胛骨内收及下移时,可触及斜方肌下部收缩	同左,可见肩胛骨内收及下移运动	同左:肩胛骨内收及下移,肩胛骨内下缘施加向外上的阻力
斜方肌上部肩胛提肌	俯卧,试图耸肩时可触及斜方肌上部收缩	同左,能主动耸肩	坐位,两臂垂于体侧:耸肩时,在肩锁关节上施加向下的阻力
前锯肌	坐位,上臂前屈置于桌上,肩前伸时肩胛骨内缘可触及肌收缩	同左,肩前伸时可见肩胛骨活动	坐位,上臂前平举,屈肘:上臂前移,保持屈肘,在肘部施加向后的阻力

表 3-6   躯干 MMT 测定法(二)

肌肉	检查与评定				
	1级	2级	3级	4级	5级
△斜角肌 △颈长肌 △头长肌 △胸锁乳突肌	仰卧,颈前屈时可触及胸锁乳突肌收缩	侧卧,托住头部时可前屈颈	仰卧,头部能够离开床面,不能抗阻力	同左,能抗中等阻力	同左,颈前屈,能抗加于额部的较大阻力
斜方肌 颈部骶棘肌	俯卧,头后仰时可触及斜方肌活动	侧卧,托住头部时可仰头	俯卧,头能后仰,不能抗阻力	同左,能抗中等阻力	同左,头后仰时能抗加于枕部的较大阻力
腹直肌	仰卧,抬头时可触及上腹部腹肌紧张	仰卧,头部能抬离床面	仰卧,屈髋屈膝,肩胛以上能离开床面	同左,能双手前平举坐起	同左,能双手抱头坐起
骶棘肌	俯卧,头后仰时可触及其收缩	俯卧位,头能后仰	俯卧,胸部以上在床缘外下垂30°,固定下肢,能抬起上身,不能抗阻力	同左,能抗中等阻力	同左,能抗较大阻力
腹内斜肌 腹外斜肌	坐位,试图转体时可触及腹外斜肌收缩		仰卧,躯干旋转,一侧肩能离开床面	仰卧,屈髋屈膝,固定下肢:能双手前平举坐起并转体	同左,能双手抱颈后坐起同时向一侧转体

注:△为颈肌

4. 肌力评定的适应证和禁忌证

(1)适应证:下运动神经元损伤、脊髓损伤、原发性肌病、骨关节疾病等。

(2)禁忌证:严重疼痛、关节活动极度受限、严重的关节积液或滑膜炎、软组织损伤后刚刚愈合、骨关节不稳定、关节急性扭伤或拉伤等为绝对禁忌证;疼痛、关节活动受限、亚急性和慢性扭伤或拉伤、心血管系统疾病为相对禁忌证。

5. 检查的注意事项

(1)若为单侧肢体病变,应先检查健侧对应肌肉的肌力,以便健患侧对比。

(2)当主动肌肌力减弱时,协同肌可能取代主动肌而引起代偿运动。避免代偿动作的方法是将受试肌肉或肌群摆放在正确的位置,检查者的固定方法要得当,触摸受试肌肉以确保测试动作精确完成且没有代偿运动。

(3)重复检查同一块肌肉的最大收缩力时,每次检查应间隔2分钟为宜。

（4）正常肌力受年龄、性别、身体形态及职业的影响，存在个体差异。因此，在进行 3 级以上的肌力检查时，给予阻力的大小要根据被检者的个体情况来决定。

（5）检查不同肌肉时需采取相应的检查体位，但为了方便患者，检查者应在同一体位下完成所有肌力检查的内容后，再让患者变换体位，即应根据体位来安排检查的顺序。

（6）检查者应尽量靠近被检者，便于固定、实施手法，但不应妨碍运动。

（7）施加阻力时，要注意阻力的方向，应与肌肉或肌群的牵拉方向相反；阻力的施加点应在肌肉附着点的远端部位。肌力达 4 级以上时，所作抗阻须连续施加，且与运动方向相反。

（8）选择适合的检查时间，疲劳、运动后或饱餐后均不宜进行检查。

（二）等长肌力测试

等长肌力测试是测定肌肉等长收缩的能力，适用于 3 级以上肌力的检查，可以取得较为精确的定量评定。通常采用专门的器械进行测试，常用的方法有握力测试、捏力测试、背肌力测试、四肢肌群肌力测试等。

1. 握力测试　用握力计测试手握力大小，反映屈指肌肌力。握力计有多种型号，但用法和结果基本一致。握力大小以握力指数评定，握力指数 = 手握力（kg）/ 体重（kg）×100%，握力指数正常值为大于 50%。测试时，将把手调至适当宽度，立位或坐位，上肢置于体侧自然下垂，屈肘 90°，前臂和腕处于中立位，用力握 2～3 次，取最大值。检查时避免用上肢其他肌群来代偿。

2. 捏力测试　用捏力计测试拇指与其他手指间的捏力大小，反映拇指对掌肌及四指屈肌的肌力。测试时调整好捏力计，用拇指分别与其他手指相对捏压捏力计 2～3 次，取最大值。正常值约为握力的 30% 左右。

3. 背肌力测定　用拉力计测定背肌肌力的大小，用拉力指数评定。拉力指数 = 拉力（kg）/ 体重（kg）×100%，一般男性的正常拉力指数为体重的 1.5～2 倍（150%～200%），女性为体重的 1～1.5 倍（100%～150%）。测试时两膝伸直，将拉力计把手调至膝关节高度，两手抓住把手，然后腰部伸展用力上提把手。进行背肌力测定时，腰椎应力大幅度增加，易引发腰痛，故不适用于腰痛患者及老年人。

4. 四肢肌群肌力测试　在标准姿势下通过测力计，可测试四肢各组肌群（如腕、肘、肩、踝、膝、髋的屈伸肌群）的肌力。测力计一般由力学传感器及相应软硬件构成。根据传感器的敏感性，可测得的肌力范围可自极微弱到数百牛顿不等。

（三）等张肌力测试

等张肌力测试是测定肌肉克服阻力收缩做功的能力。测试时，被测肌肉收缩，完成全关节活动范围的运动，所克服的阻力值不变。测出 1 次全关节活动度运动过程中所抵抗的最大阻力值称为该被测者该关节运动的最大负荷量（1 repetitive maximum，1RM）；完成 10 次规范的全关节活动范围运动所能抵抗的最大阻力值称为 10RM。

（四）等速肌力测试

等速运动是在整个运动过程中运动速度（角速度）保持不变的一种肌肉收缩方式。等速肌力测试需要借助特定的等速测试仪来完成，有 Biodex、Kin-Com、Lido 等多种型号可供选择。等速测试仪内部特定结构使运动的角速度保持恒定，可以记录不同运动速度下，不同关节活动范围内某个关节周围拮抗肌的肌肉峰力矩、爆发力、耐力、功率，肌肉达到峰力矩的时间、角度，肌肉标准位置和标准时间下的力矩、屈 / 伸比值，双侧对应肌肉的力量差值、肌力 / 体重百分比等一系列数据。等速肌力测试的优点是能提供肌力、肌肉做功量和功率输出、肌肉爆发力和耐力等多种数据；既同时完成一组拮抗肌的测试，也可以分别测定向心收缩、离心收缩及等长收缩等数据；测试参数全面、精确、客观。等速肌力测试是公认的肌肉功能评价及肌肉力学特性研究的最佳方法。等速肌力测试的缺点是测试仪器价格昂贵，操作较复杂，不同型号的仪器测试出的结果有显著差异，无可比性。

三、关节活动范围测定

(一) 定义

关节活动范围(range of motion, ROM)是指关节活动时可达到的最大弧度,是衡量一个关节运动量的尺度,常以度数表示,亦称关节活动度,是肢体运动功能检查的最基本内容之一。根据关节运动的动力来源分为主动关节活动度和被动关节活动度。

主动关节活动度(active range of motion, AROM):是人体自身的主动随意运动而产生的运动弧。测量某一关节的 AROM 实际上是评定受检者肌肉收缩力量对关节活动度的影响。

被动关节活动度(passive range of motion, PROM):是通过外力如治疗师的帮助而产生的运动弧。正常情况下,被动运动至终末时会产生一种关节囊内的、不受随意运动控制的运动,因此,PROM 略大于 AROM。

关节活动受限的常见原因包括人体老化导致骨骼、关节的结构发生退行性变化,如退行性脊柱炎、退行性关节炎、骨质疏松等;另外还包括关节、软组织、骨骼病损所致的疼痛与肌肉痉挛,制动、长期保护性痉挛、肌力不平衡及长期不良姿势等所致的软组织缩短与挛缩,关节周围软组织瘢痕与粘连、关节内损伤与积液、关节周围水肿,关节内游离体,关节结构异常,各种病损所致肌肉瘫痪或无力,运动控制障碍等。上述这些原因均可引起关节活动范围下降。

(二) 关节活动范围测定的目的与方法

测定关节活动范围的主要目的是判断 ROM 受限的程度;根据整体的临床表现,大致分析可能的原因;为选择治疗方法提供参考;作为治疗过程中评定疗效的手段。如当关节水肿、疼痛、肌肉痉挛、短缩、关节囊及周围组织发生炎症及粘连、皮肤瘢痕等时,会影响关节的运动功能,这时就需要进行 ROM 测量。另外,对于存在关节炎症、痛风、截肢、关节周围软组织损伤以及关节继发性损伤的患者,ROM 测量也是必查项目之一。

关节活动度有多种具体测定方法,也有多种测量工具,如量角器、电子角度测量计、皮尺等,必要时可通过 X 线片或摄像机拍摄进行测量分析。皮尺一般用于特殊部位的测量,如脊柱活动度、手指活动度等。临床上最常采用量角器测量。

1. 通用量角器检查法

(1) 量角器的组成:通用量角器又称关节角度尺,是由一个带有半圆形或圆形角度计的固定臂和一个普通长度尺(称为移动臂)组成,两臂交点用铆钉固定,为量角器的中心。由于量角器使用简单,携带方便,在临床中被广泛应用。量角器可由金属或塑料制成,其规格不等(图3-1、图3-2)。

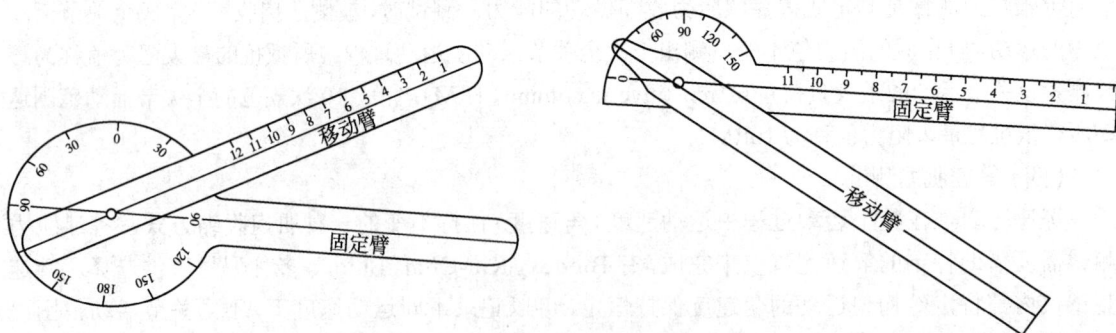

图3-1   不同类型量角器

(2) 量角器的选择:量角器的长度 7.5～40cm 不等,检查者根据所测关节的大小,选择合适的量角器。如测膝关节、髋关节等大关节时应选择40cm 长臂的量角器,而测量手或趾关节时,应选用 7.5cm 短臂的量角器。

(3) 量角器的摆放:测量时,量角器的轴心(中心)应对准关节的运动轴中心,固定臂与构成关节的近端骨的长轴平行,移动臂与构成关节的远端骨的长轴平行(当患者有特殊障碍时可以变化)。例如，测量肩关节屈曲度时，量角器轴心位于肱骨头中心点的外侧面，固定臂与腋中线平行，移动臂与肱骨长轴平行。

(4) 体位：确定关节运动范围的体位方法为中立位法，即解剖学中立位(图3-2)时关节角度定为"零"起始点。

测量旋转度时则选正常旋转范围的中点作为"零"起始点。另外，检查者要保证被检者体位舒适，测量在全关节活动范围不受限的解剖位上进行。例如，测量前臂旋前、旋后角度时，应取坐位，上臂紧靠躯干，屈肘90°，前臂呈中立位，可让被检者手中握一支笔，以确认体位的正确与否。

(5) 固定：被测量的关节在运动时，若其他关节参与运动，将会出现代偿动作，产生较大的 ROM。为了防止代偿动作的发生，应在构成关节的远端骨运动时，充分固定近端骨。固定可以借助体重、体位以及测量者所施加的外力。

(6) 主要关节活动度的具体测量方法

1) 脊柱关节活动度测量方法(表3-7)

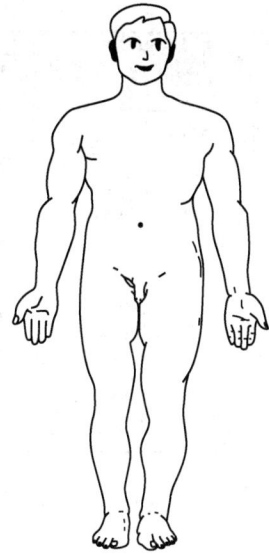

图3-2 解剖学中立位

表3-7 脊柱 ROM 测量法

| | 运动 | 测量体位 | 测角计放置方法 | | | 正常活动范围 |
			轴心	固定臂	移动臂	
颈椎	前屈	坐位或立位，在侧面测量	肩峰	在矢状面上与通过肩峰的垂直线一致	与头顶和耳孔连线一致	0°～60°
	后伸	同上	同上	同上	同上	0°～50°
	左旋、右旋	坐位或仰卧位，在头顶测量	头顶	与通过头顶的矢状轴一致	与鼻梁和枕骨粗隆的连线一致	0°～70°
	左侧屈、右侧屈	坐位或立位，防止胸腰椎侧屈	第7颈椎棘突	与第5颈椎到7第颈椎棘突连线一致	与枕骨粗隆到第7颈椎棘突的连线一致	0°～50°
胸、腰椎	前屈	立位	第5腰椎棘突侧面投影	与通过第5腰椎棘突的垂线一致	与第7颈椎到第5腰椎棘突的连线一致	0°～80°
	后伸	同上	同上	同上	同上	0°～30°
	左旋、右旋	坐位，胸、腰椎无侧屈和后伸	头部上面中点	与椅背的平行线一致	与两侧肩峰连线一致	0°～45°
	左侧屈、右侧屈	坐位或立位	第5腰椎棘突	与通过第5腰椎棘突的垂直线一致	与第7颈椎到第5腰椎棘突的连线一致	0°～35°

2) 上肢关节活动度测量方法(表3-8)

表3-8 上肢 ROM 测量法

| | 运动 | 受检者体位 | 测角计放置方法 | | | 正常活动范围 |
			轴心	固定臂	移动臂	
肩	屈、伸	坐位或立位，臂置于体侧，肘伸直	肩峰	与腋中线平行	与肱骨纵轴平行	屈：0°～180° 伸：0°～50°
	外展	坐位，臂置于体侧，肘伸直	肩峰	与身体正中线平行	与肱骨纵轴平行	0°～180°
	内旋、外旋	仰卧位，肩外展90°，肘屈90°	尺骨鹰嘴	与地面垂直	与尺骨平行	0°～90°

续表

运动		受检者体位	测角计放置方法			正常活动范围
			轴心	固定臂	移动臂	
肘	屈、伸	仰卧位或坐位或立位,臂取解剖位	肱骨外上髁	与肱骨纵轴平行	与桡骨平行	0°～150°
	旋前、旋后	坐位,上臂置于体侧,屈肘90°	中指尖	与地面垂直	与包括伸展拇指的手掌面平行	0°～90°
腕	屈、伸	坐位或立位,前臂完全旋前	尺骨茎突	与前臂纵轴平行	与第2掌骨纵轴平行	屈:0°～90° 伸:0°～70°
	尺偏、桡偏(尺、桡侧外展)	坐位,屈肘,前臂旋前,腕中立位	腕背侧中点	前臂背侧中线	第3掌骨纵轴	桡偏0°～25° 尺偏0°～55°

3)下肢关节活动度测量方法(表3-9)

表3-9　下肢ROM测量法

运动		受检者体位	测角计放置方法			正常活动范围
			轴心	固定臂	移动臂	
髋	屈	仰卧位或侧卧位,对侧下肢伸直(屈膝时)	股骨大转子	与身体纵轴平行	与股骨纵轴平行	0°～125°
	伸	侧卧位,被测下肢在上	股骨大转子	与身体纵轴平行	与股骨纵轴平行	0°～15°
	内收、外展	仰卧位	髂前上棘	左右髂前上棘连线的垂直线	髂前上棘至髌骨中心的连线	0°～45°
	内旋、外旋	仰卧位,两小腿悬于床缘外	髌骨下端	与地面垂直	与胫骨纵轴平行	0°～45°
膝	屈、伸	俯卧位或仰卧位或坐在椅子边缘	膝关节或腓骨小头	与股骨纵轴平行	与胫骨纵轴平行	屈:0°～150° 伸:0°
踝	背屈、跖屈、内翻、外翻	仰卧位,膝关节屈曲,踝处于中立位;或俯卧位,足置于床缘外	腓骨纵轴线与足外缘交叉处 踝后方,内外踝中点	与腓骨纵轴平行 小腿后纵轴	与第5跖骨纵轴平行 轴心与足跟中点的连线	背屈:0°～20° 跖屈:0°～45° 内翻:0°～35° 外翻:0°～25°

2. 评定分析及测量的注意事项

(1)测量前要对患者详细说明,取得配合,防止出现错误的姿势和代偿运动。

(2)被动关节活动时手法要柔和,速度要缓慢、均匀,尤其对伴有疼痛和痉挛的患者不能做快速运动。如患者存在关节脱位、骨折未愈合的情况或刚刚经历肌腱、韧带、肌肉等手术,则禁做关节活动度检查。

(3)通常应先测量关节的主动活动范围,后测量被动活动范围。关节的主动与被动活动范围明显不一致,提示运动系统存在问题,如肌肉瘫痪、肌腱粘连等,应分别记录。评价关节本身活动范围应以被动活动度为准。

(4)避免在按摩、运动及其他康复治疗后立即进行检查。

(5)应与健侧相应关节的测量结果进行比较,亦应测量与之相邻的上下关节的活动范围。

(吴　毅)

笔记

四、步态分析

（一）定义

1. 步行（walking）　是指通过双脚的交互动作移动机体的人类特征性活动。正常步行并不需要思考，然而步行的控制十分复杂，包括中枢命令、身体平衡和协调控制，涉及下肢各关节和肌肉的协同运动，也与上肢和躯干的姿态有关。从运动的神经控制角度来看，步行是典型的模式化运动。

2. 步态（gait）　是人类步行的行为特征。步态涉及人的行为习惯，受到职业、教育、年龄、性别的影响，也受到各种疾病的影响。任何环节的失调都可能影响步行和步态，而异常也有可能被代偿或掩盖。步行障碍是对残疾者日常生活活动影响最大的功能障碍之一，也是残疾者最迫切需要恢复的功能障碍。

3. 步态分析（gait analysis）　是研究步行规律的检查方法，旨在通过生物力学、运动学和肌肉电生理学等手段，揭示步态异常的关键环节和影响因素，从而指导康复评估和治疗，也有助于临床诊断、疗效评估、机理研究等。

（二）步态周期

步态周期（gait cycle）指一侧下肢完成从足落地到再次落地的时间过程，根据下肢在步行时的空间位置分为支撑相和摆动相（图3-3）。

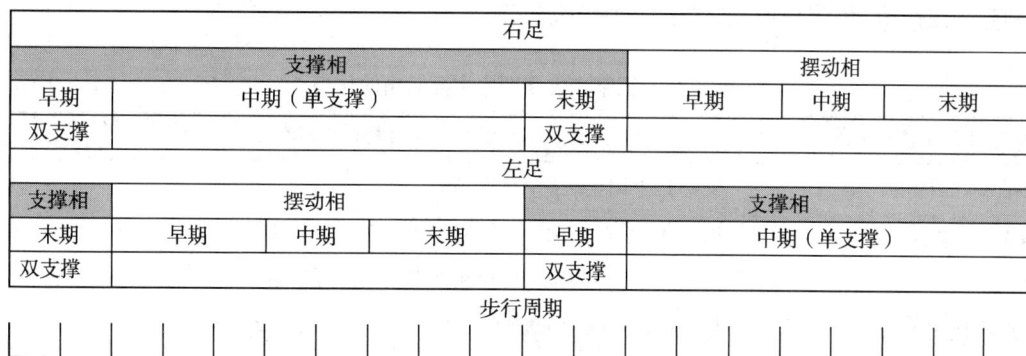

右足						
支撑相				摆动相		
早期	中期（单支撑）		末期	早期	中期	末期
双支撑			双支撑			
左足						
支撑相	摆动相			支撑相		
末期	早期	中期	末期	早期	中期（单支撑）	
双支撑				双支撑		
步行周期						

图3-3　步行周期示意图

1. 支撑相（stance phase）　指下肢接触地面和承受重力的时间，占步行周期的60%。支撑相大部分时间是单足支撑，称为单支撑相。单支撑相与对侧下肢的摆动相时间相等。单支撑相缩短将导致对侧摆动相时间缩短，导致步长缩短。反之，一侧的摆动相缩短，也导致对侧的单支撑相缩短。步行中双足落地的时相称为双支撑相，相当于支撑足首次触地及承重反应期，相当于对侧足的减重反应和足离地时期。双支撑相的时间与步行速度成反比。步行障碍时往往首先表现为双支撑相时间延长，以增加步行稳定性。步行与跑步的关键差别在于步行有双支撑相。

（1）支撑相早期（early stance）：指支撑相开始阶段，包括首次触地和承重反应，占步行周期的10%～12%。①首次触地（initial contact）：指足跟接触地面的瞬间，下肢前向运动减速，落实足进入支撑相的位置，是支撑相异常最常见的时期。②承重反应（loading response）：指首次触地之后重心由足跟向全足转移的过程。③地面支反力（ground reacting force，GRF）：GRF是体重和加速度的综合，正常步速时为体重的120%～140%，步速越快，GRF越高。下肢承重能力降低时可以通过减慢步速，减少GRF对活动的影响。

（2）支撑相中期（mid stance）：指支撑相中间阶段，此时支撑足全部着地，对侧足处于摆动相，是唯一单足支撑全部重力的时相，正常步速时为步行周期的38%～40%。主要功能是保持膝关节稳定，控制胫骨向前的惯性运动，为下肢向前推进做准备。参与的肌肉主要为腓肠肌和比目鱼肌。下肢承重力小于体重或身体不稳定时此期缩短，以将重心迅速转移到另一足，保持身体平衡。

（3）支撑相末期（terminal stance）：指下肢主动加速蹬离的阶段，开始于足跟抬起，结束于足离地，为步行周期的 10%～12%。此阶段身体重心向对侧下肢转移，又称为摆动前期。在缓慢步行时可以没有蹬离，而只是足趾离开地面，踝关节保持跖屈，髋关节主动屈曲。

2. 摆动相（swing phase） 指足离开地面向前迈步到再次落地之间的阶段，占步行周期的 40%。

（1）摆动相早期（initial swing）：指足刚离开地面的阶段，主要的动作为足廓清地面（clearance）和屈髋带动屈膝，加速肢体前向摆动，占步行周期的 13%～15%。此期屈髋是由屈髋肌主动收缩的结果，屈膝的过程是屈髋导致的膝关节惯性活动，而不是腘绳肌收缩的结果。

（2）摆动相中期（mid swing）：指迈步的中间阶段，足廓清仍然是主要任务，占步行周期的 10%。参与的肌肉包括屈髋肌、股四头肌和胫前肌。

（3）摆动相末期（terminal swing）：指迈步即将结束，足在落地之前的阶段，主要动作是下肢前向运动减速，准备足着地的姿势，占步行周期的 15%。此期的肌肉控制最为复杂，包括髂腰肌、臀大肌、腘绳肌、股四头肌、胫前肌的共同参与。

（三）步态周期中的肌肉活动

肌肉活动是步行的动力基础。参与步行控制的肌肉数量和质量均有很大的储备力，因此关节运动与肌肉活动关联复杂。步态异常与肌肉活动的异常通常有密切关联（表 3-10）。动态肌电图对问题的鉴别起关键作用，因此是步态分析的必要组成部分。

表 3-10　正常步行周期中主要肌肉的作用

肌肉	步行周期
腓肠肌和比目鱼肌	支撑相中期至蹬离，首次触地
臀大肌	摆动相末期，首次触地至支撑相中期
腘绳肌	摆动相中期和末期，首次触地至承重反应结束
髂腰肌和股内收肌	足离地至摆动相早期
股四头肌	摆动相末期，首次触地至支撑相中期 足离地至摆动相早期
胫前肌	首次触地至承重反应结束 摆动相全程（足离地至再次触地）

（四）临床步态分析

1. 分析内容

（1）病史回顾：病史是判断步态障碍的前提。步态分析前必须仔细询问现病史、既往史、手术史、康复治疗措施等基本情况，同时要明确诱发步态异常和改善步态的相关因素。

（2）体格检查：体格检查是判断步态障碍的基础，特别是神经系统和骨关节系统的检查。体格检查的重点在生理反射和病理反射、肌力和肌张力、关节活动度、感觉（触觉、痛觉、本体感觉）、压痛、肿胀、皮肤状况（溃疡、颜色）等。

（3）步态观察：一般采用自然步态，观察包括前面、侧面和后面。需要注意步行节律、稳定性、流畅性、对称性、重心偏移、手臂摆动、关节姿态、患者神态与表情、辅助装置（矫形器、助行器）的作用等（表 3-11）。在此基础上，可以要求患者加快步速，减少足接触面（踮足或足跟步行）或步宽（两足沿中线步行），以凸显异常；也可以通过增大接触面或给予支撑（足矫形垫或矫形器），以改善异常，从而协助评估。

表 3-11 临床步态观察要点

观察内容	观察要点		
步行周期	时相是否合理	左右是否对称	行进是否稳定和流畅
步行节律	节奏是否匀称	速率是否合理	时相是否流畅
疼痛	是否干扰步行	部位、性质、程度与步行障碍的关系	发作时间与步行障碍的关系
肩、臂	塌陷或抬高	前后退缩	肩活动过度或不足
躯干	前屈或侧屈	扭转	摆动过度或不足
骨盆	前后倾斜	左右抬高	旋转或扭转
膝关节	摆动相是否可屈曲	支撑相是否可伸直	关节是否稳定
踝关节	摆动相是否可背屈和跖屈	是否有足下垂、足内翻或足外翻	关节是否稳定
足	是否为足跟着地	是否为足趾离地	是否稳定
足接触面	足是否全部着地	两足间距是否合理	是否稳定

2. 诊断性阻滞 指对靶肌肉诊断性注射局部麻醉剂，以鉴别动态畸形和静态畸形。动态畸形指肌肉痉挛或张力过高导致肌肉控制失平衡，使关节活动受限，诊断性治疗可明显改善功能。静态畸形指骨骼或关节畸形及肌肉挛缩导致的关节活动受限，诊断性治疗无作用。

3. 引起步态障碍的因素

（1）骨关节因素：由于运动损伤、骨关节疾病、先天畸形、截肢、手术等造成的躯干、骨盆、髋、膝、踝、足静态畸形和双下肢长度不一，以及疼痛和关节松弛等，可对步态产生明显的影响。

（2）神经肌肉因素：中枢神经损伤，包括脑卒中、脑外伤、脊髓损伤和脑瘫、帕金森病等，可造成痉挛步态、偏瘫步态、剪刀步态、共济失调步态、蹒跚步态等。引起步态障碍的原发性因素是肌力和肌张力失衡以及肌肉痉挛，继发性因素包括关节和肌腱挛缩畸形、肌肉萎缩、代偿性步态改变等。

（五）三维步态分析

1. 运动学分析（kinematic analysis） 是研究步行时肢体运动时间和空间变化规律的方法，主要包括人体重心分析、廓清机制、步行时间 - 空间测定和肢体节段性运动测定。

（1）人体重心（center of gravity）：位于第 2 骶骨前缘，两髋关节中央，直线运动时是身体摆动最小的部位。步行时减少躯干摆动是降低能耗的关键，也是康复训练需要关注的要点。

（2）廓清机制（clearance mechanism）：主要包括摆动相早期 - 中期髋关节屈曲，摆动相早期膝关节屈曲，摆动相中 - 末期踝关节背屈。骨盆稳定性参与廓清机制，支撑相对廓清机制也有一定影响。

（3）时间 - 空间参数测定：主要参数为：①步长（step length）：又称迈步长，是指一足着地至对侧足着地的平均距离。②步长时间（step time）：指一足着地至对侧足着地的平均时间。③步幅（stride length）：又称跨步长，是指一足着地至同一足再次着地的距离。④平均步幅时间（stride time）：相当于支撑相与摆动相之和。⑤步频（cadence）：指平均步数（步 / 分），步频 =60（秒）/ 步长平均时间（秒），根据左右步长时间计算步频，以表示两侧步长的差异。⑥步速（velocity）：指步行的平均速度（m/s），步速 = 步幅 / 步行周期。⑦步宽（stride width）：也称为支撑基础（supporting base），指两脚跟中心点或重力点之间的水平距离，也可为两足内侧缘或外侧缘之间的最短水平距离，左右足分别计算。⑧足偏角（toe out angle）：指足中心线与同侧步行直线之间的夹角，左右足分别计算。

（4）节段性运动（segmental motion）测定：是测定步行时关节活动角度的动态变化及其与时相之间的关系，常用的分析方式有：

摄像分析：在 4～8m 的步行通道的前面和侧面设置 2 台摄像机，记录步行过程，并采用同步慢放的方式，将受试者的动作分解观察和分析。

三维数字化分析：通过 2～6 台数字化摄像机获取步行时关节标记的反射信号，转换为数字信号，通过电脑进行三维图像重建，分析关节角度变化、速率和时相（图 3-4）。

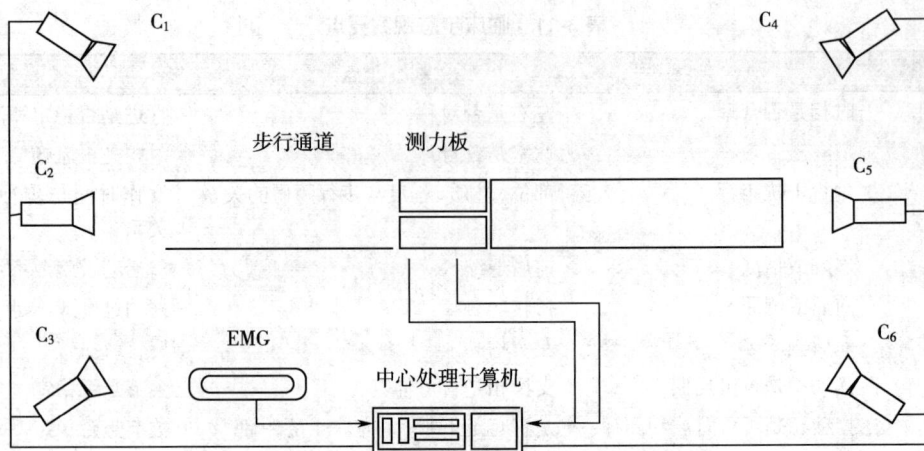

图 3-4 三维步态分析系统示意图
$C_1 \sim C_6$ 指数字化摄像机

2. 动力学（kinetics）分析 是研究步行作用力和反作用力的强度、方向和时间的方法。步行动力特征包括：

（1）地面反作用力（GRF）：正常步行时 GRF 呈双峰型；下肢承重能力降低或步行速度降低时，GRF 双峰曲线降低或消失。

（2）剪力（shear force）：前后剪力表现为反向尖峰图形；左右剪力形态相似，但是幅度较小。

（3）力矩（torque）：力矩通常指力和力臂的乘积，但是关节运动时的力矩是指身体惯性质量矩和关节运动弧加速度的乘积，受肌力、关节稳定度和运动速度的影响。关节运动力矩的计算公式是：$T=I\alpha$。其中 T 是力矩，以 N•m 表示；I 是惯性质量矩，以 N•msec^2 表示；α 是角加速度，以 r/sec^2 表示。

（4）测力平台（force plate）：用于记录步行时压力的变化规律。

（5）足测力板（foot platform）：将特制的超薄测力垫插入受试者鞋内，测定站立或步行时足底受力的静态或动态变化，协助设计矫形鞋以纠正步态。

3. 动态肌电图（dynamic electromyography） 动态肌电图用于检测步行时肌肉活动与步行的关系。表浅肌肉一般采用表面电极，置于与相临肌肉距离最远并且接近肌腹的部位；深部肌肉可以采用植入式线电极，导线表面有绝缘物质覆盖，导线两端裸露，一端与肌肉接触，另一端与肌电图仪连接。

（六）常见异常步态

1. 外周神经损伤导致的异常步态

（1）臀大肌步态：臀大肌是主要的伸髋及脊柱稳定肌。在足触地时控制重心前移，肌力下降时其作用由韧带支持及棘旁肌代偿，导致在支撑相早期臀部突然后退，中期腰部前凸，以保持重力线在髋关节之后。腘绳肌可以部分代偿臀大肌，但是外周神经损伤时，腘绳肌与臀大肌的神经支配往往同时受损。臀大肌步态表现出支撑相躯干前后摆动显著增加，类似鹅行的姿态，又称为鹅步。

（2）臀中肌步态：在支撑相早期和中期，患者骨盆向患侧下移超过 5°，髋关节向患侧凸，肩和腰出现代偿性侧弯，以增加骨盆稳定度。臀中肌步态表现为支撑相躯干左右摆动显著增加，类似鸭行的姿态，又称为鸭步。

（3）屈髋肌无力步态：屈髋肌是摆动相主要的加速肌，肌力降低造成肢体行进缺乏动力，只有通过躯干在支撑相末期向后摆动、摆动相早期突然向前摆动来进行代偿，患侧步长明显缩短。

（4）股四头肌无力步态：股四头肌无力使支撑相早期膝关节处于过伸位，用臀大肌维持股骨近端位置，用比目鱼肌维持股骨远端位置，从而保持膝关节稳定。膝关节过伸导致躯干前屈，产生额外的膝关节后向力矩。长期处于此状态将极大增加膝关节韧带和关节囊的负荷，导致膝关节损伤和疼痛。

（5）踝背伸肌无力步态：足触地后，由于踝关节不能控制跖屈，所以支撑相早期缩短，迅速进入支撑相中期。严重时患者在摆动相出现足下垂，导致下肢功能性过长，往往以过分屈髋屈膝代偿（跨槛步态），同时支撑相早期由全脚掌或前脚掌先接触地面。

（6）腓肠肌（比目鱼）肌无力步态：表现为支撑相中期踝关节背屈控制障碍，支撑相末期延长和下肢推进力降低，患侧膝关节屈曲力矩增加，导致支撑相中期膝关节屈曲和膝塌陷，然后伸膝肌激活进行代偿。同时还伴随着非受累侧骨盆向前运动延迟、步长缩短。

2. 中枢神经疾病常见的异常步态

（1）偏瘫步态：偏瘫患者常因股四头肌痉挛导致膝关节屈曲困难、小腿三头肌痉挛导致足下垂、胫后肌痉挛导致足内翻，多数患者摆动相时骨盆代偿性抬高，髋关节外展外旋，患侧下肢向外侧划弧迈步，称为划圈步态。在支撑相，由于痉挛性足下垂限制胫骨前向运动，往往采用膝过伸的姿态代偿，同时由于患肢的支撑力降低，患者一般通过缩短患肢的支撑时间来代偿。部分患者还会出现侧身，健腿在前，患腿在后，患足在地面拖行的步态。

（2）截瘫步态：截瘫患者如果损伤平面在L_3以下，有可能独立步行，但是由于小腿三头肌和胫前肌瘫痪，表现为跨槛步态。足落地时缺乏踝关节控制，所以膝关节和踝关节的稳定性降低，患者通常采用膝过伸的姿态以增加膝关节和踝关节的稳定性。L_3以上平面损伤的步态变化很大，与损伤程度有关。

（3）脑瘫步态：痉挛型患者常见小腿三头肌和胫后肌痉挛导致足下垂和足内翻、股内收肌痉挛导致摆动相足偏向内侧，表现为踮足剪刀步态。严重的内收肌痉挛和腘绳肌痉挛（挛缩）可代偿性表现为髋屈曲、膝屈曲和外翻、足外翻为特征的蹲伏步态。共济失调型患者由于肌肉张力的不稳定，步行时通常通过增加足间距来增加支撑相稳定性，通过增加步频来控制躯干的前后稳定性，通过上身和上肢摆动的协助，来保持步行时的平衡，因此在整体上表现为快速而不稳定的步态，类似于醉汉的行走姿态。

（4）帕金森步态：帕金森病以普遍性肌肉张力异常增高为特征，表现为步行启动困难、下肢摆动幅度减小、髋膝关节轻度屈曲、重心前移、步频加快的慌张步态。

（许光旭）

五、平衡与协调功能评定

（一）平衡功能评定

1. 定义　平衡（balance）是指身体保持一种姿势以及在运动或受到外力作用时自动调整并维持姿势的能力。人体重心（center of gravity, COG）是指人体质量（重量）的中心。支撑面（base of support）是指人体在各种体位下（卧、坐、站立、行走）所依靠的接触面，支撑面的大小和质地均影响身体的平衡。要保持平衡，身体重心必须在稳定极限（limits of stability）内，反之则需要调整姿势来维持平衡。

2. 分类　人体平衡可以分为以下两大类。

（1）静态平衡：人体维持某种特定姿势（如坐或站）的能力。

（2）动态平衡：在完成一个特定动作的同时保持一个稳定姿势的能力，可分为自主动态平衡和他动动态平衡。

3. 人体平衡的维持机制　平衡的控制是一个复杂的过程，需要三个环节的参与：感觉输入、中枢整合和运动控制，此外，前庭系统、视觉调节系统、本体感觉系统、大脑平衡反射调节和小脑共济协调系统以及肌群的力量在人体平衡功能的维持上也起到了重要作用。

（1）感觉输入：感觉系统包括躯体感觉、视觉以及前庭三个系统，它们在维持平衡的过程中扮演不同的角色。

视觉系统：在视环境静止不动的情况下，视觉系统能准确感受环境中物体的运动以及眼睛和头部的视空间定位；当平衡受到干扰或破坏时，通过颈部肌肉收缩，使头保持向上直立位，并保持视线水平，从而使身体保持或恢复到原来的平衡。当阻断视觉输入（如站立时闭眼）时，姿势的稳定性将较视觉输入通畅时显著下降，这也是视觉障碍者或老年人平衡能力降低的原因之一。

躯体感觉：在维持身体平衡和姿势的过程中，与支撑面相接触的皮肤的触、压觉感受器向大脑皮质传递有关体重分布情况和身体重心位置的信息；分布于肌肉、关节及肌腱等处的本体感受器收集随支持面而变化的信息（如随面积、硬度、稳定性以及表面平整度等而变化的各部位的空间定位和运动方向），经深感觉传导通路向上传递。

前庭系统：在躯体感觉和视觉系统正常的情况下，前庭控制人体重心位置的作用很小。只有当躯体感觉和视觉信息输入均不存在（被阻断）或输入不准确而发生冲突时，前庭系统的感觉输入在维持平衡的过程中才变得至关重要。

（2）中枢整合：当体位或姿势变化时，为了判断人体重心的准确位置和支持面的情况，中枢神经系统将三种感觉信息在脊髓、前庭核、内侧纵束、脑干网状结构、小脑及大脑皮质等多级平衡觉神经中枢中进行整合加工，并形成运动方案。中枢神经系统能够在不同环境条件下选择和使用相关感觉系统，这种能力被称为感觉再权重（sensory reweighting）。当人体站在一个不稳定的表面时，中枢神经系统会增加对来自视觉和前庭系统感觉反馈的敏感度，减少来自躯体感觉系统感觉信息的敏感度。而在黑暗环境中，平衡控制主要得益于躯体感觉系统和前庭系统的反馈。

（3）运动控制：当平衡发生变化时，人体通过三种调节机制或姿势性协同运动模式来应变，包括踝调节机制（ankle strategies）、髋调节机制（hip strategies）及跨步调节机制（stepping strategies）。①踝调节机制：是指人体站在一个比较坚固和较大的支持面上，受到一个较小的外界干扰时，身体重心以踝关节为轴进行前后转动或摆动，以调整重心，保持身体的稳定性。②髋调节机制：当人体站在一个较小或较斜的支持面上，受到一个较大或较快的外界干扰，踝调节机制不足以调节平衡的变化时，通过髋关节的屈伸活动来调整身体重心和保持平衡。③跨步调节机制：当外力干扰过大，髋调节机制不能调整平衡的变化时，人体启动跨步调节机制，自动向用力方向快速跨出或跳跃一步，重新为身体确定稳定站立的支持面。踝调节和髋调节是支撑面不发生变化的调节，而跨步调节是支撑面发生变化的调节。

4. 平衡评定的目的及对象　评定平衡主要是了解是否存在平衡功能障碍，找出引起平衡障碍的原因，确定是否需要治疗（如药物治疗或康复治疗），重复评定以了解治疗是否有效，预测患者可能发生跌倒的危险性。

任何引起平衡功能障碍的疾患都需要评定平衡功能。主要评定对象为：①中枢神经系统损害患者；②耳鼻喉科疾病患者，如各种眩晕症者；③肌肉骨骼系统疾病或损伤患者；④其他人群，如老年人、运动员、飞行员及宇航员。

5. 评定方法　包括主观评定和客观评定两个方面。主观评定以观察和量表为主，客观评定多用平衡测试仪评定。

（1）观察法：观察被评定对象能否保持坐位和站立位平衡，以及在活动状态下能否保持平衡。观察法虽然过于粗略和主观，缺乏量化，但由于其应用简便，可以对具有平衡功能障碍的患者进行粗略的筛选，至今在临床上仍广为应用。

（2）量表法：由于不需要专门昂贵的设备、评分简单、应用方便，故临床普遍使用，但评估结果是主观的，并且具有天花板效应，对轻度平衡障碍的评估不够敏感。信度和效度较好的量表主要有 Berg 平衡量表（Berg balance scale，BBS）、Tinnetti 活动能力量表（Tinnetti's performance-oriented assessment of mobility），以及"站起 - 走"计时测试（the timed "Up & Go" test）。Berg 平衡量表和 Tinnetti 量表既可以评定被测试对象在静态和动态的平衡功能，也可以用来预测正常情况下摔倒的可能性。Berg 量表满分 56 分，低于 40 分表明有摔倒的危险性。Tinnetti 量表满分 44 分，低于 24 分提示有摔倒的危险性。"站起 - 走"计时测试主要评定被测试者从座椅站起，向前走 3m，折返回来的时间以及在行走中的动态平衡。

（3）平衡测试仪：这类仪器采用高精度的压力传感器和电子计算机技术，整个系统由受力平台（force plate），即压力传感器、显示器、电子计算机及专用软件构成。受力平台可以记录到身体的摇摆情况，并将记录到的信号转化成数据输入计算机，计算机在应用软件的支持下，对接收到的数据进行分析，实时描记压力中心在平板上的投影与时间的关系曲线，将结果以数据及图的形式显示。可行静态和动态平衡测试。

（二）协调功能评定

1. 定义 协调（coordination）是指人体产生平滑、准确、有控制的运动的能力，应包括按照一定的方向和节奏，采用适当的力量和速度，达到准确的目标等几个方面。协调与平衡密切相关。中枢神经系统中参与协调控制的部位主要有小脑、基底节、脊髓后索。协调功能障碍又称为共济失调（dystaxia）。根据中枢神经系统病变部位的不同，分为小脑性共济失调、基底节共济失调和脊髓后索共济失调。

2. 协调评定的目的和分级

（1）协调评定的目的：明确有无协调功能障碍，评估肌肉或肌群共同完成一种作业或功能活动的能力；帮助了解协调障碍的程度、类型及引起协调障碍的原因；为康复计划的制订与实施提供依据；对训练疗效进行评估；协助研制协调评定与训练的新设备。

（2）协调功能分级：根据协调活动的情况，可将协调功能分为 5 级：Ⅰ级（正常完成）、Ⅱ级（轻度残损，能完成活动，但较正常速度和技巧稍有差异）、Ⅲ级（中度残损，能完成活动，但动作慢、笨拙、明显不稳定）、Ⅳ级（重度残损，仅能启动动作，不能完成）和Ⅴ级（不能完成活动）。

3. 临床评定方法 包括：①指鼻试验；②指 - 指试验；③轮替试验；④食指对指试验；⑤拇指对指试验；⑥握拳试验；⑦拍膝试验；⑧跟 - 膝 - 胫试验；⑨旋转试验；⑩拍地试验。

上述检查主要观察动作的完成是否直接、精确，时间是否正常，在动作的完成过程中有无辨距不良、震颤或僵硬，增加速度或闭眼时有无异常。评定时还需要注意共济失调是一侧性或双侧性，什么部位最明显（头、躯干、上肢、下肢），以及睁眼和闭眼有无差别。

（倪国新）

六、感觉功能评定

感觉（sensation）是人脑对直接作用于感受器官的客观事物个别属性的反映，个别属性包括大小、形状、颜色、硬度、湿度、味道、气味、声音等。感觉功能评定可分为浅感觉检查、深感觉检查、复合感觉检查。

（一）浅感觉检查

1. 痛觉 被检者闭目，用大头针的针尖轻刺被检者皮肤，询问被检者有无疼痛感觉，两侧对比、近端和远端对比，并记录感觉障碍的类型（过敏、减退或消失）与范围。对痛觉减退的患者要从有障碍的部位向正常部位检查，对痛觉过敏的患者要从正常部位向有障碍的部位检查，这样能更准确地检测异常感觉的范围。

2. 触觉 被检者闭目，用棉签轻触被检者的皮肤或黏膜，询问有无感觉。触觉障碍常见于脊髓后索病损。

3. 温度觉 被检者闭目，用两支玻璃试管或金属管分别装有冷水（5～10℃）和热水（40～50℃），交替接触患者皮肤，让其辨别冷热。温度觉障碍常见于脊髓丘脑侧束病损。

（二）深感觉检查

1. 运动觉 被检者闭目，检查者轻轻夹住被检者的手指或足趾两侧，上下移动 5° 左右，让被检者说出运动方向。运动觉障碍常见于脊髓后索病损。

2. 位置觉 被检者闭目，检查者将其肢体摆成某一姿势，请其描述该姿势或用对侧肢体模仿。

3. 震动觉 检查者将震动着的音叉柄置于骨突起处，询问被检者有无震动并计算持续时间，比较两侧有无差别。检查时常选择的骨突部位有胸骨、锁骨、肩峰、尺骨鹰嘴、桡骨小头、尺骨小头、棘突、髂前上棘、股骨粗隆、腓骨小头、内踝和外踝等。

（三）复合感觉检查

包括皮肤定位觉、两点辨别觉、实体觉和体表图形觉，这些感觉是大脑综合分析的结果，也称皮质感觉。

1. 皮肤定位觉　被检者闭目，检查者以手指或棉签轻触被检者皮肤，让被检者说出或用手指指出被触部位。

2. 两点辨别觉　①以钝脚分规刺激皮肤上的两点，检测被检者有无能力辨别，再逐渐缩小双脚间距，直到被检者感觉为一点为止，测其实际间距，与健侧对比。两点必须同时刺激，用力相等。② Moberg 法：将回形针掰开，两端形成一定距离，然后放在患者皮肤上让其分辨。正常范围一般为：手指末节掌侧 2～3mm，中节掌侧 4～5mm，近节掌侧 5～6mm。7～15mm 为部分丧失，大于 15mm 为完全丧失。两点辨别距离越小，越接近正常值范围，说明该神经的感觉功能越好。

3. 实体觉　①被检者闭目，让其用单手触摸熟悉的物体（如钢笔、钥匙、硬币等），并说出物体的名称、大小、形状、硬度、轻重等，两手比较。怀疑有实体觉障碍者，应先测功能差的手，再测另一手。②被检者睁眼，用一小布袋装入上述熟悉的物体，令其用单手伸入袋中触摸，然后说出 1～2 种物体的属性和名称。

4. 体表图形觉　被检者闭目，检查者用笔或竹签在其皮肤上画图形（方、圆、三角形等）或写简单的数字（1、2、3 等），让被检者分辨。也应双侧对照。

感觉功能评定结果可记录为：正常（0），减弱（−1）和消失（−2），轻度敏感（+1）和显著敏感（+2）。

（四）注意事项

1. 首先让被检者了解检查的目的与方法，以取得充分合作。
2. 充分暴露检查部位。
3. 皮肤增厚、瘢痕、起茧部位的感觉也会有所下降，注意区别。
4. 检查时采取左右、近远端对比的原则。
5. 检查时被检者一般宜闭目，以避免主观或暗示作用。
6. 检查者需耐心细致，必要时可多次重复检查。

（张长杰）

学习要点：

1. 肌张力的定义及肌张力异常的表现形式。
2. 改良 Ashworth 痉挛评定量表。
3. 肌力评定的常用方法。
4. 徒手肌力评定的标准及注意事项。
5. 关节活动度的定义及测量的临床意义。
6. 步态与步行周期的定义。
7. 常见步态异常的特征。
8. 平衡及协调功能评定的定义及主要内容。
9. 平衡及调节机制的主要类型及作用。
10. 平衡及协调功能的评定方法。

第二节　心肺功能评估

心肺功能是人体吐故纳新、新陈代谢的基础，是人体运动耐力的基础。心血管和呼吸系统虽然分属于两个生理系统，但功能上密切相关，其功能障碍的临床表现接近，康复治疗互相关联。

一、基本概念

1. 心血管功能

（1）循环功能：循环系统的主要功能是运输，将气体、能量物质、激素、电解质等运输到全身组织进行新陈代谢，同时也流经肺和肾等脏器，将代谢的最终产物加以排泄。循环功能取决于循环驱动力、心脏和血管结构的完整性和柔顺性/弹性、组织代谢状态。循环功能障碍导致缺氧缺血症状。

（2）心脏功能：心脏的功能主要是泵血，即产生血液循环的驱动力。心脏的泵血功能的主要影响因素包括：心脏收缩功能、心脏舒张功能和外周血管阻力。心脏功能减退将导致循环功能障碍。

2. 呼吸功能

呼吸功能指气体代谢过程中的气体交换能力，不仅包括通气功能，还应该包括换气功能。呼吸可以分为内呼吸和外呼吸两个基本过程。

（1）内呼吸：指体内细胞的气体交换过程，即氧气进入细胞，参加有氧代谢，产生能量、二氧化碳和水，再将二氧化碳排出细胞的过程。内呼吸取决于全身循环状态、组织微循环状态、细胞代谢状态和血液气体状态。内呼吸是机体代谢状态的象征。

（2）外呼吸：指气体在肺泡进行交换，并通过气道与外界空气进行交换的过程，取决于气道功能、肺泡功能、呼吸肌功能和肺循环功能。通气功能——通过呼吸使空气进入肺泡，然后再排出体外；换气功能——通过肺泡壁的毛细血管二氧化碳弥散进入肺泡，然后随呼气排出，同时将氧气吸收进入血管，与血红蛋白结合，运输到组织进行代谢。

3. 心肺功能与运动耐力

运动耐力是指机体持续活动的能力，取决于心肺功能和运动骨骼肌的代谢能力。长期制动或缺乏运动导致骨骼肌代谢能力降低，同时也可以导致心肺功能减退，影响运动能力。因此不仅心血管和呼吸系统疾病患者的运动耐力减退，任何疾病或老龄导致的机体运动减少最终都将表现在心肺功能和运动耐力衰退。

（1）气体代谢：气体代谢主要指生物体内氧和二氧化碳在生化过程中反应及体内外的交换过程，是生命活动的基础。人体的气体代谢集中反映了循环、呼吸、运动、内分泌等多系统的功能状态。

（2）代谢当量：代谢当量（MET），音译为梅脱，是以安静、坐位时的能量消耗为基础，表达各种活动时相对能量代谢水平的常用指标，是评估心肺功能的重要指标。1MET 相当于耗氧量 $3.5\text{ml}/(\text{kg}\cdot\text{min})$。

（3）运动应激试验：运动应激试验的基本原理是人体心肺功能具有强大的储备力，因此轻度和中度功能障碍往往在安静时没有异常表现。运动应激试验旨在促使机体功能进入最大或失代偿状态，诱发相应的生理和病理生理表现，从而有助于临床诊断和功能评估。确定机体的最大功能储备，帮助制订运动训练方案时留出足够的安全空间，保证训练安全性。

二、心电运动试验

（一）应用范畴

1. 协助临床诊断

（1）冠心病诊断：试验的灵敏性为 60%～80%，特异性为 71%～97%。试验中发生心肌缺血的运动负荷越低、心肌耗氧水平越低、ST 段下移程度越大，患冠心病的危险性就越高、诊断冠心病的可靠程度越大。

（2）鉴定心律失常：运动中诱发或加剧的心律失常提示器质性心脏病，应该注意休息，避免运动；康复治疗时应暂时停止运动或调整运动量。而心律失常在运动中减轻甚至消失多属于"良性"，平时不一定要限制或停止运动。

（3）鉴定呼吸困难或胸闷的性质：器质性疾病应在运动试验中诱发呼吸困难，并与相应的心血管异常一致。

2. 确定功能状态

（1）判定冠状动脉病变严重程度及预后：运动中发生心肌缺血的运动负荷越低、心肌耗氧水平越低、ST 段下移的程度越大，冠状动脉病变就越严重，预后也越差。运动试验阳性的无症状患者发生冠心病的危险性增大。

（2）评定心功能、体力活动能力和残疾程度：运动能力过低可作为残疾评判依据。

（3）评定康复治疗效果：运动试验时的心率、血压、运动时间、运动量、吸氧量以及患者的主观感受均可以作为康复治疗效果定量评判的依据。

3. 指导康复治疗

（1）确定患者运动的安全性：运动试验中诱发的各种异常均提示患者运动危险性增大，例如低水平运动（低运动负荷或低心肌耗氧量）时出现心肌缺血、运动诱发严重心律失常、运动诱发循环不良症状或心衰症状、运动能力过低等。

（2）为制订运动处方提供定量依据。运动试验可以确定患者心肌缺血阈或最大运动能力、运动安全系数或靶运动强度，有助于提高运动训练效果和安全性。

（3）协助患者选择必要的临床治疗，如手术。

（4）使患者感受实际活动能力，去除顾虑，增强参加日常活动的信心。

（二）适应证和禁忌证

1. 适应证　凡是有上述应用需求，同时病情稳定，无明显步态和骨关节异常，无感染及活动性疾病，患者精神正常以及主观上愿意接受检查，并能主动配合者均为适应证。

2. 禁忌证　病情不稳定者均属于禁忌证。临床上稳定与不稳定是相对的，取决于医师和技师的经验和水平，以及实验室的设备和设施条件。

（1）绝对禁忌证：未控制的心力衰竭或急性心衰、严重的心功能障碍、血流动力学不稳的严重心律失常（室性或室上性心动过速、多源性室早、快速型房颤、III° 房室传导阻滞等）、不稳定型心绞痛、近期心肌梗死后非稳定期、急性心包炎、心肌炎、心内膜炎、严重的未控制的高血压、急性肺动脉栓塞或梗死、全身急性炎症、传染病和下肢功能障碍、确诊或怀疑主动脉瘤、严重主动脉瓣狭窄、血栓性脉管炎或心脏血栓、精神疾病发作期间或严重神经症。

（2）相对禁忌证：严重高血压（高于 200mmHg/120mmHg，1mmHg=0.133 322kPa）和肺动脉高压、中度瓣膜病变和心肌病、明显心动过速或过缓、中至重度主动脉瓣狭窄或严重阻塞型心肌病、心脏明显扩大、高度房室传导阻滞及高度窦房阻滞、严重冠状动脉左主干狭窄或类似病变、严重肝肾疾病、严重贫血及未能控制的糖尿病 / 甲亢 / 骨关节病等、血电解质紊乱、慢性感染性疾病、运动会导致恶化的神经肌肉疾病、骨骼肌肉疾病或风湿性疾病、晚期妊娠或妊娠有合并症者、病情稳定的心衰患者、重症贫血、明显骨关节功能障碍，运动受限或可能由于运动而使病变恶化。

3. 安全性　心电运动试验的死亡率平均为 1/10 000，运动诱发心肌梗死为 4/10 000，住院治疗者（包括心肌梗死）为 5/10 000，一般心血管异常者为 1/10 000。心血管意外与病例选择不当有关，与运动试验方法和运动量无关。

（三）检查方法

1. 运动方式

（1）活动平板：指装有电动传送带的运动装置，患者进行步行或跑步，速度和坡度可调节。优点为接近日常活动生理，可以逐步增加负荷量。各种坡度、速度时的心血管反应可以直接用于指导患者的步行锻炼。

（2）踏车运动：采用固定式功率自行车，可定量增加踏车阻力，调整运动负荷。运动时无噪音，运动中心电图记录较好，血压测量比较容易，受检者心理负担较轻，可以在卧位进行。但对于体力较好者如运动员，往往不能达到最大心脏负荷。此外运动时受试者易因意志而中止运动，一些老年人或不会骑车者比较难以完成运动。

（3）手摇车运动：试验原理与踏车试验相似，只是将下肢踏车改为上肢摇车。

（4）等长收缩运动：常用的方法有握力运动和自由重量运动。诊断敏感性和特异性不够理想，但可以用于运动生理或功能评估研究。

2. 试验分类

（1）症状限制性运动试验：以运动诱发呼吸或循环不良的症状和体征、心电图异常及心血管运动反应异常作为运动终点的试验方法。用于诊断冠心病、评估心功能和体力活动能力、制订运动处方等。

（2）低水平运动试验：以特定的心率、血压和症状为终止指标的试验方法。适用于急性心肌梗死后或病情较重者。

3. 常用试验方案

（1）活动平板试验：Bruce 方案（表 3-12）：应用最广泛，同时增加速度和坡度来增加运动强度。Naughton 方案：运动起始负荷低，每级负荷增量均为安静代谢量的 1 倍。Balke 方案：依靠增加坡度来增加运动负荷，速度固定。STEEP 方案：通过增加速度或坡度来实现，不同时增加速度和坡度。

表 3-12　活动平板改良 Bruce 方案

分级	速度（km/h）	坡度 %	时间（分钟）	METs
0	2.7	0	3	2.0
1/2	2.7	5	3	3.5
1	2.7	10	3	5.0
2	4.0	12	3	7
3	5.5	14	3	10
4	6.8	16	3	13
5	8.0	18	3	16
6	8.9	20	3	19
7	9.7	22	3	22

注：坡度 1°=1.75%

（2）踏车试验：运动负荷：男 300kg·m/min 起始，每 3 分钟增加 300kg·m/min。女 200kg·m/min 起始，每 3 分钟增加 200kg·m/min。

（3）手摇车试验：用于下肢功能障碍者。运动起始负荷 150～200kg·m/min，每级负荷增量 100～150kg·m/min，时间 3～6 分钟。

（4）等长收缩试验：一般采用握力试验。常用最大收缩力的 30%～50% 作为运动强度，持续收缩 2～3 分钟。还可采用定滑车重量法，即通过一个滑轮将重力（重锤）引向受试者的手或腿，受试者进行抗阻屈肘或伸膝，并始终保持关节角度不变。受试的重力可以从 2.5kg 开始，每级持续 2～3 分钟，负荷增加 2.5kg，直至受试者不能继续保持关节角度为止。

（5）简易运动试验：定时运动法：用于体力能力无法进行活动平板或踏车的患者，患者尽力行走 6 分钟，计算所走的距离。行走的距离越长，说明体力活动能力越好。12 分钟走和 12 分钟跑具有类似的目的。这类试验的目的只是为了判断体力活动能力，对诊断没有帮助。固定距离法：固定距离，如 20m，计算完成该距离的时间。

4. 检查程序

（1）电极安放：常规十二导联心电图，导联电极全部移至躯干，相应位置是：两上肢电极分别移至锁骨下胸大肌与三角肌交界处或锁骨上，两下肢电极移至两季肋部或两髂前上棘内侧。胸导联的位置不变。监护导联：CM_5 正极位于 V_5，负极为胸骨柄；CC_5 正极位于 V_5，负极为 V_5R，即右胸相当于 V_5 的位置。

（2）皮肤处理：贴电极前用酒精擦皮肤到微红，以尽可能降低电阻，减少干扰。

（3）测定安静血压。

（4）过度通气试验：大口喘气一分钟后立即描记监护导联心电图，如果出现 ST 段下移为阳性。阳性结果没有病理意义，但提示运动中诱发的 ST 段改变不一定是心肌缺血的结果。

（5）按运动方案运动：运动中连续以心电图监护，每级运动末30秒记录心电图，同时测量血压。多数试验方案均为连续运动，各级之间不休息。

（6）运动后记录：达到运动终点或出现中止试验的指征而中止运动后，于坐位或立位描记即刻和2、4、6分钟的心电图，同时测量血压。如有特殊情况可将观察的时间延长到8～10分钟，直到受试者的症状或异常表现消失为止。

5. 操作注意事项

（1）用最通俗和扼要的方式向患者介绍心电运动试验的方法，取得患者的合作。

（2）试验前2小时禁止吸烟、饮酒，适当休息（0.5小时），不可饱餐或空腹。

（3）试验前1天内不参加重体力活动。停用影响试验结果的药物，包括：洋地黄制剂、硝酸甘油、双嘧达莫、咖啡因、麻黄碱、普鲁卡因胺、奎尼丁、钙拮抗剂、血管紧张素转换酶抑制剂、普萘洛尔、吩噻嗪类等。

（4）感冒或其他病毒、细菌性感染一周内不宜参加试验。

6. 主观用力程度分级 主观用力程度分级（RPE）是根据运动者自我感觉用力程度衡量相对运动水平的半定量指标（表3-13）。一般症状限制性运动试验要求达到15～17分。分值乘以10约相当于运动时的正常心率反应。

表3-13 主观用力程度分级

分值	7	9	11	13	15	17	19
受试者感觉	轻微用力	稍用力	轻度用力	中度用力	明显用力	非常用力	极度用力

7. 运动试验终点 症状限制性运动试验的运动终点是出现心肌缺血或循环不良的症状、心电图异常、血压异常、运动诱发严重心律失常。此外出现仪器故障应该作为试验的终止指标。试验室内应备有急救药品和设备，并对出现的严重并发症进行及时的处理。

（四）结果解释

1. 心率 正常人运动负荷每增加1MET，心率应该增加8～12次/分。心率的异常运动反应有过快和过慢两类。心率过慢见于窦房结功能减退、严重左心室机能不全和严重多支血管病变的冠心病患者。心率过快分为窦性心动过速和异位心动过速。运动中窦性心率增加过快，提示体力活动能力较差。异位心动过速主要为室上性或房性心动过速，少数为室性心动过速。出现异位心动过速时应该立即停止运动，提示患者应该限制体力活动。

2. 血压 正常运动时的收缩压应该随运动负荷的增加而逐步升高，舒张压一般没有显著变化，甚至可以明显下降，说明血管舒张机能良好。运动负荷每增加1MET，收缩压应增高5～12mmHg。收缩压一般可以达到180～220mmHg。运动时收缩压达到250mmHg，舒张压120mmHg为高限。异常反应：运动中收缩期血压不升或升高不超过130mmHg，或血压下降，甚至低于安静水平，提示心脏收缩功能储备力很小。运动中收缩压越高，发生心源性猝死的概率反而越低。运动中最高收缩压小于140mmHg者，年死亡率为97.0‰；140～199mmHg者，年死亡率为25.3‰；大于200mmHg者，年死亡率为6.6‰。运动中舒张期血压明显升高，比安静水平高15mmHg以上，甚至可超过120mmHg，说明总外周阻力明显升高，提示冠状血管储备力接近或达到极限，机体只有通过提高舒张压来增加心脏舒张期的冠脉灌注压，从而部分补偿冠状动脉供血，常见于严重冠心病。

3. 每搏量和心输出量 运动时每搏量（SV）逐步增加，心输出量（CO）也逐渐增大，最高可达安静时的两倍左右。但到40%～50%最大吸氧量时，SV不再增加，此后CO增加主要依靠心率加快。CO最大值可达安静的4～5倍。但是运动肌的血流需求量高于CO增加，因此需要进行血流再分配，以确保运动组织和重要脏器的血液供应。

4. 两项乘积（rate-pressure product，RPP） 指心率和收缩压的乘积，代表心肌耗氧相对水平，其数值一般用10^{-2}表达。发生心肌缺血时的RPP可作为心肌缺血阈。运动中RPP越高，说明冠状血管储备越好，而较低的 RPP 提示病情严重。康复训练后 RPP 提高，提示冠状血管侧支循环生成增加，导致冠状血管的储备力提高。训练后额定 RPP 条件下运动时间或强度增高，说明心血管及运动系统的工作效率提高，相对减轻心血管负担，因此患者可以耐受更大的运动负荷。

5. **ST 段** 正常 ST 段应该始终保持在基线。运动中 ST 段出现明显偏移为异常反应，包括 ST 段下移和上移。ST 段下移包括上斜型、水平型、下垂型和盆型，提示心肌缺血。其中以水平型与下垂型诊断价值较大。如果 ST 段在运动中和运动后 2 分钟均无偏移，而在 2 分钟之后才出现下移，称之为孤立性 ST 段改变，病理意义不大。ST 段上抬：有 Q 波的 ST 上抬提示室壁瘤 / 室壁运动障碍，可见于 50% 的前壁心梗和 15% 的下壁心梗患者；无 Q 波的 ST 上抬提示严重近端冠脉的病变或痉挛和严重的穿壁性心肌缺血。病理性 ST 段上抬要和早期复极综合征鉴别。ST 段"正常化"是指安静时有 ST 段下移，在运动中反而下移程度减轻，甚至消失。这种情况见于严重冠心病或正常人。

6. **心脏传导系统** 窦性停搏：偶见于运动后即刻，多为严重缺血性心脏病患者。预激综合征：如果运动中消失，预后较好（约占 50%）。束支传导阻滞：运动可诱发频率依赖性左、右束支传导阻滞以及双支传导阻滞，如在心率低于 125 次 / 分时发生可与冠心病有关，而在心率高于 125 次 / 分发生的病理意义不大。安静时右束支传导阻滞可掩盖 ST 段下移。而左束支传导阻滞本身可以造成运动时 ST 段下移，往往难以与缺血性改变鉴别。心室内传导阻滞可见于运动前，运动中可加重亦可能消失。

7. **心律失常** 运动性心律失常的原因与交感神经兴奋性增高和心肌需氧量增加有关。利尿剂和洋地黄制剂可促使运动中发生心律失常，近期饮酒和服咖啡因可加重运动诱发的心律失常，冠心病患者心肌缺血也可诱发心律失常。室性早搏是运动中最常见的心律失常，其次是室上性心律失常和并行心律。有猝死家族史的室性早搏应该加以重视，也应重视持续性室性心动过速的患者。运动中和运动后一过性窦性心律失常和良性游走心律也较常见。正常的或有病变的心脏都可发生房性早搏和房性联律。运动诱发短阵房颤和房扑低于 1%，可见于健康人或者风湿性心脏病、甲亢、预激综合征、心肌病患者。阵发性房室交界心动过速极少发生。单独出现的运动诱发性室上性心律失常与冠心病无关，而往往与肺部疾病、近期内饮酒或服用咖啡因过量有关。

8. **症状** 正常人在亚极量运动试验中应无症状。极量运动试验时可有疲劳、下肢无力、气急并可伴有轻度眩晕、恶心和皮肤湿冷。这些症状如发生在亚极量运动时应视为异常。胸痛、发绀、极度呼吸困难发生在任何时期均属于异常。运动中发生的胸痛如果符合典型心绞痛，可以作为诊断冠心病的重要指征。在发生心绞痛的同时不一定伴有 ST 段下移。ST 段的改变可以在心绞痛前、后或同时发生。对于运动诱发不典型心绞痛的患者，可以选择另一方案重复运动试验，观察患者是否在同等 RPP 的情况下诱发症状。由于冠心病患者的心肌缺血阈一般比较恒定，所以如果症状确实是心肌缺血所致，就应该在同等 RPP 时出现症状。

9. **药物影响** 许多药物对心电运动试验的结果有影响，因此在解释试验结果时应该充分加以考虑。

10. **心电运动试验阳性评定标准** 符合下列条件之一可以评为阳性：

(1) 运动中出现典型心绞痛。

(2) 运动中及运动后（2 分钟内出现）以 R 波为主的导联出现下垂型、水平型、缓慢上斜型（J 点后 0.08 秒）ST 段下移 $\geq 0.1mV$，并持续 2 分钟以上。如果运动前有 ST 段下移，则在此基础上再增加上述数值。

(3) 运动中收缩期血压下降（低于安静水平）。

以上标准不能简单地套用。可以作为临床诊断的参考，而不等于临床诊断。

三、呼吸和气体代谢测定

呼吸功能包括通气和换气两个基本部分。限于篇幅，本节不赘述常规的肺通气功能评估，而集中介绍换气功能（气体代谢）测定的方法和应用。

（一）应用范畴

气体代谢测定的应用与指标有关，包括：

1. 最大吸氧量(VO$_{2max}$)   VO$_{2max}$ 指机体在运动时所能摄取的最大氧量,是综合反映心肺功能状态和体力活动能力的最好生理指标。其数值大小主要取决于心排血量、动静脉氧差、氧弥散能力和肺通气量。在康复医学中用于评估患者的运动耐力、制定运动处方和评估疗效。最大吸氧量、最大耗氧量、最大摄氧量在临床角度是同义语。20 岁以上的成年人,VO$_{2max}$ 随年龄的增长以 0.7%～1.0%/年的速率减低,与肌肉组织代谢及心肺机能的衰退有关。适当的康复锻炼可以减轻衰退的程度。测定 VO$_{2max}$ 可以通过极量运动试验直接测定,也可用亚极量负荷时获得的心率、负荷量等参数间接推测。后者可有 20%～30% 的误差。

2. 峰值吸氧量(VO$_{2peak}$)   严重心肺疾病的患者如果不能进行极量运动,则可以测定其运动终点时的吸氧量,称为峰值吸氧量(VO$_{2peak}$),可以作为疗效评定和运动处方制订的指标。

3. 无氧阈(AT)   指体内无氧代谢率突然增高(拐点)的临界状态,或血乳酸和乳酸/丙酮酸比值在运动达到拐点时的峰值吸氧量。达到 AT 时机体产生一系列相应的生理反应,包括血乳酸含量、通气量、二氧化碳排出量和通气当量均急剧升高。在测定时可依据指标分为通气无氧阈和乳酸无氧阈。一般认为心血管患者的运动训练可以控制在 AT 水平或 AT 水平以下,以避免心血管意外。而 AT 的高低对判断受试者的耐力运动能力有重要价值。AT 较高者具有较强的耐力运动能力。

4. 无氧能力   指在无氧状态下机体运动的持续能力,其水平与无氧阈之间并无决定性关系。在运动员选材时需要以此作为确定受试者的无氧耐力。在康复医学中单独应用无氧耐力较少,必要时可以作为综合评估无氧运动能力的参考指标。

5. 代谢当量(metabolic equivalent,MET)   是以安静、坐位时的能量消耗为基础,表达各种活动时相对能量代谢水平的常用指标(见概述)。

6. 代谢当量的应用

(1)判断体力活动能力和预后:关键的最高 MET 值为:

<5METs   65 岁以下的患者预后不良;

5METs   日常生活受限,相当于急性心肌梗死恢复期的功能储备;

10METs   正常健康水平,药物治疗预后与其他手术或介入治疗效果相当;

13METs   即使运动试验异常,预后仍然良好;

18METs   有氧运动员水平;

22METs   高水平运动员。

(2)判断心功能及相应的活动水平(表 3-14)。

表 3-14   代谢当量与体力活动能力分级的关系

METs	1	2	3	4	5	6	7	8	9	10	11	12	13	14	15	16
疾病发作期	████████████████████████															
疾病恢复期			██████████████████████████████													
文职健康者					████████████████████████████████											
劳工						██										
心功能分级	Ⅳ级		Ⅲ级			Ⅱ级						I级或正常				

(3)制订运动处方:运动强度过去较多采用靶心率的方法,但由于运动时测定有一定困难,另外心血管活性药物广泛使用,心率反应已经难以直接反映运动的情况,因此常用 MET 表示运动强度。此外 MET 与能量消耗直接相关,所以在需要控制能量摄取与消耗比例的情况下(例如糖尿病和肥胖症的康复),采用 MET 是最佳选择。热卡是指能量消耗的绝对值,MET 是能量消耗水平的相对值,两者之间有明确的线性关系,计算公式为:热卡 =MET×3.5×体重(kg)÷200。

在计算上可以先确定每周的能耗总量(运动总量)以及运动训练次数或天数,将每周总量分解为每天总量,然后确定运动强度,查表选择适当的活动方式,并将全天的 MET 总量分解到各项活动中去，形成运动处方。

（4）区分残疾程度：一般将最大METs<5作为残疾标准。

（5）指导日常生活活动与职业活动：心血管疾病患者不可能进行所有的日常生活活动或职业活动，因此需要在确定患者的安全运动强度之后，根据MET表选择合适的活动。要注意职业活动（每天8小时）的平均能量消耗水平不应该超过患者峰值MET的40%，峰值强度不可超过峰值MET的70%～80%（表3-15）。

表3-15　代谢当量与工作能力

最高运动能力	工作强度	平均METs	峰值METs
≥7METs	重体力劳动	2.8～3.2	5.6～6.4
≥5METs	中度体力劳动	<2.0	<4.0
3～4METs	轻体力劳动	1.2～1.6	2.4～3.2
2～3METs	坐位工作，不能跑、跪、爬，站立或走动时间不能超过10%工作时间。		

（二）适应证和禁忌证

与心电运动试验相似。

（三）检查方法

人体气体的测定方法主要有两类：

1. 血气分析　血气分析的基本方法是抽取动脉血液，测定血液中的气体分压和含量，并以此推算全身的气体代谢和酸碱平衡状况。其不足之处为：只反映采血时瞬间的情况；为有创伤性检查，多次重复检查不易被接受；不能做运动试验及长时间观察。因此，在康复机能评定中受到限制。

2. 呼吸气分析　呼吸气分析的方法是测定通气量及呼出气中氧和二氧化碳的含量，并以此推算吸氧量、二氧化碳排出量等各项气体代谢的参数。这一方法无创伤、无痛苦，可以在各种活动进行反复或长时间动态观察，在康复机能评定中具有较大的实用价值。呼吸气体的分析方法可分为化学法和物理法两种。

3. 运动方案　运动方式多采用平板运动，也有采用功率车、手臂摇轮运动、台阶试验等。要注意由于活动肌数量和机械效率的差异，不同的运动方式所测得的最大吸氧量有所不同。参与运动的肌群越多，所测得的VO_{2max}越高。通常以平板运动测定的结果为基准（表3-16）。

表3-16　不同运动方式所获VO_{2max}的差异

运动方式	VO_{2max}	运动方式	VO_{2max}
活动平板（坡度≥3%）	100%	手臂摇轮运动	65%～70%
活动平板（坡度<3%）	95%～98%	手臂与腿联合运动	100%
直立踏车	93%～96%	游泳	85%
卧位踏车	82%～85%	台阶试验	97%
单腿直立运动	65%～70%		

（许光旭）

学习要点：

1. 心电运动试验的应用范畴。

2. 心肺功能与运动耐力的关系。

3. 心电运动试验结果的解释。

4. 气体代谢的影响因素。

5. 代谢当量的定义及应用价值。

第三节　言语与吞咽功能评定

一、言语功能评定

（一）概述

1. 定义　语言（language）与言语（speech）是两个既不同又有关联的概念。语言是以语音为物质外壳，由词汇和语法两部分组成并能表达出人类思想的符号系统。通过运用这些符号达到交流的目的，是人类区别于其他动物的重要特征之一。其表现形式包括口语、书面语和姿势语（如手势、表情及手语）。言语是指人们掌握和使用语言的活动，具有交流功能、符号功能、概括功能，即音声语言（口语）形成的机械过程，即说话的能力。

2. 语言障碍　语言障碍是指口语和非口语的过程中词语的应用出现障碍。表现为在形成语言的各个环节中，如听、说、读、写，单独或多个部分受损所导致的交流障碍。代表性的语言障碍为脑卒中和脑外伤所致的失语症（aphasia）。

3. 言语障碍　是指口语形成障碍，包括发音困难或不清，嗓音产生困难、气流中断或言语韵律异常等导致的交流障碍。代表性的言语障碍为构音障碍，临床上多见的是脑卒中、脑外伤、脑瘫等疾病所致的运动性构音障碍（dysarthria）。

4. 评定目的　了解被评定者有无言语 - 语言功能障碍，判断其性质、类型、程度及可能原因；确定是否需要给予言语 - 语言治疗以及采取何种有效的治疗方法；治疗前、后评定以了解治疗效果以及预测言语 - 语言功能恢复的可能性。

（二）失语症及其评定

1. 表现及其原因　由于神经中枢病损导致抽象信号思维障碍，而丧失口语、文字的表达和领悟能力的临床综合征，实际上是由于脑损伤使原来已经获得的语言能力受损的一种语言障碍综合征。脑卒中是失语症的最常见病因，其他包括颅脑损伤、脑部肿瘤、脑组织炎症，以及 Alzheimer 病等。

失语症表现主要涉及言语生成和言语理解两方面，常常出现听、说、读、写、计算等方面的障碍，成人和儿童均可发生。但是失语症不包括由于意识障碍和普通的智力减退造成的语言症状，也不包括听觉、视觉、书写、发音等感觉和运动器官损害引起的语言、阅读和书写障碍。因先天或幼年疾病所致学习困难，造成的语言机能缺陷也不属失语症范畴。失语症的语言症状见下述。

（1）听觉理解障碍：听觉理解障碍是失语症患者常见的症状，是指患者对口语的理解能力降低或丧失。根据失语症的类型和程度不同而表现出在字词、短句和文章不同水平的理解障碍。包括语义理解障碍（患者能正确辨认语音，但不明词义，是由于音 - 意联系中断造成，往往造成词义混淆或不能理解）和语音辨识障碍（患者能像常人一样听到声音，但听对方讲话时，对所听到的声音不能辨认，给人一种似乎听不见的感觉）。

（2）口语表达障碍：一般根据患者谈话的特点将失语的口语分为流畅性和非流畅性。

（3）阅读障碍：因大脑病变致阅读能力受损称失读症。阅读包括朗读和文字的理解，这两种可以出现分离现象，即患者不能朗读，但可理解文字的意思，或能够正确朗读，但不理解文字的意思，或两者都不能。

（4）书写障碍：常见于以下几种表现：①书写不能：表现为完全性书写障碍，构不成字型。②书写障碍：表现为笔画增添或减少，或者写出字的笔画全错。③镜像书写（mirror writing）：即书写的字左右颠倒，像照在镜子里一样。④书写过多：类似口语表达中的言语过多，书写中混杂一些无关字、词或句。⑤惰性书写：写出一字词后，让患者写其他词时，仍不停地写前面的字词，与口语的言语持续现象相似。⑥错误语法，书写句子出现语法错误，常与口语中的语法障碍相同。

2. 失语症的分类　迄今为止，对失语症的分类仍未取得完全一致的意见。一般认为，大脑某一部位的损害,会造成一组完全或不完全的语言临床症状较高频率的出现,如果损伤较局限,多表现为典型的失语症状,如果范围较广,会呈现出非典型的失语症状。因此,Benson 提出失语综合征的概念,他对失语症的分类得到了世界范围的广泛使用。我国学者以 Benson 失语症分类为基础,根据失语症临床特点以及病灶部位,结合我国具体情况,制定了汉语的失语症分类。方法如下:

(1)外侧裂周失语:病灶位于外侧裂周围,都有复述困难,这是所有失语症中了解最多,并且得到广泛承认的一大类失语。包括:① Broca 失语(Broca aphasia,BA);② Wernicke 失语(Wernicke aphasia,WA);③传导性失语(conduction aphasia,CA)。

(2)分水岭区失语综合征:病灶位于大脑中动脉与大脑前动脉分布交界区,或者大脑中动脉与大脑后动脉分布交界区。其共同特点是复述功能相对较好。包括:①经皮质运动性失语(transcortical motor aphasia,TMA);②经皮质感觉性失语(transcortical sensory aphasia,TSA);③经皮质混合性失语(mixed transcortical aphasia,MTA)。

(3)完全性失语(global aphasia,GA):全部言语模式受到了严重损害,患者几乎没有能力通过言语和书写进行交际,也不能理解口语和书面语的障碍。

(4)命名性失语(amnestic aphasia,AA):以命名障碍为唯一或主要症状的失语症。患者理解、复述好,流利性口语,说话不费力,多为虚词、错语,缺乏实质词,特征性的空话、赘语,不能表达信息。病灶部位多在左大脑半球角回或颞中回后部。

(5)皮质下失语(subcortical aphasia syndrome):包括:①丘脑性失语(thalamus aphasia,TA);②基底节性失语(basal ganglion aphasia,BaA)。

(6)纯词聋(pure word deafness):患者听力正常,口语理解严重障碍,口语表达正常或仅有轻度障碍。命名、朗读和抄写正常。存在对语音的辨识障碍,即患者不理解词语的信息,但是对非语音的自然音仍能辨识。

(7)纯词哑(pure word dumbness):单纯的发音障碍。说话慢、费力、声调较低,语调和发音不正常,但说话时语句的文法结构仍然完整,用词正确。听理解正常,复述、命名、朗读不能。阅读、书写可正常。可能为中央前回下部或其下的传出纤维受损所致。

(8)失读症(alexia):不能认识和理解书写的或印刷的字词、符号、字母或色彩。是由不能识别视觉信号的语言含义所致。它与大脑优势半球内侧枕额脑回损害有关。失读症分为失读伴失写、失读不伴失写、额叶失读症、失语性失读四种。

(9)失写症(agraphia):不能以书写形式表达思想,原有的书写功能受损或丧失的障碍。与大脑优势半球额叶中部后侧脑回部的运动性书写中枢损害有关,而与运动、言语或理解功能障碍无关。失写症分为三大类:失语性失写、非失语性失写和过写症。

3. 评定方法　国际与国内常用的失语症评定方法如下。

(1)波士顿诊断性失语症检查(Boston diagnostic aphasia examination,BDAE):此检查是目前英语国家普遍应用的标准失语症检查。此检查由 27 个分测验组成,分为五个大项目:①会话和自发性言语;②听觉理解;③口语表达;④书面语言理解;⑤书写。该测验在 1972 年标准化,1983 年修订后再版,此检查能详细、全面测出语言各种模式的能力。但检查需要的时间较长。在我国已将此检查方法翻译成中文,在我国应用并通过常模测定。

(2)西方失语症成套测验(Western aphasia battery,WAB):西方失语成套测验克服了波士顿失语检查法冗长的缺点,在一小时内检查可以完成,比较实用,而且可单独检查口语部分,并根据结果进行分类。此检查法的内容除了检查失语部分外还包含运用、视空间功能、非言语性智能、结构能力、计算能力等内容的检查。因此可作出失语症以外的神经心理学方面的评价。这是一个定量的失语症检查法。除可测试大脑的语言功能外,还可测试大脑的非语言功能。

此检查法可以从失语检查结果中计算出:①失语指数(AQ);②操作性指数(PQ);③大脑皮质指数(CQ)。以最高为 100% 来表示。

（3）日本标准失语症检查（standard language test of aphasia，SLTA）：此检查是日本失语症研究会设计完成，检查包括听、说、读、写、计算五大项目，共包括 26 个分测验，按 6 阶段评分，在图册检查设计上以多图选一的形式，避免了患者对检查内容的熟悉，使检查更加客观。此方法易于操作，而且对训练有明显指导作用。

（4）Token 测验：此测验由 61 个项目组成，包括两词句 10 项，三词句 10 项，四词句 10 项，六词句 10 项以及 21 项复杂指令。适用于检测轻度或潜在的失语症患者的听理解。目前用得较多的是简式 Token 测验。优点是不但可以用于重度失语症患者，同时，该测验还有量化指标，可测出听理解的程度。

（5）汉语标准失语症检查：此检查是中国康复研究中心听力语言科以日本的标准失语症检查为基础，同时借鉴国外有影响的失语评价量表的优点，按照汉语的语言特点和中国人的文化习惯所编制，亦称中国康复研究中心失语症检查法（CRRCAE）。此检查包括两部分内容，第一部分是通过患者回答 12 个问题了解其言语的一般情况，第二部分由 30 个分测验组成，分为 9 个大项目；包括听理解、复述、说、出声读、阅读理解、抄写、描写、听写和计算。为不使检查时间太长，身体部位辨别、空间结构等高级皮层功能检查没有包括在内，必要时另外进行。此检查只适合成人失语症患者。在大多数项目中采用了 6 等级评分标准。使用此检查以前要掌握正确的检查方法，应该由参加过培训或熟悉检查内容的检查者来进行检查。

（6）汉语失语成套测验（aphasia battery of Chinese，ABC）：此检查法包括了自发谈话、复述、命名、理解、阅读、书写、结构与视空间、运用和计算九个大项目，并规定了评分标准。1988 年开始用于临床，也是国内目前较常用的失语症检查方法之一。

（7）失语症严重程度的评定：目前，国际上多采用波士顿诊断性失语检查法中的失语症严重程度分级。

（三）构音障碍及其评定

1. 语言障碍特征　构音是指将已经组成的词转变成声音的过程。构音障碍是指由于发音器官神经肌肉的器质性病变而引起发音器官的肌肉无力、肌张力异常以及运动不协调等，产生发音、共鸣、韵律等言语运动控制障碍。患者通常听理解正常并能正确地选择词汇以及按语法排列词句，但不能很好地控制重音、音量和音调。最常见的病因是脑血管疾病，包括脑梗死、脑出血；急性感染性多发性神经根炎因可累及延髓而产生构音障碍；其他包括舌咽神经、迷走神经、舌下神经损害如肿瘤、脑膜炎、损伤、脑性瘫痪、遗传性共济失调、多发性硬化等，运动神经元性疾病，以及肌肉疾病如重症肌无力等。

2. 分类　构音障碍常见以下几种类型。

（1）运动性构音障碍（kinetic dysarthria）：由于参与构音的诸器官（肺、声带、软腭、舌、下颌、口唇）的肌肉系统及神经系统的疾病所致运动功能障碍，即言语肌肉麻痹，收缩力减弱和运动不协调所致的言语障碍。一般分为弛缓型构音障碍、痉挛型构音障碍、运动型构音障碍、运动过多型构音障碍、运动过少型构音障碍及混合型构音障碍。

（2）器质性构音障碍（deformity dysarthria）：由于构音器官的形态异常导致机能异常而出现构音障碍。造成构音器官形态异常的原因有：先天性唇腭裂、先天性面裂、巨舌症、齿列咬合异常、外伤致构音器官形态及机能损伤、神经疾患致构音器官麻痹、先天性腭咽闭合不全等。器质性构音障碍的代表是腭裂。

（3）功能性构音障碍（functional disorders of articulation）：错误构音呈固定状态，但找不到构音障碍的原因，即构音器官无形态异常和运动机能异常，听力在正常水平，语言发育已达 4 岁以上水平，即构音已固定化。功能性构音障碍原因目前尚不十分清楚，可能与语音的听觉接受、辨别、认知因素、获得构音动作技能的运动因素、语言发育的某些因素有关，大多病例通过构音训练可以完全治愈。

3. 评定方法　包括构音器官功能检查和仪器检查。

（1）构音器官功能检查：主要是通过：①听患者说话时的声音特征；②观察患者的面部，如唇、舌、颌、腭、咽、喉部在安静及说话时的运动情况以及呼吸状态；③让患者做各种言语肌肉的随意运动以确定有无异常。

最常用方便的构音器官功能性检查是由英国布里斯托尔市 Frenchay 医院的 Pamela 博士编写的

评定方法,该方法分为 8 个部分,包括反射、呼吸、舌、唇、颌、软腭、喉、言语可理解度,影响因素包括听力、视力、牙齿、语言、情绪、体位等。我国修订的中文版 Frenchay 评定法能为临床动态观察病情变化、诊断分型和疗效评定提供客观依据,并对治疗预后有较肯定的指导作用。内容包括:①反射:通过观察患者的咳嗽反射、吞咽动作和流涎情况来判断。②发音器官:观察患者在静坐时的呼吸情况,能否用嘴呼吸,说话时是否气短;口唇、颌、软腭、喉和舌静止状态时的位置,鼓腮、发音和说话时动作是否异常。③言语:通过读字、读句以及会话评定发音、语速和口腔动作是否异常。

我国学者依据日本构音障碍检查法和其他发达国家构音障碍评定方法的理论,按照汉语普通话语音的发音特点和我国的文化特点,研制了符合汉语构音特点的汉语构音障碍评定法。该评定法包括两大项目:构音器官检查和构音检查,通过此方法的评定可用于各类型构音障碍,对治疗计划的制订具有明显的指导作用。

（2）仪器检查:依靠现代化的仪器设备,对说话时喉部、口腔、咽腔和鼻腔的情况进行直接观察,对各种声学参数进行实时分析,并进行疗效评价。仪器检查包括:①鼻流量计检查;②喉空气动力学检查;③纤维喉镜、电子喉镜检查;④电声门图检查;⑤肌电图检查（electromyography, EMG）;⑥电脑噪音分析系统。

二、吞咽障碍评定

（一）概述

1. 定义　吞咽障碍（dysphagia）是指由于下颌、双唇、舌、软腭、咽喉、食管等器官结构和（或）功能受损,不能安全有效地把食物输送到胃内的过程。广义的吞咽障碍概念应包含认知精神心理等方面的问题引起的行为异常导致的吞咽和进食问题,即摄食吞咽障碍。吞咽障碍是临床常见的症状,多种疾病可导致吞咽障碍。包括中枢神经系统疾病、脑神经病变、神经肌肉接头疾病、肌肉疾病、口咽部器质性病变、消化系统疾病、呼吸系统疾病等。

2. 临床表现　常见的吞咽障碍有临床表现有:①口水或食物从口中流出,或长时间含于口中不吞咽;②咀嚼困难或疼痛;③进食过程需频繁清理口腔,或进食后食物粘在口腔或喉部;④进食或喝水时出现呛咳;⑤食物或水从鼻腔流出（鼻腔反流）;⑥需要额外液体将食物湿化或帮助吞咽;⑦声音暗哑,变湿;⑧不能进食某些食物,或进食习惯改变;⑨反复发作的肺炎或是不明原因的发热。因此可能会导致体重下降,营养不良,食物误吸进入呼吸道导致吸入性肺炎,因不能经口进食、佩戴鼻饲管等原因导致心理与社会交往障碍,如抑郁、社会隔离等。

（二）吞咽障碍的评定

1. 评定目的　了解是否存在吞咽障碍及吞咽障碍的类型、严重程度、预后,找出吞咽过程中存在的解剖和生理异常,预防并发症,为制订治疗方案、评定康复治疗效果、指导安全喂食和健康宣教提供客观依据。

2. 评定步骤　评估步骤建议由筛查开始,并作为工作常规,初步判断是否存在吞咽障碍及其风险程度,如果有或高度怀疑,则做进一步的临床功能评估和（或）仪器检查。吞咽障碍的评估强调以团队合作模式进行。

3. 筛查　筛查可以初步了解患者是否存在吞咽障碍以及障碍的程度,如咳嗽、食物是否从气管套管溢出等表现。其主要目的是找出吞咽障碍的高危人群,决定是否需要作进一步检查。筛查方法包括检查法和量表法,介绍如下。

（1）反复唾液吞咽试验:评定由吞咽反射诱发吞咽功能的方法。患者取坐位,检查者将手指放在患者的喉结及舌骨处,观察在 30 秒内患者吞咽的次数和活动度。

（2）饮水试验:患者取端坐位,像平常一样喝下 30ml 的温水,然后观察和记录饮水时间、有无呛咳、饮水状况等,进行分级与判断。

（3）进食评估问卷调查（eating assessment tool, EAT-10）:EAT-10 有 10 项吞咽障碍相关问题。每项评分分为 4 个等级,0 分无障碍,4 分严重障碍,一般总分在 3 分及以上视为吞咽功能异常。EAT-10 有助于识别误吸的征兆和隐性误吸,异常吞咽的体征。与饮水试验合用,提高筛查试验的敏感性和特异性。

4. 临床吞咽评估 临床吞咽评估(clinical swallow evaluation, CSE)称为非仪器评估。CSE 视为所有确诊或疑似吞咽障碍患者干预的必要组成部分。CSE 包括临床病史检查、口颜面功能和喉部功能评估和进食评估三个部分。

5. 摄食 - 吞咽过程评定 通过意识程度,进食情况,唇、舌、咀嚼运动,食团运送情况,吞咽后有无食物吸入、残留等相关内容来观察和评定摄食 - 吞咽过程中各个阶段出现的问题,其中容积 - 黏度吞咽测试(volume-viscosity swallow test, V-VST)是一个基本满足这些要求的理想的评估工具。

容积 - 黏度吞咽测试主要用于吞咽障碍患者进食安全性和有效性的风险评估,帮助患者选择摄取液体量最合适的容积和稠度。一般测试时选择的容积分为:少量(5ml)、中量(10ml)、多量(20ml)3 种;稠度分为:低稠度(水样)、中稠度(浓糊状)、高稠度(布丁状)。按照不同组合,完整测试共需 9 口进食,观察患者吞咽的情况,根据安全性有效性的指标判断进食有无风险。

(1)安全性方面临床特征:提示患者可能存在误吸,导致呼吸系统并发症、肺炎的相关风险,基于安全性方面征象,以下指标可判断是否有必要增加稠度继续检测,或暂停测试。其观察指标有:①咳嗽:吞咽相关的咳嗽提示部分食团已经进入呼吸道,可能发生了误吸。②音质变化:吞咽后声音变得湿润或沙哑,提示可能发生了渗漏或误吸。③血氧饱和度水平下降:基础血氧饱和度下降 5%,提示发生了误吸。

(2)有效性方面的临床特征:提示患者未摄取足够热量、营养和水分,可能导致营养不良和脱水等相关风险,因其不会使患者的健康受到威胁,故没有调整稠度的必要。基于有效性方面的特征,需进行以下相关记录:①唇部闭合:闭合不完全导致部分食团漏出。②口腔残留:提示舌的运送能力受损,导致吞咽效率低。③咽部残留:提示咽部食团清除能力受限。④分次吞咽:无法通过单次吞咽动作吞下食团,降低摄取有效性。

6. 特殊检查 包括吞咽造影检查、电视内窥镜吞咽功能检查、超声检查、测压检查以及表面肌电图检查等。特殊检查需要专门的设备和技术人员,在一定程度上限制了其在临床上的广泛应用。

(1)吞咽造影检查:目前公认的最全面、可靠、有价值的吞咽功能检查方法,在 X 线透视下,针对口、咽、喉、食管的吞咽运动所进行的特殊造影。通过这项检查,临床上可以明确患者是否存在吞咽障碍,发现吞咽障碍的结构性或功能性异常的病因、部位、程度、所属分期和代偿情况,判断有无误吸,尤其是导致肺炎的高危隐性误吸。并且评价代偿的影响,如能否通过特殊吞咽方法或调整食物黏稠度来减轻吞咽障碍,为治疗措施(进食姿态和姿势治疗)的选择和疗效评估提供依据。检查过程中,治疗师可观察何种食物性状及姿势代偿更适合患者。

(2)电视内窥镜吞咽功能检查:使用喉镜经过咽腔或鼻腔直观观察会厌、杓状软骨、声带等的解剖结构和功能状态,如梨状隐窝的唾液潴留、唾液流入喉部的情况、声门闭锁功能、食管入口处状态及有无器质性异常等。还可让患者吞咽液体、浓汤或固体等不同黏稠度食物,更好地观察吞咽启动的速度、吞咽后咽腔残留,以及有无食物进入气道等情况,由此评估吞咽功能及误吸风险。

(3)测压检查:是目前唯一能定量分析咽部和食管力量的检查手段。由于吞咽过程中咽部期和食管期(或者是咽部和食管)压力变化迅速,使用带有环周压力感应器的固体测压管进行检查,每次吞咽过程,压力传感器将感受到的信息传导到电子计算机进行整合及分析,得到咽收缩峰值压及时间、食管上段括约肌静息压、松弛率及松弛时间。根据数据,分析有无异常的括约肌开放、括约肌的阻力和咽推进力。

(4)超声检查:通过放置在颏下的超声波探头(换能器)对口腔期、咽部期吞咽时口咽软组织的结构和动力、舌、舌骨、喉的运动、食团的转运及咽腔的食物残留情况进行定性分析。超声检查是一种无创无放射性检查,能在床边进行,并能为患者提供生物反馈。与其他检查比较,超声检查对发现舌的异常运动有明显的优越性,尤其在儿童患者中。但是,超声检查只能观察到吞咽过程的某一阶段,而且由于咽喉中气体的影响,对食管上括约肌的观察不理想。

(5)肌电图检查:用于咽喉部的肌电图检查一般使用表面肌电图(surface electromyography, SEMG),即用电极贴于吞咽活动肌群(上收缩肌、腭咽肌、腭舌肌、舌后方肌群、舌骨肌、颏舌肌等)

表面,检测吞咽时肌群活动的生物电信号。

（窦祖林）

学习要点：

1. 基本概念。

2. 失语症的评定内容及方法。

3. 吞咽障碍的评定内容与方法。

第四节　心理与认知功能评定

一、定义

康复心理学（rehabilitation psychology）是将医学心理学知识与技术运用于康复医学的评定与治疗中。对象主要是残疾人与一些心身疾病患者。

心理与认知功能评定可应用于康复的各个时期：①初期：了解是否存在心理和认知功能障碍及其程度，为制订康复计划提供依据。②中期：判断康复的效果及预后，为修改康复计划提供依据。③终期：为全面康复提出建议。

康复医学中常用的几种心理及认知测验方法包括智力测验、认知功能测验、人格测验、情绪测验。

二、心理功能评定

（一）智力测验

智力（intelligence）也称智能，是学习能力、保持知识、推理和应付新情景的能力，它反映了人们在认识事物方面的各种能力，即观察力、注意力、记忆力、思维能力及想象能力的综合，其核心成分是抽象思维能力和创造性解决问题的能力。

智力测验（intelligence test）是一种通过测验的方式来衡量个体智力水平高低的科学方法。它是康复医学评估和科研工作中常用的测验手段之一，常用于脑卒中、脑外伤、缺氧性脑损害、脑性瘫痪、中毒性脑病及老年变性脑病等脑部疾患的智力评估，并可根据测验的结果指导患者进行康复训练，指导学习困难的儿童进行训练。

1. 韦克斯勒智力量表　简称韦氏智力量表，是目前使用最广泛的智力测验量表。韦克斯勒从1934年开始着手发展标准化的智力测验，并先后研制出3种相互衔接的系列量表：韦氏儿童智力量表（WISC）、韦氏成人智力量表（WAIS）、韦氏幼儿智力量表（WPPSI），覆盖4~74岁的人群。1974年和1981年韦克斯勒分别对儿童和成人量表进行修订,命名为WISC-R和WAIS-R。龚耀先教授修订了中国韦氏成人智力量表（WAIS-RC）及中国韦氏幼儿智力量表（C-WYCSI），林传鼎和张厚粲教授修订了中国韦氏儿童智力量表（WISC-CR）。韦氏在设计测验结构时,分两项分测验,用以测量言语和操作能力,见表3-17。

表3-17　中国修订的韦氏三套量表的分测验名称

分测验名称（简称）	WAIS - RC	WISC - CR	C - WYCSI
言语量表			
1. 常识（I）	I	I	I
2. 理解（C）	C	C	C
3. 数字广度（D）	D	D	语句背诵
4. 类同（S）	S	So	图片概括
5. 算术（A）	A	A	A
6. 词汇（V）	V	V	图片词汇
操作量表			

续表

分测验名称（简称）	WAIS - RC	WISC - CR	C - WYCSI
7. 图片排列（PA）	PA	PA	（一）
8. 填图（PC）	PC	PC	PC
9. 拼图（OA）	OA	OA	（一）
10. 木块图案（BD）	BD	BD	BD
11. 数字符号（DS）	DS	Co	动物下蛋
12. 迷津（Ma）		Ma	Ma
13. 几何图形（GD）			视觉分析或GD

2. 其他智力测验量表　除韦氏智力测验外，尚有斯坦福 - 比奈量表，可用于测验2～18岁的儿童和青少年；贝利婴儿量表，适用于1～30个月年龄段的孩子，包括运动量表、心智量表和社会行为量表；丹佛发展筛选测验（DDST），适用于从出生到6岁儿童的智能快速筛查。另外还有格塞尔发展量表、绘人测验、图片词汇测验及新生儿行为量表。

（二）人格测验

人格（personality）是指个体所具有的全部品质、特征和行为等个别差异的总和，它代表着个体对现时稳定的态度和与之相应的习惯化了的行为方式。人格测验（personality test）则是对人格特点的揭示和描述，即测量个体在一定情境下经常表现出来的典型行为和情感反应，通常包括气质或性格类型的特点、情绪状态、人际关系、动机、兴趣和态度等内容。用于评定人格的技术和方法很多，最常用的可大致分为两类：问卷法和投射法。问卷法有明尼苏达多相人格测验调查表、艾森克人格问卷和卡特尔人格问卷等，投射法有洛夏墨迹测验等。

1. 艾森克人格问卷　艾森克人格问卷（EPQ）是由英国心理学家Eysenck研究神经官能症时编成的，目前有儿童和成人两式。我国有北京大学和湖南医科大学（现中南大学湘雅医学院）修订两种版本。EPQ由内向与外向（E）、神经质或情绪的稳定性（N）、精神质（P）和测谎分值（L）四个维度组成，见表3-18。

表3-18   EPQ 4个分量表

量表名称	说明
E量表——内向与外向 （introversion/extroversion）	高分：外向性格，爱交际，易兴奋，喜欢活动和冒险 低分：内向性格，安静离群，不喜欢冒险，很少进攻
N量表——神经质 （neuroticism）	高分：焦虑，紧张，也常抑郁，有强烈情绪反应 低分：情绪反应慢、弱、平静，有节制，不紧张
P量表——精神质 （psychoticism）	高分：倾向于独身，不关心他人，难以适应环境，对人施敌意 低分：友善，合作，适应环境
L量表——测谎分值 （lie）	高分：有掩饰或较老练成熟 低分：掩饰倾向低，有淳朴性

2. 明尼苏达多相人格问卷（MMPI-2）　明尼苏达多相人格测验（MMPI）是由明尼苏达大学心理学家Hathaway和精神科医生Mckinley于1940年编制的，由我国学者修订成适合我国情况的量表，是一种寻求鉴别正常人和精神病患者人格特征差异的测量方法。MMPI包括566个题目，由4个效度量表和10个基本临床量表组成，1989年美国明尼苏达大学出版社正式推出由Butcher等人修订，并加以标准化的MMPI-2。1991年始，中国科学院心理研究所与香港中文大学合作进行MMPI-2中文版的修订及标准化工作。

MMPI-2共有567个项目，有394个项目与MMPI完全一样，有66个项目有语法或语言修辞方面的改动，但基本内容没有变动，MMPI中的90个项目在MMPI-2中被删除。故从项目内容来看，MMPI-2保留了MMPI中83.6%的项目，被保留的项目多集中在MMPI-2第370题以前的测验部分，370题以后的部分多为改动或新增加的项目，MMPI-2中新增加107个项目。

MMPI-2的应用范围十分广泛，并且还在不断扩大。它不仅可以帮助临床精神病及心理医生作出诊断，还可以提出进一步的治疗建议和方案，更主要的是能够使人们从更广阔的视角（除生物学、医学及病理学外,还包括社会学及心理学)去进行观察诊断及治疗。MMPI-2既可以用于描述一个人长期稳定的人格特征,也可以用于判断其当前一段时间内的心理状态,以及处于应激状态下的心理变化。MMPI-2亦为进行人才选拔、审理刑事及民事案件及进行不同样体的心理评估提供了有效的方法。

(三)情绪测验

残疾可使人的情绪发生很大变化,常常出现焦虑、抑郁,甚至悲观失望,对此可采用下列量表予以测量。

1. 焦虑　焦虑是对事件或内部想法与感受的一种不愉快的体验,涉及轻重不等,但性质相近而相互过渡的一系列情绪。焦虑的症状包括对未来感到恐惧、易激动、不安、烦恼、注意力不集中,而且通常都伴随着躯体症状,焦虑的各个侧面,诸如认知、情感和行为等是相互联系的。因而,测试的方法也较多,有侧重于测试受试者主观体验的,也有侧重于测试受试者主观体验与行为表现的。汉密尔顿焦虑量表(HAMA)就是属于后者,其内容有焦虑心境、紧张、恐怖、睡眠障碍、认知障碍、抑郁心境、躯体症状、自主神经功能障碍、交谈行为等14个项目,每项可按轻重程度评为0~4五级。

2. 抑郁　抑郁通常伴随着无助感、无用感以及负罪感,伴随有社会退缩、异常疲劳、哭闹等行为问题,或者也可以伴有厌食、体重减轻、失眠、易醒、缺乏性欲等生理方面的问题,严重者经常企图自杀,这是一个有潜在危险性的特征。抑郁既可表现为一组临床综合征,又可诊断为精神障碍。不同抑郁量表的设计,所依据的抑郁概念不一致,有的侧重认知,有的侧重生理症状,如食欲、性欲、睡眠紊乱等。但大多数量表均以抑郁症状作为主要评定内容。汉密尔顿抑郁量表(HAMD)的内容有抑郁心境、罪恶感、自杀、睡眠障碍、工作和活动、迟钝、焦虑、躯体症状、疑病、体重减轻、自知力、人体介体、妄想、强迫、孤立无援、失望、无价值等24个项目。有评为0~2三级,有评为0~4五级。由主试者根据其观察,将每个项目中最符合患者情况的描述划圈圈出,总分最高可达74分。

(四)残疾的心理反应特征

1. 新近残疾的心理反应　突然发生明显的残疾(如脊髓损伤、脑卒中、截肢),身体状态因而发生根本性变化。患病后的即刻反应分三期:

(1)心理休克期:主要特点是茫然失措、不知该做什么、出现一些无目的、下意识的动作与行为,有时可出现与现实的分离感。此阶段持续数天或数周。

(2)心理冲突期:特点是思维混乱、无法集中注意力、出现丧失感、无助感,感到绝望、抑郁、焦虑,患者不知如何面对现实、如何有效地去解决或改善环境,病前对未来完整的生活计划(如婚姻、家庭、工作、学业、人际关系等)变得不确定,患者表现为惶惶不可终日。此期患者多采用否认机制来减轻心理反应。

(3)退让或重新适应期:此期患者在回避的基础上,不得不开始面对现实,降低原来的生活期望,搁置原来的生活计划,开始调整自己的心理状态与行为来适应患病及减轻这一现实。

2. 残疾认同过程中的心理反应　随着患者逐步接受伤残的现实,患者的心理反应以情绪变化为主,伴有行为和社会功能改变,表现为:

(1)依赖性增加,被动性加重,行为幼稚化,要求别人关心自己。

(2)主观感觉异常,对身体内脏器活动的信息特别关注,常有不适感。

(3)易激惹、情绪波动、容易发怒、容易伤感,常因小事发火,事后又后悔不已。

(4)焦虑、恐怖反应及抑郁情绪相当常见。

(5)害怕孤独,患病后特别思念亲人,希望有人陪伴,不敢独处,甚至夜间不敢关灯睡觉。

(6)猜疑心加重,重病患者及残疾者常对医师或家人察言观色,推断是否有严重病情被隐瞒。

(7)自卑感加重。

三、认知功能评定

认知功能是人体高级机能的重要功能之一,认知包括感知、学习、记忆、思考等过程,广义的认知可以包括与脑功能有关的任何过程。当某些伤病因素,如颅脑外伤、脑卒中等,损伤脑组织后常可造成患者的认知功能障碍,如视觉、听觉、触觉及自身躯体(体象)方面的障碍,进而导致对外界环境的感知和适应困难,使其发生生活和社会适应性方面的障碍。

认知功能评定常用于了解脑损伤的部位、性质、范围和对心理功能的影响。为临床诊断、制订治疗和康复计划、评估疗效、评估脑功能状况和能力鉴定等提供帮助。认知功能大致可分为单项测验和成套测验。单项测验重点突出、简捷,成套测验由多个分测验组成,形式多样,测查范围广泛,全面反映脑功能状况。

(一)认知功能障碍筛查

1. 蒙特利尔认知评估(MoCA) 是首个用于筛查轻度认知障碍(MCI)的量表。MCI 是介于正常老化与痴呆之间的一种状态。MoCA 的测验项目包括视空间与执行功能、图命名、记忆、注意、语言、抽象、延迟回忆及定向,满分为 30 分,对 MCI 具有较高的敏感性和特异性,见表 3-19。每次检查需 10 分钟左右。

表 3-19　蒙特利尔认知评估(MoCA)简体中文版量表

Montreal Cognitive Assessment (MoCA) Beijing Version
蒙 特 利 尔 认 知 评 估 北 京 版

出生日期:
教育水平:　　　　　　　　　姓名:
性　别:　　　　　　　　　　检查日期:

© Z.Nasreddine MD   Version November 7, 2004
Beijing version 26 August, 2006 translated by Wei Wang & Hengge Xie
www.mocatest.org

2. 简易精神状态检查（MMSE）　对脑卒中、颅脑外伤后有智能障碍难以完成韦氏成人智力测验的患者，可用成人简易智力测验，如卡恩 - 戈德法布试验（Kahn Goldfarb test）及简明精神状态检查量表，见表 3-20。

表 3-20　MMSE 量表

项目	分数	
（1）今年是哪个年份	1	0
（2）现在是什么季节	1	0
（3）今天是几号	1	0
（4）今天是星期几	1	0
（5）现在是几月份	1	0
（6）你现在在哪一省（市）	1	0
（7）你现在在哪一县（区）	1	0
（8）你现在在哪一乡（镇、街道）	1	0
（9）你现在在哪一层楼上	1	0
（10）这里是什么地方	1	0
（11）复述：皮球	1	0
（12）复述：国旗	1	0
（13）复述：树木	1	0
（14）计算：100-7	1	0
（15）辨认：铅笔	1	0
（16）复述：四十四只石狮子	1	0
（17）闭眼睛（按卡片上的指令动作）	1	0
（18）用右手拿纸	1	0
（19）将纸对折	1	0
（20）手放在大腿上	1	0
（21）说一句完整句子	1	0
（22）计算：93-7	1	0
（23）计算：86-7	1	0
（24）计算：79-7	1	0
（25）计算：72-7	1	0
（26）回忆：皮球	1	0
（27）回忆：树木	1	0
（28）回忆：国旗	1	0
（29）辨认：手表	1	0
（30）按样作图◇◇◇	1	0

注：①计算方法：正确回答或完成一项计 1 分，30 项的得分相加即为总分。②分级标准：评定为痴呆的标准依文化程度而不同：文盲<17 分；小学程度<20 分；中学以上程度<24 分

（二）全面认知评定

1. Halstead-Reitan 成套神经心理测验　Halstead-Reitan 成套神经心理测验（HRB）是一套涉及全部认识功能的行为测定方法，它是以实验为基础的，完成需要 5～8 小时。作为诊断工具，其最大作用是可以取样检查认识的全部功能，用以识别是否存在认识能力缺陷，并帮助确定一些还不明显的病变所在的部位。检查的费用较高而且费时，但很有效，是同类检查中以实验为根据的最理想的测验方法。我国龚耀先等对其做了修订（HRB-RC），包括不同年龄组的成人式（用于 15 岁以上）、儿童式（9～14 岁）和幼儿式（5～8 岁）。它由以下分测验组成：言语和非言语的智力测验、概念形成

测验、表达和接收性言语测验、听知觉测验、时间知觉测验、记忆测验、知觉运动速度测验、触觉操作测验、空间关系测验、手指敲击测验、成对的同时刺激测验等。由于它包括了从简单的感觉运动测验到复杂的抽象思维测验，能比较全面地检测许多方面的心理能力，因此，对大脑损伤的定侧定位诊断较为敏感可靠。加之测验已经标准化，记分客观，能定量，有正常值做对照，目前已成为比较广泛使用的神经心理学测验量表。

2. **洛文斯顿作业疗法认知评定成套测验（LOTCA battery）** 这是以色列希伯来大学和洛文斯顿康复中心的专家们于 1989 年提出的一种认知评定方法，最先用于脑损伤患者认知能力的评定，该方法与其他方法相比，有效果肯定、项目简单、费时少的优点，可将脑认知功能的检查时间从约 2 小时缩短到 30 分钟左右，而且具有良好的信度和效度检验。

近年来，LOTCA 的研制者在原版的基础上将测试领域由 4 项增加到 6 项（定向、视知觉、空间知觉、动作运用、视运动组织、思维运作），其测试条目也由 20 项增加到 26 项。目前国内已有学者对第 2 版 LOTCA 测试工具进行引进和汉化，并以我国脑部疾病患者为研究对象对其进行信度、效度检验。

（三）记忆测验

记忆是人脑对过去经历过的事物的一种反映，可分为长时记忆、短时记忆和瞬时记忆三种。记忆功能是人脑的基本认知功能之一，脑损伤或情绪及人格障碍患者常出现记忆功能障碍。

1. **韦氏记忆量表** 韦氏记忆量表（WMS）是应用较广的成套记忆测验，可用于 7 岁以上儿童及成人。中国的标准化量表已由龚耀先等再次修订，共计 10 项分测验。此量表是临床上实用的客观检查方法，有助于鉴别器质性和功能性记忆障碍。

2. **临床记忆量表** 由中国学者根据国外单项测验编制的成套记忆量表，用于成人（20～90 岁），有甲、乙两套。由于临床常见的记忆障碍多为近事记忆障碍或学习新事物困难，故该量表各个分测验都是用于检查持续数分钟的一次性记忆或学习能力的。它包括 5 项分测验：①指向记忆：要求记忆需识记的词，而其中混入了不需识记的词；②联想学习：要求记忆成对的词，其中有容易联想（有逻辑联系）的和困难联想（无逻辑联系）的；③图像自由回忆；④无意义图形再认；⑤人像特点（姓名、职业、爱好）回忆。其中④是非文字测验，因图形是无意义的，不通过词再认；③和⑤是介于文字和非文字之间的测验，通过词来识词和回忆，所以本量表也可用于无文化的受试者。此量表经过对脑肿瘤、脑梗死等患者的应用，证明可以鉴别不同类型的记忆障碍，如词语记忆或视觉记忆障碍等，并对大脑功能一侧化提供参考数据。

评分方法：将 5 个分测验的原始分数换算成量表分，相加即为全量表分。根据年龄查总量表分的等值记忆商表，可得到受试者的记忆商数（MQ）。记忆障碍的评定主要从言语记忆和视觉记忆两大方面进行，记忆商的等级和百分数。

3. **Rivermead 行为记忆功能评定** 用于评定每日生活中的记忆能力，实用的检查有 11 项。

（四）注意功能评定

注意是心理活动指向一个符合当前活动需要的特定刺激，同时忽略或抑制无关刺激的能力。注意是一切意识活动的基础，与皮质觉醒程度有关。注意障碍主要包括以下问题：觉醒状态低下、注意范围缩小、选择注意障碍、保持注意障碍、转移注意障碍和分配注意障碍等。

评定方法包括反应时检查、等速拍击试验、数字复述、连减或连加测验、轨迹连线测验、"A"无意义文字测验、听运动检查法、删字测验等。

（五）知觉障碍评定

1. **空间障碍的评定** 在失认症中发病率最高的为单侧忽略、疾病失认和 Gerstmann 综合征。其中单侧忽略可采用 Albert 划杠测验、Schenkenberg 等分线段测验、高声朗读测验和字母删除测验等评定；疾病失认及 Gerstmann 综合征主要依据临床表现和医师检查发现作出评定。

2. **失用症的评定** 失用症是中枢神经损伤后，在运动、感觉和反射均无障碍的情况下，不能按命令完成原先学会的动作。在失用症中，发病率最高的为结构性失用、运动失用和穿衣失用。

（李 玲）

学习要点:

1. 康复医学中常用的几种心理测验方法及其意义。

2. 残疾的心理反应特征。

3. 认知功能评定的方法及意义。

第五节 电 诊 断

电诊断(electrodiagnosis)是神经系统临床检查的延伸,它记录神经肌肉组织的电活动,或者同时应用电/磁刺激神经和肌肉系统的各个不同部分,然后根据神经解剖学和神经电生理学的原则,为神经肌肉的相关疾病诊断提供依据。电诊断的范围包括肌肉组织、周围神经和中枢神经的检查,其方法包括肌电图(electromyography,EMG)、神经传导测定(nerve conduction studies,NCS)、各种反射检查、诱发电位(evoked potential,EP)等等。

电诊断是一种神经生理学的诊断,一般说来生理学和生化学的变化远早于形态学的改变。电诊断为临床神经肌肉疾病的功能障碍的评定提供了指标,并且能够对患者的预后进行评价。

一、检查仪器

电诊断检查仪器统称为肌电图仪,有时也称肌电图与诱发电位仪,它包括主机、外围设备与附件。主机包括前置放大器、主放大器、计算机控制与分析系统、显示器,或者还包括打印机与存储设备。外围设备包括声、电、光、磁刺激系统和打印输出系统。附件主要指各种记录和刺激电极,以及电极的消毒与保养设备。

二、肌电图

(一)肌电图检查的基本原理

1. 肌电图是记录显示肌肉活动时产生的电位图形 运动神经细胞或纤维兴奋时,其兴奋向远端传导,通过运动终板而兴奋肌纤维,产生肌肉收缩运动,并有电位变化成为肌电图。一条肌纤维产生的电位变化时限约3毫秒,但是针电极记录的运动单位电位时间较宽。这是因为运动单位是合成电位,神经纤维进入肌肉后脱去髓鞘并分支支配各条肌纤维,自分支点至各肌纤维的距离不同,兴奋传导的时间不同,因而各肌纤维兴奋开始的时间不一,这样造成该合成电位时间分散,时限延长。肌电图检查的是运动单位的电生理状态。运动单位包括脊髓前角细胞、周围神经根、神经丛、神经干、神经支、神经肌肉接头和肌纤维。

2. 周围神经的正常电生理 运动单位的任何部分都有电兴奋性,但是神经部分与肌肉部分的电兴奋性不同。神经部分的兴奋可以向近心端与远心端双向扩布,而且在躯体运动与感觉纤维上是沿髓鞘的郎飞结跳跃式传导,速度为50~80m/s,而在无髓鞘的自主神经纤维上,传导速度只有每秒若干米。肌纤维的电兴奋性在神经肌肉接头处远高于无神经肌肉接头处,因此肌肉的兴奋实际上都是由神经肌肉接头向两端扩布,其传导速度也仅有每秒若干米。而肌纤维长度不一,有的可长达上百毫米。肌电图检查时记录电极与运动终板的距离难以确定,因此兴奋电位在肌肉中的传布时间难以确定。

3. 周围神经损伤的病理和电生理 周围神经损伤分为失用、轴索离断、神经离断三类。神经失用亦称传导阻滞(conduction block),神经在解剖上没有明显的变化,仅为功能性改变。轴索离断是指髓鞘的完整性尚好但有轴索变性,其轴索变性的过程类同神经离断,只是由于髓鞘的完整,有引导与刺激轴索恢复功能存在,故预后良好。神经离断是指轴索与髓鞘同时离断,可以有神经内膜、束膜、外膜离断,一般手术中肉眼可见。

神经的再生在伤后数天开始,自近心段轴突发出许多原纤维,进入远端的施万细胞构成的室管,以每天 0.5～5mm 的速度再生,直至运动终板。此外也可以从损伤部位近心端的郎飞结发出侧芽再生。再生速度快慢取决于损害程度、再生条件和治疗条件的好坏。神经再生的最大困难在于瘢痕形成,阻碍新生神经原纤维的通过。再生的神经纤维不能通过瘢痕进入残余髓鞘空管时,往往在原地扭曲缠绕,形成神经瘤。神经再生的另一个障碍为再生的轴索未能进入原有的髓鞘。

神经损伤后即有损伤部位的传导功能丧失,但是远端尚未变性,部分仍保持正常的兴奋性和传导性,直到变性下延到该处时,故在神经损伤后极早期,包括肌电图在内的各种电诊断方法均难以作出准确可靠的诊断。神经再生的早期由于轴索与髓鞘的功能均不正常,故兴奋性和传导性均很差,运动传导速度较慢,运动单位电位振幅较低。失神经支配的肌纤维也可能受到正常的或其他再生的神经纤维侧芽支配,新的运动单位范围扩大,兴奋电位的振幅和时限增加,甚至时限增加到出现卫星电位和轴突反射的现象。

(二)肌电图的基本参数

肌电图是变异性极大的图形,其基本图形如图 3-5,图形有以下一些基本参数。

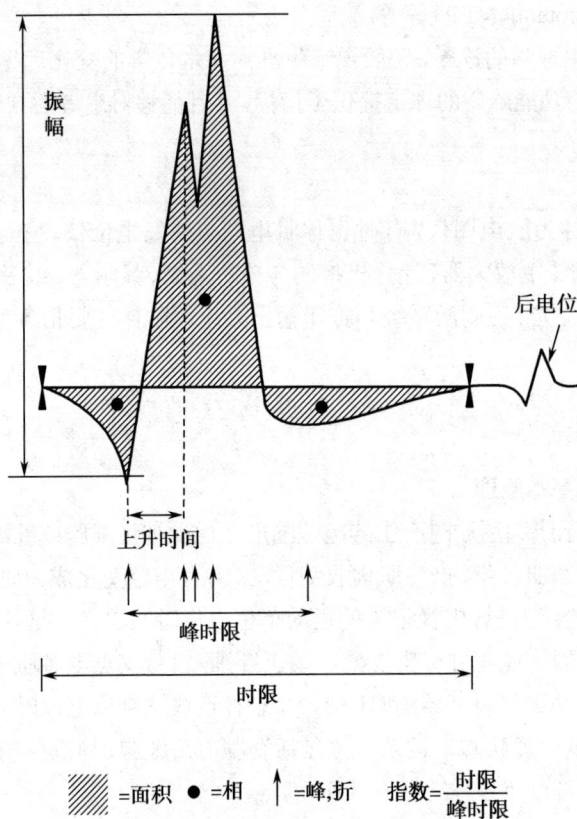

图 3-5　肌电图的基本波形及参数

1. 相数

(1)相与峰:相(phase)是指波形偏离基线(零电位)再回到基线为一相。图中的波为 3 相。峰或折(peak/turn)是指每次电位转向幅度超过 20μV 为一峰,不论其是否过零线。图中波为 4 峰。

(2)多相运动单位的确认:正常运动单位电位(motor unit action potential,MUAP)为 1～3 相,其中必有一相为负相。四相以上为多相,正常人可有 20% 以下的多相,其发生率因肌肉、年龄等而异。应该建立个体本身的标准,在检查方法、定义和标准相同时也可以参照他人标准,以确定多相电位(polyphasic potential)是否过多,是否属于异常。过多的多相电位为异常。

(3)多峰电位的确认:超过 5 峰的电位为多峰。多峰电位与多相电位的意义相同,均表示运动单位的时间分散。其原因有三:或是神经性异常后同一轴索的各分支的传导速度减慢,或者是运动单位扩大而轴索分支加长,或者是肌纤维的兴奋传导减慢。

2. 时限

（1）运动单位电位时限（duration）：指其自第一个相偏离基线开始,至最后一个相回归基线止。有卫星电位者,电位时限计算至卫星电位终止。一般为数毫秒至数十毫秒。

（2）正常运动单位电位时限和多相电位的时限要分别计算。

（3）在同一肌肉的至少 5 个点（每点相距 3mm 以上）取 20 个正常运动单位电位时限平均,为该肌的平均运动单位电位时限。正常运动单位电位时限因肌肉和年龄等因素而异,可以参阅有关文献或建立自己的正常范围。

（4）多相运动单位电位不计算平均时限,但仍可划分为长时限多相电位和短时限多相电位。

3. 波幅与上升时间

（1）波幅指基线到负相波峰的距离或正负波峰的距离。上升时间是指从负波偏转起始点至负波波峰之间的时间。上升时间<500 微秒。

（2）运动单位电位的波幅变异甚大,主要取决于电极与运动单位的距离及活动肌纤维的密度。除非波幅特别高,否则不计为高幅电位。除非波幅普遍而显著低于正常,否则不算作低幅电位。

（3）单个运动单位之中的所有肌纤维呈现几乎同步放电,但只有少数位于针尖附近的肌纤维决定着运动单位电位（motor unit potential, MUP）波幅的大小。即当上升时间<500 微秒时可确定 MUP 是在运动单位区域内记录到的,通过对上升时间的测量可以证实所记录到的 MUP 是否适合对波幅进行定量分析。

（三）肌电图的检查步骤

1. 观察插入时的电活动。

2. 观察放松时的自发性电活动。

3. 观察轻收缩时的运动单位电位特性。

4. 观察中度与重度用力时的运动单位募集情况。

肌电图不仅仅是一项实验室检查,更是临床体格检查的延伸。临床症状与体征有助于引导选择特定的神经、肌群及不同的电生理学检查项目进行检测。严格意义上讲常规的肌电图检测没有可遵循的步骤可供参考,主要根据不同患者的具体情况灵活运用各种不同的方法。

（四）几种不同状态时的肌电图

1. 自发电位 肌肉放松状态下的电活动（静息状态）。

（1）插入电活动：针电极插入肌肉时瞬间对肌纤维的机械刺激所产生的成簇的、伴有清脆声音、持续时间约 300 毫秒的电位,针电极一旦固定,插入电位即消失。

（2）终板噪音和终板电位：声音类似贝壳的摩擦声。前者波幅为 10~50μV,时限 1~2 毫秒;后者波幅 100~200μV,时限 3~4 毫秒。

（3）异常自发电位

1）纤颤电位和正锐波两者均是肌纤维在失去神经支配时产生的自发性颤搐,发放频率为 0.5~15.0 次/秒,规律性发放。纤颤电位通常为三相或双相棘波,时限 1~5 毫秒,波幅 20~200μV,初始为正相。正锐波为长时限的双相电位,波幅 20~200μV,时限 10~30 毫秒,初始为锐利的正相,其后为时限较长的负相。纤颤电位和正锐波不仅可见于失神经支配肌肉,也可见于肌源性疾病。

2）束颤电位：是运动单位电位在安静状态下的自发放电。见于慢性神经源性疾病,注意与良性束颤电位相鉴别。

3）肌颤搐电位：是同一运动单位更为复杂的重复放电,形态与运动单位电位相同。发放形式和节律固定。

4）复合重复放电：成群的失神经肌纤维以几近同步的方式重复放电,其波幅为 50μV~1mV,波宽 50~100 毫秒,发放频率可快可慢,可为 5~100Hz。发放形式多变,波形较为复杂。复合重复放电在慢性神经源性或肌源性疾病中均可出现。

5）肌强直放电：是肌纤维的异常放电。通常为 20～150Hz 的正相波或简单的棘波形态。常见于强直性肌病。

对纤颤电位与正相电位的半定量评价：

1+   在 1～2 处发现自发电位；

2+   有两个以上不同部位的偶发的自发电位；

3+   无论记录针电极的位置在何处，都有自发电活动；

4+   自发电位在所有检查部位均可见，且占满整个屏幕。

2. 轻用力时的肌电图

（1）正常的运动单位电位：为 3 相电位，多相电位不超过 20%，时限与电压正常。

（2）异常运动单位电位

1）长时限电位：正常运动单位电位时限延长常见于神经损害或再生后的神经传导减慢，也可见于神经损害后的代偿后期，运动单位数量减少而范围扩大。

2）短时限电位：正常运动单位电位时限缩短常见于肌肉疾病。运动单位内肌纤维数目减少时，可见于神经性损害早期或神经再生的早期。

3）高压电位：高压电位是神经再生时残存或再生的轴突代偿性支配到其他运动单位，使运动单位的肌纤维总数增加的结果，常见于脊髓或周围的神经性损害。某些肌源性疾病的后期亦可出现高压电位。

4）低压电位：由于肌纤维散在变性而使运动单位肌纤维密度减少的结果。低压电位见于各种肌源性疾病。但神经再生早期，由于支配的神经纤维与肌纤维较少，运动单位电位亦为低压。

5）多相电位增加：正常时多相电位不超过 20%，因肌肉而异。过多的多相电位或过分复杂的多相电位为异常。多相电位发生的原因是肌纤维或神经轴索再生，使运动单位的各肌纤维不同时兴奋，可见于各种脊髓与周围神经疾病和肌肉疾病。

6）群放电位：群放电位是随意或不随意收缩时产生的一群电位，往往成节律性重复发放。其内容为许多运动单位电位的重合，各运动单位电位之间没有固定的关系。群放电位见于震颤麻痹、舞蹈病、手足徐动症等。

3. 募集类型

募集相指肌肉大力收缩时的电活动，而每个功能运动单位的数量和平均力量，决定着募集形式。

正常情况下，大力收缩时所有运动单位电位募集在一起，难以分辨基线的 MUAP 重叠在一起的现象称干扰相。在运动神经元、神经根以及周围神经病中，随着可兴奋性运动单位数的减少，特别是严重的病例中，即使是尽最大努力进行收缩，能够募集到的 MUAP 数量仍然有限，导致记录到的 MUAP 也明显减少，产生一种好似稀疏"栅栏"的现象即单纯相。而在肌病中，因肌纤维或肌细胞的变性坏死，每个 MUAP 波幅低、时限短，在完成最大用力收缩时，为了弥补肌纤维收缩性能降低，机体将募集更多的肌纤维参与收缩，从而从数量上对每个运动单位因力量减退而进行功能性补偿，募集形式必然呈现早募集，亦称病理干扰相。

（五）表面肌电图

表面肌电图（surface electromyography，SEMG），又称为动态肌电图（dynamic electromyography），作为一种新的临床检查、评价、研究、治疗的技术方法，在康复医学及多个相关专业领域逐渐得到应用和推广。

1. 肌肉运动过程中肌电变化的一般规律

在肌肉开始运动时，首先增加的是运动单位电位的放电频率，表现为频谱高移。随着力量的逐渐增大，进一步增加募集的运动单位的数量，表现为肌电频谱继续高移，同时波幅增加。如果再加大用力，则出现运动单位电位的重叠，波幅进一步增大，但是此时频率的增加趋缓或者停止。当运动至肌疲劳出现时，肌纤维兴奋的传导速度减低，但是波幅值的变化不大。

2. 表面肌电图的记录方法 表面肌电图检查用表面电极。记录则用多导肌电图记录仪。由于记录的时间甚长,至少为若干运动周期,有时需记录数十分钟,因此常用慢扫描和连续记录。表面肌电图检测时可以多个记录电极、多组不同肌肉、多通道同时记录,由于采用无线数据传输,它可以实时地、动态地反映肌肉活动状态。

3. 表面肌电图的研究指标 用于分析表面肌电图结果的基本指标是频率和振幅。临床上常用表面肌电图对肌肉的疲劳进行研究,最常用的是频谱分析和波幅分析。频谱分析的指标有中位频率(median frequency,MF)和平均功率频率(mean power frequency,MPF)及其变化率。波幅分析的指标是均方根值(root mean square,RMS)。同时可以进行功、功率、运动过程中肌肉的活动顺序、原动肌与拮抗肌的比较、生理间隙等分析。

4. 表面肌电图的临床应用 表面肌电图原本主要用于运动学研究,分析某种运动时各个肌肉运动的时序和对于运动贡献的大小,了解运动训练中各个肌肉的启动和持续时间是否正常、各肌肉的运动是否协调、各肌的兴奋程度是否足够,继而用于生物反馈,增加运动的选择性和协调性,加速功能的恢复。

目前最常用于疲劳的评定。临床上常用肌力等来评价疲劳。但疲劳与许多主观因素有关。表面肌电图从肌肉做功的频率入手,分析肌肉的中位频率、平均功率频率等,较肌力测定更加科学、客观。在疲劳发生过程中,表现为中位频率和平均功率频率的降低。中位频率的降低主要是由于其高频成分的减少。但到目前为止,还没有建立一个用于疲劳程度客观量化和比较的指标。

目前表面肌电图常用于运动医学、康复医学、神经科、骨科以及心理学。临床常用表面肌电图对神经 - 肌肉功能障碍、骨骼 - 肌肉功能障碍进行功能性诊断和治疗。表面肌电图还可以对单纯性的姿势错误、肌紧张、偏身功能障碍、反射性的肌痉挛进行评价和生物反馈治疗。

在先进的步态分析测试系统中,表面肌电图的肌电检测、测力平台的力学检测、运动点的运动轨迹检测这三部分内容共同构成了全面的步态分析评估数据。

表面肌电图的出现为临床提供了一种安全、简单、无创的有关肌肉功能状况的检查手段。它可以对所查肌肉进行工作情况、工作效率的量化,指导患者进行神经、肌肉功能训练。

(六)肌电图检查的临床意义

1. 研究疾病的本质 定性:主要用于诊断及鉴别诊断神经源性损害和肌源性损害,排除神经肌肉接头的疾病。定位:有助于对脊髓前角细胞、神经根、神经丛、周围神经及神经肌肉接头、肌纤维的病变进行定位。指导肌肉内药物(例如肉毒毒素或其他药物)注射部位的选择。

2. 作为康复评定的指标 ①纤颤电位的出现很早,可以作为神经早期损害的指标;②神经外伤后,运动单位电位的恢复早于临床恢复3~6个月,因此可以作为治疗有效的早期判断指标。

3. 表面肌电图应用 ①了解步行训练中各个肌肉的启动和持续时间是否正常,各肌肉的运动是否协调,各肌的兴奋程度是否足够,治疗后肌肉功能是否有改善(进步时则肌电活动的波幅增加);②用于生物反馈,提高运动的选择性和协调性;③进行疲劳分析,既提示运动训练的恰当剂量,也提示运动训练的效果。其基本原理是肌疲劳时放电频率下降,频谱也就减低。疲劳愈甚则频谱低移愈多,愈疲劳的肌肉其频谱愈低。训练愈好的肌肉则愈加不易有疲劳性频谱下降。

三、神经传导速度测定

神经传导速度测定是研究周围神经的感觉或运动兴奋传导功能。通常包括运动神经传导速度(motor nerve conduction velocity,MNCV)和感觉神经传导速度(sensory nerve conduction velocity,SNCV)的测定。

(一)感觉神经传导速度测定

1. 感觉神经传导速度(sensory nerve conduction velocity,SNCV)测定的原理如图3-6。图中在任

一点刺激,在手指的两个记录点记录,测量诱发的反应波潜伏期,除以刺激点到记录点的距离即为感觉传导速度。在刺激点 1 和刺激点 2 刺激的潜伏期差除刺激点 1 和刺激点 2 的距离即为刺激点 1 和刺激点 2 间的传导速度。

2. 感觉神经传导速度检查时,有逆行法与顺行法两种。逆行法是刺激感觉或混合神经干,在没有肌肉的指端或皮肤记录感觉电位。顺向法是在没有肌肉的指(趾)端或皮肤刺激,在相应的神经干记录。

3. 感觉神经的逆行法和顺行法检查的结果和临床意义相同。感觉传导研究中记录的是神经电位而不是运动单位电位,电位振幅较低,往往需要平均多次以增加信噪比。感觉神经电位的潜伏期是从刺激起点至反应的第一个峰,称峰潜伏期(peak latency)。

(二)运动神经传导速度测定

1. 运动神经传导速度(motor nerve conduction velocity,MNCV)测定的原理如图 3-7。图中分别在 A 与 B 点刺激,在肌肉中记录所诱发的复合性肌肉动作电位(compound muscle action potential,CMAP)。两点刺激的潜伏期之差除以两点之间的距离即为两点之间的传导速度。

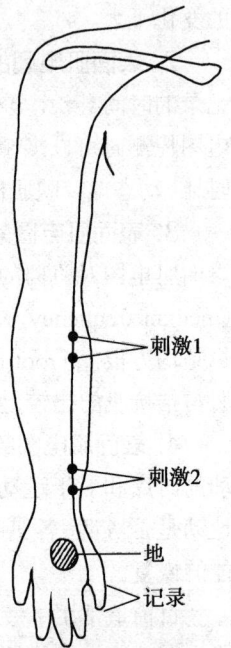

图 3-6　感觉神经传导速度测定(逆行法)

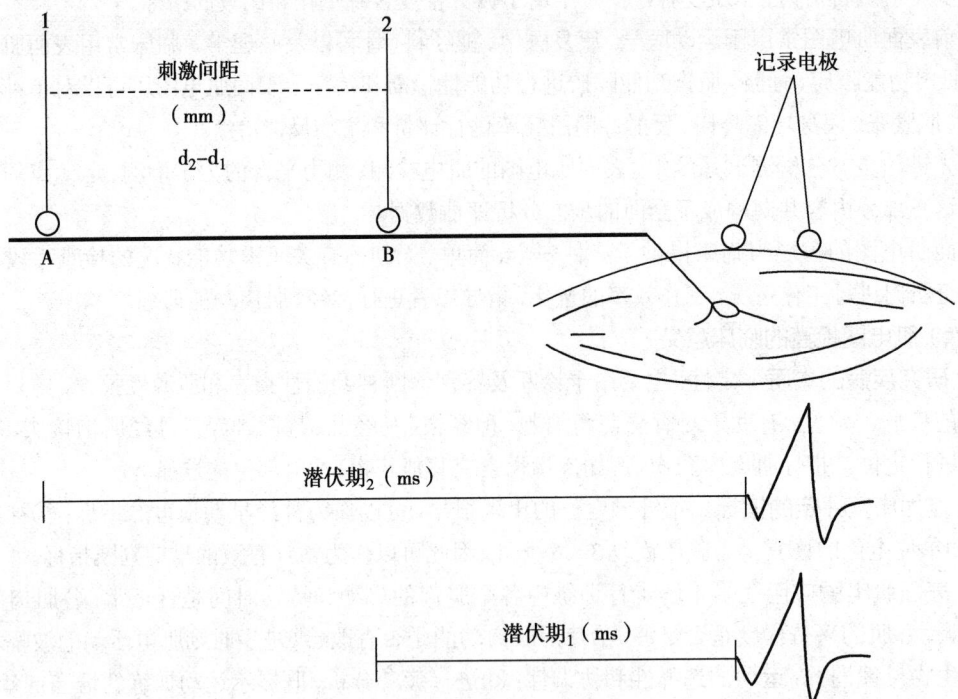

图 3-7　运动神经传导速度测定

2. **末端运动潜伏期(distal motor latency,DML)**　远端刺激至 CMAP 的起始时间为 DML。

3. **CMAP 波幅(mV)**　为基线 - 负相波波幅或正负波峰 - 峰波幅。

4. **节段神经传导**　在神经干由远向近端的不同部位测定每段神经传导的速度和波幅,观察有无传导阻滞和异常波形离散。

(三)神经传导速度检查结果分析

1. **髓鞘损害**　感觉神经损害和运动神经损害一样,有以轴突损害和以髓鞘损害为主的不同病变。髓鞘损害主要表现为神经传导减慢,其中又有快纤维与慢纤维病变之分。慢纤维病变时可能速度减慢不多，而主要表现为反应波的时限延长或相数增多，同时波幅减低。

2.轴突病变的主要表现为反应波的波幅下降。为了区别轴突减少和传导速度减慢导致的反应波波幅下降，可以计算反应波的面积（以 mVms 或 μVms 表示），前者面积减小而后者变化甚微。

3.感觉或运动神经传导速度与所查神经、节段、肢体温度及受试者的年龄、性别等都有关系。

四、神经反射检查

（一）F 波或 F 反应

F 波的产生是由于逆向冲动激活的前角细胞发生的回返放电。刺激神经干时，运动纤维的兴奋双向传导，向下传导引起肌肉兴奋，其电反应称为 M 波。向近心端的传导将上达于运动神经元，激发运动神经元的兴奋，此兴奋再回返传导，引起同一肌肉的二次兴奋，是为 F 波或 F 反应（F wave, F response）。F 波几乎在任何神经上均可诱发，刺激阈值大于 M 波的刺激即可诱发，在超强刺激时才能比较容易地出现，而且其出现率难以达到平均 100%。F 反应的波幅也恒小于 M 波，一般只及 M 波的 5% 左右。因为 F 波的发生有赖于脊髓前角运动神经元集合的兴奋性，主动用力时波幅增高，即为上级中枢影响的表现。

F 反应的临床价值主要在于测定近心段的传导时间，其计算方法如下：近心段的运动传导速度 = 刺激点至 C_7（上肢）或 L_1（下肢）的距离（mm）×2/[F 潜伏期（ms）−M 潜伏期（ms）−1]，式中 C_7、L_1 分别适用于上、下肢刺激时。1 毫秒是人为估计前角细胞受脉冲逆向刺激而兴奋后至发出顺向兴奋脉冲的滞延时间。

F 波潜伏期和波形多变，这是其本身的固有特性。F 波反映了运动神经全节段的传导状况，特别是常规神经传导检测证实远端神经功能正常时，F 波检测是反映神经近端功能状态的有益补充。此外，F 波出现的比率可以判断轴突回返放电发生的可能性，从而测量运动神经元的兴奋性。

在遗传性周围神经病、急慢性脱髓鞘性神经病、糖尿病性神经病、尿毒症性神经病、酒精中毒性神经病等 F 波常出现异常；其他如卡压性神经病、肌萎缩侧索硬化症以及神经根病变时，F 波也发生改变；在某些上运动神经元患者中，由于中枢性交互作用的影响，F 波的固有变异性会发生改变。

（二）H 反射

刺激混合神经干而强度尚不足以兴奋运动神经引起 M 反应时，即先兴奋了感觉神经而产生动作电位，该兴奋性动作电位经脊神经后根传入脊髓，通过与突触传递反射引起脊髓前角细胞兴奋，再经由脊神经前根传导至肌肉并使之产生反应（M 波），即为 H 反射（Hoffman reflex, HR）（图 3-8）。

随着刺激强度的增加，H 反射的振幅也增加。刺激强度增加到运动阈时，一方面兴奋下传引起 M 波，另一方面上传与 H 反射波冲突，使 H 反射的振幅下降。当刺激强度再进一步增加时，H 反射逐渐消失，M 波增强。

H 反射与 F 反应的相同点和不同点：两者均是周围神经诱发的迟发反应，且两者潜伏期相近，均属运动神经元的兴奋激活，有助于分析相似的临床问题。F 波是回返兴奋，传入与传出均由运动纤维完成，刺激阈值高、波幅低约为 M 波的 5% 左右。而 H 反射是完整的脊髓单突触反射，感觉纤维传入，运动纤维传出，刺激阈值低，波幅随刺激强度会发生改变。

于腘窝刺激胫神经在小腿三头肌记录的 H 反射若有异常，则提示可能有 S_1 神经根性病变或者近段胫神经的损害，或是坐骨神经损害、腰骶神经丛的损害。在颈神经根病变的患者中，刺激正中神经在桡侧腕屈肌记录到的 H 反射异常，反映了 C_6 和（或）C_7 的根性损害。H 反射的异常也可见于其他的多发性周围神经病，如肾衰竭、酒精中毒等周围神经损害。H 反射可用于研究近心段感觉与运动纤维传导的异常，困难在于难以区分这种异常是源于感觉还是运动纤维，除非与 F 反应配合应用。

（三）眨眼反射

眨眼反射（blink reflex）是眼轮匝肌的反射性收缩活动在一侧眶上切迹刺激，在双眼下睑用表面电极记录,参考电极置内眦,接地电极置颏。传入纤维是三叉神经的眶上神经,上达半月神经节,进入脑桥腹侧处,经三叉神经脊核和网状结构达面神经核,由面神经传出。检测时观察 R1、R2 及 R2 时各波潜伏期及双侧潜伏期差值。反射有少突触同侧早期成分 R1 和多突触双侧延迟成分 R2。R2 的潜伏期不定,取多次记录中的最短者。三叉神经损害时病侧诱发的所有成分潜伏期均延长,面神经损害时任一侧刺激时损伤侧 R2 均延长,中枢损害时则可出现多种情况,因此眨眼反射可用于面神经、三叉神经核脑干病变的辅助定位。

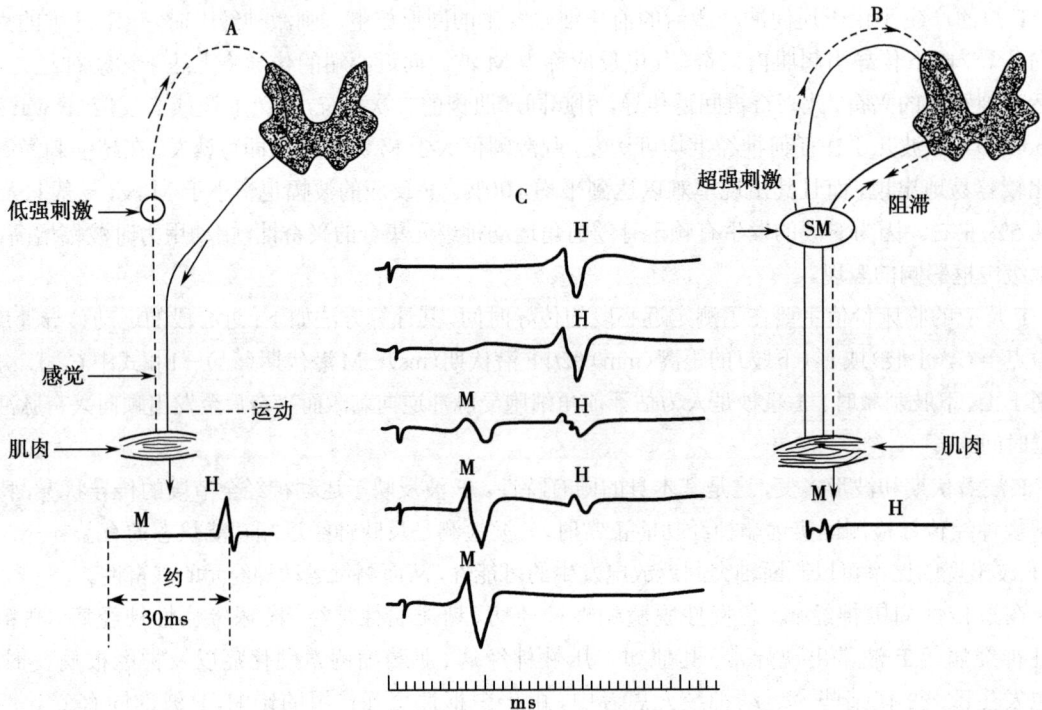

图3-8　H反射原理图

A. 低强度刺激仅兴奋感觉纤维,可以产生反射;B. 超强刺激兴奋感觉和运动纤维,运动纤维的逆行反应封闭了反射的通道;C. 刺激强度逐渐增加的结果

(四)阴部神经反射

阴部神经由 $S_2 \sim S_4$ 组成,分布于肛门外括约肌、肛提肌、会阴横肌、海绵体肌、阴囊与大阴唇的皮、龟头与阴蒂的皮,与排尿、排便、射精等等有关。包含有输入和输出纤维。阴部神经反射又称球海绵体肌反射,在阴茎或者阴蒂用表面电极刺激,在尿道括约肌或者肛门括约肌用针电极纪录。阴部神经反射的主要指标是潜伏期,正常为 30~40 毫秒。阴部神经或者相应的脊髓损害时潜伏期延长,同时可以记录到自发性电活动和多相电位等异常肌电图表现。

阴部神经反射检测,可以了解与排尿、排便、射精等有关的神经功能,常用于截瘫患者的排尿控制和性功能康复的研究,尤其是对于神经源性膀胱的研究。在糖尿病性周围神经病,或者继发于周围神经受损所致的阳痿,该反射潜伏期也延长。

(五)自主神经反射

自主神经反射主要检查自主神经的功能。它在躯干或者手足刺激,电极对置于手或者足的腹背两侧记录。由于是无髓鞘的 C 类神经传出,正常速度仅有 1~1.5m/s。所以在手记录的潜伏期长达 1.4 秒,在足记录为 1.9 秒。波宽也甚长。异常表现为潜伏期延迟或波幅降低、波形消失。自主神经反射主要反映的是交感神经节后 C 类纤维的功能,临床上主要用于糖尿病性周围神经病、各种原因所致的痛性周围神经病和自主神经病的诊断和研究。

五、诱发电位

诱发电位（evoked potential，EP）是中枢神经系统在感受体内外各种特异性刺激所产生的生物电活动。这些电位是刺激所诱发，可以来源于周围神经、视网膜、耳蜗、脊髓、脑干、皮质或皮质下结构。常见的诱发电位有体感诱发电位、视觉诱发电位、听觉诱发电位、运动诱发电位。诱发电位波普遍采用字母加数字的规则命名。P100 代表该波对于规定的参考电极值为正向，正常的潜伏期平均在100 毫秒左右。N20 代表正常潜伏期在 20 毫秒左右的负向波。

（一）躯体感觉诱发电位

躯体感觉诱发电位（somatosensory evoked potential，SEP）是指刺激躯体神经时在躯体感觉上行通路不同部位记录到的神经电位。

1. 检查方法　一般用表面电极刺激，部位通常为腕部的尺神经或正中神经、踝部的胫神经或腓神经，为了特殊目的也可用其他部位的上述神经或其他神经。刺激强度一般用感觉阈上、运动阈下。刺激波宽正常情况下刺激波宽通常设在 0.1～0.2 毫秒，频率 2Hz 左右，刺激强度调整到所支配肌轻微收缩即可，10～30mA。重复两次检查的峰潜伏期差不得大于 0.5 毫秒，波幅差不得大于 20%。

2. 基本波形　躯体感觉诱发电位的基本波形如下：一般在腕刺激时，在 Erb 点可以记录到 N9波；在 CVII-Fz 可以记录到 N11/N13/N14 等波；在 C_3、C_4 点可以记录到最主要的 N20/P25 波。在踝刺激时，在腘窝、T_{11} 或 T_{12} 可记录到 N9、N23；在腘窝、T_{11} 或 T_{12} 可记录到 N9、N23 波；在 CZ' 点可以记录到 P40、N50、P60 和 N75 波。

3. 躯体感觉诱发电位各波的起源、异常判断以及与中枢传导时间的临床意义

（1）一般认为腕刺激时记录的 N9 源于臂丛远段，N11 源于颈神经进入脊髓处，N13 可能为颈髓后角突触后电位；P15 源于丘脑腹外侧核，N20 源于中央后回皮层，P25 为通过另一通路诱发的皮层电位。踝刺激时 N9 源于腘窝，N23 源于 T_{12} 脊髓圆锥，P40、N50、P60、N75 相当于腕刺激的皮层电位N20、P25、N40。所谓源于某处并不一定源于该处突触，多指该处产生的电流密度变化，反映兴奋波经过该处的时间。

（2）躯体感觉诱发电位的潜伏期，由于各峰潜伏期受周围神经传导速度的影响，故峰间潜伏期更加重要。异常判断标准：潜伏期>平均值 +3SD 为异常。

（3）躯体感觉诱发电位的波幅的意义比较大。除与记录方法有关外，躯体感觉诱发电位在传导过程中经过各神经元时，各神经元均可有信号放大作用。异常判断标准：波幅明显降低伴波形分化不良或波形消失为异常。双侧波幅差值达 50% 以上有较肯定的意义。

4. 躯体感觉诱发电位异常的临床意义

（1）证实周围神经损害：表现为腕刺激的 P9 或 P11 潜伏期延长，踝刺激的 P17 或 P24 潜伏期延长。

（2）证实中枢局限性损害：表现为峰间期延长，或者波幅明显降低。

（3）作为脑死亡的判断和脊髓手术中的监护：脊髓手术中波幅下降 50% 以上或潜伏期延长 2 毫秒以上，则提示有神经损害，应及时停止手术并采取补救措施，以避免造成永久性损害。

（4）药物毒副作用的监测。

（5）作为康复过程中好转或恶化的指标。

（二）视觉诱发电位

视觉诱发电位（visual evoked potential，VEP）是经头皮记录的枕叶皮层对视觉刺激产生的电活动。

1. 检查方法

（1）通常用显示屏上的黑白或彩色棋盘格翻转作为刺激，可以是双眼刺激，也可以是单眼刺激或1/2 视野刺激。

（2）在枕部用表面电极记录，记录随棋盘格翻转而发生的电位变化。

2. 基本波形　视觉诱发电位检查的基本波形（图 3-9）较简单，有 N1、P1、N2 等主波，或称 N75、

P100、N145,正常情况下主要参数是 P100 的潜伏期和波幅。P100 代表视野中心 3 度视锥细胞的电活动,源于枕叶的初级视觉皮质。P100 的潜伏期最稳定且波幅高,是较可靠成分。异常判断标准:潜伏期>平均值 +3SD;波幅<3μV 以及波形分化不良或消失。

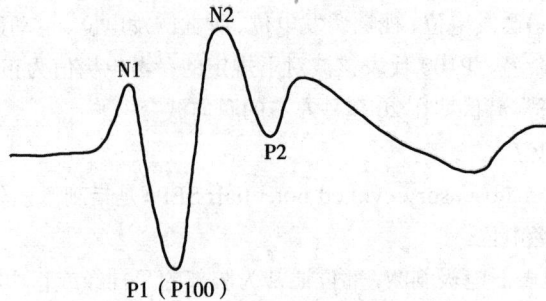

图 3-9　视觉诱发电位的基本波形图

3. 视觉诱发电位检查的临床意义　视觉诱发电位的传导径为视网膜经视神经到外侧膝状体到枕叶视皮层。潜伏期延长主要反映传导径的脱髓鞘变化。波幅的下降主要反映视感觉输入下降或视觉传导径的变性。

视觉诱发电位异常大致分为两类。一类为视神经炎和多发性硬化等脱髓鞘疾病,其主要特征是 P100 潜伏期延长达 35~45 毫秒或更多。视觉诱发电位检出上述疾病的阳性率极高。另一类为轴索变性,视觉诱发电位的主要表现是波幅下降以至于记录不到,还可能有波形畸变,但潜伏期延长不多。轴索变性的原因多为颅内肿瘤等占位病变,此外有脊髓小脑变性和 Huntington 舞蹈病等。当然多数疾病在病程的不同阶段可以涉及两方面的变化,因而同时具有 P100 潜伏期的延长和波幅降低。此外,角膜不透明和屈光不正、视网膜病变等视敏度降低和注视不良的疾病,可以有波幅降低,有时伴轻度潜伏期延长。

视觉诱发电位检查不仅可以进行上述定性诊断,而且可以利用半视野刺激技术诊断一侧视神经病变,鉴别视交叉和前后视路的病变,还可以作为视路附近手术和低温手术的监护手段。早期发现视觉诱发电位异常后,采取停止手术等措施可以避免视力的持久损害,也可以监测某些药物的毒性反应。

(三)脑干听觉诱发电位

脑干听觉诱发电位(brainstem auditory evoked potential BAEP)是声刺激后最早反应的 10 毫秒以内的一群电位,主要是脑干结构的听反应。此外还有中潜伏期和长潜伏期的诱发电位,使用的频度较低。

1. 检查方法

(1)刺激:使用 100~200 秒的短声刺激,标准的方法是耳机或耳塞给声。声源的振动有膨胀和压缩之分。刺激强度:主观听阈值 +75dB,或者 100dB(无法测听阈值者),刺激频率 10~15Hz,刺激持续时间 10~20 毫秒。叠加 1000~2000 次,至少重复两次。

(2)记录:记录电极通常置于 CZ,参考电极置于耳垂,接地电极置于 FPZ。正常 BAEP 通常由 I、II、III、IV、V 5 个波组成,I、III、V 波的正常与否更有临床价值。

2. 听觉诱发电位潜伏期异常判断标准　各波潜伏期>平均值 +3SD,和(或)波间期延长>平均值 +3SD。

3. BAEP 的波幅　BAEP 的波幅变异甚大,可由 0.01V 至 0.7V。波幅也与滤波频率有关,故其绝对值的大小意义不大。异常判断标准:波形消失、或波幅 I/V 值大于 200% 均为异常。

4. 临床应用　BAEP 在神经病学的应用中,最有价值的几个方面包括:昏迷的评价、多发性硬化的诊断、颅后窝肿瘤的早期探测及桥小脑角肿瘤的术中监护,以及对听力检查不能配合患者(如婴幼儿、癔症、意识障碍等患者)听力的客观评价。

脑干功能障碍是代谢性因素所致还是脑干结构的损害,通过 BAEP 可以加以鉴别,并提供有价值的诊断或预后信息。BAEP 相对能耐受代谢损害,几乎不受大多数非特异性中枢神经系统抑制剂的影响。对脑干病变所致昏迷,脑电图检测无评定价值,而对脑干结构性损害的性质和程度,BAEP 可以提供重要信息。

(四)事件相关电位

1. 定义 事件相关电位(event related potential,ERP)的定义不统一,从广义来讲,事件相关电位是与某种事件有关的电位。事件相关电位有内外之分。如接受外部刺激后被动产生的电位,分类为外源性事件相关电位,它有赖于感觉通道的完整性。另外一些事件是受试者主观活动参与辨认某类事物或准备某种行动,称为内源性事件相关电位。它不仅有赖于感觉通道的完整,还有赖于内部联系的完整。电位可以是脑的,也可以是脊髓的和周围神经的。通常讲的事件相关电位多数指内源性脑电活动。它包括 N1、P2、N2、P3(P300)、P4、N400,以及 Nd、SW 等成分的一群电位,与人的认知有关。目前研究得最多,使用最广的是潜伏期在 300ms 左右的正向 P300 电位(图 3-10)。

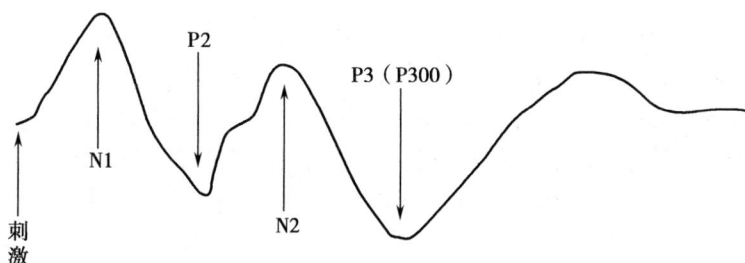

图 3-10 事件相关电位

2. 检查方法 P300 通常是接受两种或两种以上的刺激组成的序列,对其比较后作出反应。两种刺激中一种低频率、不规则出现的称为靶刺激,另一种为非靶刺激。刺激形式多样化包括声、光、电以及缺失刺激,目前使用最普遍最方便的是听觉 P300 电位。

3. 潜伏期和振幅 事件相关电位的起源和解释甚为复杂,受许多因素影响。是运动和认知的准备和期待状态的脑电表现,与动机、注意力、学习能力、有目的地对付环境变化的反应能力有关。事件相关电位的指标有潜伏期和振幅,通过生物反馈可以改善。事件相关电位异常的主要指标是潜伏期延长或缺失。

4. 临床应用 P300 和年龄密切相关,儿童、少年 P300 波幅增高,潜伏期随年龄增加而明显延长,P300 潜伏期及波幅的变化反映了儿童智力发育及老人智力衰退的过程。脑卒中患者由于脑循环功能障碍,对认知功能产生影响,其 P300 潜伏期明显延长。

对脑瘫、痴呆、脑外伤、抑郁症等患者的研究也发现,其 P300 潜伏期延长、波幅降低,且 P300 检测结果与临床神经心理功能评定结果具有一致性。

事件相关电位可以用于预测和监测轻度脑损害患者的注意力、主动参加康复治疗的能力、康复的潜力,以及作为选择康复治疗方法的根据。P300 潜伏期能够反映个体智力损害的程度,可以作为智力康复过程的指标。其最大优点是不必受试者主观配合,客观性较好。

(五)运动诱发电位

1. 定义 运动诱发电位(motor evoked potential,MEP)是指应用电或磁刺激皮层运动区或脊髓,产生兴奋,通过下行传导径路,使脊髓前角细胞或周围神经运动纤维兴奋,在相应肌肉表面记录到的电位。过去因为经颅电刺激需要较高的电压,患者难以接受,因此临床应用受到限制,随着技术、设备的改进使用磁刺激,运动诱发电位得到了广泛的研究和应用,成为继体感诱发电位后,为进一步检查运动通路中枢传导时间而设计的一项神经电生理学检查方法。

2. 方法及原理

（1）电刺激：用高压单脉冲电刺激器，能够产生较大的单脉冲电流（2000V，5微秒），通过头皮的相应部位兴奋运动皮层，使对侧肢体肌肉收缩。这种装置在椎旁可刺激运动神经根，刺激较强时也可兴奋下行的脊髓运动束。但它仍引起刺激局部的疼痛，因而限制了其广泛的临床应用。电刺激设备简单价廉，定位准确，选择性强，安全性好，但有明显的不适或疼痛感，患者难以接受。

（2）磁刺激：1985年，Barker等首先应用经颅磁刺激兴奋运动皮层来分析研究中枢运动传导通路。刺激器是利用电容放电通过一个置于头皮上的铜线圈，产生随时间改变的脉冲强磁场（最大值达2.5T），诱导脑组织产生环行感应电流。磁刺激时，磁场可以无衰减地通过颅骨高阻抗结构。在短时限刺激时，不会在头皮表面形成高强电流，因而受检者无不适。刺激线圈放置在相应神经根或相应脊髓节段的皮肤表面，则可以在肢体肌肉接收到运动诱发电位。磁刺激设备较贵，定位较难，但患者无不适感。

3. CMCT 计算和异常判断标准

皮层刺激潜伏期与 C_7 或 $T_{12}（L_1）$ 刺激的潜伏期之差为中枢运动传导时间（central motor conduction time，CMCT）。CMCT延长>平均值+2.58SD；上下肢易化或非易化状态下波形消失。

4. 临床应用

运动诱发电位对实验性脊髓损伤较体感诱发电位敏感，与运动功能一致，运动诱发电位的恢复先于运动功能的恢复。头颅运动诱发电位与脊髓运动诱发电位结合，可以比较准确地评定中枢的运动传导功能：经颅刺激在肌肉处记录的运动诱发电位，与经椎间隙刺激在同一处记录的运动诱发电位的差值即是中枢运动传导时间（包括脊髓前角细胞的轴突延迟和很小部分前根等周围成分）。临床可应用于多发性硬化、运动神经元疾病、脊髓型颈椎病、放射性颈椎病、遗传性痉挛性截瘫、偏瘫等疾病。

运动诱发电位检查可以用于确定运动神经系统的功能状态，从而与体感诱发电位、视觉诱发电位、听觉诱发电位等方法共同构成传入、传出的全面检查，成为完整的功能评定系统。运动诱发电位潜伏期的左、右对比及治疗前后对比比较可靠，电刺激与磁刺激均如此。

（六）诱发电位在康复医学中的应用

1. 了解疾病的过程　诱发电位是评定中枢神经系统功能的重要工具。诱发电位检查特别适于婴幼儿及意识障碍者，他们没有主诉，无法回答问题，而诱发电位能够客观反映患者的功能状态。

2. 定性诊断　患者常常主诉某种感觉减退或缺失，究竟是心理性的、癔症性的或器质性的，对于患者的切身利益和治疗方案的确定都很重要。诱发电位检测可以提供较客观的依据。

3. 定位诊断　某些诱发电位的解剖学起源已经明确，而且只有一个起源，则诱发电位的异常具有定位诊断的意义。诱发电位可以诊断相应神经通道的功能是否正常，尤其是中枢部分是否正常。可确定病变部位，也可大致分辨出是以髓鞘病变为主还是以轴索病变为主。前者主要表现为传导时间延长而后者主要表现为振幅下降。最典型的是BAEP各波的诊断意义，其定位十分精确。

4. 作为预后的依据　昏迷而有脑干听觉诱发电位消失者表示脑干损害，预后不良。

5. 作为监测的手段　在手术治疗和临床用药中经常测定相应的诱发电位，诱发电位有轻度改变时立即停止或改变手术和药物治疗，以免造成不可逆的损害。

6. 作为疗效评定的手段　诱发电位的指标都是定量的，而且比较恒定，尤其是潜伏期。它与病理和临床的变化的轻重程度相平行，因此是康复治疗效果评定的可靠定量指标。多数诱发电位的参数异常与功能状态的好坏有定量关系，因此可以用诱发电位判定疗效的好坏或比较几种疗法的优劣。

六、电诊断在康复医学中的应用价值及不同病变时的表现

电诊断是康复医学临床诊断和康复评定中的一种基本的、不可或缺的技术方法，也是临床多个相关学科在疾病诊断和治疗中非常重要的技术。电诊断技术是康复医师必须具备的临床技能。康复

医生必须将电诊断检查结果与患者的临床资料紧密结合，全面分析评估，才能得出有意义的临床电诊断报告。

（一）电诊断在康复医学中的应用价值

1. **对疾病的诊断价值**　　在神经肌肉相关疾病的临床诊断中，疾病临床表现往往纷纭繁杂，相关辅助检查由于敏感性或特异性的局限也可能不能明确诊断。电诊断技术是对神经、肌肉的功能性评估，能较敏感地发现神经、肌肉功能的异常，可以对某些心理性的功能性障碍以及可能的诈病进行一定程度的筛选或甄别。

电诊断检查在对神经肌肉相关性疾患的诊断中能有效区分神经源性异常与肌源性异常，在神经疾病与损伤诊断中能明确区分中枢性异常与周围性异常，或者中枢性与周围性异常并存。对中枢性病变，不同种类的诱发电位联合应用可以初步判断损伤部位，还可以评估周围神经的病变是多发还是单发、是以轴突病变为主或以髓鞘病变为主。

2. **对病变程度及预后的评估**　　电诊断技术可以较敏感地评估神经病变的程度、病损的完全性或不完全性、损伤程度的轻重等，为选择治疗方案提供指导。例如，外伤所致完全性或重度周围神经损伤，其恢复的可能性甚小，恢复程度也有限，故对外伤、瘢痕压迫、肿瘤所致重度的周围神经病变一般宜行手术治疗。

3. **对康复治疗效果的判断及疾病预后的判断**　　电诊断技术对神经功能恢复的检测，其敏感性通常高于影像学检查，反映神经恢复的时间较临床观察为早，而且对判定整条肌肉的神经支配恢复的比率比较准确，有定量判断的价值。因此，电诊断检查结果可以较好地评估康复治疗的效果，为康复治疗方案的选择提供参考。

在进行临床颅脑和脊柱外科手术时，电诊断是检测脑、脊髓功能的必不可少的手段，它可以敏感地反映神经功能状态、减少手术操作引起的神经损伤并发症。

对昏迷患者的脑功能状况，电诊断具有独特的评定价值，但临床检查中要注意反复多次、动态检测，这样才能得出较准确的判断，为临床救治提供依据。

（二）电诊断在不同病变时的表现

1. **周围神经病变**　　周围神经病变时，因病变部位（神经干、神经根、神经从）不同、病变类型（轴突病变或髓鞘病变）不同、病程（进展期、修复期）不同、病变程度（完全性或不完全性）不同，电诊断表现也有所差异。肌电图表现可出现纤颤电位、多相电位增加、神经传导速度减慢、神经动作电位波幅降低或消失（脱髓鞘病变时传导速度减慢明显、轴索病变时波幅降低明显）、F反应、H反射潜伏期延长或消失。诱发电位检查可出现SEP检测P9或P11、P17或P24潜伏期延长。

2. **中枢神经病变**　　诱发电位MEP、SEP、VEP、BAEP等共同构成神经系统传入、传出功能的全面检查，成为完整的功能评定系统。BAEP主要反映脑干结构功能。MEP、SEP反映从皮层中枢到周围神经的运动、感觉通路功能，起源不同的各个波的波幅及峰间潜伏期反映神经不同部位、不同节段的功能状况。VEP反映了视网膜到视皮层通路的功能。

3. **肌肉病变**　　肌肉病变的电诊断异常主要表现在肌电图，表现形式是运动单位电位时限减小、波幅降低，多相电位增加，用力收缩时呈募集充分的波幅减低的干扰型，可出现纤颤电位。

（刘宏亮）

学习要点：

1. 神经源性异常与肌源性异常的肌电图表现。

2. 周围神经异常与中枢神经异常的电诊断表现。

3. 电诊断在颅脑损伤患者临床脑功能评定中的应用价值。

第六节　肌骨超声技术

一、概述

(一) 概念

超声(ultrasound)检查技术是指利用超声波的物理特性和人体组织器官的声学特性相互作用后产生的信息,将其接收并处理后形成图像,借此对疾病进行诊断和治疗的一种物理检查方法。它所具备的灵活性、实时性、可重复性、非创伤性和无放射性、可进行超声引导下介入治疗等优点,具备了 CT、MRI 等影像学检查无法替代的优势。随着它在肌肉、骨骼及外周神经血管疾病诊疗中的应用,肌骨超声技术逐步成为康复医学一项重要的诊断和治疗手段。

(二) 仪器设备

超声仪器有便携手提式、大型台式设备等多种型号。主要由超声诊断仪和超声探头构成。超声诊断仪由扫描器、扫描转换器和显示部分组成。超声探头分为线阵探头、凸阵探头、相控阵探头等。探头的频率是超声成像的一个重要参数。探头频率越高,图像质量越好,但声速的穿透力也随之下降。康复医学中常用的肌骨超声检查通常使用 10MHz 或更高频率探头,软组织较厚的肥胖患者则需使用 7MHz,而肢体远端细神经束或指关节等小关节,需选择 12MHz 探头。线阵探头的声波发射呈平行线状,这种成像方式较适于多呈条线状排列的肌骨系统检查。凸阵探头用于较深的组织检查可增加视野,也可用于引导介入治疗。

(三) 检查方法

检查时需在皮肤上涂上一层耦合剂,声波通过探头及耦合剂传入软组织内。探头与皮肤接触时的倾斜角度决定了扫查的切面,一般应进行长轴和短轴切面的检查。检查中应注意调整探头方向使声束与成像结构轴垂直,以避免异性伪像的发生。

(四) 正常声像图特征

正常的组织结构和体液在超声检查中具有特征性表现,与周围组织相比超声表现描述为高回声(强回声)、等回声、低回声和无回声。

超声检查中表皮和真皮均呈高回声,皮下组织呈低回声。正常肌腱呈高回声,内部的结缔组织、神经末梢、血管、淋巴管等结构显示为网状线性纤维结构。肌腱长轴切面为高回声中交替分布线状低回声,短轴切面呈网状结构。正常肌肉呈相对低回声,其内可见高回声的纤细的纤维分隔,包绕肌肉的深筋膜为线状强回声结构。长轴面呈羽状、带状或梭形,短轴面呈圆形、梭形或不规则形。骨质表面或钙化呈强回声,后方可伴声影。透明软骨为均匀的低回声,纤维软骨呈高回声。韧带常位于两骨之间,呈致密的高回声或分层结构。

正常神经纤维束长轴切面呈束状低回声结构,结缔组织构成的神经束膜呈高回声。短轴切面显示为蜂窝状或斑点状回声。周围神经的超声随相邻组织的回声不同,而发生相对变化。

二、肌骨系统病损

(一) 肌骨系统病损声像图特征

1. 肌肉、肌腱损伤　未发生断裂时,超声可见肌肉水肿造成的弥漫性回声增高;部分断裂时可见肌纤维 - 腱膜连续性破坏;完全断裂时可见肌纤维 - 腱膜连续性中断,局部可见低回声或混合回声血肿。

2. 肌腱病(tendinosis)　超声下肌腱内部呈不均匀的、边界不清的低回声区,可伴肌腱肿胀增粗,常提示肌腱炎(tendinitis)。肌腱内探及点线状或片状强回声且后方伴声影,应考虑钙化性肌腱炎。超声检查可比 X 线更早发现肌肉损伤区发生的骨化性肌炎(myositis ossificans),表现为肌肉内强回声,后方伴声影。

3. **关节与滑囊病损** 各种类型关节炎症均可导致关节腔积液,超声表现为关节隐窝内无回声扩张。如其内为不均匀回声,则需通过加压探头或关节活动以鉴别关节内是混杂性积液或滑膜增生。①类风湿关节炎可见关节滑膜增厚,软骨或骨皮质侵蚀,彩色多普勒可见滑膜内血流信号;②创伤性关节炎伴有撕脱性骨折时关节腔内可见不规则强回声;③结晶性关节炎可见关节滑膜增厚,关节腔及滑膜内出现点、片状强回声,软骨面回声增强;④如疑为感染性关节炎,应在超声引导下进行穿刺抽吸化验。滑囊病损时滑囊壁增厚,可伴有液性无回声扩张,其内有滑膜增生时,可见血流信号。滑膜炎表现为滑膜增厚、不光滑、局部呈结节状突入关节腔,其内血管翳形成,血流信号增加。

4. **骨与软骨病损** 骨损伤超声表现为骨皮质强回声连续性中断,可伴骨膜低回声增厚表现,还可见骨质不规则缺损。软骨损伤超声表现为软骨变薄或消失,厚薄不均,内部可见钙化灶。痛风性关节炎因强回声的尿酸盐结晶沉积在透明软骨表面,形成特征性的"双线征"。

(二)肩关节病损

1. **肩袖病损** 肩袖作为肩关节重要的稳定结构,常因年龄、血供、反复机械损伤导致退变。

(1)肩袖撕裂(rotator cuff tear):根据损伤程度,可分为全层撕裂和部分撕裂。超声诊断肩袖撕裂的敏感性和特异度较高,尤其对全层撕裂,准确性与 MRI 相当。冈上肌腱肱骨大结节止点近侧 1cm 处为肩袖撕裂的好发部位,常同时累及肩胛下肌腱、冈下肌腱和肱骨长头肌腱滑车。肩袖撕裂的直接声像:同肌肉肌腱损伤。间接声像:①肱骨大结节骨皮质不规则改变;②肩峰下 - 三角肌下滑囊积液,高回声的滑囊壁被无回声积液分隔;③肱二头肌长头腱鞘和盂肱关节后隐窝积液;④软骨界面征:邻近肌腱呈低回声或无回声积液时,软骨表面的强回声表现更为明显。

(2)撞击综合征(impingement syndrome):日常肩部活动常导致冈上肌腱受到撞击产生肌腱病或撕裂,肩峰下 - 三角肌下滑囊也可因积液和滑膜增生而增厚,发生无菌性炎症。临床表现为肩部主动外展时出现疼痛,肩关节活动受限。动态超声检查见肩关节主动外展时滑囊内积液在肩峰处积聚增厚。滑囊内可增厚大于 2mm,伴或不伴滑囊积液。其内有时可见点状回声,为肩袖钙化性肌腱炎患者羟基钙磷灰石晶体进入滑囊所致。严重者可见肱骨头向上异常移位。

(3)肩关节术后:超声对评估肩袖修补术后有较高准确性。术后早期肌腱超声检查表现为薄而不均,也可为增厚不均的回声减低。随着术后肌腱愈合,表现为逐渐均匀的回声增高。其内可见强回声的缝线和铆钉。肩袖修补术后再断裂时,超声可见肌腱缺失,局部呈无回声或低回声,具有压缩性。

2. **肱二头肌长头肌腱腱鞘炎** 肱二头肌长头腱在反复机械性刺激中因磨损发生退变或无菌性炎症,肌腱在腱鞘内滑动受限。临床表现为肱骨结节间沟或肌腱明显压痛。超声下可见局部腱鞘因积液扩张、增厚,回声减低。探头挤压时可出现疼痛。彩色多普勒下见腱鞘内滑膜增生而致的血流信号增加。

3. **肱二头肌长头肌腱脱位** 在先天发育异常、退行性变或外伤等情况下,可导致肱二头肌长头肌腱脱位。动态超声检查可见患者做肩关节外旋动作时,肱二头肌长头腱部分或全部移到结节间沟外。

(三)肘关节病损

1. **关节和滑囊病损** 各种类型关节炎、外伤或感染均可出现肘关节腔积液、滑膜增生和骨侵蚀性改变。超声可于肘关节前部冠状窝和后部鹰嘴隐窝探及大于 2mm 的无回声关节腔积液。鹰嘴滑囊为常见的滑囊炎好发部位,可见无回声增厚滑膜及滑囊扩张表现。

2. **肌肉肌腱病损** 肱二头肌、肱三头肌肌腱断裂超声下表现同前。肌腱断端回缩为完全断裂的特异性征象。尺侧或桡侧副韧带损伤可见韧带增厚、回声减低、部分或完全连续性中断。肱骨外上髁伸肌总腱和肱骨内上髁屈肌总腱病损,超声表现为伸肌或屈肌总腱肿胀增厚,回声减弱,内部可见强回声钙化灶或附着处骨皮质不规则改变,彩色多普勒可见较丰富血流信号。

(四)腕关节病损

1. **关节病损** 创伤性、感染性、结晶性炎症均可导致腕关节腔积液,超声表现同前。类风湿关节炎常累及腕手小关节,超声下可见滑膜炎、骨侵蚀和软骨破坏、腱鞘炎和肌腱破坏表现。

2. 肌肉、肌腱病损　腕手部腱鞘炎超声表现为包绕肌腱的腱鞘扩张，不均匀性增厚，其内为无回声积液。邻近骨质可见侵蚀性改变。桡骨茎突狭窄性腱鞘炎表现为腱鞘、肌腱局限性增厚，伴或不伴血流信号，腱鞘内可有积液，桡骨茎突水平伸肌支持带增厚。腱鞘囊肿是腕手常见良性病变，好发于腕背侧，超声表现为关节或肌腱旁界线清晰的无回声囊腔，一般无分隔，囊壁光滑。可伴有周围神经血管受压表现。

（五）髋关节病损

1. 髋关节积液　沿股骨颈长轴切面扫查最易探查髋关节积液或滑膜异常。关节腔积液使关节囊扩张，可通过测量关节囊前层与股骨颈之间的距离以反应关节腔积液。当二者距离大于 7mm，或双髋关节不对称扩张大于 1mm 提示髋关节积液。彩色多普勒可对关节腔积液和滑膜增生进行鉴别。

2. 弹响髋（snapping hip）　髋关节活动时出现弹响称为弹响髋，可分为关节内型和关节外型。关节内弹响与关节病变有关，如关节游离体、髋臼唇撕裂等，超声诊断较难。关节外型弹响分为髋内侧弹响和髋外侧弹响。

（1）髂腰肌腱弹响综合征：为髋内侧弹响，因髂腰肌腱在髋臼前部髂耻隆起附近异常运动所致。动态超声检查时患者仰卧，髋部外旋、屈膝 45°，探头置于髋关节平耻骨区显示髂腰肌腱短轴切面，嘱患者伸直髋关节，可见髂腰肌腱滑过髂耻隆突回到髂腰肌后内侧，并伴弹响。髂腰肌腱局部增厚，回声减低。

（2）髂胫束弹响综合征：为髋外侧弹响，因髂胫束或臀大肌腱在股骨大转子上活动受阻所致。动态超声检查时患者取对侧卧位，探头置于股骨大转子上横切面扫查，嘱患者伸髋后再屈曲，可见髂胫束或臀大肌越过股骨大转子，并伴弹响。髂胫束局部增厚，回声减低。

3. 梨状肌综合征（piriformis syndrome）　梨状肌肿胀可卡压坐骨神经而致患侧臀部疼痛、坐骨神经走形区压痛。患者取俯卧位，探头在髂后下棘以下进行扫查，可见肿胀并回声减低的梨状肌。

（六）膝关节病损

1. 膝关节腔积液和滑膜增生　常见于类风湿、外伤、感染、退行性变等。髌上囊可较灵敏地反映积液和滑膜增生程度。超声可见髌上囊扩张，滑膜不规则增厚。动态超声检查可见增生滑膜弹响。关节腔内有时可见强回声后方伴声影的关节游离体。

2. 软骨病变　半月板退变时表现为内部回声不均匀减低，撕裂时为边界清楚的无回声或低回声裂隙，也可为不规则或中断。痛风性关节炎软骨可见特征性的"双线征"。

3. 肌腱病损　髌腱近端易发生肌腱病或撕裂，也称"跳跃膝"。股四头肌肌腱慢性损伤称为"跑步膝"。超声下肌腱病或肌腱撕裂声像特征同前。髌腱断裂时断端可见髌腱呈波浪状伴折射声影。

4. 韧带病损　超声可有效评价较表浅的膝关节内外侧副韧带损伤。膝内侧副韧带轻度损伤表现为韧带肿胀增厚、回声减低；韧带撕裂时可见无回声裂隙，完全撕裂可见韧带连续性中断，内外翻活动时可见两个断端。

（七）踝关节病损

1. 关节病损　胫距关节前隐窝、跗骨、距趾关节、趾间关节的背侧隐窝均为关节积液的检查重点。关节腔内游离体可表现为隐窝内的强回声伴后方声影。关节腔内较高回声的混合性积液，应考虑感染或出血可能。滑膜增生时可见低回声或等回声表现，可见血流信息。

第一跖趾关节是痛风性关节炎的好发部位。超声可见关节腔积液、滑膜增生、痛风石所致的点状回声及软骨"双线征"。痛风石周边见无回声晕环，可侵蚀骨皮质、肌腱及滑囊。第五跖趾关节是类风湿关节炎好发部位，超声下可见关节腔积液、滑膜增生和骨侵蚀表现。

2. 滑囊病损　跟骨后滑囊扩张见于劳损、邻近肌腱撕裂、炎性或跟腱末端病变。超声下可见位于跟骨和跟腱之间的滑囊呈逗号状无回声或低回声区，厚度大于 3mm，囊壁可不规则增厚。

3. 跟腱断裂　临床查体患者跟腱区肿胀，断裂处可打及凹陷，足跖屈障碍。超声下可见跟腱连续性中断，两断端可见血肿，呈低至高回声。

三、周围神经病损

1. 臂丛神经　超声检查可清晰显示臂丛 $C_5 \sim C_7$ 神经根结构，部分显示 C_8、T_1 神经根结构。臂丛神经节后损伤的短轴切面明显膨胀增粗，呈低回声。长轴切面神经束状回声消失。节前损伤从臂丛神经根起始处变细，连续性中断或消失。

2. 正中神经　多见于腕部损伤，外伤致正中神经扭曲或中断。超声示神经连续性中断或部分中断，局部神经增粗，回声减低。损伤两端可形成神经瘤。

腕管综合征（carpal tunnel syndrome）是神经卡压中最常见的一种。腕管内囊肿或肌腱、滑膜水肿等因素均可导致正中神经受到挤压。超声可见长轴切面上正中神经局部受压变细，与近端突然增粗的部位之间可见切迹征。腕管近端横截面积达 $9 \sim 12mm^2$ 即可诊断腕管综合征。

3. 尺神经　肘管综合征（cubital tunnel syndrome）常导致尺神经卡压。超声可见尺神经近端和远端水肿增粗，神经束状回声消失，尺神经最粗横截面积大于 $9mm^2$ 即可诊断。

4. 桡神经　外伤或压迫极易损伤走形于桡神经沟内的桡神经，旋后肌浅、深头之间也是易发生桡神经卡压的部位，称旋后肌综合征或桡管综合征。超声下见桡神经局部回声减低、肿胀，探头局部加压可引出相应症状。

5. 坐骨神经　梨状肌充血、水肿肥厚可致坐骨神经损伤。超声下见梨状肌横切面增大，呈低回声，出口变窄，坐骨神经根部肿胀，走行连续。

6. 腓总神经　走形于腓骨头附近的腓总神经易因外伤、卡压或腱鞘囊肿造成损伤。超声下可见神经卡压表现。腱鞘囊肿呈低回声，多叶状，沿神经长轴分布。

7. 创伤性神经瘤　周围神经离断后，由于神经再生功能于断端可形成神经瘤。超声下见神经外膜神经束状回声部分或全部中断，神经近端增粗，部分膨出呈瘤样改变。

四、吞咽功能评估

吞咽障碍（dysphagia）是指因吞咽器官功能受损，造成食物不能安全有效地经口到胃以满足机体营养的功能障碍，常导致一系列严重并发症。超声检查已逐渐成为评估吞咽功能的常用辅助手段。检查时将探头置于患者颏下，可观察到患者口腔期、咽期的舌肌及舌骨运动情况。由于超声不能穿透软骨和骨组织，且咽部气体对成像的干扰，故超声检查主要用于评估口腔期及口咽期吞咽情况。

1. 评估舌肌活动及厚度　B 型超声模式下可记录吞咽过程中颏舌肌及颏舌骨肌的活动情况，舌头厚度的变化。M 型超声模式下舌表面显示为一条强回声窄线，在吞咽过程中，该窄线会随着舌的运动变化并表现出一定的曲线形状，据此可动态观察吞咽时舌头的活动。吞咽障碍时舌头厚度变化明显减少。

2. 评估舌骨位移　探头置于下颌正中矢状面，一端覆盖舌骨。以高回声的下颌骨为参照，可测量静止和吞咽过程中舌骨位移。

3. 评估甲状软骨和舌骨接近程度　探头纵向置于舌骨及甲状软骨长轴正中，二者超声下均呈高回声，吞咽时可测量其靠近程度并计算距离缩短值。吞咽障碍时二者接近程度明显下降。

4. 评估口咽部形态结构　三维超声成像技术可将连续扫描获得的二维画面重建形成三维图像，观测吞咽时舌肌和口腔肌群的形态变化，并可在旁矢状面及冠状面进行各项参数的测量，对喉软骨结构、声带及声门结构进行观察。

五、膈肌功能评估

临床上多种疾病如慢性呼吸系统疾病、中枢神经系统疾病、脊髓损伤、心肺术后等均可引起肺功能下降，膈肌功能是重要的评估指标。随着心肺康复和重症康复的全面开展，膈肌超声评估技术在康复医学中得以广泛应用。

1. 评估膈肌运动幅度　检查时探头置于双侧腋前线或锁骨中线与肋缘交界处。B 型超声下可见膈肌为一高回声线,M 模式下可测量平静呼吸和最大深呼吸时膈肌的运动幅度。

2. 评估膈肌厚度及变化　检查时探头置于腋前线或腋中线第 8~9 肋间。B 型超声下可见胸膜和腹膜两层高回声区之间的无回声膈肌,其内可见高回声的筋膜。M 模式下可分别测量吸气时增厚和呼气时变薄的膈肌厚度并计算变化值。

六、介入超声技术

介入超声技术是指在超声引导下进行的穿刺、抽吸、注射等操作。整个操作过程在超声实时监测下,穿刺针可准确刺入靶目标,有效避免损伤邻近的神经、血管,使得注射治疗更为安全和准确。超声介入治疗在康复医学中的应用最为常见的包括积液抽吸、药物和生物制剂注射等。

1. 局部软组织、神经阻滞注射引导　康复医学中常见的肌肉软组织病变,如肌腱炎、腱鞘炎及筋膜炎,可在超声引导下将药物注入病变组织周围,短时间内即可缓解局部疼痛,且可避免盲穿造成药物注入肌腱或腱膜内引起疼痛或造成其他损伤。常见注射方式包括肱二头肌长头腱腱鞘注射、腕管注射、梨状肌注射、尺桡神经卡压注射、坐骨神经阻滞等。

肩袖钙化性肌腱炎是指钙化物质沉积在肩袖肌腱内,引起的肩关节疼痛和活动受限。除临床保守治疗以外,超声引导下的穿刺抽吸钙化物质是解决肩关节疼痛及功能障碍的有效方法。

2. 关节腔、滑囊内注射引导　关节腔穿刺是关节疾病诊治常用的手段之一,适用于需要抽取关节积液或腔内注射药物治疗的患者。超声引导可以确保药物准确注入关节或滑囊内。常见注射方式包括盂肱关节腔注射、肩峰下 - 三角肌滑囊注射、膝关节腔注射等。

3. 肉毒素注射引导　肉毒素注射是临床治疗痉挛的常用方法之一。它通过阻断神经肌肉接头处突触前膜的乙酰胆碱释放来抑制肌肉收缩,是一种暂时的化学去神经作用。准确定位及安全注射是肉毒素有效治疗局灶性肌痉挛的关键。超声引导肌肉定位注射技术与电刺激及肌电图定位技术相比,准确性更高,还可缩短寻找靶肌的时间,减轻患者痛苦。临床上常在超声引导下进行肢体和躯干痉挛肌群、尿道外括约肌、环咽肌等注射。

近年来,在超声引导下肉毒毒素注射治疗偏瘫后肩痛、骨性关节炎、偏头痛等疾病导致的慢性疼痛,均取得了较好的临床效果。

（吴　霜）

学习要点:

1. 超声检查在肌骨病损中的异常声像及临床意义。
2. 超声检查在神经病损、吞咽功能、膈肌功能评估中的声像特征。
3. 介入超声技术的临床应用。

第七节　日常生活活动能力与社会功能评定

一、日常生活活动能力评定

日常生活活动(activities of daily living, ADL)能力反映了人们在家庭(或医疗机构内)和在社区中的最基本能力,因而在康复医学中是最基本和最重要的内容。在日常生活活动中,最大限度地自理构成了康复工作的一个重要领域。要改善康复对象的自理能力,首先就必须进行 ADL 的评定。

(一) ADL 定义、范围及评定目的

1. 定义　ADL 是指人们在每日生活中,为了照料自己的衣、食、住、行,保持个人卫生整洁和独立的社区活动所必须的一系列的基本活动。是人们为了维持生存及适应生存环境而每天必须反复进行的、最基本的、最具有共性的活动。

2. 范围　日常生活活动包括运动、自理、交流及家务活动等。运动方面有：床上运动、轮椅上运动和转移、室内或室外行走、公共或私人交通工具的使用。自理方面有：更衣、进食、如厕、洗漱、修饰（梳头、刮脸、化妆）等。交流方面有打电话、阅读、书写、使用电脑、识别环境标志等。家务劳动方面有：购物、备餐、洗衣、使用家具及环境控制器（电源开关、水龙头、钥匙等）。

3. 评定目的　ADL 的评定对确定患者能否独立及独立的程度、判定预后、制订和修订治疗计划、评定治疗效果、安排返家或就业都十分重要。

（二）ADL 分类

1. 基本的或躯体的日常生活活动能力　基本或躯体 ADL（basic or physical ADL，BADL 或 PADL）是指每日生活中与穿衣、进食、保持个人卫生等自理活动和坐、站、行走等身体活动有关的基本活动。

2. 工具性日常生活活动能力　工具性 ADL（instrumental ADL，IADL）是指人们在社区中独立生活所需的关键性的较高级的技能，如家务杂事、炊事、采购、骑车或驾车、处理个人事务等，大多需借助或大或小的工具进行。

PADL 和 IADL 的比较见表 3-21，目前部分 ADL 量表是将两者相结合进行评定。

表 3-21　PADL 和 IADL 的比较

项目	PADL	IADL
反映运动功能	粗大的运动功能	精细的运动功能
内容	以躯体功能为主	含躯体功能、言语、认知功能
适应对象	较重的残疾患者	较轻的残疾患者
应用范围	主要在医疗机构	主要在社区和老年人
敏感性	低	高

（三）ADL 评定方法

ADL 有大量的评定方法。常用的标准化的 PADL 评定有 Barthel 指数、Katz 指数、PULSES、修订的 Kenny 自理评定等。常用的 IADL 评定有功能活动问卷（the functional activities questionary，FAQ）、快速残疾评定量表（rapid disability rating scale，RDRS）等。不同评定方法有其不同的适应证及评估价值，但研究也证实不同评定方法间具有一定程度的相关性或一致性。

1. Barthel 指数评定　Barthel 指数评定（Barthel index，BI）由美国 Florence Mahoney 和 Dorothy Barthel 于 1965 年设计并应用于临床，共有 10 个评定项目，每一项得分根据患者功能状况分为四个等级，总分 100 分（表 3-22）。改良 Barthel 指数评定（modified Barthel index，MBI）在 1989 年由澳大利亚学者 Shah 等提出（表 3-23），MBI 在 BI 内容的基础上将每一项得分都分为五个等级。改良后的版本同样具有良好的信度和效度，且具有更高的敏感度，能较好地反映等级间变化和需要帮助的程度，在康复医学中被广泛使用。

表 3-22　Barthel 指数项目和评分

ADL 项目	自理	稍依赖	较大依赖	完全依赖
进食	10	5	0	0
洗澡	5	0	0	0
修饰（洗脸、梳头、刷牙、刮脸）	5	0	0	0
穿衣（包括系鞋带）	10	5	0	0
控制大便	10	5	0	0
控制小便	10	5	0	0
如厕	10	5	0	0
床椅转移	15	10	5	0
行走（平地 45m）	15	10	5	0
上下楼梯	10	5	0	0

BI 评分结果：最高分是 100 分，60 分以上者为良，生活基本自理；40～60 分者为中度功能障碍，生活需要一定帮助；20～40 分者为重度功能障碍，生活依赖明显；20 分以下者为完全残疾，生活完全依赖。Barthel 指数 40 分以上者康复治疗效益最大。

表 3-23　改良 Barthel 指数项目和评分

ADL 项目	自理	最小依赖 （需监视或提醒）	中等依赖	较大依赖	完全依赖
进食	10	8	5	2	0
洗澡	5	4	3	1	0
修饰（洗脸、梳头、刷牙、刮脸）	5	4	3	1	0
穿衣（包括系鞋带）	10	8	5	2	0
控制大便	10	8	5	2	0
控制小便	10	8	5	2	0
如厕	10	8	5	2	0
床椅转移	15	12	8	3	0
*行走（平地 45m）/ 轮椅操控	15	12	8	3	0
上下楼梯	10	8	5	2	0

注：*"轮椅操控"只适用于"步行"项目中被评定为"完全不能步行"的患者曾接受过轮椅操控训练

MBI 评分结果分析：0～20 分为完全依赖，21～60 分为严重依赖，61～90 分中度依赖，91～99 分轻度依赖，100 分自理。评分<40 分回归家庭可能性较低，移动和自我照顾都需要较大依赖，60 分是从依赖过渡到辅助独立的关键分，评分在 60～80 分独立居住需要社区服务辅助，评分>85 分回归社区生活可能性较大。

2. PULSES 评定　该方法由 Moskowitz 和 Mclann 于 1957 年发表，是一种总体功能评定方法（表 3-24）。评定内容共分 6 项：①身体状况（physical condition，P）；②上肢功能（upper limb function，U）；③下肢功能（lower limb function，L）；④感觉功能（sensory component，S），包括视、听、言语；⑤排泄功能（excretory function，E）；⑥精神和情感状况（psychosocial，S），简称 PULSES。

表 3-24　PULSES 项目和评分

P：身体状况，包括内脏疾病和神经系统疾病
　1. 正常，或与同年龄组健康者比较无差异
　2. 轻度异常，偶尔需要就医
　3. 中度异常，经常需要就医，但活动不受限制
　4. 重度异常，需要住院或专人护理，活动明显受限
U：上肢功能，包括颈部、肩胛带和上背
　1. 正常，或与同年龄组健康者比较无差异
　2. 轻度异常，活动不受限，生活自理
　3. 中度异常，在一定范围内可以活动，但生活自理有困难，需要帮助
　4. 重度异常，功能严重受限，生活不能自理，需依赖他人
L：下肢功能，包括骨盆、下背和腰骶部
　1. 正常，或与同年龄组健康者比较无差异
　2. 轻度异常，活动稍受限，但可以行走
　3. 中度异常，经帮助才能行动，在一定范围内可以活动
　4. 重度异常，只能卧床或坐轮椅
S：感觉功能，包括语言、听觉和视觉
　1. 正常，或与同年龄组健康者比较无差异

2. 轻度异常,无明显功能障碍

3. 中度异常,有明显功能障碍,经帮助方能完成语言交流

4. 重度异常,功能严重受限,语言、听觉和视觉完全丧失

E:排泄功能,即大小便控制

1. 正常,或与同年龄组健康者比较无差异

2. 轻度异常,偶尔发生大小便失禁

3. 中度异常,经常大小便失禁或潴留交替出现

4. 重度异常,大小便完全失控

S:精神和心理状况,包括心理、情感、家庭和社会

1. 正常,或与同年龄组健康者比较无差异

2. 轻度异常,表现在情绪、个性等方面,但可以调节,对他人无伤害

3. 中度异常,需要一定监护

4. 重度异常,需要完全监护或长期住院治疗

检查者对患者的能力进行评估,并对此能力用数字 1(即无异常)到 4(即严重异常,影响独立性)分级排列。评定时按各项评出分数后相加,其和为总评分。6 分为功能最佳;>12 分表示独立自理生活严重受限;>16 分表示有严重残疾。

(四)ADL 评定的实施及注意事项

1. 直接观察　ADL 的评定可让患者在实际生活环境中进行,评定人员观察患者完成实际生活中的动作情况,以评定其能力,也可以在 ADL 评定中进行,评定活动地点在 ADL 功能评定训练室,在此环境中指令患者完成动作,较其他环境更易取得准确结果,且评定后也可根据患者的功能障碍在此环境中进行训练。

2. 间接评定　有些不便完成或不易完成的动作,可以通过询问患者本人或家属的方式取得结果。如患者的大小便控制、个人卫生管理等。

3. 注意事项　评定前应与患者交谈,让患者明确评定的目的,以取得患者的理解与合作。评定前还必须对患者的基本情况有所了解,如肌力、关节活动范围、平衡能力等,还应考虑到患者生活的社会环境、反应性、依赖性等。重复进行评定时应尽量在同一条件或环境下进行。在分析评定结果时应考虑有关的影响因素,如患者的生活习惯、文化素养、职业、社会环境、评定时的心理状态和合作程度等。

二、生存质量评定

(一)概念

1. 定义　生存质量(quality of life,QOL),也有译为生活质量、生命质量、生命指数等。卫生部 1999 年 12 月 9 日颁布的生存质量测定量表中将 QOL 的中文译文"生存质量"正式定为国内行业标准(WS/T119—1999)。按照世界卫生组织生存质量研究组的定义,生存质量是指"不同文化和价值体系中的个体对与他们的目标、期望、标准以及所关心的事情有关的生存状况的体验",是相对于生命数量(寿命)而言的一个概念,是一种个体的主观评价。在医学领域中,生存质量是指个体生存的水平和体验,这种水平和体验反映了病、伤、残患者在不同程度的伤残情况下,维持自身躯体、精神以及社会活动处于一种良好状态的能力和素质,即与健康相关的生存质量(health-related quality of life)。

2. 评定内容　根据世界卫生组织的标准,生存质量的评定至少应该包括六大方面:身体机能、心理状况、独立能力、社会关系、生活环境、宗教信仰与精神寄托,每个大方面又包含一些小方面,共有 24 个。

(二)常见评定方法

1. 访谈法　通过当面访谈或电话访谈,了解被评定对象的心理特点、行为方式、健康状况、生活水平等,进而对其生存质量进行评价。

2. 自我报告　由被评定对象根据自己的健康状况和对生存质量的理解,自己报告对生存质量的评价,自行在评定量表上评分。

3. 观察法　由评定者在一定时间内对特定个体的心理行为或活动、疾病的症状等进行观察,从而判断其综合的生存质量。

4. 量表评定法　是目前广为采用的方法,即采用具有较好效度、信度和敏感度的标准化评定量表对被评定对象的生存质量进行多维的综合评定。

（三）常用评定量表简介

据统计,生存质量的评定量表有数百种,其适应的对象、范围和特点也各不相同。常用的有代表性的评定量表简介如下。

1. 世界卫生组织生存质量评定量表（WHOQOL-100 量表）　此量表是世界卫生组织在近 15 个不同文化背景下经多年协作研制而成,内容涉及生存质量 6 大方面（身体机能、心理状态、独立能力、社会关系、生活环境、宗教信仰与精神寄托）的 24 个小方面,每个方面由 4 个条目构成,分别从强度、频度、能力和评价 4 个方面反映了同一特征,共计 100 个问题。得分越高,生存质量越好。与此同时,还研制了只有 26 个条目的简表——世界卫生组织生存质量测定简表（QOL-BREF）,简表便于操作,中文版已经通过了国内专家的鉴定,被确定为我国医药卫生行业的标准。

2. 健康状况 SF36（36-item short-form, SF-36）　是美国医学结局研究（medical outcomes study, MOS）组开发的一个普适性测定量表。由 36 个条目组,内容包括躯体功能、躯体角色、躯体疼痛、总的健康状况、活力、社会功能、情绪角色和心理卫生 8 个领域。已经有中国版本出版。

3. 健康生存质量表（quality of well-being scale, QWB）　由 Kaplan 于 1967 年提出,项目覆盖日常生活活动、走动或行动、躯体性功能活动、社会功能活动等方面,比较全面。其指标定义清晰明确、权重较合理。

4. 疾病影响程度量表（sickness impact profile, SIP）　12 个方面 136 个问题,覆盖活动能力、独立能力、情绪行为、警觉行为、饮食、睡眠、休息、家务、文娱活动等,用以判断伤病对躯体、心理、社会健康造成的影响,以指标定义清晰和权重合理而广为应用。

5. 生活满意度量表（satisfaction with life scale, SWLS）　由 5 个项目（陈述）的回答,从 7 个判断中选取 1 个。对生活满意程度分为 7 级,从对表述的完全不同意到完全同意,中间有各个程度轻重不一的判断。SWLS 被认为简单易行,且能较敏感地反映生存情况的改变。

（四）生存质量评定在医学中的应用

生存质量的评定目前已经广泛应用于社会的各个领域,在医学领域中主要应用于以下几个方面:人群健康状况的评估;资源利用的效益评价;临床疗法及干预措施的比较;治疗方法的选择与抉择。在康复医学领域,生存质量评定已广泛应用于脊髓损伤、脑卒中、糖尿病、高血压、肿瘤、截肢等领域。

（刘宏亮）

学习要点:

1. 日常生活能力评定的方法、内容与意义。

2. 生存质量的概念与评定内容。

第八节　ICF

一、ICF 主要内容

ICF 分为两个部分,第一部分为功能和残疾,包括身体的功能和结构、活动和参与;第二部分为背景性因素,包括环境因素和个人因素。见第一章图 1-3。

1. 功能和残疾（functioning and disability）　包括身体功能和结构、活动和参与。

（1）身体功能和结构（body functions and body structures）:身体功能是身体各系统的生理功能（包

括心理功能)，身体的结构是身体的解剖部位，如器官、肢体及其组成成分。结构损伤可以包括解剖结构上的畸形、缺失或身体结构上的显著变异，代表个体身体及其功能的生物学状况与通常所确认的正常人群的标准状况之间的差异。身体的功能和结构被分类到两个不同的部分但平行使用。如：身体功能包括人类的基本感觉如"视功能"，而与身体结构相关的分类则以"眼及其相关结构"的形式出现。

(2) 活动和参与(activities and participation)：活动是由个体执行一项任务或行动，参与并投入到一种生活情境中。活动受限是个体在进行活动时可能遇到的困难，参与受限是个体投入到生活情境中可能经历到的问题。活动和参与的领域包括全部生活的领域，从基本学习或观察到更复杂的领域如人际交往或就业。包括学习和应用知识、一般任务与要求、交流、活动、自理、家庭生活、人际交往和关系、主要生活区域、社会和公民生活共9个方面。

2. 背景性因素(contextual factors)　背景性因素代表个体生活和生存的全部背景。它们包括环境因素和个人因素。这些因素对具有健康问题的个体的健康和与健康有关的状况可能会产生影响。这些因素对个体而言是外在的，它对作为社会成员的个体的活动表现、活动能力以及身体功能与结构会产生积极或消极的影响。

(1) 环境因素(environmental factors)：包含两个不同层面：①个体所处的现实环境：如家庭、工作场所和学校等。包括环境的自然和物质特征以及直接接触人群，如家人、熟人、同行和陌生人等。②个体所处的社会环境：社会结构、服务机构和社会体制均会对个体产生影响。包括与工作环境有关的组织、服务机构、社区活动、政府机构、通讯和交通服务部门，以及如法律、条例、正式或非正式的规定、态度和意识形态等。

(2) 个人因素(personal factors)：包括性别、种族、年龄、其他健康状况、生活方式、习惯、教养、应对方式、社会背景、教育、职业、过去与现在的经历(过去的生活事件和现时的事件)、总的行为方式和性格类型、个人心理优势和其他特征等，所有这些因素或其中任何因素都可能在任何层次的残疾中发挥作用。ICF未对个人因素进行分类。

二、ICF 核心组合

(一)开发 ICF 核心组合的概念方法

ICF核心组合开发过程中有很多针对特定发展背景的单项研究，它的发展包括基于前期研究中获取的证据所进行的国际共识过程，以及在WHO全球6大区域(非洲、美洲、地中海东部、欧洲、东南亚和西太平洋区域)进行的国际测试和实验阶段(图3-11)。

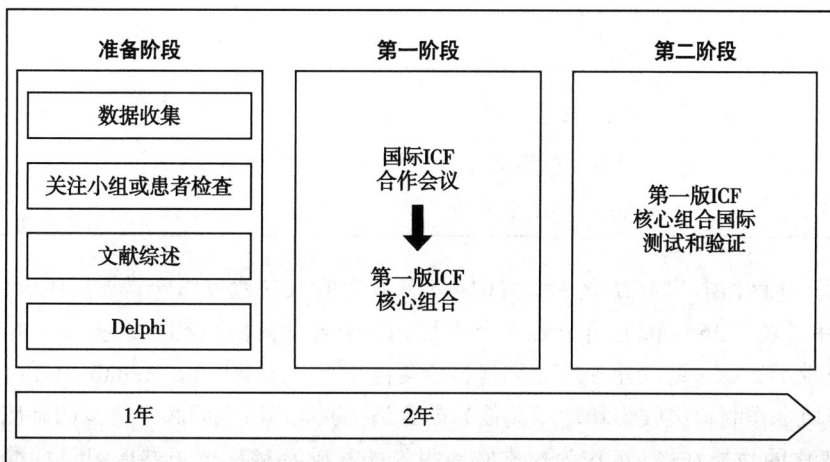

图3-11　ICF 核心组合发展过程示意图

准备阶段包括：①基于 ICF 的实验数据收集，反映患者的观点和状况；②使用 Delphi 法的专家调查；③观察性和实验性临床研究结果的系统回顾，同时代表专家观点；④对于目前尚处于准备阶段的 ICF 核心组合，使用小组集中访谈或代表患者观点的患者访谈的定性研究，补充上述方法。准备阶段的研究结果在共识会议上提出来。这是临床医生、卫生专业人员和参与特定 ICF 核心组合开发的某一领域的专家参与结构性决策以及达成共识的起点。最后，ICF 核心组合将在全球范围不同领域进行检测和验证。

三种不同的方法用于确保及验证 ICF 核心组合的有效性。第一种方法，以患者小组集中确定，从患者角度验证 ICF 核心组合是否涵盖了功能的所有方面；第二种方法，使用 Delphi 法确定与治疗患者的健康专业人士相关的干预目标，后续分析时检查这些干预目标如何表现在全套 ICF 核心组合中；第三种方法，ICF 核心组合应用于不同患者，收集与类目相关的信息。从患者和健康专业人士角度得出初步结论，将支持 ICF 核心组合的有效性。目前 ICF 核心组合尚未涵盖的某些类别，应考虑纳入更新版的 ICF 中。

（二）分类

1. 综合 ICF 组合（comprehensive set）   包括上百条从第一级水平到四级水平的类目，在同时患有多种疾病状态人群的研究中，能够全面详尽地描述功能，由于类目广泛，在临床实践中应用描述功能时耗时、耗力，但提供了完整的跨学科功能评估。

2. 简要组合（brief set）   来源于综合 ICF 核心组合，大多包含 20～30 个类目，仅适用于简单功能评估或单一学科环境中，可以作为评估和报告临床实践和研究中功能和健康的最低标准。若要对功能其他领域进行更详尽描述，或使用第三级或第四级水平类目信息，可以从相应的综合 ICF 核心组合中选择类目附加到简要 ICF 核心组合中，即称为扩展简要 ICF 核心组合。

3. 通用组合（generic set）   2013 年 WHO 对德国 1998 年国民健康访问和检查研究、美国 2007/2008 年国民健康营养调查及 ICF 核心组合研究中的数据进行分析，最终开发出通用 ICF 核心组合，与核心组合的开发方法不同，ICF 通用组合通过大量统计学方法得出，仅包括 7 个类目（表 3-25），其描述普通人群及临床学科最共性的基本功能问题，目的在于提供最简化而且疾病间通用的 ICF 临床评估工具，可用于各类疾病功能改变的横向比较。

表 3-25   通用 ICF 核心组合类目

ICF 成分	ICF 类目
身体功能	b130 能量和驱力功能
	b152 情感功能
	b280 痛觉
活动和参与	d230 执行日常事务
	d450 步行
	d455 到处移动
	d850 有报酬的就业

4. 康复组合（rehabilitation set）   2014 年开发出的 ICF 康复组合是通用组合的扩展版本，共有 30 个类目（表 3-26），由通用组合 7 个类目、15 个与功能障碍相关的类目和 8 个与持续康复护理相关的类目组成，是世界各地的物理与康复医学（Physical and Rehabilitation Medicine，PRM）协会密切合作制定出收集功能相关信息的合适工具，评估不同医疗情境的临床人群及描述治疗过程中变化的功能水平，可作为日常实践报告的基础及实施电子健康记录标准功能信息的起点。

表 3-26　ICF 康复组合类目(G= 包括在通用 ICF 核心组合里)

ICF 成分	ICF 类目
身体功能	b130（G）能量和驱力功能
	b134 睡眠功能
	b152（G）情绪功能
	b280（G）痛觉
	b455 运动耐受功能
	b620 排尿功能
	b640 性功能
	b710 关节活动功能
	b730 肌肉力量功能
活动和参与	d230（G）执行日常事务
	d240 控制应激和其他心理需求
	d410 改变身体的基本姿势
	d415 保持一种身体姿势
	d420 移动自身
	d450（G）步行
	d455（G）到处移动
	d465 利用设备到处移动
	d470 利用交通工具
	d510 盥洗自身
	d520 护理身体各部
	d530 如厕
	d540 穿着
	d550 吃
	d570 照顾个人健康
	d640 做家务
	d660 帮助别人
	d710 基本人际交往
	d770 亲密关系
	d850（G）有报酬的就业
	d920 娱乐与休闲

三、ICF 临床应用

自 WHO 发布 ICF 以来,ICF 不仅成为国际上公认的描述和评估功能的标准,而且在临床和整个卫生保健系统的应用也得到推行。ICF 在健康保健领域,已被美国、澳大利亚、加拿大及欧洲等众多国家所采用,而且已被证明在临床和康复实践层面、在服务提供和赔偿层面以及政策和计划制订层面上的应用是适合和可行的。在"2014—2021 年全球残疾行动计划"中,ICF 已被 WHO 推荐作为收集关于功能和残疾的综合信息的框架,最终是为了加强和扩大小儿康复、辅助技术、援助和支持服务以及社区康复等方面。

此外,ICF 在康复实践中已经被纳入了 WHO 和国际物理医学与康复学会的协作计划,即制定和实施一种国家模式,包括合适的临床数据收集工具的规定。ICF 核心分类组合、通用组合及康复组合,都是基于多阶段国际的共识程序而制定,ICF 核心组合与 ICF 清单都是 ICF 作为临床功能评定的实用工具。

综合核心组合和简要核心组合是 ICF 进入临床实际应用的关键措施。目前已经开发研究认证的核心组合包括 7 个亚类(表 3-27):包括肌肉骨骼疾病(16 项)、神经疾病(19 项)、精神健康(5 项)、其他健康状况(10 项)、多重健康状况(4 项)、心血管与呼吸疾病(11 项)、癌症(3 项)。ICF 核心分类组合使相关研究者能够更加实际地将 ICF 应用于临床和研究。

表 3-27　WHO 已认证的 ICF 核心组合

骨骼肌肉疾病		
序号	类目	创建日期
1	慢性广泛性疼痛综合 ICF 核心组合	2012.09.26
2	慢性广泛性疼痛简要 ICF 核心组合	2012.09.26
3	急性期骨骼肌肉疾病简要 ICF 核心组合	2013.09.03
4	急性期骨骼肌肉疾病综合 ICF 核心组合	2012.05.08
5	亚急性期骨骼肌肉疾病综合 ICF 核心组合	2012.05.08
6	亚急性期骨骼肌肉疾病简要 ICF 核心组合	2014.03.04
7	急性关节炎综合 ICF 核心组合	2012.05.08
8	急性关节炎简要 ICF 核心组合	2012.05.08
9	强直性脊柱炎简要 ICF 核心组合	2012.05.01
10	强直性脊柱炎综合 ICF 核心组合	2012.05.01
11	骨质疏松症简要 ICF 核心组合	2012.04.11
12	骨质疏松症综合 ICF 核心组合	2012.04.11
13	骨质疏松症综合和简要 ICF 核心组合	2011.04.14
14	风湿性关节炎综合和简要 ICF 核心组合	2011.04.14
15	骨关节炎综合和简要 ICF 核心组合	2011.04.14
16	下背痛综合和简要 ICF 核心组合	2011.04.14
神经疾病		
序号	类目	创建日期
1	脑性瘫痪的儿童和青少年简要 ICF 核心组合（0~6 岁）	2014.09.30
2	脑性瘫痪的儿童和青少年简要 ICF 核心组合（14~18 岁）	2014.08.08
3	脑性瘫痪的儿童和青少年简要 ICF 核心组合（6~14 岁）	2014.08.08
4	脑性瘫痪的儿童和青少年简要 ICF 核心组合（0~6 岁）	2014.08.08
5	脑性瘫痪的儿童和青少年综合 ICF 核心组合	2014.08.08
6	脑性瘫痪的儿童和青少年简要通用 ICF 核心组合	2014.08.08
7	亚急性期神经疾病简要 ICF 核心组合	2012.05.08
8	亚急性期神经疾病综合 ICF 核心组合	2012.05.08
9	急性期神经疾病简要 ICF 核心组合	2012.05.08
10	急性期神经疾病综合 ICF 核心组合	2012.05.08
11	多发性硬化综合 ICF 核心组合	2011.04.14
12	多发性硬化简要 ICF 核心组合	2011.04.14
13	创伤性脑损伤综合 ICF 核心组合	2011.04.14
14	创伤性脑损伤简要 ICF 核心组合	2011.04.14
15	脊髓损伤综合和简要 ICF 核心组合	2011.04.14
16	急性期脊髓损伤 ICF 核心组合	2010.11.18
17	慢性期脊髓损伤 ICF 核心组合	2010.11.18
18	慢性期脊髓损伤综合和简要 ICF 核心组合	2010.11.18
19	亚急性期脊髓损伤综合和简要 ICF 核心组合	2010.11.18
精神健康		
序号	类目	创建日期
1	精神分裂症简要 ICF 核心组合	2015.05.20
2	精神分裂症的综合 ICF 核心组合	2015.05.20
3	双相情感障碍简要 ICF 核心组合	2011.04.14
4	双相情感障碍综合 ICF 核心组合	2011.04.14
5	抑郁症综合 ICF 核心组合	2011.04.14

续表

其他健康状况		
序号	类目	创建日期
1	眩晕简要 ICF 核心组合	2014.03.04
2	眩晕综合 ICF 核心组合	2014.03.04
3	听力丧失综合 ICF 核心组合	2012.10.02
4	听力丧失简要 ICF 核心组合	2012.10.02
5	睡眠障碍综合 ICF 核心组合	2011.04.14
6	炎症性肠道疾病的综合 ICF 核心组合	2011.04.14
7	手部疾病综合 ICF 核心组合	2011.04.14
8	手部疾病简要 ICF 核心组合	2011.04.14
9	炎症性肠道疾病简要 ICF 核心组合	2011.04.14
10	睡眠障碍简要 ICF 核心组合	2011.04.14
多样化疾病		
序号	类目	创建日期
1	亚急性期老年患者简要 ICF 核心组合	2012.05.08
2	亚急性期老年患者综合 ICF 核心组合	2012.05.08
3	职业康复综合 ICF 核心组合	2011.04.11
4	职业康复简要 ICF 核心组合	2011.04.11
心血管和呼吸系统疾病		
序号	类目	创建日期
1	脑卒中综合 ICF 核心组合	2013.09.03
2	脑卒中简要 ICF 核心组合	2013.09.03
3	亚急性期心肺疾病简要 ICF 核心组合	2012.05.08
4	亚急性期心肺疾病综合 ICF 核心组合	2012.05.08
5	急性期心肺疾病简要 ICF 核心组合	2012.05.08
6	急性期心肺疾病综合 ICF 核心组合	2012.05.08
7	脑卒中综合和简要 ICF 核心组合	2011.04.14
8	肥胖综合和简要 ICF 核心组合	2011.04.14
9	糖尿病综合和简要 ICF 核心组合	2011.04.14
10	阻塞性肺部疾病综合和简要 ICF 核心组合	2011.04.14
11	慢性缺血性心脏病综合和简要 ICF 核心组合	2011.04.14
癌症		
序号	类目	创建日期
1	头颈部肿瘤综合 ICF 核心组合	2011.04.15
2	头颈部肿瘤简要 ICF 核心组合	2011.04.14
3	乳腺癌综合和简要 ICF 核心组合	2011.04.14

（敖丽娟）

学习要点：

1. ICF 的主要内容。

2. ICF 核心组合。

3. ICF 的临床应用。

第四章 康复治疗技术

康复治疗是康复医学的主要组成部分，以团队（team）方式进行工作，涵盖物理治疗、作业治疗、言语治疗、心理治疗和辅助器具（也称为支具与矫形器）等。贯彻早期介入、综合实施、循序渐进、主动参与的原则。

第一节 物 理 治 疗

物理治疗，国际上称为 3M 治疗，包括运动治疗（movement），又称为功能训练（functional training）、物理因子治疗（modality）、手法治疗（manual therapy）。物理治疗的具体手段包括声、光、电、磁、力（含运动、压力）、热、冷等。物理治疗的重点是改善躯体的运动功能，如卧、坐、站的体位及其相关之间的转移，平衡和协调能力，以及行走能力。

一、运动治疗

运动治疗以功能训练为主要手段，以手法和器具（器械）为载体，着眼于躯体功能的恢复、改善或重建，其内容涵盖了以下几个主要部分。

（一）关节活动技术

1. 主动运动 是指患者在专业人员的指导下，通过各种徒手体操或器械活动，达到强体健身，防病治病，增强体能，改善功能的目的。主动运动的动作设计原则是根据患者关节活动受限的方向和程度、肌力的大小以及可以使用的器械，设计出一些有针对性的动作，内容可简可繁，可以个人练习，也可以将有相同关节活动障碍的患者分组集体练习。

2. 主动助力运动 是指在部分外力的帮助下，患者自己完成的主动运动。常用的有肢体的悬吊练习、滑轮练习和器械练习。

（1）悬吊练习：是利用挂钩、绳索和吊带组合将拟活动的肢体悬吊起来，使肢体在去除重力的前提下主动活动，类似于钟摆样运动。

（2）滑轮练习：是利用滑轮和绳索，通过健侧肢体的活动来帮助或带动患侧肢体的活动。

（3）器械练习：是以器械为助力，带动活动受限的关节进行活动，包括机器人辅助练习。

3. 被动运动 根据力量来源分为两种，一种是由经过专门培训的治疗人员完成的被动运动，如肢体关节可动范围内的运动和关节松动技术；一种是借助外力完成的被动运动，如滑轮练习、关节牵引、功能性踏车、持续性被动活动、机器人等。

4. 机器人引导的运动 随着高科技向临床的日益渗透，越来越多的康复机器人应用于临床康复医疗之中。由于机器人是由计算机控制程序，可以将前述的主动运动、主动助力运动及被动运动融合一体，将分散的关节活动、肌力训练整合为以功能为导向的模式化运动，使用时操作者可以根据患者的需要启动不同的程序，因此，是一种非常有应用前景的康复医疗设备。

（二）软组织牵伸技术

牵伸（stretching）是指拉长已经挛缩或短缩软组织的治疗方法。

1. 目的 主要为改善或重新获得关节周围软组织的伸展性，降低肌张力，增加或恢复关节的活动范围，防止发生不可逆的组织挛缩，预防或降低躯体在活动或从事某项运动时出现的肌肉、肌腱损伤。

2. 种类　根据牵伸力量的来源、牵伸方式和持续时间,可以把牵伸分为手法牵伸、器械牵伸和自我牵伸三种。

（1）手法牵伸:是治疗者对发生紧张或挛缩的组织或活动受限的关节,通过手力牵伸,并通过控制牵伸的方向、速度和持续时间来增加挛缩组织的长度和关节活动范围。

（2）器械牵伸:是通过机械装置,利用小强度的外部力量,较长时间作用于缩短组织。

（3）自我牵伸:是由患者自己完成的一种肌肉伸展性训练,可以利用自身重量作为牵伸力量。

3. 临床应用　牵伸的临床应用范围比较广。

（1）适应证:凡是由于软组织挛缩、粘连或瘢痕形成引起肌肉、结缔组织和皮肤缩短、关节活动范围降低均可采用牵伸治疗。当肌无力和拮抗肌紧张同时存在时,先牵伸紧张的拮抗肌,再增强无力肌肉的力量。

（2）禁忌证:主要为关节内或关节周围组织有炎症,如结核、感染,特别是在急性期;新近发生的骨折、肌肉韧带损伤;组织内有血肿或有其他创伤;神经损伤或神经吻合术后 1 个月内,关节活动或肌肉被拉长时剧痛;严重的骨质疏松。

此外,当挛缩或缩短的组织具有维持关节的稳定性或使肌肉保持一定力量,增加功能活动的作用时,牵伸应慎重,特别是四肢瘫或肌肉严重无力的患者。

（三）肌力训练技术

肌力训练是根据超量负荷的原理,通过肌肉的主动收缩来改善或增强肌肉的力量。

1. 肌力训练分类　根据肌肉的收缩方式可以分为等长运动和等张运动;根据是否施加阻力分为非抗阻力运动和抗阻力运动。非抗阻力运动包括主动运动和主动助力运动,抗阻力运动包括等张性抗阻力运动、等长性抗阻力运动、等速性抗阻力运动。

2. 肌力训练方法选择　通常根据肌肉力量的大小确定训练方法。当肌力为 1 级或 2 级时,进行徒手助力肌力训练。当肌力 3 级或以上时,进行主动抗重力或抗阻力肌力训练。此类训练根据肌肉收缩类型分为抗等张阻力运动（也称为动力性运动）、抗等长阻力运动（也称为静力性运动）,以及等速运动。

3. 注意事项　由于人体各关节的每一个运动,都是由几组肌群分工合作,而不是由一块肌肉单独收缩完成,因此,康复治疗中的肌力训练通常是训练一组肌群,而不是一块肌肉。训练中需要注意以下事项:

（1）心血管反应:等长抗阻力运动,特别是抗较大阻力时,具有明显的升压反应。加之等长运动同时常伴有闭气,容易引起 Valsalva 效应,对心血管造成额外负荷。因此,有高血压、冠心病或其他心血管疾病者应禁忌在等长抗阻运动时过分用力或闭气。

（2）选择适当的训练方法:增强肌力的效果与选择的训练方法是否恰当直接有关。训练前,应先评估训练部位的关节活动范围和肌力是否受限及其程度,根据肌力等级选择运动方法。

（3）阻力施加及调整:阻力通常加在需要增强肌力的肌肉远端附着部位,以较小的力量产生较大的力矩。例如,增加三角肌前部肌纤维的力量时,阻力应加在肱骨远端。但在肌力稍弱时,也可靠近肌肉附着的近端。阻力的方向总是与肌肉收缩使关节发生运动的方向相反。每次施加的阻力应平稳,非跳动性。

（4）掌握好运动量:肌力训练的运动量以训练后第二天不感到疲劳和疼痛为宜。根据患者全身状况（素质、体力）,局部状况（关节活动、肌力强弱）,选择的训练方法,每天训练 1～2 次,每次 20～30 分钟,可以分组练习,中间休息 1～2 分钟。

（四）神经发育疗法(neurodevelopmental treatment, NDT)

NDT 是 20 世纪 40 年代开始出现的治疗脑损伤后肢体运动障碍的方法,其典型代表为 Bobath 技术、Brunnstrom 技术、Rood 技术、Kabat-Knott-Voss 技术（又称为 PNF 技术）。这些技术强调早期治疗、综合治疗以及各相关专业的全力配合,如物理治疗（PT）、作业治疗（OT）、语言治疗（ST）、心理治疗以及社会工作者等的积极配合；重视患者及其家属的主动参与，这是治疗成功与否的关键因素。

这些技术具有以下共同特点：

1. 治疗原则　都是以神经系统疾患特别是脑损伤患者作为治疗对象，将神经发育学、神经生理学的基本原理和法则应用到脑损伤后运动障碍的康复治疗中。

2. 治疗目的　把治疗与功能活动特别是日常生活活动（ADL）结合起来，在治疗环境中学习动作，在实际环境中使用已经掌握的动作并将其进一步发展成为技巧性动作。

3. 治疗顺序　按照头‐尾，近端‐远端的顺序治疗，将治疗变成学习和控制动作的过程。在治疗中强调先做等长练习（如保持静态姿势），后做等张练习（如在某一姿势上做运动）；先练习离心性控制（如离开姿势的运动：站起训练），再练习向心性控制（如向着姿势的运动：坐下训练）；先掌握对称性的运动模式（如双侧运动），后掌握不对称性的运动模式（如单侧运动）。

4. 治疗方法　应用多种感觉刺激，包括躯体、语言、视觉等，并认为重复强化训练对动作的掌握、运动控制及协调具有十分重要的作用。

（五）运动再学习疗法（motor relearning program, MRP）

1. 简述　把中枢神经系统损伤后运动功能的恢复训练视为一种再学习或再训练的过程，以神经生理学、运动科学、生物力学、行为科学等为理论基础，以脑损伤后的可塑性和功能重组为理论依据。认为实现功能重组的主要条件是需要进行针对性的练习活动，练习的越多，功能重组就越有效，特别是早期练习有关的运动；缺少练习则可能产生继发性神经萎缩或形成不正常的神经突触。MRP主张通过多种反馈（视、听、皮肤、体位、手的引导）来强化训练效果，充分利用反馈在运动控制中的作用。

2. 组成　运动再学习疗法由7部分组成，包含了日常生活中的基本运动功能，分别为：①上肢功能；②口面部功能；③仰卧到床边坐起；④坐位平衡；⑤站起与坐下；⑥站立平衡；⑦步行。

3. 应用步骤　治疗时根据患者存在的具体问题选择最适合患者的部分开始训练，每一部分分为4个步骤：①了解正常的活动成分并通过观察患者的动作来分析缺失的基本成分；②针对患者丧失的运动成分，通过简洁的解释和指令，反复多次地练习，并配合语言、视觉反馈及手法指导，重新恢复已经丧失的运动功能；③把所掌握的运动成分与正常的运动结合起来，不断纠正异常，使其逐渐正常化；④在真实的生活环境中练习已经掌握的运动功能，使其不断熟练。

（六）限制性使用运动治疗（constraint-induced movement therapy, CIMT）

又称为强制性使用运动治疗。CIMT是20世纪60～70年代美国Alabama大学神经科学研究人员通过动物实验而发展起来的治疗脑损伤的一种训练方法，其基本概念是在生活环境中限制脑损伤患者使用健侧上肢，强制患者反复使用患侧上肢。

限制性使用运动治疗最初主要用于慢性期脑卒中患者（发病6个月～1年后）的上肢治疗，近年来也逐渐开始应用于亚急性期患者。被治疗患者的上肢至少要具备下列条件：伸腕10°，拇指掌侧或桡侧外展10°，其余4指中任意2指的掌指和指间关节可以伸10°；没有明显的平衡障碍，能自己穿戴吊带（一般第1天在治疗人员监督下练习如何操作），能安全地戴着吊带走动；无严重的认知障碍，如感觉性失语、注意力不集中、患侧忽略、视觉缺陷、记忆障碍；无严重合并症；无严重的痉挛和疼痛。

（七）运动处方

运动处方是运动治疗处方的简称，是对准备接受运动治疗或参加运动锻炼的患者，由专科医生通过必要的临床检查和功能评定后，根据所获得的资料和患者的健康状况，为患者选择一定的运动治疗项目，规定适宜的运动量，并注明注意事项。一个完整的运动处方应包括运动治疗项目、运动治疗量以及运动治疗的注意事项3方面内容。

1. 运动治疗项目　根据运动治疗的目的分为以下几类：

（1）耐力性项目：以健身，改善心脏和代谢功能，防治冠心病、糖尿病、肥胖病等为目的。如医疗行走、健身跑、骑自行车、游泳、登山，也可以做原地跑、跳绳、上下楼梯等。耐力性项目一般属于周期性、节律性的运动。在运动强度和运动时间相同的前提下，这些运动项目对提高心脏耐力的效果大致相同。此外,乒乓球、篮球、网球、羽毛球等运动项目对改善心血管的功能也有良好的作用。

（2）力量性项目:以训练肌肉力量和消除局部脂肪为目的。如各种持器械医疗体操,抗阻力训练（沙袋、实心球、哑铃、拉力器等）,一般适合于骨骼肌和外周神经损伤引起的肌肉力量减弱。

（3）放松性项目:以放松肌肉和调节神经为主要目的。如医疗步行、医疗体操、保健按摩、太极拳、气功等,多适合于心血管和呼吸系统疾患的患者、老年人及体弱者。

（4）矫正性项目:以纠正躯体解剖结构或生理功能异常为目的。如脊柱畸形、扁平足的矫正体操;增强肺功能的呼吸体操,治疗内脏下垂的腹肌锻炼体操;骨折后的功能锻炼,等等。

2. 运动治疗量 运动治疗中的总负荷量,取决于运动治疗的强度、频度（密度）和治疗的总时间,其中,运动治疗的强度是运动处方中定量化的核心。

（1）运动治疗强度:直接影响运动治疗的效果和治疗中的安全性,一般采用以下指标来确定其大小。

1）心率:是确定运动治疗强度的可靠指标。在制订运动治疗处方时,应注明运动治疗中允许达到的最高心率和应该达到的适宜心率即靶心率。根据运动治疗中所选择的最高心率,可以将运动治疗量分为大、中、小 3 种。大运动量相当于最高心率的 80% 以上,中运动量相当于最高心率的 70%,小运动量相当于最高心率的 60%。有条件时最好通过运动试验来确定靶心率,常用自行车功量仪或活动平板。也可以通过计算得出运动治疗中的心率指标。

$$极量（最大）心率 = 210 - 年龄$$

$$亚极量心率 = 195 - 年龄$$

$$最大心率 = 休息时心率 + （同年龄组预计的最大心率 - 休息时心率）\times 60\%$$

2）机体耗氧量:以运动时耗氧量占机体最大耗氧量的百分数（$\%VO_{2max}$）为指标。大强度运动耗氧量约为最大耗氧量的 70%,中等强度的运动量为 50%～60%,小强度运动约为 40%。运动治疗的耗氧量一般占最大耗氧量的 40%～60%。

3）代谢当量（metabolic equivalent）:又称梅脱（MET）,是估计能量消耗的最实用指标,一个代谢当量相当于每分钟每公斤体重 3.5ml 的摄氧量。MET 值可用气体代谢的方法测定,也可由已知的功率来推算。

4）主观感觉:运动治疗中的主观感觉是患者身体对运动治疗量的反映。适宜的运动治疗强度是在治疗中患者感觉舒适或稍微有气喘,但呼吸节律不紊乱。

（2）治疗频度:每周参与或接受治疗的次数。小运动治疗量每日 1 次;大运动治疗量隔日 1 次,如果间隔时间超过 3 天,运动治疗效果的蓄积作用就会消失。

（3）治疗时间:取决于运动治疗的强度。对耐力性或力量性运动治疗项目,一次运动治疗时间可以分为准备、练习、结束 3 个部分。准备部分通常采用小强度的活动使心肺功能、肌肉韧带以及血压逐渐适应练习部分的运动治疗,避免在突然高强度的运动后,发生内脏器官的不适应和肌肉韧带的损伤。练习部分是一次治疗的主要部分,至少维持 20～30 分钟。结束部分主要做一些放松性活动,防止在运动治疗完成后,由于血液聚集于肢体,回心血量减少而出现的一些心血管症状。

3. 注意事项 在实施运动治疗时,需要注意以下几个方面:

（1）掌握好适应证:运动治疗的效果与适应证是否适当有关。对不同的疾病应选择不同的运动治疗方法,例如,心脏病和高血压的患者应该以主动运动为主,如有氧训练、医疗体操;肺部疾病（如慢性支气管炎、支气管哮喘、肺气肿）应该以呼吸体操为主;慢性颈肩腰腿痛的患者在手法治疗后,常常需要参加一些医疗体操以巩固疗效,预防复发;肢体瘫痪性疾病如偏瘫、截瘫、儿童脑瘫、四肢瘫,除了主动运动之外,大多需要给予"一对一"的治疗,如神经发育疗法、运动再学习技术等。

（2）循序渐进:运动治疗的目的是要改善患者的躯体功能,提高适应能力。因此,在实施运动处方时,内容应该由少到多,程度由易到难,运动量由小到大,使患者逐渐适应。

（3）持之以恒:与其他治疗方法（如手术、药物等）不同,大部分的运动疗法项目需要经过一定的时间后才能显示出疗效,尤其是对年老体弱患者或神经系统损伤的患者,因此,在确定了运动治疗方案后,要坚持经常性才能积累治疗效果,切忌操之过急或中途停止。

(4)个别对待:虽然运动治疗的适应范围很广,但在具体应用时,仍需要根据不同的病种,不同的对象,例如性别、年龄、文化水平、生活习惯等,制订出具体的治疗方案,即因人而异,因病而异,这样,才能取得理想的治疗效果。

(5)及时调整:运动处方实施后,还要根据患者的实施情况,定时评定,了解运动处方是否合适。根据评定的结果,及时调整治疗方案(如内容、持续时间、难易程度等),然后,再次实施,再次评定,再次调整,如此循环,直至治疗方案结束。一个良好的治疗方案应该将评定贯穿于治疗方案之中,既以评定开始,又以评定结束。

(燕铁斌)

二、物理因子治疗

(一)电疗法

电疗法(electrotherapy)是指应用电治疗疾病的方法。根据所采用电流频率的不同,电疗法通常分为直流电疗法、低频电疗法(0<f<1000Hz)、中频电疗法(1kHz<f<100kHz)、高频电疗法(100kHz<f<300GHz)等。根据电流波形、波宽、波幅以及波长或频率等物理参数不同,可产生不同的生物物理学效应,有各自不同的临床用途。常用的电疗法如下:

直流电疗法包括:直流电疗法、直流电药物离子导入疗法、电化学疗法。

低频电疗法包括:神经肌肉电刺激疗法、经皮神经电刺激疗法、电体操疗法、功能性电刺激疗法、感应电疗法、电兴奋疗法、直角脉冲脊髓通电疗法、脊髓电刺激疗法、微电流疗法、高压脉冲电疗法、超低频电疗法等。

中频电疗法包括:等幅正弦中频电疗法、正弦调制中频电疗法、脉冲调制中频电疗法、干扰电疗法、音乐电疗法、波动电疗法等。

高频电疗法包括:短波疗法、超短波疗法、分米波疗法、厘米波疗法、毫米波疗法等。

其他电疗法有:静电疗法、高压交变电场疗法、空气离子疗法等。

1. 直流电疗法

(1)概述:直流电是电流方向不随时间变化而变化的电流。以直流电治疗疾病的方法称为直流电疗法(galvanization)。借助直流电将药物离子导入人体以治疗疾病的方法称为直流电药物离子导入疗法。

(2)治疗作用

1)直流电疗法的治疗作用:在直流电场作用下,机体体液中的电解质成分可发生电离和电解,胶体分散体系会发生电泳和电渗,这是直流电产生生理作用和治疗作用的生物物理学基础。

2)直流电药物离子导入疗法的治疗作用:直流电药物离子导入疗法既具有直流电的治疗作用,又具有药物的治疗作用。药物溶液中可解离为离子的成分,在直流电场的作用下,按照电学"同性相斥"的原理,电极衬垫下的药物离子通过皮肤的汗腺管口、皮脂腺管口、毛孔或黏膜、伤口的细胞间隙导入。

(3)治疗技术:根据不同的部位选择不同的治疗技术,可有衬垫法、电水浴法、眼杯法,

(4)临床应用:①适应证:神经炎、神经根炎、神经痛、自主神经功能紊乱、偏头痛、高血压病、动脉硬化、冠心病、溃疡病、颈椎病、肩关节周围炎、关节炎、慢性炎症、慢性溃疡、术后浸润、术后粘连、瘢痕增生、注射后硬结、血栓性静脉炎、慢性盆腔炎、功能性子宫出血、颞颌关节功能紊乱等。②禁忌证:恶性肿瘤(电化学疗法时除外)、高热、意识障碍、出血倾向、孕妇腰腹部、急性化脓性炎症、急性湿疹、局部皮肤破损、局部金属异物、心脏起搏器及其周围、对直流电过敏者。

(5)经颅直流电刺激:经颅直流电刺激(transcranial direct current stimulation, tDCS)是一种非侵

入性的,利用恒定、低强度直流电调节大脑皮层神经元活动的神经调控技术。微弱的经颅直流电刺激可以引起皮层双相的、极性依赖性的改变。目前该技术已经成为认知神经科学、神经康复医学、精神病学的研究热点。

2. 神经肌肉电刺激疗法 以低频脉冲电流刺激神经或肌肉以促进功能恢复的方法称为神经肌肉电刺激疗法。包括的方法如下:

(1)经皮神经电刺激疗法(transcutaneous electrical nerve stimulation,TENS):它是通过皮肤将特定的低频脉冲电流输入人体刺激神经以镇痛、治疗疾病的方法。这种疗法所采用的电流频率为1～160Hz,波宽为2～500微秒,采用单相或双相不对称方波脉冲电流。

1)治疗作用:镇痛是其主要的治疗作用。其他作用包括增加作用部位的血液循环,较低频率、较长波宽的脉冲电流可促进成骨效应、加速骨折愈合,也可加速慢性溃疡的愈合,降低偏瘫患者的肌张力,缓解痉挛等。

2)临床应用:①适应证:适用于各种急慢性疼痛(包括神经痛、头痛、关节痛、肌痛、扭挫伤、术后伤口痛、分娩宫缩痛、截肢后残端痛、幻肢痛、癌痛等)、骨折后骨愈合不良、慢性溃疡、中枢性瘫痪后感觉运动功能障碍等。②禁忌证:置入心脏起搏器者,颈动脉窦处、孕妇下腹腰骶部、头颈部、体腔内等部位,认知障碍者。

(2)电体操疗法:是采用低频脉冲电流刺激肌肉产生收缩达到治疗作用的方法。

1)治疗作用:①刺激运动神经可引起较大的募集活动,激活较多的肌纤维,肌肉发生收缩,增强肌力;②刺激失神经支配的肌肉,可保持肌肉性能与质量,有利于运动功能的恢复,电刺激后肌肉发生节律性收缩,肌肉收缩的泵效应可增强肌肉的血液循环,减轻水肿,防止肌肉萎缩的发生,防止纤维化、硬化和挛缩;③刺激中枢性瘫痪的肌肉时,肌肉的收缩可向中枢输入皮肤感觉、运动觉、本体感觉的信息冲动,促进中枢运动控制功能的恢复和正常运动模式的重建;④刺激平滑肌可提高平滑肌的张力。

2)临床应用:①适应证:下运动神经元损伤后肌肉失神经支配、废用性肌萎缩、习惯性便秘、宫缩无力等。②禁忌证:痉挛性瘫痪,其余禁忌证与直流电疗法相同。

(3)功能性电刺激(functional electrical stimulation,FES)疗法:用低频脉冲电流刺激已丧失功能的器官或肢体,以所产生的效应来代替或纠正器官或肢体功能的康复方法。

1)治疗作用:上运动神经元发生病损时,下运动神经元完好,通路存在,并有应激功能,但因失去来自上运动神经元的正常运动信号,不能产生正常的随意肌肉收缩。此时进行适当的功能性电刺激可使相应的肌肉收缩,以补偿丧失的肢体运动功能,同时也刺激了传入神经,冲动经脊髓投射到高级中枢,促使肢体功能重建和心理状态改善。

2)临床应用:①适应证:脑卒中、脊髓损伤与脑瘫后的足下垂、站立步行障碍、手抓握障碍,马尾或脊髓损伤后的排尿功能障碍,中枢性呼吸肌麻痹,脊柱侧弯等。②禁忌证:植入心脏起搏器者禁用其他部位的功能性电刺激,意识不清、肢体挛缩畸形、骨折未愈合、下运动神经元受损者和神经应激不正常者也不宜应用本疗法。

3. 中频电疗法

(1)等幅正弦中频电疗法:应用频率为1～20kHz的等幅正弦电流治疗疾病的方法,通常称为等幅中频电疗法,习惯称为"音频电"疗法。

1)治疗作用:主要为消散硬结、软化瘢痕、松解粘连,也可改善局部组织血液循环,促进炎症吸收,镇痛等。

2)临床应用:①适应证:瘢痕、关节纤维性挛缩、术后粘连、炎症后浸润硬化、注射后硬结、血肿机化、狭窄性腱鞘炎、肌纤维组织炎硬结、硬皮病、阴茎海绵体硬结、肩关节周围炎、血栓性静脉炎、慢性盆腔炎、肠粘连、慢性咽喉炎、声带肥厚、关节炎、肱骨外上髁炎、神经炎、神经痛、带状疱疹后神经痛、术后尿潴留、术后肠麻痹等。②禁忌证:恶性肿瘤、急性炎症、出血倾向、局部金属异物,置有心脏起搏器者的心前区，孕妇下腹腰骶部，对电流不能耐受者。

（2）调制中频电疗法（modulated medium frequency electrotherapy）：指应用低频电流调制的中频电流治疗疾病的方法，又称脉冲中频电疗法。

各种调制电流可以全波、正半波或负半波的形式出现。各种调制电流有不同的调幅度。调幅度为 0 时，中频电流没有调制，为等幅中频电流，没有低频成分，刺激作用不明显。调幅度逐渐增加，调制中频电流的低频电成分逐渐增大，刺激作用逐渐增强。

1）治疗作用：调制中频电流具有低频与中频两种电流的特点，作用较深，不产生电解产物，人体对这种多变化的电流容易接受，不易产生适应性，可在多方面产生治疗作用。具体作用包括：①镇痛，即时止痛效果更好；②促进血液循环和淋巴回流，有利于炎症消散；③锻炼骨骼肌、提高平滑肌张力的作用；④作用于神经节或神经节段时可产生区域作用、反射作用，调节自主神经功能。

2）临床应用：①适应证：颈椎病、肩关节周围炎、关节炎、肱骨外上髁炎、肌纤维组织炎、腱鞘炎、关节纤维性挛缩、瘢痕、粘连、血肿机化、注射后硬结、坐骨神经痛、面神经炎、周围神经病损、失用性肌萎缩、溃疡病、胃肠张力低下、尿道结石、慢性盆腔炎、弛缓性便秘、术后肠麻痹、尿潴留等。②禁忌证：与等幅中频电疗法相同。

（3）干扰电疗法：两路频率分别为 4000Hz 与（4000±100）Hz 的正弦交流电通过两组电极交叉输入人体，在电场线交叉处形成干扰场，产生差频为 0～100Hz 的低频调制中频电流，以这种干扰电流治疗疾病的方法称为干扰电疗法。

1）治疗作用：干扰电流兼具低频电与中频电的特点，最大的电场强度发生于体内电流交叉处，作用较深，范围较大。不同差频的干扰电流治疗作用有所不同。① 90～100Hz 差频电流可抑制感觉神经，使皮肤痛阈升高，有较好的镇痛作用；② 50～100Hz 差频电流可使毛细血管与小动脉持续扩张，改善血液循环，促进渗出物吸收；③ 10～50Hz 差频电流可引起骨骼肌强直收缩，改善肌肉血液循环，锻炼骨骼肌；也可提高平滑肌张力，增强血液循环，改善内脏功能；④作用于颈或腰交感神经节，可调节上肢或下肢的神经血管功能；⑤加速骨折愈合。

2）临床应用：①适应证：颈椎病、肩关节周围炎、关节炎、扭挫伤、肌纤维组织炎、坐骨神经痛、术后肠粘连、肠麻痹、胃下垂、弛缓性便秘、尿潴留、压迫性张力性尿失禁、失用性肌萎缩、雷诺病、骨折延迟愈合等。②禁忌证：与等幅中频电疗法相同。

4. 高频电疗法

（1）短波疗法与超短波疗法：短波波长 10～100m，频率 3～30MHz，应用短波治疗疾病的方法称为短波疗法。超短波波长 1～10m，频率 30～300MHz，应用超短波治疗疾病的方法称为超短波疗法。短波疗法与超短波疗法同属高频电疗法。超短波疗法在国内应用广泛。

1）治疗作用：短波、超短波作用于人体时均可产生明显的温热效应，小剂量或脉冲波治疗时无明显温热效应，但可引起生理功能或病理过程的变化，为非热效应。主要的治疗作用机制包括：①毛细血管、小动脉扩张，通透性增加，组织血液循环改善，水肿减轻，炎症与病理产物的清除加速；②降低感觉神经兴奋性，升高痛阈，通过减轻组织缺血缺氧和水肿、清除致痛物质而减轻疼痛；③吞噬细胞增多、活跃，抗体、补体、凝集素、调理素增多，免疫功能提高，有利于炎症的控制；④组织血供改善，成纤维细胞增殖，肉芽和结缔组织生长加快，组织修复愈合加速；⑤温热效应使神经兴奋性降低，骨骼肌、平滑肌的痉挛缓解；⑥作用于神经节段可调节相应区域神经、血管和器官的功能。因此，超短波、短波疗法对炎症有突出的治疗作用。大功率短波、超短波导致高热的疗法又称高温疗法（hyperthermia therapy），对肿瘤有选择性加热作用，可杀灭癌细胞，或抑制其生长、增殖，与放疗、化疗联合应用有协同治癌的作用。

2）治疗技术：①治疗剂量：按照治疗时患者的温热感程度分为四级。无热量（Ⅰ级剂量）：无温热感；微热量（Ⅱ级剂量）：有刚能感觉的温感；温热量（Ⅲ级剂量）：有明显而舒适的温热感；热量（Ⅳ级剂量）：有刚能耐受的强烈热感。②治疗方法：短波、超短波治疗急性伤病时采用无热量；治疗亚急性伤病时采用微热量；治疗慢性伤病、急性肾衰竭时采用温热量；治疗恶性肿瘤时采用热量，与放疗、化疗同步进行。

　　3）临床应用：①适应证：软组织、五官、胸腹盆腔器官的炎症感染，关节炎、扭挫伤、骨折愈合迟缓、肩关节周围炎、颈椎病、腰椎间盘突出症、股骨头缺血性坏死，神经炎、神经痛、脊髓炎，胃十二指肠溃疡、肾炎、急性肾衰竭，静脉血栓形成、压疮等。超短波疗法主要适用于伤病的急性期和亚急性期，也可用于慢性期。短波疗法主要适用于伤病的亚急性期和慢性期。脉冲短波、超短波疗法适用于伤病的急性期。短波、超短波高热疗法与放疗、化疗联合应用可治疗皮肤癌、乳腺癌、淋巴结转移癌、恶性淋巴瘤、宫颈癌、膀胱癌、直肠癌、食管癌、肺癌、腹腔转移癌、骨肿瘤等。②禁忌证：恶性肿瘤（高热疗法例外）、活动性结核、出血倾向，局部金属异物、置有心脏起搏器，心肺功能不全、颅内压增高、青光眼、妊娠。③注意事项：眼的晶状体、睾丸、小儿骨骺部位对热敏感，过热可引起损伤，故不宜采用大剂量治疗。皮肤感觉障碍及血液循环障碍部位进行温热治疗易致热灼伤，故宜慎用较大剂量治疗。短波不能用于急性感染炎症，只能用小剂量超短波治疗。

　　（2）微波疗法（microwave therapy）：微波波长 1mm～1m，频率 300～300 000MHz，包括分米波（波长 10cm～1m，频率 300～3000MHz）、厘米波（波长 1～10cm，频率 3000～30 000MHz）、毫米波（波长 1～10mm，频率 30～300GHz）。

　　1）治疗作用：分米波、厘米波疗法的治疗作用与短波疗法类似，其温热效应可改善组织血液循环，镇痛，消散亚急性、慢性炎症，加速组织生长修复，缓解肌痉挛，调节神经功能；高热可杀灭或抑制癌细胞。分米波作用可达深层肌肉，厘米波作用只达皮下脂肪与浅层肌肉。小剂量分米波、厘米波有较明显的非热效应。毫米波辐射于人体时被水分所吸收，对组织的穿透力很弱，只达表皮，可有改善微循环，加速水肿吸收、炎症消散，促进上皮生长、伤口愈合，并加速神经再生、骨痂愈合，镇痛等作用；作用于神经节段可调节相应区域的神经、血管或器官的功能。

　　2）临床应用：①适应证：软组织、胸腹盆腔器官的亚急性、慢性炎症感染，关节炎、扭挫伤、网球肘、冻伤、肩关节周围炎、颈椎病、腰椎间盘突出症、肌纤维组织炎、坐骨神经痛、溃疡病、伤口愈合迟缓等。分米波、厘米波高热疗法与放疗、化疗联合应用可治疗皮肤癌、乳腺癌、淋巴结转移癌、甲状腺癌、宫颈癌、直肠癌、前列腺癌、食管癌、胃癌、骨肿瘤等。②禁忌证：与短波、超短波疗法相同。避免在眼、睾丸、小儿骨骺部位治疗。

　　（二）光疗法

　　光具有电磁波和粒子流的特点，光波是电磁波谱中的一部分。光波的波长短于无线电波，波长为 180nm～1000μm。按波长排列，光波依次分为红外线、可见光、紫外线三部分。可见光在光谱中位于红外线与紫外线之间，波长 400～760nm，分为红、橙、黄、绿、青、蓝、紫七色，临床理疗常用的可见光主要为红光、蓝紫光。

　　应用人工光源或日光辐射治疗疾病的方法称为光疗法（phototherapy）。光疗法在伤病的康复治疗中应用广泛。

　　1. 红外线疗法（infrared therapy）　红外线可分为两段：波长 1.5～1000μm 的波段为远红外线（长波红外线），波长 760nm～1.5μm 的波段为近红外线（短波红外线）。应用红外线治疗疾病的方法称为红外线疗法。

　　（1）治疗作用：红外线辐射机体组织后主要产生温热效应（辐射热），红外线穿透组织的深度很浅，近红外线可达皮下组织，远红外线只达表皮。表浅组织产热后通过热传导或血液传送可使较深层的组织温度升高，血管扩张，血流加速，并降低神经的兴奋性，因而有改善组织血液循环、增强组织营养、促进水肿吸收和炎症消散、镇痛、解痉的作用。

　　（2）临床应用：①适应证：软组织扭挫伤恢复期、肌纤维组织炎、关节炎、神经痛、软组织炎症感染吸收期、伤口愈合迟缓、慢性溃疡、压疮、烧伤、冻伤、肌痉挛、关节纤维性挛缩等。②禁忌证：恶性肿瘤、高热、急性化脓性炎症、急性扭伤早期、出血倾向、活动性结核，局部感觉或循环障碍者慎用。

③注意事项：红外线治疗时应保护眼部，可戴防护眼镜或以浸水棉花敷于患者眼部，以免引起白内障或视网膜热损伤。

2. 蓝紫光疗法（blue and violet light therapy） 蓝紫光波长为400～760nm，蓝光波长450～490nm，紫光波长400～450nm。以蓝紫光治疗疾病的方法称为蓝紫光疗法，主要用于新生儿高胆红素血症。

（1）治疗作用：蓝紫光照射于人体后皮肤浅层血管扩张，血液中的胆红素吸收蓝紫光后，在光和氧的作用下经过一系列光化学变化，转变为水溶性低分子量易于排泄的无毒胆绿素，经胆汁、再由尿和粪便排出体外，使血液中过高的胆红素浓度下降。

（2）治疗技术：患儿裸露全身，戴防护眼镜接受照射，在1～3日内连续照射或间断照射（每照6～12小时，停照2～4小时），蓝紫光总照射时间为24～48小时，白光总照射时间24～72小时。

3. 紫外线疗法（ultraviolet therapy） 紫外线光谱分段及其生物学作用特点为：长波紫外线（ultraviolet A radiation，UVA）：波长320～400nm，色素沉着、荧光反应作用强，生物学作用弱；中波紫外线（ultraviolet B radiation，UVB）：波长280～320nm，红斑反应最强，生物学作用最强；短波紫外线（ultraviolet C radiation，UVC）：波长180～280nm，对细菌和病毒的杀灭和抑制作用强。

紫外线红斑：一定剂量的紫外线照射皮肤或黏膜2～6小时后，局部出现界限清楚的红斑，红斑持续时间为十余小时至数日，局部可有皮肤脱屑或色素沉着，红斑反应强度、持续时间与照射剂量有关。紫外线红斑的性质属非特异性急性炎症反应，其发生机理与神经体液因素有关。

紫外线生物剂量：一个生物剂量即最小红斑量（minimal erythema dose，MED），是指紫外线灯管在一定距离（50cm或30cm）垂直照射下引起机体最弱红斑反应（阈红斑反应）所需的照射时间。影响紫外线红斑反应程度的因素主要包括年龄、肤色、部位、皮肤经常受日光照射的情况、是否为过敏体质、用药情况、是否用局部温热治疗等。

（1）治疗作用：①杀菌、消炎、增加机体防卫和免疫功能。②镇痛：通过局部病灶的治疗作用缓解疼痛，并且抑制感觉神经的兴奋性，同时红斑反应产生的反射机制具有中枢镇痛的效果。③脱敏：多次小剂量紫外线照射可使组织中组胺酶的活性增加。④加速组织再生：小剂量紫外线可刺激DNA合成和细胞分裂，促进肉芽和上皮细胞生长，加快伤口愈合；大剂量紫外线则破坏DNA合成，抑制细胞分裂，促使细胞死亡。⑤促进维生素D生成、防治佝偻病和软骨病。⑥光敏反应：光作用于含有光敏剂的组织可产生光化学反应，利用光敏作用的光化学反应治疗疾病的方法称为光敏疗法（photosensitization therapy）。

（2）临床应用：①适应证：对较表浅组织的化脓性炎症、伤口、皮下淤血斑、急性神经痛、关节炎、佝偻病和软骨病等有特殊疗效，也可用于治疗皮肤病和过敏性疾病、静脉炎、急性坐骨神经痛、急性关节炎、急性支气管炎、肺炎、支气管哮喘等。体腔照射适用于外耳道、鼻、咽、口腔、阴道、直肠、窦道等腔道感染。全身照射适用于佝偻病、骨软化症、骨质疏松、过敏、疖病、免疫功能低下、玫瑰糠疹、斑秃、银屑病、白癜风等。②禁忌证：心、肝、肾衰竭，出血倾向、急性湿疹、结核病活动期、红斑狼疮、日光性皮炎、光敏性疾病、应用光敏药物（光敏诊治时除外）等。③注意事项：治疗中应注意保护患者和操作者的眼睛，避免超面积和超量照射。

4. 激光疗法（laser therapy） 激光是受激辐射放大的光。激光既具有一般光的物理特性，又具有亮度高、单色性好、定向性强、相干性好等特点。应用激光治疗疾病的方法称为激光疗法。

（1）治疗作用：低强度激光对组织产生刺激、激活、光化作用，可改善组织血液循环，加快代谢产物和致痛物质的排除，抑制痛觉，有镇痛效应；可提高白细胞的吞噬能力，增强免疫功能；增强组织代谢与生物合成，加速组织修复。照射腧穴时有刺激腧穴、经络的作用，因而有"光针"之称。作用于反射区时能调节相应节段的生理功能。高强度激光对组织有高热、压强、高电磁场作用，可使蛋白质变性凝固，甚至炭化、汽化，用于组织止血、黏着、焊接或切割、分离。

（2）临床应用：①适应证：低强度激光用于皮肤皮下组织炎症、伤口愈合不良、慢性溃疡、窦道、口腔溃疡、脱发、面肌痉挛、过敏性鼻炎、耳软骨膜炎、带状疱疹、肌纤维组织炎、关节炎、支气管炎、支气管哮喘、神经炎、神经痛、外阴白色病变、女性外阴瘙痒等。高强度激光对病患部位进行瞬间凝固、汽化、切割治疗。较小病灶可一次消除，较大病灶可分次治疗，也可以通过内镜进行体腔内治疗。如皮肤赘生物、宫颈糜烂以及胃、直肠、支气管、膀胱内肿物的切除或止血。②禁忌证：恶性肿瘤、皮肤结核、活动性出血、心肺功能衰竭。③注意事项：治疗时应特别注意对操作者与患者的眼睛进行防护，戴防护眼镜，避免激光直接辐射或由金属器械反射至眼部。

（三）超声波疗法（ultrasonic therapy）

超声波是一种机械振动波，在介质中传播时在不同介质的分界面上发生反射与折射，强度随传播距离的增加而剧减（衰减）。造成衰减的主要原因为介质对声波的吸收、散射衰减和声束扩散。超声频率越高，在生物组织中传播时的超声衰减（吸收）越多、穿透能力（半价层或半吸收层）越小，反之亦然。

1. 治疗作用　①使神经兴奋性降低，神经传导速度减慢，有较好的镇痛、解痉作用；②加强组织血液循环，提高细胞通透性，改善组织营养，促进水肿吸收；③提高结缔组织的弹性，使胶原纤维分解、瘢痕组织变细而松软，松解粘连、缓解挛缩；④低强度或脉冲式超声波可刺激组织的生物合成和再生修复，加速骨痂的生长愈合；⑤低强度超声波作用于神经节段可以调节其支配区神经血管和内脏器官的功能。许多实验研究发现超声波有很好的溶栓效应，可使血栓形成的血管再通而恢复血流。

2. 常用的治疗操作方法有接触法、超声综合治疗法、水囊法、水下法等。治疗仪有不同直径的声头（换能器）和声头耦合剂（接触剂），耦合剂的成分主要为石蜡油、甘油、凡士林、水等。

3. 临床应用　①适应证：软组织损伤、皮肤皮下粘连、关节纤维性挛缩、注射后硬结、血肿机化、狭窄性腱鞘炎、瘢痕增生、骨关节炎、肩关节周围炎、肱骨外上髁炎、骨折后愈合不良、慢性溃疡、压疮、坐骨神经痛等。超声药物透入疗法适用于皮肤癌、乳腺癌等表浅肿瘤，以及类风湿关节炎和某些心脑血管疾病等。②禁忌证：恶性肿瘤（超声波抗癌药物透入时例外）、急性炎症、出血倾向、孕妇腰腹部、小儿骨骺部。眼与睾丸部慎用超声波疗法。

（四）磁疗法（magnetotherapy）

磁场作用于人体以治疗疾病的方法称为磁疗法。磁场可分为恒定磁场、交变磁场、脉动磁场、脉冲磁场。

1. 治疗作用　①镇痛，通过抑制神经的生物电活动，提高痛阈；②消肿，改善血液循环促进出血和渗出物的吸收，使胶体渗透压正常化，而达到消除水肿；③消炎，促进炎性产物排除，提高机体免疫功能，增强白细胞吞噬功能；④镇静，加强大脑皮质的抑制过程，改善睡眠，调整自主神经功能；⑤降压，调节血管舒缩功能，使血管扩张，改善微循环，减少外周阻力；⑥软化瘢痕与松解粘连，使瘢痕由硬变软，颜色变浅，并可使粘连松解；⑦促进骨痂生长，促进成骨细胞、软骨细胞与骨细胞释放大量的钙，从而加快骨折区的钙沉积。

2. 临床应用　①适应证：软组织扭挫伤、血肿、注射后硬结、浅表性毛细血管瘤、乳腺小叶增生、耳廓浆液性软骨膜炎、关节炎、肌筋膜炎、肱骨外上髁炎、肩关节周围炎、肋软骨炎、颞颌关节功能紊乱、单纯性腹泻、婴儿腹泻、神经衰弱等。②禁忌证：高热、出血倾向、孕妇、心力衰竭、极度虚弱、皮肤溃疡、恶性肿瘤晚期、置有心脏起搏器者。③注意事项：少数患者进行磁疗后可出现恶心、头昏、无力、失眠、心悸、血压波动等反应，停止治疗后可消失。

（五）水疗法（hydrotherapy）

应用水治疗疾病、进行功能康复的方法称为水疗法。水疗是古老的理疗方法，天然水源（泉水、海水、河水等）是重要的疗养因子。

1. 治疗作用　液态的水可与身体各部分密切接触，传递理化刺激而产生治疗作用。

（1）温度作用：水的比热大，热容量大，导热性强。静止的水通过传导传递热能，流动的水通过对流传递热能，因此水疗的温热作用强。温水浴与热水浴可使血管扩张充血，促进血液循环和新陈代谢,使神经兴奋性降低,肌张力下降,疼痛减轻。热水浴有发汗作用;不感温水浴有镇静作用;冷水浴与凉水浴可使血管收缩,神经兴奋性升高,肌张力增高,精神充沛。

(2)机械作用:静水压可增强呼吸运动和气体代谢,可压迫体表静脉和淋巴管,促使血液和淋巴液回流,有利于减轻水肿。水的浮力可使浸入水中的身体部位受到向上的力的支托而飘浮起来,可减轻负重关节的负荷,便于活动和进行运动功能训练。缓慢的水流对皮肤有温和的按摩作用。水射流对人体有较强的机械冲击作用,可引起血管扩张,肌张力增高,神经兴奋性增高。

(3)化学作用:水是良好的溶剂,可以溶解许多物质。水中加入某种药物或气体时,对皮肤、呼吸道具有化学刺激作用,可使机体产生相应的反应。

2. 治疗技术与临床应用　水疗法的种类很多,如冲浴、擦浴、浸浴、淋浴、湿包裹、蒸汽浴、漩涡浴、蝶形槽浴、步行浴、水中运动、水下洗肠等。因所应用的水温、水中的物质成分以及作用方式、作用压力与作用部位的不同,其治疗及适用范围也不同。

3. 临床应用　①适应证:适用于脑卒中偏瘫、颅脑损伤、脊髓损伤、脑瘫、周围神经损伤等神经系统伤病所致的肢体运动功能障碍,以及类风湿关节炎、骨关节炎、强直性脊柱炎等骨关节伤病,或术后不能进行关节负荷运动的关节活动障碍、心脏病对地面运动耐受不良等。②禁忌证:精神意识紊乱或失定向力、恐水症、传染病、呼吸道感染、心肺肝肾功能不全、严重动脉硬化、癫痫、恶性肿瘤、出血性疾病、发热、炎症感染、皮肤破溃、妊娠、月经期、大小便失禁、过度疲劳。

(六)冷疗法

利用低温治疗疾病的方法称为低温疗法。利用低于体温与周围空气温度、但高于0℃的低温治疗疾病的方法称为冷疗法(cold therapy)。

1. 治疗作用　①降温,通过轴索反射引起小血管收缩,血流速度降低,组织温度下降;②镇痛,降低感觉神经传导速度,提高痛阈;③缓解肌痉挛,降低肌张力;④消肿,由于组织温度下降,组织代谢率下降,氧耗量减少,有利于控制急性炎症,减轻水肿。

2. 治疗方法有冷敷、冰水浴、冷吹风、冷气雾喷射、冷压力疗法。

3. 临床应用　①适应证:高热、中暑、软组织急性扭挫伤早期、肌肉痉挛、关节炎急性期、骨关节术后肿痛、软组织急性感染早期、皮下出血、鼻出血、上消化道出血等。②禁忌证:动脉硬化、血管栓塞、雷诺病、系统性红斑狼疮、高血压病、心肺肝肾功能不全、血红蛋白尿、冷过敏、恶病质。冷疗法慎用于局部血液循环障碍、感觉障碍、认知障碍、言语障碍者。

(七)压力疗法

在身体病患部位的外部施加压力以治疗疾病的方法称为压力疗法(compression therapy)。近年临床应用日益增多。

1. 治疗作用

(1)在肢体外部施加压力可以提高血管外和淋巴管外间质内组织液的静水压,克服毛细血管内压及组织间胶体渗透压的作用,限制液体进入组织间质,迫使组织间液向静脉和淋巴管回流。

(2)外部施加压力可以限制组织肿胀、增生、变形,改善外形。

(3)在身体外部以织物持续包裹加压时可起到隔热、保温、提高组织温度的作用。

2. 治疗技术与临床应用

(1)肢体压力疗法:加压方式有间歇性、连续性和梯度连续性三种。目前多用梯度连续性加压装置,它包括间歇性顺序气压泵和梯度压力臂套和腿套。本疗法适用于静脉性水肿、淋巴性水肿、慢性溃疡等。禁用于急性软组织或骨关节感染、急性静脉炎、急性淋巴管炎、深静脉血栓形成急性期、严重动脉循环障碍、肺水肿、心力衰竭、恶性肿瘤、骨折未愈合、急性创伤。

(2)局部压力疗法:多用于肥厚性瘢痕,也可用于肢体水肿。治疗多采用压力绷带、压力套和压力衣。每天持续加压(洗涤、洗澡时除外),坚持长期应用。

禁忌证与肢体压力疗法相同,并禁用于对压力材料过敏者。

（八）石蜡疗法

用加热后的石蜡治疗疾病的方法称为石蜡疗法（paraffin therapy）。石蜡疗法是一种良好的传导热疗法。

热辐射：温度较高的物质的热能未经直接接触而传递至温度较低的物质的方式称为热辐射。受热辐射的物质温度升高的速度和程度与辐射波的大小和强度以及受辐射物质的距离和角度有关。红外线疗法属于辐射热疗法。

1. 治疗作用

（1）温热作用：石蜡的热容量大，导热性低，加热后吸收的热量多，保温时间长，在冷却过程中缓慢释放出大量热能维持较长时间的温热作用。石蜡疗法可以扩张血管，加强组织的血液循环，减轻疼痛，促进炎症吸收，加速组织修复，并可缓解痉挛，增加胶原组织的延展性。

（2）机械作用：石蜡具有良好的可塑性、柔韧性、黏滞性和伸展性。热蜡敷贴于人体时可紧贴皮肤，冷却时体积缩小，对组织产生机械压迫作用，利于水肿的消散。

（3）润滑作用：石蜡具有油性，敷蜡后皮肤润滑，有利于皮肤护理、软化。

2. 临床应用　①适应证：软组织扭挫伤恢复期、肌纤维组织炎、慢性关节炎、肩关节周围炎、术后粘连、增生、坐骨神经痛、皮肤护理等。②禁忌证：恶性肿瘤、高热、急性炎症、急性损伤、皮肤感染、结核、出血倾向、开放性伤口。③注意事项：慎用于皮肤感觉障碍或血液循环障碍者及老人、儿童；石蜡使用后应注意清除蜡块表面的汗水、毛发等杂物，定时加新蜡，使石蜡保持清洁质纯。

（九）其他

1. 体外冲击波疗法（extracorporeal shock wave，ESW）　冲击波是一种机械性脉冲波，利用压缩气体产生能量，以脉冲方式冲击治疗部位，具有声学、光学和力学的某些性质。

（1）治疗原理：包括空化效应、成骨效应、镇痛效应以及代谢激活效应。

1）空化效应：冲击波在人体组织中传导时，一些微小气泡会产生微喷射流，并伴有气泡体积膨大的现象。空化效应是冲击波独有的特性，有利于疏通闭塞的微细血管，使受冲击的部位微循环加速，改善局部血液循环，刺激组织修复，松解软组织粘连。

2）成骨效应：骨组织在交变应力作用下出现显微裂纹，诱发成骨细胞移行和新骨组织形成，这是诱导骨重建的主要原因。

3）镇痛效应：局部高强度的冲击波对神经末梢组织产生超强刺激，使神经敏感性降低，神经传导功能受阻，从而缓解疼痛。

4）代谢激活效应：冲击波改变了细胞膜的通透性和极性，加速膜内外离子交换过程，加快代谢分解产物的清除与吸收。

（2）临床应用

1）适应证：骨折延迟愈合或不愈合、跟腱炎、足底筋膜炎、钙化性肌腱炎、肱二头肌长头腱炎、肱骨外（内）上髁炎、腱鞘炎、肩峰下滑囊炎、髌前滑囊炎、股骨大转子滑囊炎。

2）禁忌证：出血性疾病、血栓形成患者、生长痛患儿、严重认知障碍、心律失常、置心脏起搏器患者、恶性肿瘤、妊娠者、感觉功能障碍者、肌腱断裂者、关节液渗漏者。

2. 经颅磁刺激技术　经颅磁刺激（transcranial magnetic stimulation，TMS）是利用脉冲磁场作用于中枢神经系统，改变皮层神经细胞的膜电位，使之产生感应电流，影响脑内代谢和神经电活动的刺激技术。

（1）作用机制：TMS 的作用原理是通过时变磁场诱发出感应电场，即法拉第磁效应。简单来说，一个快速电流脉冲通过刺激线圈，产生强大的瞬间磁场（1～2T），该磁场几乎不衰减地通过头皮和颅骨，在大脑皮质功能区的神经组织产生环形感应电流，使神经细胞去极化。其最终效应既可以引起暂时的大脑功能兴奋或抑制，也可以引起长时程的皮质可塑性调节。其作用强度主要取决于刺激频率、强度、线圈形状、方向等多个参数。相对于电刺激疗法，其特点在于：更容易实现脑颅深部刺激，人体不适感很小,与人体无接触,是无创刺激技术。

(2)治疗作用

1)脑卒中患者运动及感觉功能可塑性评价。

2)基于两侧半球竞争理论,通过 TMS 兴奋患侧肢体或者抑制健侧肢体的活动。

3)通过抑制皮质脊髓的过度活动来减少肌张力障碍的症状。

4)高频刺激双侧前额叶背外侧区改善认知障碍,低频刺激健侧顶叶后部可改善患侧忽略,低频刺激右侧语言中枢可改善失语症。

(3)临床应用

1)适应证:脑卒中及其并发症、脊髓损伤及其并发症、抑郁症、精神分裂症、失眠、幻听、帕金森病、神经性耳鸣、多动症、戒毒、戒酒等。

2)禁忌证:颅内有金属异物、置心脏起搏器者、耳蜗植入物者、颅内高压、癫痫病史及家族史禁止使用高频、孕妇和婴幼儿及不能表达自己感觉的人慎用。

(范建中)

三、手法治疗

手法治疗包括西方的手法治疗和传统医学(中医)中的手法治疗,二者虽然都是通过手力治疗缓解患者的病痛,但其理论体系、操作方法均明显不同。美国物理治疗学会(American Physical Therapy Association,APTA)所制定的《物理治疗执业指南》对手法治疗的定义是:以提高软组织延展性、增加活动范围、松动或推拿软组织和关节、改善疼痛和减轻软组织肿胀、炎症或活动受限为目的的手法活动。西方手法治疗中应用最多的是关节松动技术。

(一)西方关节松动技术

1. 概念 关节松动技术(joint mobilization)是指治疗者在关节活动允许的范围内完成的一种针对性很强的手法操作技术,操作时常选择关节的生理运动和附属运动作为治疗手段。本章所介绍的关节松动术是指以澳大利亚物理治疗师 G.D. Maitland(1924—2010)命名的关节松动术。

(1)关节的生理运动(physiological movement):是指关节在生理范围内完成的运动,可主动或被动完成,在关节松动技术中属于被动运动。

(2)关节的附属运动(associate movement):是指关节在自身及其周围组织允许的范围内完成的运动,是维持关节正常活动不可缺少的运动,一般不能主动完成,需他人或本人的对侧肢体帮助才能完成。

2. 手法等级 Maitland 关节松动术分为 4 级。Ⅰ级:在可活动范围起始处进行小幅度的松动。Ⅱ级:在可活动范围内进行无阻力的大幅度的松动。Ⅲ级:在可活动范围极限处进行较大阻力的大幅度的松动。Ⅳ级:在可活动范围极限处进行较大阻力的小幅度的松动。Ⅰ、Ⅱ级用于治疗因疼痛引起的关节活动受限,Ⅲ级用于治疗关节疼痛并伴有僵硬,Ⅳ级用于治疗关节因周围组织粘连、挛缩而引起的活动受限。

3. 治疗作用 主要表现在三个方面,即缓解疼痛、增大关节活动范围、增加本体反馈。当关节因肿胀或疼痛不能进行全范围活动时,关节松动技术可以促进关节液的流动,增加关节软骨和软骨盘无血管区的营养,缓解疼痛;同时防止因活动减少引起的关节退变,这是关节松动技术的力学作用。关节松动技术的神经作用表现在可以抑制脊髓和脑干致痛物质的释放,提高痛阈。动物实验及临床观察均发现,关节不活动可以引起组织纤维增生,关节内粘连,肌腱、韧带和关节囊挛缩。关节松动技术,特别是Ⅲ、Ⅳ级手法,由于直接牵拉了关节周围的软组织,故可以保持或增加其伸展性,增大关节的活动范围。

4. 临床应用 主要适用于任何因力学因素(非神经性)引起的关节功能障碍,包括关节疼痛、肌肉紧张及痉挛;因制动导致的关节活动降低;进行性关节活动受限。对进行性关节活动受限和功能性关节制动，关节松动技术的主要作用是维持现有的活动范围，延缓病情发展，预防因不活动引起的其他不良影响。禁忌证主要为关节活动过度、外伤或疾病引起的关节肿胀（渗出增加）、炎症，以及恶性疾病和未愈合的骨折。

（二）传统手法治疗

传统手法治疗或称按摩、推拿，是指通过手或器械，以力的形式作用于人体，以防治疾病的方法。我国现存最早的医学著作《黄帝内经》中就有关于按摩的记载。西方康复治疗技术中也有按摩和手法治疗，但二者不是同一个概念，西医中的按摩主要治疗皮肤、肌肉等软组织损伤，而推拿通常在关节活动的终末端，施以快速的手法，多用于关节脱位或小关节紊乱的复位，不可将其与传统医学中的按摩混淆。

1. 按摩种类　可以分为手法按摩、器械按摩、自我按摩三类。

（1）手法按摩：治疗者在患者身体上直接实施的手法来产生治疗效果。操作时需以中医理论为基础，根据病情需要和病变部位运用不同的手法。

（2）器械按摩：借助于器械产生的外力作用于人体的不同部位，达到治疗作用。其形式包括：①电动式：如震颤按摩器、按摩椅、滚动式按摩床。②气压式：如体外反搏器。③水流冲击式：如漩涡浴槽或漩涡浴池。④手动式：多为震颤及叩击按摩器。

（3）自我按摩：患者本人借助手法或器械在自己身体的不同部位实施按摩，具有保健和治疗的双重作用。不论是保健性自我按摩还是治疗性自我按摩，均需要在专业人员的指导下进行才能取得良好的疗效。

本节介绍的按摩疗法是上述第一类的手法按摩。

2. 治疗作用　按摩通过对皮肤、肌腱和关节等处感受器的直接力学刺激、间接神经反射及体液循环等对局部及全身产生影响。因此，其治疗作用的产生与手法实施的部位和力度有密切关系。综合起来主要有以下几个方面：

（1）调节神经：强而快的按摩可以兴奋神经，轻而缓慢的按摩可以抑制神经的兴奋性，从而通过反射引起机体的各种反应。例如，在头部做轻柔、节律性的按摩可以抑制大脑皮质的兴奋性，具有镇静和催眠的作用；在肢体的腧穴上用短促、快捷的强刺激按摩可以使脑电图的 α 波增强；按摩肢体可以降低外周感觉神经的兴奋性，提高痛阈而止痛；按摩太阳神经丛或下胸段和上腰段的反射区，可以刺激消化腺的分泌，调节肠蠕动而改善消化功能。

（2）促进体液循环：按摩时局部毛细血管扩张，加速静脉血及淋巴液的回流，促进局部血液循环，有利于组织水肿及代谢产物的吸收。肢体的向心性按摩可以加速静脉血回流，有助于肢体远端水肿的吸收或消散。研究发现，贫血患者经过按摩后，末梢血中血红蛋白和红细胞增多，推测按摩可能促进了储存的红细胞进入血液循环。

（3）改善关节功能：按摩可以改善关节内部的位置关系，整复脱位的关节，回纳突出的椎间盘，理顺滑脱的肌腱。例如，对桡骨小头半脱位、骶髂关节半脱位等小关节脱位，通过按摩手法可以使其复位；对肱二头肌长头肌腱、腓骨长短肌腱的滑脱，通过按摩可以将其理顺；对损伤的膝关节进行按摩，可以促进关节滑膜的分泌，改善软骨面的营养，并能促进关节腔内渗出物的吸收。

（4）松解软组织粘连：对粘连的软组织实施按摩，可以松解粘连，解除或减轻挛缩。例如，跟腱手术后实施按摩，可以软化瘢痕，松解皮肤粘连，改善踝关节的活动范围。

（5）消除疲劳：按摩可以促进肌肉的代谢，消除肌肉疲劳。例如，运动员在训练或比赛前将按摩作为准备活动的一部分，可以增强肌肉和韧带的适应性，减少损伤；在比赛或训练后用按摩可以放松肌肉，有利于消除肌肉疲劳。

（6）增强体质：按摩可以促进新陈代谢。例如，按摩两侧脾俞、胃俞，可以增强胃的蠕动，而按摩足三里则使胃的蠕动减弱。按摩还能提高免疫能力，实验证明，按摩后血液中的白细胞总数增多，吞噬能力增强，血清补体的效价增高。

（7）心理效应：按摩的心理效应主要通过上述作用体现出来。例如，可以放松紧张的情绪，减轻或消除疾病产生的心理影响，如焦虑、抑郁等。随着症状的缓解或改善，也增强了患者参与治疗的信心。

3. 常用手法　分为推揉、摩擦、拿按、叩击、振动以及摇动六大类。

（1）推揉类：包括推法、揉法、搓法等。推法具有疏通经络、活血化瘀、清头明目、开胸导滞、解痉镇痛的功效。揉法具有活血化瘀、消肿止痛、宽胸理气、消积导滞的功效。搓法具有舒筋活血、温通经络、调和气血、滑利关节的功效。

（2）摩擦类：包括摩法、擦法、抹法等。摩法具有温筋散寒、消肿止痛、调和气血、消积导滞、舒筋通络的功效。擦法具有温筋通络、行气活血、消肿止痛、健脾和胃、祛风散寒的功效。抹法具有醒脑开窍、镇静明目、舒筋通络的功效。

（3）拿按类：包括拿法、捏法、按法等。拿法具有舒筋通络、活血止痛、祛风散寒、缓解痉挛的功效。按法具有舒筋通络、活血止痛的功效。

（4）叩击类：包括拍捶法、击法等。拍捶法具有舒筋活络、运行气血的功效。击法具有疏通经络、调和气血的功效。

（5）振动类：包括振法、搓法等。振法具有祛瘀消积、和中理气的功效。搓法的作用力可以达到肌肉和骨骼，具有放松紧张的肌肉和促进血液循环的功效。

（6）摇动类：包括摇法、抖法、屈伸法、引伸法等。摇法具有舒筋活血、滑利关节的功效。抖法具有舒筋通络、滑利关节的功效。屈伸法和引伸法可以改善关节活动范围。

4. 临床应用

（1）适应证：按摩的适用范围很广，包括以下几个方面：

1）骨科：软组织损伤，四肢骨折后关节功能障碍，截肢，断肢再植术后，颈、肩、腰、腿痛，椎间盘突出，颈椎病，肩关节周围炎等。

2）外科：烧伤后瘢痕、手术后肠粘连、肢体循环障碍、急性乳腺炎（脓肿未形成前）、血栓闭塞性脉管炎等。

3）神经科：神经衰弱、脑血管意外、外伤性截瘫、周围神经损伤、脊髓炎、多发性神经根炎等。

4）内科：高血压病，胃肠功能紊乱，胃、十二指肠溃疡，风湿及类风湿关节炎等。

5）儿科：脑瘫、消化不良、婴儿腹泻、脊髓灰质炎、支气管炎、肺炎、新生儿肌性斜颈等。

（2）禁忌证：局部皮肤、软组织或关节有感染，开放性伤口，烧伤，神经嵌顿，深静脉血栓或栓塞，骨折。全身性疾病如急性传染病、严重感染、恶性疾患、血液病或正在接受抗凝治疗的患者。此外，妊娠及月经期妇女的腹部、腰骶部不宜实施按摩。

（张志强）

学习要点：

1. 物理治疗

（1）掌握物理治疗的概念。

（2）熟悉运动处方的内容。

（3）了解运动治疗常用方法。

2. 物理因子治疗

（1）电疗的基本分类。

（2）直流电、低中频电疗的作用。

（3）低中频电疗在康复中的运用。

（4）短波与超短波疗法的主要治疗作用和适应证。

（5）微波的分类及不同波长微波疗法的主要治疗作用。

（6）红外线疗法的治疗作用与适应证。

（7）蓝紫光疗法对新生儿高胆红素血症的治疗作用。

（8）紫外线疗法对炎症与伤口的治疗作用。

（9）紫外线疗法对钙磷代谢的影响。

（10）激光疗法的定义以及不同强度激光疗法的治疗作用。

（11）超声波疗法的定义及其治疗作用。

（12）磁疗法的作用、治疗剂量和治疗方法。

（13）水疗法的治疗作用。

（14）水中运动在康复治疗中的作用。

（15）冷疗法的治疗作用和治疗技术。

（16）生物反馈疗法的定义与治疗作用。

（17）肢体压力疗法的治疗作用与临床应用。

（18）局部压力疗法的治疗作用与临床应用。

（19）石蜡疗法的治疗作用。

3. 手法治疗

（1）掌握中、西方手法治疗的异同点。

（2）掌握关节松动技术的适应证和禁忌证。

第二节　作业治疗

一、概述

（一）定义

世界作业治疗师联盟（World Federation of Occupational Therapists，WFOT）对作业治疗（occupational therapy，OT）的定义是"通过选择性的作业活动去治疗有身体及精神疾患或伤残人士。目的是使患者在生活的各方面可达至最高程度的功能水平和独立性"。2002 年 WHO 颁布新的《国际功能、生理残障和健康分类》（ICF）把作业治疗的定义修改为"协助残疾者和患者选择、参与、应用有目的和意义的活动，以达到最大限度地恢复躯体、心理和社会方面的功能，增进健康，预防能力的丧失及残疾的发生，以发展为目的，鼓励他们参与及贡献社会"。

综上所述，作业治疗的定义基本包含下列几个重要成分：

1. 作业治疗是一门专业，必须在受过专业训练的作业治疗师指导下进行。

2. 以作业活动（occupational activity）作为治疗媒介，即作业可以作为作业治疗的方法。

3. 针对的是日常生活作业功能，包括自我照顾、工作及休闲，即作业可作为作业治疗的最终目的。

4. 要求患者主动（active）参与（participate）治疗活动，学习或再学习新的或失去的技能，从而使其得到最大行为上的改变，变成有作业意义之个体（occupational being）。

5. 最终目的包括预防伤病带来的残疾和残障、维持健康、促进生活独立程度、提升生活质量，使人可参与社会及对社会作出贡献。

（二）对象

作业治疗的对象是所有作业功能有障碍的人，这与传统医疗服务以有无疾病来界定服务对象略有不同。

（三）治疗项目

作业治疗根据分类方式的不同，有不同的项目。

1. 按作业治疗的名称分类　手工艺作业；日常生活活动训练；文书类作业；治疗性游戏作业；园

艺作业；木工作业；黏土作业；皮工作业；编织作业；金工作业；制陶作业；工作装配与维修；认知作业；计算器操作、书法、绘画作业等。

2. 按治疗的内容分类   日常生活活动训练；工艺治疗；文娱治疗；园艺治疗；自助具、矫形器制作及训练和假肢训练；就业前功能评定和功能性作业活动等。

3. 按治疗目的和作用分类   用于减轻疼痛的作业；用于增强肌力的作业；用于改善关节活动度的作业；用于增强协调性的作业；用于增强肌肉耐力的作业；用于改善步态的作业；用于改善整体功能的作业；用于调节心理、精神和转移注意力的作业；用于提高认知能力的作业等。

4. 按作业治疗的功能分类

（1）功能性作业治疗（functional OT）：简称为日常生活活动训练（activity of daily living）或 ADL 训练，生活自理是患者回归社会的重要前提。因此 ADL 训练是康复医学中非常重要的环节，其内容一般可再分为基本日常生活活动（basic ADL）（如进食、穿衣、转移、个人清洁卫生、如厕、洗澡）及工具性生活（instrumental ADL）（如小区生活技能、家务劳动等）两类。

（2）职业作业治疗（vocational OT）：包括职业前评定（pre-vocational evaluation）和职业前训练（pre-vocational training）及职业训练（vocational training）三个部分。

（3）娱乐活动：包括娱乐及游戏活动评定（evaluation of play and leisure）和娱乐及游戏活动治疗（treatment of play and leisure）两个部分。

（4）作业宣教和咨询（educational OT）：疾病康复过程中对患者及其家庭的宣教咨询是指提供各种学习机会，帮助患者改变不良的健康行为并坚持这种变化以实现预期的、适合各个患者自身健康水平的目标。健康知识是教育的主要内容，而教和学是贯穿于整个教育过程中的两个基本方面。

（5）环境干预（environment intervention）：环境影响人的行为，同时，人的行为也改变着环境。在临床康复过程中，通过关注环境可以达到意想不到的疗效。

（6）辅助技术（assistive technology）：包括矫形器配置和使用训练、辅助器配制和使用训练、及假肢使用训练。

（四）作业治疗实践模式

作业治疗有多种实践模式，包括作业能力模式（occupational performance model，OP）、人类作业模式（model of human occupation，MOHO）、人、环境与作业模式（person-environment-occupation model，PEO）等，其中人、环境与作业模式是目前国内较常用的实践模式，最新的版本名称是加拿大作业能力模式修订版（Canadian model of occupational performance and engagement，CMOP-E）。

人、环境与作业代表不同的圆形，而三个圆形相交之处就是作业表现。

1. 人   包括心灵、情感、身体结构及认知能力四个方面。

2. 环境   包括文化、社会性、物理性及机构环境。环境不单包括非人类环境、文化/机构/个人的环境，还包括人在不同时代、年纪、发展阶段所处的情景。环境可以有利于作业表现的发生，也可以构成障碍。

3. 作业   是日常生活中我们所做的一切事情，包括自我照顾、生产力（除了经济外还包括对社会的贡献）及休闲活动。有意义的活动是组成任务的单位，而作业就是个人一生中要处理的不同任务。为使人能够完成作业的目的在于使服务对象在其所处环境中选择自认为有意义、有作用的作业。即通过促进、引导、教育、激励、倾听、鼓励服务对象，去掌握生活的手段和机会，并能与人们协同作业活动。

4. 作业表现   会随人生不同阶段而改变，而这种改变是人、环境与作业相交的互动结果，三者关系密切，因三者相交的作业表现则相当明显。

这模式对分析环境障碍及改造，分析文化对人的影响，社会环境对人的支持，及残疾人士的参与有很大的指导作用。例如儿童自小就从游戏中学习，游戏是一种作业活动，透过游戏促进身心和性格的发展。透过与环境的互动，了解自己的能力与兴趣，培养各种信念及价值观，渐渐形成个人的成长目标。把儿童放在一个太容易及简单的环境会导致失去学习兴趣，不利于成长。但一个太困难及复杂的环境会带来太多失败，形成逃避心理，打击儿童自信的建立，亦不利于有效的学习。例如中风患者，可透过参与作业活动，即参与一个重新学习的过程，帮助恢复肢体活动能力，重新掌握自理方法、尝试新的工作及业余活动，建立新的生活方式。然而，这过程不是自然发生的。很多中风人士都没有重新建立新的生活方式。原因是没有遇到合适的作业环境，可以有效地重新学习。他们需要一套按照康复过程每一阶段的需要而安排的作业活动，配合心灵、情感、身体结构及认知能力四方面的需要，最重要的是一个合适环境的辅助及改造按部就班地重新学习和建立新生活。

二、作业治疗在康复团队中的角色及工作定位

康复有赖众多专业团队的合作，作业治疗是其中之一，康复团队中包括作业治疗、物理治疗、语言治疗、心理咨询、假肢矫形、社会工作、康复护理等，各有其专长。而作业治疗的专长在于以"全人"的观念，不单纯考虑疾病，而着重疾病造成患者在日常生活中的困难和障碍及适应生活环境的整体表现。作业治疗和物理治疗不同，作业治疗是运用目的性、功能性的活动达到治疗的目的，提升了患者的成就感及动机；而物理治疗则会用运动或声、光、电、热、水等物理因子或仪器设备作为治疗方式。

（一）躯体功能作业治疗（physical OT）

1. 主要工作地点　普通医院（包括急诊、住院康复、门诊等部门）、康复中心、社区医疗中心及日间训练中心等。

2. 服务对象

（1）伤残所致功能障碍：包括骨折，关节损伤、颅脑及脊髓损伤等，截肢、断肢再植等。

（2）神经肌肉系统疾病：如脑卒中、共济失调，进行性肌营养不良，震颤麻痹、脑瘫、老年性痴呆、周围神经损害、脊髓灰质炎后遗症等。

（3）骨关节系统疾病：如风湿、类风湿关节炎，强直性脊柱炎，退行性骨关节炎，肩周炎等。

（4）各种肿瘤的相对稳定期。

（5）其他：如肺心病、冠心病、糖尿病等。

3. 工作内容

（1）促进机体功能的恢复：包括肌力、肌张力、耐力、关节活动度、知觉、认知、柔顺性、协调性和灵敏性等。作业治疗师可通过作业活动条件的变化，要求患者进行活动时必须完成相应的动作。如双手做砂磨板活动，扩大关节的活动范围，增加负荷，改变动作复杂性，使患者的肌力，关节活动度，协调性、体力、耐力及平衡能力等各方面得到提高。

（2）神经发育疗法：包括强制性运动疗法、运动再学习法、双侧上肢训练、镜像治疗等，促进脑部学习与肢体的正常发展。

（3）促进残余功能最大限度地发挥：通过安装假肢并训练等，使残余功能最大限度地发挥。还可以预防肌肉萎缩、减轻或预防畸形的发生，提高对疼痛的耐受力等。

（4）改善精神状况：减轻残疾者或患者的抑郁、恐惧、愤怒、依赖等心理异常和行为改变。

（5）帮助日常生活能力提高：特别在 ADL 训练中，可以提高其翻身、起坐、穿衣、进食、个人卫生、行走等生活自理能力。

（6）促进工作能力的恢复：患者要恢复正常生活和工作能力，必须经过一段时间的调整和适应，作业疗法则是恢复他们这方面独立性的好形式。

（二）社会心理作业治疗（psychosocial OT）

1. 主要工作地点　精神病医院（包括急诊、住院康复、疗养及门诊等部门）、康复中心、社区中心及日间训练中心。

2. 服务对象　各种精神障碍及疾病，例如精神分裂症、抑郁症、躁狂症、人格异常及其他心理障碍等。

3. 工作内容

（1）改善患者心理社交状态：作业治疗可以根据患者的不同情况将各种心理及社交技能或要求

巧妙地贯穿到丰富多彩的活动中,对患者进行治疗。例如长期精神分裂症患者,作业治疗师利用治疗性活动,培养工作习惯,促进他们恢复意志力,再学习已失去的生活自理能力及工作技能。

(2)利用行为疗法,减少不适当的社会行为,促进适当行为的发生。

(3)给患者精神上的支持,减轻患者的不安与烦恼或给患者提供一个发泄情绪的条件。如利用木工、皮革工艺等带有敲打动作的作业活动。在作业活动中,设法创造条件,与患者进行交流,这是一种特殊的心理治疗方法。

(4)对肢体伤残者提供心理支持性治疗:例如完全性脊髓损伤患者,从目前医学发展角度提供完全独立自主行走是不可能的,而患者都在极力期待着,这个时期称为障碍适应时期。表现出不安、急躁、抑郁、悲观等各种复杂的心理状态,应及时给予相应的心理辅导。

(5)提供工作训练,促进工作能力的恢复,利用就业前功能评测,可帮助确定较合适的工种,增加就业机会。

(三)发育性作业治疗(developmental OT)

1. 主要工作地点　普通医院儿科、儿童医院(包括康复、疗养及门诊等部门)、儿童康复中心、儿童福利院及早期教育或训练中心。

2. 服务对象　①学习行为异常;②智力(认知)障碍;③儿童发展障碍,例如自闭症、多动症、专注力失调等;④脑瘫。

3. 工作内容

(1)发展感知运动、感觉统合、认知训练、Bobath疗法等功能训练,促进儿童及发育障碍患儿的正常发育。

(2)游戏及娱乐:在儿童的世界中寓治于乐(play as work),透过游戏及娱乐活动,恢复儿童应有的作业功能。

(3)提供引导式教育(conductive education),促进儿童及发育障碍人士学习正常发展。

(4)设计、制造及应用支架及辅助器具。

(5)用特别设计的工艺、文书及肢体活动去提高作业技能,例如手部功能、读写能力等。

(6)训练因发展障碍而未曾达到的日常生活技能。

(7)年长儿童提供职前训练、工作训练。

三、常用的干预方法

作业治疗常用的干预手段包括:①非人类环境;②有意识地对自我使用;③教与学过程;④有目的性的活动;⑤活动小组;⑥活动分析和组合。

(一)非人类环境

非人类环境(non-human environment)即不是人类的环境,是被掌握的一个实体。非人类环境包括自然环境例如光线、草木;不同的建筑物、设施、公共机关及物体。OT是医疗团队中最了解环境对患者影响的成员,选择治疗活动时,甚至会因地制宜、就地取材,应根据各环境具体情况选择治疗项目,并结合当时当地资源等进行选择。

从康复的角度,作业治疗也可将环境改良,配合无障碍环境设施,对不同类型残疾评估环境安全性问题,预防老年人跌倒等,使残疾人士或患者能独立及安全地生活。环境改良包括几个范畴:建筑环境改造、辅助技术、轮椅驱动。

1. 建筑环境　可以成为残疾人士独立生活的最大障碍。治疗师会安排随访及家居改造,评估由环境引致的问题,并提供意见,为患者解决家居及工作上的障碍。作业治疗师会就不同的残疾情况提供适合的环境策略。

2. 辅助技术　是运用科技,辅助器具或系统增强残疾人的功能的一类器具。辅助技术是非人类环境的物体之一。辅助技术的特色不单减轻照顾者(caregiver)的负担,并能增强残疾人士之工作及生产能力，使他们成为独立经济个体。辅助技术可分为以下范畴：①助具和适应性设备；②常用的辅助装置及日常生活辅助器具；③坐姿及干预；④坐垫及轮椅；⑤康复支架；⑥压力衣及垫。

信息技术/计算机辅助康复（computer assisted rehabilitation）是辅助技术新的发展，包括：①环境控制（ECU）；②辅助沟通方法（AAC）和适应性开关/玩具；③OT 项目的软/硬件设计和开发；④多媒体程序和软件设计；⑤虚拟现实（VR）等。

（二）有意识地对自我使用

自我使用（use of self）的目的是为了减轻恐惧或者忧虑，有计划地利用治疗师或治疗对象本身与另一个人的相互作用。自我使用可以是提供辅导；或提供必要的信息或建议；并且帮助其他个人获得更多的欣赏，发挥及使用他所潜在的内部能力。这种关系可以提升发展，改进并且保持既往的功能，是对付生活压力的一种有用手段。

（三）教与学过程

教与学过程（teaching-learning process）表明教师和学习者之间的亲密关系。只有当个人不能独立获得成功参与一个社区里的活动，或不能获得其他人必要的那些技能时，教与学的工具才被使用。

（四）有目的性的活动

活动是有目的的，按照治疗对象或患者在感觉、肢体活动、认知、社交、及技能方面的需要来发展，并且能反映出他们的社会和相关文化价值。

（五）活动小组

活动小组（activity groups）的目的是用于帮助共同关心有关作业问题的治疗对象或患者。适合互相合作的人，让他们面对或知道与他们类似的问题，增强他们的信心和某种程度的彼此信赖。小组可以是开放或封闭式，或因不同的需要以不同的结构及主题组合。

（六）活动分析和组合

活动分析（activity analysis）是一项作业活动过程，旨在区分及检查活动组成部分。活动组合（activity synthesis）是针对治疗对象或患者的能力及需要的活动而进行有机的组织分析，再结合非人类环境的过程，以便设计一项适合有关评估或者干预的作业活动。

四、新技术及应用

随着治疗技术的发展，近年来有许多新技术应用在作业治疗中，包括虚拟现实（virtual reality，VR）技术、上肢机器人技术及远程认知康复技术。

（一）虚拟现实技术

虚拟现实通过计算机生成的一种通过视、听、触觉等作用于使用者，使之产生身临其境的交互视景的仿真技术。近年来，虚拟现实技术研究取得了很大进展，虚拟现实技术已广泛应用于多感官教学、飞行员训练、医疗训练、心理治疗以及康复训练等领域。在作业治疗中，最常见包括日常活动模拟环境训练、上肢功能及手功能训练、各种娱乐休闲活动训练、各种治疗性活动训练以及精神心理社交技巧训练。

1. **日常生活活动训练**　日常生活活动训练要求康复训练的环境和内容与真实生活密切相关，患者才能将训练习得的技能迁移运用到实际生活去。虚拟现实技术在模拟真实生活场景，提供日常生活技能训练方面具有不可比拟的优越性，它可以提供丰富的作业场景从而突破医院或者康复机构实际环境的限制。在虚拟环境中跟随计算机程序学习诸如倒茶、烹饪、打扫、购物等日常作业活动，可以保证训练的一致性和可重复性，提供了大量的实践机会并降低错误操作导致危险的可能性。

2. **脑卒中偏瘫患者的上肢运动训练**　虚拟现实技术应用的一个新领域就是偏瘫上肢康复，国内外许多研究组织已经利用虚拟现实技术，在该领域进行了许多研究，取得了一定的临床资料和治疗成效。

3. **认知觉康复**　通过 VR 结合各种软件，可以提供各种认知成分训练，例如注意力训练游戏、计算以及各种定向训练等。患者在难度易于调节，具有丰富即时反馈的训练中更易获益并且依从性更好。有学者将一些认知评定的内容整合到 VR 技术中，使得评定更容易进行并且可以严格控制其他参数，保证评定的一致性和准确性。

4. 精神心理疾患的康复 虚拟现实技术能够容易地进行场景控制，因此治疗师能够根据患者需求控制活动场景，定制互动游戏，并调节相应的参数从而虚拟一系列的治疗用环境，从而安全有效地进行康复训练。虚拟现实游戏可用于恐高症、幽闭恐惧症、飞行恐惧症、社交恐惧症患者，也可通过一系列的游戏，改善患者的焦虑和抑郁情绪。

（二）上肢机器人技术

外骨骼式上肢康复机器人是近年来应用于偏瘫患者上肢功能康复训练的新器材，此设备由一部甚至多部电机进行驱动，保证了机器人可动关节的独立运动，可使卒中偏瘫患者完成部分或全部分离运动的训练，使运动更为精确。在作业治疗的应用中主要体现在以下方面。

1. 机器手臂可以为肌力较差的上肢提供重力补偿，为肌力 3 级以上的上肢提供阻力作用，并可有针对性地进行特定关节单独训练或多个关节复合训练

2. 电脑多媒体系统结合平面及三维人机互动软件可以提供患者在多种环境下进行有意义的、重复的、强烈的以及功能特定性的运动训练。

3. 多维空间的游戏活动综合了上肢的肌力、关节活动范围、眼手协调功能的共同训练，且活动的难度也可视患者的功能进步及时进行调节，极大提高了患者的依从性。

4. 机器人辅助训练过程中，由于视觉、听觉的实时、针对性的反馈，让患者及时看到自己的成绩，激发患者积极参与作业训练的兴趣。

上肢机器人训练系统能够有效促进患者上肢作业治疗的训练积极性，使患者积极主动地参与到作业训练之中，改善了患者作业训练的训练效果。

（三）远程认知康复技术

远程康复（telerehabilitation）也称之为电子康复（e-rehabilitation）或在线康复（online rehabilitation），是指应用电脑交流和信息技术改善功能障碍者、残疾者享受康复服务的权力，支持独立的生活。这种电子康复服务交流包括远程监测（remote monitoring）、教育（education）、环境控制（environmental control）、社区接入（community access）、评估与再训练（assessment and retraining），通过电子信息和交流技术，在一定距离传送医疗康复服务。一般包括下列三个部分：①通过电子交流系统，向治疗师、残疾者个人和家庭成员提供"正在进行"的康复教育和训练服务；②通过电子手段遥测康复进展和残疾的健康结局；③在一定距离通过由电子传送的策略与设备进行治疗干预。患者在家中即可通过宽频网络与治疗师进行视频交流及治疗，节省了交通时间和费用。按照参与者及实施场所的不同，远程康复大致分为如下几类：①家庭远程康复（home telerehabilitation，HTR）模式；②远程指导的家庭康复（home rehabilitation teleguided，HRTG）模式；③社区远程康复（community telerehabilitation，CTR）模式；④远程指导的社区康复（community rehabilitation teleguided，CRTG）模式。在作业治疗中的应用主要在以下方面。

1. 电脑评估与训练软件 主要集中于注意力、记忆力、视空间能力、功能性语言交流、执行功能和解决问题能力改善方面的计算机评估与训练，改善认知障碍所致的日常生活问题，提高认知功能，满足患者日常生活活动的需要。认知康复软件包括认知、感知、教育、功能性技能训练、社区生活技能、训练等内容。例如神经行为认知状态测试（neurobehavioral cognitive state examination，NCSE）、Rivermead 知觉评估量表（Rivermead perceptual assessment battery，RPAB）、第三版非词语智力测验（test of non-verbal intelligence-3，TONI-3）、Rivermead 行为记忆检查（Rivermead behaviour memory test，RBMT）、行为忽略测验（behaviour inattention test，BIT）等均可通过网上对患者进行评估。OT 训练软件、PSS 认知康复软件、记忆宝训练软件等，这些评估与训练可分别通过上述几种远程康复方式完成。

2. 远程教育康复 结合当地社会生活发展的实际状况，将一些功能性活动编成软件、制成网页

在互联网上发布,供患者及其家属模仿练习;也可作为基层社区专业人员继续教育之用。如在认知训练站里,教育脑损伤患者如何使用银行柜员机,在超市里如何购买指定的商品等,模拟训练患者解决问题,改善执行功能。通过搜索引擎可以发现很多网站及网页从事这方面的工作。

(窦祖林)

学习要点:

1. 作业治疗的定义。
2. 作业治疗项目的种类。
3. 作业治疗的角色及工作定位。
4. 作业治疗的干预方法。

第三节 言语与吞咽障碍治疗

一、言语治疗

(一)概述

1. 定义 言语治疗,是指通过各种手段对有言语障碍的患者进行针对性治疗,其目的是改善言语功能,使患者重新获得最大的沟通与交流能力。所采用的手段是言语训练或借助于交流替代设备如交流板、交流手册、手势语等。

2. 适应证与禁忌证 凡是有言语障碍的患者都可以接受言语治疗,但由于言语训练是训练者(言语治疗师)与被训练者之间的双向交流,因此,对伴有严重意识障碍、情感障碍、行为障碍、智力障碍、重度痴呆或有精神疾病的患者,以及无训练动机或拒绝接受治疗者,言语训练难以进行或难以达到预期的效果。

(二)失语症的言语治疗

1. 治疗目标 可根据波士顿失语严重程度分级确定。

2. 治疗时机 语言训练开始时间应是患者意识清楚,病情稳定,能够耐受集中训练30分钟左右。训练前应做语言评估,根据患者的不同失语类型及其程度给予针对性的训练。

3. 治疗原则 言语治疗可促进交流能力的再获得,其基本原则如下:

(1)提示给患者以事先选择好的刺激,如图片、文字、食物等。

(2)若患者出现正确的反应(正反应),告诉患者回答正确(正强化)。

(3)若患者反应不正确(错误反应),则告之错误(负强化)。

(4)在治疗师帮助下,使患者努力做出正反应,正反应增多,并固定和保持下来。

(5)正反应一旦固定,则移向上一阶段的项目。

(6)反复进行,当达到目的阶段时结束。

4. 治疗方法

(1)Schuell刺激促进法:由Schuell创立,是20世纪以来应用最广泛的训练方法之一,是以对损害的语言系统应用强的、控制下的听觉刺激为基础,最大程度地促进失语症患者语言功能的恢复。Schuell刺激促进法包括六个原则:①适当的语言刺激;②多种途径的语言刺激;③反复刺激提高其反应性;④刺激引起患者某些反应;⑤对患者正反应的强化;⑥矫正刺激。

(2)阻断去除法:同样的意思内容用两个语言反应来处理时,通过没有受到障碍的来使受到障碍的语言得到复活。

(3)程序学习法:此方法是把刺激的顺序等分成各个阶段,对刺激的方法,反应的强度进行严密限定。

（4）脱抑制法：用患者本身可能的机能（如唱歌等），来解除机能抑制的一种方法。

5. 治疗项目的选择   可根据不同语言模式及其失语程度选择言语训练内容。

6. 实用交流能力的训练   对大多数的失语症患者来说，虽然其言语功能与非言语功能（如手势语、绘画等）在许多时候同时受到损害，但与言语功能受损的程度相比，非言语功能的损害可能较轻，即非言语交流能力完全或部分保留。因此，对失语症患者需要同时进行非言语交流的训练。特别是如果经过系统的言语治疗，患者的言语功能仍然没有明显的改善，则更应该考虑进行实用交流能力的训练，以便患者能掌握日常生活中最有效的交流方法。目前应用较多的训练方法是交流效果促进法技术（promoting aphasics communication effectiveness，PACE）。PACE 是在训练中利用接近实用交流的对话结构，在言语治疗师与患者之间双向交互传递信息，使患者尽量调动自己的残存能力，以获得实用化的交流技能。

（三）构音障碍治疗

1. 治疗原则   构音障碍的治疗与言语治疗既有联系又有区别，遵循的原则如下。

（1）针对言语表现进行治疗，而不是按构音障碍的类型进行治疗。

（2）按评定结果选择治疗顺序：一般情况下，按呼吸、喉、腭和腭咽区、舌体、舌尖、唇、下颌运动逐个进行训练。

（3）选择适当的治疗方法和强度。

2. 训练方法   构音障碍的训练方法简介如下。

（1）松弛训练：痉挛型构音障碍的患者，往往有咽喉肌群紧张，同时肢体肌张力也增高，通过放松肢体的肌紧张可以使咽喉部肌群也相应地放松。包括特别挑选出来的用于肩部、颈部、声带和构音器官的一系列放松运动。

（2）呼吸训练：重度构音障碍患者往往呼吸很差，特别是呼气相短而弱，很难在声门下和口腔形成一定压力，建立规则的可控制的呼吸，能为发声、发音动作和节奏练习打下坚实的基础。呼吸训练可采取：①仰卧位平静呼吸；②过渡状态平静呼吸；③坐位平静呼吸；④站立位平静呼吸等多种体位、多种方式进行。

（3）下颌、舌、唇的训练：当出现下颌的下垂或偏移而使口不能闭合时，可以用手拍打下颌中央部位和颞颌关节附近的皮肤，促进口的闭合，防止下颌的前伸。也可利用下颌反射的方法帮助下颌的上抬。多数患者都有不同程度的口唇运动障碍而致发音歪曲或置换成其他音，应训练唇的展开、闭合、前突、后缩运动。另外，也要训练舌的前伸、后缩、上举和侧方运动及舌肌力量等。

（4）语音训练：对伴有口颜面失用和言语失用的患者，在语音训练时需做下述两方面的练习：①构音器官的自发运动引发自主运动，言语治疗师画出口形图，告诉患者舌、唇、齿的位置以及气流的方向和大小，以纠正口颜面失用。②模仿治疗师发音，包括汉语拼音的声母、韵母和四声。原则为先发元音，如"a""u"。然后发辅音，先由双唇音开始如"b""p""m"，能发这些音后，将已学会的辅音与元音结合，如"ba""pa""ma""fa"，熟练掌握以后，就采取元音＋辅音＋元音的形式继续训练，最后过渡到训练单词和句子。

（5）减慢言语速度训练：构音障碍的患者可能表现为绝大多数音可以发，但由于痉挛或运动的不协调而使多数音发成歪曲音或韵律失常，利用节拍器控制速度，由慢开始逐渐变快，患者随节拍器发音可以明显增加言语清晰度。

（6）音辨别训练：音的分辨能力训练首先要让患者能分辨出错音，可以通过口述或放录音，也可以采取小组训练形式，由患者说一段话，让其他患者评议，最后由治疗师纠正。

（7）克服鼻音化的训练：鼻音化构音是由于软腭运动减弱，腭咽部不能适当闭合而将非鼻音发成鼻音，这种情况会明显降低音的清晰度而难以使对方理解。可采用引导气流通过口腔的方法，如吹蜡烛、吹喇叭、吹哨子等训练。另外也可采用"推撑"疗法：让患者把两手放在桌面上向下推或两手掌放在桌面下向上推，在用力的同时发"啊"音，可以促进腭肌收缩和上抬，另外发舌根音"卡"也可用来加强软腭肌力促进腭咽闭合。

（8）韵律训练：由于运动障碍，很多患者的言语缺乏抑扬顿挫和重音变化，而表现出音调单一、音量单一以及节律异常。可用电子琴等乐器让患者随音的变化训练音调和音量。用节拍器让患者随节奏发音纠正节律。

（9）音节折指法训练：是指患者每发一个音，健侧一个手指掌屈，音速与屈指的速度一致。使患者通过自己本体感觉及视觉建立较好的反馈通路，改善说话方式，达到自主地控制说话，提高说话清晰度，适用于痉挛性、运动失调性、迟缓性构音障碍。

（四）非言语交流方式的利用和训练

当经过系统训练后，失语症及构音障碍患者仍不能使用口语表达进行有效的交流时，应考虑利用非言语交流方式进行代偿。常用的非言语交流方式有手势语、画画、交流板或交流手册。也可酌情选用电脑交流装置，如发音器、电脑说话器、环境控制系统等。

（五）注意事项

（1）训练项目的选择：根据言语 - 语言障碍的类型、障碍的程度及患者的障碍表现，并结合患者的年龄、性别、职业及性格特点，选择适合患者的项目。

（2）治疗环境：尽可能安静，避免噪音，以免干扰患者的情绪，分散注意力，加重自我紧张。

（3）反馈的重要性："反馈"是指治疗过程中，患者对自己反应（如指出图片或发出声音等）有意识的认识，一是对自己所进行的活动有意识客观的把握，二是能认识到反应的正确与否。

（4）确保交流手段：利用手势、笔谈、交流板等交流工具建立非语言交流的方式，确保现存状态下可能的交流。

（5）自我训练和家庭训练：要充分调动患者与家属的积极性，配合训练。除在治疗室训练外，在日常生活当中、在家中也应进行训练。训练项目和内容可以一样。

（6）注意观察患者的异常反应：治疗前要了解患者的原发病及并发症方面的资料以及可能出现的意外情况。另外要注意患者的身体状况、疲劳表象，出现异常状况要及时终止言语治疗、及时处理。

（7）要充分理解患者，尊重患者的人格，让患者对自身障碍有正确的认识。以认真、耐心的态度帮助患者改善，与患者建立充分的信赖关系，是治疗成功的关键。

（8）注意心理治疗，增强患者自信心。语言障碍患者因为交流障碍，往往容易出现抑郁等心理问题，治疗师应注意并加以正面引导，避免否定患者的言行；当患者出现细微的进步，也应加以鼓励，提高患者的训练欲望。

二、吞咽障碍治疗

（一）治疗目的

吞咽障碍的治疗主要是恢复或提高患者的吞咽功能，改善身体的营养状况；改善因不能经口进食所产生的心理恐惧与抑郁；增加进食的安全，减少食物误咽、误吸入肺的机会，减少吸入性肺炎等并发症发生的机会。

（二）治疗流程

吞咽障碍可从如下方面进行管理治疗：

1. 营养管理　包括营养评估、营养方式和营养的量。

2. 促进吞咽功能　包括口腔感觉训练、口腔运动训练、电刺激、生物反馈、球囊扩张和针刺治疗等方式。

3. 代偿方法　包括食物调整、姿势调整、进食工具、一口量调整以及对进食环境的改造。

4. 康复护理　包括口腔卫生、进食管理、体位管理、分泌物处理和健康指导。

5. 外科手术　包括甲状软骨成型声带内移手术、环咽肌切断术及肉毒毒素注射治疗。

（三）治疗方法

1. 营养方式改变　营养是吞咽障碍患者需要首先解决的问题。如患者不能安全经口摄取足够的营养时,应考虑改变营养方式,如无禁忌,推荐使用肠内营养。肠内营养除经口进食外,经鼻胃管喂食也是常用的方法。近年来,间歇性经口胃管喂食的应用逐渐增多。间歇性经口胃管喂食是指进食时经口插胃管,非进食时拔除管道的进食方法,其主要特点为间歇性。此方法可使消化道保持正常的生理结构,促进吞咽功能的恢复,手法简单,安全,且不会对皮肤黏膜造成压迫,避免长期置管所致的呃逆及反流性疾病等,减轻了重病感,不影响患者的吞咽训练及日常活动。

2. 摄食训练　吞咽障碍患者进食应以安全为主,并结合以下要求进行摄食训练。

(1)进食体位:一般让患者取躯干30°仰卧位,头部前屈,辅助者位于患者健侧。此时进行训练,食物不易从口中漏出、有利于食团向舌根下送,还可以减少向鼻腔逆流及误咽的危险。严禁在水平仰卧及侧卧位下进食。

(2)进食姿势:吞咽时还要注意选择合适的进食姿势改善或消除吞咽误吸症状,主要的吞咽姿势有转头吞咽、侧头吞咽、低头吞咽及仰头吞咽。

(3)食物的性状和质地:应根据吞咽障碍的程度及阶段,本着先易后难的原则来选择,容易吞咽的食物其特征为密度均一,有适当的黏性,松散且爽滑,通过咽及食管时容易变形、不在黏膜上残留。

(4)一口量和进食速度:即最适于吞咽的每次摄食入口量,正常人液体为1～20ml,浓稠泥状食物3～5ml,布丁或糊状5～7ml,固体2ml。对患者进行摄食训练时,如果一口量过多,会从口中漏出或引起咽部残留导致误咽;过少,则会因刺激强度不够,难以诱发吞咽反射。确认前一口已吞完,方可进食下一口。如患者出现呛咳,应停止进食。

(5)气道保护手法:进食过程根据患者的吞咽情况选择性应用气道保护手法。

(6)注意事项:要培养良好的进食习惯,最好定时、定量,能坐起来不要躺着,能在餐桌上不要在床边进食。注意以下情况患者暂时不宜经口进食:①昏迷状态或意识尚未清醒;②对外界的刺激迟钝,认知严重障碍;③吞咽反射、咳嗽反射消失或明显减弱;④处理口水的能力低,不断流涎,口部功能严重受损。

3. 吞咽器官运动训练　旨在加强唇、舌、下颌的运动及面部肌群的力量及协调,从而提高吞咽的生理功能。包括唇、舌、下颌、软腭等吞咽相关器官的肌肉在正常生理运动范围内循序渐进式的训练。训练过程可根据患者的能力借助一些小工具,如舌肌康复器、压舌板、舌压抗阻反馈训练仪等进行被动或抗阻训练。Masako训练法及Shaker训练法是常用的吞咽运动训练方法。

4. 吞咽器官感觉训练　旨在帮助改善口腔器官的感觉及口周、舌的运动功能。感觉训练技术包括:①触觉刺激:用手指、棉签、压舌板、电动牙刷等刺激面颊部内外、唇周、整个舌部等,以增加这些器官的敏感度。②舌根及咽后壁冷刺激与空吞咽:咽部冷刺激是使用棉棒蘸少许冷冻的水,轻轻刺激腭、舌根及咽后壁,然后嘱患者做空吞咽动作。③味觉刺激:用棉棒蘸不同味道果汁或菜汁(酸、甜、苦、辣等),刺激舌面部味觉,增强味觉敏感性及食欲。嗅觉刺激、k点刺激、振动训练、气脉冲感觉刺激训练等等也是常用的感觉训练方法。

吞咽器官运动训练及感觉训练的适应证包括唇闭合障碍、张口障碍、舌无力无法伸出唇外、软腭上抬幅度不足等运动障碍,以及口腔感觉障碍,流涎、食物在口腔弥散不能形成食团、食物无法被运送到咽部等口腔期吞咽障碍。

5. 气道保护手法　是一组旨在增加患者口、舌、咽等结构本身运动范围,增强运动力度,增强患者对感觉和运动协调性的自主控制,避免误吸、保护气道的徒手操作训练方法。气道保护手法主要包括:保护气管的声门上吞咽法及超声门上吞咽法;增加吞咽通道压力的用力吞咽法;延长吞咽时间的门德尔松吞咽法等。此法需要一定的技巧和多次锻炼,应在吞咽治疗师指导和密切观察下进行。

6. 电刺激　利用低频电刺激咽部肌肉,可以改善脑损伤引起的吞咽障碍。神经肌肉电刺激疗法是其中最常用的电刺激方法,包括刺激完整的外周运动神经来激活所支配肌肉的电刺激(如经皮神经电刺激疗法)以及直接激活去神经支配的肌肉纤维的电刺激(如手持式感应电刺激)两种。主要治疗目标是强化无力肌肉及进行感觉刺激,帮助恢复喉上抬运动控制、延缓肌肉萎缩、改善局部血流。

7. 表面肌电生物反馈训练　可通过表面电极监测肌肉活动,为患者提供肌肉收缩力量大小和时序的视觉提示，并通过肌电声音、波形反馈，语言提示，训练患者提高吞咽肌群的力量和协调性。

8. 球囊扩张术　此项技术主要是通过脑干神经反射弧和大脑皮质及皮质下中枢的神经调控发挥作用。现已发展经口、经鼻两种途径扩张，有主动、被动扩张之分。常用于神经源性吞咽障碍如脑干损伤所致环咽肌功能障碍，也可用于头颈部肿瘤放疗术后所致的环咽肌良性狭窄。此项技术相当安全可靠，成本低廉，操作简单，患者依从性高，大量临床循证实践表明疗效肯定。

9. 通气吞咽说话瓣膜　在气管切开患者中，在气管套管口安放一个单向通气阀，吸气时瓣膜开放，吸气末瓣膜关闭，呼气时气流经声带、口鼻而出，改善吞咽和说话功能。它有助于恢复语言交流能力，改善咳嗽反射，减少误吸，提高嗅觉、味觉功能，提高呼吸功能。

10. 辅助器具口内矫治　口腔辅助具适用于舌、下颌、软腭等器质性病变手术治疗，口腔器官有缺损或双侧舌下神经麻痹导致软腭上抬无力，影响进食吞咽功能的患者。可应用腭托等代偿，这些辅助具需要与口腔科合作制作。

11. 手术治疗　对于环咽肌不能松弛保守治疗无效的患者，采用环咽肌切断术；对于喉上抬不良的患者可施行甲状软骨上抬，下颌骨固定术或舌骨固定术；对于软腭麻痹导致鼻咽闭锁不能，吞咽时食物逆流上鼻腔的情况，可施行咽瓣形成手术，以加大吞咽的压力。

（窦祖林）

学习要点：

1. 言语治疗的内容与方法。
2. 吞咽治疗的内容与方法。

第四节　心理与认知康复

康复不仅要加强残疾者的躯体功能，还应重视心理、认知及行为方面的康复。心理变化将明显影响康复过程及结果，也常改变残疾的结果。

一、心理康复

（一）概述

心理治疗（psychotherapy）又称精神治疗，是应用心理学的原则和方法，通过治疗者与被治疗者的相互作用，医治患者心理、情绪、认知行为等方面的问题。

心理治疗的作用是通过语言、表情、行为向患者施加心理上的影响，解决心理上的问题，达到治疗疾病的目的。从广义的角度看，心理治疗是通过使用各种方法，包括语言的和非语言的交流方式，通过解释、说服、支持、同情、相互理解来改变对方的认知、信念、情感、态度、行为等，达到排忧解难、降低痛苦的目的。从这个意义上来说，人类的亲密关系就构成了"治疗作用"，理解、同情、支持就是"治疗药物"，所以非正式的心理帮助可以表现在父母与子女之间、牧师与信徒之间、夫妻之间、邻里之间、同事之间的心理影响。但正规的心理治疗与非正式的心理帮助有所不同，一是医师接受过专门的训练并且得到社会的认可，其次是医师的活动有相应的理论体系做指导。

（二）残疾的心理适应理论

1. 残疾适应理论　残疾适应理论按照从内在到外在的连续过程进行划分，强调内在认知事件的理论，称为精神理论（mentalistic theories）；强调个体外在事件的理论，称为社会理论（social theories）或行为理论（behavioral theories）；二者合一的整合理论（integrative theories）是把内在的方面（即心理）与外在的方面（即社会和环境）的决定因素融合到一起。

在形成正式的残疾适应理论之前，大多数人认为与残疾相关的痛苦主要是残疾引起的，因此去除或改善残疾有可能减轻痛苦,但实践表明在去除残疾后,一些人仍然能力丧失。以后人们逐步认识到身体的和社会的障碍(患者的外在障碍)是适应问题的主要根源,结果就产生了强调社会学概念的理论,如"疾病角色"和"疾病行为",这些理论加强了在社会水平上对残疾适应的理解。

2. 残疾适应模式

(1)分阶段模式(stage model):分阶段模式认为人们经历生活剧变后会按照可预言的、有顺序的情感反应过程发展。大多数分阶段理论有3～5个步骤,始于震惊,终于某种形式的接受。通常指心理休克期、冲突期及重新适应三个被普遍接受的假设阶段。残疾后的心理反应及适应过程具有下述特点:①存在个体差异:如初期反应除了震惊和麻木外,有的也表现出表面上的冷静和镇定自若,或恐惧焦虑及歇斯底里的哭喊。②情感反应多变性:残疾发生后情感反应并不一定遵循同种方式,不一定通过固定的阶段而最终接受,解决危机的处理机制也有多变性。③并不是所有残疾人均能进入最后的接受和重新适应阶段。分阶段理论虽尚有不足,但已广为人们所接受。

(2)行为模式:残疾适应的行为模式(behavioral model)强调外在因素的重要作用,这种模式对患者的认知功能强调得不多,主要注重行为。残疾者需面临4项任务:必须留在康复环境中,消除残疾不适应行为,获得残疾适应行为,取得残疾适应行为的结果。

(3)心理应对技术模式:既强调认知因素也强调行为因素,它建立在危机理论(crisis theory)的基础之上。危机理论认为人们需要社会和心理相平衡的感觉。在外伤事件后会产生危机和无组织状态。在危机过程中,一个人的特征性行为模式对建立平衡无效,这种失平衡状态通常是短暂的,新的平衡在几天或几周内即可建立。

心理应对技术模式包括下列主要的处理技巧:①否定或最小化危机的严重性,把负性情感减少到可控制的水平;②寻找相关知识调节情感痛苦;③需要再保证和情感支持,社会支持通过减少影响效果的感情状态而增强处理能力,建立自信,提高对新知识的接受能力;④了解疾病的相关过程;⑤设定具体的有限目标,可减少挫败感,增加获得某种有意义的东西的可能性;⑥对有可能产生的结果反复练习,如让患者从事一些能减轻焦虑、紧张、恐惧且正确的感觉活动;⑦在整个事件过程中寻找到有意义的总目标或方法。

(三)慢性疾病及残疾的心理治疗

无论患何种疾病,当一个人察觉到自己失去健康时,就会产生某种痛苦或不适的感觉,而对疾病,尤其是严重损害功能或威胁生命的疾病,任何人都不可能无动于衷,都会产生不同程度的心理反应或精神症状。

1. 急性期或新近残疾的心理治疗   针对此期患者,心理治疗应做到以下两点。

(1)医疗行为:要认识到使用合理的医疗技术和措施,患者的情况能够改善,急性期患者较容易接受暗示。环境(自然环境与心理环境)的稳定和平静与否,对患者的影响很大。处理时应以平静、理解、审慎和合作的态度开展工作,还要帮助患者家属也认识到这一点。

(2)替代行为:行为治疗的基本原则是重建新的替代行为,目的是帮助病残者在新的病房环境中重新生活,从而提高患者的适应能力,进而追求新的康复目标。例如病残者由自理变为事事求助于人,常常不适应,虽然求助的方式不同,但往往效果不佳。特别是新近损伤所致四肢瘫痪的患者,为了要水或其他服务而召唤护士时,由于所用的方法欠佳,而不能得到护士的帮助。如果心理治疗师教给患者交往的技巧,以不同的表示方法请求帮助,效果就会好些。这可以同时达到两个目标:一是改善、增进医患关系,使病残者得到良好的躯体帮助和心理安慰;二是使患者建立起控制感,并帮助他们学习各种变通行为,以代替沉思、幻想、任性和思想不集中行为。

2. 残疾认同过程中的心理治疗   在病残者的下意识中,康复治疗如同惩罚。惩罚是良性强化刺激的丧失或恶性刺激的开始。残疾突然发生后,患者不但马上失去了过去维持他工作和闲暇时行为的良性强化条件,同时也开始接受恶性刺激,如随之发生的疼痛、感觉缺失及功能丧失,为此患者感到非常懊丧。另外患者周围的人很可能会将各种对他的消极评价以不同的方式影响患者。不论是恶性刺激还是以失去良性强化刺激形式出现的惩罚，都可能增加患者从惩罚中逃脱和回避的行为，此后患者很可能会把残疾和与其有关的康复治疗看作是导致惩罚的刺激。患者可能表现出不愿参与康复过程的行为，以回避他认为是惩罚的各种活动。

残疾认同过程中的心理治疗，重点应该放在减少康复治疗中不易为患者接受的方面，减少逃避行为造成的不良后果。在这个过程中，关键是应建立良好的医患关系。

（1）在康复治疗的开始阶段，医师应强调有效行为，要与治疗师一起用积极、双向临时性强化代替自然强化。当患者获得较多的功能行为，并重新参加家庭和工作活动时，有效行为就容易被患者采用。如果康复治疗人员起不到有效的强化作用，则康复治疗就显得被动，只能忙于对症处理（如止痛、缓解感觉缺失、终止关于残疾的幻想）及一般性的勉励。

（2）康复训练开始时，治疗师应将注意力放在康复训练过程中单次训练任务的强度方面，当增加训练内容时要识别和找出哪些是积极的强化刺激，并在初始阶段按1:1的比例连续实施。然后在维持或减少强化刺激的同时，通过增加训练任务的内容，来增加要完成的训练量。尽可能强化良性刺激，而不至于使治疗成为恶性刺激。如果收到成效，患者在治疗中既可体会到成功的喜悦，又可以减少孤立感和由感觉缺失造成的不良心理状态，从而进一步强化效果。以上步骤可以减少康复治疗中患者的负性情绪，提高其积极性。

（3）康复过程中当遇到患者出现退缩或攻击行为时，应设法减弱这种强化刺激。一方面康复人员将患者的日常活动与康复内容结合起来，即可达到更好的康复效果；另一方面还应帮助病残者家属认识配合完成康复计划的重要性，当然这种配合不是一味地强化家庭的温情，因为过于密切的交往可引发患者的逃避行为，相反过于冷淡也不利于重建自信心。要让他们懂得他们在康复计划中对进展起的作用，并观察到治疗成效。

3. 抑郁状态的心理治疗 后天性肢体残疾最常见的心理问题就是抑郁，脑卒中及严重脑损伤后至少有50%的患者会出现抑郁。在多发性硬化、运动神经元疾病等进行性神经疾病的患者几乎都伴有不同程度的抑郁。患先天性残疾或在儿童期继发残疾的患者也会在一些时期，如青春期前后、试图离开父母和家乡寻求独立时特别容易产生抑郁。重大的生活变故如严重脑外伤是产生抑郁的重要原因。

抑郁可以被看作是一种丧失强化刺激的状态，由于残疾的发生带来生活方式的突然改变，失去了过去生活中的鼓励因素，其结果是萌生忧伤和抑郁，这在新近残疾中尤其常见，长期住院患者也可能出现这种情况。抑郁可以只表现为暂时的情绪低落，也可以表现为有自杀倾向的严重状态。

心理治疗主要依赖于心理治疗师与患者之间建立的相互理解和同情的关系。信息和交谈很重要，详细的解释能使患者了解自己的疾病、诊断，以及给家庭、社会、工作带来的影响，能挖掘出患者的深层压力，解决患者的问题。

4. 焦虑状态的心理治疗 严重疾病或损伤导致运动功能障碍可使患者处于焦虑状态。偏瘫、截肢或其他影响身体稳定性的功能障碍能令患者产生明显的害怕摔倒的情绪。慢性阻塞性肺疾病、心脏疾病导致心肺功能损害的状况下能产生与未来生存有关的焦虑。这些反应会进一步加重功能损害。有关截肢、造瘘、烧伤毁容或其他身体外表的改变，能导致一系列社会回避行为，社会和相关的回避行为能伴发认知的改变，包括继发于脑损伤后内在反应和交流技巧，同时可影响到患者对肠道或膀胱的控制，引起对二便失禁的恐惧。

焦虑几乎总是导致回避，永久的情感基础和信念持续会加重焦虑。如一些心理性认知偏见使得抑郁、焦虑持续存在。在康复期间除了发展技巧，以下几种心理治疗方法能使患者在恐惧环境中得到放松。

（1）认知疗法：能纠正这些信念，促进恢复。焦虑会产生特殊的生理反应，典型的是过度交感唤醒，调节这种唤醒的程度可作为脱敏策略的基础，可采用广泛的放松技术。认知疗法与特殊技巧的建立使焦虑状态得到控制和自我控制。

（2）药物治疗：镇静剂的使用是相对安全有效的，应尽可能短期应用。停药有一定的危险性，有可能引起症状反弹。抗抑郁药一般也有一定的抗焦虑作用，即使患者没有抑郁，也可以应用。有时小剂量的抗抑郁药，在不产生明显副作用的情况下，可以产生较好的抗焦虑作用。

（3）良好的交谈技巧：必须强调，无论患者还是护理者和患者的家庭，其焦虑常常是由于医护人员对患者新出现的或令人担心的症状或疾病的自然过程和诊断未予详细询问和解释引起的。对于这种情况，深刻而富于同情心的交谈是最好的解决方法。

（四）康复心理治疗的常用方法

心理治疗的形式有个别心理治疗、集体心理治疗，认知改变、行为改变的治疗，直接治疗、非直接治疗，短程治疗、长程治疗等。

1. 支持性心理治疗   通过治疗者对患者的指导、劝解、鼓励、安慰和疏导的方法来支持和协助患者处理问题，使其适应所面对的现实环境，渡过心理危机称为支持性心理治疗。当残疾发生后，患者处于焦虑、易怒、恐惧、郁闷和悲观之中，治疗者所给予的保证，对改善患者的情绪和促进康复是十分有益的。

治疗者应倾听患者的陈述，协助患者分析发病及症状迁延的主客观因素，应把患者康复的结局实事求是地告诉患者，并告诉患者从哪些方面努力才能实现其愿望。要调动患者的主观能动性，鼓励患者通过自己的努力改善功能。有时患者会对治疗者产生依赖，这将影响患者的康复。

2. 行为疗法和操作条件技术   行为疗法（behaviour therapy）是基于实验心理学的研究成果，能帮助患者消除或建立某种行为，从而达到治疗目的。其理论基础有行为主义理论中的学习学说、巴甫洛夫的经典条件反射学说及斯金纳的操作条件反射学说。

（1）行为主义理论：认为人的心理病态和各种躯体症状都是一种适应不良的或异常的行为，是在以往的生活经历中，通过"学习"过程而固定下来的，同样可以通过"学习"来消除或纠正。常用的治疗技术有系统脱敏疗法、冲击疗法、预防法、厌恶疗法、阳性疗法、消极疗法、自我控制法、模仿法、认知行为疗法等。

（2）操作性条件技术：根据斯金纳的操作条件反射学说采用奖励 - 强化法和处罚 - 消除法，可广泛用以纠正残疾儿童的不良行为，矫正脑损伤及其他残疾人的偏属行为和不适应行为。

（3）行为问题的治疗技术应用

行为问题，尤其是脑创伤或其他脑部疾病后的行为问题是相当常见的，可分为不适当的行为过多和适当的行为过少。①不适当的行为过多：包括冲动性、自我中心主义、进攻言语或进攻行为、脾气暴躁、不适当的性行为等。②适当的行为过少：表现为淡漠、缺乏动力，在督促和哄骗下才能完成日常生活活动。这些患者常常轻易地、错误地被认为是懒惰、无动力。

1）强化良好行为：最常用的是阳性强化。①阳性强化刺激在某些行为发生后给予，能增加这种行为被重复的可能性。这种刺激可以是直接的、实际的物质，如患者喜爱的食物或饮料；也可以是精神鼓励，如表扬或患者认为有价值的纪念品、钱币，并且应该在良性行为后立即以明确而肯定的方式给予，这一点十分关键。②运用其他相关技术，加强对良性行为的刺激。例如，对早晨不愿穿衣的患者，最初在患者注视他的衣服时给予奖励，以后可能是患者去触摸衣服或将衣服放置在床上适当的位置时给予奖励，这样逐渐经过一段时间，对患者的每一点进步都予以肯定。③对较大的进步再给予奖励。例如，患者穿上上衣的整个动作全部完成后再给予奖励。有时开始需要提示，一段时间之后应逐渐减少提示。有时治疗师对良性行为的模仿也是很必要的。④在康复中心可以采用代币法，代币作为奖励物，并可以用来换取额外的食物、饮料、参加集体活动的机会。

2）抑制不良行为：惩罚可以作为阴性强化刺激达到目的。①暂停技术：不良行为一出现马上取消阳性强化，这是众所周知的方法，已被广泛应用。如果表扬是作为阳性强化刺激给予的，那么在出现不良行为后的一定时期内就不给予表扬。"当场暂停"要求不要注意不良行为，可以继续与患者谈话以促使其忘记这种行为或者离开患者。"情景暂停"要求将出现不良行为的患者从现场转入另一房间或单独的房间，并持续特定的时间。②反应代币：是指在代币情况下，对患者的良性行为给予代币,而对患者的不良行撤销代币。③厌恶刺激:是指在患者出现不良行为后立即给予不愉快的味道、气味甚至是电休克,这种治疗似乎有用,但道德、伦理方面的谴责是明显的。④差异强化:即患者出现一些恰当的但并非我们要求的行为时也给予适当的表扬。

3. 认知疗法 认知疗法的理论基础是心理障碍的产生是源于错误的认知,而错误的认知会导致异常的情绪反应(如抑郁、焦虑等)。通过挖掘、发现错误的认知,加以分析、批判,代之以合理的、现实的认知,就可以解除患者的痛苦,使其更好地适应现实环境。

对慢性病患者,要让他接受疾病存在的事实,用"既来之则安之"的态度去对待,既不要自怨自艾,更不要怨天尤人。要让患者了解适应能力可通过锻炼而改善,且能使器官功能处于一种新的动态平衡,从而更好地执行各种康复措施。激发其奋发向上的斗志,积极主动地克服困难,争取各项功能的最佳康复。

4. 社会技能训练 社会技能一般是指一个人有效地应付日常生活中的需求和挑战的能力。它使一个人保持良好的精神状态,在其所处的社会文化环境中、在与其他人的交往中表现出适当的和健康的行为。它包括:①处理问题的技能;②思维技能;③人际交往技能;④自我定向技能;⑤控制情感及行为技能。

社会技能训练用于矫正各种行为问题,增进社会适应能力,以训练对象的需求和问题为中心,强调主动性、积极性、参与性和操作性相结合,强调各种心理技能的实用性,强调训练对象对社会技能的掌握程度。

5. 生物反馈疗法 生物反馈疗法是通过现代生理科学仪器,训练患者学习利用反馈信息调整自身的心理、生理活动,使疾病得到治疗和康复。一般情况下,人不能随意控制自己的内脏活动,利用生物反馈治疗仪采集不被患者感知的生理信息(如内脏活动和各种电生理活动),经仪器处理和放大后,输出可为患者感知的视听信号,使患者了解自身的生理活动变化,并逐渐学会有意识地在一定程度上调整和控制,达到治疗康复的目的。

生物反馈治疗常用的治疗仪器有肌电、皮温、皮电、脑电、脉搏及血压等生物反馈仪。适用于焦虑症、恐惧症、高血压病、支气管哮喘、紧张性头痛、书写痉挛、瘫痪(周围神经及中枢神经损伤)、癫痫和慢性精神分裂症等。

二、认知康复

脑损伤患者会出现以知觉、注意、记忆、计算、思维、解决问题及语言等方面为主要表现的认知障碍。认知康复是针对认知缺陷的患者,为改善和提高其认知功能和日常生活能力而进行的综合管理。采用改善注意、记忆、计算、思维、问题解决和执行功能以及知觉障碍的康复治疗,是认知障碍康复的主要治疗手段。根据障碍诊断,制订针对性康复训练计划。适用于有认知障碍存在的各种脑损伤患者,包括脑外伤、脑卒中、各种痴呆、脑肿瘤术后、脑瘫、精神疾患等。

(一)改善特殊认知缺陷的治疗

该治疗把继发于脑损伤后的特殊认知缺陷作为治疗目标(如记忆缺损、半侧空间忽略等)。分为恢复策略和补偿策略。

1. 恢复策略 认知矫正策略是丧失能力的恢复,或丧失能力通过结合未受损或残余功能重组丧失的功能,主要目的为恢复人的能力。鼓励患者更加有效地使用其残存的认知功能,通过认知的代偿机制建立认知活动的新模式,仍可获得功能的进步。

记忆领域这方面的技术发展很快,包括意象法(即通过相关的特定图像记忆信息的方法)在内的记忆策略已被应用,PQRST 就是其中之一。这项技术要求患者先预习信息(preview),关于此信息对自己提出问题(questions),阅读信息(read),陈述信息(state),测试结果(test)。这实际上是重复策略的扩大,目的是希望信息编码被加深。PQRST 法比单纯死记硬背的方法要好得多。其他的技术如语义细加工、联想法、视意象、首词或关键词记忆法、编故事等方法均可强化学习水平,提高记忆能力。

这些方法彼此存在联系,对同一个患者可以同时应用不同的方法。

2. 补偿策略　补偿策略涉及一套动作整合后的表现,利用功能重组或功能替代的方法。

(1) 功能重组:包括增加或改变功能输入、储存或输出。例如,使用路标、在房门上贴标签、把容易遗忘的物品放在显眼的位置或必经之地,避免患者使用受损的认知功能,利用其未受损的能力换一种方式来完成活动,目的是让患者能够以不正常的方式来进行正常的活动。

(2) 功能替代:涉及代替残损功能的全部新技巧的训练。教会患者使用外部辅助具,通过外在的代偿机制建立功能活动的新模式,从而获得功能的改善。例如,失去阅读能力的脑损伤患者,可以通过听"有声书本"来享受读书的乐趣;严重记忆障碍的患者可以通过外部记忆辅助具,如日志、列表、闹钟、定时器、录音磁带、手机、微型多功能电子提示物等,来帮助记忆或提醒他们的日常安排。因为患者仍需要调动残余记忆来操作辅助记忆工具,所以这种方法不总是有效。此外,也可以运用无线寻呼系统(pager),通过中心交换台可将事先设计好要做的事转换到寻呼机屏幕上,以提醒患者。

(二) 常用认知康复方法

1. 记忆障碍的康复　分为:①一般策略:包括恢复记忆法、重新组织记忆法、行为补偿法。②特定策略:包括改善编码和巩固损伤的策略、改善提取损伤的策略。

2. 注意障碍的康复　包括促进觉醒的策略,提高集中注意、降低分散注意的策略,改善持续注意的策略等。

3. 知觉障碍的康复

(1) 视觉空间认知障碍:①让患者自己画钟面、房屋等,或在市区路线图上画出回家的路线;让患者按要求用火柴、积木、拼板等构成不同图案等。②通过环境、阅读、感觉输入等方法加强忽略侧的刺激及注意力。

(2) 失用症的康复:①对结构性失用症患者,可让其临摹平面图或用积木排列立体构造,由易到难,可以给予暗示和提醒。②对运动性失用症患者要加强练习,给予大量暗示、提醒,或治疗者手把手地教患者,改善后再逐渐减少暗示。提醒时亦应加入复杂的动作。③对穿衣失用症患者可用言语指示,并给患者示范,然后在衣服的不同位置做出标记,以引起患者的注意。

(三) 机能整体康复方法

脑损伤患者的机能整体康复方法采用强调意识、情感上承认残留缺陷、补偿或矫正认知残损的系统治疗。一般在急性期后采用这种方法,要求家庭完全参与。治疗的时间有时是固定的,即所有患者在同一时间进入和离开,或是根据治疗安排,逐个确定患者的进入和离开。这些计划提供每日1次、每周4~5天的工作框架。根据计划及患者的情况,治疗的平均时间为3~6个月。对脑损伤的患者提供的机能整体性认知康复,在患者社会心理、独立生活、雇用状况、减少卫生保健的费用方面均获得了显著的效果。

(李　玲)

学习要点:

1. 学习心理治疗在疾病康复中的作用和意义。
2. 了解心理治疗的内容。
3. 掌握认知康复的临床应用。

第五节　康复辅具

疾病或损伤常常导致功能障碍,使患者不能独立完成日常生活活动、学习或工作。因此,需要一些专门的器具来加强其减弱的功能或代偿其丧失的功能,这些器械统称为功能性辅助器具或康复辅助器具,简称康复辅具。康复辅具通过代偿或补偿的方法来矫治畸形、弥补功能缺陷和预防功能进一步退化,使患者能最大限度地实现生活自理,回归社会。

康复辅具是重要的康复手段,是工程学原理和方法在康复的临床应用,是生物医学工程的重要分支,涉及医学和工程学两大学科的若干专业,包括解剖学、生理学、病理学、人体生物力学、机械学、电子学、高分子化学及材料学等,对一般治疗方法难以治愈的身体器官缺损和功能障碍,是一种主要的治疗手段。

康复辅具包括技术性辅助装置(需能源驱动,自动化程度高)和自助器具(无能源驱动,由人工操作)。自助器具包括治疗和训练辅助器具、假肢和矫形器、生活自理和防护器具及个人移动辅助器具等10大类。本节主要介绍假肢(prosthesis)、矫形器(orthosis)、助行器(walking aids)及自助器具。

一、假肢

(一)概述

1. 定义　是用于弥补截肢者肢体缺损,代偿其失去的肢体功能,应用工程学原理、技术和手段结合人体解剖结构而进行专门设计、制造和装配的人工假体。

2. 分类　按解剖部位分为上肢假肢和下肢假肢;按结构分为内骨骼式和外骨骼式假肢;按用途分为装饰性假肢、功能性常规假肢以及特殊用途假肢(如作业性和运动性假肢等);按安装时间分为临时假肢和正式假肢。

3. 选用原则　虽然截肢者都希望能恢复被截去的肢体,尽可能保持正常的肢体外观,但在装配假肢时,要充分考虑到穿戴假肢后对基本功能的影响,以功能代偿为主。例如,有些截肢者装配了装饰性假手反而失去了残手的感觉,由此妨碍了残手发挥功能,此时则不一定勉强装配。

(二)上肢假肢

1. 基本要求　上肢假肢应尽可能弥补上肢丧失的功能,且外观逼真,容易操纵。同时,假肢要轻便耐用,穿脱方便。

2. 常用类型　包括装饰性上肢假肢、索控式上肢假肢和肌电控制式上肢假肢。

(1)装饰性上肢假肢:具有重量轻、美观大方的特点,包括骨骼式和非骨骼式美容手。上肢仿真装饰美容假手主要由硅胶仿真皮和树脂接受腔组成;骨骼式美容手主要由铝合金管、硅胶仿真皮、树脂接受腔及海绵组成。

(2)索控式上肢假肢:亦称机械手,由铝合金管、硅胶仿真皮及树脂接受腔组成,由钢丝索控手指关节。

(3)肌电控制式上肢假肢:由患者肌肉收缩产生的肌电信号控制假肢的活动,可以根据患者的意志实现手指的自动张开、闭合和旋腕。主要由硅胶仿真皮、树脂接受腔和电动机等组成。

(三)下肢假肢

1. 基本要求　除了外观逼真、容易操纵、轻便耐用、穿脱方便外,还要与健侧肢体长度相等,具有良好的承重功能,残肢与假肢接受腔接触紧密,接受腔内移动小,步态接近于正常。骨骼式下肢假肢是由下肢假肢标准零部件组装而成,能够为下肢截肢者提供功能优良、行走步态良好的假肢。

2. 常用类型　根据患者截肢部位和适用范围分为半足假肢、赛姆假肢、小腿假肢、膝关节离断假肢、大腿假肢和髋关节离断假肢。

二、矫形器

(一)概述

1. 定义　是装配于人体四肢、躯干等部位的体外器具的总称,其目的是为了预防或矫正四肢、躯干的畸形,或治疗骨关节及神经肌肉疾病并补偿其功能。

2. 基本功能　主要包括以下几个方面:

(1)稳定与支持:通过限制肢体或躯干的异常运动来保持关节的稳定性,恢复承重或运动能力。

(2)固定与矫正:对已出现畸形的肢体或躯干,通过固定病变部位来矫正畸形或防止畸形加重。

（3）保护与免负荷：通过固定病变的肢体或关节，限制其异常活动，保持肢体、关节的正常对线关系。对下肢承重关节可以减轻或免除长轴承重。

（4）代偿与助动：通过某些装置如橡皮筋、弹簧等来提供动力或储能，代偿已经失去的肌肉功能，或对肌力较弱部分给予一定的助力以使瘫痪的肢体产生运动或辅助肢体活动。

（二）分类

根据安装部位分为上肢矫形器、下肢矫形器和脊柱矫形器三大类（表4-1）。

表 4-1　矫形器命名中英文对照

中文名称	英文名称及缩写
上肢矫形器	upper limb orthosis（ULO）
肩肘腕手矫形器	shoulder-elbow-wrist-hand orthosis（SEWHO）
肘腕手矫形器	elbow-wrist-hand orthosis（EWHO）
腕手矫形器	wrist-hand orthosis（WHO）
手矫形器	hand orthosis（HO）
下肢矫形器	lower limb orthosis（LLO）
髋膝踝足矫形器	hip-knee-ankle-foot orthosis（HKAFO）
膝矫形器	knee orthosis（KO）
膝踝足矫形器	knee-ankle-foot orthosis（KAFO）
踝足矫形器	ankle-foot orthosis（AFO）
足矫形器	foot orthosis（FO）
脊柱矫形器	spinal orthosis（SO）
颈矫形器	cervical orthosis（CO）
胸腰骶矫形器	thoraco-lumbo-sacral orthosis（TLSO）
腰骶矫形器	lumbosacral orthosis（LSO）
骶髂矫形器	sacro-iliac orthosis（SIO）

1. 上肢矫形器　根据功能分为固定性（静止性）和功能性（可动性）两大类。前者没有运动装置，用于固定、支持、制动；后者有助动装置，允许肢体活动或用于控制、辅助肢体运动。

上肢矫形器的使用目的是保持肢体处于功能位，提供牵引力以防止关节挛缩，预防或矫正上肢畸形，补偿上肢肌肉失去的力量，辅助无力肢体的运动或替代手的功能等。

2. 下肢矫形器　主要作用是支撑体重，辅助肢体功能，限制下肢关节不必要的活动，保持下肢稳定，改善站立和步行时的姿态，预防和矫正畸形。选用下肢矫形器必须注意，穿戴后不应对肢体有明显的压迫，如用 KAFO，屈膝 90° 时不能压迫腘窝。对下肢水肿的患者，矫形器不宜紧贴皮肤。

3. 脊柱矫形器　主要用于固定和保护脊柱，矫正脊柱的异常对线，改善其异常生物力学关系，减轻躯干的局部疼痛，保护病变部位免受进一步的损伤，支持受累的肌肉，预防、矫正畸形，通过对躯干的支持、运动限制和对脊柱对线的再调整以达到矫治脊柱疾患的目的。

（三）临床应用程序

1. 检查及诊断　包括患者的病史、体格检查，拟制作或穿戴矫形器部位的关节活动范围、肌力以及感觉情况，是否使用过矫形器及其使用情况。

2. 矫形器处方　应将患者的一般情况、临床诊断、存在的功能障碍、配戴目的和要求、矫形器种类、所用材料、配戴部位、作用力分布、使用时间及注意事项等书写清楚。

3. 装配前治疗　应根据患者功能障碍特点，进行相应的装配前治疗，为使用矫形器创造条件。

4. 矫形器制作　包括设计、测量、绘图、取模、制造、装配程序。

5. 训练和使用　矫形器正式使用前，要进行试穿（初检），了解矫形器是否达到处方要求，舒适性是否符合患者要求，对线是否正确，动力装置是否可靠，并进行相应的调整。然后，教会患者如何穿脱矫形器，如何穿上矫形器进行功能活动。训练后，再检查矫形器的装配是否符合生物力学原理，是否达到预期的目的和效果，并了解患者的满意度，这一过程称为终检。终检合格后方可交付患者正式使用。对需长期使用矫形器的患者，应每3个月或半年随访一次以了解矫形器的使用效果及病情变化，必要时应进行修改和调整。

三、助行器

辅助人体支撑体重、保持平衡和行走的工具称为助行器。根据其结构和功能，可分为无动力式助行器、功能性电刺激助行器和动力式助行器。无动力式助行器结构简单，价格低廉，使用方便，是最常见的助行器，作为重点介绍。

（一）杖（stick）

1. 种类 根据杖的结构和使用方法，可将其分为手杖、前臂杖、平台杖和腋杖四大类，每一类又包括若干类（图4-1）。

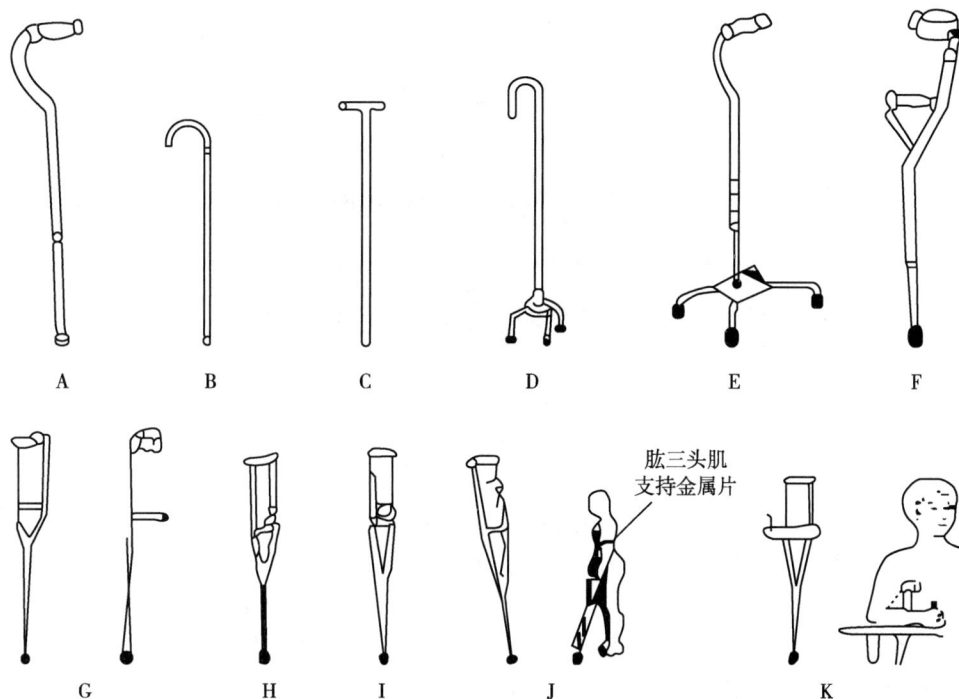

图4-1 杖的种类

（1）手杖（cane）：为用一只手扶持以助行走的工具。①单足手杖：适用于握力好、上肢支撑力强的患者，如偏瘫患者的健侧、老年人等（图4-1，A、B、C）。②多足手杖：由于有3足或4足，支撑面广且稳定（图4-1，D、E），用于平稳能力欠佳、用单足手杖不能够安全行走的患者。

（2）前臂杖（forearm crutch）：适用于握力差、前臂力较弱但又不必用腋杖者（图4-1，F）。优点为轻便、美观，使用时，该侧手仍可自由活动。例如，需用该手开门时，手可脱离手柄去转动门把，而不用担心杖会脱手，其原因是臂套仍将杖保持在前臂上。缺点是稳定性欠佳。

（3）腋杖（axillary crutch）：稳定可靠，用于截瘫而上肢功能正常或外伤较严重者，杖的长度一般可以调节（图4-1，G、H、I、J）。

（4）平台杖（platform crutch）：又称类风湿拐。有固定带，可将前臂固定在平台式前臂托上，前臂托前方有一把手（图4-1，K），改由前臂负重，把手起掌握方向的作用。用于手指关节损害严重的类风湿患者或手部有严重外伤、病变不宜负重者。

2. 长度选择　选择长度适合的杖是保证患者安全、最大限度发挥杖的功能的关键(图4-2)。

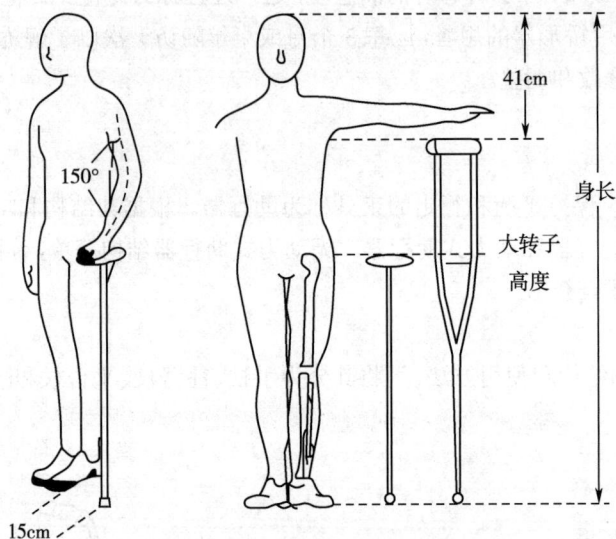

a. 一般情况下腋杖和手杖的长度确定法

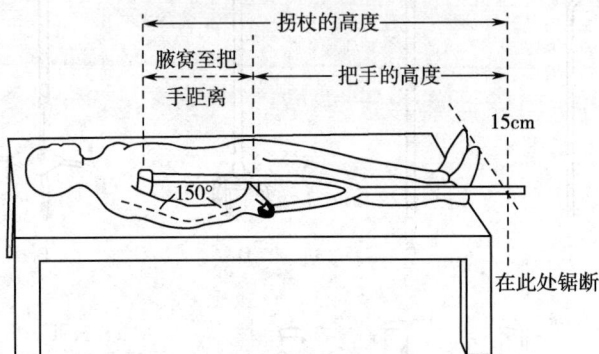

b. 肢体畸形时腋杖和手杖的长度确定法

图4-2　杖的长度选择

(1)腋杖长度:身长(cm)减去41cm,或站立时大转子的高度即为把手的位置,也是手杖的长度。测定时患者应着常穿的鞋站立,若患者下肢或上肢有短缩畸形,也可让患者穿上鞋或下肢支具仰卧,将腋杖轻轻贴近腋窝。在小趾前外侧15cm与足底平齐处即为腋杖最适当的长度。肘关节屈曲25°～30°、腕关节背伸时的掌面位置即为把手的位置。

(2)手杖长度:让患者穿上鞋或下肢支具站立,肘关节屈曲25°～30°,腕关节背伸,小趾前外侧15cm处至背伸手掌面的距离即为手杖的长度。

(二)步行器

步行器可支持体重,便于站立或步行。其支撑面积较杖大,故稳定性好。步行器有以下类型。

1. 助行架(walking frame)　是一种三边形(前面和左右两侧)的金属框架,一般用铝合金材料制成,自身质量很轻,可将患者保护在其中。

(1)固定型:使用时双手提起两侧扶手同时向前放于地面代替一足,然后健腿迈上。适用于下肢损伤或骨折不允许负重者。

(2)交互型:体积较小,无脚轮,可调节高度。使用时先向前移动一侧,然后再向前移动另一侧,如此交替移动前进。适用于立位平衡差、下肢肌力差的患者或老年人,其优点是方便如厕。

(3)有轮型:适用于上肢肌力差、提起步行器有困难者,可以向前推动助行器。

（4）老年人用步行车：有4个轮，移动容易。使用时不用手握操纵，而是将前臂平放于垫圈上前进。适用于步行不稳的老年人，但使用时要注意保持身体与地面垂直，否则易滑倒。

2. 截瘫行走器　是根据钟摆工作原理而设计的一类行走器，适用于颈椎以下损伤的截瘫患者，需要根据患者的情况定制。根据损伤平面又分为以下两种（图4-3）：

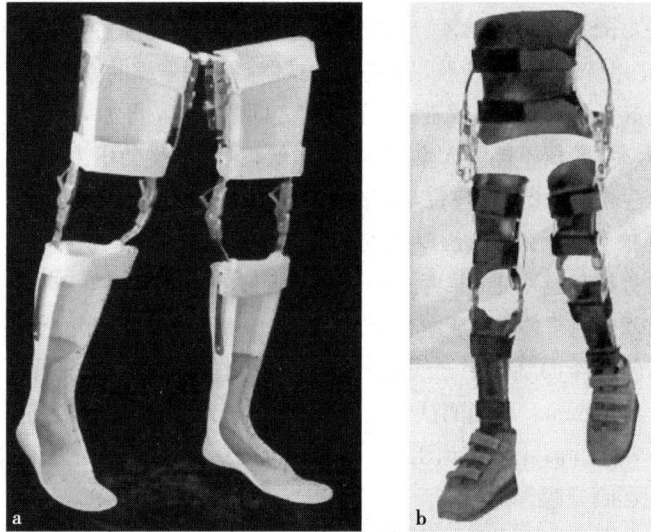

图4-3　截瘫行走器
a. 铰链式行走器；b. 交替式行走器

（1）互动式截瘫行走器（walkabout）：适用于 T_{10} 或以下损伤导致的完全性截瘫或部分高位不完全性截瘫患者，辅助截瘫患者达到治疗性独立行走的目的。使用时，患者通过转移重心，在位于大腿内侧的矫形器互动铰链的作用下，实现下肢钟摆式向前移动。由于大腿内侧铰链的限制，其允许的步长较短、步行速度较慢、耗能较高。

（2）交替式截瘫行走器（reciprocating gait orthosis，RGO）：适应于 T_4 以下完全性或更高节段的不完全性脊髓损伤者，辅助患者达到治疗性独立行走的目的。使用时，患者通过躯干肌的作用，使重心侧向转移及向前移动，或通过主动使髋关节后伸，带动由矫形器固定的下肢在一定区域内主动向前移动。

（3）双侧髋膝踝足矫形器附加骨盆带（bilateral HKAFOs & elvic band）：髋、膝关节处于锁定状态，需依靠患者摆动身体，带动下肢向前推进，比较笨重，步行耗能较大。

（4）双侧膝踝足矫形器（bilateral KAFOs）：大腿内侧未安装铰链的 KAFOs（如 Scott-Craig），此类型需依靠摆动身体，带动下肢向前推进，且耗能较大；此种类型矫形器均要求患者能够在矢状面上对躯干和髋部进行主动控制。

（5）髋关节向导性矫形器（hip guidance orthosis，HGO）：HGO 一般用于 $C_8 \sim T_{12}$ 脊髓损节段的患者，其稳定性好，可佩戴于衣物外侧。

四、轮椅

（一）种类与结构

1. 种类　分为普通轮椅、电动轮椅和特形轮椅。特形轮椅是根据乘坐轮椅患者残存的肢体功能及使用目的从普通轮椅中派生出来的，常用的有站立式轮椅、躺式轮椅、单侧驱动式轮椅、电动式轮椅、竞技用轮椅等。

2. 普通轮椅的结构　一般由轮椅架、轮（大车轮、小脚轮）、刹车装置、椅座、靠背四部分组成。乘坐轮椅者承受压力的主要部位是坐骨结节、大腿及腘窝、肩胛区。因此，在选择轮椅时要注意这些部位的尺寸是否合适，避免出现皮肤磨损、擦伤及压疮。

（二）轮椅的选择

1. 座位宽度 是指轮椅两侧扶手侧板之间的距离。测量坐下时两臀间或两股间的距离，再加5cm，即可使坐下后两边各有2.5cm的空隙。座位太窄，上下轮椅比较困难，臀部及大腿组织受到压迫；座位太宽不易坐稳，操纵轮椅不方便，双上肢易疲劳，进出门困难。

2. 座位长度 是指轮椅靠背到座位前缘之间的距离。测量坐下时后臀部至小腿腓肠肌之间的水平距离，将测量结果减去6.5cm。座位太短，体重主要落在坐骨上，局部易受压过多；座位太长会压迫腘窝，影响局部血液循环，并易刺激该处皮肤。大腿特短或髋膝屈曲挛缩的患者，使用短座位轮椅较好。

3. 座位高度 测量坐下时足跟（或鞋跟）至腘窝之间的距离，再加4cm，在放置脚踏板时，板面至少离地5cm。座位太高，轮椅不能驶入桌旁；座位太低，坐骨承受的压力过大。

4. 坐垫 为了舒适和防止压疮，座位上应放坐垫，可用泡沫橡胶（5~10cm厚）或凝胶垫子。为防止座位下陷，可在坐垫下放一张0.6cm厚的胶合板。

5. 靠背高度 靠背越高越稳定，靠背越低上身及上肢的活动范围就越大。低靠背：测量坐面至腋窝的距离（一臂或两臂向前平伸），将此结果减去10cm。高靠背：测量坐面至肩部或后枕部的距离。

6. 扶手高度 指轮椅座面到扶手之间的距离。坐下时，上臂垂直，前臂平放于扶手上，测量椅面至前臂下缘的高度，加2.5cm。适当的扶手高度有助于保持正确的身体姿势和平衡，并可使上肢放置在舒适的位置上。扶手太高，上臂被迫上抬，易感疲劳；扶手太低，则需要上身前倾才能维持平衡，不仅容易疲劳，也可能影响呼吸。

7. 其他辅助件 为满足特殊患者的需要而设计的部件。如增加手柄摩擦面，车闸延伸，安装防震装置、防滑装置，在扶手上安装臂托、轮椅桌以方便患者吃饭、写字等。

（三）临床应用

普通轮椅适用于脊髓损伤、下肢伤残、颅脑疾患、年老、体弱、多病者。在选择轮椅时要考虑患者的认知功能，并满足至少有一侧上肢功能正常，能比较熟练地操控轮椅。

五、生活辅具

生活辅具指为不能独立完成日常生活活动、学习或工作的患者而设计制作的专门器具。生活辅具主要包括进食类自助器、多功能C型夹及ADL套、长对掌支具、梳洗修饰类自助器、穿着类自助器、排便、排尿自助器、沐浴自助器、阅读自助器、助听器、书写打字自助器、通讯自助器、取物自助器、文娱类自助器、厨房自助器、擦地自助器、开门自助器等。临床根据患者的生活受限情况酌情选用。

（何成奇）

学习要点：

1. 假肢的基本概念及选用原则。
2. 矫形器、助行器的分类和作用。
3. 矫形器、助行器的使用时机与范围。
4. 生活辅具的种类。

第六节 注 射 治 疗

在肌肉、神经和骨骼结构（滑囊、关节和肌腱）注射特定的药物以减轻疼痛、改善功能的方法称为注射治疗（injection therapy）。注射疗法应该是整体化疼痛治疗与功能康复的一个部分，作为其他保守性治疗方法（如物理治疗、口服镇痛药等）的辅助疗法进行采用。传统的注射治疗均是根据解剖结构和体表标志，结合医者的经验来进行，优点是方便、便宜且省时，无需昂贵设备，但缺点是有失之精准之虞。近年来,随着肌肉骨骼超声影像技术的发展与普及,超声引导下的注射治疗正越来越多地得到应用。

一、注射治疗的常用药物

注射治疗常用的药物有三类,分别是局麻药、神经溶解剂和糖皮质激素。近年来,A 型肉毒毒素也越来越多地被应用于肌肉痉挛和各种疼痛综合征的注射治疗之中,透明质酸也常用于关节内注射。

(一) 局麻药

局麻药(local anesthetics)的作用机制是可逆地阻断轴突的钠离子通道,从而阻断周围神经的传导,达到止痛的作用。不同局麻药的效力、毒性、作用时间和应用剂量有所不同,神经阻滞常根据需要选择相应的药物。

1. **普鲁卡因** 普鲁卡因作用较弱,时间短,约 1 小时,成人一次总剂量<500mg。

2. **利多卡因** 利多卡因的效力是普鲁卡因的 3 倍,毒力为普鲁卡因的 1.5 倍,常用浓度为 1%~5%,起效快,30~120 秒产生作用,持续时间为 1.5~2 小时,成人一次总剂量<300mg。

3. **布比卡因** 布比卡因是一种强效、长时效的局麻药,主要用于神经阻滞和腰麻,常用浓度 0.125%~0.25%。起效较慢,作用时间为 4~6 小时,成人一次总剂量<150mg。

4. **罗哌卡因** 罗哌卡因是一种新的酰胺类局麻药,作用强度和时间与布比卡因相似,成人一次总剂量<150mg。

(二) 神经溶解药

酒精和苯酚是临床上应用最广的神经溶解剂(neurolytic agent),这些药物无选择性地作用于运动神经和感觉神经。

1. **苯酚** 苯酚能用于鞘内、硬膜外和周围神经及运动点阻滞,其水溶性差,常需加入甘油中进行溶解,以使其浓度大于 7%。苯酚具有局部麻醉作用,注射后可减轻疼痛。苯酚能使神经变性,注射后肌肉痉挛也可得到缓解。但需要注意的是,剂量大于 100mg 会引起严重的中毒反应。

2. **酒精** 无水酒精能使神经变性,阻断周围神经的传导,可用于神经根、局部交感神经、神经干和运动点阻滞。酒精比重低于脑脊液,用于鞘内注射时一定要注意控制患者的体位。酒精易溶于机体组织,注射后产生强烈的烧灼感,主要应用于局部痉挛的治疗。

(三) 糖皮质激素

糖皮质激素(glucocorticoids)注射可消除疼痛与肿胀,因此常用于治疗关节与软组织炎症。糖皮质激素抑制炎症反应和减轻疼痛的作用机制包括:

1. 减少细胞因子和其他炎症介质的产生。

2. 抑制巨噬细胞及多形核白细胞的趋化作用。

3. 降低毛细血管渗透性。

4. 稳定神经膜并抑制 C 型神经纤维传递。

常用作关节和软组织注射的糖皮质激素包括:醋酸或磷酸倍他米松钠,6mg/ml;醋酸甲泼尼龙(醋酸甲基泼尼松龙),40~80mg/ml;泼尼松龙磷酸钠,20mg/ml;泼尼松龙醋酸特丁酯,20mg/ml;曲安奈德(去炎舒松),40mg/ml;己曲安奈德,20mg/ml。

上述糖皮质激素的作用强度、浓度、时间和副作用各有不同,但所有制剂都是有效的。曲安奈德抑制炎症活动的时间最长;氟化皮质类固醇(如曲安奈德)很少用于软组织注射,因其可以引起软组织萎缩;泼尼松龙醋酸特丁酯和醋酸甲泼尼龙因有效且价廉,常用于软组织注射。一般建议,糖皮质激素一年内注射次数不宜超过 4 次。

(四) 肉毒毒素

肉毒毒素(botulinum toxin)是由厌氧的肉毒梭菌产生的一种细菌外毒素,有 7 个亚型,目前只有 A 型肉毒毒素应用于临床,国内临床应用的有保妥适(进口)和衡力(国产)两种制剂,其主要作用是阻止神经肌肉接头处突触前膜释放乙酰胆碱,阻断神经肌肉接头的传递功能,起到松弛肌肉的作用。同时也可抑制参与痛觉传递的神经递质谷氨酸和P物质以及降钙素基因相关肽的释放,因此广泛用于各种肌肉痉挛、肌张力障碍和疼痛。研究显示,肉毒毒素注射的疗效可持续达半年,且副作用小。

二、激痛点注射

激痛点(trigger points)是指骨骼肌条索状紧张带中,触压能够导致疼痛和牵涉痛、并产生局部抽搐反应(local twitch response)的局限性高敏感位点,也可称扳机点。人体的任何肌肉或肌群中均可发现激痛点。激痛点通常在过分紧张的肌群中发现,许多激痛点是以疼痛为特征的,压之可产生疼痛和牵涉痛。疼痛可因受累区的牵拉、冷刺激和压迫而加剧。

激痛点通过对受累肌肉的深部触诊来定位,触诊可使患者再现局部疼痛和牵涉痛。激痛点通常是界限明显的敏锐压痛点,当激痛点存在时,被动或主动牵拉受累肌常能诱发和加重疼痛。对受累肌肉进行激痛点注射时,首先确定重现疼痛的最痛点为注射点,当注射点确定后,用记号笔做进针点标记。然后进行皮肤消毒,全过程无菌操作,注射点的皮肤和皮下组织通常不需麻醉。最后用20~25号针刺入肌肉压痛点,注射药物之前,需要回抽,避免注入血管内,进针中若诱发出现局部肌肉抽搐反应或重现疼痛,即可确认针在激痛点内,然后注入药物(常用1%利多卡因0.1~0.5ml,不推荐使用皮质激素)。无论是否注射药物,针刺均能有效使激痛点失活,缓解疼痛。因此,也有仅用干针刺激(dry needling)进行治疗的。但注射局麻药有利于减轻注射后疼痛,便于在疼痛较小的情况下进行更广泛部位的针刺治疗。注射完毕,将针抽出稍加压迫以减少出血。

1. 适应证　诊断为肌筋膜痛或者纤维肌痛症且能够触及激痛点者可以采用激痛点注射,注射后肌筋膜痛缓解,可以配合进行激痛点牵伸等物理治疗。

2. 禁忌证　激痛点注射的绝对禁忌证是局部皮肤感染、注射部位的肿瘤、有局麻药过敏史、严重凝血障碍、败血症或患者不合作。

3. 并发症　激痛点注射的并发症包括感染、疼痛、出血、局麻药过量或注入血管内产生中枢神经系统毒性反应,注入神经内可引起神经损害。注射时若出现严重疼痛,应立即移动针头。

三、神经阻滞

将局麻药直接注射到神经干、神经丛、神经根、交感神经节等神经组织内或附近,达到阻断神经传导功能以诊断和治疗疼痛的方法称为神经阻滞(nerve block)。神经阻滞对反射性交感神经性营养不良和疱疹后神经痛等疾病有重要的治疗作用。周围神经阻滞还能放松肌肉,减轻疼痛,缓解痉挛,便于进行主动的物理治疗,促进功能的改善。

(一)运动点注射

运动神经从肌肉表面进入肌肉的位点称为运动点。肌肉根据其形状和大小的不同有一到多个运动点,采用肌肉表面电刺激用最小的刺激电流引起最大的肌肉运动时的刺激点即为肌肉的运动点,一般肌肉的运动点分布在肌腹。用局麻药进行运动点注射(motor point injection)又称运动神经分支阻滞,主要用于止痛和控制痉挛。操作时先用低频电刺激找出肌肉的运动点,进行标记,然后在标记处进针,注入适量的药物,根据作用需要可以选择利多卡因、苯酚或无水酒精等。

(二)神经根注射

1. 腰神经根注射　腰神经由支配躯干及下肢的感觉纤维、运动纤维和交感灰交通支、白交通支组成,在相应椎体下方穿过椎间孔,走行在横突侧方,分成前后两支,前支组成腰丛,后支支配脊旁肌。如进行L_4神经根注射,常常在L_4棘突旁开2~3cm进针,深达3~5cm即可触及横突,然后将针向尾端倾斜滑过横突再进针1.2~2cm即抵达神经根。为了证实针在椎间孔内也可以注入碘帕醇1~2ml,采用C型X线机拍摄影像。准确无误后可以注入1%利多卡因3ml(内含曲安奈德20mg),移开针尖后再注1%利多卡因2ml。

2. 其他神经根注射 常采用颈神经根和骶神经根注射治疗神经根型颈椎病和坐骨神经痛,但是注射技术要求相对较高,特别是颈部,应避免药物注入神经鞘,否则会扩散至蛛网膜下腔。

(三)神经干注射(nerve trunk injection)

周围神经可以通过神经电刺激器或超声影像协助定位。电刺激器定位时,在神经干的体表用绝缘针刺入,刺激器阴极与针连接,阳极连接辅助电极,打开刺激器,通常将刺激电流调到 $0.1\sim0.5mA$,产生明显的靶肌肉运动时,表明针已接近神经组织,然后减小电流,以进一步对神经定位,针的定位要求用最小刺激产生最大的肌肉运动。随即注入适量的药物,根据作用需要可以选择利多卡因、苯酚或者无水酒精等,注射药物之前,要回抽针管,以避免药物注入血管内。

(四)神经阻滞的适应证

1. 神经痛 神经阻滞可用以诊断和治疗各种神经痛,如三叉神经痛、坐骨神经痛、带状疱疹后神经痛、幻肢痛等。选择性神经阻滞可用来明确特殊解剖结构、判断疼痛病因,或用来判定特殊的伤害性感受通路和其他涉及疼痛的发生机制等。

2. 肢体痉挛 对严重的肢体痉挛患者也可采用神经干或运动点的苯酚或无水酒精注射,可逆性地阻滞相关神经,从而缓解痉挛,有助于患者参与综合康复治疗,恢复肢体功能。

(五)神经阻滞的禁忌证

绝对禁忌证包括局部皮肤感染、注射部位肿瘤、有局麻药过敏史、有严重的低血容量(阻滞可能产生明显的交感神经阻滞)、凝血障碍、败血症和颅内压增高。

丙胺卡因的剂量不应大于600mg,因其可以产生明显的正铁血红蛋白血症。带有防腐剂的糖皮质激素禁止用于硬膜外和蛛网膜下腔,因为防腐剂可导致癫痫和中枢神经系统的持久性损害。

(六)并发症

神经阻滞的常见并发症有交感神经阻滞后的低血压,这通常发生在有低血容量和接受覆盖身体的大部分阻滞(如脊髓或硬膜外阻滞)的患者。局麻药的过量使用或注入血管内可产生中枢神经系统中毒,在有些病例可出现心跳、呼吸停止。因针的接触致神经损伤也可能发生,特别是使用短斜面针时,但很少见。

四、交感神经阻滞

上、中颈交感神经节、星状神经节参与头颈和上肢的交感神经支配,腰交感神经链位于腰椎的前侧方,参与下肢交感神经的组成。当这些交感神经出现功能失调而产生相应症状时,需要进行交感神经阻滞(sympathetic block)。

(一)星状神经节阻滞

星状神经节是由低位颈交感神经节和第1胸交感神经节组成,位于第7颈椎和第1胸椎的椎前筋膜中,由于第6颈椎横突较易触摸,故多采用 C_6 途径进行星状神经节注射,药物也易沿着椎前筋膜向下阻滞星状神经节。

1. 注射技术 患者平卧,颈下垫一薄枕,建立静脉通道,备好抢救设备和药物。在甲状软骨和环状软骨分别进行标记,消毒后用左手中指在甲状软骨水平向下触及第6颈椎横突,右手持针在左手中指处垂直进针,直抵第6颈椎横突再退回2mm,回抽无异常后注入1%利多卡因1ml或0.25%布比卡因1ml。观察患者的反应,如无异常再注入1%利多卡因1~5ml,直至注入量达到10ml。

2. 注射成功的标志 注射3分钟内出现注射侧皮肤温度上升,眼睑下垂,瞳孔缩小,疼痛减轻,注射侧鼻腔黏膜充血。

3. 并发症 1%利多卡因0.5~1ml注入动脉血管可导致惊厥或意识丧失。亦可发生气胸,以及膈神经或喉返神经阻滞产生的相应症状。

(二)其他神经节阻滞

如有特殊需要还可进行腰交感神经节阻滞、腹腔神经丛阻滞和内脏神经阻滞,这些交感神经节位置较深，注射技术要求高，往往需要影像学定位，故临床应用相对受限。

五、关节腔内注射

关节腔内注射（intraarticular injection）通常从关节伸面的某点进行，该点滑膜靠皮肤最近，且受动脉、静脉和神经的影响最小。注射点确定后，最好用记号笔做进针点标记，然后进行局部消毒，待消毒剂干燥 2 分钟，戴无菌手套，便于整个过程中在消毒范围触及骨性标志；最好使用单剂量小瓶装药物，可进一步减少感染概率。先用 25～27 号针将 1% 利多卡因注射一小皮丘进行皮肤麻醉，再用 21～25 号针穿透皮肤、关节囊和滑膜层平滑地进入关节腔。在操作过程中应避开骨膜和关节软骨，回抽以确保药物不会注入血管内，如抽出滑液表明针在关节腔内，但通常很少回抽到液体。如果有渗出，应缓慢而平稳地抽出所有液体。如果液体是黄色澄清的，则感染的可能性很小，可将糖皮质激素注入。如果液体混浊，应当做滑液分析，包括细菌培养和微生物药敏测试。如果怀疑有感染，应暂停糖皮质激素关节注射。

关节腔内注射还可以在超声引导下进行，先在超声定位下抽出关节腔内的液体，然后注入相应的药物，如糖皮质激素或透明质酸等。

（一）适应证

1. 骨关节炎　骨关节炎关节腔内注射透明质酸是一项应用较广泛的技术，透明质酸起到类似于滑液的作用，可润滑关节，适用于骨关节炎的早期，有利于骨关节炎的控制。

2. 关节内外疼痛　对于诊断明确的关节内外疼痛，当非甾体抗炎药（NSAIDs）治疗失败或为禁忌时，关节腔内注射糖皮质激素能最大限度地控制关节炎症，减轻自限性无菌性炎症。若有超过三个以上的关节出现未能控制的炎症时，应考虑全身性糖皮质激素治疗。

（二）禁忌证

1. 局部软组织感染、菌血症。

2. 关节不稳定、化脓性关节炎、骨坏死和神经营养性关节炎。

3. 创伤性关节炎。

4. 关节周围区严重的骨质疏松。

5. 有植入物的关节。

（三）并发症

1. 感染和皮下组织萎缩　因无菌操作技术的应用，极少发生关节感染。有报道 40 万次关节腔内注射感染的发生率为 0.005%。若糖皮质激素注射到关节间隙以外或从关节间隙渗漏，会发生注射区的组织萎缩。

2. 注射后炎症　常继发于皮质醇结晶导致的滑膜炎，正常持续 4～12 小时，可用 NSAIDs 治疗，局部可冰敷。如果持续超过 24 小时，应当重新评估以排除感染。注射后炎症的发生率为 1%～2%。

3. 负重关节的关节腔内注射一般 3～4 个月一次，以减少对关节软骨和支持韧带的损害。大关节每年注射不应超过 3～4 次，或总累积不超过 10 次。小关节注射每年不超过 2～3 次，或总累积不超过 4 次。如果注射到关节内的糖皮质激素吸收进入体循环，可导致血糖升高。

（郭铁成）

学习要点：

1. 激痛点注射操作方法。

2. 运动点、神经干、神经根注射方法。

3. 星状神经节阻滞方法。

笔记

第五章　神经系统常见病损的康复

第一节　脑卒中的康复

一、概述

脑卒中（stroke）亦称脑血管意外（cerebrovascular accident，CVA），曾称"中风"，是指突然发生的、由脑血管疾病引起的局限性或全脑功能障碍，持续时间超过 24 小时或引起死亡的临床综合征。它包括脑梗死（cerebral infarction）、脑出血（cerebral hemorrhage）和蛛网膜下腔出血（subarachnoid hemorrhage）。脑梗死包括脑血栓形成（cerebral thrombosis）、脑栓塞（cerebral embolism）和腔隙性脑梗死（lacunar infarction）。脑卒中是危害中老年人生命与健康的常见病，我国城乡脑卒中年发病率为 200/10 万，年死亡率为（80～120）/10 万，存活者中 70% 以上有不同程度的功能障碍，其中 40% 为重度残疾，脑卒中的复发率达 40%。

WHO 提出脑卒中的危险因素包括：①可调控的因素，如高血压病、心脏病、糖尿病、高脂血症等；②可改变的因素，如不良饮食习惯、大量饮酒、吸烟等；③不可改变的因素，如年龄、性别、种族、家族史等。近年来，随着临床诊疗水平的提高，脑卒中急性期的死亡率有了大幅度下降，使得人群中脑卒中的总患病率和致残率明显升高。

由于发生脑卒中时脑损伤的部位、范围和性质不同，在临床上可以表现为：①感觉和运动功能障碍：表现为偏身感觉（浅感觉和深感觉）障碍、一侧视野缺失（偏盲）和偏身运动障碍。②交流功能障碍：表现为失语、构音障碍等。③认知功能障碍：表现为记忆力障碍、注意力障碍、思维能力障碍、失认等。④心理障碍：表现为焦虑、抑郁等。⑤其他功能障碍：如吞咽困难、二便失禁、性功能障碍等。根据 WHO《国际功能、残疾与健康分类》(ICF)，脑卒中患者功能受损的程度可分为三个水平：①器官水平的功能障碍：即身体结构与功能的损害。②个体水平的功能障碍：即活动受限（指日常生活活动能力受限）。③社会水平的功能障碍：即参与受限（指参与社会生活的能力受限）。环境因素与所有功能及其损害交互作用，对三个水平产生积极或消极的影响。

为了最大限度地降低脑卒中的致残率，提高患者的生存质量，应在及时抢救治疗的同时，积极开展早期康复治疗。脑卒中三级康复网络的建立符合我国分层级康复医疗服务体系的基本要求，一级康复是指脑卒中急性期在神经内科或神经外科住院期间进行的康复治疗，卒中单元（stroke unit）已经成为脑卒中规范治疗的重要组成部分，即将早期规范的康复治疗与脑卒中急性期治疗有机地结合，积极防治各种并发症，为下一步改善患者受损的功能创造条件；二级康复是指脑卒中恢复早期在康复医学科或康复中心进行的康复治疗，尽可能使脑卒中患者受损的功能达到最大程度的改善，提高患者日常生活活动能力；三级康复是指脑卒中恢复中后期和后遗症期在社区或家庭开展的康复治疗，提高患者参与社会生活的能力。

二、康复评定

（一）脑损害严重程度评定

1. **格拉斯哥昏迷量表**　详见第五章第二节。

2. **脑卒中患者临床神经功能缺损程度评分标准**　该量表是我国学者在参考爱丁堡 - 斯堪的那维亚评分量表的基础上编制而成的，它是目前我国用于评定脑卒中临床神经功能缺损程度最广泛的量表之一。其总分为 45 分,0~15 分为轻度神经功能缺损,16~30 分为中度神经功能缺损,31~45 分为重度神经功能缺损。

　　3. 美国国立卫生研究院卒中量表(NIH stroke scale,NIHSS) NIHSS 是国际上公认的、使用频率最高的脑卒中评定量表,有 11 项检测内容,得分低说明神经功能损害程度轻,得分高说明神经功能损害程度重(表 5-1)。

表 5-1　美国国立卫生研究院卒中量表(NIHSS)

项目	得分	项目	得分
1. 意识与定向力		不能抗重力	2
①意识水平		直接跌落	3
清醒	0	截肢或关节融合	UN
嗜睡	1	6. 下肢的运动(下肢抬高 30°,常常在卧位评测下肢是否在 5 秒钟内跌落)	
昏睡	2		
昏迷	3	保持 5 秒	0
②定向力问题(现在的月份和患者的年龄。回答必须正确,接近的答案不给分)		不到 5 秒	1
		不能抗重力	2
两个问题均回答正确	0	直接跌落	3
一个问题回答正确	1	截肢或关节融合	UN
两个问题回答均不正确	2	7. 肢体共济失调(指鼻试验和足跟膝胫试验)	
③定向力命令(睁眼闭眼,健侧手握拳与张开)		无	0
两个任务执行均正确	0	上肢或下肢共济失调	1
一个任务执行正确	1	上下肢体均共济失调	2
两个任务执行均不正确	2	截肢或关节融合	UN
2. 凝视功能(只评测水平凝视功能)		8. 感觉	
		正常	0
正常	0	部分缺失	1
部分凝视麻痹	1	明显缺失	2
完全性的凝视麻痹	2	9. 忽视	
3. 视野		没有忽视	0
没有视野缺失	0	存在一种类型的忽视	1
部分偏盲	1	存在一种以上类型的忽视	2
完全偏盲	2	10. 语言	
双侧偏盲	3	没有失语	0
4. 面瘫		轻中度失语	1
正常	0	重度失语	2
轻度瘫痪	1	完全性失语	3
部分瘫痪	2	11. 构音障碍	
完全性的瘫痪	3	正常	0
5. 上肢的运动(如果坐位,上肢前屈至 90°,手掌向下;如果卧位,前屈 45°,观察上肢是否在 10 秒钟前跌落)		轻度至中度障碍	1
		重度障碍	2
保持 10 秒	0		
不到 10 秒	1		

（二）运动功能评定

1. Brunnstrom 运动功能评定法　Brunnstrom 将脑卒中偏瘫运动功能恢复分为 6 期,根据患者上肢、手和下肢肌张力与运动模式的变化来评定其运动功能恢复情况。Brunnstrom 1 期为患者无随意运动;Brunnstrom 2 期为患者开始出现随意运动,并能引出联合反应、共同运动;Brunnstrom 3 期为患者的异常肌张力明显增高,可随意出现共同运动;Brunnstrom 4 期为患者的异常肌张力开始下降,其共同运动模式被打破,开始出现分离运动;Brunnstrom 5 期为患者的肌张力逐渐恢复,并出现精细运动;Brunnstrom 6 期为患者的运动能力接近正常水平,但运动速度和准确性比健侧差。

2. Fugl-Meyer 评定法　Fugl-Meyer 评定法(表 5-2)主要包括肢体运动、平衡和感觉积分,以及关节被动活动度积分(包括运动和疼痛总积分)。其评分细则可参见相关书籍的有关内容。

表 5-2　Fugl-Meyer 评定积分总表

评定内容	最大积分
运动	
上肢	36
腕和手	30
上肢总积分	66
下肢总积分	34
总运动积分	100
平衡总积分	14
感觉总积分	24
被动关节活动度	
运动总积分	44
疼痛总积分	44
Fugl-Meyer 总积分	226

（三）平衡功能评定

1. 三级平衡检测法　三级平衡检测法在临床上经常使用,I 级平衡是指在静态不借助外力的条件下,患者可以保持坐位或站立位平衡;II 级平衡是指在支撑面不动(坐位或站立位)条件下,患者的身体的某个或几个部位运动时可以保持平衡;III 级平衡是指患者在有外力作用或外来干扰的条件下,仍可以保持坐位或站立位平衡。

2. Berg 平衡量表　Berg 平衡量表是脑卒中临床康复与研究中最常用的量表,一共有 14 项检测内容,包括:①坐→站;②无支撑站立;③足着地,无支撑坐;④站→坐;⑤床→椅转移;⑥无支撑闭眼站立;⑦双脚并拢,无支撑站立;⑧上肢向前伸;⑨从地面拾物;⑩站立位转身向后看;⑪转体 360°;⑫双脚交替踏台阶;⑬双足前后位,无支撑站立;⑭单腿站立。每项评分 0～4 分,满分 56 分,得分高表明平衡功能好,得分低表明平衡功能差。

（四）日常生活活动能力评定

日常生活活动能力评定是脑卒中临床康复常用的功能评定,其方法主要有 Barthel 指数和功能活动问卷(FAQ),详见第三章第七节。

（五）生存质量评定

生存质量(QOL)评定分为主观取向、客观取向和疾病相关的 QOL 三种,常用量表有生活满意度量表、WHOQOL-100 量表和 SF-36 量表等。

（六）其他功能障碍的评定

其他功能障碍的评定还有感觉功能评定、认知功能评定、失语症评定、构音障碍评定、心肺功能评定和心理评定等。

三、康复治疗

脑卒中突然发病后,根据脑组织受损的程度不同,临床上可有相应中枢神经受损的表现。常见的功能障碍有偏身感觉障碍、运动障碍、偏盲,可以合并有吞咽功能障碍、交流功能障碍、认知功能障碍、心理障碍,以及肩部问题和二便问题等,严重的可以出现四肢瘫、昏迷,甚至死亡。脑卒中康复主要是针对上述功能问题进行相应的处理,只有早期康复介入,采取综合有效的措施,并注意循序渐进和患者的主动参与,才能最大限度地减轻其中枢神经受损的功能,为提高脑卒中患者的生存质量创造条件。

(一)康复目标与时机选择

1. 康复目标 采用一切有效的措施预防脑卒中后可能发生的并发症(如压疮、坠积性或吸入性肺炎、泌尿系感染、深静脉血栓形成等),改善受损的功能(如感觉、运动、语言、认知和心理等),提高患者的日常生活活动能力和参与社会生活能力,即提高脑卒中患者的生存质量。

2. 康复时机 循证医学研究表明,早期康复有助于改善脑卒中患者受损的功能,减轻残疾的程度,提高其生存质量。为了避免过早的主动活动使得原发的神经病学疾患加重,影响受损功能的改善,通常主张在生命体征稳定48小时后,原发神经病学疾患无加重或有改善的情况下,开始进行康复治疗。脑卒中康复是一个长期的过程,病程较长的脑卒中患者仍可从康复中受益,但其效果较早期康复者差。对伴有严重的合并症或并发症,如血压过高、严重的精神障碍、重度感染、急性心肌梗死或心功能不全、严重肝肾功能损害或糖尿病酮症酸中毒等,应在治疗原发病的同时,积极治疗合并症或并发症,待患者病情稳定48小时后方可逐步进行康复治疗。

(二)基本原则

1. 选择合适的病例和早期康复时机。

2. 康复治疗计划是建立在功能评定的基础上,由康复治疗小组共同制订,并在其实施过程中酌情加以调整。

3. 康复治疗贯穿于脑卒中治疗的全过程,做到循序渐进。

4. 综合康复治疗要与日常生活活动和健康教育相结合,并有脑卒中患者的主动参与及其家属的配合。

5. 积极防治并发症,做好脑卒中的二级预防。

(三)急性期康复治疗

脑卒中急性期通常是指发病后的1~2周,相当于Brunnstrom分期1~2期,此期患者从患侧肢体无主动活动到肌肉张力开始恢复,并有弱的屈肌与伸肌共同运动。康复治疗是在神经内科或神经外科常规治疗(包括原发病治疗,合并症治疗,控制血压、血糖、血脂等治疗)的基础上,患者病情稳定48小时后开始进行。本期的康复治疗为一级康复,其目标是通过被动活动和主动参与,促进偏瘫侧肢体肌张力的恢复和主动活动的出现,以及肢体正确的摆放和体位的转换(如翻身等),预防可能出现的压疮、关节肿胀、下肢深静脉血栓形成、泌尿系和呼吸道的感染等并发症。偏瘫侧各种感觉刺激、心理疏导,以及其他相关的床边康复治疗(如吞咽功能训练、发音器官运动训练、呼吸功能训练、心肺康复训练等),有助于脑卒中患者受损功能的改善。同时,积极控制相关的危险因素(如高血压、高血糖、高血脂和心房纤颤等),做好脑卒中的二级预防。

1. 体位与患肢的摆放 定时翻身(每2小时一次)是预防压疮的重要措施,开始以被动为主,待患者掌握翻身动作要领后,由其主动完成。为增加偏瘫侧的感觉刺激,多主张偏瘫侧卧,适当采取健侧卧位,尽可能少的采取仰卧位,避免半卧位。偏瘫侧卧时偏瘫侧上肢应呈肩关节前屈90°,伸肘、伸指、掌心向上;偏瘫侧下肢呈伸髋、膝稍屈、踝背屈90°,而健侧肢体放在舒适的位置。仰卧位时,偏瘫侧肩胛骨和骨盆下应垫薄枕,防止日后的后缩,偏瘫侧上肢呈肩关节稍外展、伸肘、伸腕、伸指、掌心向下;偏瘫侧下肢呈屈髋、屈膝、足踩在床面上(必要时给予一定的支持或帮助)或伸髋、伸膝、踝背屈 90°(足底可放支持物或置丁字鞋,痉挛期除外),健侧肢体可放在舒适的位置。健侧卧时,偏瘫侧上肢有支撑(垫枕),肩关节呈前屈 90°,伸肘、伸腕、伸指,掌心向下;偏瘫侧下肢有支撑(垫枕),呈迈步状(屈髋、屈膝、踝背屈 90°,患足不可悬空)。

2. 偏瘫肢体被动活动 本期多数脑卒中患侧肢体主动活动不能或很弱,肌张力低。为了保持关节活动度,预防关节肿胀和僵硬,促进偏瘫侧肢体主动活动的早日出现,以被动活动偏瘫肢体为主。活动顺序为从近端关节到远端关节,一般每日 2~3 次,每次 5 分钟以上,直至偏瘫肢体主动活动恢复。同时,嘱患者头转向偏瘫侧,通过视觉反馈和治疗师言语刺激,有助于患者的主动参与。被动活动宜在无痛或少痛的范围内进行,以免造成软组织损伤。在被动活动肩关节时,偏瘫侧肱骨应呈外旋位,即手掌向上(仰卧位),以防肩部软组织损伤产生肩痛。

3. 床上活动 ①促进腹式呼吸:脑卒中患者卧床后腹肌收缩活动与张力明显降低,表现为胸式呼吸,仰卧位时胸廓向上、向外牵拉,胸骨和肋骨异常抬高,因此治疗师需促进其肋部向下、向内运动,被动的使胸廓恢复正常位置,这样有利于纠正胸式呼吸为腹式呼吸。②双手叉握上举运动:双手叉握,偏瘫手拇指置于健手拇指掌指关节之上(Bobath 握手),在健侧上肢的帮助下,作双上肢伸肘、肩关节前屈、上举运动。③翻身:向偏瘫侧翻身呈患侧卧,双手叉握、伸肘、肩前屈 90°,健侧下肢屈膝屈髋、足踩在床面上,头转向偏瘫侧,健侧上肢带动偏瘫侧上肢向偏瘫侧转动,并带动躯干向偏瘫侧转,同时健侧足踏在床面用力使得骨盆和下肢转向偏瘫侧;向健侧翻身呈健侧卧,动作要领同前,只是偏瘫侧下肢的起始位需他人帮助,健侧卧的肢位摆放同前。④桥式运动(仰卧位屈髋、屈膝、挺腹运动):仰卧位,上肢放于体侧,双下肢屈髋屈膝,足平踏于床面,伸髋使臀部抬离床面,维持该姿势并酌情持续 5~10 秒。

4. 运动想象疗法 运动想象疗法可用于脑卒中恢复的任何阶段,因为其实施不依赖患者的残存运动功能,而是在想象中执行一个或一系列具体动作(不产生肢体活动),但要求患者有一定的认知功能。

5. 物理因子治疗 局部机械性刺激(如用手在相应肌肉表面拍打等)、冰刺激、功能性电刺激、肌电生物反馈和局部气压治疗等,可使瘫痪肢体肌肉通过被动引发的收缩与放松,逐步改善其张力及运动功能;音乐治疗能够辅助改善焦虑、抑郁,促进功能恢复;经颅磁刺激能够改变大脑皮质神经细胞的膜电位,使之产生感应电流,影响脑内代谢和神经电活动;经颅直流电刺激可通过调节神经网络发挥作用,采用阳极刺激和阴极刺激不同的脑功能区,从而起到治疗效果。

6. 中国传统疗法 常用的有按摩和针刺治疗等,通过深浅感觉刺激,有助于局部肌肉的收缩和血液循环,从而促进患侧肢体功能的改善。

(四)恢复早期康复治疗

脑卒中恢复早期(亚急性期)是指发病后的 3~4 周,相当于 Brunnstrom 分期 2~3 期,患者从患侧肢体弱的屈肌与伸肌共同运动到痉挛明显,患者能主动活动患肢,但肌肉活动均为共同运动。本期的康复治疗为二级康复,其目标除预防常见并发症和脑卒中二级预防以外,应抑制肌痉挛,促进分离运动恢复,加强患侧肢体的主动活动并与日常生活活动能力训练相结合,注意减轻偏瘫肢肌痉挛,避免加强异常运动模式(上肢屈肌痉挛模式和下肢伸肌痉挛模式)。同时,针对患者其他方面的功能障碍配合相应的康复治疗。

1. 床上与床边活动 ①上肢上举运动:当偏瘫侧上肢不能独立完成动作时,仍采用前述双侧同时运动的方法,只是偏瘫侧上肢主动参与的程度增大。②床边坐与床边站:在侧卧的基础上,逐步转为床边坐(双脚不能悬空),开始练习该动作时,应在治疗师的帮助指导下完成;床边站时,治疗师应站在患者的偏瘫侧,并给予其偏瘫膝一定帮助,防止膝软或膝过伸,要求在坐 - 站转移过程中双侧下肢应同时负重,防止重心偏向一侧。③双下肢交替屈伸运动,休息时应避免足底的刺激,防止跟腱挛缩与足下垂。④桥式运动:基本动作要领同前,可酌情延长伸髋挺腹的时间,患侧下肢单独完成可增加难度。

2. 坐位活动 ①坐位平衡训练：通过重心（左、右、前、后）转移进行坐位躯干运动控制能力训练，开始训练时应有治疗师在偏瘫侧给予帮助指导，酌情逐步减少支持，并过渡到日常生活活动。②患侧上肢负重：偏瘫侧上肢于体侧伸肘、腕背伸90°、伸指，重心稍偏向患侧。可用健手帮助维持伸肘姿势。③上肢功能活动：双侧上肢或偏瘫侧上肢肩肘关节功能活动（包括肩胛骨前伸运动），双手中线活动并与日常生活活动相结合。④下肢功能活动：双侧下肢或偏瘫侧下肢髋、膝关节功能活动，双足交替或患足踝背屈运动。

3. 站立活动 ①站立平衡训练：通过重心转移，进行站立位下肢和躯干运动控制能力训练，开始应有治疗师在偏瘫侧给予髋、膝部的支持，酌情逐步减少支持，注意在站立起始位双下肢应同时负重。②偏瘫侧下肢负重（单腿负重）：健腿屈髋屈膝，足踏在矮凳上，偏瘫腿伸直负重，其髋膝部从有支持逐步过渡到无支持。③上下台阶运动：患者面对台阶，健手放在台阶的扶手上，健足踏在台阶下，偏瘫足踏在台阶上，将健腿上一台阶，使健足与偏瘫足在同一台阶上，站稳后再将健腿下一台阶回到起始位，根据患者的体力和患侧股四头肌力量等情况，酌情增加运动次数和时间。

4. 减重步行训练 在偏瘫侧下肢不能适应单腿支撑的前提下可以进行减重步行训练，训练通过支持部分体重使得下肢负重减轻，又使患侧下肢尽早负重，为双下肢提供对称的重量转移，重复进行完整的步行周期训练，同时增加训练的安全性。

5. 机器人辅助下步行训练需要在患者能够适应站立体位的前提下进行，可借助机器人减重系统调整患者在动力平台上的负重程度，并通过与腿部或足部相连的驱动装置带动患者步行，不但可以提高步行能力，同时可以保证训练中步态的对称性。

6. 平行杠内行走 在患者偏瘫侧下肢能够适应单腿支撑的前提下可以进行平行杠内行走，为避免偏瘫侧伸髋不充分、膝过伸或膝软，治疗师应在偏瘫侧给予帮助指导，如果患侧踝背屈不充分，可穿戴踝足矫形器，预防可能出现的偏瘫步态。

7. 室内行走与户外活动 在患者能较平稳地进行双侧下肢交替运动的情况下，可先行室内步行训练，必要时可加用手杖，以增加行走时的稳定性。上下楼梯训练的原则是上楼梯时健腿先上，下楼梯时偏瘫腿先下，治疗师可在偏瘫侧给予适当的帮助指导。在患者体力和患侧下肢运动控制能力较好的情况下，可行户外活动，注意开始时应有治疗师陪同。

8. 强制性运动疗法（constraint-induced movement therapy，CIMT） 主要用于脑卒中患者上肢功能的恢复。经典的强制性运动疗法包含三个部分：即重复的任务训练、以提高日常生活能力为目的的适应性任务训练、对于健侧肢体的持续限制。治疗中要求患者90%的清醒时间均限制非患侧上肢活动，同时进行每天6小时的训练，维持2～3周。

9. 物理因子治疗 重点是针对偏瘫侧上肢的伸肌（如肱三头肌和前臂伸肌），改善伸肘、伸腕、伸指功能；偏瘫侧下肢的屈肌（如股二头肌、胫前肌和腓骨长短肌），改善屈膝和踝背屈功能，常用方法有功能性电刺激、肌电生物反馈和低中频电刺激等。

10. 中国传统疗法 常用的有针刺和按摩等方法。部位宜选择偏瘫侧上肢伸肌和下肢屈肌，以改善其相应的功能。

11. 作业治疗 根据患者的功能状况选择适应其个人的作业活动，提高患者日常生活活动能力和适应社会生活能力。作业活动一般包括：①日常生活活动：日常生活能力的水平是反映康复效果和患者能否回归社会的重要指标，基本的日常生活活动（如主动移动、进食、个人卫生、更衣、洗澡、步行和如厕等）和应用性日常生活活动（如做家务、使用交通工具、认知与交流等）都应包括在内。②运动性功能活动：通过相应的功能活动增大患者的肌力、耐力、平衡与协调能力和关节活动范围。③辅助用具使用训练：为了充分利用和发挥已有的功能，可配置辅助用具，有助于提高患者的功能活动能力。

12. 步行架与轮椅的应用 对于年龄较大，步行能力相对较差者，为了确保安全，可使用步行架以增加支撑面，提高行走的稳定性。若下肢瘫痪程度严重，无独立行走能力者可用轮椅代步，以扩大患者的活动范围。

13. 言语治疗　对有构音障碍或失语的脑卒中患者应早期进行言语功能训练,提高患者的交流能力,有助于其整体功能水平的改善,详细的治疗方法可参见第四章第三节。

（五）恢复中期康复治疗

脑卒中恢复中期一般是指发病后的 4~12 周,相当于 Brunnstrom 分期 3~4 期,此期患者从患肢肌肉痉挛明显,能主动活动患肢,但肌肉活动均为共同运动到肌肉痉挛减轻,开始出现选择性肌肉活动。本期的康复治疗为二级康复向三级康复过渡,其目标是加强协调性和选择性随意运动为主,并结合日常生活活动进行上肢和下肢实用功能的强化训练,同时注意抑制异常的肌张力。脑卒中患者运动功能训练的重点应放在正常运动模式和运动控制能力的恢复上。相当一部分偏瘫患者的运动障碍与其感觉缺失有关,因此,改善各种感觉功能的康复训练对运动功能恢复十分重要。

1. 上肢和手的治疗性活动　偏瘫上肢和手功能的恢复较偏瘫侧下肢相对滞后,这可能与脑损害的部位和上肢功能相对较精细、复杂有关。上肢和手是人体进行功能活动必需的功能结构,尽管健侧上肢和手在一定程度上可起到代偿作用,但是,偏瘫侧上肢和手的功能缺失或屈曲挛缩仍然对患者的日常生活活动有相当大的影响。因此,在康复治疗中,应当重视患侧手臂的功能训练。在日常生活活动中,不能忽略偏瘫侧上肢和手。酌情选用强制性运动疗法,以提高偏瘫侧上肢和手的实用功能。

在进行偏瘫侧上肢功能性活动之前,必须先降低该肢体的屈肌张力,常用的方法为反射性抑制模式（reflex inhibition pattern,RIP）：患者仰卧,被动使其肩关节稍外展,伸肘,前臂旋后,腕背伸,伸指并拇指外展。该法通过缓慢、持续牵伸屈肌,可以明显降低上肢屈肌的张力,但效果持续时间短。为了保持上肢良好的屈肌张力,可重复使用该方法。另外,主动或被动地进行肩胛骨的前伸运动也可达到降低上肢屈肌张力的目的。患手远端指间关节的被动后伸、患手部的冰疗、前臂伸肌的功能性电刺激或肌电生物反馈均有助于缓解该肢体的高屈肌张力,改善手的主动活动,尤其是伸腕和伸指活动。值得注意的是,此时的肢体推拿应为上肢的伸肌（肱三头肌和前臂伸肌）,否则将加强上肢屈肌张力。在进行上述的功能性活动中,可逐步增加上肢和手的运动控制能力训练（如某一肢位的维持等）和协调性训练,为以后的日常生活活动创造条件。在进行上肢和手的运动控制能力训练时,为了防止共同运动或异常运动模式的出现,治疗师可用手给予一定的帮助,以引导其正确的运动方向。

在偏瘫侧上肢和手的治疗性活动中,尤其是在运动控制能力的训练中,尤要重视"由近到远、由粗到细"的恢复规律,近端关节的主动控制能力直接影响到该肢体远端关节的功能恢复（如手功能的改善与恢复）。

2. 下肢的治疗性活动　当偏瘫侧下肢肌张力增高和主动运动控制能力差时,常先抑制异常的肌张力,再进行有关的功能性活动（以主动活动为主,必要时可给予适当的帮助）。降低下肢肌张力的方法（卧位）有：腰椎旋转（动作同骨盆旋转）；偏瘫侧躯干肌的持续牵伸（通过患髋及骨盆内旋牵拉该侧腰背肌）；跟腱持续牵拉（可在屈膝位或伸膝位进行被动踝背屈）。下肢的运动控制能力训练可在屈髋屈膝位、屈髋伸膝位、伸髋屈膝位进行偏瘫侧下肢主要关节的主动运动控制活动,可以加用前述的指压第1和第2跖骨间的肌肉,以促进踝背屈功能的恢复；患足的跟部在健腿的膝、胫前、内踝上进行有节律的、协调的、随意的选择性运动（称跟膝胫踝运动）。该运动是下肢运动控制能力训练的重要内容,同时可作为评定其训练效果的客观依据。由于下肢肌张力增高主要为伸肌（与上肢相反）,因此,在使用推拿、针灸等方法时,应以促进下肢的屈肌功能恢复为主（如胫前肌）。

在运动控制训练中,主要练习不同屈膝位的主动伸膝运动、主动屈膝运动和踝背屈活动,可加用指压第1和第2跖骨间的肌肉。

下肢的功能除负重以外,更重要的是行走,人们通过行走可以更好地参与日常生活、家庭生活和社区生活,以实现其自身的价值。如果患者的踝背屈无力或足内翻明显,影响其行走,可用弹性绷带或踝足矫形器（AFO）使其患足至踝背屈位,以利于行走,休息时可将其去除。对于老年体弱者,可根据其具体情况,选用相应的手杖或步行架。如果患者脑损害严重,同时合并有其他功能障碍(如认知功能障碍等),影响了肢体运动功能恢复,使其无法行走时,可使用轮椅,以减轻其残障的程度,在患者出院前,治疗师应教会患者及其家属如何进行床椅转移和轮椅的使用。

3. 作业性治疗活动　针对患者的功能状况选择适合的功能活动内容,如书写练习、画图、下棋、打毛线、粗线打结;系鞋带、穿脱衣裤和鞋袜、家务活动、社区行走,使用交通通讯工具等。

4. 认知功能训练　认知功能障碍有碍于患者受损功能的改善,因此,认知功能训练应与其他功能训练同步,具体方法详见第四章第四节。

(六)恢复后期康复治疗

脑卒中恢复后期一般是指发病后的 4～6 个月,相当于 Brunnstrom 分期 5～6 期,此期患者大多数肌肉活动为选择性的,能自主活动,从不受肢体共同运动影响到肢体肌肉痉挛消失,分离运动平稳,协调性良好,但速度较慢。本期的康复治疗为三级康复,其目标是抑制痉挛,纠正异常运动模式,改善运动控制能力,促进精细运动,提高运动速度和实用性步行能力,掌握日常生活活动技能,提高生存质量。

1. 上肢和手的功能训练　综合应用神经肌肉促进技术,抑制共同运动,促进分离运动,提高运动速度,促进手的精细运动。

2. 下肢功能训练　抑制痉挛,促进下肢运动的协调性,增加步态训练的难度,提高实用性步行能力。

3. 日常生活活动能力训练　加强修饰、如厕、洗澡、上下楼梯等日常生活自理能力训练,增加必要的家务和户外活动训练等。

4. 言语治疗　在前期言语治疗的基础上,增加与日常生活有关的内容,以适应今后日常生活活动。

5. 认知功能训练　结合日常生活活动进行相关的训练,详见有关章节。

6. 心理治疗　鼓励和心理疏导,加强患者对康复治疗的信心,以保证整个康复治疗顺利进行。

7. 支具和矫形器的应用　必要的手部支具、踝足矫形器和助行器等的应用,有助于提高患者的独立生活能力。

(七)后遗症期的康复治疗

脑卒中后遗症期是指脑损害导致的功能障碍经过各种治疗,受损的功能在相当长的时间内不会有明显的改善的时期,临床上有的在发病后 6～12 月,但多在发病后 1～2 年。导致脑卒中后遗症的主要原因有颅脑损害严重、未及时进行早期规范的康复治疗,治疗方法或功能训练指导不合理而产生误用综合征、危险因素(高血压、高血糖、高血脂)控制不理想致原发病加重或再发等。脑卒中常见的后遗症主要表现为患侧上肢运动控制能力差和手功能障碍、失语、构音障碍,面瘫、吞咽困难、行走困难(包括偏瘫步态、患足下垂等)、大小便失禁、血管性痴呆等。

此期的康复治疗为三级康复,应加强残存和已有功能的恢复,即代偿性功能训练,包括矫形器、步行架和轮椅等的应用,以及环境改造和必要的职业技能训练,以适应日常生活的需要。同时,注意防止异常肌张力和挛缩的进一步加重。避免废用综合征、骨质疏松和其他并发症的发生,帮助患者下床活动和进行适当的户外活动,注意多与患者交流和必要的心理疏导,激发其主动参与的意识,发挥家庭和社会的作用。

(八)脑卒中特殊临床问题的处理

1. 肩部问题　脑卒中患者在发病 1～3 个月,有 70% 左右会发生肩痛及其相关功能障碍,常见的有肩手综合征、肩关节半脱位和肩部软组织损伤(如肩袖损伤、滑囊炎、腱鞘炎)等,限制了患侧上肢功能活动和功能的改善。肩手综合征表现为肩痛、肩部运动障碍、手肿痛,后期出现手部肌萎缩、手指关节挛缩畸形,常用的治疗方法有抬高患侧上肢,腕关节背屈,鼓励主动活动;患者活动受限或无主动活动时加用被动活动、向心性气压治疗或线缠绕加压治疗、手部冷疗、类固醇制剂局部注射治疗等。肩关节半脱位表现为肩部运动受限，局部有肌萎缩，肩峰与肱骨头之间可触及明显凹陷，常用的治疗方法有纠正肩胛骨的后缩，刺激三角肌和冈上肌的主动收缩（如关节挤压、局部拍打或冰刺激、电针治疗等），Bobath 肩托有利于患侧肩关节的主被动活动，预防肩部损伤。肩部软组织损伤表现为肩部主动或被动活动时肩痛，后期可有局部肌萎缩，治疗上应在肱骨外旋位做肩部活动，可加用局部理疗、中药外用和口服非甾体消炎镇痛药物等。

2. 肌痉挛与关节挛缩　大多数脑卒中患者在运动功能恢复的过程中都会出现不同程度的骨骼肌张力增高，主要是由于上运动神经元受损后引起的牵张反射亢进所致，表现为患侧上肢屈肌张力增高和下肢伸肌张力增高，常用的治疗方法有神经肌肉促进技术中的抗痉挛方法，正确的体位摆放（包括卧位和坐位）和紧张性反射的利用，口服肌松药物（如巴氯芬等），局部注射肉毒毒素等。挛缩是脑卒中患者长时间骨骼肌张力增高，受累关节不活动或活动范围小使得关节周围软组织短缩、弹性降低，表现为关节僵硬，常用的治疗方法有抗痉挛体位和手法的应用，被动活动与主动活动（患肢负重），矫形支具的应用，必要时可用手术治疗。

3. 吞咽困难　脑卒中患者颅脑损害严重或有脑干病变常出现吞咽困难并有构音障碍。正常的吞咽过程包括口腔期、咽期和食管期，脑卒中患者的吞咽障碍主要在口腔期和咽期。常用的治疗方法：①唇、舌、颜面肌和颈部屈肌的主动运动和肌力训练；②一般先用糊状或胶状食物进行训练，少量多次，逐步过渡到普通食物；③进食时多主张取坐位颈稍前屈，易引起咽反射；④软腭冰刺激有助于咽反射的恢复；⑤咽下食物练习呼气或咳嗽有助于预防误咽；⑥构音器官的运动训练有助于改善吞咽功能。

4. 下肢深静脉血栓　脑卒中患者由于患侧下肢主动运动差，长期卧床或下肢下垂时间过长，肢体肌肉对静脉泵的作用降低，使得下肢血流速度减慢、血液呈高凝状态以及血管内皮的破坏，血小板沉积形成血栓。临床可表现为患侧下肢肿胀、局部温度稍高，受累关节被动活动受限，严重的可出现发绀、肢体远端坏死。如果血栓脱落可引起肺动脉栓塞，患者突发呼吸困难、胸闷、急性心衰，危及生命。超声检查有助于诊断。早期预防可以避免下肢深静脉血栓形成。

常用的方法有：①下肢主动运动和被动运动；②抬高下肢（卧床时）和穿弹力袜；③下肢外部气压循环治疗；④对主动活动差进行下肢肌肉功能性电刺激，对已出现下肢深静脉血栓者可采用抗凝治疗、溶栓治疗、手术或介入治疗。

5. 肺炎　脑卒中患者发生肺炎主要有吸入性肺炎和坠积性肺炎，前者可以通过治疗原发病和吞咽功能训练预防，后者可以通过呼吸功能训练、主动咳嗽和体位排痰以减少其发生。肺炎的治疗请参见相关书籍的有关章节。

6. 压疮　脑卒中患者发生压疮主要是由于保持某一体位时间过长，使得局部皮肤长时间受压迫，血液循环障碍造成皮肤组织缺血坏死。应注意减轻局部压力，定时翻身（2 小时一次）、充气垫应用、清洁床面和皮肤护理、注意营养等可以预防压疮的发生。对已出现的压疮应及时解除压迫，进行疮面处理，紫外线治疗和增加营养，必要时考虑外科治疗。

7. 抑郁　脑卒中后抑郁的发生率为 30%～60%，大多抑郁患者常哭泣、悲伤、沉默寡言，几乎每天疲倦或乏力、失眠或睡眠过多，注意力和判断能力降低，自我责备和自卑感，严重者可有自杀念头。常用的治疗方法有：①心理康复治疗：可采用个别治疗和集体治疗两种方式，同时要有患者家庭成员和朋友或同事等社会成员的参与，心理治疗人员应注意建立良好的医患关系，使患者身心放松，解除其内心痛苦，矫正或重建某种行为等。②药物治疗：三环类或四环类抗抑郁药（如多塞平、米安舍林）、5-羟色胺再摄取抑制剂（如氟西汀）。

四、预后

一般来说，脑卒中后有三种结局：①经神经内科常规治疗，其受损功能完全恢复，临床痊愈；②经神经内、外科治疗，仍留有不同程度的功能障碍；③经积极抢救治疗无效，死亡。对于存活并有功能障碍的脑卒中患者来说，由于干预措施等因素的影响，其功能结局仍有较大差异。

（一）影响脑卒中预后的因素

1. 年龄　随着年龄的增加，人体器官功能会发生退行性改变，易合并多种慢性疾病，有研究表明年龄≥75岁的脑卒中患者受损功能恢复不如年轻患者。

2. 合并症与继发性功能损害　合并有心脏病的脑卒中患者，由于心功能受限，可影响原发病造成的功能障碍的改善；继发于原发病的吞咽困难、失语、智力下降、感觉障碍、二便失禁和抑郁，也可延长脑卒中患者的住院时间，影响其受损功能恢复的速度，从而使其生存质量下降。

3. 病灶部位与严重程度　在损害程度相同的情况下，脑卒中患者左、右半球病变对其功能结局没有明显影响，若右半球损害伴有偏侧忽略的患者，功能结局相对较差。一般来说，脑卒中后受损功能程度越重，持续时间越长，其功能结局越差。

4. 早期与综合康复治疗　大量的临床实践表明规范康复治疗可以促进脑卒中患者的功能恢复，早期康复治疗不仅可以预防并发症的发生，缩短住院日，加快恢复时间，其效果也较非早期康复者为好。

5. 家庭与社会的参与　在脑卒中患者的功能恢复过程中，家庭成员的积极配合和社会相关因素的参与，都对其功能结局产生积极的影响。

（二）脑卒中预后的预测

相关的影响因素有助于脑卒中患者预后的预测，Brunnstrom运动功能恢复分期、Fugl-Meyer运动功能评定、FIM量表和Barthel指数，以及反映神经功能缺损的脑卒中量表如NIHSS等和多元回归数学模型等方法均可预测脑卒中预后。

（倪朝民）

学习要点：

1. 了解脑卒中的临床特点和常见的功能障碍。
2. 熟悉脑卒中的康复评定方法。
3. 掌握脑卒中的康复时机选择、康复目标和康复治疗原则。

第二节　颅脑损伤的康复

一、概述

颅脑损伤（traumatic brain injury，TBI）是因外力导致大脑功能的改变或者病理的改变引起的暂时性或永久性神经功能障碍。TBI发病率仅次于四肢创伤，主要见于交通事故、坠落、跌倒和运动损伤等。TBI主要有3个关键要素：外界暴力、大脑功能改变和大脑病理改变的证据。

外界暴力主要包括以下事件：①头撞击到物体上；②头被物体撞击；③头部没有直接的外部创伤，但大脑处于加速或减速的运动中；④异物穿透大脑；⑤爆炸等产生的冲击力，等。

大脑功能改变即为有以下临床症状中的一种：①任何时期意识的丧失或下降；②受伤前或受伤后记忆的丢失；③神经损伤的症状（乏力、失去平衡、视觉改变、瘫痪、感觉缺失、失语等）；④损伤时精神状态的改变（思维减慢）。

大脑病理改变的证据主要包括视觉、神经影像学或实验室检查确认有大脑的损伤。一般来说，颅脑损伤可以根据临床标准直接诊断，但是，随着现代影像技术的提高，有助于诊断临床症状不明显或迟发性的患者。

外力作用可导致颅骨、脑膜、脑血管和脑组织的损伤。按伤后脑组织与外界相通与否，分为闭合性损伤和开放性损伤。撞击可造成头加速-减速运动，致脑组织受剪力作用发生应变，使轴突、毛细血管和小血管损伤引起弥漫性脑损伤。按损伤病理机制，分为原发性损伤和继发性损伤。前者指在头部受到撞击后即刻发生的损伤，如脑震荡、脑挫裂伤；后者是在原发性损伤的基础上因颅内压增高或脑受到压迫而出现的一系列病变,如脑缺血、缺氧等。

单纯脑震荡有短暂的意识丧失,一般不超过6~12小时,无明显的结构变化,没有永久性的脑损伤,也不遗留神经功能障碍,患者几天后即可恢复正常的活动。脑震荡后遗症包括头痛、头晕、疲劳、轻度恶心、呕吐等,并有逆行性遗忘,神经系统检查无阳性体征。

脑挫伤常常伴有擦伤和压伤,软脑膜尚完整;脑裂伤是软脑膜、血管和脑组织同时有裂伤。脑挫裂伤的继发性改变即脑水肿和血栓形成,具有更为重要的临床意义。脑挫裂伤后立即发生意识障碍,意识障碍的程度和持续时间与脑挫裂伤的程度、范围直接相关,绝大多数在半小时以上,重者可长期持续昏迷,同时伴有阳性神经系统体征。额叶、颞叶的挫伤可能由于脑在不平的骨面上移动所致,神经功能障碍的发生率和死亡率均比脑震荡高。

颅内血肿是一种较为常见的致命的继发性损伤,其严重性在于可引起颅内压增高而导致脑疝。依部位不同,分为硬膜外血肿、硬膜下血肿及脑内血肿等。早期及时处理,可在很大程度上改善预后。

临床上常把成人昏迷时间长短看作判断伤势严重程度的指标。意识丧失期过后,大多数患者遗留躯体和认知方面的障碍,其严重程度与损伤的严重性、脑损伤的性质和临床合并症有关。行为问题包括易怒、消极状态、不能克制的状态和精神病行为。

虽然颅脑损伤可导致运动功能障碍,但精神和认知功能障碍可能更为严重。记忆丧失、智力损害、情感和行为的障碍、个性的改变等不仅对治疗的反应不良,也会对患者的日常生活、再就业教育及参与社会能力等造成很大障碍。虽然脑外伤失语较脑卒中少见,但是在伤后4~6个月的失语很少能完全治愈,需要比脑卒中更长的时间才能获得功能改善。

二、康复评定

(一)颅脑损伤严重程度的评定

脑损伤的程度主要通过意识障碍的程度反映,昏迷的深度和持续时间是判断TBI严重程度的指标。国际上普遍采用格拉斯哥昏迷量表(Glasgow coma scale,GCS)(表5-3)来判断急性损伤期的意识状况。该方法检查颅脑损伤患者的睁眼反应、言语反应和运动反应3项指标,确定这3项反应的计分后,再累积得分,作为判断伤情轻重的依据。GCS能简单、客观、定量评定昏迷及其深度,而且对预后也有估测意义。

表5-3 格拉斯哥昏迷量表(GCS)

项目	试验	患者反应	评分
睁眼反应	自发	自己睁眼	4
	言语刺激	大声向患者提问时患者睁眼	3
	疼痛刺激	捏患者时能睁眼	2
	疼痛刺激	捏患者时不睁眼	1
运动反应	口令	能执行简单命令	6
	疼痛刺激	捏痛时患者拨开医生的手	5
	疼痛刺激	捏痛时患者撤出被捏的手	4
	疼痛刺激	捏痛时患者身体呈去皮质强直(上肢屈曲,内收内旋;下肢伸直,内收内旋,踝屈曲)	3
	疼痛刺激	捏痛时患者身体呈去大脑强直(上肢伸直,内收内旋,腕指屈曲;下肢去皮质强直)	2
	疼痛刺激	捏痛时患者毫无反应	1
言语反应	言语	能正确会话,并回答医生他在哪、他是谁及年和月	5
	言语	言语错乱,定向障碍	4
	言语	说话能被理解,但无意义	3
	言语	能发出声音但不能被理解	2
	言语	不发声	1

GCS 总分为 15 分。根据 GCS 计分和昏迷时间长短分为：

轻度脑损伤：13~15 分，昏迷时间在 20 分钟以内；

中度脑损伤：9~12 分，伤后昏迷时间为 20 分钟~6 小时；

重度脑损伤：≤8 分，伤后昏迷时间在 6 小时以上；或在伤后 24 小时内出现意识恶化并昏迷 6 小时以上。

在重度脑损伤中，持续性植物状态占 10%，是大脑广泛性缺血性损害而脑干功能仍然保留的结果。持续性植物状态的诊断标准：①认知功能丧失，无意识活动，不能执行指令；②保持自主呼吸和血压；③有睡眠 - 觉醒周期；④不能理解和表达语言；⑤能自动睁眼或刺痛睁眼；⑥可有无目的性眼球跟踪活动；⑦下丘脑及脑功能基本正常。以上 7 个条件持续 1 个月以上。

最小意识状态是植物状态和觉醒之间的状态，指患者仍有严重意识障碍，但既不符合昏迷也不符合植物状态的诊断，存在部分意识，如视追踪、听觉、疼痛觉、情感等反应，预后较植物状态好。最小意识状态的诊断标准：①遵从简单的指令；②不管正确性如何，可以用姿势或语言来回答是或否；③可被理解的语言；④有目的性的行为，包括偶然出现的与环境刺激有关的动作和情绪反应，而不是不自主动作。以上 1 种或多种行为反复或持续存在。

（二）认知功能障碍

认知功能主要涉及记忆、注意、理解、思维、推理、智力和心理活动等，属于大脑皮质的高级活动的范畴。认知功能障碍包括意识改变、记忆障碍、听力理解异常、空间辨别障碍、失用症、失认症、忽略症、体象障碍、皮质盲和智能障碍等。常用认知功能的评定方法请参阅第三章第四节。

（三）行为障碍

主要依据症状判断，如攻击、冲动、丧失自制力、无积极性及严重的强迫观念、癔症等。

（四）言语障碍

有关言语障碍评定的方法请参阅第三章第三节。颅脑损伤患者言语障碍的特点是：①言语错乱：在失定向阶段主要为错乱性语言，表现为失定向，对人物、时间、地点等不能辨认，答非所问，但没有明显的词汇和语法错误，不配合检查，且意识不到自己回答的问题是否正确。②构音障碍常见。③命名障碍亦常见，而且持续很久。④失语：除非直接伤及言语中枢，真正的失语较少见，在失语者中约有 50% 为命名性失语。另外对复杂资料理解差也很常见。

（五）运动障碍

颅脑损伤可所致的运动障碍可以多种多样。肌力下降、关节活动受限影响运动功能，肌张力异常会影响运动控制，还可以有平衡与协调障碍、共济失调、震颤、运动反应迟钝等，相关的评定方法请参阅第三章第一节。

（六）日常生活活动能力

由于脑损伤患者多有认知障碍，所以在评定日常生活活动能力时，宜采用包含有认知项目的评定，如独立生活能力评定，请参阅第三章第四节。

（七）颅脑损伤结局

采用格拉斯哥预后评分（Glasgow outcome scale，GOS）（表 5-4）预测颅脑损伤的结局。

表 5-4　格拉斯哥预后评分（GOS）

分级	简写	特征
Ⅰ.死亡	D	死亡
Ⅱ.持续性植物状态（persistent vegetable state）	PVS	无意识、无言语、无反应，有心跳呼吸，在睡眠觉醒阶段偶有睁眼，偶有呵欠、吸吮等，无意识动作，从行为判断大脑皮质无功能。 特点：无意识但仍存活

分级	简写	特征
Ⅲ.严重残疾（severe disability）	SD	有意识,但由于精神、躯体残疾或由于精神残疾而躯体尚好而不能自理生活。记忆、注意、思维、言语均有严重残疾,24 小时均需他人照顾。 特点:有意识但不能独立
Ⅳ.中度残疾（moderate disability）	MD	有记忆、思维、言语障碍、极轻偏瘫、共济失调等,可勉强利用交通工具,在日常生活、家庭中尚能独立,可在庇护性工厂中参加一些工作。 特点:残疾,但能独立
Ⅴ.恢复良好（good recover）	GR	能重新进入正常社交生活,并能恢复工作,但可遗留各种轻的神经学和病理学缺陷。 特点:恢复良好,但仍有缺陷

三、康复治疗

TBI 患者的康复应是全面康复,从急诊外科手术、ICU 阶段开始,一直到康复中心、社区康复和家庭的康复指导,应帮助患者安排从康复机构到社区的过渡。在每个阶段均应帮助患者及家庭面对伤病现实、精神和社会能力方面的变化。重度颅脑损伤患者的康复需要持续许多年,一些患者需要长期照顾。

TBI 的康复治疗可以分 3 个阶段进行:早期、恢复期和后遗症期康复治疗。早期指的是患者生命体征稳定、神经功能缺损症状稳定后 48 小时内,以综合医院为主的康复治疗;恢复期主要在康复中心、门诊或家庭的康复治疗;后遗症期是指以社区及家庭重新融入性训练为主的康复指导。

（一）早期康复治疗

颅脑损伤后,无论手术与否,适当的非手术治疗,均不可缺少。所以非手术治疗在治疗中占据着十分重要的地位,并且应采取综合性治疗措施。早期康复处理有助于预防并发症,如挛缩、压疮、异位骨化以及神经源性肠道和膀胱等问题。这些并发症如不积极防止,将给运动功能的恢复造成极大的困难,甚至成为不可逆的状态,严重阻碍存活患者以后的康复。

1. 康复目标　稳定病情,提高患者的觉醒能力,促进健忘症康复,预防并发症,促进功能康复。

2. 康复治疗

（1）药物和外科手术治疗:目的是减少脑水肿、治疗脑积水、清除血肿及监测脑压和脑灌注等。一般说来,一旦患者病情（包括基础疾患、原发疾患、合并症、并发症等）稳定 48~72 小时后,即使患者仍处于意识尚未恢复的状态,也应考虑加以康复治疗。

（2）支持疗法:给予高蛋白、高热量饮食,避免低蛋白血症,提高机体的免疫力,促进创伤的恢复及神经组织的修复和功能重建。所提供的热量宜根据功能状态和消化功能情况逐步增加,蛋白质供应量为每天每千克体重 1g 以上,可从静脉输入高营养物质,如复方氨基酸、白蛋白等,同时保持水和电解质平衡。当患者逐渐恢复主动进食功能时,应鼓励和训练患者吞咽和咀嚼。

（3）保持良姿位:让患者处于感觉舒适、对抗痉挛模式、防止挛缩的体位。头的位置不宜过低,以利于颅内静脉回流;偏瘫侧上肢保持肩胛骨向前、肩前伸、肘伸展,下肢保持髋、膝微屈,踝中立位。要定时翻身、变换体位,预防压疮、肿胀和挛缩。可使用气垫床、充气垫圈,预防压疮的发生。每日至少 1 次全身热水擦身,大小便后用热毛巾擦干净。

（4）促醒治疗:昏迷是一种丧失意识的状态,既不能被唤醒也没有注意力,眼睛闭合,因而缺乏睡眠/清醒周期（sleep/wake cycle）,对指令没有运动反应,也没有语言。昏迷存在于损伤的早期阶段,通常持续不超过 3~4 周。植物状态是患者没有认知的体征,但可回到清醒状态,语言刺激时眼睛可睁开,尽管有睡眠/清醒周期、正常的血压和正常的呼吸,但患者不能进行语言交流及产生有组织的、分离的运动反应。

严重颅脑损伤的恢复首先从昏迷和无意识开始,功能恢复的大致顺序为:自发睁眼→觉醒周期性变化→逐渐能听从命令→开始说话。意识障碍的促醒治疗包括康复治疗、高压氧治疗、药物治疗及针灸治疗等。可以应用各种神经肌肉促进和刺激方法加速其恢复的进程，帮助患者苏醒、恢复意识。应对昏迷的 TBI 患者安排适宜的环境，有计划地让患者接受自然环境发出的刺激，让家庭成员参与并对其教育和指导，定期和患者语言交流。家庭成员和治疗小组成员须了解与患者说话的重要性，在床边交谈时须考虑患者的感觉，尊重患者的人格，并提供特定的输入，鼓励患者主动的反应。家庭成员应提供一些重要的信息如患者喜欢的名字、兴趣爱好和憎恶等，还可以让患者听喜爱和熟悉的歌曲、音乐等。通过患者的面部表情或脉搏、呼吸、睁眼等变化观察患者对各种刺激的反应。

直立姿势训练、肢体按摩、被动运动及快速擦刷、拍打、挤压、冰刺激偏瘫侧肢体皮肤，对大脑有一定的刺激作用，同时有助于维持与恢复关节的活动范围。还可利用一些不断变化的五彩灯光刺激视网膜、大脑皮质等。利用针灸刺激头部和躯干的相应腧穴，如感觉区、运动区、百会、四神聪、神庭、人中、合谷、内关、三阴交、劳宫、涌泉、十宣等，可促进认知和运动功能的恢复。

（5）排痰引流，保持呼吸道通畅：每次翻身时用空掌从患者背部肺底部顺序向上拍打至肺尖部，帮助患者排痰；指导患者做体位排痰引流。

（6）维持肌肉和其他软组织的弹性，防止挛缩或关节畸形：进行被动关节活动范围的练习，对易于缩短的肌群和其他软组织进行伸展练习，每天 2 次以保持关节、软组织的柔韧性。

（7）尽早活动：一旦生命体征稳定、神志清醒，应尽早帮助患者进行深呼吸、肢体主动运动、床上活动和坐位、站位练习，循序渐进。可应用起立床（tilt table）对患者进行训练，逐渐递增起立床的角度，使患者逐渐适应，预防体位性低血压。在直立练习中应注意观察患者的呼吸、心率和血压的变化。应让患者在其能耐受的情况下站立足够长的时间，以牵拉易于缩短的软组织，使身体负重，防止骨质疏松及尿路感染。站立姿势有利于预防各种并发症，对保持器官的良好功能是重要的：①刺激内脏功能，如肠蠕动和膀胱排空；②改善通气（腹部器官向下移动给肺足够的扩张空间、重新分布气流到基底肺叶，并改变通气／血流比值）；③如果自动调节正常，由于脑静脉回流增加，可降低增高的颅内压（如果自动调节受损，患者站立期间，应监测血压和颅内压，因为直立位可导致脑血流的大幅度减少）。此外，站立还可以改善患者的心理等。

（8）物理因子治疗：对弛缓性瘫痪患者，可利用低频脉冲电刺激疗法增强肌张力、兴奋支配肌肉的运动或感觉神经，以增强肢体运动功能。

（9）矫形支具的应用：如果运动和训练不能使肌肉足够主动拉长，应使用矫形器固定关节于功能位；对肌力较弱者给予助力，使其维持正常运动。

（10）高压氧治疗：颅脑损伤后及时改善脑循环，保持脑血流相对稳定，防止灌注不足或过多，将有利于减轻继发性损害，促进脑功能恢复。高压氧在这方面有不可低估的作用。

高压氧的基本原理和对神经系统的作用：①提高血氧张力，增加血氧含量；②增加脑组织、脑脊液的氧含量和储氧量；③提高血氧弥散，增加有效弥散距离；④减少脑皮质血流，降低脑耗氧量，增强脑缺血的代偿反应，改善脑缺氧所致的脑功能障碍，促进脑功能的恢复；⑤收缩脑血管，减轻脑水肿，降低颅内压，改变血脑屏障的通透性；⑥改善脑电活动，促进觉醒状态。

高压氧的治疗方法：可按常规方案进行，临床治疗一般应用 2～3 个绝对大气压（atmosphere absolute，ATA），面罩间歇吸氧，即呼吸纯氧 20 分钟，换吸空气 10 分钟，如此反复 4 次，总共吸氧 80 分钟，每天 1 次，10 次为一个疗程。纯氧舱持续吸氧不超过 1.5 小时。高压氧治疗过程中，结合药物治疗可以提高治疗效果。

（二）恢复期康复治疗

脑是高级神经中枢，是学习的重要器官。不同程度的脑损伤后，出现不同程度的认知障碍，以致学习困难。随着损伤的修复，经过训练，仍可以学习新的东西。康复治疗也是学习的过程。

1. 康复目标　减少患者的定向障碍和言语错乱，提高记忆、注意、思维、组织和学习能力；最大限度地恢复感觉、运动、认知、语言功能和生活自理能力，提高生存质量。

2. 康复治疗 TBI是一种弥漫性、多部位的损伤，因此在躯体运动、认知、行为和人格方面的残损，因损伤方式、范围和严重程度的差异而有很多不同。而认知和行为的相互作用，更增加其复杂性。

在颅脑损伤的康复中，运动、语言、心理等治疗可参见第五章第一节脑卒中的康复。本节主要介绍认知、知觉和行为障碍的治疗。

（1）认知障碍的治疗：处于恢复期的患者一般都具有一定程度的运动和认知功能障碍。除有运动功能障碍外，常伴有记忆困难、注意力不集中、思维理解困难和判断力降低等认知障碍，认知功能训练是提高智能的训练，应贯穿于治疗的全过程。目前针对TBI的认知康复方法主要有作业疗法、电脑辅助和虚拟认知康复、电磁刺激等。对认知障碍的训练治疗，没有一个统一固定的模式和方法，因为患者的认知障碍表现是复杂多样的，所以必须根据患者的具体情况采取灵活多变的方法，同时尽可能多地利用周围有益的环境因素给予患者良性刺激，以促进其认知功能的改善。

1）记忆训练：记忆是过去感知过、体验过和做过的事物在大脑中留下的痕迹，是过去的经验在人脑中的反映，是大脑对信息的接收、储存及提取的过程。短期记忆是指保持信息1分钟至1小时的能力；长期记忆是保持信息1小时或更长时间的能力。改善记忆功能可辅助用尼莫地平（nimodipine）（尼莫通，nimotop）30mg，每日3次；或石杉碱甲（哈伯因）100μg，每日3次。进行记忆训练时，注意进度要慢，训练从简单到复杂，将记忆作业化整为零，然后逐步串接。每次训练的时间要短，开始要求患者记住的信息量要少，信息呈现的时间要长，以后逐步增加信息量。患者成功时应及时强化，给予鼓励，增强信心。如此反复刺激，反复训练，提高记忆能力。

2）注意训练：注意是心理活动对一定事物的指向和集中。TBI患者往往不能注意或集中足够的时间去处理一项活动任务，容易受到外界环境因素的干扰而精力分散。

3）思维训练：思维是心理活动最复杂的形式，是认知过程的最高阶段，是脑对客观事物概括和间接的反映。思维包括推理、分析、综合、比较、抽象、概括等多种过程，而这些过程往往表现在人类对问题的解决中。根据患者存在的思维障碍进行有针对性的训练。

（2）知觉障碍的治疗：知觉障碍治疗法有3种，即功能训练法、转换训练法和感觉运动法，以前者最常用。

1）功能训练法：在功能训练中，治疗是一个学习的过程，要考虑每个患者的能力与局限性，将治疗重点放在纠正患者的功能问题上，而不是放在引起这些问题的病因上，使用方法是代偿和适应。要对存在的问题进行代偿，首先要让患者了解自己存在的缺陷及其含义，然后教会其使用健存的感知觉功能的技巧。适应指的是对环境的改进。训练中应注意用简单易懂的指令，并建立常规方法，用同样的顺序和方式做每个活动，并不断重复练习。

2）转移训练法：是需要一定知觉参与的活动练习，对其他具有相同知觉要求的活动能力有改善作用。使用特定的知觉活动，如样本复制、二维和三维积木、谜语这类活动可以促进ADL的改善。

3）感觉运动法：通过给予特定的感觉刺激并控制随后产生的运动，可以对大脑感觉输入方式产生影响。①单侧忽略：主要出现在左侧。进行一些刺激忽略侧的活动、改变环境，使患者注意偏瘫侧，如将食物、电灯、电话、电视机置于患者偏瘫侧，站在患者偏瘫侧与其交谈，进行躯体和视觉越过中线的活动，让患者知道它的存在。②视觉空间失认：在抽屉内、床头柜上只放少数最常用的物品，对其中最多用的再用鲜艳的颜色标出，使用语言性提示和触摸，多次重复进行练习，并练习从多种物品中找出特定的物品；练习对外形相似的物体进行辨认，并示范其用途。③空间关系辨认：适当的分级活动可帮助患者恢复掌握空间关系的能力，先练习从包含2项内容的绘画中选择1项适当的内容，再练习从包含3项内容的绘画中选择1项适当的内容，最后练习从一整幅绘画中选择1项适当的内容。逐渐升级到较为正常的刺激水平。④空间位置：练习将钢笔放入杯中，按照要求摆放物品，并描述两种物品的不同位置。经过针对性的训练，患者的知觉功能将有改善。

（3）行为障碍的治疗：TBI患者的行为障碍是多种多样的。行为异常的治疗目的是设法消除他们不正常、不为社会所接受的行为，促进其亲社会行为。治疗方法如下：

1）创造适合于行为治疗的环境：环境安排应能保证增加适当行为出现的概率，尽量降低不适当行为发生的概率。稳定、限制的住所与结构化的环境，是改变不良行为的关键。

2）药物：一些药物对患者的运动控制、运动速度、认知能力和情感都有一定效果。多应用对改善行为和抑制伤后癫痫发作有效而副作用少的药物，如卡马西平、乙酰唑胺、氯巴占等。

3）行为治疗：行为障碍可分为正性行为障碍和负性行为障碍。正性行为障碍常表现为攻击他人，而负性行为障碍常表现为情绪低落、感情淡漠，对一些能完成的事不愿意做。治疗原则是：①对所有恰当的行为给予鼓励；②拒绝奖励目前仍在继续的不恰当行为；③在每次不恰当行为发生后的短时间内，杜绝一切奖励性刺激；④在不恰当行为发生后应用预先声明的惩罚；⑤在极严重或顽固的不良行为发生之后，给患者以其厌恶的刺激。

（三）后遗症期康复治疗

TBI 患者经过临床处理和正规的早期和恢复期的康复治疗后，各种功能已有不同程度的改善，但部分患者仍遗留不同程度的功能障碍。因此后遗症期康复以社区康复、家庭康复、职业康复、社会康复等为主。

1. 康复目标 使患者学会应对功能不全的状况，学会用新的方法代偿功能不全，增强患者在各种环境中的独立和适应能力，回归社会。以最终提高 ADL 能力、社会参与能力、职业技能、生活质量为主要目标。

2. 康复治疗

（1）日常生活活动能力训练：利用家庭或社区环境继续加强日常生活活动能力的训练，强化患者自我照料生活的能力，逐步与外界社会直接接触。学习乘坐交通工具、购物、看电影等。

（2）职业训练：TBI 患者中大部分是青壮年，其中不少在功能康复后尚需重返工作岗位，部分可能要变换工作。应尽可能对患者进行有关工作技能的训练。

（3）矫形器和辅助器具的应用：有些患者需要应用矫形器改善功能。对运动障碍患者可能需要使用各种助行工具；自理生活困难时，可能需要各种自助辅具等。

（黄晓琳）

学习要点：

1. 颅脑损伤的发生机制及病理特点。
2. 颅脑损伤的功能评定。
3. 颅脑损伤的康复治疗。

第三节　脊髓损伤的康复

一、概述

脊髓损伤（spinal cord injury，SCI）是指由于各种原因引起的脊髓结构、功能的损害，造成损伤平面以下的运动、感觉、自主神经功能障碍。脊髓损伤分外伤性和非外伤性。颈脊髓损伤造成上肢、躯干、下肢及盆腔脏器的功能损害时称四肢瘫；胸段以下脊髓损伤造成躯干、下肢及盆腔脏器功能障碍而未累及上肢时称截瘫。截瘫包括马尾和圆锥损伤，但不包括骶丛病变和椎管外周围神经损伤。

（一）流行病学

外伤性脊髓损伤的发病率因各国情况不同而有差别，发达国家比发展中国家发病率高。美国的发病率为（20~45）/100 万，患病率为 900/100 万。中国北京地区的调查资料显示，年发病率为 68/100万左右。各国统计资料显示脊髓损伤均以青壮年为主，年龄在 40 岁以下者约占 80%，男性为女性的4 倍左右。国外 SCI 的主要原因是车祸、运动损伤等，我国则为高处坠落、砸伤、交通事故等。

（二）病理生理

不完全性脊髓损伤伤后 3 小时灰质中出血较少，白质无改变，此时病变呈非进行性、可逆；至伤后 6～10 小时，出血灶扩大不多；24～48 小时后神经组织水肿逐渐消退。完全性脊髓损伤伤后 3 小时脊髓灰质中呈多灶性出血，白质尚正常；伤后 6 小时灰质中出血增多，白质水肿；12 小时后白质中出现出血灶，神经轴突开始变性，灰质中神经细胞变性坏死；24 小时后灰质中心出现坏死，白质中多处轴突变性。完全性脊髓损伤脊髓内的病变呈进行性加重，所以脊髓损伤的急救治疗是很重要的，通常脊髓损伤后 6 小时内是抢救的黄金时期。

（三）脊髓损伤引起的一系列变化和功能障碍（图 5-1）

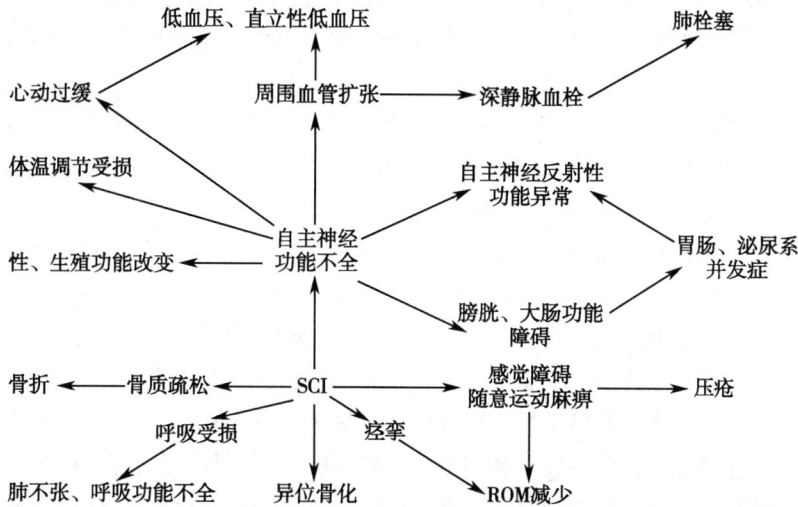

图 5-1　脊髓损伤对机体功能的影响

（四）临床特征

脊髓损伤的主要临床特征是脊髓休克、运动障碍（四肢瘫或截瘫）、感觉障碍、体温控制障碍、痉挛、排便功能障碍、性功能障碍等。不完全性脊髓损伤具有特殊的表现：

1. **中央束综合征**　常见于颈脊髓血管损伤。血管损伤时，脊髓中央先开始发生损害，再向外周扩散。上肢的运动神经偏于脊髓的中央，而下肢的运动神经偏于脊髓的外周，造成上肢神经受累重于下肢，因此上肢功能障碍比下肢明显。患者有可能可以步行，但上肢部分或完全麻痹。

2. **半切综合征**　常见于刀伤或枪伤。只损伤脊髓半侧，由于温痛觉神经在脊髓发生交叉，因而造成损伤同侧肢体本体感觉和运动丧失，对侧痛温觉丧失。

3. **前束综合征**　脊髓前部损伤，造成损伤平面以下的运动和痛温觉丧失，而本体感觉存在。

4. **后束综合征**　脊髓后部损伤，造成损伤平面以下的本体感觉丧失，而运动和痛温觉存在。

5. **脊髓圆锥综合征**　主要为脊髓骶段圆锥损伤，可引起膀胱、肠道和下肢反射消失，偶尔可以保留骶段反射。

6. **马尾综合征**　椎管内腰骶神经根损伤，可引起膀胱、肠道及下肢反射消失。马尾的性质实际上是外周神经，因此有可能出现神经再生而导致神经功能逐步恢复。马尾损伤后神经功能的恢复有可能需要 2 年左右的时间。

7. **脊髓震荡**　指暂时性和可逆性的脊髓或马尾神经生理功能丧失，可见于只有单纯性压缩骨折，甚至 X 线检查阴性的患者。脊髓并未受到机械性压迫，也没有解剖结构上的损害。另一种假设认为，脊髓功能丧失是由于短时间压力波所致，缓慢的恢复过程提示反应性脊髓水肿的消退。此型患者可见反射亢进，但没有肌肉痉挛。

二、康复评定

（一）关于损伤的评定

1. **神经平面的评定**　神经平面是指身体双侧有正常的运动和感觉功能的最低脊髓节段，该平面以上感觉和运动功能完全正常。例如 C_6 损伤，意味着 $C_1 \sim C_6$ 节段仍然完好，$C_7 \sim S_5$ 节段有损伤。确定损伤平面时应注意：

（1）脊髓损伤神经平面主要以运动损伤平面为依据，但 $T_2 \sim L_1$ 节段的运动损伤平面难以确定，故主要以感觉损伤平面来确定。

（2）运动损伤平面和感觉损伤平面是通过检查关键肌的徒手肌力及关键感觉点的痛觉（针刺）和轻触觉来确定的。美国脊椎损伤协会（American Spinal Injury Association，ASIA）和国际脊髓学会（International Spinal Cord Society，ISCoS）根据神经支配的特点，选出一些关键肌和关键感觉点，通过对这些肌肉和感觉点的检查，可迅速地确定损伤平面。根据 2013 版《脊髓损伤神经学分类国际标准》规定，在检查时患者应取仰卧位（肛诊可取侧卧位）。

（3）确定损伤平面时，该平面关键肌的肌力必须≥3 级，该平面以上关键肌的肌力必须正常。如脊髓 C_7 节段发出的神经纤维（根）主要支配肱三头肌，在检查 SCI 患者时，若肱三头肌肌力≥3 级，C_6 节段支配的伸腕肌肌力 5 级，则可判断损伤平面为 C_7。

（4）损伤平面的记录：由于身体两侧的损伤水平可能不一致，评定时需同时检查身体两侧的运动损伤平面和感觉损伤平面，并分别记录（右 - 运动，左 - 运动；右 - 感觉，左 - 感觉）。

2. 患者无法进行检查时神经平面的评定　当关键点或关键肌因某种原因无法检查时（如石膏固定、烧伤、截肢或患者无法感知面部感觉），检查者将记录"NT"（无法检查）来代替评分。这种情况下将无法评估治疗过程中该点的感觉运动评分以及受累侧的感觉运动总分。另外，伴有脑外伤、臂丛神经损伤、四肢骨折等相关损伤时，可影响神经系统的检查，但仍应尽可能准确地评定神经损伤平面，且感觉 / 运动评分和分级可根据相隔一段时间（如 4 周）后的再次检查来进行。

（二）感觉功能的评定

采用 ASIA 和 ISCoS 的感觉评分（sensory scores，SS）来评定感觉功能。

1. 关键感觉点　感觉检查的必查部分是检查身体左右侧各 28 个皮节的关键点（$C_2 \sim S_{4-5}$）（表5-5）。关键点是容易定位的骨性解剖标志点。每个关键点要检查 2 种感觉：轻触觉和针刺觉（锐 / 钝区分）。感觉正常（与面颊部感觉一致）得 2 分，异常（减退或过敏）得 1 分，消失为 0 分。每侧每点每种感觉最高为 2 分，每种感觉一侧最高为 56 分，左右两侧最高共计 112 分。两种感觉得分之和最高可达 224 分。分数越高表示感觉越接近正常。

表5-5　28 个关键感觉点

皮节	关键感觉点的部位
C_2	枕骨粗隆外侧至少 1cm（或耳后 3cm）
C_3	锁骨上窝（锁骨后方）且在锁骨中线上
C_4	肩锁关节的顶部
C_5	肘前窝的外侧（桡侧），肘横纹近端
C_6	拇指近节背侧皮肤
C_7	中指近节背侧皮肤
C_8	小指近节背侧皮肤
T_1	肘前窝的内侧（尺侧），肱骨内上髁近端
T_2	腋窝的顶部
T_3	锁骨中线第 3 肋间
T_4	锁骨中线第 4 肋间（乳线）
T_5	锁骨中线第 5 肋间（$T_4 \sim T_6$ 的中点）
T_6	锁骨中线第 6 肋间（剑突水平）
T_7	锁骨中线第 7 肋间（$T_6 \sim T_8$ 的中点）
T_8	锁骨中线第 8 肋间（$T_6 \sim T_{10}$ 的中点）
T_9	锁骨中线第 9 肋间（$T_8 \sim T_{10}$ 的中点）

续表

皮节	关键感觉点的部位
T_{10}	锁骨中线第 10 肋间（脐水平）
T_{11}	锁骨中线第 11 肋间（T_{10}～T_{12} 的中点）
T_{12}	锁骨中线腹股沟韧带中点
L_1	T_{12} 与 L_2 连线中点
L_2	大腿前内侧，腹股沟韧带中点和股骨内侧髁连线中点处
L_3	膝上股骨内髁处
L_4	内踝
L_5	足背第 3 跖趾关节
S_1	足跟外侧
S_2	腘窝中点
S_3	坐骨结节或臀皱襞
S_{4-5}	肛周 1cm 范围内，皮肤黏膜交界处外侧

轻触觉检查需要在患者闭眼或视觉遮挡的情况下，使用棉棒末端的细丝触碰皮肤，接触范围不超过 1cm。针刺觉（锐 / 钝区分）常用打开的一次性安全大头针的两端进行检查：尖端检查锐觉，圆端检查钝觉。在检查针刺觉时，检查者应确定患者可以准确可靠地区分每个关键点的锐性和钝性感觉。如存在可疑情况时，应以 10 次中 8 次正确为判定的标准，因这一标准可以将猜测的概率降低到 5% 以下。无法区分锐性和钝性感觉者（包括触碰时无感觉者）为 0 分，若锐 / 钝感知发生改变则为 1 分。这种情况下患者可以可靠地区分锐性和钝性感觉，但关键点的针刺程度不同于面部正常的针刺强度，其强度可以大于也可以小于面部感觉。

2. 肛门深部压觉（deep anal pressure，DAP）　DAP 检查方法是检查者用示指插入患者肛门后对肛门直肠壁轻轻施压（该处由阴部神经 S_{4-5} 的躯体感觉部分支配），还可以使用拇指配合食指对肛门施加压力。感知的结果可以为存在或缺失（在记录表上填是或否）。该部分检查如发现肛门处任何可以重复感知的压觉即意味着患者为感觉不完全损伤。在 S_{4-5} 有轻触觉或针刺觉者，DAP 评估不是必须检查的项目，因患者已经可以判定为感觉不完全损伤。即便如此，仍建议完成该项目的检查。

3. 感觉平面确定　感觉平面为针刺觉和轻触觉两者的最低正常皮节。皮节从 C_2 开始，向下至第一个轻触觉或针刺觉小于 2 分的节段。感觉平面由一个 2 分（正常或完整）的皮节确定，在轻触觉或针刺觉受损或缺失的第一个皮节平面之上的正常皮节即为感觉平面。因左右侧可能不同，感觉平面应左右分开确定。检查结果将产生 4 个感觉平面：R- 针刺觉、R- 轻触觉、L- 针刺觉、L- 轻触觉。所有平面中最高者为单个感觉平面。例如 C_2 感觉异常，而面部感觉正常，则感觉平面为 C_1。若身体一侧 C_2 至 S_{4-5} 轻触觉和针刺觉均正常，则该侧感觉平面应记录为"INT"，即"完整"，而不是 S_5。

（三）运动功能的评定

1. 运动检查的必查部分　通过检查 10 对肌节（C_5～T_1 及 L_2～S_1）对应的肌肉功能来完成。推荐每块肌肉按照从上到下的顺序检查，使用标准的仰卧位及标准的肌肉固定方法。体位及固定方法不当会导致其他肌肉代偿，并影响肌肉功能检查的准确性。

肌肉的肌力分为 6 级：

0 级：完全瘫痪。

1 级：可触及或可见肌收缩。

2 级：去重力状态下进行全关节活动范围（ROM）的主动活动。

3 级：对抗重力下进行全 ROM 的主动活动。

4 级：肌肉特殊体位的中等阻力情况下进行全 ROM 的主动活动。

5 级（正常）：肌肉特殊体位的最大阻力情况下进行全 ROM 的主动活动*（最大阻力根据患者功能假定为正常的情况进行估计）。

5*级（正常）：假定抑制因素（即疼痛、废用）不存在情况下，对抗重力和足够阻力情况下进行全 ROM 的主动活动，即认为正常。

NT= 无法检查（即由于制动、导致无法分级的严重疼痛、截肢或大于 50%ROM 的关节挛缩等因素导致）。国际标准检查的肌力分级不使用正负评分法，也不推荐在比较不同机构的数据时使用该方法。

某些病例如因关节挛缩导致 ROM 受限大于正常值的 50%，则肌力检查可以参照 0~5 级的分级方法，如 ROM 小于正常值的 50%，则应记录为"NT"。

适宜应用上述肌力分级法检查的肌肉（双侧）见表 5-6。选择这些肌肉是因为它们与相应节段的神经支配相一致，至少接受 2 个脊髓节段的神经支配，每块肌肉都有其功能上的重要性，并且便于仰卧位检查。

表 5-6　人体 10 组关键肌肉

平面	关键肌
C_5	屈肘肌（肱二头肌、肱肌）
C_6	伸腕肌（桡侧伸腕长、短肌）
C_7	伸肘肌（肱三头肌）
C_8	中指屈指肌（指深屈肌）
T_1	小指外展肌（小指外展肌）
L_2	屈髋肌（髂腰肌）
L_3	伸膝肌（股四头肌）
L_4	踝背伸肌（胫前肌）
L_5	足蹈长伸趾肌（蹈长伸肌）
S_1	踝跖屈肌（腓肠肌、比目鱼肌）

根据 ASIA 发布的 2013 版脊髓损伤神经学分类国际标准要求，在检查 4 或 5 级肌力时应使用特殊体位。

C_5：屈肘 90°，上肢置于身体一侧，前臂旋后；

C_6：充分伸腕；

C_7：肩内收、屈曲 90°、无旋转，肘屈曲 45°；

C_8：指间关节近端固定于伸展位，指远端充分屈曲；

T_1：手指充分外展；

L_2：髋屈曲 90°；

L_3：膝屈曲 15°；

L_4：踝充分背伸；

L_5：第 1 足趾充分伸展；

S_1：髋旋转中立位、屈/伸中立位、外展/内收中立位，膝充分伸展，踝充分跖屈。

对脊柱不稳的患者，进行徒手肌力检查时要小心。对 T_8 以下水平怀疑有急性创伤的患者髋主动或被动屈曲均不应超过 90°，以降低对腰椎的后凸应力。检测时应保持等长收缩并单侧检查，这样对侧髋部就可以保持伸展位以稳定骨盆。

2. 肛门自主收缩（voluntary anal contraction，VAC）　肛门外括约肌由 S_{2-4} 阴部神经的躯体运动部分支配。检查应在检查者手指能重复感受到自主收缩的基础上，将结果分为存在和缺失（即检查表中记录为是或否）。给患者的指令应为"像阻止排便运动一样挤压我的手指"。若 VAC 存在，则为运动不完全损伤。要注意将 VAC 与反射性肛门收缩鉴别。若仅在 Valsalva 动作时出现收缩，则为反射性收缩，应记录为缺失。

3. 脊髓损伤运动评定　可包括其他非关键肌的检查，如膈肌、三角肌、指伸肌、髋内收肌及腘绳肌，非关键肌检查结果可记录在检查表评注部分。虽然这些肌肉功能不用于确定运动平面或评分，但 2013 版国际标准允许使用非关键肌功能来确定运动不完全损伤状态,评价 ASIA 残损分级为 B 级还是 C 级(见后)。

4. 运动评分　脊髓损伤的肌力评定不同于单块肌肉,需要综合进行。评定时分左、右两侧进行。评定标准:采用 MMT 法测定肌力,每一组肌肉所得分值与测得的肌力级别相同,从 1 分至 5 分不等。如测得肌力为 1 级则评 1 分,5 级则评 5 分。上肢双侧相加最高 50 分,下肢双侧相加最高 50 分,共 100 分。评分越高表示肌肉功能越佳,据此可评定运动功能。

5. 运动平面确定　运动平面通过身体一侧 10 块关键肌的检查确定,肌力为 3 级及以上(仰卧位 MMT)的最低关键肌即代表运动平面,前提是代表其上节段的关键肌功能正常(5 级)。身体左右两侧可以不同,二者中的最高者为单个运动平面。

运动平面确定后要进一步考虑每个节段的神经(根)支配一块以上的肌肉,同样大多数肌肉按受 1 个以上的神经节段支配(常为 2 个节段)。因此,用一块肌肉或一组肌肉(即关键肌)代表一个脊神经节段支配旨在简化检查。某一块肌肉在丧失一个神经节段支配但仍有另一神经节段支配时肌力减弱。按常规,如果一块肌肉肌力在 3 级以上,则该肌节的上一个肌节存在完整的神经支配。在确定运动平面时,相邻的上一个关键肌肌力必定是 5 级,因为预计这块肌肉受 2 个完整的神经节段支配。例如,C_7 支配的关键肌无任何活动,C_6 支配的肌肉肌力为 3 级,若 C_5 支配的肌肉肌力为 5 级,那么,该侧的运动平面在 C_6。

检查者的判断依赖于确定其所检查的肌力低于正常(5 级)的肌肉是否有完整的神经支配。许多因素可以抑制患者充分用力,如疼痛、体位、肌张力过高或废用等,任何上述或其他因素妨碍肌力检查时,该肌肉的肌力应被认为是无法检查(NT)。然而,如果这些因素不妨碍患者充分用力,检查者的最佳判断为排除这些因素后患者肌肉肌力为正常(仰卧位 MMT 为 5 级),那么,该肌肉肌力评级为 5^* 级。对于那些临床应用徒手肌力检查法无法检查的肌节,如 $C_1 \sim C_4$、$T_2 \sim L_1$ 及 $S_2 \sim S_5$,运动平面可参考感觉平面来确定。如果这些节段的感觉是正常的,推测其运动功能也正常。

6. 痉挛评定　目前临床上多用改良的 Ashworth 痉挛评定量表。评定时检查者徒手牵伸痉挛肌进行全关节活动范围内的被动运动,通过感觉到的阻力及其变化情况把痉挛分成 0~4 级(参见第三章第一节)。

(四)损伤程度评定

1. ASIA 残损分级(AIS)　损伤一般根据鞍区功能的保留程度分为神经学"完全损伤"和"不完全损伤"。"鞍区保留"指查体发现最低段鞍区存在感觉或运动功能(即 $S_{4.5}$ 存在轻触觉或针刺觉,或肛门括约肌自主收缩)。完全损伤指鞍区保留(即最低骶段 $S_{4.5}$ 感觉和运动功能)不存在;不完全损伤指鞍区保留(即最低骶段 $S_{4.5}$ 感觉和(或)运动功能)存在。ASIA 残损分级用于对残损程度进行分级评定,见表 5-7。

表 5-7　ASIA 残损分级

级别	程度	临床表现
A	完全损伤	鞍区 $S_4 \sim S_5$ 无任何感觉和运动功能保留
B	不完全感觉损伤	神经平面以下包括鞍区 $S_4 \sim S_5$ 无运动但有感觉功能保留,且身体任何一侧运动平面以下无 3 个节段以上的运动功能保留
C	不完全运动损伤	神经平面*以下有运动功能保留,且单个神经损伤平面以下超过一半的关键肌肌力小于 3 级(0~2 级)
D	不完全运动损伤	神经平面*以下有运动功能保留,且单个神经损伤平面以下至少有一半以上(一半或更多)的关键肌肌力大于或等于 3 级
E	正常	检查所有节段的感觉和运动功能均正常,且患者既往有神经功能障碍,则分级为 E。既往无 SCI 者不能评为 E 级

注:*如患者需要评为 C 级或 D 级,即不完全运动损伤,则需要满足下列条件之一:①肛门括约肌自主收缩;②鞍区感觉保留,同时身体一侧运动平面以下有 3 个节段以上的运动功能保留。允许根据运动平面以下非关键肌是否保留运动功能来确定运动损伤完全与否(确定 ASIA 残损分级为 B 级还是 C 级)。当根据平面以下运动功能保留的程度来区分 ASIA 残损分级为 B 级或 C 级的时候,需要使用的平面为身体一侧的运动平面;而区分 C 级和 D 级的时候,使用的平面为单个神经平面

2. 部分保留带（zone of partial preservation，ZPP） ZPP 仅用于完全损伤（ASIA 为 A 级），指感觉和运动平面以下保留部分神经支配的皮节和肌节，保留部分感觉或运动功能的节段即为相应的感觉或运动 ZPP，且应按右侧和左侧以及感觉和运动分别记录。例如，右侧感觉平面为 C_5，从 C_6 至 C_8 有感觉保留，则检查表中右侧感觉 ZPP 应记录为"C_8"。

记录 ZPP 时，运动功能与感觉功能不一定一致，且运动平面以下记录为 ZPP 的肌肉运动应为主动收缩。ZPP 中不包括非关键肌。ZPP 不适用于不完全损伤，因此在不完全损伤者的检查表中应记录"N/A"。

（五）脊髓休克的评定

当脊髓与高位中枢离断时，脊髓暂时丧失反射活动能力而进入无反应状态的现象称为脊髓休克。脊髓休克时，横断面以下节段脊髓支配的骨骼肌紧张性降低或消失，外周血管扩张，血压下降，发汗反射消失，膀胱充盈，直肠内粪积聚，表明躯体及内脏反射减退或消失。脊髓休克为一种暂时现象，以后各种反射可逐渐恢复。临床上常常用球海绵体反射是否出现来判断脊髓休克是否结束，此反射的消失为休克期，反射的再出现表示脊髓休克结束。但需注意的是极少数正常人不出现该反射，圆锥损伤时也不出现该反射。具体检查方法：用戴手套的示指插入肛门，另一手刺激龟头（女性刺激阴蒂），阳性时手指可以明显感觉到肛门外括约肌的收缩。脊髓休克结束的另一指征是损伤平面以下出现感觉、运动或肌肉张力升高与痉挛。

（六）ADL 能力评定

截瘫患者可用改良的 Barthel 指数，四肢瘫患者用四肢瘫功能指数（quadriplegic index of function，QIF）来评定。QIF 评定的内容有转移、梳洗、洗澡、进食、穿脱衣服、轮椅活动、床上活动、膀胱功能、直肠功能、护理知识，共 10 项，评分采用 0～4 分的 5 级制，每项最高得分为 4 分，经权重处理后得出总分。

（七）功能恢复的预测

对完全性脊髓损伤的患者，根据不同的损伤平面预测其功能恢复情况（表 5-8）。

表 5-8　损伤平面与功能恢复的关系

| | 不能步行，在轮椅上仍需依赖程度 | | | | 在轮椅上独立程度 | | 有步行的可能性用矫形器加拐杖或独立步行 |
	完全依赖	大部分依赖	中度依赖	小部分依赖	基本独立	完全独立	
C_{1-3}	√						
C_4		√					
C_5			√				
C_6				√			
$C_7\sim T_1$					√		
$T_2\sim T_5$						√	
$T_6\sim T_{12}$							√①
$L_1\sim L_3$							√②
$L_4\sim S_1$							√③

注：①可进行治疗性步行；②可进行家庭功能性步行；③可进行社区功能性步行

（八）其他

对脊髓损伤的患者，还需进行神经源性膀胱与神经源性肠的评定、性功能障碍的评定、心肺功能的评定、心理障碍的评定。

三、康复治疗

脊髓损伤的康复治疗包括急性期的康复治疗和恢复期的康复治疗，采用物理治疗、作业治疗、辅具、心理治疗等康复措施，并需注意及时处理并发症。

（一）急性期的康复

急性期一般指患者伤后在脊柱外科（骨科）住院时，当临床抢救告一段落，患者生命体征和病情基本平稳、脊柱稳定即可开始康复训练。急性期主要采取床边训练的方法，主要目的是及时处理并发症、防止废用综合征，为以后的康复治疗创造条件。训练内容包括以下几个方面：

1. 体位摆放 患者卧床时应注意保持肢体处于功能位置。

附：脊髓损伤的搬运和急救

对脊柱受伤的患者如怀疑脊髓损伤时应立即制动稳定，制动体位有两种：①保持受伤时的姿势制动、搬运；②使伤员保持平卧位制动、搬运，前者可防止因体位变动而导致脊髓二次损伤。制动固定后立即转运至医院尽早开始救治工作。

常用的临床措施包括伤后早期内应用糖皮质激素治疗，特别是甲泼尼龙大剂量疗法，尝试高压氧治疗，尽早手术治疗，对脊柱骨折脱位进行复位固定，解除脊髓压迫，重建脊柱的稳定性。

2. 关节被动运动 对瘫痪肢体进行关节被动运动训练，每日1～2次，每一关节在各轴向活动20次即可，以防止关节挛缩和僵直的发生。

3. 体位变换 对卧床患者应定时变换体位，一般每2小时翻身一次，以防止压疮形成。

4. 早期坐起训练 对脊髓损伤已行内固定手术、脊柱稳定性良好者应早期（伤后或术后1周左右）开始坐位训练，每日2次，每次30分钟。开始时将床头摇起30°，如无不良反应，则每天将床头升高15°，逐渐增加到90°，并维持继续训练。一般情况下，从平卧位到直立位需1周的适应时间，适应时间长短与损伤平面有关。坐起时，往往穿戴矫形器保护。

5. 站立训练 患者经过坐起训练后无直立性低血压等不良反应即可考虑进行站立训练。训练时应保持脊柱的稳定性，佩戴矫形器或腰围，训练起立和站立活动。患者站起立床，从倾斜20°开始，角度渐增，8周后达到90°，如发生不良反应，应及时降低起立床的角度。

6. 呼吸及排痰训练 对颈髓损伤呼吸肌无力的患者应训练其腹式呼吸，咳嗽、咳痰能力以及进行体位排痰训练，以预防及治疗呼吸系统并发症，并促进呼吸功能的恢复。对四肢瘫患者，早期康复的重要内容之一是预防和治疗肺部感染，防止分泌物阻塞气道导致窒息。气管切开后需做好气道管理。

7. 二便的处理 SCI早期多采用留置导尿的方法。脊髓休克期内不进行导尿管夹管训练，休克期结束后根据患者的情况逐渐增加夹管时间，并保证每天进水量达到2500～3000ml，记录出入水量。之后可采用间歇清洁导尿术，配合个体化饮水计划进行排尿训练。便秘的患者首先要改变饮食结构，改变大便性状，其次可用润滑剂、缓泻剂与灌肠等方法处理。

8. 药物的使用 急性期神经营养等药物的使用，可参见相关内容。

（二）恢复期的康复治疗

恢复期的康复治疗指患者进入康复医学科住院或门诊后，依患者病情进行的训练。进入恢复期的时间可早可迟，骨折部位稳定、神经损害或压迫症状稳定、呼吸平稳后即可进入恢复期治疗。

1. 肌力训练 完全性脊髓损伤患者肌力训练的重点是肩和肩胛带的肌肉，特别是背阔肌、上肢肌肉和腹肌。不完全性脊髓损伤患者，应对肌力残留的肌肉一并训练。肌力达3级时，可以采用主动运动；肌力2级时可以采用助力运动、主动运动；肌力1级时采用功能性电刺激、被动运动、生物反馈等方法进行训练。肌力训练的目标是使肌力达到3级以上。脊髓损伤患者为了应用轮椅、拐或助行器，在卧床、坐位时均要重视训练肩带肌力，包括上肢支撑力训练、肱三头肌和肱二头肌训练和握力训练。

对使用低靠背轮椅者，还需要进行腰背肌的训练。卧位时可采用举重、支撑；坐位时利用支撑架等。

2. 垫上训练 治疗垫上可进行的训练有：①翻身训练：适用于早期未完全掌握翻身动作技巧的患者继续练习。②牵伸训练：主要牵伸下肢的腘绳肌、内收肌和跟腱。牵伸腘绳肌是为了使患者直腿抬高大于90°，以实现独立长腿坐。牵伸内收肌是为了避免患者因内收肌痉挛而造成会阴部清洁困难。牵伸跟腱是为了防止跟腱挛缩，以利于步行训练。牵伸训练可以帮助患者降低肌肉张力，从而对痉挛有一定的治疗作用。③垫上移动训练。④手膝位负重及移行训练。

3. 坐位训练　可在垫上及床上进行。坐位可分为长坐位(膝关节伸直)和端坐位(膝关节屈曲90°)。进行坐位训练前患者的躯干需有一定的控制能力,双侧下肢各关节需要一定的活动范围,特别是双侧髋关节活动范围需接近正常。坐位训练可分别在长坐位和端坐位两种姿势下进行。实现长坐才能进行穿裤、袜和鞋的训练。坐位训练还包括坐位静态平衡训练,躯干前、后、左、右侧以及旋转活动时的动态平衡训练。在坐位平衡训练中,还需逐步从睁眼状态下的平衡训练过渡到闭眼状态下的平衡训练。

4. 转移训练　转移是SCI患者必须掌握的技能,包括帮助转移和独立转移。帮助转移分为3人帮助、2人帮助和1人帮助。独立转移则由患者独立完成转移动作。转移训练包括床与轮椅之间的转移、轮椅与坐便器之间的转移、轮椅与汽车之间的转移及轮椅与地之间的转移等。在转移训练时可以借助辅助器具,如滑板等。

5. 步行训练　步行训练的目标是:

(1)治疗性步行:佩戴截瘫步行器,借助双腋拐进行短暂步行,一般适合于$T_6 \sim T_{12}$平面损伤的患者。

(2)家庭功能性行走:可在室内行走,但行走距离不能达到900m,一般见于$L_1 \sim L_3$平面损伤的患者。

(3)社区功能性行走:L_4以下平面损伤患者穿戴踝足矫形器,能上下楼,能独立进行日常生活活动,能连续行走900m以上。

完全性脊髓损伤患者步行的基本条件是上肢有足够的支撑力和控制力,不完全性脊髓损伤者,则要根据残留肌力的情况确定步行能力。步行训练分为平行杠内步行训练和拐杖步行训练。先在平行杠内练习站立及行走,包括摆至步、摆过步和四点步,逐步过渡到平衡训练和持双拐行走训练。助动功能步行器RGO、ARGO、外骨骼机器人的出现使SCI患者步行功能得到更大改善。行走训练时要求上体正直,步态稳定,步速均匀。耐力增强之后可以练习跨越障碍、上下台阶、摔倒及摔倒后起立等训练。目前减重步行训练装置及康复机器人的应用使脊髓损伤患者步行训练变得更容易。

6. 轮椅训练　伤后2～3个月患者脊柱稳定性良好,坐位训练已完成,可独立坐15分钟以上时,开始进行轮椅训练。上肢力量及耐力是良好轮椅操控的前提。轮椅训练包括向前驱动、向后驱动、左右转训练、前轮翘起行走和旋转训练、上斜坡训练和跨越障碍训练、上楼梯训练和下楼梯训练、越过马路镶边石的训练、过狭窄门廊的训练及安全跌倒和重新坐直的训练。注意每坐30分钟,必须用上肢撑起躯干,或侧倾躯干,使臀部离开椅面以减轻压力,避免坐骨结节处发生压疮。

7. 矫形器的使用　配用适当的下肢步行矫形器为很多截瘫患者站立步行所必需。通常L_3平面以下损伤的患者建议选用踝足矫形器,L_{1-3}平面损伤的患者建议选用膝踝足矫形器,$T_8 \sim T_{12}$平面损伤的患者建议选用Walkabout,T_4平面以下损伤患者可选用往复式截瘫矫形器(advanced reciprocating gait orthosis,ARGO)或向心的往复式截瘫矫形器(isocentric reciprocating gait orthosis,IRGO)。康复工程技术的快速发展,已可以使C_5以下SCI患者通过装配新型的站立架或ARGO来帮助站立或短距离行走,而外骨骼机器人、截瘫行走架及其他行走装置将对SCI患者行走提供极大的支持。

8. 日常生活活动能力的训练　SCI患者特别是四肢瘫患者,训练日常生活活动能力尤为重要。自理活动,如吃饭、梳洗、上肢穿衣等,在床上可进行时,就应过渡到轮椅上进行。洗澡可在床上或洗澡椅上给予帮助完成,借助一些自助器具有利于动作的完成。环境控制系统及护理机器人可极大地帮助四肢瘫患者生活自理。此外,ADL训练应与手功能训练结合进行。

9. 物理因子的应用　功能性电刺激(functional electrical stimulation,FES)可克服肢体不活动的危害,使肢体产生活动。SCI后下肢易发生深静脉血栓,电刺激小腿肌肉可降低发生率。FES可产生下肢功能性活动,如站立和行走。应用超短波、紫外线等物理因子治疗可减轻损伤部位的炎症反应,改善神经功能。

10. 心理治疗　脊髓损伤在精神上给患者带来了难以描述的痛苦,但大多数患者经过一段时间的心理治疗会勇敢的面对现实。康复的目的是帮助患者重新回到尽可能正常的生活中去。康复工作绝不仅限于功能训练,还要强调患者在心理社会方面的适应,这包括在悲伤的时候提供必需的社会支持和帮助,重塑自身形象,形成新的生活方式和对世界的认识,重新设计未来的计划,帮助患者在社会中找到自己的位置。具体方法参见第四章第四节的内容。

11. 其他　SCI 患者根据条件和恢复情况,可进行文体训练及职业康复训练。

（三）并发症的处理

脊髓损伤后两种最严重的并发症为压疮并发败血症、尿路感染并发肾功能不全;最危急的情况是自主神经反射亢进。肺部感染、深静脉血栓、痉挛、关节挛缩、异位骨化也不少见,因此对并发症的处理很重要。压疮、尿路感染、痉挛见第九章相关内容。

1. 自主神经反射亢进　又称自主神经过反射,是脊髓损伤特有的威胁患者生命的严重并发症,多见于 T$_6$ 以上脊髓损伤的患者。主要症状是头痛,主要体征是突发性高血压,其次是脉搏缓慢或加快,有面部潮红、多汗,最重要也是最有效的治疗方法是尽快找出致病因素并尽快处理,大多数患者在去除致病因素后,症状均能立即好转。最常见的致病因素是膀胱及肠道的过度膨胀,故当出现此症时,均应立即检查导尿管是否通畅,膀胱是否过度膨胀,并针对症状和体征立即进行相应的处理。

2. 深静脉血栓　脊髓损伤患者中,深静脉血栓的发生率较高。如一侧肢体突然发生肿胀,伴有胀痛、体温升高、肢体局部温度升高,都应考虑下肢深静脉血栓形成。未发现和未处理的深静脉血栓可导致肺栓塞和突然死亡。彩色超声多普勒检查有助于确诊。预防和治疗措施包括卧床休息、抬高患肢。病情允许时,应穿着医用弹力袜或缠弹力绷带。应用合适的抗凝药物,如低分子肝素、香豆素衍化物(华法林)等。必要时转介血管外科行滤网植入。

3. 异位骨化　异位骨化通常指在软组织中形成骨组织。在 SCI 后的发生率为 16%～58%,发病机制不明。SCI 后的运动治疗与此病的发生关系不大,因此休息不动并不能减少异位骨化的发生。此症好发于髋关节,其次为膝、肩、肘关节及脊柱,一般发生于伤后 1～4 个月,通常发生在损伤水平以下,局部多有炎症反应,伴全身低热,任何 SCI 患者如有不明原因的低热均应考虑此症。治疗措施包括应用消炎止痛药和其他药物、冷敷、避免过度用力挤捏瘫痪的肢体。若骨化限制关节活动则需手术摘除。

（张长杰）

学习要点：

1. 神经平面、运动平面、感觉平面的评定。
2. 运动评分。
3. 感觉评分。
4. 脊髓损伤急性期的康复方法。
5. 脊髓损伤恢复期的康复方法。
6. 脊髓损伤的并发症及处理。

第四节　小儿脑性瘫痪康复

一、概述

（一）定义

2006 年世界工作小组公布了脑性瘫痪(cerebral palsy,CP)又称脑瘫的定义,全国儿童康复会议、全国小儿脑瘫康复学术会议于 2014 年 4 月通过了我国脑性瘫痪定义:脑性瘫痪是一组持续存在的中枢性运动和姿势发育障碍、活动受限综合征,这种综合征是由于发育中的胎儿或婴幼儿脑部非进行性损伤所致。脑性瘫痪的运动障碍常伴有感觉、知觉、认知、交流和行为障碍,以及癫痫和继发性肌肉、骨骼问题。

（二）高危因素

脑瘫的主要危险因素是早产儿、低体重儿、胎儿宫内窘迫、出生窒息、高胆红素血症等。神经影像学可以发现脑室周围脑白质软化、脑室内出血或先天性脑畸形。

（三）患病率

脑瘫患病率在发达国家约为 0.1%～0.4%，我国为 0.15%～0.5%。

（四）临床分型

根据运动障碍的性质可分为痉挛型、共济失调型、手足徐动型和混合型；根据肢体障碍可分为单肢瘫、偏瘫、三肢瘫、四肢瘫、截瘫、双瘫；根据疾病严重程度可分为轻、中、重（表 5-9）。

表 5-9　脑瘫严重程度的分级

	粗大运动	精细运动	智商	言语	整体
轻	独立行走	不受限	>70	>2 字	独立
中	爬或支撑行走	受限	50～70	单字	需帮助
重	无活动能力	无	<50	严重受损	需完全照顾

二、康复评定

（一）评定目的

确立脑瘫发病高危因素的存在，了解患儿发育水平及与年龄相对应的功能水平状态，明确脑瘫的严重程度，从而制订规范化和个体化的康复计划。

（二）评定方法

评定方法包括：粗大运动功能量表（gross motor function measure，GMFM）及粗大运动功能分级量表（gross motor function classification system）是脑瘫儿童最常用到的粗大运动评估工具。另外，小儿发育水平测定（表 5-10），主要评定脑瘫患儿的发育水平较正常同龄儿落后的程度；躯体功能评定，如肌力、肌张力、关节活动度、原始反射或姿势性反射（表 5-11）、平衡反应、协调能力、站立和步行能力（步态）评定；心理、智力及行为评定；言语功能评定；感觉、知觉功能评定；日常生活活动能力以及功能独立能力的评定。

表 5-10　发育里程碑的评估

工具	评估
DDST- 丹佛发育筛查测验	政府机关实施的筛选测试，用时 2～15 分钟
PEDS- 儿童发育评估	包括一些问题和一些（如 DDST）小的测试特异任务的项目
ASQ- 年龄及阶段问卷	
CDI- 儿童发育调查表	
Bayley 婴儿神经发育筛查	评估 3～24 个月高危儿的详尽发育测试
Peabody 运动发育测试	评估从出生到 83 个月儿童粗大及精细运动的量表
B&Q-Bruininks-Oseretsky	评估 4.5～14.5 岁儿童运动熟练度的量表

表 5-11　小儿原始反射、姿势性反射和自动反应

内容	时间
原始反射	
交叉性伸肌反射	出生时～2 个月
Galant 反射（躯干侧弯反射）	出生时～2 个月
Moro 反射（拥抱反射）	出生时～6 个月
抓握反射	出生时～6 个月
姿势性反射	
紧张性迷路反射	出生时～6 个月
非对称性紧张性颈反射	出生 2～4 个月

续表

内容	时间
对称性紧张性颈反射	出生4～10个月
自动反应	
放置反应	出生时～2个月
平衡反应	
倾斜反应	出生6个月～终生
坐位平衡反应	出生6个月～终生
立位平衡反应	出生12个月～终生
Landau 反应	出生6个月～30个月
降落伞反应	出生6个月～终生
自动步行反应	出生时～3个月

三、康复治疗

（一）康复治疗原则

应遵循早发现、早确诊、早治疗。任何单一的治疗都是有限的，应采用综合的康复治疗手段，如医学康复中的运动疗法、作业疗法、言语治疗、药物、手术等，结合心理康复、教育康复和社会康复，尽可能最大限度地降低患儿残疾程度，提高其生活活动自理能力。治疗中，多采用适合儿童年龄及发育特点，多变化、有趣味，家庭共同参与的方式，提高治疗效果，从而达到预期目的。

（二）物理因子治疗

1. 运动疗法　根据运动学、神经生理和神经发育学的理论，借助器具或徒手的方法，对脑瘫患儿实施的运动治疗。其目的是改善其运动功能，尽可能使其正常化，提高生活活动自理能力。近年来，针对小儿脑瘫的运动疗法学说发展较多，包括 Bobath 法、Vojta 法、Temple Fay 法、Ayre 感觉整合治疗、Doman-Delacato 法、Collis 法、Rood 法、PNF 法和运动学习等。各种方法各有其特点，下面重点介绍常用的 2 种方法：

（1）运动学习（motor learning）：20 世纪 80 年代以来，以 Carr 和 Shepherd 教授为代表的一些学者以大量研究成果为依据，将运动控制和运动学习的理论和方法进一步丰富完善，形成以运动神经网络控制理论、生物力学和行为学为基础的功能性治疗体系，成功地应用于成人脑卒中偏瘫等各种运动功能障碍的康复治疗中，称为运动再学习（motor re-learning）。将该理论用于脑性瘫痪儿童的治疗时，称为运动学习。运动学习法以实际生活技能为训练目标，功能性治疗应采用任务导向性训练（task-oriented training）的原则；从多系统角度进行个体化分析和解决问题，使动作达到或接近正常的力学对线（alignment）；并遵循运动技能学习过程的特点进行训练，以难易恰当的主动运动为主；反复强化训练；肌张力调整的同时注意必要的肌力训练和耐力训练；指导家长参与等。

（2）Bobath 法：根据神经发育学的理论，小儿脑瘫是由于脑损伤影响了脑的正常发育，从而使运动发育落后或停滞，以及异常姿势反射活动的释放而出现异常的姿势运动模式。因此，运动治疗方法之一的英国 Bobath 法，是根据上述原理，针对瘫痪患者，采用抑制异常反射活动、纠正异常姿势、促进正常运动功能的出现和发展、提高活动或移动能力的治疗原则。痉挛性脑瘫的治疗原则是缓解肌肉紧张和僵硬，使患儿躯干充分伸展，避免痉挛姿势的运动，尽早诱导出正常运动模式；手足徐动型脑瘫的治疗原则是抑制上部躯干肌紧张，对短缩肌进行牵伸性训练，促进抗重力姿势的稳定性和动态平衡，对徐动的上肢可行调节训练。

2. 引导式教育（conductive education）　是综合、多途径、多手段对脑瘫等神经系统障碍的患儿提供的一种治疗手段。此方法是 20 世纪 40 年代左右由匈牙利 András Pető 提出的。其治疗目的是刺激多发残疾的患儿的全面发育和恢复。引导式教育更多的是针对患儿本身，而非只关心某一局部问题。它是通过合格的训练人员（又称引导员），根据患儿的活动能力、言语、认知或智力、社会交往及行为、情感等发育的状况和问题制订相应的、系统的、相互关联的训练计划，可以是个体单独接受训练，更多的是以小组的形式，采取有节律、有韵律、活动目的强的训练手法或指令，应用特殊的训练用具，如条床、梯背椅等，使患儿在愉快的训练环境中，积极主动地学会和完成不同阶段目标的功能性技巧性活动，以逐步达到生活活动能力的提高和自理。

附：高危新生儿早期干预

随着围生医学的发展，使得高危新生儿存活率大大提高，高危新生儿的早期干预成为脑瘫治疗的新热点。高危新生儿是指出生后数天或数月，有高危病史，表现为运动发育滞后，肌张力异常等。大脑的可塑性是高危新生儿早期干预的理论基础，正常发育运动模式的强化、肌张力的调整、神经发育阶段中的动作技巧的反复练习是干预治疗的要点。国内外报道高危新生儿早期干预可以减少脑瘫的发病率。

3. 物理因子治疗   可配合低频脉冲电疗法（如神经功能电刺激），促进肌肉功能、延缓肌肉萎缩、改善和增加局部血液循环。每日治疗 1 次，10～15 次为 1 个疗程。水疗法是有利于脑瘫患儿全身或局部肌肉张力的降低，运动能力的提高的一种治疗方法。它是利用水的冲撞和温热缓解痉挛状态，利用水的浮力，在减轻了自身重量时训练运动控制能力。水中活动也是患儿喜爱的游戏地方。在有条件的地区，可采用水疗法对患儿进行训练。

（三）作业治疗

作业治疗中最为重要的是日常生活活动能力训练。训练前、后对患儿的日常生活活动能力的评定，是制订针对性训练方案和判定治疗效果的参考依据。脑瘫患儿的日常生活活动能力的评定应包括进食与饮水、如厕、穿衣与脱衣、梳理、淋浴/盆浴、坐、体位转换、上床与下床、站立与步行、精细的手眼协调和高级运动功能。

进食功能训练应包括不同难度的进食方法：①用手或汤匙进食：训练患儿自行进食，主要是训练上肢的主动伸展，眼手协调，抓握与放开，手口协调，咬切，合唇，吞咽和咀嚼等动作或作业的完成。②用筷子进食：在掌握用手或汤匙进食后，可逐渐训练用筷子自行进食，重点是训练手指协调与灵活，前臂的旋前/旋后。

除训练患儿进食功能外，还应进行自行饮水训练：主要是训练抓握与放开，手眼协调，手口协调，肘固定，合唇和吞咽。

如厕功能训练应包括：①扶扶手向下蹲坐在便盆上：训练患儿站立平衡，头的控制，身体的对称性，抓握和放开，髋的活动能力，膝的屈伸，踝背屈，腘绳肌群牵伸，从站到蹲的体位转换，重心转移，脱裤子，认识身体的部位：手、膝、髋、足，学习"分开"的概念。②坐在便盆上：坐位平衡，头的控制，身体的对称性，肘伸直，持续抓紧，躯干伸展，髋屈曲，踝关节背屈，下肢外展。③从坐在便盆上起立：体位转换，运动中头的控制，运动中身体的对称性，抓握和分开，肘伸直，躯干伸直，髋关节活动能力，膝伸直，下肢负重，重心转移，提上裤子。④大小便控制：大小便控制和便后自我清洁。

穿、脱衣功能训练应包括：①穿、脱上衣：训练患儿坐位平衡，双手协调，抓握和拉取时拇指伸展和外展，认识衣服的里、外及不同季节的衣服。②穿、脱裤子：基本体位的转换，侧卧 - 仰卧、坐 - 站。③穿、脱袜子：坐位平衡，学习袜子的概念。④穿、脱鞋：学习左、右鞋的概念。

梳理训练应包括：①洗手：训练患儿中线对位，手于中线位，学习手放平。②洗脸：拧毛巾，手至脸的活动，肘屈伸。③刷牙：一手固定，一手活动，手越过中线，腕关节活动。④梳头：同刷牙，肩关节屈曲和伸展。

淋浴/盆浴训练应包括患儿进/出洗浴区，坐位平衡，上肢运动，手眼协调。体位转换训练患儿的身体重心转移，下肢负重，髋、膝活动和稳定性等。上、下床训练头的控制，上肢抬高，肢体的外展，躯干旋转，侧行等。

高级手部功能训练包括训练手的各种功能，如抓、握、捏不同质地、不同大小的物体，书写（文字说明和各种形状），双手协调活动如玩球、叠纸等。

高级运动功能训练包括步行,如侧行、倒行,跨越不同障碍,跳(不同高度、单腿、原地跳绳等),踢球等。

(四)言语矫治

脑瘫发生言语障碍多见两类,即构音障碍和言语发育迟缓。对构音障碍患儿的言语训练包括基本言语运动功能的刺激和促进,改善呼吸,增加面部的活动(如笑、哭)等,以提高患儿的言语功能;对言语发育迟缓的患儿要根据儿童的年龄、训练频率、康复的效果设定短、长期目标,促进语言发音、使用语言符号、理解语言概念和含义,逐步训练患儿具有语言交往能力。

(五)文体治疗

根据小儿活泼、喜欢嬉戏的特点,通过游戏、模仿体育竞赛等形式充分调动患儿主动参与的积极性,提高身体的协调性、灵活性、耐力等运动技能,与人交往、团结协作等言语、行为的能力,在娱乐中促进患儿全面发展。还有一些娱乐活动也是适合的,它取决于现有资源和社会所提供的支持。骑马运动可以作为娱乐项目,同样也可以作为治疗手段。计算机可以提供很多娱乐机会,有严重功能障碍的儿童可以通过互联网与其他人相互交流、相互影响。

(六)矫形器应用

应用矫形器或其他辅助支具的目的:①保持肢体的功能位;②加强肢体的承重能力;③预防或纠正畸形;④促进运动功能发育,从而提高生活活动自理能力。踝足矫形器(AFO)可以在行走中帮助控制马蹄足或内翻畸形。带关节的踝足矫形器包括踝关节可以使足背屈。踝足矫形器可以降低痉挛儿童的异常反射,不能行走的儿童穿戴踝足矫形器可以预防小腿后部肌群的挛缩,并且在站立时提供支持。还有一些支持设备如站立架、俯卧板等可以矫正身体的某一部分的不正确体位或姿势,经矫正后而使之同其他身体部位以正确的体位或姿势积极参与主动活动中。例如,一些下肢痉挛较严重的患儿常常表现双下肢内收畸形,坐、跪或站的基底平面很窄,使之平衡能力较差,可通过在外展短裤型矫形器或在站立架上训练外展后,头、躯干、髋等部位姿势稳定性就易达到,更能获得功能性技巧。

(七)心理康复

由于身体缺陷和周围环境的影响,脑瘫患儿常在心理上有一定的障碍,常常表现为自闭、少语、自信较差,甚至自我否定,因此心理康复对脑瘫患儿尤为重要,心理康复不仅帮助他们尽快地树立起自信心,更能促进他们在躯体功能、认知智力、言语表达等方面的恢复。心理康复要针对不同年龄阶段的脑瘫患儿予以不同的治疗方法。婴儿期,要帮助父母、家人等认识孩子的运动障碍,使之多理解,更多满足婴儿的需要,促进婴儿更多潜能的发展。对于幼儿期,这一阶段处于积极探索,是运动和智力发育最快、最佳的阶段,康复人员和家长应理解在此阶段容易出现的不良情绪,如攻击行为、恐惧等,可以提供安全的方式让患儿发泄情绪,多给以抚摸,温柔的语言传递情感,多做一些游戏帮助患儿建立愉快的心情。在学龄前期,孩子有了初步的感知,基本理解简单概念,想象非常丰富,在此阶段,帮助他们认识自己的身体状况,多与正常儿童交往,扮演不同的角色,摆脱忧虑、恐惧,给以精神上的最大支持。对于形成了较高的推理和逻辑思维能力的青少年期,交流和自理非常重要。这一时期,自我意向、自我价值和性是关心的主要问题,否认、愤怒、恐惧和抑郁更加突出,处理和治疗患者的自我否定、帮助他们建立活动独立、就业等是此期的重点。总之,在儿童生长、发育的整个阶段,关注不同时期心理问题,制定对策和治疗计划,使患儿从身、心、智全面发展。

(八)其他治疗

1. 手术 手术大多针对痉挛性脑瘫或骨、关节畸形严重的脑瘫患儿,其目的是解除严重、不可逆的肢体痉挛,降低肌张力,恢复和改善肌肉平衡;矫正骨、关节及软组织的挛缩畸形,为功能训练创造条件。手术可分为神经手术和矫形手术。神经手术中多选择脊神经后根切断术,它可以减少对运动神经元的兴奋输入,从而解除肢体痉挛。这个手术包括椎板切除和马尾暴露,对后根进行电刺激,对更多引起异常反射的神经纤维根切断。矫形手术可分别针对足、膝、髋或上肢等畸形进行的矫正手术。手术后需要进行强化的物理因子治疗和作业治疗恢复肌力,并且将功能发挥到最大水平。

2. 药物治疗　对痉挛型脑瘫常采用肌肉松弛剂,对手足徐动型脑瘫常配合多巴胺类药物。药物在必要时使用,配合康复功能训练,以减缓临床症状。近年来,局部肌肉肉毒素注射治疗可以缓解痉挛型脑瘫肢体痉挛,促进运动功能。肉毒素注射可引起运动神经功能的突触前抑制。注射后2~4周肌张力降到最低,效果可以持续3~6个月。可以应用多种定位注射方法,如通过肉眼定位运动点、B超引导下定位、电刺激下定位、肌电图引导下定位等。年龄小的儿童或需要多点注射的儿童应用镇静剂或全身麻醉。

3. 针灸　针灸对脑瘫的恢复有一定的疗效,可配合应用。

四、其他问题

(一)教育康复

脑瘫患儿中有 50% 以上合并智力低下。提供有系统、有计划、有评估的教育系统,可使其获得学习机会,有助于将来成长后达到生活或工作独立。因此,教育康复是非常重要、必不可少的。对脑瘫患儿的教育要个体化与生活化相结合,学习活动要有趣味和变化,根据不同年龄组的特点,制订相应的学习计划。学习环境也要多样化,可变化不同场景进行学习。学习内容要适中,不要太难,以免儿童对学习失去信心和兴趣,学习内容也不要一成不变,过于单调和简单。学习中要有不断的复习和重复,以加深记忆。学习中一定多采用正性鼓励。

(二)社会服务

社会服务是协助脑瘫患儿解决重返社会时可能遇到的问题,例如患儿生活、医疗、就业等方面可能遇到的问题,社会能提供物质、政策或精神等方面的帮助和支持。

(王宁华)

学习要点:

1. 小儿脑瘫的概念和分级。
2. 小儿脑瘫的康复评定。
3. 小儿脑瘫的康复治疗,特别是采用运动疗法和作业治疗的方法。
4. 运动再学习方法理论基础。
5. 小儿脑瘫日常生活能力训练。

第五节　周围神经病损的康复

一、概述

(一)周围神经的概念

周围神经(peripheral nerve)由神经节、神经丛、神经干和神经末梢组成,分为脊神经,嗅、视神经以外的脑神经,内脏神经及其神经节。周围神经多为混合性神经,含有感觉纤维、运动纤维和自主神经纤维。

(二)周围神经病损的定义

周围神经病损一般可分为周围神经损伤和神经病两大类。周围神经损伤(peripheral nerve injury)是由于周围神经丛、神经干或其分支受外力作用而发生的损伤,如挤压伤、牵拉伤、挫伤、撕裂伤、切割伤、火器伤、医源性损伤等,主要病理变化是损伤远端神经纤维发生瓦勒变性(wallerian degeneration);神经病(neuropathy)是指周围神经的某些部位由于炎症、中毒、缺血、营养缺乏、代谢障碍等引起的病变,旧称神经炎,轴突变性(axonal degeneration)是其常见的病理改变之一,与瓦勒变性基本相似;若髓鞘破坏而轴突保持相对完整,则是节段性脱髓鞘(segmental demyelination)的表现。

(三)周围神经病损的程度

周围神经损伤按 Seddon 方法可分为:①神经失用(neurapraxia):神经轴突和神经膜均完整,传导功能暂时丧失；②神经轴突断裂（axonotmesis）：神经外膜、神经束膜、神经内膜和施万细胞完整，神经轴突部分或完全断裂，出现瓦勒变性，运动和感觉功能部分或完全丧失；③神经断裂（neurotmesis）：指神经的连续性中断，导致运动和感觉功能完全丧失。

神经失用多由挤压或药物损害引起，一般可在6个月内完全恢复。神经轴突断裂多为挤压或牵拉伤所致，可自行恢复，但轴突需自损伤部位向远端再生，再生速度为1～2毫米/天，故需时较长。神经断裂多为严重拉伤或切割伤所致，必须手术修复，术后神经功能可恢复或恢复不完全。按Sunderland方法可将周围神经损伤分为5度：第一度损伤：传导阻滞，神经纤维的连续性保持完整，无瓦勒变性；第二度损伤：轴突中断，但神经内膜管完整，损伤远端发生瓦勒变性；第三度损伤：神经纤维（包括轴突和鞘管）横断，而神经束膜完整；第四度损伤：神经束遭到严重破坏或断裂，但神经干通过神经外膜组织保持连续；第五度损伤：整个神经干完全断裂，需手术修复才能恢复。

（四）周围神经病损的临床表现

周围神经病损的主要临床表现有：

1. **运动障碍** 出现弛缓性瘫痪、肌张力降低、肌肉萎缩。
2. **感觉障碍** 表现为感觉减退或消失、感觉过敏，主观有麻木感、自发疼痛等。
3. **反射障碍** 腱反射减弱或消失。
4. **自主神经功能障碍** 皮肤发红或发绀，皮温低，无汗、少汗或多汗，指（趾）甲粗糙变脆等。

（五）常见的周围神经病损

常见的周围神经病损有臂丛神经损伤、桡神经损伤、正中神经损伤、尺神经损伤、坐骨神经损伤、腓总神经损伤、胫神经损伤、腕管综合征、糖尿病性周围神经病、三叉神经痛、特发性面神经麻痹（又称Bell麻痹）、肋间神经痛、坐骨神经痛、格林-巴利综合征等。

二、康复评定

通过详细的病史采集和体格检查，可初步判断神经受损的部位和程度。为了进一步确定神经受损的性质，作出预后判断，确定康复目标，制订康复计划，评价康复疗效，还必须进行一系列的康复评定。

（一）运动功能评定

1. **肌力评定** 参见第三章第一节。
2. **关节活动范围测定** 参见第三章第一节。
3. **患肢周径测量** 用尺或容积仪测量受累肢体周径，并与健侧肢体相对应的部位比较。
4. **运动功能恢复等级评定** 由英国医学研究会（BMRC）提出，将神经损伤后的运动功能恢复情况分为六级，简单易行，是评定运动功能恢复最常用的方法（表5-12）。

表5-12 周围神经病损后运动功能恢复评定

恢复等级	评定标准
0级（M0）	肌肉无收缩
1级（M1）	近端肌肉可见收缩
2级（M2）	近、远端肌肉均可见收缩
3级（M3）	所有重要肌肉能抗阻力收缩
4级（M4）	能进行所有运动，包括独立的或协同的运动
5级（M5）	完全正常

（二）感觉功能评定

周围神经病损后感觉消失区往往较实际损伤小，且感觉消失区边缘存在感觉减退区。感觉功能的评定参见第三章第一节的内容。此外还可以做Von Frey单丝压觉试验。周围神经病损后感觉功能恢复的评定可参考英国医学研究会的分级评定表（表5-13）。

表 5-13 周围神经病损后感觉功能恢复评定表

恢复等级	评定标准
0 级（S0）	感觉无恢复
1 级（S1）	支配区皮肤深感觉恢复
2 级（S2）	支配区浅感觉和触觉部分恢复
3 级（S3）	皮肤痛觉和触觉恢复，且感觉过敏消失
4 级（S3⁺）	感觉达到 S3 水平外，二点辨别觉部分恢复
5 级（S4）	完全恢复

（三）反射检查

反射检查时需患者充分合作，并进行双侧对比。常用反射有肱二头肌反射、肱三头肌反射、肱桡肌反射、膝反射、踝反射等。

（四）自主神经检查

常用发汗试验，包括 Minor 淀粉 - 碘试验、茚三酮试验。

（五）神经干叩击试验

神经干叩击试验（Tinel 征）对神经损伤的诊断和神经再生进程的判断有较大意义。周围神经损伤后，近侧断端可出现再生，再生的神经纤维开始呈枝芽状，无髓鞘，外界的叩击和加压可诱发其分布区疼痛、放射痛和过电感等过敏现象，即 Tinel 征阳性。

（六）日常生活活动能力评定

参见第三章第七节。

（七）电诊断检查

对周围神经病损，电诊断检查具有重要意义，具有诊断和功能评定的价值，常用方法有：

1. 针极肌电图检查 对周围神经病损有重要的评定价值，可判断失神经的范围与程度，以及神经再生的情况。由于神经损伤后的变性、坏死需经过一定时间，失神经表现在伤后 3 周左右才出现，故最好在损伤 3 周后进行针极肌电图检查。

2. 神经传导速度测定 一般也在损伤 3 周后进行，是对周围神经病损最有用的检查方法之一，可以确定传导速度、动作电位波幅和末梢潜伏时、感觉神经电位波幅和潜伏时等。既可用于感觉神经也可用于运动神经的功能评定，以及确定受损部位。正常情况下，四肢周围神经的传导速度一般为 40～70m/s。神经损伤时，传导速度减慢。

3. 体感诱发电位检查 体感诱发电位（SEP）具有灵敏度高、对病变进行定量估计、对传导通路进行定位测定等优点。对常规肌电图难以查出的病变，SEP 是有用的补充，如周围神经靠近中枢部位的损伤等。

三、康复治疗

康复治疗的目的是早期防治各种并发症（炎症、水肿等），晚期促进受损神经再生，以促进运动功能和感觉功能的恢复，防止肢体发生挛缩畸形，最终改善患者的日常生活和工作能力，提高生活质量。康复治疗应早期介入，介入越早效果越好。治疗时根据疾病的不同时期进行有针对性的处理。

（一）早期

早期一般为发病后 5～10 天。首先要去除病因，减少对神经的损害，预防关节挛缩的发生，为神经再生做好准备。具体措施有：

1. 受累肢体各关节功能位的保持 应用矫形器、石膏托甚至毛巾，将受累肢体各关节保持在功能位。如垂腕时将腕关节固定于背伸 20°～30° 的功能位，足下垂时将踝关节固定于背伸 90° 的功能位等。

2. 受累肢体各关节的主被动运动　由于肿胀、疼痛、不良肢位、肌力不平衡等因素，周围神经损伤后常易出现关节挛缩和畸形，故受累肢体各关节应早期做全范围各轴向的被动运动，每天至少1～2次，以保持受累关节正常活动范围。若受损程度较轻，则进行主动运动。

3. 受累肢体出现肿胀的处理　水肿与病损后血液循环障碍、组织液渗出增多有关。可采用抬高患肢、弹力绷带包扎、做轻柔的向心性按摩与受累肢体的被动活动、冰敷等措施。

4. 物理因子的应用　早期应用超短波、微波、红外线等温热疗法，既有利于改善局部血液循环，促进水肿、炎症吸收，又有利于神经再生。有条件时可用水疗。

5. 受累部位的保护　由于受累肢体的感觉缺失，易继发外伤，应注意保护受累部位，如戴手套、穿袜等。若出现外伤，应选择适当的物理因子进行物理因子治疗，如紫外线治疗，促进伤口早期愈合。

（二）恢复期

早期炎症水肿消退后，即进入恢复期，早期的治疗措施仍可有选择地继续使用。此期的重点是促进神经再生、保持肌肉质量、增强肌力和促进感觉功能恢复。

1. 神经肌肉电刺激疗法　周围神经病损后，肌肉瘫痪，可采用神经肌肉电刺激疗法以保持肌肉质量，迎接神经再支配。失神经支配后的1个月内肌肉萎缩最快，宜及早进行神经肌肉电刺激治疗，失神经后数月仍有必要施用神经肌肉电刺激治疗。通常选用三角形电流进行电刺激，此外还可选用指数形波、调制中频电流、温热等进行治疗。

2. 肌力训练　受累神经支配的肌肉肌力为0～1级时，进行被动运动、肌电生物反馈等治疗。受累神经支配的肌肉肌力为2～3级时，进行助力运动、主动运动及器械性运动，但应注意运动量不宜过大，以免肌肉疲劳，随着肌力的增强，逐渐减少助力。受累神经支配的肌肉肌力为3^+～4级时，可进行抗阻练习，以争取最大肌力恢复，同时进行速度、耐力、灵敏度、协调性与平衡性的专门训练。

3. ADL训练　在进行肌力训练时应注意结合功能性活动和日常生活活动训练。如上肢练习洗脸、梳头、穿衣、伸手取物等动作，下肢练习踏自行车、踢球动作等。治疗中不断增加训练的难度和时间，以增强身体的灵活性和耐力。

4. 作业治疗　根据功能障碍的部位及程度、肌力及耐力的检测结果，进行有关的作业治疗。上肢周围神经损伤患者可进行木工、编织、泥塑、打字、修配仪器、套圈、拧螺丝等操作，下肢周围神经损伤患者可进行踏自行车、缝纫机等练习。

5. 感觉训练　先进行触觉训练，选用软物（如橡皮擦）摩擦手指掌侧皮肤，然后是振动觉训练。后期训练涉及对多种物体大小、形状、质地和材料的鉴别，可将一系列不同大小、不同形状、不同质地、不同材料的物体放在布袋中让患者用手触摸辨认，如钥匙、螺钉、回形针、扣子、硬币、橡皮块等。训练的原则是由大物体到小物体，由简单物体到复杂物体，由粗糙质地到纤细质地，由单一类物体到混合物体。

6. 促进神经再生　可选用神经生长因子、维生素B_1、维生素B_6、维生素B_{12}等药物，以及超短波、微波、红外线等物理因子治疗，有利于损伤神经的再生。

7. 手术治疗　对保守治疗无效而又有手术指征的周围神经病损患者应及时进行手术治疗。闭合性神经损伤一般观察3个月，如没有神经再生及好转的迹象，需考虑行手术治疗，如神经探查术、神经松解术、神经移植术、神经缝合术等。

（张长杰）

学习要点：

1. 周围神经病损的康复评定内容。

2. 周围神经病损的康复治疗方法。

第六章　骨骼肌肉系统常见病损的康复

第一节　骨折的康复

一、概述

骨折是临床常见的创伤,在平时和战时都很常见,骨折发生后如处理不当,会导致功能障碍发生率增高,致残率也相应增高。

(一)骨折的临床特征

1. 外伤史　骨折患者都有外伤史,外伤也是引起病理性骨折的重要因素,尽管引起骨折的暴力可能较小。

2. 疼痛与压痛　骨折发生后均有不同程度的疼痛与压痛。

3. 局部肿胀　骨折时骨组织或周围软组织血管破裂出血,局部肿胀,有些还会出现瘀斑,血肿的部位及大小对判断骨折的部位及严重程度很有帮助。

4. 畸形　骨折移位大者可出现肢体畸形,这是由于骨折断端移位较大造成的。如两断端重叠移位可出现短缩畸形;骨折远端由于失去正常的骨连续性,在重力和肌肉牵拉的作用下,可出现旋转畸形和成角畸形。

5. 功能障碍　骨折后由于疼痛、肌肉反射性痉挛、肌肉失去骨应有的杠杆作用,特别是合并有神经损伤时,会丧失正常功能。

6. 异常活动及骨擦音　在检查或移动患肢时会出现异常活动及骨折断端摩擦而产生的骨擦音,而且畸形会更加明显,这是骨折的重要表现。

7. X线检查　X线检查是确定骨折部位、程度及骨折类型的可靠方法。

(二)骨折的临床处理原则

骨折临床处理的三大原则是复位、固定和康复治疗。这三者是有机结合、互相配合的过程,不能截然分开。骨折复位是骨折治疗的基础;复位后需要固定,只有牢靠固定,才能保持骨折不再移位,并有利于骨折愈合及功能恢复,因此,固定是骨折治疗的关键;骨折治疗不仅要求愈合坚固,恢复原有的解剖形态及力学性能,而且要求患者早日恢复功能,重返社会,所以康复治疗是患者恢复功能的保证。

早期正确的康复治疗可促进骨折的愈合,缩短住院时间,减少组织粘连,避免肌肉萎缩,增加关节活动范围,促进伤肢运动功能的恢复。

二、康复评定

(一)评定内容

1. 骨折对位对线、骨痂形成情况检查　了解是否有延迟愈合或不愈合,有无假关节、畸形愈合,有无感染、血管神经损伤、异位骨化等。

2. 关节活动范围测定　见第三章第一节。

3. 肌力评定　见第三章第一节。

4. 肢体长度及周径测量　骨折后,肢体的长度和周径可能发生变化,测量肢体长度和周径是必要的。通常采用卷尺,左右两侧同部位同时测量比较。

5. **感觉功能评定**　见第三章第一节。

6. **ADL 能力评定**　对上肢骨折患者重点评定生活自理能力情况,如穿衣、洗漱、清洁卫生、进餐、写字等。下肢骨折患者重点评定步行、负重等功能。

(二)骨折愈合的评定标准

1. **时间**　骨折愈合的时间因患者的年龄、体质不同而异,并与骨折的部位密切相关,表 6-1 所列的各部位骨折愈合时间,为临床观察后经统计分析所得,以供参考。

表6-1　成人常见骨折临床愈合时间

上肢	临床愈合时间	下肢及躯干	临床愈合时间
锁骨骨折	1~2 个月	股骨颈骨折	3~6 个月
肱骨外科颈骨折	1~1.5 个月	股骨粗隆间骨折	2~3 个月
肱骨干骨折	1~2 个月	股骨干骨折	3~3.5 个月
肱骨髁上骨折	1~1.5 个月	胫腓骨骨折	2.5~3 个月
尺桡骨干骨折	2~3 个月	踝部骨折	1.5~2.5 个月
桡骨下端骨折	1~1.5 个月	距骨骨折	1~1.5 个月
掌指骨骨折	3~4 周	脊柱椎体压缩骨折	1.5~2.5 个月

2. **临床愈合标准**　①骨折断端局部无压痛,无纵向叩击痛;②骨折断端局部无异常活动(主动或被动);③X 线片显示骨折线模糊,有连续性骨痂通过骨折线;④在解除外固定的情况下,上肢能平举 1kg 重物达 1 分钟;下肢能不扶拐在平地连续行走 3 分钟,并不少于 30 步;⑤连续观察 2 周骨折处不变形。

3. **骨性愈合标准**　①具备上述临床愈合的所有条件;②X 线片显示骨小梁通过骨折线。

三、康复治疗

(一)治疗作用

骨折愈合是骨连续性的恢复,最后完全恢复原有的骨结构和性能,是骨再生(bone regeneration)的过程。从组织学和生理学的变化来看,骨折愈合可分 6 期,即撞击期、诱导期、炎症期、软骨痂期、硬骨痂期及重建期。骨折愈合期间要求患肢制动,但长时间制动会造成患者的心血管、呼吸、消化、泌尿等系统的功能下降和制动肢体的肿胀、肌肉萎缩、肌力和耐力下降、组织粘连、关节囊挛缩、关节僵硬等诸多并发症。患者长期卧床可产生焦虑、抑郁、对疼痛耐受力下降、失眠等反应,严重者可出现幻觉及注意力和定向力的障碍。

康复治疗的作用是协调骨折长期制动与运动之间的矛盾,预防或减少上述并发症的发生,控制或减轻组织肿胀,减轻肌肉萎缩,防止关节粘连僵硬,促进骨折愈合,有利于患者的功能恢复,并早日重返社会。

(二)治疗方法

根据骨折愈合的过程,康复治疗可分为早期和后期两个阶段。

1. **骨折固定期(早期)**　疼痛和肿胀是骨折复位固定后最主要的症状和体征,持续性肿胀是骨折后致残的最主要原因。因此要及早开始康复治疗。

(1)主动运动:是消除水肿的最有效、最可行和花费最少的方法。主动运动有助于静脉和淋巴回流。

1)伤肢近端与远端未被固定的关节,需行全范围关节运动,每天数次,以保持各关节的活动度,防止挛缩。尽可能进行主动运动和抗阻运动,以防止肌肉萎缩,改善患肢血液循环。有困难时,可进行助力运动或被动运动。上肢应特别注意肩外展及外旋,掌指关节屈曲及拇外展;下肢则需注意踝背伸运动。中老年人关节挛缩倾向很大,更应特别注意。

2）骨折固定部位肌肉进行有节奏的等长收缩练习，以防止肌肉失用性萎缩，并使骨折端挤压产生应力，有利于骨折愈合。无痛时可逐渐增加用力程度，每次收缩持续 5 秒钟，每次收缩练习 20 次，每天进行 3～4 次。开始时，可嘱患者在健侧肢体试练习，以检验肌肉收缩情况。肌肉的等长收缩可以促进骨折端紧密接触，克服分离趋势，并借助外固定物的三点杠杆作用所产生的反作用，维持骨折复位后的位置，防止侧方移位及成角。

3）关节内骨折，常遗留严重的关节功能障碍，为减轻障碍程度，在固定 2～3 周后，如有可能应每天短时取下外固定装置，在保护下进行受损关节不负重的主动运动，并逐步增加关节活动范围，运动后继续维持固定。这样可促进关节软骨的修复，利用相应关节面的研磨塑形，并减少关节内的粘连。每次运动 6～10 次，每天进行 1～2 次。如有可靠的内固定，术后 1～2 天开始连续关节被动治疗仪治疗，可获良好的效果。

4）对健肢和躯干应尽可能维持其正常活动，可能时应尽早起床。必须卧床的患者，尤其是年老体弱者，应每天做床上保健操，以改善全身情况，防止压疮、呼吸系统疾患等并发症。

（2）患肢抬高：有助于肿胀消退，为了使肢体抬高有效，肢体的远端必须高于近端，近端要高于心脏平面。

（3）物理因子治疗：能改善肢体血液循环，消炎、消肿，减轻疼痛，减少粘连，防止肌肉萎缩，促进骨折愈合。

1）温热疗法：传导热疗（如蜡疗）、辐射热疗（如红外线、光浴）均可应用。

2）超短波疗法或低频磁疗：可使成骨再生区代谢过程加强，纤维细胞和成骨细胞提早出现。对软组织较薄部位的骨折（如手、足部骨折）更适合用低频磁场治疗，而深部骨折适合超短波治疗。此法可在石膏外进行，但有金属钢板内固定时禁用。

3）脉冲电磁场或超声波治疗：可减少瘢痕与粘连，促进骨痂生长。

2. 骨折愈合期（后期）   此期的康复目标主要是消除残存的肿胀，软化和牵伸挛缩的纤维组织，增加关节活动范围和肌力，重新训练肌肉的协调性和灵巧性。治疗方法主要是通过运动疗法，促进肢体运动功能的恢复。若基本运动功能恢复不全，影响日常生活活动能力时需进行 ADL 训练和步行功能训练。以适当的物理因子疗法做辅助，装配矫形器、拐杖、手杖、轮椅等作为必要的功能替代工具。

（1）恢复关节活动度：①主动运动：受累关节进行各运动轴方向的主动运动，轻柔牵伸挛缩、粘连的组织。运动时应遵守循序渐进的原则，运动幅度逐渐增大。每个动作重复多遍，每天数次。②助力运动和被动运动：刚去除外固定的患者可先采用主动助力运动，以后随着关节活动范围的增加而相应减少助力。对组织挛缩、粘连严重者，可应用被动运动，但被动运动方向与范围应符合解剖及生理功能。动作应平稳、缓和、有节奏，以不引起明显疼痛为宜。③关节松动技术：对僵硬的关节，可配合热疗进行手法松动。治疗师一手固定关节近端，另一手握住关节远端，在轻度牵引下，按其远端需要的方向（前或后、内或外、外展或内收、旋前或旋后）松动，使组成关节的骨端能在关节囊和韧带等软组织的弹性范围内发生移动。如手的掌指关节可有被动的前后滑动、侧向滑动、外展内收和旋前旋后滑动。对于中度或重度关节挛缩者，可在运动与牵引的间歇期，配合使用夹板，以减少纤维组织的回缩，维持治疗效果。随着关节活动范围的逐渐增加，夹板的形状和角度也做相应的调整。④关节功能牵引：轻度的关节活动度障碍经过主动、助力及被动运动练习，可以逐步消除。存在较牢固的关节挛缩粘连时，做关节功能牵引，特别是加热牵引，可能是目前最有效的方法。

关节活动度练习前做适当的热疗也可增强练习的效果。治疗中宜经常进行关节活动度检查，以观察疗效。进步不明显时需考虑改进治疗方法。最后若关节活动度停止进步，应根据实际功能恢复程度采取相应的对策，如对日常生活及工作无明显妨碍时，可结束康复治疗。

（2）恢复肌力：逐步增加肌肉训练强度，引起肌肉的适度疲劳。骨折时，如不伴有周围神经损伤或特别严重的肌肉损伤，伤区肌力常在 3 级以上，则肌力练习应以抗阻练习为主，可以按渐进抗阻练习的原则做等长、等张肌肉收缩练习或等速收缩练习。等张、等速收缩练习的运动幅度随关节活动度的恢复而增加。肌力练习应在无痛的运动范围内进行，若关节内有损伤或其他原因所致运动达一定幅度时有疼痛，则应减小运动幅度。受累的肌肉应按关节运动方向依次进行练习，并达到肌力与健侧相等或相差小于 10% 为止。肌力的恢复为运动功能的恢复提供了必要条件，同时亦可恢复关节的稳定性，防止关节继发退行性变，这对下肢负重关节尤为重要。

（3）物理因子治疗：局部紫外线照射，可促进钙质沉积与镇痛。红外线、蜡疗可作为手法治疗前的辅助治疗，具有促进血液循环，软化纤维瘢痕组织的作用。超声波疗法可软化瘢痕、松解粘连。局部按摩对促进血液循环、松解粘连有较好的作用。治疗结束后冷敷 15～20 分钟有利于消肿止痛。

（4）恢复 ADL 能力及工作能力：可采用作业治疗和职业前训练，改善动作技能与技巧，增强体能，从而恢复至患者伤前的 ADL 及工作能力。

（5）平衡及协调功能练习：应逐步增加动作的复杂性、精确性，加强速度的练习与恢复静态、动态平衡及防止跌倒的练习。在下肢骨折后，肌力及平衡协调功能恢复不佳，是引起踝关节扭伤或因跌倒引起再次骨折及其他损伤的重要原因，对老年人威胁更大，需特别注意。

（三）常见骨折的康复

1. 肱骨干骨折 骨折整复以后，使用支具或长臂石膏固定（起于腋窝皱襞，止于掌指关节近端）于肘关节屈曲 90°、前臂中立位，用颈腕吊带将患肢悬吊于胸前，胸侧壁应置衬垫以利于骨折远端外展，固定 8～10 周。

肱骨干中下 1/3 骨折易合并桡神经损伤。肱骨中段骨折不愈合率较高，应定期复查 X 线片，若骨折断端出现分离现象，应及时矫正。早期多做伸指、握拳、耸肩活动，避免患者在直立位练习肩外展，预防发生肩关节和肘关节僵硬，特别是老年患者。

2. 肱骨髁上骨折 常发生于儿童，预后良好，但常容易合并血管、神经损伤及肘内翻畸形。伸展型骨折复位后，用石膏托固定患肢于 90° 肘屈曲功能位 4～6 周；屈曲型则固定于肘关节伸直位。治疗中应严密观察有无血运障碍，其早期表现为剧痛、桡动脉搏动消失、皮肤苍白、麻木及感觉异常，若处理不及时，可发生前臂肌肉缺血性坏死，造成严重残疾。外固定解除后，主动做肘关节屈伸练习，伸直型骨折主要练习屈肘位的肌肉等张收缩，屈曲型骨折主要练习伸肘位的肌肉等张收缩。禁止暴力被动屈伸活动，以避免异位骨化的发生。

3. 尺桡骨干双骨折 治疗较为复杂，预后差。稳定性骨折经复位后，石膏固定时间一般为 8～10 周，并根据临床愈合程度决定拆除时间，切勿过早。不稳定性骨折需手术切开复位内固定。外固定期间或骨折尚未愈合前，不宜进行前臂旋转练习。外固定解除后可逐步进行主动前臂旋转和腕关节屈伸练习。

4. 股骨干骨折 治疗中易出现各种并发症，可影响下肢负重及关节活动。康复重点是预防膝关节粘连，应尽早开始股四头肌肌力练习和膝关节功能练习。在骨折未愈合前，禁止做直腿抬高运动。术后次日即可开始股四头肌等长收缩练习、踝关节主动活动和髌骨被动活动。

股骨骨折畸形愈合：股骨干骨折成角畸形>15°、旋转畸形>20°，或缩短畸形>2.5cm，均应手术矫正。

5. 胫腓骨干骨折 治疗目的是恢复小腿长度及纠正骨折断端间的成角与旋转移位，以免影响日后膝、踝关节的负重功能和发生创伤性关节炎。为了保证下肢的功能不受影响，成人的患肢缩短应<1cm，成角畸形应<15°，两骨折端对位至少应在 2/3 以上。膝关节保持伸直中立位，防止旋转。骨折固定后开始踝关节伸屈练习和股四头肌肌力练习。避免平卧位练习直腿抬高，或者屈膝位练习主动伸膝，否则会产生骨折端剪力、成角、扭转应力，从而影响骨折愈合。根据骨折愈合程度，可扶双拐逐渐进行分级负重练习。

（张长杰）

学习要点：

1. 骨折的临床治疗原则。

2. 骨折后康复治疗的作用。

3. 骨折康复治疗的评定。

4. 骨折康复治疗的方法。

第二节　骨关节炎的康复

一、概述

1. **定义**　骨关节炎（osteoarthritis，OA）是一种以关节软骨变性、破坏，软骨下骨重建异常，关节边缘骨质增生及滑膜炎症为主要病理特征的退变性关节病。OA 病因尚不明确，其发生与年龄、基因易感性、肥胖、炎症、创伤及生物力学因素等有关。

2. **流行病学**　OA 以中老年患者多见，女性多于男性。60 岁以上的人群中患病率可达 50%，75 岁以上的人群则达 80%。该病的致残率高达 53%。OA 好发于负重大、活动多的关节，如膝、脊柱（颈椎和腰椎）、髋、踝、手等关节。

3. **临床分型及表现**　OA 可分为原发性和继发性两类。原发性 OA 多发生于中老年，无明确的全身或局部诱因，与年龄和基因易感性有关。继发性 OA 可发生于青壮年，可继发于创伤、炎症、关节不稳定、慢性反复的积累性劳损或先天性疾病等。OA 临床表现如下：

（1）关节疼痛：初期为轻度或中度间断性隐痛，休息时好转，活动后加重，疼痛常与天气变化有关。晚期可出现持续性疼痛或夜间痛。关节局部有压痛，在伴有关节肿胀时尤为明显。

（2）关节肿胀：手部关节肿大变形明显，可出现 Heberden 结节和 Bouchard 结节。部分膝关节因骨赘形成或关节腔积液也会造成关节肿大。后期可在关节部位触及骨赘，见图 6-1、图 6-2。

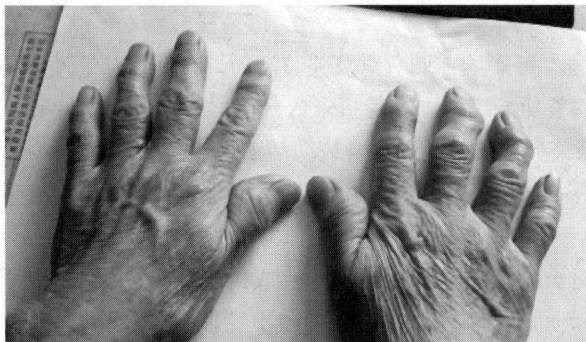

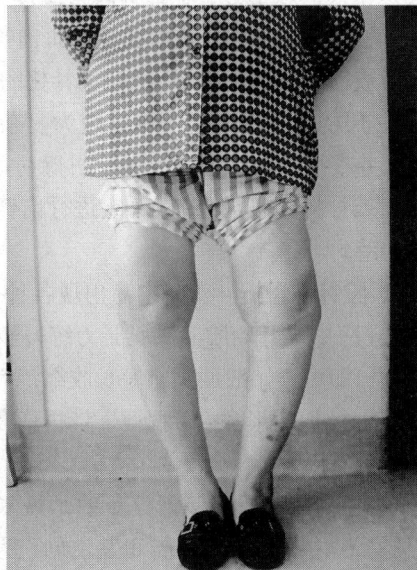

图6-1　指间关节肿胀畸形　　　　　　　图6-2　膝关节肿胀畸形

（3）关节僵硬：在早晨起床时或关节活动起始出现关节僵硬及发紧感，活动后可缓解。关节僵硬在气压降低或空气湿度增加时加重，持续时间一般较短，常为几分钟至十几分钟，很少超过 30 分钟。

（4）关节摩擦音（感）：由于关节软骨破坏、关节面不平，关节活动时出现骨摩擦音（感），多见于膝关节。

（5）关节活动受限：由于关节肿痛，活动减少，肌肉萎缩，软组织挛缩等引起关节无力，活动受限。发生缓慢，早期表现为关节活动不灵，以后关节活动范围减小。还可因关节内的游离体或软骨碎片出现活动时的"交锁"现象。部分患者可发生膝关节屈曲或内、外翻畸形，尤以膝内翻畸形为多见。

4. 功能障碍　依据《国际功能、残疾与健康分类》(ICF)，OA 主要表现为结构与功能异常、日常生活活动受限及社会参与受限三个方面。

（1）结构与功能异常：OA 患者的结构异常主要表现为关节间隙变窄、软骨下骨硬化和（或）囊性变、关节边缘增生和骨赘形成、关节变形或关节腔积液或关节内游离体，见图 6-3、图 6-4。功能障碍主要表现为感觉功能、运动功能及平衡功能障碍，部分患者由于长期疼痛可能导致心理改变。

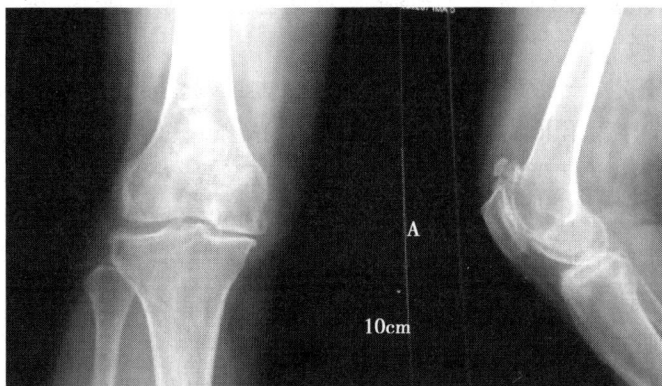

图 6-3　关节间隙变窄、关节增生

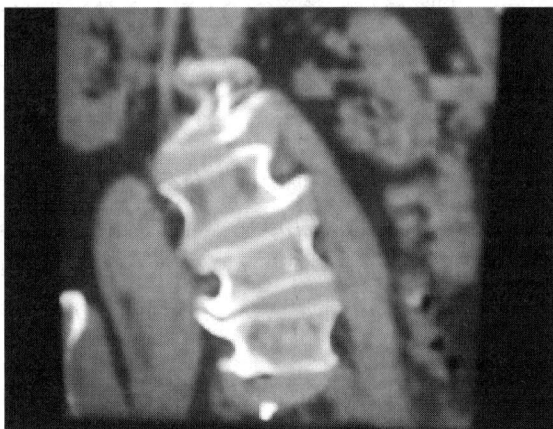

图 6-4　椎体增生伴鹰嘴样变形

（2）日常生活活动受限：对患者个体而言，OA 导致与受累关节相关的日常生活活动不同程度受限。感觉功能、运动功能以及髋、膝、踝关节 OA 患者平衡功能障碍是引起患者日常生活活动受限的主要原因。主要表现为站、行走、上下楼梯、做家务及个人护理等活动受到不同程度的限制。

（3）社会参与受限：作为社会的一员，OA 常常对患者回归社会产生不同程度的影响。疼痛、运动功能障碍及髋、膝、踝关节 OA 患者平衡功能障碍是引起患者社会参与受限的主要原因。社会参与受限主要表现为对工作、社会交往、休闲娱乐及社会环境适应等方面。

5. 诊断标准　参照中华医学会骨科学分会《中国骨关节炎诊治指南（2007 年版）》及美国风湿病协会诊断标准（2012），主要根据患者的症状、体征、X 线表现及实验室检查进行诊断。

（1）膝关节 OA 诊断标准：①近 1 个月内反复膝关节疼痛；②X 线片（站立或负重位）示关节间隙变窄、软骨下骨硬化和（或）囊性变、关节缘骨赘形成；③关节液（至少 2 次）清亮、黏稠，WBC<2000 个 /ml；④红细胞沉降率（ESR）<40mm/h，风湿因子（RF）<1∶40；⑤中老年患者（≥50 岁）；⑥晨僵≤30

分钟;⑦活动时有骨摩擦音(感);⑧关节表面温度降低。

综合临床、实验室及 X 线检查,符合 1+2+7 条或 1+5+6+7/8 条或 1+3/4+5+6+7/8 条,可诊断膝关节 OA。

(2)髋关节 OA 诊断标准:①近 1 个月反复髋关节疼痛;②血细胞沉降率≤20mm/h;③ X 线片示骨赘形成,髋臼缘增生;④ X 线片示髋关节间隙变窄。

满足诊断标准 1+2+3 条或 1+3+4 条,可诊断髋关节 OA。

二、康复评定

通常根据患者的临床症状、体征和体格检查,通过影像学检查确定病变的具体部位,然后根据 OA 导致的功能障碍,主要对感觉功能、运动功能、平衡功能及日常生活活动进行康复评定。

(一)感觉功能评定

主要对疼痛进行评定。一般采用视觉模拟评分法(visual analogue scales,VAS)。具体方法是在纸上画一条 100mm 长的横线,横线的一端为 0,表示没有疼痛;另一端为 100,表示剧烈的疼痛;中间部分表示不同程度的疼痛。患者根据疼痛的自我感觉,在横线上标记出疼痛程度的具体位置。0 表示没有疼痛;30 以下表示患者有能忍受的轻微疼痛;40 至 60 表示患者疼痛稍重,但不影响睡眠,尚能忍受;70 至 100 表示疼痛难以忍受,影响睡眠。

(二)运动功能评定

1. 关节活动度、肌力及肌耐力评定　疼痛和炎症通常影响关节的运动功能,因此,应当对受累关节的活动度、肌力及肌耐力进行评定。关节活动度评定、肌力评定及肌耐力评定参见第三章第三节。

2.15m 步行时间测定　15m 步行时间测定适用于髋、膝及踝关节 OA,能够综合评估疼痛及炎症对关节功能及步行能力的影响。因此,髋、膝、踝关节 OA 患者通常进行 15m 步行时间评定。

3. 握力测定　对手指和腕关节 OA 患者可以利用握力计来评定其运动功能,还可以测定手和前臂肌肉力量,以及腕和手指关节疼痛的程度。

(三)平衡功能评定

髋、膝、踝关节 OA 患者的疼痛常常影响生物力线及负荷平衡,部分关节畸形患者由于异常步态同样影响其生物力线及负荷平衡。髋、膝、踝关节 OA 患者的本体感觉障碍常常影响其调节平衡的功能,而平衡功能障碍又可能成为关节损伤、加重 OA 病理改变,甚至导致患者跌倒的原因。所以,对髋、膝、踝关节 OA 患者进行平衡功能评定非常重要。评定可以采用专业的平衡评定设备。

(四)日常生活活动评定

日常生活活动能力评定主要直接测试患者的日常生活活动情况,可以采用 Barthel 指数评定。

(五)社会参与能力评定

OA 导致关节结构异常、功能障碍及活动受限,可影响患者工作、社会交往及休闲娱乐,降低患者的生活质量。因此根据患者的情况对其进行社会参与能力评定十分必要,如职业评定、生存质量评定。

对下肢 OA 评定,推荐应用加拿大西安大略省和麦克马斯特大学 OA 指数(western Ontario and McMaster Universities osteoarthritis index,WOMAC)进行评定。WOMAC 评分量表(基于 ICF 模块开发)总共有 24 个项目,其中疼痛部分有 5 个项目、僵硬部分有 2 个项目、关节功能部分有 17 个项目,从疼痛、僵硬和关节功能三大方面来评估髋、膝关节的结构和功能。

其他基于 ICF 模块开发针对下肢 OA 活动能力评定所使用的测试工具还有 KOOS 与 HOOS 评分系统、站立行走测试(香港)、Lysholm 膝关节评分标准等。

三、康复治疗

OA 的治疗方法主要有非药物治疗、药物治疗及手术治疗。治疗的目的是减轻或消除疼痛,矫正畸形,改善或恢复关节功能、日常生活能力、社会参与能力及提高患者的生活质量为目标。其中,联合健康教育与自我管理、有效降低危险因素暴露、物理治疗咨询及个性化物理治疗方案实施的干预模式是 OA 疾病管理的核心。OA 康复治疗的方法主要包括物理治疗、作业治疗及康复辅具。

(一)物理治疗

2013 年版 AAOS 膝骨关节炎非手术治疗指南中,以疾病教育管理、运动疗法、物理因子治疗为主的非药物综合干预模式得到最高循证证据评级与核心推荐。2013 年版欧洲抗风湿病协会(EULAR)膝/髋骨关节炎的非药物综合治疗干预指南推荐以疾病自我管理、个性运动处方制定与实施为主的治疗框架体系作为物理治疗干预核心。

1. 物理因子治疗 物理治疗具有改善局部血液循环、消炎止痛、防治关节软骨退变及改善关节功能的作用,包括热疗、冷疗、超声波疗法、脉冲磁疗法、低能量激光疗法及经皮神经电刺激疗法等。其中,经皮神经电刺激疗法对缓解 OA 患者的关节疼痛具有肯定的效果,超声波疗法、脉冲磁疗法以及低能量激光疗法对于改善 OA 软骨组织结构、减少软骨细胞凋亡及延缓疾病进展具有积极作用。针灸、按摩和牵引也可酌情使用。

2. 运动治疗 运动治疗能够有效缓解关节疼痛,增强关节稳定性,主要包括有氧运动、肌力训练及关节活动度训练。运动治疗对 OA 患者非常重要,国际骨关节炎研究学会(Osteoarthritis Research Society International,OARSI)基于循证医学及国际专家共识所制定的最新的髋与膝骨关节炎治疗指南中对运动治疗的推荐强度为 96%,但 OA 患者的运动量应根据病变关节的耐受度来确定。

对于 OA 急性发作期的患者,受累关节宜休息,以减轻疼痛,避免病情加重。非急性发作期的患者应进行自我行为疗法(减少不合理的运动,适量活动,避免不良姿势,避免长时间跑、跳、蹲,减少或避免爬楼梯)、减肥、有氧锻炼(如游泳、骑自行车等)、关节功能训练(如膝关节在非负重位进行屈伸活动,以保持关节的最大活动度)、肌力训练(如髋关节 OA 应注意外展肌群的训练)等。

(二)作业治疗

2013 年,欧洲抗风湿病协会(EULAR)膝/髋骨关节炎的非药物综合治疗干预指南推荐以作业治疗、环境与职业干预为主的治疗框架体系作为作业治疗干预的核心。

OA 患者的作业治疗主要包括作业治疗评定及治疗。功能性作业治疗主要包括上肢、手及下肢的功能训练;ADL 作业主要包括日常生活活动及工具性日常生活活动训练。在对 OA 患者实施作业治疗时,要重视使用合适的辅助装置及家庭环境改造。重视能量节约技术。因为能量节约技术可以让 OA 患者维持足够的肌力,更有效地完成 ADL 及日常工作,保持良好的姿势。对于病变关节,应当特别重视关节保护技术的应用,要在消除或减轻重力的体位或使用合适的辅助具的前提下进行 ADL 及日常工作。

关节保护技术是防止关节进一步损害的主要方法,主要包括:①避免同一姿势长时间负重;②保持正确体位,以减轻某个关节的负重;③保持关节正常的对位对线;④工作或活动的强度不应加重或产生疼痛;⑤更换工作程序,以减轻关节的应激反应。

(三)康复辅具

主要是辅助器具的应用。辅助装置或适应性支具是康复工程学中重要的治疗手段,对于 OA 患者,适当使用辅助装置或适应性工具,可保护受累关节,并节约能量。支具常用于炎症性关节或不稳定关节,有利于消肿止痛,保护关节功能。手夹板适用于手、腕、肘等上肢关节 OA 的患者,踝、膝等支具适用于下肢关节 OA 的患者,脊柱支具适用于躯干部位 OA 的患者。根据 OA 患者所伴发的内翻或外翻畸形的情况,采用相应的矫形支具或矫形鞋,可以改变负重力线、平衡各关节面的负荷。采用手杖、拐杖、助行器可以减少受累关节的负重。

(四)药物治疗

对乙酰氨基酚、外用辣椒碱适用于轻中度 OA 患者。NSAIDs 类制剂既有止痛作用又有抗炎作用,主要通过抑制环氧化酶的活性,减少前列腺素合成,以减轻关节炎症所致的疼痛及肿胀、改善关节功能,适用于中度及以上 OA 患者,但胃溃疡、心脏及肾脏等多器官损害的患者禁用。对于不能使用非选择性 NSAIDs 的患者,可酌情使用选择性 COX-2 抑制剂或外用 NSAIDs 制剂。对于药物治疗无效、疼痛程度持续重度的患者可考虑镇痛效果更强的阿片类镇痛剂及关节腔内糖皮质激素等药物注射。

(五)手术治疗

如果康复治疗效果不理想或无效,可考虑手术治疗。OA 手术治疗的方法主要有游离体摘除术、关节清理术、截骨术、关节融合术及关节成形术(人工关节置换术)等。

(何成奇)

学习要点:

1. 骨关节炎的基本概念及临床表现。
2. 骨关节炎的主要功能障碍。
3. 骨关节炎的康复评定内容及常用的康复治疗方法。

第三节　手外伤的康复

一、概述

(一)定义

手外伤康复是在手外科的诊断和处理的基础上,针对手功能障碍的各种因素,如瘢痕、挛缩、粘连、肿胀、关节僵硬、肌肉萎缩、感觉丧失或异常等,采取相应的物理因子疗法、运动疗法、作业治疗及应用手夹板、辅助器具等手段,使伤手最大限度地恢复功能,以适应日常生活活动、工作和学习的需要。

大多数手外伤需要手术处理,精湛的手术技术为手功能恢复创造了条件,欲达到手术预期目标,必须进行早期康复,康复是功能恢复的保证。

(二)手的姿势

在正常情况下,当手不用力时,手的内在肌和外在肌的张力处于相对平衡状态,这种手的自然位置称"手的休息位"。手的休息位姿势是:腕关节背伸 $10°\sim15°$,并有轻度尺偏;掌指关节及指间关节呈半屈曲状态,从示指到小指,越向尺侧屈曲越多,各指尖端指向舟骨结节;拇指轻度外展,指腹接近或触及示指远节指间关节的桡侧。无论在手损伤的诊断、畸形的矫正或是在肌腱修复手术中,都需要用"手的休息位"这一概念做参考。

手的另一个重要的姿势是"手的功能位",手在这个位置上能够迅速做出不同的动作。手的功能位是:腕背伸 $20°\sim25°$;拇指处于外展对掌位,掌指及指间关节微屈;其他手指略为分开,掌指关节及近端指间关节半屈曲,远端指间关节微屈曲。了解手的功能位对处理手外伤,特别是骨折固定和包扎时有用,包扎固定伤手应尽可能使手处于功能位,否则将会影响手的功能恢复。

(三)临床特征

1. **症状**　有外伤史,临床表现为手部疼痛、局部肿胀、畸形(如成角畸形、缺如)等。
2. **体征**　手部压痛或叩击痛,有异常活动或骨擦音,运动障碍或感觉异常,出现肌肉萎缩、关节僵硬等。
3. **辅助诊断**　①骨关节损伤需 X 线摄片检查;②肌肉麻痹需做电生理检查。

二、康复评定

(一)触诊

可以通过触诊感觉皮肤的温度、弹性、软组织质地,以及检查皮肤毛细血管反应,判断手指的血液循环情况。

（二）关节活动度测量

使用量角器分别测量手指的掌指关节（metacarpophalangeal joint，MP）、近端指间关节（proximal interphalangeal joint，PIP）和远端指间关节（distal interphalangeal joint，DIP）的主动及被动活动范围。

一般临床以测量关节总主动活动度（total active movement，TAM），作为评定肌腱功能的方法。其优点是能较全面地反映手指肌腱功能情况，也可以对比手术前后的主动、被动活动情况，实用价值大；缺点是测量及计算方法稍繁琐。

测量方法是用 MP、PIP、DIP 的主动屈曲角度之和减去各主动伸直受限角度之和，即为 TAM。即：TAM= 屈曲角度（MP+PIP+DIP）- 伸直受限角度（MP+PIP+DIP）。

（三）肌力评定

检查方法有徒手肌力检查，以及握力计、捏力计检查。检查内容包括：①手的握力；②拇指分别与示、中、环、小指的捏力；③拇指与示、中指三指同时的捏力；④拇指与示指桡侧的侧捏力。

（四）感觉评定

1. 手指的触觉、痛觉、温度觉和实体觉测定。

2. 两点辨别觉评定　正常人的两点辨别距离在手指末节掌侧皮肤为 2～3mm，中节为 4～5mm，近节为 5～6mm。两点辨别试验是神经修复后，常采用的检查方法。两点辨别试验的距离越小、越接近正常值，说明感觉恢复得越好。

3. Moberg 拾物试验　检查用具有木盒和 9 种常用日常小物件，如钥匙、硬币、火柴盒、安全别针、螺帽、螺栓、纽扣和秒表等。让患者睁眼，用手拣拾物品，并放入木盒内，每次只能拣拾 1 件，用秒表记录患者完成操作所用的时间。然后让患者闭眼，重复上述动作，并记录时间。如果患者的拇指、示指、中指感觉减退或正中神经分布区皮肤感觉障碍，则在闭目条件下很难完成该试验。

（五）肢体体积测量

测量用具为一个有排水口的大容器和量杯。测量时，将肢体浸入容器中，容器中有水平停止杆，使肢体进入容器中的一定位置，排出的水从排水口流出，用量杯计算排出水的体积，此即为肢体的体积。可测量双侧肢体，进行对比。

（六）灵巧性和协调性测试

测试方法有许多种，常用的标准测试方法有三种：① Jebson 手功能测试；②明尼苏达操作等级测试（MRMT）；③ Purdue 钉板测试（Purdue pegboard test）。这三种测试的基本原理相同，即让受试者将物品从某一位置转移到另一位置，并记录完成操作的时间。手的灵巧性和协调性有赖于健全的感觉和运动功能，也与视觉等其他感觉的灵敏度有关。

三、康复治疗

（一）手外伤常见问题的处理

上肢创伤或疾病导致手功能障碍的常见原因有肿胀、疼痛与过敏、关节僵硬、肌力下降等。这些问题如果在早期给予预防或及时处理，往往不难解决，会达到事半功倍的效果。

1. 水肿　无论是创伤还是炎症都会引起组织水肿，皮下组织、筋膜间隙、肌肉间筋膜和腱鞘、关节囊等都可能浸于浆液性渗出液内。渗出液如果不及时清除，将会机化造成上述组织的粘连、僵硬。因此，水肿必须尽快清除，否则将会出现恶性循环。如果水肿在早期得到控制，使之降至最低程度，关节就能很快恢复活动。

水肿的预防及处理方法：①抬高患肢，肢体远端高于近端，近端高于心脏水平；②手夹板固定患肢，固定范围一般不包括掌指关节，使指间关节和掌指关节能主动活动；③主动运动；④一旦已形成慢性水肿，则需采用压力治疗，如戴弹力手套、缠弹力绷带等；⑤物理因子治疗，如短波、超声波等。

2. 疼痛与过敏　手的神经末梢非常丰富，而且位于体表，加上腕管较紧，所以痛觉较显著。滑膜、腱鞘和骨膜也都有神经末梢,任何刺激都会产生剧烈疼痛。这些疼痛与损伤程度不一定成正比,同时还可出现血管运动紊乱、骨质疏松、肌肉萎缩、关节僵硬等,严重者称为反射性交感神经营养不良(reflex sympathetic dystrophy,RSD)。

处理方法:①早期诊断;②患侧部位用支具固定;③抬高患肢,控制水肿;④肢体的正常部位应进行主动活动;⑤肢体固定部位可做肌肉等长收缩练习;⑥可选用镇静剂;⑦检查有无神经卡压,如腕管的正中神经;⑧可用经皮神经电刺激,或早期行星状神经节阻滞术。

3. 关节僵硬　关节挛缩的起因是水肿,随之而来的是活动消失。当韧带松弛和水肿后,即发生纤维素沉积,韧带缩短、挛缩。最难处理的问题是掌指关节过伸和近端指间关节屈曲挛缩畸形。

处理方法:①及早开始活动,控制水肿;②对于轻度挛缩可采取主动运动、主动助力及被动运动练习;③动力型手支具牵引,被动屈曲掌指关节及被动伸直近端指间关节;④重度挛缩畸形应采用手术治疗,如关节囊松解术或侧副韧带切除术或切断术。

4. 肌力和耐力下降　许多日常生活活动有赖于强度和耐力的综合,所以康复不仅要恢复强度,而且还要增加手的耐力,减少疲劳度。

处理方法:①主动运动练习;②渐进性抗阻运动练习。

(二)肌腱修复术后的康复

手部肌腱的分区:目前,国内外通用的手部肌腱分区是将手的屈指肌腱分为5个区(表6-2),将伸指肌腱划分为8个区(表6-3),将伸拇肌腱划分为6个区。

表6-2　屈指肌腱各区的起止点

分区	手指	拇指
Ⅰ	远端指间关节近端至肌腱止点	拇指近节中部至肌腱止点
Ⅱ	鞘管起始部至远端指间关节近端	鞘管部
Ⅲ	手掌部	大鱼际部
Ⅳ	腕管区	腕管区
Ⅴ	肌肉肌腱交界处至腕管近侧缘	肌肉肌腱交界处至腕管近侧缘

表6-3　伸指肌腱各区的起止点

分区	手指	拇指
Ⅰ	远端指间关节部	指间关节背侧
Ⅱ	中节指骨部	近节指骨部
Ⅲ	近端指间关节部	掌指关节背侧
Ⅳ	近节指骨部	第1掌骨部
Ⅴ	掌指关节部	腕横韧带部
Ⅵ	手背部	腕及前臂部
Ⅶ	腕背横韧带部	
Ⅷ	前臂远端	

传统认为,Ⅱ区屈指肌腱损伤最难处理,由于指浅、深屈肌腱在同一腱鞘内,肌腱损伤后特别容易粘连。屈指肌腱修复的理论是早期活动,特别强调Ⅱ区修复后早期活动的重要性。

1. 手术后用背侧石膏托或低温热塑材料制作夹板固定伤手,维持腕关节屈曲20°～30°,掌指关节屈曲45°～60°,指间关节伸直。将橡皮筋一端用胶固定在指甲上,另一端通过掌心的滑车后用别针固定在前臂屈侧的敷料上(图6-5)。

2. 手术后1～2天开始早期活动,利用橡皮筋牵引被动屈曲指

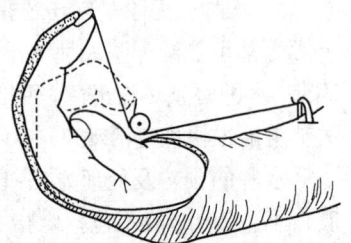

图6-5　屈指肌腱修复术后的动力型手夹板

间关节。在夹板范围内，主动伸指间关节。此期间禁止主动屈指间关节及被动伸指间关节。为了防止 PIP 屈曲挛缩，应维持 PIP 在充分伸直位。在练习间隙及夜间用橡皮筋固定 PIP，在夹板内保持伸直位。从手术后开始至术后第 4 周，在夹板内进行单个手指的被动屈伸练习。第 4 周开始，允许伤指主动屈曲。

若屈指肌腱滑动好（关节屈曲 ROM>正常值的 75%），则提示修复后瘢痕粘连较轻，需要继续使用夹板保护 1.5 周；若肌腱滑动范围小，提示术后瘢痕粘连较重，则去除夹板，进行主动运动练习。包括单个手指及指屈浅、深肌腱的练习，钩指、握拳等。

（三）周围神经修复术后的康复

近年来，实验和临床都证实，周围神经离断后，离断神经的远端能分泌释放一种媒介物质（扩散因子），这种媒介物可以吸引、引导近端再生的神经纤维定向生长。

神经纤维的再生速度为每天 1～2mm。但是由于离断的神经纤维修复时，神经本身要经过瓦勒变性过程，神经缝合端有愈合过程，再生的神经纤维有穿越断端间愈合瘢痕过程，再生神经纤维到达终末结构也有一个生长成熟的过程，因此，从神经修复到恢复功能，平均只能按再生速度为每天 1mm 计算。

康复目的：主要是教会患者自我保护及代偿能力。例如：皮肤干燥、伤口愈合能力降低时，应教会患者每天清洁皮肤、护理皮肤的方法，维持皮肤的柔软及弹性；经常检查皮肤有无压痛及过度使用皮肤导致的炎症；瘫痪或肌力微弱的肌肉应该避免过度牵拉，并防止关节挛缩；被动关节运动范围训练时，应防止过牵；应用保护性夹板，预防姿势性挛缩等。

不同阶段的康复治疗内容不同，如图 6-6 所示。

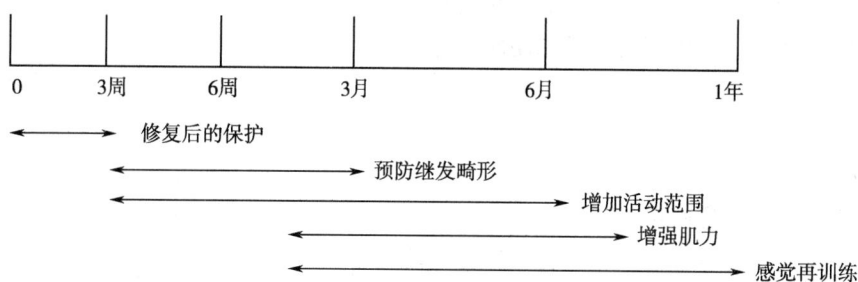

图6-6　不同阶段康复治疗的内容

1. 正中神经损伤的康复处理

（1）修复术后，腕关节屈曲位固定 3 周，随后逐渐伸展腕关节至正常位（大约 4～6 周）。

（2）主动活动训练。

（3）用视觉来保护感觉丧失区。

（4）日常生活辅助器具的使用，如佩戴对指夹板、预防第 1 指蹼挛缩，并提供对指抓握功能训练（图 6-7）。

（5）感觉再训练：感觉再训练是周围神经损伤患者整体康复程序的组成部分之一，能使患者在功能性感觉恢复中发挥最大的潜能。

2. 尺神经损伤的康复处理

（1）佩戴掌指关节阻挡夹板，预防环指和小指的爪形指畸形（图 6-8）。

（2）用视觉代偿，保护手尺侧缘皮肤感觉丧失区。

（3）对神经无恢复者，可考虑重建内在肌功能的手术治疗。

3. 桡神经损伤的康复处理

（1）使用腕关节固定夹板，维持腕关节伸直、掌指关节伸直、拇指外展位，预防伸肌过度牵伸，协助手的抓握、放松功能（图 6-9）。

图6-7　动力型拇外展夹板（正中神经损伤）　　　　图6-8　掌指关节阻挡夹板（尺神经损伤）

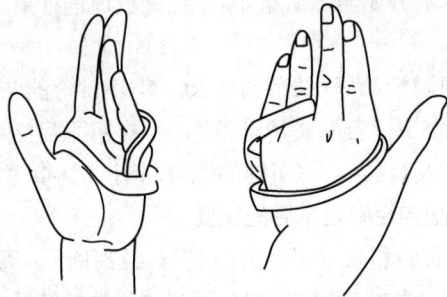

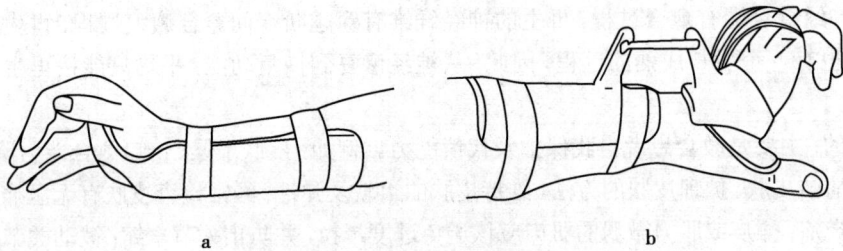

a　　　　　　　　　　　　　　　　b
图6-9　桡神经损伤后腕关节固定夹板
a. 伸腕关节固定夹板；b. 动力型伸腕伸指夹板

（2）通过活动对肌肉进行训练，如抓握和松弛动作。

（3）必要时，可施行伸腕、伸拇、伸指功能重建手术。

（张长杰）

学习要点：

1. 手外伤康复评定的内容。

2. 手外伤常见问题的处理。

3. 手部骨折后康复治疗的要点。

4. 屈指肌腱修复术后康复治疗的要点。

5. 周围神经修复术后康复治疗的要点。

第四节　关节置换术康复

一、概述

（一）定义

关节置换术（total joint replacement）是指用人工关节替代和置换病伤关节。国内外越来越多的患者接受了关节置换手术。关节置换术后康复的目的不仅最大增加患者的活动能力及日常生活的功能，而且可以减少术后并发症。康复还将促使患者回到家庭中过正常人的生活，并最终回归社会，重返工作。常见的可进行关节置换术的关节包括膝关节、髋关节、肩关节、踝关节等等，本文以膝关节和髋关节为例来介绍关节置换术康复。

（二）关节置换术后的功能障碍

1. 疼痛　接受关节置换术的患者术前因长期患有关节疾患，如：骨关节炎、风湿性关节炎、外伤后关节炎等出现关节的反复、进展以及活动后加重性的慢性疼痛，药物和其他保守治疗效果不明显。

关节置换手术后,由于手术等创伤,患者也会感受较为剧烈的术后急性疼痛。

2. 关节活动障碍 术后短期的关节制动和疼痛使关节活动受到限制,并进一步影响患者的日常生活活动能力,如:转移、行走、上下楼梯等。

二、康复评定

(一)术前评定

术前评定应包括全身整体状况以及肢体的功能状态的康复评定。

1. 上、下肢肌力 可采用手法肌力评定法了解上、下肢肌肉力量,特别是关节置换术的关节周围肌肉的评定对制订康复训练计划尤为重要。

2. 关节活动度 关节活动度又称关节活动范围,是指关节活动时可达到的最大程度,包括主动活动范围和被动活动范围。术前应测量各关节,尤其手术关节的关节活动度,确定有无关节挛缩畸形。

3. 观察步态 确定步态类型,有无使用助行器。

4. 测定肢体长度 判断双下肢术前长度,是否长度相等。

5. X线片检查 了解手术关节有无畸形、增生、对线等影像学的改变,作为重要手术参考依据。

(二)术后评定

术后评定可分别在术后1~2天、1周、2周住院患者以及术后1月、3月和半年门诊患者。评定内容包括:

1. 伤口情况 有无局部皮肤红、肿、热等感染体征;伤口愈合情况,有无渗出等。

2. 关节情况 首先了解关节是否有水肿,由关节内或关节周围软组织造成的水肿可用不同的检查方法。浮髌试验判断关节内有无积液及程度;关节周围组织的围径可作为判断软组织肿胀的客观指标。其次了解关节是否有疼痛,术后2天内,患者主要感觉术后伤口疼痛,随后功能性活动训练的增加出现活动后疼痛。疼痛程度可采用目测类比评分法。再次要了解关节活动状况,可应用量角器评定关节活动范围,对手术关节应评定被动和主动关节活动度,以了解造成关节活动范围障碍的原因,如疼痛、软组织挛缩等,指导康复训练。最后评定关节稳定性。

3. 上、下肢肌肉肌力 可采用徒手肌力方法对肌肉力量进行评定,不仅针对手术关节周围的肌肉力量,还包括手术关节相邻的关节周围肌肉的力量,同时评定肌肉力量是否影响手术关节稳定性的情况。

4. 活动及转移的能力 根据患者术后的不同阶段,评定患者床上活动及转移能力,坐位能力包括床边及坐椅的能力,站立、行走、上下楼梯、走斜坡等活动能力。训练患者行走前,要评测患者的一般步态,如步幅、步频、步宽、步速等以外,还应仔细观察患者行走时站立相和摆动相步态,了解异常步态的病因如:疼痛、肌肉力量降低、感觉尤其本体感觉下降等。

5. 评估膝关节置换术可采用HSS膝关节评分,这是一个综合评估,包括疼痛、功能、关节活动度、肌力、有无关节畸形、稳定性等,见表6-4。

表6-4 HSS膝关节评分

指标	评分标准	得分
1. 疼痛(30分)		
任何时候均无疼痛	30	
行走时无疼痛	15	
行走时轻微疼痛	10	
行走时中等疼痛	5	
行走时严重疼痛	0	
休息时无疼痛	15	
休息时轻微疼痛	10	

续表

指标	评分标准	得分
休息时中等疼痛	5	
休息时严重疼痛	0	
2. 功能（22分）		
行走，站立无限制	22	
行走5~10街区（2500~5000m）和站立半小时以上	10	
行走1~5街区（500~2500m）和站立可达半小时	8	
行走少于1街区（500m）	4	
不能行走	0	
能上楼梯	5	
能上楼梯，但需支具	2	
屋内行走，无需支具	5	
屋内行走，需要支具	2	
3. 活动度（18分）	每活动8度得1分，最高18分	
4. 肌力（10分）		
优：完全能对抗阻力	10	
良：部分对抗阻力	8	
中：能带动关节活动	4	
差：不能带动关节活动	0	
5. 屈膝畸形（10分）		
无畸形	10	
小于5度	8	
5度~10度	5	
大于10度	0	
6. 稳定性（10分）		
正常	10	
轻微不稳0度~5度	8	
中度不稳5度~15度	5	
严重不稳 大于15度	0	
7. 减分项目		
单手杖	−1	
单拐杖	−2	
双拐杖	−3	
伸直滞缺5度	−2	
伸直滞缺10度	−3	
伸直滞缺15度	−5	
每5度外翻	−1	
每5度内翻	−1	

6. 髋关节置换术后可采用Harris髋关节功能评分标准。评估内容包括疼痛、功能、有无畸形、关节活动范围等，见表6-5。

表 6-5　Harris 髋关节功能评分标准

项目	评分标准	得分
Ⅰ、疼痛		
无	44	
轻微	40	
轻度，偶服止痛药	30	
轻度，常服止痛药	20	
重度，活动受限	10	
不能活动	0	
Ⅱ、功能		
1. 步态		
（1）跛行		
无	11	
轻度	8	
中度	5	
重度	0	
不能行走	0	
（2）行走时辅助		
不用	11	
长距离用一个手杖	7	
全部时间用一个手杖	5	
拐杖	4	
2 个手杖	2	
2 个拐杖	0	
不能行走	0	
（3）行走距离		
不受限	11	
1km 以上	8	
500m 左右	5	
室内活动	2	
卧床或坐椅	0	
2. 功能活动		
（1）上楼梯		
正常	4	
正常，需扶楼梯	2	
勉强上楼	1	
不能上楼	0	
（2）穿袜子，系鞋带		
容易	4	
困难	2	
不能	0	
（3）坐椅子		

续表

项目	评分标准	得分
任何角度坐椅子,大于 1 小时	5	
高椅子坐半个小时以上	3	
坐椅子不能超过半个小时	0	
上公共交通	1	
不能上公共交通	0	
Ⅲ、畸形	4	
具备下述四条: a. 固定内收畸形<10° b. 固定内旋畸形<10° c. 肢体短缩<3.2cm d. 固定屈曲畸形<30°		
Ⅳ、活动度(屈+展+收+内旋+外旋)		
210°～300°	5	
160°～209°	4	
100°～159°	3	
60°～99°	2	
30°～59°	1	
0°～29°	0	

三、康复治疗

(一)术前康复治疗

1. 术前康复教育对患者了解手术、并发症和术后康复具有重要的意义。

2. 增加患肢及其他肢体的肌力训练。

3. 使患者学会深呼吸及咳嗽,预防术后卧床引起肺部感染。

4. 让患者了解术后应用的康复训练方法:如床上及转移活动,各关节的主动 - 助力主动活动,助行器的使用等。

5. 指导患者如何使用必要的辅助器具,如:手杖,能够相对缩短术后康复训练的时间。

(二)术后康复治疗

1. 物理因子治疗

(1)冰疗:关节置换术,尤其膝关节置换术,常采用骨水泥固定人工关节。骨水泥固定后会释放热量,使得周围软组织温度升高,并可持续数周。冰疗不仅能降低软组织的温度,同时减轻术后关节周围软组织肿胀,并能进一步减轻疼痛。术后第一天即可使用冰袋,置于手术的关节周围,每日 1~2次,每次 30~60 分钟,7~10 天为一疗程,至关节消肿、疼痛减轻。

(2)经皮神经电刺激:关节置换术使软组织及骨的创伤相对较大,术后疼痛非常严重。临床常采用静脉或口服止痛药镇痛。经皮神经电刺激作为药物的辅助止痛治疗。可采用频率为 100Hz,双通路四电极分别置于手术伤口两侧,治疗时间 30~60 分钟,强度为 2 倍感觉阈。每日 1~2 次,7~10 天为一疗程。

2. 体位摆放　对于髋关节置换术,有四种危险而应避免的体位:①髋屈曲超过 90°;②下肢内

收超过身体中线；③伸髋外旋；④屈髋内旋。根据手术入路，体位有所不同限制。后方入路手术后应避免屈曲超过 90°，过度旋转和内收；直接前路和前侧入路手术后应避免外旋。用枕头使患者的髋关节外展是为了防止患肢内收、内旋，在患者术后睡觉或休息时使用，该枕头通常使用 6~12 周，12 周后，髋关节的假囊形成，此时的肌力也足以控制髋关节的稳定。全髋关节置换术 4~6 周后，患者髋关节能够完全伸直，屈曲 80°~90°，轻度内旋（20°~30°）和外旋，并且可以在忍受的范围内被动外展。

3. 预防并发症的练习　为预防手术后伤口感染、肺部感染、深静脉血栓等并发症，在术后患者应尽早开始深呼吸训练，咳嗽练习，踝关节"泵"式往返练习和床上活动。

4. 增强肌力的训练　肌力训练可作为术前教育的一部分，并持续到手术后的康复训练中。手术后 1~2 天，进行手术侧关节周围的肌肉等长收缩，以及非手术侧下肢和双上肢主动活动和抗阻训练，以保持它们的力量和柔韧性。每日 1~2 次，每次 30~60 分钟。手术后 1 周，渐进性抗阻训练可逐渐从屈髋、伸膝开始，之后屈髋、屈膝，直到关节无痛时，再增加阻力，达到耐受程度。另外，增加上肢的肌肉力量练习以帮助患者自理及转移。

关节置换手术方法的不同也会不同程度影响各肌肉群的力量，所以需要了解手术方法以便针对性给予肌肉力量的训练。例如髋关节置换术外侧入路的方法包括分离臀部外展肌群（臀中肌、臀小肌），行转子截骨术，再将臀部外展肌缝合恢复到后面大转子处。臀部外展肌应当是加强力量训练的主要目标。髋关节置换术后面入路的方法包括分离臀大肌和松解较短的外旋肌，再修复这些肌肉。髋部伸肌和外旋肌是训练的主要目标。全膝关节置换术后股四头肌明显减弱。部分原因是由于手术切开暴露，止血带加压和局部肌肉长时间缺血，股四头肌是主要训练目标，但也要进行其他肌肉的力量练习，如腘绳肌、腓肠肌、胫前肌等。

5. 关节活动范围的训练

（1）持续被动运动：术后第 2 天可开始使用，每日 2 次，每次 1 小时，每日增加 5°~10°。

（2）关节助力 - 主动、主动活动：术后第 2~3 天，患者可先借助外力：如毛巾、绳、悬吊装置等，帮助活动膝关节，逐渐过渡到自行完成主动屈、伸关节的练习。每日 1~2 次，每次 30~60 分钟。

（3）牵伸练习：以膝关节置换术为例，术后一周一般要达到屈膝 90°，2 周达到 120°。如果有膝关节屈曲或伸展挛缩，可以开始对膝关节进行屈曲和伸展的牵伸练习。牵伸练习可以应用患者自身体重，治疗师或外界的力量。牵伸力量的方向应与肌肉或软组织挛缩的方向相反。在关节可动范围内，先主动，后被动活动关节到受限处。伸展时，固定关节近端，牵伸关节远端。牵伸不可强力、使关节超过正常活动范围。每次牵伸持续 5~10 秒，5~10 次为 1 组，每日 1~2 组。

以髋膝关节置换术康复为例（表 6-6）：

表 6-6　髋膝关节置换术康复

康复时间	髋关节置换术康复	膝关节置换术康复
术后第 1~2 天	1. 卧床 2. 消肿止痛：电疗、冰疗 3. 辅助外展位 4. 辅助髋、膝关节屈曲、伸展 5. 髋外展肌、伸展肌和股四头肌等长收缩 6. 踝、足和趾的主动活动	1. 卧床 2. 消肿止痛：电疗、冰疗 3. 踝部、脚趾的主动活动 4. 股四头肌、腘绳肌、臀肌的等长收缩 5. 持续被动运动：术后第一天 0°~45° 开始，每天增加 ROM 10°
术后 3~6 天	1. 继续第 1 天的训练 2. 床上活动练习（翻身、坐起、移动、坐到床边） 3. 尝试从坐到站 4. 从高椅或高床沿坐位站立	1. 膝关节主动活动 2. 直腿抬高 3. 床上活动练习（翻身、坐起、移动、坐到床边） 4. 桥式运动：3 遍 / 日，10 次 / 遍 5. 持续被动运动：每天增加 10° 6. 术后第 4 天开始站立练习

康复时间	髋关节置换术康复	膝关节置换术康复
术后7~12天	1. 尝试上、下楼梯 2. 尽可能用拐杖行走，达到部分负重（四脚拐→肘拐→手杖） 3. 髋周围肌肉渐进性肌力训练 4. 发展独立生活能力，能自我表现起床、转移和行走 5. ADL训练	1. 部分负重行走训练（四脚拐→肘拐→手杖） 2. 股四头肌、腘绳肌渐进性肌力训练 3. 楼梯，坡度行走（先训练用三向阶梯，后日常行走楼梯） 膝、髋、踝协同训练 4. 腘绳肌牵伸，防止屈曲挛缩 股四头肌被动牵伸，增加膝的弯曲度 5. ADL训练
术后3周	1. 增加肌力，步态练习：行走速度，耐力，楼梯，坡度 注意坐、卧时不要交叉双腿 2. ADL：洗澡、如厕、乘车等 3. 3个月之后，可适当开始散步，游泳等活动。 4. 功能训练及达到重归社会 5. 出院宣教 6. 制订随访时间及计划	1. 增加肌力，步态练习：行走速度，耐力，楼梯，坡度 2. ADL：洗澡、如厕、乘车等 如需要，进行被动牵伸，水疗等 3. 功能训练及达到重归社会 4. 出院宣教 5. 制订随访时间及计划

6. 转移能力的训练

（1）卧位-起坐转移：鼓励患者借助双臂支撑力量起坐。切忌借助床头系带，双臂用力牵拉起坐。这是因为双臂支撑力量起坐便于控制屈髋角度，为借助步行器或双拐行走做准备。当用床头系带双臂用力牵拉起坐时，尤其对长期卧床或年长者，因腘绳肌紧张，患者不易控制屈髋角度，屈曲髋关节的范围较大时易伴屈膝和髋关节内旋，以致髋关节脱位。

（2）长腿坐-床旁坐位转移：向患侧转位移动（双髋置换，后跟进的一侧下肢不能过中线），便于控制患侧髋关节内收，同时利于提高髋外展肌肌力。

（3）翻身活动：双侧均可。多鼓励向患侧翻身，能在确保安全情况下独立完成。若向健侧翻身，必须在他人的帮助下维持患侧髋关节于外展中立位，以免因外展肌力不足受重力的影响而髋屈曲、内收和内旋，导致脱位。

（4）坐-站转移：健侧膝、足在后，患膝、足在前，双手支撑扶手，保持在起立时躯体重心移动过程中患侧髋关节屈曲不能超过90°，防止脱位。坐位时，膝关节不能超过髋关节。

7. 负重练习和步态训练

（1）当患者具有一定肌力和平衡能力时，可进行负重练习，一般在术后的3~7天。1周之后，负重练习可借助平衡杠，助行器从部分负重，逐步过渡到手术后6周完全负重。但如果髋关节置换术后6周后不太牢固，可使用单拐或手杖，在平衡杠或步行器辅助下，可进行膝、髋关节开链和闭链的训练。

（2）步态训练可分为站立相和摆动相。在站立相，训练患者的髋伸展，膝关节屈、伸控制，髋、膝、踝的协调运动，以及患肢的负重练习。在摆动相，训练患者摆动时屈髋屈膝，伸髋屈膝，足跟着地时伸膝和足背屈。除此之外，骨盆的移动和旋转，行走时各关节的配合协调运动和行走姿势要仔细观察和分析，必要时进行训练和矫正。

（3）获得一定步行能力后，患者开始进行上、下楼梯的训练。如一侧髋关节手术，上楼时非手术肢体先上，手术侧肢体使用拐杖跟随；下楼时挂拐的手术肢体先下，非手术侧肢体跟在后面。

8. 功能性独立能力的训练

（1）术后鼓励患者立即进行床上的功能性活动，如：桥式运动及翻身练习。

（2）患者尽早从卧位转为坐位，良好的躯干旋转是患者完成床上功能活动的重要基础。

（3）术后1周，鼓励患者自行穿衣、如厕、行走。日常生活活动仍需注意避免特殊的体位，以防假体脱位或磨损。

（4）术后5~6周，患者练习上、下楼梯，骑自行车和乘车等功能性活动。

9. 心理咨询与支持

10. 常见并发症的处理

（1）下肢深静脉血栓形成：多数研究报告认为，髋关节置换术后深静脉血栓的发生率在50%以上。预防深静脉血栓有标准的程序和方法，主要包括患者穿戴弹力袜，术后应尽早进行被动、主动活动，尽早下床练习。药物预防包括华法林、肝素和阿司匹林。一旦发现患者有不明原因的下肢肿胀，局部疼痛，可立即行下肢B超，或静脉血流图的检查，及早确诊。

（2）脱位：主要强调术后的预防措施，尤其是在术后的6周之内。一旦发生，可考虑手术治疗，并立即制动。

（3）异位骨化：是指在软组织出现成骨细胞，并形成骨组织。发生率在5%~71%。常发生在术后1年内。高发病种有活动期强直性脊柱炎和类风湿关节炎、短期内迅速进展的骨性关节炎和特发性骨骼肥厚症。对这些患者活动时应允注意。

（王宁华）

学习要点：

1. 关节置换术的概念。
2. 关节置换术的康复评定。
3. 关节置换术的康复治疗。
4. 术后关节周围肌肉训练方法。
5. 术后关节活动范围训练方法。

第五节　截肢后的康复

一、概述

（一）定义

截肢是切除没有生命或功能，或因局部疾病严重危及生命的肢体以挽救生命，为假肢的安装创造条件，弥补或代偿已丧失的肢体功能。创伤、肿瘤、周围血管疾病是截肢最常见的原因。截肢手术在外科领域中范围较广，如战伤外科、普通外科、血管外科、肿瘤外科、烧伤外科、整形外科和矫形外科都可进行截肢手术。

截肢后康复是假肢安装前的重要准备，应以假肢装配和使用为中心，重建丧失的肢体功能，防止或减轻截肢对患者身心造成的不良影响，使其早日回归社会。

（二）临床表现

1. 症状　残端疼痛、肿胀，早期残肢痛、幻肢痛，残端感染、溃疡、坏死，残端骨刺、神经瘤以及瘢痕等。截肢部位相邻肢体活动障碍、关节活动受限及肌力下降。部分患者截肢相邻关节挛缩畸形。截肢后患者运动量突然减少引起的体重快速增加，常常导致全身性肌力下降、体力减弱，甚至影响假肢的使用以及功能的发挥。

2. 体征　肢体缺如，残端肿胀、瘢痕，局部压痛，截肢部位相邻肢体关节活动受限及肌力下降。部分患者截肢相邻关节畸形。

3. X线检查　是确定截肢平面及骨残端情况的常规检查。

（三）功能障碍

依据《国际功能、残疾与健康分类》（ICF），截肢患者的功能障碍主要表现为结构异常与功能障碍、日常生活活动受限及参与受限三个方面。

1. 结构异常与功能障碍　结构异常以局部肢体缺如、残端肿胀、瘢痕为基本表现。若残肢感染、坏死，则可见残端溃疡，部分患者可见残肢关节畸形等。功能障碍主要表现为感觉功能、运动功能及下肢截肢者平衡功能障碍等。截肢患者大多有严重的焦虑和悲观失望等心理障碍。

2. 日常生活活动受限　截肢常导致与截肢相关部位的日常生活活动不同程度受限。感觉功能、运动功能及下肢截肢者的平衡功能障碍是引起患者日常生活活动受限的主要原因。上肢截肢患者吃饭、穿衣、做家务及个人修饰受限，下肢截肢患者主要表现为站、行走、上下楼梯等活动受限。

3. 参与受限　感觉功能障碍、运动功能障碍、下肢截肢者平衡功能障碍及心理障碍是引起患者社会参与受限的主要原因。社会参与受限主要表现在工作、学习、社会交往、休闲娱乐及社会环境适应等方面。

二、康复评定

除了评定患者全身状况、截肢原因、是否有系统性疾病、其他肢体状况、能否安装假肢、能否承受配戴假肢后的康复功能训练、心理变化及有无今后终生利用假肢活动的能力外，重点对以下几个方面进行评定。

（一）残肢评定

1. 皮肤情况　检查有无感染、溃疡、窦道、与骨残端粘连的瘢痕，以及皮肤颜色、毛发、温度等，若皮肤条件不好，应积极治疗，治愈后再安装假肢。

2. 残肢畸形　大腿截肢容易出现髋关节屈曲外展畸形，小腿截肢易伴膝关节屈曲畸形或腓骨外展畸形。如果残端关节畸形明显，不仅影响假肢的穿戴，还限制假肢功能的发挥，造成异常步态，因此，不宜立即安装假肢，应积极治疗，待关节畸形得以改善再行假肢的安装。

3. 残肢长度　包括骨和软组织的长度测量。膝下截肢测量是从胫骨平台内侧至残端；膝上截肢测量是从坐骨结节至残端。残肢的长度与假肢的选择和装配有密切关联。理想的膝下截肢长度为15cm左右；膝上截肢长度为25cm左右。

4. 残端的形状　这对于假肢的制作、装配很重要。尽管现代假肢技术比较发达，可以尽量制作适合残端形状的假肢，但残端以圆柱形为佳，应尽量避免圆锥形残端。目前圆柱形残端逐渐取代圆锥形残端，有利于假肢接受腔的制作和假肢的装配，更好的发挥假肢的功能。

5. 残端神经瘤情况　检查有无神经瘤及其大小、所在部位、疼痛程度等。必要时，应手术切除后再安装假肢。

（二）感觉功能评定

主要对残端疼痛、幻肢痛、幻肢觉进行评定。

1. 视觉模拟评分法（visual analogue scale，VAS）　主要用于评定残肢痛和幻肢痛。具体方法参见康复评定第三章第一节。

2. 数字等级疼痛评分（numerical rating scale）　也是常用的残肢痛和幻肢痛的评定方法。具体方法为：让患者口述疼痛等级，0分为无痛，10分为最剧烈的疼痛。

3. 压痛积分法　根据检查残端压痛时患者的表现进行评定。0分为无压痛；1分为轻压痛；2分为明显压痛；3分为重度压痛，按压时有退缩反应。

4. 感觉评定　主要评测患肢残端对痛、温、触、压、振动、位置等感觉的感知状况。评测患肢残端是否存在感觉降低或过敏。评定方法为采用针刺、温度、棉絮、压力和振动对患者进行刺激，观察患者的感觉水平。可记录为正常（0），减弱（−1）和消失（−2），轻度敏感（+1）和显著敏感（+2）。

幻肢觉评定可以采用文字记录。

（三）运动功能评定

1. 关节活动度　检查肩、肘、髋、膝等关节的活动范围，关节有无挛缩等畸形。具体方法参见第三章第一节。

2. 肌力检查　检查全身及患肢的肌力，尤其对维持站立和行走的主要肌群更要注意。如主要肌群肌力小于3级时，不宜装配假肢。具体方法参见第三章第一节。

3. 步态分析　应对下肢截肢患者穿戴假肢后的步态进行分析，以便为康复治疗提供依据。可通过肉眼观察或三维步态分析系统进行评估。

（四）平衡功能评定

截肢常影响运动的稳定性与协调性，因此，平衡功能评定十分重要。平衡评定包括平衡功能评估、协调性评估、运动控制能力评估等。平衡功能定可通过平衡量表或平衡仪进行评估。运动控制能力可通过在稳定或不稳定支撑面上的运动质量进行评估，可通过肉眼观察、量表评分或三维运动分析系统评估。

（五）穿戴临时假肢后的评定

1. 接受腔适合程度　包括评定接受腔的松紧是否适宜，是否与残端全面接触、全面负重，残端有无压迫和疼痛等。

2. 假肢悬吊能力　观察假肢是否有在接收腔处和残端发生上下位移的现象。检查小腿假肢悬吊装置的位置和松紧度、大腿悬吊装置的悬吊能力，以及上肢假肢的悬吊位置和松紧度。

3. 临时假肢对线　评定患者在穿戴上临时假肢后在矢状面、冠状面和水平面的对线是否正常，站立时有无身体向前或向后倾倒、向侧方倾斜等问题。

4. 穿戴假肢后残肢情况　脱下临时假肢，观察皮肤有无红肿、硬结、破溃、皮炎及残端有无因接受腔内负压造成的局部肿胀等。

5. 步态　观察行走时有无异常步态，分析产生的原因，予以纠正。

6. 操控系统　主要针对上肢假肢，对悬吊带与操纵索控系统是否合适进行评定。

7. 假手功能　评定假肢的开闭功能、协调性、灵活性，尤其是评定日常生活活动能力。

对以上评定发现的问题要认真处理，经过穿戴临时假肢的康复训练，待残肢定型良好，就可以安装和穿戴永久性假肢。

（六）穿戴正式假肢后的评定

1. 上肢假肢的日常生活评定　主要是观察其辅助正常手动作的功能。

2. 下肢假肢的步态评定　可通过步态分析仪检查。

3. 行走能力的评定　一般评定行走的距离、上下阶梯及跨越障碍物等。截肢水平不同，行走能力各异。一般截肢水平越高，行走能力越差。行走能力以双侧大腿截肢后为最差。

4. 假肢部件及整体质量的评定　让患者获得满意的、质量可靠的、代偿功能好的假肢。

（七）活动和参与评定

活动评定主要评定截肢者日常生活的各项基本功能状况，包括床上活动、轮椅活动、自理活动、阅读和书写、使用电灯电话、使用钱币、行走、上下楼梯、乘车等。参与评定主要评定截肢对患肢工作、社会交往及休闲娱乐的影响，如职业评定、生存质量评定等。

三、康复治疗

（一）物理治疗

1. 物理因子治疗　是指应用光、声、电、磁、热等人工或自然物理因子对残肢进行治疗。主要作用包括消炎、镇痛、改善血液循环、促进瘢痕软化和组织再生、松解粘连、锻炼肌肉、调节神经系统等。

2. 运动治疗　具有防治肌肉萎缩、关节僵硬，改善关节活动度，增强肌力，预防肺部感染，改善有氧运动能力及缓解疼痛的作用。术后第二天即可进行，主要方法有关节松动技术、四肢及躯干肌力增强训练及肺功能训练等。

（二）作业治疗

主要进行术后日常生活能力的指导。术后第一天即可开始在床上进行辅助的移动训练，如翻身、坐起、上床、下床、进出轮椅、轮椅操作、使用腋杖、如厕、洗漱等日常生活动作，应根据截肢者病情尽早给予指导。下肢截肢者还应进行残肢末端承重训练。

（三）假肢技术

假肢技术是为了弥补肢体缺损，代偿患者失去的肢体功能，利用工程学原理为患者制作安装假肢的技术。安装假肢后最重要的任务就是训练。

1. 临时假肢训练   在康复医生和假肢技师的指导下进行，包括：①穿戴临时假肢方法的训练。②站立位平衡训练：一般在双杠内进行，练习双下肢站立、健肢站立平衡、假肢站立平衡。③迈步训练：先是假肢侧迈步，过渡到假肢侧站立、健肢迈步。由双手扶杠到单手扶杠，由双杠内练习过渡到双杠外练习。④步行训练：可用拐或步行器辅助，最后到独立步行、转弯、上下楼梯、过障碍物、地面上拾物训练及跌倒后起立训练等。

2. 正式假肢训练   经过临时假肢训练、假肢代偿功能已达到预期目标时，便可更换正式假肢。由于有了上述基础，正式假肢训练相对容易。主要训练对正式假肢的适应，巩固强化以前的训练成果，训练方法基本同前。

（四）康复护理

康复护理能够消除残端肿胀，促进残端定型，预防残肢病发生，保持残肢关节的活动范围和肌力，以适应装配假肢所需的条件。主要包括维持正确的肢体位置、抬高残肢、残端塑型、无假肢适应性训练等。

（五）心理康复

截肢是对患者的巨大打击，其心理状态的变化一般经过震惊、回避、承认和适应4个阶段。性格内向的截肢者多表现得孤独、忧郁、自卑、寡言，甚至轻生。性格外向的截肢者多表现出烦躁不安。在前两个阶段中，患者表现出悲观、沮丧、自我孤立的态度，在家庭、婚姻、工作、生活等问题上忧心忡忡。心理康复的目的在于帮助患者迅速度过前两个阶段，认识自我价值，重新树立自尊、自信，自强、自立，承认现实，积极投入恢复功能的训练中去。

此外，还要做好患者及其家庭成员的咨询工作，让其了解截肢后伤残的程度和假肢的选择，以及截肢后可能发生的并发症，并简要介绍康复的计划、方法、所需时间和费用等。

（六）并发症处理

包括残肢皮肤破溃、窦道、瘢痕、角化、残端骨突出外形不良、残肢关节挛缩、残肢痛的处理。

（何成奇）

学习要点：

1. 截肢康复的定义。
2. 截肢后的主要功能障碍。
3. 截肢后的康复评定内容。
4. 截肢后的康复治疗方法。

第六节   脊柱侧凸的康复

一、概述

脊柱侧凸（scoliosis）是指脊柱向侧方弯曲并可伴有椎体旋转的三维异常结构。国际脊柱侧凸研究会提出，应用Cobb法测量站立正位X线片的脊柱侧方弯曲大于10°为脊柱侧凸。特发性脊柱侧凸（idiopathic scoliosis）约占脊柱侧凸患者总数的80%，好发于青少年，又称为青少年特发性脊柱侧凸，尤以女性多见。其发病原因不明，可能与遗传、姿势不良和大脑皮质运动控制等方面的因素有关。早期多为功能性侧凸，如不及时矫正，到发育过程的晚期则形成结构性侧凸。结构性侧凸表现为椎体结构改变，伴有旋转结构固定的侧方弯曲。

脊柱侧凸不仅造成身体外观异常、脊柱运动功能障碍或因骨盆倾斜而跛行,而且还因胸廓畸形而造成心、肺功能障碍。除此之外,脊柱侧凸可使脊神经对内脏的调节功能紊乱,可能出现消化不良、腹痛、痛经及发育不良等。严重的脊柱侧凸可压迫脊髓及神经,出现肢体无力、麻木、感觉异常及大小便异常,甚至造成截瘫。脊柱侧凸患者由于身体畸形及功能障碍,可使个体活动受限、工作能力和生存质量下降,患者还可能存在严重的心理障碍。因而,应早发现、早治疗。本节主要讨论最常见的脊柱侧凸即特发性脊柱侧凸的康复。

二、康复评定

(一)早期筛查的重要性

在脊柱侧凸形成和发展过程中,因很少有疼痛或不适等而容易被忽略;青少年自我意识强,如更衣、洗澡等日常生活活动不希望家长的干预,特别是女孩,自己的空间时间更多,加上脊柱的轻度变形时身体的外观、姿势无明显改变,父母及孩子自己都不易觉察,有的甚至到了成年才发现,已形成结构性侧凸,治疗比较困难。因此,对脊柱侧凸要强调早期发现,因生长发育阶段恰恰是侧凸进展最快的时期,要防止畸形在青春期骤然加剧,如能在学龄期和脊柱改变的初期及时发现并早期进行康复训练和治疗,就能较好控制和矫正畸形,防止并发症的发生,减少患者对远期手术的需要。

从 8 岁开始就要进行定期筛查,每 3 个月观察一次。要教育父母重视和关心孩子的脊柱发育情况,注意观察是否有以下情况(图 6-10):①两肩不平;②两侧肩胛骨不等高;③脊柱偏离中线;④腰不对称;⑤前弯时两侧背部不对称。如果这五个征象中有任何一个,就应该立即就医。

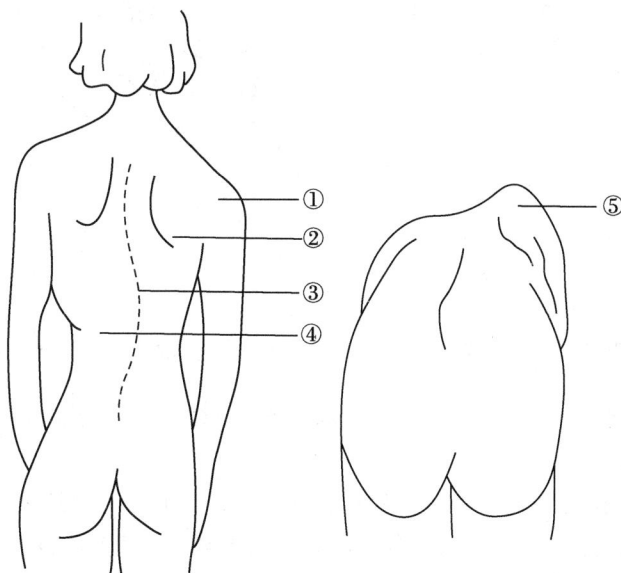

图 6-10　脊柱侧凸外观

(二)临床诊断

脊柱侧凸必须在详细询问病史、体格检查、影像学检查、实验室检查和肺功能检查排除其他原因所致的侧凸后方能作出诊断。诊断应包括脊柱侧凸的类型、部位及角度等。但脊柱畸形同时也会影响脊柱功能和心肺功能等,因此,需进行必要的功能评定。

1. 病史和体检　完整的病史应包括脊柱畸形所涉及的一切内容,包括一般病史、手术史、背部疼痛史、畸形出现时间、心肺功能状况及家族史等。体检时应注意观察双侧肩锁关节、髂前上棘和腰凹的对称性,臀沟的偏移程度。做前屈试验可以发现两侧背部高低变化。结构性侧凸可发现肋骨隆突畸形,并可以用水平计测隆突的高度,也可用方盘量角器和侧凸计了解躯干旋转度。

2. 影像学检查　X 线片最为重要。站立位全脊柱正侧位像是诊断脊柱侧凸的基本方法。借助

X 线片确定脊柱畸形类型和严重程度，了解病因，帮助选择治疗方法及判断疗效。X 线片诊断应包括畸形的部位、程度、柔软度以及骨成熟度。

（1）脊柱侧凸角度的测量：最常用的方法为 Cobb 法，上终椎上缘延长线的垂线与下终椎下缘延长线的垂线相交所形成角即为 Cobb 角（图 6-11）。

Cobb 角既适用于治疗前的诊断，也适应于治疗后的疗效评定，在同一椎体上画线就能很清楚地测出治疗效果。

（2）脊柱侧凸伴旋转的测量：在正位 X 线片上观察两侧椎弓根的位置，可粗略地观察脊柱的旋转程度。可根据旋转的严重程度分为 5 度：双侧椎弓根的位置正常，无旋转移位为 0 度（阴性）；最严重为 4 度，即右侧椎弓根旋转到椎体之左侧；如椎弓根位于中线上为 3 度（图 6-12）。

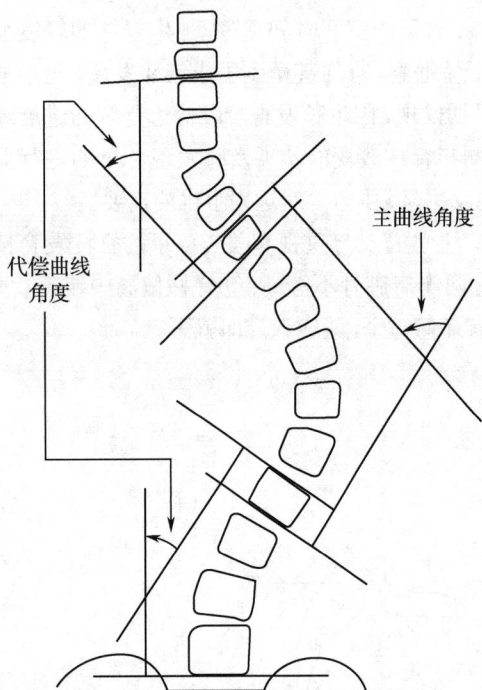

图 6-11　脊柱侧凸角度的测量（Cobb 法）　　　图 6-12　脊柱旋转程度的测量法

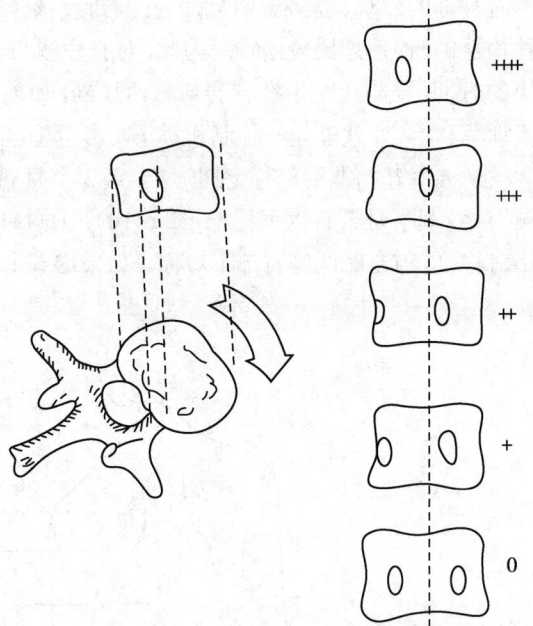

近年来，CT 开始被用于脊柱侧凸的测量和术前评价。CT 可精确地测量脊柱的旋转，明确脊髓受压迫情况。

（3）脊柱柔软度：侧向屈曲位摄片可了解畸形的柔软度，从而估计可矫正的程度。利用脊柱牵引下的正、侧位 X 线片测量可反映脊柱侧凸阶段的柔软度，从而为手术或支具矫正侧凸提供依据。

（4）脊柱发育成熟度：脊柱发育成熟程度对判断脊柱侧凸发展趋势、确定治疗方案非常重要。保守疗法需持续到骨成熟为止。骨成熟度判定的主要依据是髂嵴骨骺的发育情况。髂嵴骨化呈阶段性，其骨骺自髂前上棘至髂后上棘循序出现。根据髂嵴骨骺的发育程度确定的 Risser 指数，能定量反映骨发育程度。0 度为髂嵴骨骺未出现；1 度为外侧 25% 以内出现；2 度为 50% 以内出现；3 度为 75% 以内出现；4 度为 75% 以上出现，但骨骺未与髂嵴融合；5 度为全部融合。Risser 指数为 5 时，表示脊柱生长发育已结束。

三、康复治疗

脊柱侧凸的治疗目的：矫治畸形、获得平衡、维持稳定。一般根据年龄、侧凸程度、病情进展情况、有无并发症等选择矫治方案。通常根据年龄、Cobb 角大小、进展情况、有无并发症等因素选择非手术治疗或手术治疗。早期发现、早期矫治是获得良好疗效、避免手术的关键。因为脊柱侧凸畸形早期比较柔软,容易矫治,较少发生严重的结构性改变和并发症。

常用的非手术治疗方法包括:医疗体操、矫形支具、牵引、手法治疗等。2011年国际脊柱侧凸矫形和康复治疗协会(The International Scientific Society on Scoliosis Orthopaedic and Rehabilitation Treatment, SOSORT)指南推荐见表6-7。

表6-7 SOSORT对不同程度脊柱侧凸的康复治疗指导

Cobb角范围	推荐方案
<10°	观察随访
10°～20°	医疗体操
20°～45°	矫形支具治疗,同时配合医疗体操
>45°	考虑手术治疗

(一)医疗体操

1. 作用 ①减少或维持脊柱畸形,纠正异常姿势;②增加柔韧性(牵伸脊柱凹侧和挛缩的软组织),矫正肌力不平衡;③增强核心肌群力量,躯干稳定性及平衡功能;④纠正异常步态;⑤改善呼吸运动。

2. 方法 根据脊柱侧凸分型设定出相应的医疗体操,一般包括:

(1)姿势训练:目的是减少腰椎和颈椎前凸程度来伸长脊柱,如骨盆倾斜训练、姿势对称性训练等。

(2)矫正侧凸:有意识地加强锻炼凸侧肌肉,减轻凹侧肌肉所产生的拮抗肌收缩反应。一般在卧位下运动,以消除脊柱的纵向重力负荷,放松脊柱各关节,增加脊柱活动度。

矫正体操应与矫形支具结合以提高疗效。但在佩戴矫形器或进行其他治疗期间都不能中断做操(如在佩戴矫形器期间,每天有1小时可卸下,此时即可重点进行矫正体操)。

(3)改善呼吸运动:胸椎侧凸达50°以上且合并椎体旋转时,常会产生呼吸困难。呼吸练习应贯穿于所有运动练习中。

(二)矫形支具治疗

矫形支具治疗是目前控制及矫正脊柱侧凸畸形的有效方法。其疗效与支具的类型,生物力学作用特点,患者的依从性等因素相关。

1. 脊柱矫形器的作用 主要通过矫形器的治疗对侧凸畸形提供被动或主动的矫形力,使侧凸畸形得到最大程度矫正。

2. 脊柱矫形器的生物力学原理 根据生物力学三点或四点矫正规律来矫正侧凸(图6-13)。根据侧凸程度不同,可以应用以压力为主的矫形器,或者应用以牵引力为主的矫形器,必要时两者合并使用,其合力的效果更好,从而可选择应用不同类型的矫形器。

3. 适应证

(1)Cobb角为20°～45°,且骨骼未发育成熟以前的特发性脊柱侧凸患者。

(2)Cobb角>45°需手术者,在术前穿戴矫形器可用于防止畸形进一步发展,为手术创造条件。

4. 穿戴要求及复查

(1)初始穿戴时,应从第1天穿2～3小时,逐渐增加穿戴时间,1周左右穿戴适应并调整到位后,则每天至少穿戴23小时。

(2)初始穿戴1个月后复查,进行调整;以后每3～6个月复查1次,密切观察,随时调整,一直穿戴到骨龄成熟。

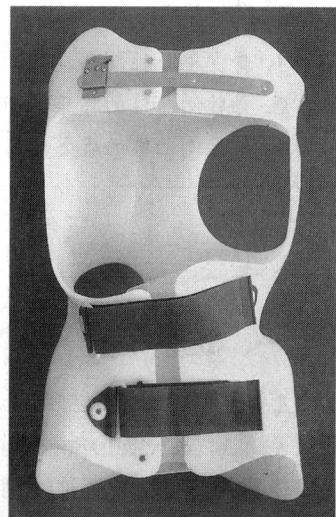

图6-13 脊柱矫形器

（3）何时停用矫形器也非常重要。可逐渐减少穿戴时间，同时 X 线片检查观察脊柱变化。若确实无变化，方可脱下矫形器，但还要坚持治疗性锻炼。一般女孩穿到 18 岁，男孩穿到 20 岁。

（三）牵引疗法

脊柱牵引在脊柱侧凸的治疗中应用较广，可分为无创牵引和有创牵引两类。无创牵引相对柔和，适用范围更广。常用方法有悬吊牵引、自身重力牵引仪、牵引床、牵引椅等。单纯纵向牵引如悬吊牵引、自身重力牵引仪等，难以矫正脊柱侧凸，但可以通过牵伸椎旁肌群和脊柱韧带连接结构而增加脊柱的可屈性，缓解由脊柱变形引起的局部疼痛和肌痉挛，减轻变形椎体对神经的压迫，防止或减缓脊柱侧凸的进一步加重。目前，有部分的牵引椅及牵引床能实现对脊柱侧凸的三维矫形治疗，并在此基础上改良支具实现三维固定以获得最佳疗效。有创牵引常用方法有颅骨 - 股骨髁上牵引、头盆环牵引等，只用于重度脊柱侧凸的术前准备治疗，效果明显，但对身体损伤较大。

（四）手法矫正

利用脊椎的棘突和横突作为杠杆来进行脊椎矫正。通过临床医学检查，结合患者的实际情况，找到脊柱侧凸的原发部位及矫正的关键点，运用力学原理，对侧凸加以适度的矫正，调整脊椎的生物力学失衡。

给患者制订康复治疗方案时，可根据患者的脊柱侧凸 Cobb's 大小、进展情况和发展趋势等状况，结合使用医疗体操、矫形支具治疗、牵引疗法和手法矫正等治疗方法。并且在治疗过程中，应设定好治疗方法的运用顺序，如 Cobb's 为 25° 的侧凸患者，先使用手法矫正治疗，放松肌肉及矫正关节；然后使用医疗体操以激活相关肌群等；最后穿戴上矫形支具以维持前面治疗产生的疗效；以此获得更好的治疗效果。

（五）围手术期康复

对于发育成熟的患者，如果随访发现侧凸有明显进展，或 Cobb's>45° 才考虑手术治疗。手术治疗的目标是：矫正脊柱畸形或防止畸形加重，重建脊柱的生理弧度，维持躯干的平衡；预防脊柱侧凸可能引起的神经功能障碍，促进已发生神经功能障碍的恢复；预防和改善脊柱侧凸引起的心、肺功能障碍等。

早期康复介入以预防并发症，帮助患者恢复正常的日常生活功能为主要目标，包括预防继发性畸形，如因活动减少导致的挛缩，当患者使用矫形器或活动限制时，提供适应性运动来更好地完成日常生活，处理所有的潜在病变以及功能上的可能后果，重建患者的脊柱稳定性。过程中应注意：对正在愈合中的脊柱进行矫形的区域，应避免进行过强训练或活动度训练，减少正在愈合的脊柱受到应力。

（黄晓琳）

学习要点：

1. 青少年脊柱侧凸症早期筛查的重要性和方法。

2. 脊柱侧凸症的临床诊断。

3. 脊柱侧凸症的康复治疗。

第七节　颈椎病的康复

一、概述

（一）定义与流行病学

颈椎病（cervical spondylosis）即颈椎退行性改变及其继发病理改变累及其周围组织结构（神经根、脊髓、椎动脉、交感神经、肌肉、韧带、关节等）出现相应的临床表现。颈椎病涉及颈椎间盘退行性改变、膨出、突出，颈椎骨质增生，韧带增厚、变性、钙化，刺激或压迫其周围的神经、血管、脊髓、肌肉等组织引起一系列的临床表现，是慢性颈痛的常见原因。仅有颈椎的退行性改变而无临床表现者则称为颈椎退行性改变。

颈椎病是常见病、多发病,患病率报道不一,可高达 20% 以上。首发年龄多为 30~50 岁,随着年龄增加,其患病率增大,超过 85% 的 60 岁以上人群受到颈椎病的影响,男女患病率无显著差别。随着现代从事低头工作方式人群增多,如电脑、手机的广泛使用,"低头族"颈痛的发生率明显增多,颈椎病的患病率也不断上升,且发病年龄有年轻化的趋势。

（二）发病机制

1. 退行性变　颈椎是脊柱中体积最小、灵活性最大、活动频率最高的节段,退行性改变发生较早。

（1）椎间盘退变:约 40 岁的时候,大多数人的脊椎间盘开始脱水和收缩,这就使得椎骨之间有更多的骨骼接触,称之为椎间盘脱水。随着年龄增大,纤维环经常出现损坏,髓核从破裂处突出(影像学分度:内层纤维环损伤而表现为向周边的突出称为膨出,外层纤维环损伤后出现向破裂处的突出称为突出,周边韧带等软组织同时损伤,髓核完全突出,而与椎间盘不脱离称为脱出,完全脱离称为游离)。此时,椎间盘容易向后或后外侧膨出或突出致使椎管及(或)神经根管狭窄,间盘向后方突出容易压迫脊髓,向后外侧突出容易压迫神经根。

（2）关节退变:钩椎关节位于椎体后外侧边缘容易发生骨质增生,钩突变尖,造成神经根管狭窄压迫神经根,通常以 C_5、C_6 椎体最为多见。关节突关节成上下叠瓦状重叠,容易在挥鞭样损伤中发生损伤及脱位,也由于结构上的不稳定也容易发生退行性关节炎。

（3）韧带退变:脊柱的韧带会随着年龄的增长而变硬,使颈部活动受限。而黄韧带肥厚容易导致椎管狭窄而压迫脊髓。

2. 慢性劳损　超过颈部生理活动的最大限度或局部所能耐受时值的超限活动或张力的异常是引起颈椎关节退变的常见原因。

（1）不良睡眠的方式:如枕过高、过低及俯卧等,长时间持续的不良体位,将造成颈部肌肉、韧带张力的失衡、疲劳和劳损。

（2）不当的工作姿势:长期低头或持续一个姿势或头颈常向某一方向转动,会造成颈部肌肉韧带组织的劳损。会计、作家、秘书、司机、交警、教师等易发颈椎病。

（3）不适当的体育锻炼:超过颈部耐量的活动或运动,例如美式足球、用头颈部负重的人体倒立或翻筋斗等,均可加重颈椎的负荷。

（4）精神状态异常:长期精神紧张或萎靡不振,可诱发颈部生物力学平衡失调,导致颈椎退变。

（5）颈部肌张力障碍:颈部肌张力障碍所造成的颈部过度扭转,使得颈部生物力学过度失衡,也是造成颈痛的常见原因。

3. 头、颈部外伤　颈椎病患者中约有半数病例与外伤有直接关系。如运动性损伤、生活与工作中的意外、医源性因素等。

4. 咽喉及颈部炎症　咽喉及颈部的炎症可刺激邻近的肌肉、韧带等组织,导致局部稳定性失衡,诱发颈椎病。常见寰枢关节的关节炎,可导致寰枢关节半脱位。

5. 颈椎的先天性畸形　在颈椎病患者中,局部的畸形为正常人的一倍以上,如先天性椎体融合、发育性椎管狭窄等。

（三）临床分型

1. 颈型颈椎病　症状以颈后疼痛、发僵为主,常于晨起、久坐、受寒后发作。主要体征为颈椎活动轻度受限,颈肩背部肌肉紧张、压痛。X 线片上没有椎间隙狭窄等明显的退行性改变,但常显示颈椎生理曲度改变。

2. 神经根型颈椎病　颈椎退行性变累及颈神经根,表现为颈神经根支配区感觉和运动障碍。好发于 C_{5-6}、C_{6-7} 间隙。主要症状为颈肩部疼痛,一侧上肢持续性或间隙性疼痛和(或)麻木,颈部活动、咳嗽时加重。痛点注射无效。患侧上肢有沉重、无力感,偶出现持物坠落。主要阳性体征为颈部僵直，活动受限，颈部肌肉痉挛，受累节段棘突压痛。椎间孔挤压试验阳性，颈神经根牵拉试验阳性。各神经根受累临床表现见表6-8。应注意和胸廓出口综合征、腕管综合征、肘管综合征、肩周炎等所致以上肢疼痛为主的疾患相鉴别。X线片常显示颈椎曲度改变，椎间隙和椎间孔狭窄，骨质增生等。

表6-8 各神经根受累临床表现

神经根	疼痛部位	感觉改变部位	肌力减弱	腱反射减退或消失
C_5	肩部及上臂外侧	上臂外侧	三角肌、肱二头肌、冈上肌、冈下肌	肱二头肌腱反射
C_6	前臂桡侧	拇指、示指	肱二头肌、肱桡肌、腕伸肌	肱桡肌腱反射
C_7	前臂背侧	中指	肱三头肌、腕屈肌、指伸肌	肱三头肌腱反射
C_8	前臂尺侧	环指、小指	指伸肌、手内在肌	

3. 椎动脉型颈椎病 因椎动脉受刺激或受压导致椎-基底动脉供血不足。典型症状为转头时突发眩晕、恶心、呕吐，四肢无力，共济失调，甚至倾倒，但意识清醒，卧床休息症状可消失。主要阳性体征为椎动脉扭转试验阳性。X线片常显示钩椎关节增生，颈椎节段性不稳。应注意与眼源性、耳源性眩晕相鉴别。应除外椎动脉 I 段（进入颈6横突孔以前的椎动脉段）和椎动脉 III 段（出颈椎进入颅内以前的椎动脉段）受压所引起的基底动脉供血不全。

4. 交感型颈椎病 病变累及交感神经引发交感神经功能紊乱。临床症状多样，可为头晕、头痛、颈肩背痛，眼部胀痛、干涩或流泪，视物不清或彩视，耳鸣或耳聋，面部麻木或半身麻木，凉感，无汗或多汗，心动过速或过缓，心律不齐，心前区疼痛，恶心、呕吐，腹胀，腹泻，失眠，情绪不稳定，对疾病恐惧多虑等。无特定阳性体征，可有颈椎及椎旁压痛、心率和血压异常。影像检查结果无特异性。椎动脉造影阴性。

5. 脊髓型颈椎病 病变累及颈髓导致感觉、运动和反射障碍。发病缓慢，逐渐加重或时轻时重，外伤时可急性发病或致病情突然加重。初发症状常为双下肢无力、发紧、沉重，逐渐进展出现足下"踩棉花感"，行走不稳。还可表现为一侧或双侧上肢疼痛、麻木、无力，持物坠落，双手笨拙，精细动作困难，躯干有束带感，可有尿急、尿频、尿失禁或尿潴留、便秘等。一般具有脊髓长束受损的体征，如肌力减弱、肌张力增高、四肢腱反射亢进，有时出现髌阵挛或踝阵挛。多数患者 Hoffmann 征及 Rossolimo 征阳性，部分患者 Babinski 征阳性。常有针刺觉及温度觉减退，但并不一定与脊髓损害的程度一致。深感觉往往正常。有时上肢出现前角运动神经细胞损害的体征，如上肢力弱、肌肉萎缩、腱反射消失。应注意与肌萎缩性侧索硬化症、脊髓肿瘤、脊髓损伤、多发性末梢神经炎等疾病相鉴别。CT 或 MRI 常显示某节段颈椎间盘突出，相应部位的颈髓受压，有时出现脊髓损伤的高信号区。

6. 混合型颈椎病 两种及两种以上颈椎病类型并存时称为混合型颈椎病，通常是以某一型的临床表现为主，伴有其他类型的部分表现。

（四）诊断原则

1. 具有上述颈椎病的临床症状和（或）体征。颈部活动范围减少是最常见的体征。

2. 诊断性试验

（1）前屈旋颈试验：令患者颈部前屈、嘱其向左右旋转活动。如颈椎处出现疼痛，表明颈椎小关节有退行性变。

（2）压颈试验或椎间孔挤压试验（cervical compression test or spurling's test）：令患者头偏向患侧，检查者左手掌放于患者头顶部、右手握拳轻叩左手背，则出现肢体放射性痛或麻木、表示力量向下传递到椎间孔变小，有根性损害；对根性疼痛厉害者，检查者用双手重叠放于头顶向下加压，即可诱发或加剧症状。当患者头部处于中立位或后伸位时出现加压试验阳性称之为 Jackson 压头试验阳性。

（3）臂丛牵拉试验：患者低头、检查者一手扶患者头颈部、另一手握患肢腕部，作相反方向推拉，看患者是否感到放射痛或麻木，这称为 Eaten 试验。如牵拉同时再迫使患肢作内旋动作，则称为 Eaten 加强试验。

（4）上肢后伸试验：检查者一手置于健侧肩部起固定作用、另一手握于患者腕部，并使其逐渐向后、外呈伸展状，以增加对颈神经根牵拉，若患肢出现放射痛，表明颈神经根或臂丛有受压或损伤。

3. 颈椎 X 线检查　正位、侧位、双斜位相显示与临床表现相应的颈椎退行性变：颈椎生理曲度异常、椎间隙变窄、椎体缘骨质增生、钩突变尖、椎间孔变窄、韧带钙化等。颈椎的过屈、过伸位相可有颈椎不稳的表现。

4. CT、MRI 检查　显示与临床表现相应的椎间盘膨隆或突出、脊髓受压、椎管及椎动脉孔状态异常等。MRI 和 CT 扫描对诊断有帮助，但通常不是决定性的，必须与体格检查和病史一起考虑。

5. 肌电图检查　神经根型颈椎病可进行神经传导速度及肌电图检查，以明确受累的节段。

二、康复评定

（一）身体功能评定

1. 颈椎活动范围的评定。

2. 肌力的评定。

3. 感觉和反射的评定。

4. 疼痛的评定。

详见第三章第一节。

（二）ADL 能力评定

对进食、洗澡、修饰、穿衣、大小便控制、如厕、床 - 椅转移、平地行走、上下楼梯等功能的评定。详见第三章第一节。

（三）专项评定

1. 颈部功能不良指数（neck disability index，NDI）　颈部功能不良指数是对颈椎病患者功能水平的评测，内容包含 10 个项目，其中 4 项是主观症状，6 项是日常生活活动。具体评测项目为疼痛程度、自理情况、提重物、阅读、头痛、注意力、工作、驾车、睡眠和娱乐，每个项目评分为 0～5 分六个等级，总分 0～50 分，分数越高，功能越差。具体分数与功能的相关性如下：

0～4 分——无功能丧失；

5～14 分——轻度功能丧失；

15～24 分——中度功能丧失；

25～34 分——严重功能丧失；

>34 分——功能完全丧失。

NDI 有良好的重测信度，与 VAS 疼痛评分和 McGill 疼痛问卷有高度相关性。

2. 日本骨科学会（JOA）评定法　该评定法针对脊髓型颈椎病，共 17 分，分数越低表示功能越差，可用于评定手术治疗前后功能的变化，也可用于评定康复治疗效果。具体评分为：

（1）上肢运动功能（最高得分 4 分）：

0 分——不能持筷或勺进餐；

1 分——能持勺，但不能持筷；

2 分——能持筷，但很费力；

3 分——能持筷，但笨拙；

4 分——正常。

（2）下肢运动功能（最高得分 4 分）：

0 分——不能行走；

1 分——走平地需用拐杖；

2 分——仅上下楼梯时需扶拐杖；

3 分——行走或上下楼梯不需拐杖，但缓慢；

4分——正常。

（3）感觉：上肢、下肢与躯干分别评分（最高得分6分）：

0分——有明显感觉障碍；

1分——轻度感觉障碍；

2分——正常。

（4）膀胱功能（最高得分3分）：

0分——尿潴留；

1分——严重排尿障碍，包括膀胱排空不充分、排尿费力及淋漓不尽；

2分——轻度排尿障碍，包括尿频及排尿踌躇；

3分——正常。

三、康复治疗

颈椎病康复治疗的目的是减轻疼痛，尽可能维持日常活动能力，并防止脊髓和神经的永久性损伤。

（一）卧床休息

卧床休息适用于症状严重的患者，通过卧床可减轻颈椎负荷，放松局部肌肉，减少由于头部重量和肌肉痉挛对颈椎间盘的压力，有利于局部充血、水肿的消退，有利于症状的减轻或消除。睡枕应软硬大小适中，仰卧位时，通常枕高10～15cm为宜，置于颈后；侧卧位时，枕高应与肩宽一致，力求在卧位保持颈椎的生理曲度，使颈部和肩胛带的肌肉放松，缓解肌肉痉挛。

（二）物理因子治疗

1. 治疗作用　物理因子治疗可改善颈部组织的血液循环，消除炎症、水肿，镇痛，减轻粘连，解除痉挛，调节自主神经功能，促进神经肌肉功能恢复。

2. 治疗方法

（1）直流电离子导入：可选用药物置于颈背，根据药物极性连接同极性电极作为作用极，与另一电极对置或斜对置，每次通电20分钟，适用于各型颈椎病。

（2）低频和（或）中频电疗：常用低频、低频调制中频、等幅中频、干扰电等。选取可达到止痛、调节交感神经、促进血液循环、松解粘连、增强肌力等作用的参数，强度多在感觉阈上。电极放置方法同直流电，每次治疗一般20～30分钟，适用于各型颈椎病。

（3）高频电疗：常用超短波、短波、微波等。急性期剂量宜小，多采用无热量；慢性期剂量可增加，多用微热量。超短波疗法适用于神经根型（急性期）和脊髓型（脊髓水肿期）。超声波疗法多用于治疗神经根型颈椎病。

（4）磁疗：将环状或板状磁极置于颈部和患肢，多采用低于50mT磁场强度。

（5）针灸：根据中医理论，针灸具有调整人体经络脏腑气血的功能，可达到防治疾病的目的。

（6）超声电导靶向透皮给药治疗：采用超声电导仪及超声电导凝胶贴片，透入药物选择2%利多卡因注射液。将贴片先固定于仪器治疗发射头内，取配制好的利多卡因注射液1ml分别加入到两个耦合凝胶片上，再将贴片连同治疗发射头一起固定于患者颈前。

（7）高电位疗法：可用于各型颈椎病，其中以交感神经型颈椎病效果为佳。

（8）其他物理因子治疗：石蜡疗法、红外线疗法、湿热敷疗法等可用于颈椎病的对因对症治疗。

（三）颈椎牵引

1. 治疗作用　颈椎牵引有助于解除颈部肌肉痉挛，使肌肉放松，缓解疼痛；松解软组织粘连，牵伸挛缩的关节囊和韧带；改善或恢复颈椎的正常生理弯曲；使椎间孔增大，解除神经根的刺激和压迫；拉大椎间隙，减轻椎间盘内压力。调整小关节的微细异常改变，使关节嵌顿的滑膜或关节突关节的错位得到复位；颈椎牵引治疗时必须掌握牵引力的方向（角度）、重量和牵引时间三大要素，才能取得牵引的最佳治疗效果。

2. 治疗方法

（1）固定方法：采用枕颌牵引法，患者坐位或卧位，松开衣领，全身放松。操作者将牵引带长带托于下颌，短带托于枕部，调整牵引带松紧并固定。

（2）参数选择：

1）牵引方式：常用枕颌布带牵引法，通常采用坐位牵引，可用连续牵引法和间断牵引法。

2）牵引角度：一般按病变部位而定，如病变主要在上颈段，牵引角度宜采用0°～10°，如病变主要在下颈段（C_5～C_7），牵引角度应稍前倾，可在15°～30°间，同时注意结合患者舒适来调整角度。

3）牵引重量：从小重量开始，参考值为4～6kg，间歇牵引的重量可以是自身体重的10%～20%，牵引最大重量与患者体质、颈部肌肉状况有关，需个体化调整。

4）牵引时间：通常每次15～30分钟，每天1次，20～30次为一个疗程。

5）注意事项：应充分考虑个体差异，年老体弱者宜牵引重量轻些，牵引时间短些，年轻力壮则可重量重些，时间长些；牵引过程要注意观察询问患者的反应，如有不适或症状加重者应立即停止牵引，查找原因并调整、更改治疗方案。

6）牵引禁忌证：牵引后有明显不适或症状加重，经调整牵引参数后仍无改善者；脊髓受压明显、节段不稳严重者；年迈椎骨关节退行性变严重、椎管明显狭窄、韧带及关节囊钙化骨化严重者。

（四）手法治疗

1. 治疗作用　以颈椎局部解剖和生物力学为基础，针对个体化病变特点应用中西医手法，可改善局部血液循环，减轻疼痛、麻木，缓解肌肉紧张与痉挛，松解软组织，加大椎间隙与椎间孔，整复滑膜嵌顿及小关节半脱位，改善关节活动度等。手法治疗颈椎病对技术要求较高，不同类型的颈椎病手法差异较大，需经专业的技术培训。

2. 治疗方法

（1）推拿：可在颈、肩及背部适当施用揉、拿、捏、推、旋转复位等手法，对神经根型颈椎病，实施手法的部位还应包括患侧上肢；对椎动脉型和交感型颈椎病，实施手法的部位应包括头部。常取的腧穴有风池、太阳、印堂、肩井、内关、合谷等。

（2）关节松动术：对颈椎的棘突、横突或关节突关节实施手法，进行特异部位的分离、滑动、旋转等关节活动，从而改善颈椎活动度，缓解疼痛。

（五）运动疗法

可以指导颈椎病患者采用"颈肩疾病运动处方"。运动疗法适用于各型颈椎病症状缓解期及术后恢复期的患者。具体的方式方法因不同类型颈椎病及不同个体体质而异，应在专科医师指导下进行。

1. 牵伸运动　通过颈部各方向最大活动范围终点的牵伸练习，恢复及增加关节活动范围，牵拉短缩的肌肉，增加颈椎活动的柔韧性。

2. 肌力训练　通过颈背部的肌肉锻炼，增强颈背部肌肉力量以保持颈椎的稳定性。包括重点针对颈深屈肌群的等长训练和针对肩与上肢肌群的动态训练。

3. 协调性训练　通过针对颈部本体感觉的协调性训练，增强颈椎的静态稳定性和动态稳定性，缓解颈部症状，预防复发。

4. 有氧运动　通过心肺运动功能训练提高颈部局部血液循环，改善症状，预防复发。

（六）矫形支具疗法

应用颈围或颈托固定和保护颈椎，矫正颈椎的异常生物力线，防止颈椎过伸、过屈或过度旋转，减轻局部疼痛等症状，避免脊髓和周围神经的进一步损伤，减轻局部水肿，促进损伤组织修复。适用于颈椎病临床症状明显时，以及外伤后急性期和乘坐高速交通工具时等。

（七）药物

1. 口服药物　以非甾体抗炎药为常用药物，一般用药时间不超过2周。还可应用糖皮质激素、肌肉松弛剂、抗癫痫药物、抗抑郁药及处方类镇痛药等。

2. 外用药物 可选用各种局部止痛擦剂或膏贴。

3. 药物注射疗法 常用糖皮质激素和（或）局部麻醉药,根据临床诊断和分型可选取痛点局部注射、星状神经节阻滞、硬膜外颈神经根阻滞、颈神经内侧分支阻滞、关节突关节注射等方法。

（八）手术治疗适应证

颈椎病患者多数预后良好,当患者出现以下情况时,需考虑手术治疗:①临床神经症状和体征恶化影响日常生活,反复发作且非手术治疗无效;②出现明显脊髓受压的临床表现并进行性加重;③出现反复颈性晕厥猝倒;④由于椎体前方骨质增生压迫食道出现吞咽困难等。

（敦丽娟）

学习要点:

1. 颈椎病的临床分型及特点。
2. 颈椎牵引疗法的治疗作用。
3. 颈椎病运动疗法的主要方法。

第八节　肩关节周围炎的康复

一、概述

（一）定义

肩关节周围炎是指以肩痛和肩关节运动障碍为主要临床表现的症状群,现已逐渐被具体疾病名称所替代。冻结肩(frozen shoulder)又称粘连性肩关节囊炎,是肩关节周围炎中较常见的类型,国内常用"肩关节周围炎"一词表示冻结肩,本节仅讨论冻结肩的康复。冻结肩俗称"五十肩",发病年龄多为 40～60 岁中老年人,女性多于男性。多为单侧发病,也可双侧相继发病。冻结肩的病因尚不清楚,肩部和肩外因素都可能参与本病的发生。在颈椎病、糖尿病、偏瘫、心血管疾病、甲状腺疾病和帕金森病患者中本病的发病率较高。本病的病理过程涉及肩关节囊、滑膜的炎症、纤维化、瘢痕形成和挛缩。本病为具有自愈倾向的自限性疾患,经过数月乃至数年的时间,炎症可逐渐消退,症状得到缓解。

（二）临床表现

肩部疼痛和肩关节活动受限,主动和被动关节活动同时受累是本病的主要临床表现和特征,也是与其他疾病所致肩痛的主要鉴别点。疾病进展过程分为三个阶段,每个阶段之间常有重叠。

1. 急性期(凝结期) 病变主要位于肩关节囊,肩关节造影常显示关节囊紧缩、关节下隐窝闭塞、关节腔容积减少、肱二头肌肌腱粘连。肱二头肌肌腱伸展时,有不适及束缚感,肩前外侧疼痛,可扩展至三角肌止点。本期症状和体征无明显特异性。

2. 慢性期(冻结期) 随着病变的加剧进入冻结期。此期除关节囊严重挛缩外,关节周围大部分软组织均受累,胶原纤维变性,组织纤维化并挛缩而失去弹性,脆弱而易撕裂。后期喙肱韧带增厚挛缩成索状。冈上肌、冈下肌、肩胛下肌紧张,将肱骨头抬高,限制其各方向的活动。滑膜隐窝大部分闭塞,肩峰下滑囊增厚,囊腔闭塞,关节囊、肱二头肌肌腱与腱鞘均有明显粘连。此期肩痛为持续性,患者不敢患侧卧,疼痛夜间加重,影响睡眠。肩关节外旋、外展和屈曲活动受限此期达到高峰,以外旋为重,可影响穿脱衣服、高处拿取物品、修饰、洗澡等日常生活。长期负痛和制动可出现继发性上臂肌肉失用性萎缩、无力。通常在 7～12 个月或数年后疼痛逐渐缓解,进入功能康复期。

3. 功能康复期(解冻期) 发病后约 7～12 个月,炎症逐渐消退,疼痛逐渐减轻,肩部粘连缓慢性、进行性松解,活动度逐渐增加。

（三）诊断要点

1. 肩关节疼痛 伴关节活动障碍和肌肉萎缩无力,疼痛是突出症状。疼痛一般位于肩部前外侧,也可扩大到枕部、腕部或手指甚至放射至后背、三角肌、肱三头肌、肱二头肌及前臂前面。

2. 肩关节活动障碍　早期疼痛尚可忍受时,盂肱关节内外旋受限,举臂至头顶困难,患者不能梳头。后期盂肱关节几无活动,疼痛与活动受限的程度并不一致。

3. 影像学检查　X线平片可表现正常。关节造影显示肩关节腔减小,肩关节囊下部皱襞消失等改变。MRI检查可发现病变部位的特异性改变。超声检查可以明确诊断并引导注射治疗。

二、康复评定

(一)身体功能评定

1. 关节活动范围评定。

2. 肌力评定。

3. 肌围度评定。

4. 疼痛评定。

5. 心理评定。

详见第三章第一节。

(二)肩关节特殊评定

1. 疼痛弧　在肩关节外展60°~120°之间出现疼痛为阳性。

2. 落臂试验　将患者肩部被动外展至90°并内旋,撤除外力让患者保持上臂高度,若不能维持上臂外展,出现上肢突然坠落为阳性。

3. Neer撞击征　患者取坐位或站位,测试者将一手置于患者肩胛骨后方以稳定肩胛带另一手握住患者肘关节附近,使患侧上肢抬高超过90°,内旋手臂。如果强行屈曲患者手臂时出现疼痛为阳性。

4. 卡压征　将患者肩关节屈曲至90°后水平内收,出现疼痛为阳性。

5. Yergason测试　患者坐位,上臂紧贴躯干且肘关节屈曲90°,从前臂旋前位向前臂旋后位活动,测试者给予阻力,出现疼痛为阳性。

6. Hawkins-Kennedy撞击征　将患者肩关节屈曲90°并内收内旋,出现疼痛为阳性。

7. 空罐试验(Jobe试验)　肩关节从外展位开始内旋时出现疼痛为阳性。

(三)日常生活活动能力评定

肩周疾病可影响患者穿、脱上衣,洗漱,梳头,系裤带、皮带等日常活动。常用的功能评定方法有Constant-Murley评分(Constant-Murley score,CMS)、肩关节疼痛与功能障碍指数(shoulder pain and disability index,SPADI)、牛津肩关节评分(Oxford shoulder score,OSC)、加州大学肩关节评分系统(University of California-Los Angeles shoulder scale,UCLA)等,本章介绍应用较多的SPADI评定。

SPADI评定分为2个问卷部分,共13个问题,包括:①肩痛和相关症状问卷(疼痛程度、体位、向上取物、触觉、牵拉);②日常生活情况问卷(洗头、清洁背部、穿套头衫、扣纽扣、穿短裤、举高物体、提起重物、从裤子后口袋取物)两部分,由患者根据自己情况填写。每个项目最低分为0分,代表完全无痛/没有任何困难;最高分为10分,代表非常疼痛(非常困难,需要帮助),共计130分。分数越高代表疼痛/功能障碍程度越重。

三、康复治疗

(一)物理因子治疗

1. 治疗作用　通过电、光、声、磁、热等物理因子的作用,改善肩部局部血液循环,减轻炎症反应,缓解肌肉痉挛,减轻软组织粘连,缓解疼痛,改善功能。

2. 治疗方法

(1)高频电疗:常用超短波、短波、微波等。

(2)低频和(或)中频电疗:常用低频、低频调制中频、等幅中频、干扰电等。电极患肩对置,选取可达到止痛、促进血液循环、松解粘连等作用的参数,强度多在感觉阈上。

（3）磁疗：常选用低磁场强度的脉冲磁场，磁极摆放为患肩对置法。

（4）超声波疗法：常选用中等超声强度移动法。

（5）其他理疗方法：可采用合适剂量的红外线、蜡疗、体外冲击波治疗、激光治疗等方法进行患区治疗。

（二）关节松动术

1. 治疗作用　通过对肩关节的摆动、滚动、推动、旋转、分离和牵拉等缓解疼痛、促进关节液流动、松解组织粘连和增加本体反馈。急性期因疼痛剧烈，应多用Ⅰ级手法，即在肩关节活动的起始端小范围地松动。缓解期因肩关节活动受限，应多用Ⅱ、Ⅲ级手法。对于合并肩关节半脱位或严重骨质疏松的患者应慎用或禁用。

2. 治疗方法

（1）附属运动：包括分离牵引、长轴牵引、向头侧滑动、向足侧滑动、前后向滑动、侧方滑动、内旋摆动、外旋摆动、肩胛胸壁关节松动等。

（2）生理运动：包括前屈、后伸、外展、水平内收、旋转等。

（三）运动疗法

1. 治疗作用　通过运动改善患肩灵活性、柔韧性、肌力和稳定性。

2. 治疗方法

（1）自我锻炼：①钟摆运动：患者体前屈站位，患肢完全放松，利用上肢的重力模拟钟摆在无痛范围内前后或左右摆动。若患者可耐受，可在手中增持重物。②肱骨下压运动：患者坐位，上肢放松，指导其练习上臂垂直向足侧的活动，可在肘部加轻阻力，作为本体感觉的刺激。③自我牵伸训练：可选用各种体位，达到受限肩关节被牵张的效果，以不引起损伤但达到塑性延长为目标。牵伸方向多为屈曲、外展和外旋。

（2）肌力训练：包括助力运动、肩胛稳定肌肌力训练、肩外旋肌肌力训练、其他力弱肌肌力训练。健侧上肢通过体操棒或滑轮等器械带动患侧肩关节进行屈曲、外展、内收、内旋、外旋等助力运动。收缩方式从等长收缩训练开始，逐渐进展至等张抗阻训练，有条件时可进行等速训练。

（3）稳定性训练：①静态稳定性训练：以上肢闭链运动为主，逐渐增加负荷的力度和角度，从立撑位进展至手膝位，从稳定支撑面进展至不稳定支撑面。②动态稳定性训练：以上肢开链运动为主，逐渐增加运动的速度和持续时间。

（4）功能性活动训练：以实用性运动为主。

（四）支具

在患者疼痛剧烈的急性期，可用吊带将肩关节保护于休息位，即肩关节屈曲30°、外展60°，肘关节屈曲90°，有利于肩关节的组织修复与炎症消退。

（五）药物治疗

1. 治疗作用　缓解疼痛，改善对运动治疗的耐受性。

2. 治疗方法　①非甾体抗炎药为最常用的口服药物，选择性COX-2抑制剂和对乙酰氨基酚也是有效的药物，还可应用缓解肌肉痉挛的药物和中药治疗；②可选用各种局部止痛的擦剂或膏贴外用；③局部注射治疗：常用糖皮质激素和止痛药物，可选取痛点局部注射、关节腔内注射等方法。

肩关节周围炎是自限性疾病，一般病程较长但预后良好。处理不当会加重病变，延长病期，遗留永久性功能障碍。非手术治疗无效者可手术治疗。

（吴　霜）

学习要点：

1. 肩关节周围炎的常见病因。

2. 冻结肩的临床分期。

3. 冻结肩的运动疗法。

第九节　腰痛的康复

一、概述

（一）定义

腰痛（low back pain，LBP）是指腰骶部的急性或慢性疼痛，部位通常是指肋骨下缘与臀下皱褶间的疼痛，伴或不伴有下肢放射性疼痛。这些疼痛可能与肌肉、韧带、关节、椎间盘、椎体与神经功能异常有关。关于 LBP 的命名国内尚未统一，"腰痛""下背痛""下腰痛"等不同译名一直在不同专业中使用，但根据《疾病和有关健康问题的国际统计分类》（ICD-10），其规范术语应为"腰痛"。在现在的医疗模式中，腰痛被视为一种生物心理社会综合征。

（二）流行病学

腰痛非常普遍，90% 的人一生中都曾有过腰痛的体验。根据一项抽样调查显示，在非工业人口中腰痛的发生率为 14.5%，其中单纯腰痛持续 2 周以上者为 13.0%，腰痛伴坐骨神经痛者为 1.5%。据统计，90% 的腰痛在 6 周内自行缓解，但复发率较高。据估计，腰痛患者中 7%～11% 可转为慢性腰痛，持续疼痛时间超过 12 周。在发达国家，慢性腰痛（持续 6 个月以上）的年发生率约为 5%，终身流行率通常为 50%～70%。另外，造成活动受限的腰痛经常复发，复发率在 24%～33% 之间。

关于职业差异与下腰痛发病率的关系也有报道，对身体素质要求较高的职业与腰痛的发病率有关。有研究报道，材料工腰痛发病率为 39%，而伏案工作者发病率为 18.3%。

（三）分型

1. 按疼痛性质分型　根据引起腰痛的原因可将腰痛分为特异性腰痛、非特异性腰痛和根性腰痛。特异性腰痛是指由于肿瘤、感染、骨折等具体的病理变化引起的腰痛；非特异性腰痛是指引起疼痛的具体病理部位不能十分肯定，涵盖了以往的腰肌劳损、腰肌筋膜炎等急慢性腰部病变；根性腰痛又称坐骨神经痛，是由于坐骨神经或神经根受到压迫、刺激所致，多数由腰椎间盘突出引起。

2. 按发病时间分型　临床根据发病时间，一般将腰痛分为急性腰痛（acute low back pain）和慢性腰痛（chronic low back pain）。急性腰痛病程一般在 30 天以内，30～90 天为亚急性期。慢性腰痛临床常见，病程一般大于 3 个月。

3. 按病因病理分型　①脊柱骨关节及周围软组织引起的腰痛，如软组织损伤、筋膜疼痛综合征、腰椎小关节疾病；②脊椎病变引起的腰痛，如腰椎骨折、腰椎滑脱症、强直性脊柱炎、脊柱畸形、脊柱肿瘤、脊柱结核、第三腰椎横突综合征、腰椎退行性病变、腰椎间盘突出、腰椎管狭窄、脊柱骨质疏松、骶髂关节功能紊乱；③脊髓和脊椎神经疾患引起的腰痛，如脊髓压迫损伤、急性脊髓炎、神经根炎等；④内脏器官疾患引起的腰痛，如病毒感染、肾炎、泌尿系感染、结石、附件炎、盆腔炎等；⑤心理因素。

（四）临床特点

不同原因引起的腰痛，有各自的临床特点，病史和全面体格检查在腰痛的诊断中非常重要。腰椎间盘突出症是腰痛最常见的原因之一，本节主要介绍本病的临床特点：

1. 定义　腰椎间盘突出症（lumbar disc herniation，LDH）主要是指腰椎间盘纤维环破裂和髓核组织突出压迫和刺激相应水平的一侧和双侧坐骨神经所引起的一系列症状和体征。在腰椎间盘突出症的患者中，L_4～L_5、L_5～S_1 突出占 90% 以上，年龄以 20～50 岁多发，随年龄增大，L_3～L_4、L_2～L_3 发生突出的危险性增加。诱发因素有退行性变、职业、吸烟、心理因素、医源性损伤、体育活动以及寒冷、肥胖等。

2. 临床特点

（1）病史：腰椎间盘突出症多发生于中青年，20～50 岁之间，男性多于女性，多有搬重物或扭伤史。

（2）症状：临床表现为腰背痛、下肢放射性神经痛、下肢麻木感、腰椎活动受限。咳嗽、打喷嚏或腹部用力时症状加重,卧床休息症状减轻,站立时症状较轻,坐位症状较重。腰椎间盘突出较重者,常伴有患下肢的肌萎缩,以趾背屈肌力减弱多见。中央型巨大椎间盘突出时可发生大小便异常或失禁、鞍区麻木、足下垂。部分患者有下肢发凉的症状。整个病程可反复发作,间歇期间可无任何症状。

(3)体征:腰椎前凸减小,腰部平坦,可有侧凸畸形。腰椎活动度明显受限,且活动时症状明显加重,尤以前屈受限为多见。病变部位棘突、棘突间隙及棘旁压痛,慢性患者棘上韧带可有指下滚动感,对诊断腰椎间盘突出症有价值。压痛点也可出现在受累神经分支或神经干上,如臀部、坐骨切迹、腘窝正中、小腿后侧等,可出现肌肉萎缩和肌力下降。疼痛较重者步态为跛行,又称减痛步态,其特点是尽量缩短患肢支撑期,重心迅速从患下肢移向健下肢,并且患腿常以足尖着地,避免足跟着地震动疼痛,坐骨神经被拉紧。

直腿抬高试验及加强试验阳性是腰椎间盘突出症特异性的检查,对 $L_4 \sim L_5$、$L_5 \sim S_1$ 有较高的阳性率。

(4)影像学检查

1)X 线片:脊柱腰段外形的改变:正位 X 线片上可见腰椎侧弯、椎体偏歪、旋转、小关节对合不良。侧位 X 线片腰椎生理前凸明显减小、消失,甚至反常后凸,腰骶角小;椎体外形的改变:椎体下缘后半部浅弧形压迹;椎间隙的改变:正位 X 线片可见椎间隙左右不等宽,侧位 X 线片椎间隙前后等宽甚至前窄后宽。

2)CT:①突出物征象:突出的椎间盘超出椎体边缘,与椎间盘密度相同或稍低于椎间盘的密度,结节或不规则块,当碎块较小而外面有后缘韧带包裹时,软组织块影与椎间盘影相连续。当突出块较大时,在椎间盘平面以外的层面上也可显示软组织密度影,当碎块已穿破后纵韧带时,与椎间盘失去连续性,除了在一个层面移动外,还可上下迁移。②压迫征象:硬膜囊和神经根受压变形、移位、消失。③伴发征象:黄韧带肥厚、椎体后缘骨赘、小关节突增生、中央椎管及侧隐窝狭窄。

3)MRI:椎间盘突出物与原髓核在几个相邻矢状层面上都能显示分离影像;突出物超过椎体后缘重者呈游离状;突出物的顶端缺乏纤维环形成的线条状信号区,与硬膜及其外方脂肪的界限不清;突出物脱离原间盘移位到椎体后缘上或下方。如有钙化,其信号强度明显减低。

二、康复评定

腰痛作为一种症状综合征,病因复杂,患者的临床表现不一。因此,在进行腰痛的临床治疗前,对患者进行系统的康复评定是十分必要的。

(一)腰椎功能评定

腰椎功能评定量表很多,如 Oswestry 功能障碍指数问卷表(Oswestry disability index,ODI)、Quebec 腰痛分类评定(Quebec back pain disability scale,QSPOs)、日本骨科学会(Japanese orthopaedic association,JOA)腰痛疗效评分等。

1. Oswestry 功能障碍指数问卷表(ODI) 是由 10 个问题组成,包括疼痛的强度、生活自理、提物、步行、坐位、站立、干扰睡眠、性生活、社会生活、旅游等 10 个方面的情况,每个问题 6 个选项,每个问题的最高得分为 5 分,选择第一个选项得分为 0 分,依次选择最后一个选项得分为 5 分,如果有 10 个问题都做了问答,记分方法是:实际得分 /50(最高可能得分)×100%,如果有一个问题没有回答,则记分方法是:实际得分 /45(最高可能得分)×100%,得分越高表明功能障碍越严重。

2. Quebec 腰痛分类评定 是按照患者症状的部位、放射痛症状、神经检查的阳性体征、神经根受压、椎管狭窄、手术等情况将腰痛分为 11 个级别,已经被证实有良好的信度和效度,而且简单易行,是腰痛患者进行分类的常用方法。

(二)疼痛程度评定

疼痛是腰痛患者的主要症状,对疼痛程度进行评定是一项基本的工作。一般有腰部和下肢的疼痛,神经根受到压迫或刺激时,疼痛可放射到患侧足部。疼痛评定多数指南推荐采用视觉模拟评分法（visual analog scale，VAS）。

（三）腰椎活动度评定

腰痛患者往往伴有腰部僵直或活动受限，因此在对腰痛症状进行评定时，有必要对腰椎关节活动度进行评定，以明确腰痛的严重程度。腰椎的运动范围较大，主要表现为屈曲、伸展、侧弯、旋转等多方向的运动形式。

1. 旋转　患者取站立位，以非旋转侧的肩峰为轴心，起始位双肩峰连线为固定臂，终点位双肩峰连线为移动臂，用量角器测量腰椎左右旋转两个方向的关节活动度。左右旋转的正常活动范围各为 $0°\sim30°$。

2. 屈伸、侧屈　患者取站立位，以第 5 腰椎棘突为轴心，与地面垂直线为固定臂，第 7 颈椎与第 5 腰椎棘突的连线为移动臂，用量角器测量腰椎屈曲、伸展、左右侧屈四个方向的关节活动度。腰椎屈曲正常活动范围为 $0°\sim90°$，伸展为 $0°\sim30°$，左右侧屈各为 $0°\sim30°$。

（四）肌力和耐力评定

腰痛症状严重者常伴有局部肌肉力量和耐力的减弱，因此有必要对患者进行肌力和耐力评定。

（五）特异性检查

1. 直腿抬高试验　正常情况下，下肢直腿抬高的幅度因年龄、性别、职业等不同而差异很大，如有的体操运动员可超过 90°，有的未到达 60° 即有牵拉不适感，一般以 60° 为界限，<60° 为异常。直腿抬高幅度越小，临床意义越大，阳性率为 90% 左右。

2. 直腿抬高加强试验（Bragard 征）　当抬高患者下肢发生疼痛后，略降低患肢，其放射痛消失，医师一手握住患者足部背伸，如患者患肢放射疼痛、麻木加重即为阳性，该试验可区别腘绳肌、髂胫束或膝后关节紧张所造成的直腿抬高受限。

3. 屈颈试验　患者仰卧，双腿伸直，检查者一手按压胸骨，另一手置于患者后枕部托起头部，使颈椎逐渐前屈，直至下颌靠近胸部，出现腰及患肢疼痛为阳性。

4. 腘神经压迫试验　患者仰卧位，髋、膝关节各屈 90°，然后抬高膝关节逐渐伸直，出现坐骨神经痛后放松膝关节至疼痛消失，然后压迫腘神经再出现放射疼痛为阳性，多见于腰椎间盘突出症，而其他腰部疾病常为阴性，因此有一定鉴别作用。

5. 股神经牵拉试验　患者于俯卧位屈膝 90°，然后抬高膝关节使髋关节后伸，股神经牵拉出现疼痛为阳性提示 L_4 以上的椎间盘突出。

6. 跟臀试验（ely test）　患者俯卧位，两下肢伸直尽量被动屈曲膝关节，足跟贴近臀部，正常人可稍感大腿前方紧张、无明显疼痛，若该动作引起腰部或坐骨神经分布区疼痛，或骨盆离床即为阳性。

7. 梨状肌紧张试验　患者仰卧位于检查床上，将患肢屈髋屈膝，做内收内旋动作，如坐骨神经有放射性疼痛，再迅速将患肢外展外旋，疼痛随即缓解，即为梨状肌紧张试验阳性。

8. 髂骨分离试验　又称骨盆分离试验，患者仰卧，检查者双手掌放于患者两侧髂骨的髂前上棘处，向下外用力，检查者的上肢交叉，以增加向外对骶髂韧带的牵拉，检查时应避免骨盆的运动，以保证腰椎运动最小。检查时若患者主诉臀部疼痛为阳性。

（六）影像学检查

不同病因引起的腰痛其影像学表现不同，根据腰痛的分类进行检查和评定。

（七）电生理评定

观察腰部竖脊肌和下肢肌肉的表面肌电信号（surface electromyography，sEMG）可以收集到腰痛患者腰背部肌肉和下肢肌肉的电生理信息，从而对功能状态作出相应的评定。平均肌电值（average EMG，AEMG）是一段时间内瞬间肌电图振幅的平均值，在一定程度上反映肌力的大小。中位频率的斜率（slope of median frequency，MFs）在肌肉疲劳时会出现绝对值增大，是测量肌肉疲劳最合适的参数。现临床也采用腰部竖脊肌表面肌电屈曲伸直比（flexion-extension ratio，FER）的指标进行评估。腰椎间盘突出症患者椎旁肌 FER 和 MFs 升高，腰部竖脊肌和腓肠肌内侧头 AEMG 降低，双侧腰部竖脊肌和下肢腓肠肌 sEMG 信号存在失衡。

（八）心理评定

慢性腰痛的发生、发展以及对各种治疗的反应与患者心理状态密切相关，因此对这类患者进行心理评定是很必要的。慢性腰痛患者常采用 Zung 抑郁自评量表（self-rating depression scale，SDS）和恐惧回避心理问卷（fear-avoidance beliefs questionnaire，FABQ）。

三、康复治疗

（一）治疗原则

临床诊断为腰痛时，应首先区别是特异性腰痛还是非特异性腰痛。一旦出现任何可以怀疑特异性腰痛的症状或体征，应及时转至临床相关科室进行进一步诊断与治疗。如确诊为非特异性腰痛或根性腰痛，应根据不同病因寻求适宜的治疗方法。一般而言，腰痛的临床治疗原则以非手术治疗为主，如非手术治疗无效，再考虑手术治疗。不同类型的腰痛，治疗原则各有不同。急性期治疗的首要目的在于良好的疼痛控制。慢性期主要是进行集中的、连续性的稳定功能训练及认知行为干预。

（二）治疗方法

1. 非手术治疗

（1）卧床休息：急性腰痛患者疼痛较剧烈时，可指导患者短时间卧床休息，一般以 2～3 天为宜，不主张长期卧床。严格的卧床休息不仅对腰痛的恢复无积极治疗作用，而且会使患者产生过多的心理负担等问题而延误功能恢复，造成慢性腰痛。

（2）矫形支具治疗：佩戴腰围可以限制腰椎的运动，特别是协助背肌限制一些不必要的前屈动作，以保证损伤组织可以局部充分休息。合理使用腰围，还可减轻腰背肌肉劳损，在松弛姿势下，减轻腰椎周围韧带负担，在一定程度上缓解和改善了椎间隙内的压力。腰围佩戴时间一般不超过 1 个月，在佩戴期间可根据患者的身体和疼痛情况，做一定强度的腰腹部肌力训练。

（3）药物治疗：中西医药物可以缓解腰痛患者的疼痛症状，起到辅助的对症治疗作用，常用的药物有：非甾体类消炎止痛药（NSAID）、肌肉松弛剂、麻醉性镇痛药、扩张血管药、营养神经药、中成药。

（4）腰椎牵引治疗：腰椎牵引是治疗腰椎间盘突出症的有效方法。根据牵引力的大小和作用时间的长短，将牵引分为慢速牵引和快速牵引。

1）慢速牵引：常用的为骨盆牵引。患者仰卧于牵引床上，胸部和骨盆分别固定于牵引床的头部和尾部，施加一定牵引力后，使腰椎受到牵伸，以达到治疗目的。骨盆牵引的时间与施加的牵引力大小间有一定的关系，牵引重量大时，牵引时间要短，牵引重量小时则时间要长，但牵引重量一般不小于体重的 25%，多为体重的 70% 至超过体重的 10%。通常每次牵引时间 20～40 分钟，每日或隔日一次。

慢速牵引由于牵引重量小，作用缓慢，其不良反应较少，但由于牵引时间长，胸腹部压迫重，呼吸运动受到明显的限制，所以对老年人特别是有心肺疾病的患者应特别谨慎，另外慢速牵引重量过大也可造成神经根刺激或损害。

2）快速牵引：多方位快速牵引又称三维多功能牵引，由中医的"拉压复位法"和"旋转复位法"发展而来。该牵引将上述两种方法结合，由计算机控制，瞬间完成。多方位快速牵引在治疗时有三个基本动作：水平牵引、腰椎屈曲或伸展、腰椎旋转。

由于快速牵引床的牵引距离、屈曲度数、旋转角度在规定范围内可调，具体参数应根据患者的身高、年龄、病情而定。参数一般选择如下：牵引距离 45～60mm，倾角 10°～15°，左右旋转 10°～18°。牵引后休息 3～5 天，5 天后视病情变化情况，在相同参数下可重复一次牵引。

（5）注射疗法

1）局部痛点封闭：在压痛点部位行局部注射缓解疼痛症状。常用药有醋酸泼尼松龙、利多卡因等，每隔 5～7 日治疗 1 次，3～5 次为一个疗程。适用于各种软组织损伤类疾病。

2）经皮阻滞疗法：适用于腰椎间盘突出症。常用骶裂孔注射阻滞疗法，该疗法是将药液经骶裂孔注射至硬膜外腔，药液在椎管内上行至患部神经根处发挥治疗作用。所用药液包括维生素 B_1、弥可保、利多卡因、地塞米松和生理盐水，混合液 30～50ml，3～5 日 1 次，一般注射 1～3 次。

（6）物理治疗：物理治疗可促进局部血液循环，缓解局部无菌性炎症，减轻水肿和充血，缓解疼痛，解除粘连，促进组织再生，兴奋神经肌肉等作用，在腰痛的非手术治疗中是不可缺少的治疗手段，在临床上广泛应用。对缓解各类疼痛，改善患部微循环，消除水肿，减轻肌肉及软组织痉挛，促进腰部及肢体功能的恢复起着非常重要的作用。临床常根据患者的症状、体征、病程等特点，选用直流电药物离子导入、低中频电疗、高频电疗、光疗、蜡疗等治疗。

1）直流电离子导入疗法：应用直流电导入各种中西药物治疗。可用乌头碱、利多卡因等进行导入，作用极置于腰骶部疼痛部位，非作用极置于患侧肢体，电流密度为 0.08～0.1mA/cm²，每次 20 分钟，每日 1 次，10～15 次为一个疗程。

2）低频调制中频电疗法：电极于腰骶部并置，根据不同病情选择相应处方，如止痛处方、调节神经功能处方、促进血液循环处方，每次 20 分钟，每日 1 次，15～20 次为一个疗程。

3）高频电疗法：常用的有超短波、短波及微波等疗法，通过其深部透热作用，改善腰背部肌肉、软组织、神经根的血液循环，促进功能恢复。超短波及短波治疗时，电极于腰腹部对置或腰部、患肢并置，微热量，每次 12～15 分钟，每日 1 次，15～20 次为一个疗程。微波治疗时，将微波辐射电极置于腰背部，微热量，每次 12～15 分钟，每日 1 次，10～15 次为一个疗程。

4）红外线照射疗法：红外线灯于腰骶部照射，照射距离 20～30cm，温热量，每次 20～30 分钟，每日 1 次，20 次为一个疗程。

5）超声疗法：声头放于腰骶部或沿坐骨神经走行，移动法，剂量 0.5～1.5W/cm²，每次 10～15 分钟，每日 1 次，10 次为一疗程。

6）石蜡疗法：利用加热后的石蜡敷贴于患处，使局部组织受热、血管扩张，循环加快，细胞通透性增加，由于热能持续时间较长，故有利于深部组织水肿消散、消炎、镇痛。常用腰骶部盘蜡法，温度 42℃，每次治疗 30 分钟，每日 1 次，15 次为一个疗程。

（7）针灸治疗：针灸常用穴为肾俞、环跳、承扶、殷门、委中、阳陵泉等。备用穴为腰夹脊、承山、昆仑、悬钟、阿是穴等。每次选用 3～5 穴，每日或隔日 1 次。以疏导经气、通经活络为治疗原则。

（8）推拿和手法治疗：

1）推拿治疗：常用的治疗手法有：肌松类、牵伸类、被动整复类。对适合推拿的患者，要根据其病情轻重、病变部位、病程、体质等选择适宜的手法，并确定其施用顺序、力量大小、动作缓急等。如急性期疼痛较剧者，施以肌松类手法，可先下肢后腰骶，先健侧后患侧，先周围后患处，痛点，循序渐进，且轻柔缓和。而初次发病但症状较轻和恢复期疼痛缓解者，继肌松类手法后可施以牵引、整复类手法。而病程迁延日久者，可适当增加整复类手法。

2）手法治疗：是治疗腰痛的常用方法，手法的主要作用为缓解疼痛，改善脊柱的活动度。各种手法治疗都各成体系，有独特的操作方法。以 Maitland 的脊柱关节松动术和 McKenzie 脊柱力学治疗法最为常用。

McKenzie 治疗方法强调重复性运动的方向取决于患者的症状，不宜进行可导致疼痛向周围放射的重复性运动或体位。McKenzie 疗法更注重主动性，该方法除需治疗师在必要时进行一些必要的手法外，还注重指导患者在日常生活中如何保持正确的姿势。

徒手治疗 / 松动术的两个疗效指标是减轻疼痛和改善活动，疗效可概括为机械效应、神经生理效应和心理效应三个方面。基于评估结果，可选择手法松动、牵拉、脊柱稳定训练等多种手法治疗。注意手法包括脊柱中央前后按压，脊柱中央前后按压并侧向旋转，横向推压棘突，腰椎旋转，直腿抬高等。

（9）运动疗法：运动疗法对缩短病程，减少慢性腰痛的发病率，改善功能有重要作用。一般来说，腰痛的急性期疼痛较重时，患者不进行特异性的腰背活动，只是尽可能保持日常活动，尽可能坚持工作，疼痛减轻后以及慢性腰痛的患者除了进行有氧运动以外，还应该着重于腰腹肌的训练和腰及下肢的柔韧性训练。

1）徒手运动疗法：运动前后要放松，以解除肌肉紧张。运动时动作力求柔和缓慢，每项动作重复5～10次。注意穿着宜宽松舒适。训练时应循序渐进、持之以恒。

2）器械运动训练：可选用多种设备，如不稳定踏板、康复训练球、弹性阻力带。其核心要点为在遵守基本训练原则的基础上，指导患者在不稳定平面（如不稳定踏板和康复球）上进行运动训练，并根据训练的不同阶段逐渐增加训练的难度。也可特殊设备，如各种计算机控制的平衡训练仪，悬吊系统、大型脊柱主动康复测试与训练工作站等。

悬吊运动治疗系统：悬吊运动治疗包括诊断和治疗系统。诊断系统可测定神经肌肉控制能力。治疗系统以闭合链运动为主，可以更好地激活和训练局部稳定肌。遵循渐进抗阻训练原则，训练开始时进行低负荷训练以激活局部稳定肌，在每次训练中，负荷逐渐递增直至患者出现疼痛或动作完成不正确为止，如此可以不断增加对神经肌肉的刺激，迅速恢复稳定肌的活力。也可在不稳定的平面上进行训练，训练中注意无痛，并保持正确的姿势，可配合使用振动技术。

（10）心理干预：腰痛患者会出现更大的社会心理问题和恐惧逃避信念，慢性背痛更易加重。当中枢敏化合并高水平的恐惧逃避或心理压力（如焦虑或抑郁）时，就需要进行心理暗示治疗。影响疼痛感知的主要情感和认知因素是焦虑和疼痛相关恐惧，包括害怕活动和再损伤。基于此方法的干预措施包括鼓励患者面对和克服恐惧，摒弃之前那些逃避活动的无益信念。

2. 手术治疗 无论哪种原因引起的腰痛，一般均应先从正规的非手术疗法开始，并持续3～4周，一般均可显效。对呈进行性发展者，则需要及早进行手术。腰椎方式包括非融合与融合手术两类。

术后注意事项：如有金属内固定，术后3天，患者可佩戴腰围或支具坐起、下地活动。注意避免腰部过度活动，日常活动需要佩戴腰围。患者均应避免双手持拎重物及过度活动。术后3～6周，逐步减少腰围佩戴时间，开展腰背肌训练，避免疲劳及重劳动。

3. 康复教育与腰痛的预防 减少腰痛的发生，预防应重于治疗。包括良好的姿势、减少背负重物，不让腰椎及附近承受过多重力压迫，可预防肌肉、韧带、肌腱等软组织受伤。预防腰痛要注意：

（1）健康教育：在腰痛的急性发作期就应开始对患者进行健康教育，告知患者腰痛不是一种严重疾病，多数腰痛预后良好，指导患者保持活动，逐渐增加运动量，尽早恢复工作。早期指导患者克服恐惧心理及病态行为，能够减少慢性腰痛的发病率。

（2）建立良好的生活习惯：避免久坐，若需久坐时应以靠垫支撑下背，并使用高背座椅，且坐时姿势要端正。站立时应维持适当的腰椎前弯角度，久站应该经常换脚，或者利用踏脚凳调整重心。不要长时间维持同一姿势。平躺时脊椎所受的压力最小。卧床休息时应选用木板床，使腰部自然伸直，可于膝下垫一个枕头。打喷嚏、咳嗽时，很容易拉伤背肌及增加腰椎椎间盘的压力，此时将膝关节稍微弯曲，可以避免腰椎受伤。日常生活中注意保护背部，如取物品时应将两脚分开约45cm，一脚在前，另一脚稍微在后，膝盖弯曲蹲下，保持背部平直，物品尽量靠近身体，两腿用力站直，将物品举起。避免急速前弯及旋转、身体过度向后仰等可能会伤害腰部的动作。转身时，不要只扭转上半身，应尽量整个身体旋转。适当的运动可以改善及预防腰痛的症状。例如游泳、举哑铃、步行、慢跑等运动。避免身体过重 减肥5～10kg即可有效地减轻腰痛。避免风寒、潮湿 夏天要注意避免风扇，特别是空调直接吹向腰部。出汗后不要直接吹冷风，或在凉席上睡觉。注意腰背部的保暖。

（三）腰痛的预后

急性腰痛的预后较好，大多数情况下是可以自愈的，但容易复发。慢性腰痛的患者很少可以完全治愈。因此，告知患者重新恢复健康有一定的难度，适当采取其他的手段治疗是很有必要的。社会心理因素比生物医学方面的因素对患者的预后更重要。工作、体力活动中恐惧逃避的观念，以及缺乏信心应对疼痛的治疗都与慢性腰痛患者的预后有着非常密切的关系。

（岳寿伟）

学习要点：

1. 腰痛的定义。

2. 腰椎间盘突出症的主要临床表现。

3. 腰痛的治疗原则。

4. 腰痛常用的治疗方法。

第十节　软组织损伤的康复

一、概述

（一）定义

软组织损伤（soft tissue injury）指由于多种原因导致的肌肉、肌腱、韧带、筋膜、腱鞘、血管、神经等软组织结构和功能的损害。可导致软组织损伤的因素包括力学因素、化学因素、生物病理因素等。力学因素是常见的软组织损伤因素。作用于软组织的力超过其承受能力，或重复的小的力学刺激，均可导致软组织损伤。化学因素也可导致软组织破坏，如化学物质的侵蚀。生物病理因素如局部缺血、感染、水肿及炎症反应等，也可导致或加重软组织损伤。

（二）分类及表现

软组织损伤包括急性软组织损伤和慢性软组织损伤。

1. 分类　急性软组织损伤包括单纯的损伤（扭伤、挫伤、断裂、撕脱）和伴有骨折、脱位的损伤，可分闭合性或开放性损伤两种。软组织扭挫伤为急性单纯性闭合性损伤，是在日常生活或劳动中，由于姿势不协调或遭受暴力直接撞击，而引起的局部软组织肿胀、充血、渗出等炎性病理改变。

2. 表现

（1）急性软组织损伤：急性软组织损伤患者多有明确的外伤史。如下楼时不慎足内翻跖屈引起踝关节外侧软组织（外侧副韧带）扭伤；跑动中与其他人或物的撞击导致撞击伤和挫伤等。患者伤后可出现局部疼痛肿胀、肌肉痉挛、损伤局部出血或淤血、压痛、活动痛、活动受限等。而严重的损伤，如软组织完全断裂，患者的疼痛常常反而不剧烈，但是会出现关节不稳、畸形及功能障碍等。

（2）慢性软组织损伤：慢性软组织损伤是由于急性损伤治疗不当或不彻底，或单一劳动姿势、持久负重引起的累积性损伤，加之环境潮湿寒冷，引起局部软组织的变性、增生、粘连等病理改变。临床表现为局部酸、胀、钝痛或刺痛，无力或沉重感，症状不剧烈、不持续，在休息或变换体位时减轻，但活动过度、劳累、负重过久时加重。局部压痛不明确，或有相对固定的压痛点，或仅能指出局部大片不适，无神经刺激征。有的患者可出现方向选择性（direction selectivity），即在某一方向上的重复运动可使症状缓解，而其他方向的运动可导致症状加重。慢性软组织损伤通常不会出现出血或淤血等表现。

（三）功能障碍

功能障碍与软组织损伤的关系主要存在于两个方面：①软组织损伤后可产生局部功能受损，并可导致一系列的功能问题；②功能损伤是软组织损伤的重要原因，很多软组织损伤源于功能异常引起的局部应力异常，以及组织功能的降低不能抵抗外力而形成软组织损伤。此处仅仅介绍软组织损伤产生的功能的影响。软组织损伤后的功能障碍主要表现为功能障碍与结构异常、日常生活活动受限及社会参与受限三个方面。

1. 功能障碍与结构异常　软组织损伤后常导致患者感觉功能、运动功能障碍及平衡功能发生障碍。部分患者由于长期疼痛和功能受限还可能出现心理功能改变。软组织损伤后结构异常主要表现为组织纤维断裂、血管破裂、局部炎症反应及组织增生与修复。

2. 日常生活活动受限　软组织损伤可导致与受累结构直接相关的日常生活活动不同程度受限。

根据受损部位和程度的不同，可表现为穿衣、吃饭、行走、上下楼梯、做家务及个人护理等活动能力不同程度受限。

3. 社会参与受限　由于软组织损伤导致的疼痛及功能障碍，患者可出现不同程度的社会参与受限。社会参与受限主要表现为对工作、社会交往、休闲娱乐及社会环境适应等方面的影响。

二、康复评定

软组织损伤后康复评定的目的主要在于获取康复诊断。康复诊断也可称为功能诊断。有效的功能诊断可以有效指导康复治疗的选择和实施。因此，康复诊断一方面需要通过评估明确损伤的原因或者相关因素，另一方面明确损伤后功能的变化。这样，康复治疗的方案才可以有效促进症状的改善、结构和功能损伤的修复及活动能力的提升。在本节中，我们仅介绍一些功能水平的评定方法。通常根据患者的临床症状和体格检查，并借助影像学检查确定病变的具体部位和功能水平，主要对感觉功能、运动功能、平衡功能、日常生活活动能力及社会参与能力进行评定。

（一）感觉功能评定
主要包括疼痛评定和感觉功能评定。

（二）运动功能评定
1. 关节活动范围、肌力及肌耐力评定　疼痛、炎症及软组织结构可明显影响关节的运动功能，包括活动范围、肌力和耐力等。因此，应当对受累肢体的活动范围、肌力及肌耐力进行评定。关节活动范围、肌力及肌耐力的具体评定方法详见第三章第一节。

2. 步态分析　下肢的急性扭挫伤目测观察分析表明，软组织损伤的步态为典型的疼痛步态。由于肌肉、肌腱和韧带损伤后，患肢负重时疼痛，患者会尽量缩短支撑期，使健肢摆动呈跳跃性或快速前进，步幅变短。可通过肉眼观察或三维步态分析系统对步态进行评估。

（三）平衡功能评定
软组织损伤常影响运动的稳定性与协调性，因此，平衡功能评定十分重要。平衡功能评定包括平衡功能评估、协调性评估、运动控制能力评估等。平衡功能可通过平衡量表或平衡仪进行评估；运动控制能力可通过在稳定或不稳定支撑面上的运动质量进行评估，可通过肉眼观察、量表评分或三维运动分析系统评估。

（四）日常生活活动能力评定
日常生活活动能力评定主要通过直接测试患者的日常生活活动情况。可以采用 Barthel 指数评定、FIM 量表等进行日常功能的评估，也可针对特殊部位或问题进行评估。如腰痛的功能受限指数（Oswestry low back pain disability index）和颈椎功能受限指数（Oswestry neck pain disability index）。

（五）社会参与能力评定
软组织损伤可不同程度直接或间接地影响患者的职业、社会交往及休闲娱乐。对可能存在的社会参与受限进行评估是康复评定不可或缺的部分，如职业评定、生存质量评定等。可以借鉴 WHO 推荐的 ICF 评估内容和评分系统，也可进行相关的职业能力评估。

（六）心理评定
慢性软组织损伤患者可能会有不同程度的心理问题，可采用抑郁调查表等进行具体评定。

三、康复治疗

软组织损伤的治疗可分为保守治疗和手术治疗。当损伤的软组织不能完成自我修复并严重影响功能时，常常需要进行手术治疗，恢复其解剖结构，再进行康复治疗。如跟腱断裂、严重的开放性软组织损伤等。对于不需要进行手术治疗的软组织损伤，急性期可按照经典的 PRICE 的处理原则进行干预，即保护（protect）、休息（rest）、冰敷（ice）、加压（compression）、抬高患肢（elevation），以减少肿胀与炎症，促进损伤组织愈合。PRICE 原则在操作过程中安全有效，适用于没有医疗经验的人员进行操作。在最近几年，针对专业人员，POLICE 的处理原则被推出。POLICE 原则指的是：保护（protect，P）、适当的负重（optimal loading，OL）、冰敷（ice，I）、加压包扎（compression，C）、抬高患肢（elevation，E）。适当的负重在新的研究中获得较好的证据支持，但是其临床运用需要有足够的专业能力，因此区别于普通运用的 PRICE 原则。

（一）物理治疗

根据软组织的损伤程度和修复阶段，可适当选择物理治疗。

1. 物理因子治疗　急性软组织损伤采用物理因子治疗具有减少出血、消炎止痛的作用，如冰敷、弹力绷带加压包扎、超短波疗法及超声波疗法。对慢性软组织损伤，用物理因子治疗具有消炎止痛、改善循环、防止粘连的作用，如磁疗法、干扰电、间动电、经皮神经电刺激疗法（TENS）、微波疗法、超声波疗法、光疗法及蜡疗法等。

2. 运动治疗　对关节活动受限、疼痛、肌力下降及平衡功能障碍者常酌情选择运动疗法，如关节活动训练、关节松动术、推拿按摩、肌力训练、平衡与协调训练等。运动治疗应当把握适应证和禁忌证，训练中注意防止运动损伤，避免运动过度及跌倒。

（二）作业治疗

对软组织损伤导致日常生活活动受限的患者，要酌情选择治疗性作业活动、功能性作业活动或 ADL 训练。

（三）康复辅具

对软组织断裂、关节不稳、关节脱位的患者，酌情使用矫形技术实施保护固定。对 ADL 受限的患者酌情使用辅助具。

（四）药物治疗

可以根据病情的需要，酌情使用氯乙烷制冷剂疗法，外贴止痛膏或涂扶他林（双氯芬酸钠）乳剂，或口服非甾体抗炎药及局部药物封闭治疗。

（五）健康教育

1. 解除患者的思想顾虑，增强治疗的信心。

2. 预防软组织损伤，纠正不良姿势，维持正确体位。

3. 使患者了解软组织损伤后的修复机制，以及不同阶段的治疗目标和方法。

4. 注意劳逸结合，避免疲劳，改善工作环境，经常变换工作姿势，坚持科学的运动方法。

（何成奇）

学习要点：

1. 软组织损伤的基本概念和分类。

2. 软组织损伤的临床表现。

3. 软组织损伤后的主要功能障碍。

4. 软组织损伤后的康复评定方法。

5. 软组织损伤后的康复治疗方法。

第七章　内脏疾病的康复

第一节　冠心病的康复

一、概述

冠心病（coronary heart disease，CHD）为冠状动脉粥样硬化性心脏病的简称，是最常见的心血管疾病之一。

（一）定义

冠心病是由于血脂增高和多种危险因素的综合作用，致使脂质沉积在冠状动脉壁形成粥样硬化斑块，逐步发展为血管狭窄乃至闭塞。冠心病的病理生理核心是心肌耗氧和供氧失平衡。在应激或运动时心肌耗氧量增加，导致心肌缺血，可诱发心绞痛。狭窄部位的血栓形成或粥样斑块脱落可造成血管闭塞，导致心肌梗死。

1. 诊断

（1）心绞痛（angina）：以发生于胸部、下颌部、肩部、背部或手臂的不适感为特征的临床综合征，常发生于冠心病患者，但亦可发生于瓣膜性心脏病、肥厚型心肌病和控制不良的高血压病患者。

心绞痛分为稳定型心绞痛（劳力性性心绞痛）和不稳定型心绞痛。后者分为以下亚型：①静息心绞痛：心绞痛在休息时发作，新近一周每次疼痛发作持续时间大于 20 分钟。②新近发作性心绞痛：最近两个月内首次出现心绞痛，严重度>CCS Ⅲ级。③恶化性心绞痛：较原心绞痛发作次数频繁，持续时间延长，或发作阈值降低，如在首发症状后两个月内心绞痛的严重度至少增加了一个 CCS 等级。

（2）加拿大心血管病学会（Canadian cardiovascular society，CCS）心绞痛分级

Ⅰ级：一般日常活动例如走路、登楼不引起心绞痛，心绞痛发生在剧烈、速度快或长时间的体力活动或运动时。

Ⅱ级：日常活动轻度受限。心绞痛发生在快步行走、登楼、餐后行走、冷空气中行走、逆风行走或情绪波动后活动。

Ⅲ级：日常活动明显受限，以一般速度在一般条件下平地步行 1km 或上一层楼即可引起心绞痛发作。

Ⅳ级：轻微活动即可诱发心绞痛，患者不能做任何体力活动，但休息时无心绞痛发作。

（3）急性心肌梗死：指长时间心肌缺血导致心肌组织出现不可逆的组织坏死。诊断标准参见中华医学会 2011 年诊断和治疗指南。

2. 主要功能障碍

（1）循环功能障碍：冠心病患者心血管系统的适应性下降，循环功能障碍。

（2）呼吸功能障碍：长期的心血管功能障碍可导致肺循环功能障碍，肺血管和肺泡气体交换效率降低，吸氧能力下降，诱发或加重缺氧症状。

（3）全身运动耐力减退：机体吸氧能力减退和肌肉萎缩，限制全身运动耐力。

（4）代谢功能障碍：脂代谢和糖代谢障碍，表现为血清总胆固醇和甘油三酯增高、高密度脂蛋白降低。脂肪和能量物质摄入过多而缺乏运动是基本原因。缺乏运动还可导致胰岛素抵抗，除了引起糖代谢障碍外，还可促使形成高胰岛素血症和高脂血症。

（5）行为障碍：冠心病患者往往伴有不良生活习惯、心理障碍等，也是影响患者日常生活和治疗

的重要因素。

3. 康复的目的与意义　冠心病的康复是指采用积极主动的身体、心理、行为和社会活动训练，帮助患者缓解症状，改善心血管功能，在生理、心理、社会、职业和娱乐等方面达到理想状态，提高生活质量。同时强调积极的二级预防，包括干预冠心病危险因素，阻止或延缓疾病的发展过程，减轻残疾和减少再次发作的危险。冠心病的康复治疗会增加患者周围人群对冠心病风险因素的认识，从而有利于未患病人群改变不良生活方式，达到预防疾病的目的。所以冠心病的康复可扩展到未患病人群。

4. 康复的疗效　有效的康复治疗可降低死亡率，积极参加康复锻炼者比未行康复锻炼者的死亡率低 20%～30%。同时致死性心肌梗死的发生率也显著降低。

（二）康复治疗分期

根据冠心病病理和康复治疗的特征，国际上将康复治疗分为三期：

1. I期　指急性心肌梗死或急性冠脉综合征住院期的康复。发达国家此期为 3～7 天。

2. II期　指从患者出院开始，至病情稳定性完全建立为止。时间为 5～6 周。由于急性阶段缩短，II期的时间也趋向于逐渐缩短。

3. III期　指病情处于较长期的稳定状态，或II期过程结束。包括陈旧性心肌梗死、稳定型心绞痛及隐性冠心病患者。康复治疗的时间一般为 2～3 个月，自我锻炼应持续终生。也有人将终生维持的锻炼列为第IV期。

（三）适应证和禁忌证

1. 适应证

（1）I期：患者生命体征平稳，无明显心绞痛，安静心率<110 次 / 分，无心衰、严重心律失常和心源性休克，血压基本正常，体温正常。

（2）II期：与I期相似，患者病情稳定，运动能力达到 3METs 以上，家庭活动时无显著症状和体征。

（3）III期：临床病情稳定，包括陈旧性心肌梗死、稳定型劳力性心绞痛、隐性冠心病、冠状动脉分流术，以及腔内成型术后、心脏移植术后、安装起搏器后的患者。

2. 禁忌证　凡是康复训练过程中可能诱发临床病情恶化的情况均为禁忌证，包括原发病临床病情不稳定或合并新的临床病症等。稳定与不稳定是相对概念，与康复医疗人员的技术水平、训练监护条件、治疗理念都有关系。此外，不理解或不合作者不宜进行康复治疗。

（四）康复治疗的原理

1. I期康复　通过适当活动，减少或消除绝对卧床休息所带来的不利影响。

2. II期康复　保持适当的体力活动，逐步适应家庭活动，等待病情完全稳定，准备参加III期康复锻炼。有的康复中心在II期便开始进行心电监护下的运动锻炼，其实际效益尚有待论证。

3. III期康复

（1）外周效应：指心脏之外的组织和器官发生的适应性改变，是公认的冠心病和各类心血管疾病康复治疗的作用机制。①肌肉适应性的改善：长期运动训练后肌肉的毛细血管密度和数量增加，运动时毛细血管开放的数量和直径增加，血液 - 细胞气体交换的面积和效率相对增加，外周骨骼肌氧摄取能力提高，动静脉氧差增大。②运动肌氧利用能力和代谢能力的改善：肌细胞线粒体数量、质量和氧化酶活性提高，骨骼肌氧利用率增强。肌细胞胰岛素受体开放数量增加，葡萄糖进入细胞的速率和数量增加，从而改善能量代谢效率，血流需求相对减少。③交感神经兴奋性降低，血儿茶酚胺含量降低。④肌肉收缩的机械效率提高，定量运动时能量消耗相对减少。⑤最大运动能力提高。由于定量运动时心脏负荷减轻，心肌耗氧量降低，最大运动能力相应提高。外周效应需要数周时间才能形成，停止训练则丧失，因此训练必须持之以恒。

（2）中心效应：指训练对心脏的直接作用，主要为心脏侧支循环形成，冠状动脉储备提高，心肌内在收缩性相应提高。动物实验已经证明,高强度的运动训练可以取得中心效应。最近有研究证明,缺血预适应对于心肌缺血有一定的保护作用。反复缺血预适应的实质是生理性缺血训练,其研究也获得积极进展,正在深入到临床研究阶段。

(3)危险因素的控制:主要包括:①改善脂代谢异常;②改善高血糖及糖耐量异常;③控制高血压;④改善血液高凝状态;⑤帮助戒烟。

二、康复评定

(一)运动试验

1. 心电运动试验   制定运动处方一般采用分级症状限制型心电运动试验。出院前评估则采用6分钟步行或低水平运动试验,具体方法详见"心肺运动试验"。

2. 超声心动图运动试验   超声心动图可以直接反映心肌的活动情况,从而揭示心肌收缩和舒张功能,还可以反映心脏内血流的变化情况,有利于提供运动心电图所不能显示的重要信息。运动超声心动图比安静时检查更有利于揭示潜在的异常,从而提高试验的敏感性。检查一般采用卧位踏车的方式,以保持在运动时超声探头可以稳定地固定在胸壁,减少检测干扰。较少采用坐位踏车或活动平板方式。运动方案可以参照"心电运动试验"。

(二)行为类型评定

行为类型指患者的行为特征,其评估有助于制订个体行为治疗策略。Friedman 和 Rosenman(1974)提出行为类型评定:

1. A 类型   工作主动、有进取心和雄心、有强烈的时间紧迫感(同一时间总是想做两件以上的事),但是往往缺乏耐心,易激惹、情绪易波动。此行为类型的应激反应较强烈,冠心病发病率较高,需要将应激处理作为康复的基本内容。

2. B 类型   平易近人、耐心,充分利用业余时间放松自己,不受时间驱使,无过度的竞争性。

三、康复治疗

(一)I 期康复

1. 康复目标   低水平运动试验阴性,可以按正常节奏连续行走 100~200m 或上下 1~2 层楼而无症状和体征。运动能力达到 2~3METs,能够适应家庭生活,患者了解冠心病的危险因素及注意事项,在生理和心理上适应疾病发作,能处理生活的相关问题。

2. 治疗方案   以循序渐进地增加活动量为原则,生命体征一旦稳定,无并发症时即可开始进行康复治疗。要根据患者的自我感觉,尽量进行可以耐受的日常活动。

(1)床上活动:从床上的肢体活动开始,包括呼吸训练。肢体活动一般从远端开始,从不抗地心引力的活动开始,强调活动时呼吸自然、平稳,无任何憋气和用力。然后逐步开始抗阻活动,如捏气球、皮球或拉皮筋等,一般不需要专用器械。吃饭、洗脸、刷牙、穿衣等日常生活活动可以早期进行。

(2)呼吸训练:呼吸训练主要指腹式呼吸,要点是吸气时腹部鼓起,膈肌尽量下降;呼气时腹部收缩,把肺内的气体尽量呼出。呼气与吸气之间要均匀、连贯、缓慢。

(3)坐位训练:坐起是重要的康复起始点。开始坐时可以有靠背或将床头抬高。有依托坐的能量消耗与卧位相同,直立位的心脏负荷低于卧位。

(4)步行训练:步行训练从床边站立开始,然后床边步行。开始时最好进行若干次心电监护下的活动。要特别注意避免上肢高于心脏水平的活动,此类活动增加心脏负荷,常是诱发意外的原因。

(5)排便:卧床患者常出现便秘,成为心血管患者必须解决的问题。饮食结构的调整有利于缓解便秘,保持大便通畅。在床边放置简易坐便器,让患者坐位排便,其心脏负荷和能量消耗均小于卧床,也比较容易排便。

(6)上楼:上楼的运动负荷主要取决于上楼的速度。一般可以减慢速度,甚至每上一级台阶稍做休息。

（7）心理康复与健康教育：患者急性发病后，往往有明显的焦虑和恐惧感。护士和康复治疗师必须对患者进行医学常识教育，使其了解冠心病的发病特点、注意事项和预防再次发作的方法。特别强调戒烟、低盐低脂饮食、规律生活、个性修养等。

（8）康复方案调整与监护：如果患者在训练过程中没有不良反应，运动或活动时心率增加不足10次/分，则次日训练可以进入下一阶段。若运动中心率增加20次/分左右，则需要继续同一级别的运动。若心率增加超过20次/分或出现不良反应，则应退回到前一阶段的运动，甚至暂时停止运动训练。为了保证活动的安全性，可以在医学或心电监护下开始新一阶段的活动。在无任何异常的情况下，重复性的活动不一定要连续监护。

（9）出院前评估及治疗策略：患者达到训练目标后可以安排出院。患者出现并发症或运动试验异常者则需要进一步检查，并适当延长住院时间。

（10）干预时间：由于患者住院时间日益缩短，国际上主张3～5天出院。早期康复治疗无需遵循固定的模式。

（二）Ⅱ期康复

1. 康复目标　逐步恢复一般日常生活活动能力，包括轻度家务劳动、娱乐活动等。运动能力达到4～6METs，提高生活质量。对体力活动没有更高要求的患者可停留在此期。此期在患者家庭完成。

2. 治疗方案　散步、医疗体操、气功、家庭卫生、厨房活动、园艺活动或在邻近区域购物等。强度为活动时心率达最大心率的40%～50%，主观用力计分（RPE）不超过13～15分。一般活动无需医疗监测，较大强度活动时可用远程心电图监护系统监测。无并发症的患者可在家属帮助下逐步过渡到无监护活动。所有上肢超过心脏平面的活动均为高强度运动，应避免或减少。日常生活和工作时应采用能量节约策略，比如制定合理的工作或日常活动程序，减少不必要的动作和体力消耗等，以尽可能提高工作和体能效率。每周需要门诊随访1次。出现任何不适均应暂停运动，及时就诊。

（三）Ⅲ期康复

1. 康复目标　巩固Ⅱ期康复成果，控制危险因素，改善或提高体力活动能力和心血管功能，恢复发病前的生活和工作。此期可以在康复中心完成，也可以在社区进行。

2. 治疗方案　全面康复方案包括有氧训练、循环抗阻训练、柔韧性训练、医疗体操、作业训练、放松性训练、行为治疗、心理治疗等。在整体方案中，有氧训练是最重要的核心。本节主要介绍有氧训练的基本方法。

（1）运动方式：步行、登山、游泳、骑车、中国传统形式的拳操等。慢跑曾经是推荐的运动，但因其运动强度较大，运动损伤较常见，近年来已经不主张使用。

（2）训练形式：可以分为间断性和连续性运动。间断性运动指基本训练期有若干次高峰强度，高峰强度之间强度降低。其优点是可以获得较强的运动刺激，同时时间较短，不至于引起不可逆的病理性改变；缺点是需要不断调节运动强度，操作比较麻烦。连续性运动指训练的靶强度持续不变，是传统的操作方式。主要优点是简便，患者比较容易适应。

（3）运动量：运动量是康复治疗的核心，要达到一定阈值才能产生训练效应。合理的每周总运动量为700～2000卡（相当于步行10～32km）。运动量<700卡/周只能维持身体活动水平，而不能提高运动能力；运动量>2000卡/周亦不能增加训练效应。运动总量无明显性别差异。运动量的基本要素为强度、时间和频率。①运动强度：运动训练必须达到的基本训练强度称为靶强度，可用最大心率（HR_{max}）、心率储备、最大摄氧量（VO_{2max}）、代谢当量（metabolic equivalent，MET）、主观用力评分法（rating of perceived exertion，RPE）等方式表达。靶强度与最大强度的差值是训练的安全系数。靶强度一般为40%～85% VO_{2max} 或 MET，或60%～80%心率储备，或70%～85% HR_{max}。靶强度越高，产生心脏训练中心效应的可能性就越大。②运动时间：指每次运动的时间。靶强度下的运动一般持续

10～60 分钟。在固定运动总量的前提下,训练时间与强度成反比。准备活动和结束活动的时间另外计算。③训练频率:训练频率指每周训练的次数。国际上多数采用每周 3～5 天的训练频率。

运动量合适的主要标志:运动时稍出汗,轻度呼吸加快但不影响对话,早晨起床时有舒适感,无持续的疲劳感和其他不适感。

(4)训练实施:每次训练都必须包括准备、训练和结束活动。①准备活动:目的是预热(warm up),即让肌肉、关节、韧带和心血管系统逐步适应训练期的运动应激。运动强度较小,运动方式包括牵伸运动及大肌群活动,要确保全身主要关节和肌肉都有活动,一般采用医疗体操、太极拳等,也可附加小强度步行。②训练活动:指达到训练靶强度的活动,中低强度训练的主要机制是外周适应作用,高强度训练的机制是中心效应。③结束活动:主要目的是冷却(cold down),即让高度兴奋的心血管应激逐步降低,适应运动停止后血流动力学的改变。运动方式可以与训练方式相同,但强度逐步减小。

充分的准备与结束活动是防止训练意外的重要环节(训练时,75% 的心血管意外发生在这两个时期),对预防运动损伤也有积极的作用。

(5)注意事项:①选择适当的运动,避免竞技性运动;②只在感觉良好时运动,感冒或发热消失 2 天以上再恢复运动;③注意周围环境因素对运动反应的影响,饭后不做剧烈运动,穿宽松、舒适、透气的衣服和鞋,上坡时要减慢速度,理想的运动环境为温度 4～28℃,风速<7 米 / 秒,寒冷和炎热气候要降低运动量和运动强度,避免在阳光下和炎热气候时剧烈运动;④患者要充分了解个人能力,定期检查和修正运动处方,避免过度训练,药物治疗发生变化时,要注意相应调整运动方案,参加训练前应尽可能充分地进行身体检查,对于参加剧烈运动者要尽可能先进行心电运动试验;⑤警惕症状,运动时如发生心绞痛或其他症状,应停止运动,及时就医;⑥训练必须持之以恒,如间隔 4～7 天以上,再开始运动时宜稍降低强度。

(许光旭)

学习要点:

1. 冠心病的康复分期及治疗机制。
2. 冠心病各期康复治疗的目标及基本方法。

第二节　慢性阻塞性肺疾病的康复

一、概述

(一)定义

1. **慢性阻塞性肺疾病**(chronic obstructive pulmonary disease,COPD)　是一组呼吸道病症,包括具有气流阻塞特征的慢性支气管炎以及合并的肺气肿。气流受限不完全可逆,呈进行性发展,与肺部对有害气体或有害颗粒的异常炎症反应有关,可伴有气道高反应性。当慢性支气管炎、肺气肿患者肺功能检查出现气流受限、并且不完全可逆时,则可诊断 COPD。如患者只有"慢性支气管炎"和(或)"肺气肿",而无气流受限,则不能诊断为 COPD。可将有咳嗽、咳痰症状的慢性支气管炎视为 COPD 的高危期。

2. **慢性支气管炎**　是指在除外慢性咳嗽的其他已知原因后,患者每年咳嗽、咳痰 3 个月以上,并持续 2 年者。临床表现为咳嗽、咳痰,劳力性呼吸困难,严重时可出现呼吸衰竭。

3. **肺气肿**　指肺部终末细支气管远端气腔出现异常持久的扩张,并伴有肺泡壁和细支气管的破坏,而无明显的肺纤维化。X 线检查示胸廓扩张,肋间隙增宽,肋骨平行,两肺野透亮度增加,膈肌降低且变平,肺血管纹理内带增粗紊乱,外带纤细、稀疏、变直。第一秒用力呼气量(forced expiratory volume in one second,FEV1)<70% 总用力肺活量、最大通气量<80% 预计值、残气量>40% 肺总量即可确诊阻塞性肺气肿。

（二）流行病学

由于大气污染及吸烟人数增加等因素，COPD 的发病率有逐渐增加的趋势，居当前全世界死亡原因的第四位。近年在我国北部和中部地区对 102 230 成年人进行调查，成人 COPD 患病率为 3.17%，估计全国有 2500 万人罹患此病，45 岁以后随年龄增加患病率增加。本病的死亡率也在逐年增加。

（三）病理和病理生理

1. 病理表现

（1）气道：主要病理改变是炎症细胞浸润气管、支气管及细支气管（内径>2～4mm）的表层上皮，黏液分泌腺增大、杯状细胞增多使黏液分泌增加。慢性炎症导致小支气管和细支气管壁损伤与修复过程反复循环发生。修复过程导致气道壁结构重构，胶原含量增加，瘢痕组织形成，造成气腔狭窄，引起固定性气道阻塞。

（2）肺实质：主要病理表现为肺过度膨胀、失去弹性。病理可分为小叶中央型、全小叶型及介于二者之间的混合型三类，其中以小叶中央型为多见，涉及呼吸性细支气管的扩张和破坏。病情较轻时，这些破坏常发生于肺上部，严重时可弥漫分布于全肺，并有肺毛细血管床破坏。

（3）肺血管：病理改变以血管壁增厚为特征，疾病早期便可出现。首先出现的是血管内膜增厚，接着是平滑肌增生和血管壁炎症细胞浸润。COPD 加重时，平滑肌增生、蛋白多糖和胶原的增多进一步使血管壁增厚。

2. 病理生理表现 特征为黏液高分泌、纤毛功能失调、呼气的气流受限、肺过度充气、气体交换异常、肺动脉高压和肺心病。COPD 的早期病变局限于细小气道，炎症侵犯到中小支气管壁后，可导致异常呼吸动力。

（1）正常呼吸动力学：吸气时胸腔容积增大，变成负压，支气管、肺泡等受到牵拉而扩张，气体流入。呼气时胸腔内压力增高形成正压，肺泡受压而缩小。正常的支气管壁具有一定的抗压能力而不被压瘪，以保证气体从肺泡顺利呼出。

（2）异常呼吸动力学：慢性炎症逐渐破坏支气管壁，特别是弹力纤维层，使支气管壁对抗压力的能力降低。在支气管壁被破坏的情况下，呼气时增高的肺间质压首先使支气管壁过早塌陷，加重了气道狭窄。如果患者用力呼气，则肺间质的压力增加和气体流速增加更导致支气管内的负压效应，使气道狭窄进一步加重，加上 COPD 患者由于呼吸困难而用力呼吸和快速呼吸，使胸腔内压力更为增大，从而使支气管壁塌陷更加恶化，肺泡通气量降低，解剖死腔增加，呼吸耗能无谓增加，形成恶性循环，表现为以呼气困难为特征的异常呼吸模式。

随着病情发展，肺泡持续扩大，残气量及残气量占肺总量的比例增加。肺气肿日益加重，肺泡周围毛细血管因受挤压而退化，致使肺毛细血管减少，此时肺区虽有通气，但肺泡壁无血流灌注，导致生理死腔增大。也有部分肺区虽有血流灌注，但肺泡通气不良，不能参与气体交换，产生通气/血流比值异常，出现换气功能障碍。通气和换气功能障碍可引起缺氧和二氧化碳潴留，发生不同程度的低氧血症和高碳酸血症，最终出现呼吸衰竭。长期慢性缺氧可导致肺血管广泛收缩和肺动脉高压，常伴有血管内膜增生、纤维化和闭塞，造成肺循环结构重组。

（四）危险因素

1. 吸烟 长期吸烟使支气管上皮纤毛变短、不规则，纤毛运动障碍，降低局部抵抗力，削弱肺泡吞噬细胞的吞噬、灭菌作用，又能引起支气管痉挛，增加气道阻力。被动吸烟同样危险。孕妇吸烟可能会影响胎儿肺脏的生长及在子宫内的发育，并对胎儿免疫系统有一定影响。

2. 空气污染 化学气体如氯气、氧化氮、二氧化硫等，对支气管黏膜有刺激和细胞毒性作用。空气中的烟尘或二氧化硫明显增加时，COPD 急性发作显著增多。其他粉尘如二氧化硅、煤尘、棉尘、蔗尘等也刺激支气管黏膜，损害气道的清除功能，为细菌入侵创造条件。COPD 的发生还可能与烹调时产生的大量油烟和燃料产生的烟尘有关。

3. 感染　肺炎链球菌和流感嗜血杆菌可为 COPD 急性发作的主要病原。病毒也对 COPD 的发生和发展起重要作用。儿童期重度呼吸道感染与成年时的肺功能降低及呼吸系统症状发生有关。

4. 制动　指限制体力活动或肢体活动的措施。长期卧床会减弱膈肌的活动，发生肺泡萎陷，肺血流量减少，肺的通气/血流比值异常，生理死腔增加，从而加重呼吸功能障碍。同时卧床容易使痰液集聚在肺底部，痰液黏滞度高，造成排痰困难，容易发生肺部感染。卧床后血容量减少，静脉血栓和肺栓塞的发生率增加。对那些因为严重呼吸功能障碍而不得不卧床的患者，要注意采取坐位，进行轻微的肢体活动。

（五）适应证及禁忌证

1. 适应证　适用于病情稳定的 COPD 患者。

2. 禁忌证　合并严重肺动脉高压，不稳定型心绞痛及近期发生的心肌梗死，认知功能障碍，充血性心力衰竭，明显肝功能异常，转移癌，近期的脊柱损伤、肋骨骨折，咯血等。

二、康复评定

（一）呼吸功能评估

1. 气短、气急症状分级　根据 Borg 量表改进。

1 级：无气短、气急；

2 级：稍感气短、气急；

3 级：轻度气短、气急；

4 级：明显气短、气急；

5 级：气短、气急严重，不能耐受。

2. 呼吸功能改善或恶化程度　可以用以下分值半定量化：

-5：明显改善；

-3：中等改善；

-1：轻度改善；

0：不变；

1：加重；

3：中等加重；

5：明显加重。

3. 肺功能测试

（1）肺活量：指用力吸气后缓慢而完全呼出的最大空气容量，是最常用的指标之一。肺活量随病情加重而下降。肺活量（vital capacity, VC）是指一次尽力吸气后，再尽力呼出的气体总量。

肺活量＝潮气量＋补吸气量＋补呼气量。潮气量指每次呼吸时吸入或呼出的气体量。补吸气量又叫吸气储备量，指平静吸气末，再尽力吸气所能吸入的气体量。补呼气量又叫呼气储备量，指平静呼气末，再尽力呼气所能呼出的气体量。肺活量是一次呼吸的最大通气量，在一定意义上可反映呼吸机能的潜在能力。成年男子肺活量约为 3500ml，女子约为 2500ml。

（2）FEV1：指用力吸气后尽最大努力快速呼气，第一秒所能呼出的气体容量。FEV1 占用力肺活量的比值（FEV1%VC）与 COPD 的严重程度及预后有良好的相关性（表 7-1）。

表 7-1　肺功能分级标准

COPD 分级	FEV1%VC
Ⅰ级（轻）	≥70
Ⅱ级（中）	50~69
Ⅲ级（重）	<50

（二）运动能力评定

1. 平板或功率车运动试验　采用分级运动试验测定 VO_{2max}、最大心率、最大 MET、运动时间等相关量化指标来评定患者运动能力，也可通过 RPE 等评定患者的运动能力。

2. 定量行走评定　可采用 6 分钟或 12 分钟步行，记录行走距离。本评定方法与上述分级运动试验有良好的相关性。定距离行走，计算行走时间，也可以作为评定方式。

（三）日常生活能力评定（表7-2）

表 7-2　COPD 患者日常生活能力评定

分级	表现
0 级	虽存在不同程度的肺气肿，但活动如常人，对日常生活无影响，活动时无气短
1 级	一般劳动时出现气短
2 级	平地步行无气短，速度较快或登楼、上坡时，同龄健康人不觉气短而自己有气短
3 级	慢走不及百步即有气短
4 级	讲话或穿衣等轻微动作时即有气短
5 级	安静时出现气短，无法平卧

此外，康复评定还包括呼吸肌力量评估（最大吸气压及最大呼气压）、上下肢肌肉力量评估、心理状态评估、营养状态评估、生活质量评估等。

三、康复治疗

COPD 康复治疗的目标是改善顽固和持续的功能障碍（气道功能和体力活动能力）、提高生活质量、降低住院率、延长生命、减少经济耗费、稳定或逆转肺部疾病引起的病理生理和精神病理学的改变，以期在呼吸障碍程度和生活条件允许的条件下恢复至最佳功能状态。治疗过程强调放松、自然、量力而行、持之以恒。康复治疗主要包括下列内容：

（一）呼吸训练

1. 建立腹式呼吸模式

（1）放松：用辅助呼吸肌群减少呼吸肌的耗氧量，缓解呼吸困难。具体方法为：①前倾依靠位：患者坐于桌前或床前，两臂置于棉被或枕下，以固定肩带并放松肩带肌群，头靠于枕上放松颈肌。前倾位还可降低腹肌张力，使腹肌在吸气时容易隆起，增加腹压，有助于腹式呼吸模式的建立。②椅后依靠位：患者坐在有扶手的座椅上，头稍后仰靠于椅背，完全放松坐 5~15 分钟。③前倾站位：自由站立，两手指互握置于身后并稍向下拉以固定肩带，同时身体稍前倾以放松腹肌。也可前倾站立，两手支撑于前方的低桌上以固定肩带。此体位不仅起到放松肩部和腹部肌群的作用，而且是腹式呼吸的有利体位。

（2）缩唇呼气法：此方法可增加呼气时的阻力，这种阻力可向内传至支气管，使支气管内保持一定的压力，防止支气管及小支气管被增高的肺内压过早压瘪，促进肺泡内气体排出，减少肺内残气量，从而可以吸入更多的新鲜空气，缓解缺氧症状。具体方法为经鼻腔吸气，呼气时将嘴缩紧，如吹口哨样，在 4~6 秒内将气体缓慢呼出。

（3）暗示呼吸法：通过触觉诱导腹式呼吸，常用的方法有：①双手置上腹部法：患者仰卧位或坐位，双手置于上腹部（剑突下、脐上方）。吸气时腹部缓缓隆起，双手加压做对抗练习；呼气时腹部下陷，两手随之下沉，在呼气末梢用力加压，以增加腹内压，使膈肌进一步抬高。如此反复练习，可增加膈肌活动度。②两手分置胸腹法：患者仰卧位或坐位，一手置于胸部（通常置于两乳间胸骨处），一手置于上腹部，位置同①。呼气时置于腹部的手随之下沉，并稍加压；吸气时腹部对抗加压的手，并缓缓隆起。呼吸过程中置于胸部的手基本不动。此法可用于纠正不正确的腹式呼吸方法。③下胸季肋部布带束胸法：患者取坐位，用一宽布带交叉束于下胸季肋部，两手抓住布带两头。呼气时收紧布带（约束胸廓下部，同时增高腹内压）；吸气时对抗加压的布带而扩展下胸部，同时徐徐放松束带，反复进行。④抬臀呼气法：仰卧位，两足置于床架上。呼气时抬高臀部，利用腹内脏器的重量将膈肌向胸腔推压，迫使膈肌上抬；吸气时还原，以增加潮气量。

（4）缓慢呼吸：这是与呼吸急促相对而言的缓慢呼吸。这一呼吸方法有助于减少解剖死腔，提高肺泡通气量。但过度缓慢呼吸可增加呼吸功，反而增加耗氧，因此每分呼吸频率宜控制在 10 次左右。通常先呼气后吸气，呼吸方法同前。COPD 患者有低氧血症时，主要依靠二氧化碳来刺激呼吸，腹式呼吸后二氧化碳含量常较快降低，从而使呼吸的驱动力下降。呼吸过频容易出现过度换气综合征（头昏、头眩、胸闷等），有的患者还可因呼吸过分用力而加重呼吸困难。因此每次练习的次数不宜过多，即练习 3～4 次，休息片刻再练，逐步做到习惯于在日常活动中使用腹式呼吸。

（5）膈肌体外反搏呼吸法：使用低频通电装置或体外膈肌反搏仪。刺激电极位于胸锁乳突肌外侧、锁骨上 2～3cm 处（膈神经部位）。先用短时间低强度刺激，当确定刺激部位正确时，即可用脉冲波进行刺激治疗。每天 1～2 次，每次 30～60 分钟。

2. 胸廓畸形的姿势练习

（1）增加一侧胸廓活动：患者坐位，以扩展右侧胸为例，先做向左的体侧屈，同时吸气，然后用手握拳顶住右侧胸部，向右侧屈，同时吸气。重复 3～5 次，休息片刻再练习，每日多次练习。

（2）活动上胸及牵张胸大肌：吸气时挺胸，呼气时两肩向前、低头含胸。亦可于仰卧位练习。

（3）活动上胸及肩带练习：坐位或站立位，吸气时双臂上举，呼气时弯腰屈髋同时双手下落触地，或双手尽量下伸。重复 5～10 次，每日多次练习。

（4）纠正头前倾和驼背姿势：站于墙角，面向墙，双臂外展 90°，手扶两侧墙（牵张锁骨部），或双臂外上举扶于墙（可牵张胸大肌、胸小肌），同时再向前倾，做扩胸练习。也可两手持体操棒置于后颈部，以牵伸胸大肌和做挺胸练习。每次练习 2～3 分钟，每日多次练习。

（二）排痰训练

排痰训练包括体位引流、胸部叩击、震颤及直接咳嗽。目的是促进呼吸道分泌物排出，降低气流阻力，减少支气管和肺的感染。

1. 体位引流　主要利用重力促进各个肺段内积聚分泌物的排出，不同的病变部位采用不同的引流体位，目的是使病变部位的肺段向主支气管垂直引流。引流频率视痰量而定，痰量少者，每天上、下午各引流 1 次，痰量多者宜每天引流 3～4 次，餐前进行为宜。每次引流一个部位，时间 5～10 分钟，如有数个部位，则总时间不超过 30～45 分钟，以免疲劳。

2. 胸部叩击、震颤　有助于黏稠的痰液脱离支气管壁。其方法为治疗者手指并拢，掌心成杯状，运用腕动力量在引流部位胸壁上双手轮流叩击拍打 30～45 秒，患者可自由呼吸。叩击拍打后手按住胸壁部加压，治疗者以整个上肢用力，此时嘱患者做深呼吸，在深呼气时震颤，连续做 3～5 次，再做叩击。如此重复 2～3 次，再嘱患者咳嗽以排痰。

3. 咳嗽训练　咳嗽是呼吸系统的防御机能之一，COPD 患者痰液较黏稠，加之咳嗽机制受损，最大呼气流速下降，纤毛活动受损，因此更应教会患者正确的咳嗽方法，以促进痰液排出，减少感染的机会。第一步，先进行深吸气，以达到必要吸气容量；第二步，吸气后要有短暂闭气，以使气体在肺内得到最大分布，同时气管到肺泡的驱动压尽可能保持久；第三步，当气体分布达到最大范围后紧闭声门，以进一步增强气道中的压力；第四步，通过增加腹内压来增加肺内压，使呼气时产生高速气流；第五步，当肺泡内压力明显增高时，突然将声门打开，即可形成由肺内冲出的高速气流，促使痰液移动，随咳嗽排出体外。

4. 物理因子治疗　如超短波治疗、超声雾化治疗等有助于消炎、抗痉挛，利于排痰及保护黏液毯和纤毛的功能。超短波治疗是应用无热量或微热量，每天 1 次，15～20 次一个疗程。超声雾化治疗每次 20～30 分钟，每天 1 次，7～10 次为一个疗程。

（三）运动训练

主要采用有氧训练和医疗体操，包括下肢训练、上肢训练及呼吸肌训练，以改善肌肉代谢、肌力、全身运动耐力和气体代谢，提高身体免疫力。

1. 下肢训练　下肢训练可明显增加 COPD 患者的活动耐量，减轻呼吸困难，改善精神状态。通常应用有氧训练方法有快走、划船、骑车、登山等。对于有条件的 COPD 患者，可以先进行活动平板或功率车运动试验，得到实际最大心率及最大 MET 值，然后根据下表（表7-3）确定运动强度。运动后不应出现明显气短、气促（以仅有轻度至中度气短、气急为宜）或剧烈咳嗽。运动训练频率为每周2~5次，到靶强度运动时间为10~45分钟，疗程4~10周。为保持训练效果，患者应终身坚持训练。有运动诱发哮喘的患者可以在监护下，进行小强度的运动训练，让患者逐步适应运动刺激，多数患者最终可以进行一定的运动而不导致哮喘发作，这也是一种"脱敏"治疗。

表 7-3　运动训练强度的选择

运动试验终止的原因	靶心率	靶 MET 值
呼吸急促，最大心率未达到	75%~85%	70%~85%
达到最大心率	65%~75%	50%~70%
心血管原因	60%~65%	40%~60%

运动训练必须分准备活动、训练活动、结束活动三部分进行。活动中要注意呼气时必须放松，不应用力呼气。严重的患者可以边吸氧边活动，以增强活动信心。COPD 患者常有下肢肌力减退，限制了患者的活动，因此也应重视下肢训练。

2. 上肢训练　肩带部很多肌群为辅助呼吸肌群，如胸大肌、胸小肌、背阔肌、前锯肌、斜方肌等。躯干固定时可起辅助肩带和肩关节活动的作用。而上肢固定时，这些肌群又可作为辅助呼吸肌群参与呼吸活动。COPD 患者在上肢活动时，由于这些肌群减少了对胸廓的辅助活动，而易于产生气短、气促，从而对上肢活动不能耐受。但日常生活中的很多活动如做饭、洗衣、清扫等都离不开上肢活动，为了加强患者对上肢活动的耐受性，COPD 的康复应包括上肢训练。上肢训练包括手摇车训练及提重物训练。手摇车训练从无阻力开始，每阶段递增 5W，运动时间 20~30 分钟，速度为 50 转 / 分，以运动时出现轻度气急、气促为宜。提重物练习要求患者手持重物，从 0.5kg 开始，以后渐增至 2~3kg，做高于肩部的各个方向的活动。每活动 1~2 分钟，休息 2~3 分钟，每天 2 次，以出现轻微的呼吸急促及上臂疲劳为度。

3. 呼吸肌训练　呼吸肌训练可以改善呼吸肌耐力，缓解呼吸困难。

（1）吸气训练：采用口径可以调节的呼气管，在患者可接受的前提下，将吸气阻力增大，吸气阻力每周逐步递增 −2 至 −4cmH_2O。初始练习时间为每次 3~5 分钟，每天 3~5 次，以后可增加至每次 20~30 分钟，以增加吸气肌耐力。

（2）呼气训练：①腹肌训练：腹肌是最主要的呼气肌。COPD 患者常有腹肌无力，使腹腔失去有效的压力，从而减少了对膈肌的支托能力和外展下胸廓的能力。训练时患者取仰卧位，腹部放置沙袋做挺腹练习（腹部吸气时隆起，呼气时下陷），初始沙袋为 1.5~2.5kg，以后可以逐步增加至 5~10kg，每次腹肌练习 5 分钟。也可在仰卧位做双下肢屈髋屈膝、两膝尽量贴近胸壁的练习，以增强腹肌。②吹蜡烛法：将点燃的蜡烛放在口前 10cm 处，吸气后用力吹蜡烛，使蜡烛火焰飘动。每次训练 3~5 分钟，休息数分钟再反复训练。每 1~2 天将蜡烛与口的距离加大，直到距离增加到 80~90cm。③吹瓶法：用两个有刻度的玻璃瓶，瓶的容积为 2000ml，各装入 1000ml 水。将两个瓶用胶管或玻璃管连接，在其中的一根瓶插入吹气用的玻璃管或胶管，另一个瓶插入一根排气管。训练时用吹气管吹气，使另一个瓶的液面升高 30mm 左右，休息片刻后反复进行。以液面升高的程度作为呼气阻力的标志。可以逐渐增加训练时的呼气阻力，直到达到满意的程度为止。

（四）中国传统康复方法

1. 医疗体操　太极拳、八段锦、五禽戏、医疗气功等对 COPD 有明确的治疗作用，其中五禽戏的呼吸吐纳之法对 COPD 调整最为适宜。中国传统康复方法强调身心调整训练，基本锻炼方法和要领有共同之处。例如，调身——调整体态，放松自然；调息——调整呼吸，柔和匀畅，以横膈呼吸为主；调心——调整神经、精神状态以诱导入静。

2. 穴位按摩、针灸、拔罐等也有一定治疗作用。

（五）自然物理因子治疗

1. 日光浴　进行日光浴要选择安静的地点，如空旷的森林、海滨、原野等，身体尽可能裸露。锻炼时间从5～10分钟开始，如果无不良反应，时间可以逐步延长。注意避免暴晒，防止发生皮肤灼伤。日光浴可以与游泳、步行等锻炼结合，但要避免疲劳。

2. 冷水浴　初学者要遵循循序渐进的原则，一般从夏季的冷水洗脸开始，过渡到冷水擦浴，逐步增加冷水浴的面积和时间，逐步降低水温，最后过渡到冷水淋浴。在身体不适时应适当增加水温，或暂停冷水浴。锻炼时可与身体按摩相结合，即在冷水浴的同时对洗浴部位进行按摩和搓揉，直到身体发红发热。按摩一般从四肢开始，逐步到胸部和腹部。

（六）日常生活指导

1. 能量节约技术　在训练时要求患者费力，以提高身体功能的储备力。但是在实际生活和工作活动中，要强调省力，以节省体力，完成更多的活动。基本方法是：①物品摆放有序化：即事先准备好日常家务或活动所需的物品或材料，并按照一定的规律摆放。②活动程序合理化：按照特定的工作或生活任务规律，确定最合理或最顺手的流程或程序，以减少不必要的重复劳动。③操作动作简化：尽量采用坐位，并减少不必要的伸手、弯腰等动作。④劳动工具化：搬动物品或劳动时尽量使用推车或其他省力的工具。

2. 营养　营养状态是COPD患者症状、残疾及预后的重要决定因素，包括营养过剩和营养不良两个方面。营养过剩是由于缺乏体力活动和进食过度造成，表现为肥胖。肥胖者呼吸系统做功增加，从而加剧症状。减肥锻炼是这类患者需要强调的内容。营养不良的主要原因是进食不足，能量消耗过大。约25%的COPD患者身体质量指数下降，是患者死亡的独立危险因素。改善营养状态可增强呼吸肌力量，最大限度地改善患者整体健康状态。

3. 心理行为矫正　COPD患者常见抑郁症，心理及行为干预是基本的康复治疗内容。

（七）健康教育

健康宣教包括呼吸系统的解剖、生理、病理生理、药物使用等，还应包括以下内容：

1. 氧气的使用　长期低流量吸氧可提高患者的生活质量，使COPD患者的生存率提高2倍。在氧气使用过程中主要应防止火灾及爆炸，在吸氧过程中应禁止吸烟。

2. 感冒预防　COPD患者易患感冒，继发细菌感染后加重支气管炎症。可采用防感冒按摩、冷水洗脸、食醋熏蒸等方法增强体质，预防感冒。

3. 戒烟　各种年龄及各期的COPD患者均应戒烟。戒烟有助于减少呼吸道的黏液分泌，降低感染的危险性，减轻支气管壁的炎症，使支气管扩张剂发挥更大作用。

（许光旭）

学习要点：

1. COPD患者的正常和异常呼吸动力学。
2. COPD的危险因素及控制。
3. 建立正常呼吸模式的训练方法。

第三节　糖尿病的康复

一、概述

（一）定义

糖尿病（diabetes mellitus）是由遗传和环境因素共同作用引起的一组以糖代谢紊乱为主要表现的临床综合征，是以血浆葡萄糖增高为特征的代谢内分泌疾病，胰岛素缺乏和胰岛素作用障碍单独或同时引起糖类、脂肪、蛋白质、水和电解质等的代谢紊乱，严重时常导致酸碱平衡失常；其特征为高血糖、尿糖、葡萄糖耐量减低及胰岛素释放试验异常。临床上早期无症状，至症状期才有多食、多饮、多尿、烦渴、善饥、消瘦或肥胖、疲乏无力等症状，久病者常伴发心脑血管、肾、眼及周围神经等病变。严重病例或应激时可发生酮症酸中毒、高渗性昏迷、乳酸性酸中毒而威胁生命，常易并发化脓性感染、尿路感染、肺结核等。自从胰岛素及抗菌药物问世后，酮症及感染已少见，病死率明显下降。如能及早防治，严格持久地控制血糖、高血压、高血脂，可明显减少慢性并发症，患者体力可接近正常。

（二）分型

糖尿病可分为两大类，第一类（1型糖尿病）为胰岛素分泌绝对缺乏，第二类（2型糖尿病）为胰岛素抵抗和胰岛素代偿反应不足。此外，尚有少数的糖尿病患者有其特有的病因和发病机制，可归于其他特殊类型。还有一部分患者仅表现血糖升高但未达到糖尿病诊断标准，其空腹血糖、餐后2小时血糖或服糖后2小时血糖介于正常血糖与糖尿病诊断标准之间，目前倾向把这类人称为糖调节受损（impaired glucose regulation，IGR），表现为空腹血糖受损或糖耐量受损（impaired glucose tolerance，IGT）。

（三）流行病学

2007—2008年，在中华医学会糖尿病学分会组织下，在全国14个省市进行的糖尿病流行病学调查分析结果表明，估计我国20岁以上的成年人糖尿病患病率为9.7%，成人糖尿病患者总数达9240万。随着经济的发展，人口老龄化及饮食、生活习惯的改变，预计今后中国糖尿病的患病率还将会明显增加。因此，在开展糖尿病防治研究的同时，进一步开展康复治疗，以提高糖尿病的整体防治水平。

二、康复评定

糖尿病患者的康复评定主要包括生理功能评定、心理状况评定、日常生活活动能力评定及社会参与能力评定。

（一）生理功能评定

糖尿病生理功能评定包括生化指标测定、靶器官损害程度评定及糖尿病康复疗效评定三部分。

1. 生化指标测定　包括血糖、糖化血红蛋白A_1、血脂、肝肾功能等。按照世界卫生组织的标准，空腹血糖≥7.0mmol/L（126mg/dl）和（或）餐后2小时血糖≥11.1mmol/L（200mg/dl），即可诊断糖尿病。空腹血糖（FPG）≥6.1mmol/L（110mg/dl）但<7.0mmol/L（126mg/dl）称为空腹血糖受损（impaired fasting glucose，IFG）。其中糖化血红蛋白A_1测定可反映取血前2~3个月血糖的总水平，可弥补空腹血糖只反映瞬时血糖值的不足，是糖尿病控制的重要检测指标之一，其正常值为3.2%~6.4%，糖尿病患者常高于正常值。

2. 靶器官损害程度评定　主要包括视网膜、周围神经、心、脑、肾及足等靶器官功能水平的评定。

3. 糖尿病康复疗效评定　糖尿病康复治疗疗效的评价实际上与临床治疗疗效评价是一致的。糖尿病的控制目标见表7-4，对判断糖尿病康复治疗的疗效具有较好的参考价值。

表7-4　糖尿病的控制目标

	理想控制	较好控制	控制差
1. 血浆葡萄糖			
空腹（mmol/L）	4.4~6.1	≤7.0	>7.0
非空腹（mmol/L）	4.4~8.0	≤10.0	>10.0
2. 糖化血红蛋白（HbAlc）（%）	<6.5	6.5~7.5	>7.5
3. 血脂			
总胆固醇（mmol/L）	<4.5	≥4.5	≥6.0
HDL-Ch（mmol/L）	>1.1	0.9~1.1	<0.9
甘油三酯（mmol/L）	<1.5	<2.2	≥2.2
LDL-Ch（mmol/L）	<2.6	2.6~3.3	>3.3
4. 血压（mmHg）	<130/80	130/80~140/90	≥140/90
5. BMI（kg/m²）　　男	<25	<27	≥27
女	<24	<26	≥26

注：见中华医学会糖尿病学分会2004年《中国糖尿病防治指南》

（二）心理状况评定

糖尿病患者的心理改变，主要是因缺乏疾病相关知识而产生的焦虑、抑郁等，一般选择相应的量表进行测试评定，如 Hamilton 焦虑量表（HAMA）、Hamilton 抑郁量表（HAMD）、简明精神病评定量表（brief psychiatric rating scale，BPRS）、症状自评量表（SCL-90）等。

（三）日常生活活动能力评定

糖尿病患者日常生活活动能力评定可采用改良巴氏指数评定表，高级日常生活活动能力（包括认知和社会交流能力）的评定可采用功能独立性评定量表。

（四）社会参与能力评定

主要进行生活质量评定、劳动力评定和职业评定。

三、康复治疗

糖尿病的康复治疗主要包括饮食治疗、运动疗法、药物治疗（口服降糖药、注射胰岛素等）、糖尿病健康教育、自我监测血糖及心理治疗。其中起直接作用的是饮食治疗、运动疗法和药物治疗三方面，而糖尿病教育和自我血糖监测则是保证这三种治疗方法正确发挥作用的必要手段。目前外科手术也逐步用于治疗糖尿病，主要适用于 2 型糖尿病伴重度肥胖的患者。

（一）饮食治疗

饮食治疗是糖尿病治疗的基础，应严格和长期执行。不论是 1 型糖尿病患者还是 2 型糖尿病患者都应重视饮食治疗，糖调节受损者也应尽早进行饮食控制。具体方法如下：

1. 制定每日摄入的总热量　首先按患者身高计算出理想体重，理想体重（kg）=[身高（cm）-100]×0.9，然后根据理想体重和工作性质，参考原来的生活习惯，计算每日所需的总热量。成人卧床休息状态下每日每千克理想体重给予热量 105～126kJ（25～30kcal），轻体力劳动者为 126～146kJ（30～35kcal），中度体力劳动者为 146～167kJ（35～40kcal），重体力劳动者为 167kJ（40kcal）以上。青少年、孕妇、哺乳期妇女、营养不良和消瘦及伴有消耗性疾病者应酌情增加，肥胖者酌减。通过调整总热量的摄入量，使患者的体重逐渐控制在理想体重的 ±5% 范围内。

2. 营养素的热量分配　根据患者的病情、饮食习惯、生活方式等调整营养素的热量分配，做到比例合理和个体化。比较合理的饮食结构为：碳水化合物的摄入量占总热量的 50%～60%；脂肪量一般按每天每千克体重 0.6～1.0g 计算，热量不超过全天总热量的 30%，其中饱和脂肪酸应<10%；蛋白质的摄入量按成人每天每千克体重 0.8～1.2g 计算，约占总热量的 15%，孕妇、哺乳期妇女、营养不良及有消耗性疾病者，可酌情增加至 1.5g 左右，个别可达 2g，占总热量的 20%，儿童糖尿病患者可按每千克体重 2～4g 计算，肾脏病变者，可给予低蛋白膳食，占总热量的 10% 左右。此外还应包括丰富的食物纤维。

3. 制定食谱　每日总热量及营养素的组成确定后，根据各种食物的产热量确定食谱。每克碳水化合物和蛋白质均产热 16.8kJ（4kcal），每克脂肪产热 37.8kJ（9kcal）。根据生活习惯、病情和药物治疗的需要，可按每日三餐分配为 1/5、2/5、2/5 或 1/3、1/3、1/3；也可按四餐分配为 1/7、2/7、2/7、2/7。

4. 其他　健康状况良好且膳食多样化的糖尿病患者很少发生维生素与矿物质等微量元素缺乏。食物纤维不被小肠消化吸收，但能带来饱感，有助于减食减重，并能延缓糖和脂肪的吸收。可溶性食物纤维（谷物、麦片、豆类中含量较多）能吸附肠道内的胆固醇，延缓碳水化合物的吸收，有助于降低血糖和胆固醇水平。糖尿病患者每日的食盐摄入量不应超过 7g，合并肾病者应少于 6g，有高血压者应少于 3g。糖尿病患者应忌酒，饮酒可干扰血糖控制和饮食治疗计划的执行，大量饮酒可诱发酮症酸中毒，长期饮酒可引起酒精性肝硬化、胰腺炎等。

在实施过程中，应根据实际效果和病情变化作必要的饮食调整。

（二）运动疗法

1. 作用机制

（1）运动可以通过增加机体能量的消耗，减少脂质在骨骼肌细胞、胰腺细胞及肝细胞中的堆积，减少脂质对骨骼肌细胞、胰腺细胞及肝细胞的毒性作用,增加骨骼肌细胞摄取葡萄糖和胰腺细胞分泌胰岛素的能力。

(2)运动对胰岛素受体和受体后水平的作用:近年的研究显示,运动对糖尿病胰岛素的改善并不作用于受体水平,而可能是作用于受体后水平。运动使骨骼肌细胞内葡萄糖转运蛋白 4(glucose transporter 4,GLUT4)基因转录增加,使 GLUT4 的 mRNA 含量增加,促进 GLUT4 从细胞内易位至细胞膜,加强葡萄糖的转运和利用,从而降低血糖。

(3)长期运动还可作为一种生理性刺激,诱导骨骼肌细胞线粒体适应,修复糖尿病对肌肉线粒体造成的损伤。

(4)其他作用:运动能促进机体的新陈代谢,减轻精神紧张及焦虑情绪,改善中枢神经系统的调节机制,增加机体的抵抗力,对预防糖尿病的慢性并发症有一定作用。

2. 适应证和禁忌证

(1)适应证:主要适用于轻度和中度 2 型糖尿病患者,尤其是肥胖者。病情稳定的 1 型糖尿病患者也可进行运动锻炼。

(2)禁忌证:①急性并发症如酮症、酮症酸中毒及高渗状态;②空腹血糖>15.0mmol/L 或有严重的低血糖倾向;③感染;④心力衰竭或心律失常;⑤严重糖尿病肾病;⑥严重糖尿病视网膜病变;⑦严重糖尿病足;⑧新近发生的血栓。

3. 运动处方

(1)运动方式:适用于糖尿病患者的训练是低至中等强度的有氧运动。常采用有较多肌群参加的持续性周期性运动。一般选择患者感兴趣、简单、易坚持的项目,如步行、慢跑、登楼、游泳、划船、有氧体操、球类等活动,也可利用活动平板、功率自行车等器械来进行,运动方式因人而异。1 型糖尿病患者多为儿童和青少年,可根据他们的兴趣爱好及运动能力选择运动项目,如游泳、踢球、跳绳、舞蹈等娱乐性运动训练,以提高他们的积极性;合并周围神经病变的糖尿病患者可进行游泳、上肢运动、低阻力功率车等训练;下肢及足部溃疡者不宜慢走、跑步,可采用上肢运动和腹肌训练;视网膜病变者宜选择步行或低阻力功率车;老年糖尿病患者适合平道快走或步行、太极拳、体操、自行车及轻度家务劳动等低强度的运动。

(2)运动强度:运动量是运动方案的核心,运动量的大小由运动强度、运动持续时间和运动频度三个因素决定。在制订和实施运动计划的过程中,必须根据个体化差异、肥胖程度、糖尿病的类型和并发症的不同,给患者制定出能将风险降低至最低的个体化运动处方。运动量是否合适,应以患者运动后的反应作为评判标准。运动后精力充沛,不感疲劳,心率常在运动后 10 分钟内恢复至安静时心率说明运动量合适。运动强度决定了运动治疗的效果,一般以运动中的心率作为评定运动强度的指标。临床上将能获得较好运动效果,并能确保安全的运动心率称为靶心率(target heart rate,THR)。靶心率的确定最好通过运动试验获得,即取运动试验中最高心率的 60%~80% 作为靶心率,开始时宜用低运动强度进行运动,适应后逐步增加至高限。如果无条件做运动试验,靶心率可通过以下公式获得:靶心率 =[220- 年龄(岁)]×(60%~80%),或靶心率 =(最高心率 − 安静心率)×(60%~80%)+安静心率。

(3)运动时间:运动时间是准备活动、运动训练和放松活动三部分时间的总和。每次运动一般为 40 分钟,其中达到靶心率的运动训练时间以 20~30 分钟为宜,因为运动时间过短达不到体内代谢效应,而如果运动时间过长或运动强度过大,易产生疲劳、诱发酮症、加重病情。训练一般可从 10 分钟开始,适应后逐渐增加至 30~40 分钟,其中可穿插必要的休息。以餐后 30 分钟到 1 小时运动为宜。

(4)运动频率:一般每周运动 3~4 次或每天 1 次。次数过少,运动间歇超过 3~4 天,则运动训练的效果及运动蓄积效应将减少,已获得改善的胰岛素敏感性将会消失,这样就难以达到运动的效果。

4. 运动注意事项

制订运动方案前,应对患者进行全面检查,详细询问病史,并进行血糖、血脂、血酮体、肝肾功能、血压、心电图、运动负荷试验、X 线胸片、关节和足的检查。运动实施前后必须要有热身活动和放松运动，以避免心脑血管意外发生或肌肉关节损伤。适当减少口服降糖药或胰岛素的剂量，以防发生低血糖。注射胰岛素应避开运动肌群，以免加快该部位胰岛素的吸收，诱发低血糖，一般选择腹部为好。适当补充糖水或甜饮料，预防低血糖的发生。

（三）药物治疗

糖尿病的药物治疗主要包括口服降糖药和胰岛素的运用。

1. 口服抗糖尿病药物　目前常用的口服降糖药物大致分为三类：促胰岛素分泌剂、胰岛素增敏剂和 α- 葡萄糖苷酶抑制剂。在这三类药物中促胰岛素分泌剂可以引起低血糖，而后两类一般不引起低血糖。可根据病情选用一种或两种药物联合治疗。

（1）促胰岛素分泌剂：①磺酰脲类：如格列齐特，80～240mg/d；格列吡嗪 5～30mg/d 等，餐前服。②格列奈类：如瑞格列奈，每次 0.5～4mg；那格列奈，每次 120mg，餐前口服。

（2）胰岛素增敏剂：①双胍类：可选用二甲双胍，0.5～2.0g/d，餐后服用。②噻唑烷二酮类：罗格列酮，4～8mg/d，早晚服用。

（3）α- 葡萄糖苷酶抑制剂：阿卡波糖（拜糖平），150～300mg/d，餐时服用。

2. 胰岛素治疗　短效胰岛素，3～4 次 / 天，餐前 30 分钟皮下注射；中长效胰岛素，1～2 次 / 天，早、晚餐前 30 分钟皮下注射；预混胰岛素，1～2 次 / 天，早、晚餐前 30 分钟皮下注射。根据病情选择制剂和剂量，监测血糖，调整胰岛素用量。

（四）健康教育

健康教育被公认为治疗成败的关键。良好的健康教育可充分调动患者的主观能动性，积极配合治疗，有利于疾病控制，防止各种并发症的发生和发展，降低经济耗费和负担，使患者和国家均受益。健康教育的对象包括糖尿病防治专业人员、医务人员、患者及其家属和公众卫生保健人员。糖尿病健康教育包括知、信、行三个方面，知是掌握糖尿病知识，提高对疾病的认识；信是增强信心，坚信糖尿病通过科学合理的治疗是可以控制的；行则是通过认知行为治疗将健康的生活方式落实到患者的日常生活活动中去。糖尿病康复教育的具体内容包括疾病知识、饮食指导、运动指导、药物指导、胰岛素使用方法、血糖的自我监测、糖尿病日记、糖尿病足等并发症的预防及应急情况的处理等。通过健康教育使患者自觉地执行康复治疗方案，改变不健康的生活习惯（如吸烟、酗酒、摄盐过多、过于肥胖、体力活动太少等），减少危险因素，控制疾病进一步发展。

（五）自我监测血糖

自我监测血糖可为糖尿病患者和医务人员提供动态数据，为调整药物剂量提供依据，可采用便携式血糖计监测血糖变化。实践证明，长期良好的病情控制可在一定程度上延缓或预防并发症的发生。

（六）心理治疗

糖尿病是一种慢性疾病，病程长，患者常会出现各种心理障碍，从而影响患者的情绪，不利于病情的稳定。有研究表明，糖尿病患者在疲劳、焦虑、失望和激动时，可见血糖升高，对胰岛素的需求量增加。另外，在应激状态下，肾上腺素、去甲肾上腺素分泌增多，胰岛素的分泌受抑制，致使血胰岛素水平下降，血糖升高。因此，在治疗糖尿病的同时，必须重视心理康复治疗，减少各种不良心理刺激，并学会正确对待自身的疾病，取得对自身疾病的正确认识，树立信心，达到心理平衡，从而有利于控制糖尿病。

1. 精神分析法　也称心理分析法，是通过与糖尿病患者有计划、有目的的交谈，听取患者对病情的叙述，帮助患者对糖尿病有完整的认识，建立起战胜疾病的信心。

2. 生物反馈疗法　是借助肌电或血压等生物反馈训练，放松肌肉，同时消除心理紧张，间接利于血糖的控制。

3. 音乐疗法　通过欣赏轻松、愉快的音乐，消除烦恼和焦虑，消除心理障碍。

4. 其他　可举办形式多样的糖尿病教育与生活指导座谈会、经验交流会、观光旅游等活动，帮助患者消除心理障碍,有利于病情稳定。

（七）手术治疗

研究表明,手术治疗可明显改善肥胖伴 2 型糖尿病患者的血糖控制水平,甚至可以使一些糖尿病患者的糖尿病症状"缓解"。此外,非糖尿病肥胖患者在接受手术治疗后发生糖尿病的风险也显著下降。因此,目前临床上逐步将手术治疗作为伴有肥胖的 2 型糖尿病患者的治疗方法之一,尤其对药物控制不理想的严重肥胖的 2 型糖尿病患者更有治疗价值。常用的手术方式有"腹腔镜下可调节胃束带术"和"腹腔镜胃旁路术"等。

四、糖尿病足的康复

根据 WHO 的定义,糖尿病足是由糖尿病引起的下肢远端神经异常和不同程度的周围血管病变,从而引起的足部感染、溃疡和(或)深部组织破坏的病变。发病年龄多在 40 岁以上,且发病率随年龄增加而增高。糖尿病足的主要后果是足溃疡和截肢,是导致糖尿病患者日常生活能力下降、遗留残疾的主要原因之一,其中 5%～10% 的患者需行截肢手术。在非创伤性截肢中,糖尿病足患者占 50%以上。

糖尿病足按其病变程度可分为 0～5 级:0 级为皮肤完整,无开放性病灶;1 级为皮肤有开放性病灶,但未累及深部组织;2 级为感染病灶已侵犯深部肌肉组织,脓性分泌物较多,但无肌腱、韧带破坏;3 级为肌腱韧带受损,蜂窝织炎融合形成大脓腔,但无明显骨质破坏;4 级为严重感染导致骨质缺损、骨髓炎、骨关节破坏或假关节形成,部分肢端可出现湿性或干性坏疽;5 级为足大部或全部感染或缺血,导致严重湿性或干性坏疽。

（一）治疗

糖尿病足一般采用综合治疗,包括内科、外科和康复治疗三个方面。治疗前,首先要鉴别溃疡的性质是属于神经性溃疡、缺血性溃疡还是感染性溃疡,再采取不同的治疗方法。神经性溃疡常见于反复受压的部位,如跖骨头的足底面、胼胝的中央,常伴有感觉缺失或异常,而局部供血良好,治疗主要是减压,特别要注意患者的鞋袜是否合适。缺血性溃疡多见于足背外侧、足趾尖部或足跟部,局部感觉正常,但皮肤温度低、足背动脉和(或)胫后动脉搏动明显减弱或不能触及,治疗则要重视改善下肢血供,轻 - 中度缺血的患者可以实行内科治疗,病变严重的患者可予介入治疗或血管外科成形手术。对于合并感染的足溃疡,需定期去除感染和坏死组织,只要患者局部供血良好,必须进行彻底清创;根据创面的性质和渗出物的多少,选用合适的敷料,在细菌培养的基础上选择有效的抗生素进行治疗。

1. **内科治疗**　控制血糖、控制感染,用药物改善下肢循环等。

2. **外科治疗**　包括动脉重建术、截肢术等。

3. **康复治疗**　改善下肢循环及治疗感染溃烂的创口和坏疽。

（1）改善下肢循环:①按摩治疗:自感染溃烂或坏疽部位以上用适当的力量做向心性推摩,每次 10～12 分钟,每天 1～2 次。有助于静脉和淋巴液回流,消退水肿。②运动治疗:第一节:患者平卧,患肢伸直抬高 45°,做足趾的背伸跖屈活动 30 次,每天 1～2 回。第二节:患者平卧,患肢伸直抬高 45°,做踝关节的伸屈活动 30 次。每天 1～2 回。第三节:以患肢为左侧为例,患者平卧,身体左侧靠床缘,患肢伸直抬高 45° 维持 2～3 分钟,最后平放于床上 2～3 分钟。如此重复 5～6 次,每天 1～2 回。视病情轻重,患者可选做 1～2 节均可,持之以恒,会有收效。③正负压治疗(vacuum compression therapy):正负压治疗需借助一个正负压治疗仪来进行。将患肢放入一个有机玻璃舱内,然后用电脑控制,注入或吸出空气,使压强在 -6.8～+13.4kPa 之间交替进行,每相均维持 30 秒,每次做 1 小时,每天 1 次。其治疗原理是:负压阶段肢动脉灌注非常快而充分,正压阶段静脉和淋巴液回流非常快而充分;反复进行,下肢的血液循环可得到被动的有效加强;另外,在负压阶段,透过玻璃舱可看到感染深而积脓的患足的脓液被吸引出来,利于引流。经临床实践,在上述压强范围内,未发生脓毒血症或菌血症。

（2）感染溃烂创口和坏疽的处理：①对感染溃烂的创口最好进行漩涡浴治疗，视创口的大小、脓液的多寡，每天治疗 1～2 次，每次 30 分钟。其作用是将创口的脓、血、痂和腐烂组织清除干净，大大减少创面的细菌数量。用水为自来水加 10ml 的消佳净原液。经临床实践验证，从未发生不良反应。②清创：糖尿病足的清创可采用蚕食的方式。每隔 1～2 天清创一次，把坏死、腐烂的组织剪去。当创面有肉芽组织形成时，应尽量撕去创面周边的痂皮，使创面周边皮肤生发层细胞匍匐地向中央爬行生长。

（二）预防

积极控制糖尿病，严格控制高血糖，同时需严格控制高血脂及各种导致动脉粥样硬化的因素。糖尿病患者应定期进行足部检查，至少每年进行一次，对高危患者足部检查应更频繁（每 3～6 个月一次）。保持足部卫生，每天用温水洗脚，但避免热水烫伤；鞋袜要清洁、宽松、柔软、合脚，通气要良好。第一次穿新鞋要试走 1～2 分钟，以判断是否合脚；不宜赤脚行走和穿拖鞋外出。自行用刀片剪修胼胝要小心，不要削得太深，避免出血而引起感染；使用鸡眼膏要注意，因其是腐融性药物，腐融过深易引发感染。适当运动，戒烟。足部有畸形或其他足病时，要及时到足科或骨科就医，以获得科学专业的治疗。

（吴　毅）

学习要点：

1. 糖尿病的综合治疗方法。
2. 运动疗法的适应证和禁忌证。
3. 糖尿病患者的运动处方。
4. 糖尿病足的分级。
5. 糖尿病足的治疗与预防。

第四节　器官移植术后的康复

一、概述

（一）定义

临床将由于疾病而导致人体生命重要器官发生不可逆的功能衰竭，采用当今最佳中西医疗法都无法治疗好转时，只能从另一人身上切取整个或部分正常器官植入患者体内而发挥相应的功能称为临床同种异体器官移植（organ transplantation）。目前比较成熟的同种异体器官移植有肾移植、肝移植、心脏移植等。我国器官移植起步于 20 世纪 70 年代，经过 30 余年艰难曲折的发展，目前的技术水平已与世界先进水平持平。器官移植患者与日俱增，因此，器官移植患者的术后康复治疗日益受到关注。

（二）流行病学

我国的器官移植始于肾移植，公开报道的第 1 例肾移植是北京医学院（现北京大学医学部）1972年进行的，20 世纪 70 年代末和 80 年代末在我国各大城市兴起了第一个临床器官移植高潮。目前，我国每年实施肾移植约 6000 余例次，居亚洲第一，肾移植患者存活时间最长可达 40 年。肝移植在2000 年后发展迅速，2005—2009 年我国肝脏移植病例数达 14 265 例。2005 年国际心肺移植注册协会报告 70 201 例心脏移植患者，现在全世界每年心脏移植在 3000～4000 例，国内有几十个单位开展心脏移植，但心脏移植总例数大约为 300 例。

（三）器官移植后的临床问题

器官移植后的临床问题较多，有以下几个方面。

1. **排斥反应（rejection reaction）** 所有器官移植都面临排斥反应。肾移植有超急、急性、慢性排斥反应之分。急性排斥反应是肾移植术后最常见的并发症，典型症状有体温升高，血压增高，尿量锐减或无尿，肾移植区隐痛或胀痛以及下坠感。慢性排斥反应表现为高血压、蛋白尿、四肢水肿，常采取移植肾切除，回到透析治疗。

肝移植急性排斥反应多发生在肝移植术后 5～15 日，多出现发热、肝区疼痛、移植肝肿大、黄疸等症状，伴血清胆红素、转氨酶、碱性磷酸酶升高，凝血酶原时间延长，多核细胞升高，T 管引流胆汁量减少、颜色变淡呈水样等改变。

2. **感染** 最常见的是细菌感染。除全身性感染外，肾移植多见尿路感染，感染是肾移植的重要并发症及死亡原因。肺部、创口和全身感染，多为细菌感染，由于免疫抑制剂的应用，感染的临床征象常被掩盖，原发灶往往不易早发现，主要症状是发热，需常规进行病原学检查和相关的影像学检查。

肝移植术后容易发生各种病原菌的感染，最常见的是细菌感染。早期多在手术切口、腹腔、胆道、肺部等与手术操作有关的部位，中后期多在肺部、中枢神经系统和皮肤。据统计所有肝移植患者中，有 66%～83% 的患者至少发生过一次感染，多数患者有多次感染，有 88% 的肝移植患者死于感染。肝移植患者真菌感染的发生率为 20%～50%，且 90% 发生在术后 2 个月内，真菌感染中 80% 为念珠菌，肺部和中枢神经系统真菌感染预后差。

心脏移植后感染是心脏移植后患者的主要死亡原因之一，术后 1 个月内发生感染的机会最大，细菌感染占 30%～60%，其中 50% 为革兰阳性菌感染。

3. **移植的器官衰竭** 心脏移植后的急性心力衰竭、单纯右心衰竭是心脏移植后较常见的早期并发症，表现为右心收缩无力。其原因可能是受体在长期心力衰竭的情况下，肺动脉阻力不同程度增加，引起肺动脉高压，而供体的右心一直处于低负荷状态。此外，肝、肾移植后都可以发生移植器官功能衰竭。

4. **心脏移植后的急性运动反应** 移植的心脏没有正常交感神经和迷走神经的支配，主要依靠儿茶酚胺循环来维持正常心率。安静时心率多为 95～115 次 / 分，为窦房结去极化的固有心率。运动对心率的增加明显低于正常人，且运动心率的极值明显偏低（大约 150 次 / 分）。运动恢复期，心率仍维持上升并伴随着儿茶酚胺水平恢复到基线，后逐渐恢复到运动前水平。心力储备低于正常人。

5. **高血压** 高血压是肝、肾移植后的常见并发症，早期发生率为 80%，后期发生率为 59%，原因可能与慢性排斥反应、肾动脉狭窄和原肾继续分泌肾素有关。

二、康复评定

康复评定侧重于对移植术后功能活动与参与的评定，此外也包括临床实验室检查和仪器检查，以追踪随访移植器官的结构与功能的变化。一项关于实体器官（心、肾、肺和肝）移植后运动干预的结局指标的研究（2016）显示：目前尚无标准化的评定指标，使用最多的前三项评定指标为有氧工作能力、生活质量（SF-36）和肌力测定，并建议可以采用国际功能与残疾分类（ICF）的框架来选择和制定实体器官移植患者功能结局评价的 ICF 核心要素组合。

1. **日常生活活动能力评定** ADL 评定采用改良的 Barthel 指数和功能独立性评测量表（functional independence measure，FIM）进行评定。

2. **参与能力评定** 主要进行生活质量评定、劳动力评定和职业评定。如肾移植患者可采用肾病生活质量量表（Kidney Disease Quality of Life，KDQOL）评估其生存质量。KDQOL 量表是一个自我报告型问卷，最初于 1994 年由美国学者 Hays 等设计，系将通用型的 SF-36 健康调查表与肾病患者相关的一些条目（包括患者症状、疾病负担、社会交往、患者满意度等）组合而成，随后又经过简化，形成了不同版本。目前最常用的是 Kidney Disease Quality of Life 36-Item Short-Form Survey（KDQOL-36），包括 4 个分量表 SF-12、肾病负担、症状与问题以及肾病对日常生活的影响，共 36 个条目。在美国医疗保险和医学补助中心要求下,美国大多数透析患者每年都要使用 KDQOL-36 进行一次评估。

3. 器官结构的评定 彩色 B 型超声波检查、CT 或 MRI 等检查可以动态了解移植器官的结构。

4. 器官功能的评定 心脏电生理检查,肝、肾功能检查,代谢当量测定、心肺运动试验(cardiopulmonary exercise testing, CPET)等可以了解相关器官的功能状况。

5. 心理评定 器官移植后患者多有焦虑、抑郁、恐惧甚至是绝望等情绪反应,可根据患者的表现采用相应量表进行评定。如采用自评焦虑量表(Self-rating Anxiety Scale, SAS)和自评抑郁量表(Self-rating Depression Scale, SDS)等进行评定。

三、康复治疗

器官移植术后患者的早期临床处理治疗包括维持循环功能稳定,预防感染和肝、肾衰竭,控制并发症如高血糖、消化性溃疡、高血压,以及防治排斥反应,同时积极进行康复治疗。康复治疗的目的是防治感染和排斥反应,减少并发症,延长生存时间,增加运动耐力,改善日常生活活动能力,提高劳动力,最大限度地改善器官移植者的生活质量,促进患者回归社会。

(一)适应证与禁忌证

1. 适应证 康复治疗的适应证是器官移植术后患者无以下情况:①心力衰竭;②窦性心动过速,心率>120 次/分;③严重心律失常。

2. 禁忌证 ①心力衰竭未得到控制;②出现心绞痛、呼吸困难;③严重心律失常;④急性全身性疾病,中度以上发热;⑤安静休息时收缩压>220mmHg,或舒张压>110mmHg;⑥直立性低血压,直立位血压下降≥20mmHg,或运动时血压下降;⑦术后出现胸腔积液、严重呼吸功能不全;⑧术后近期出现肺栓塞、下肢血栓性静脉炎、下肢水肿;⑨切口愈合不良、感染或出血,电解质紊乱,肾功能不全。

(二)康复治疗的方法

近年来,术后快速恢复(enhanced recovery after surgery, ERAS)理念在器官移植领域得到了越来越广泛的应用。其措施主要包括术前、术中和术后的各种干预方案,特别是术后的干预方案与康复治疗密切相关。例如,近期有关肾脏移植术后 ERAS 研究中(2016)提出的术后干预方案,与康复直接相关的项目就包括:早期下床活动(术后当天即在床上甚至下床坐起,第二天即下床行走)、膀胱功能干预、早期常规膳食、疼痛控制、早期制订出院计划以减轻焦虑等。当然,器官移植患者的康复干预远远不止这些,还应包括下述各项内容。

1. 运动治疗

(1)咳嗽训练:目的是促进咳痰和排痰,防止肺部感染。对于移植术后早期卧床患者可以采用体位排痰、辅助咳嗽(如震动和叩击背部)等促进痰液的排出。

(2)呼吸训练:呼吸训练可以增加患者的肺活量和呼吸肌力量,促进有效咳嗽和排痰,减少术后肺部感染。呼吸训练的呼吸方式可分为静态呼吸运动和配合有躯干动作的呼吸运动。临床常采用吸气性呼吸训练器进行呼吸锻炼。要求患者站位,由口吸气经鼻呼气。吸气要缓慢,按照训练器指示器的提示流速的范围缓慢吸气,也可采用胸腹式呼吸最大限度地吸气和呼气。训练中按照正常人身高、体重设置肺活量目标值。早晚各训练 1 次,每次 10~20 分钟。根据患者体力情况逐渐增加练习次数和时间。

(3)有氧训练:有氧训练可以明显提高患者的活动能力和身体耐力,改善生活质量。训练内容包括步行、活动平板上步行、踏车运动和有限度爬楼梯活动。卧床期间上肢可采用抗重力练习和抗阻力练习,下肢可采用卧位踏车运动及抗重力练习、抗阻力练习。术后患者应争取早期下床活动,如进行床边站立、步行、活动平板上步行、踏车和手摇车运动。运动时要仔细观察病情变化,运动的强度以靶心率控制在<120 次/分为宜。不同器官移植术后住院期间的运动方案如下。

1）心脏移植术后住院期间的运动方案：研究证明，有氧训练对于心脏移植患者安全有效，能够改善患者运动能力，有效逆转心脏移植后与心脏失神经支配相关的病理生理学改变，预防免疫抑制治疗所致的不良反应。心脏移植术后 3～5 天，只要患者病情平稳、血流动力学稳定，就可以进行相应的运动。运动有床边站立、步行、活动平板上步行、床上踏车等。运动量应根据患者个人体质及自感反应来决定，在患者无不适感、各项指标正常时，每次运动 5～15 分钟。术后 1 周后可根据情况将运动持续时间增加到 20～30 分钟。一般为每周运动 2～3 次，锻炼时间应逐渐增加。由于心脏移植患者心率对于运动反应的特殊性，因而以心率为目标的运动方案效果有限。较为合理的监测和控制运动强度的指标应该是血压储备（收缩压与舒张压之差）、患者自感用力程度和呼吸状况。

2）肾脏移植术后住院期间的运动方案：肾脏移植患者由于慢性肾病的影响，常有骨骼肌萎缩、贫血和心血管功能失调、功能性红细胞减少和血红蛋白水平过低，导致运动能力严重削弱，因而应在移植成功后早期开始运动训练。肾脏移植术后第 1～2 天进行卧位肢体活动，双下肢直腿抬高训练，双下肢做屈髋屈膝、伸髋伸膝活动，每一动作做 5～10 次。移植肾脏侧腿抬高的范围以不引起明显伤口疼痛为度，次数视患者具体体力而定，一般每天 3～4 次。以后根据患者情况，可以逐步在半卧位双手持哑铃，进行上肢训练，以及双下肢卧床踏车练习和下床步行等。随着患者一般状况的恢复可以增加四肢、手部抗阻训练的强度，增加步行距离，直到身体基本恢复出院。

2. 物理治疗

（1）高频电疗：器官移植术后为了使器官成活并减少伤口和局部感染或肺部感染等，均可采用高频电疗。如超短波治疗，局部对置，无热量，每次治疗 10 分钟，每天 1 次。亦可采用微波等治疗。

（2）紫外线治疗：对局部伤口感染者，可在超短波治疗的基础上加用紫外线治疗，治疗剂量根据伤口情况而定，感染严重可用强红斑量照射，隔天一次。

（3）高压氧治疗：器官移植术后为了提高器官的存活率、防止感染和并发症如气栓等，可以进行高压氧治疗。一般采用常规吸氧方案，每天 1 次，共 10 次。如果是气栓等并发症则需要急诊开舱进行高压氧治疗。

3. 心理治疗　心理治疗具有改善或消除患者器官移植术后焦虑、抑郁、恐惧甚至绝望的作用。一般采用心理支持、疏导的治疗方法，鼓励患者正确认识疾病，树立战胜疾病的信心，必要时需请专业心理医生进行心理治疗。移植者需要心理、生理、医疗、药物和家庭支持贯穿整个移植过程，同时帮助患者和家庭寻求其他途径的支持，如组织接受器官移植者参与由公益团体主办的心得交谈会或娱乐活动，使其看到光明和希望，以缓解压力，消除焦虑、恐惧等。

4. 辅具的应用　器官移植术后可以应用一些辅助器具。如行走困难的患者使用助行器或轮椅，以改善其步行功能，提高社会交往能力。

5. 自我锻炼　患者出院后可以根据自身情况，进行自我锻炼。可以练习气功、太极拳及医疗体操，也可步行、骑车。如果没有开放性伤口，可以游泳。一般移植后 8 周内负重不要超过 5kg，以后可以逐渐增加，但仍需避免从事重体力劳动和消耗过大的体育运动。

6. 休闲性作业　患者可以根据个人兴趣，参加各种娱乐活动，如玩扑克、游戏、下棋等。作业治疗师对患者的娱乐功能进行评估，并指导患者，使其在娱乐活动中达到治疗疾病、促进康复的目的。

（三）重要指标监测

康复治疗中注意监测各项指标，如体温、脉搏、血压、尿量、体重等，记录患者的各种主观感受，如饮食、睡眠、大小便和精神状态等，以便及早发现异常，确保移植器官的功能正常，提高患者的生活质量，延长生存时间。

四、预后

器官移植术后患者的预后包括以下几个方面：①生理功能：患者可因排斥反应需再次进行器官移植，或出现多脏器功能衰竭、出血、脑病、原发性供体无功能、血管阻塞、心力衰竭，甚至死亡。

②心理功能：患者有不同程度的沮丧、焦虑、抑郁甚至绝望等心理障碍。③社会功能：器官移植术后患者日常生活活动能力及其相关活动明显受限，加之焦虑和抑郁心理使器官移植术后患者社交活动受限，劳动能力下降或丧失，从而使患者的生活质量严重下降。康复治疗可以改善器官移植术后患者的生理功能、心理功能和社会功能，提高生活质量。

按照目前水平，肾移植的 10 年生存率可达到 60%，肝移植的 5 年生存率可达到 70%，心脏移植的 5 年生存率可达到 65%。

（郭铁成）

学习要点：

1. 器官移植术后的运动治疗方法。
2. 器官移植术后的物理治疗方法。

第八章　其他常见疾病的康复

第一节　骨质疏松症的康复

一、概述

（一）定义

骨质疏松症（osteoporosis，OP）是一种以骨量低下、骨微结构损坏，导致骨脆性增加，易于发生骨折为特征的全身性骨骼疾病。

（二）流行病学

目前全世界大约有 2 亿人患 OP，仅美国、西欧、日本就有 7500 万人，因此而造成骨折者有 130 万～160 万人，每年治疗及住院费用高达 250 亿美元。根据早期流行病学调查，我国 50 岁以上人群的患病率女性约为 20.7%，男性约为 14.4%。骨质疏松性骨折的危害巨大，是老年患者致残和致死的主要原因之一。发生髋部骨折后 1 年之内，20% 患者会死于各种并发症，约 50% 患者致残，生活质量明显下降。OP 已成为严重的公共健康问题之一。

（三）临床分型及表现

骨质疏松症分为原发性和继发性两大类：①原发性骨质疏松症是随年龄增长必然发生的一种生理性退行性病变，包括绝经后骨质疏松症（Ⅰ型）、老年性骨质疏松症（Ⅱ型）和特发性骨质疏松症（包括青少年型）三类，绝经后骨质疏松症一般发生在女性绝经后 5～10 年内；老年骨质疏松症一般指 70 岁以后发生的骨质疏松；特发性骨质疏松症主要发生在青少年，病因尚未明。占骨质疏松症发病总数的 85%～90%。②继发性骨质疏松症指由任何影响骨代谢的疾病和（或）药物及其他明确病因导致的骨质疏松。占骨质疏松症发病总数的 10%～15%。康复科较常见的继发性骨质疏松症的疾病有截瘫、偏瘫、脊髓灰质炎后遗症等，易发部位有骨折后的肢体和截肢后残肢等。

疼痛、脊柱变形（身长变短、驼背）、脆性骨折是骨质疏松症最典型的临床表现，对患者心理状态及生活质量均有影响。

二、康复评定

（一）评定目的

骨质疏松症康复评定的目的包括：①了解骨质疏松症的危险因素；②预测骨折发生的风险；③了解骨矿密度（BMD）值。

（二）评定方法

1. 危险因素和风险评估

（1）危险因素：不可控因素包括人种（白种人和黄种人骨质疏松症的发病率高于黑人）、老龄、女性绝经、脆性骨折家族史；可控因素包括体力活动少、吸烟、过量饮酒、过多饮用含咖啡因的饮料、营养失衡、蛋白质摄入过多或不足、钙和（或）维生素 D 缺乏、高钠饮食、体脂量过低等不健康生活方式，有影响骨代谢的疾病和应用影响骨代谢药物。

（2）骨质疏松症的风险评估及预测：临床评估骨质疏松症风险的方法较多，较常用的有国际骨质疏松基金会（IOF）骨质疏松症 1 分钟测试题、亚洲人骨质疏松自我筛查工具（Osteoporosis Self-assessment Tool for Asian，OSTA），WHO 推荐应用骨折风险预测简易工具（Fracture Risk Assessment

Tool,FRAX),用于计算受试者未来10年发生髋部骨折及重要骨质疏松性骨折的风险。

(3)跌倒及其危险因素评估:跌倒是骨质疏松性骨折的独立危险因素,其危险因素包括:①环境因素包括光线昏暗、地毯松动、地面障碍物、路面湿滑、卫生间未安装扶手等;②自身因素包括年龄老化、视觉异常、感觉迟钝、平衡能力差、神经肌肉疾病、肌少症、缺乏运动、步态异常、既往跌倒史、营养不良、维生素D不足、体位性低血压、心脏疾病、精神和认知疾患、抑郁症、药物(如安眠药、抗癫痫药及治疗精神疾病药物)等。

2. 骨矿密度测定　双能X线吸收法(dual energy X-ray absorptiometry,DXA)具有精确、放射线剂量低和稳定性高等优点,并对确定治疗方法有重要价值。DXA测量值是目前国际学术界公认的骨质疏松症诊断的金标准,参照世界卫生组织(WHO)推荐的诊断标准。基于DXA测定:骨矿密度值(通常用T-值)低于同性别、同种族正常成年人骨峰值不足1个标准差为正常;降低1～2.5个标准差为骨量低下(骨量减少);降低大于等于2.5个标准差为骨质疏松。符合骨质疏松诊断标准同时伴有一处或多处骨折时为严重骨质疏松。该评定标准可用于临床试验、疗效评价和流行病学调查。低于1个标准差表示骨矿密度减少10%～12%,低于2.5个标准差约等于骨矿密度减少25%。骨矿密度每下降1个标准差,发生骨折的风险就会加倍。

3. 其他评估方法　①定量CT通常测量的是腰椎和(或)股骨近端的松质骨骨密度、预测绝经后妇女椎体骨折风险、外周骨定量CT测量部位多为桡骨远端和胫骨皮质骨骨密度,可用于评估绝经后妇女髋部骨折的风险;②定量超声主要用于骨质疏松风险人群的筛查和骨质疏松性骨折的风险评估;③胸腰椎X线侧位影像显示椎体压缩20%～25%、25%～40%及40%以上,分别确定为椎体压缩性骨折的轻、中、重度。

三、康复治疗

(一)治疗原则

1. 增强肌力,改善平衡功能。
2. 增加钙的摄入量,促进钙的吸收。
3. 抑制骨吸收,促进骨形成。

(二)治疗方法

1. 运动治疗　运动疗法可增强肌力与肌耐力,改善平衡、协调性与步行能力,从而降低跌倒与脆性骨折风险等;运动治疗不仅是骨矿化和骨形成的基本条件,而且能促进性激素分泌,改善骨皮质血流量,阻止骨量丢失,促进钙吸收和骨形成,改善骨密度、维持骨结构,因而是防治骨质疏松的有效方法。

(1)运动方式:只要骨骼肌受到足够的拉力和张力,就是有效的运动。但不同的运动方式会对不同部位的骨产生影响,因此选择运动方式时应遵循的原则是:全身整体运动与局部运动相结合,循序渐进,运动量从小到大。不同人群应选择不同的运动项目。大负重、有爆发力的运动对骨骼的应力刺激大于有氧运动,因此,这些运动方式在维持和提高BMD上有优势,但单纯采用此方式会对患者循环系统不利。美国运动医学会推荐的OP预防运动方案是力量训练、健身跑和行走。在身体机能允许的条件下,适当采用大负荷、爆发性训练方式。如跑步时,可采用负重跑或快速跑;利用综合训练器健身时,可采用中、大负荷或爆发性运动形式进行锻炼等。但是中老年人应以全身有氧运动为主,如行走、慢跑、登山、中老年健美操、太极拳、广播操、登楼梯、游泳、骑自行车、网球、羽毛球等,也可做跳跃、短跑等专项肌力训练。

(2)运动项目:各项运动对于骨密度的增加都有部位特异性,这些部位是参与活动的工作肌及其附着骨,因此,选择运动项目要有目的性,如蹬楼梯可预防股骨和髋部OP造成的骨折,体操训练可预防腰椎OP所造成的骨折。渐进抗阻练习是促进OP逐渐恢复的重要方法。

（3）运动量：①运动强度：在一定范围内，运动强度越大，对骨的应力刺激也越大，也越有利于骨密度的维持和提高。②运动时间：没有统一的时间标准，但对一般有氧运动来说，运动强度大，时间可短一些，运动强度小，时间可稍长一些。③锻炼频率：以次日不感疲劳为度，一般采用每周3～5次为宜。④锻炼的阶段性问题：坚持长期有计划、有规律的运动，建立良好的生活习惯，对延缓骨质丢失有一定的作用。

注意：锻炼要适当，任何过量的、不适当的活动或轻微损伤均可引发骨折。

2. 物理因子治疗

（1）脉冲电磁场疗法：人体的骨是一个生物场，通过外界低频脉冲电磁场刺激可改变人体的生物静电，改善生物场，加速骨组织的生长，提高全身骨密度，治疗骨质疏松。20Hz，5～10mT治疗可增加骨密度、降低骨质疏松症患者骨折的发生率，减轻骨痛，促进骨折愈合。

（2）紫外线疗法：正常人所需的维生素D主要来源于7-脱氢胆固醇的转变。在肝脏和皮肤的生发层内合成的7-脱氢胆固醇在紫外线的作用下可转化为维生素D_3。采用无红斑量紫外线全身照射或经常接受阳光照射，可预防及治疗骨质疏松症。

（3）直流电钙离子导入疗法：2%～5%氯化钙全身法直流电钙离子导入，补充钙量。

（4）其他物理因子疗法：体外冲击波等治疗以促进骨折愈合、超短波、微波、经皮神经电刺激、中频脉冲等治疗可减轻疼痛；神经肌肉电刺激可增强肌力、促进神经修复，改善肢体功能等、低强度脉冲超声波、磁疗促进骨质疏松骨折或者骨折延迟愈合。

3. 康复工程 行动不便者选用拐杖、助行架等辅助器具，以提高行动能力，减少跌倒发生。此外，可进行适当的环境改造如将楼梯改为坡道、浴室增加扶手等，以增加安全性。骨质疏松性骨折患者可佩戴矫形器，以缓解疼痛，矫正姿势，预防再次骨折等。

4. 预防与药物治疗 骨质疏松症一旦发生，目前尚无有效方法使之恢复到病前状态，因此预防重于治疗，可以说"预防是最好的治疗"。

骨质疏松症初级预防的对象是未发生过骨折但有骨质疏松症的危险因素，或已有骨量减少（-2.5<T-值<-1.0）者，应防止其发展为骨质疏松症。预防的最终目的是避免发生第一次骨折。骨质疏松症的二级预防和治疗的对象是已有骨质疏松症（T-值≤-2.5）或已发生骨折者，其预防和治疗的最终目的是避免发生骨折和再次骨折。

骨质疏松症的较完整的预防和治疗策略内容包括基础措施、药物干预及康复治疗。

（1）调整生活方式：①增加户外活动和日照，以促进体内维生素D的合成；②注意合理营养，通过饮食或药物补充钙的摄入量，注意补充蛋白质，因为蛋白质是骨基质合成必不可少的原料；③预防摔倒：坚持体育锻炼，提倡锻炼加步行；④戒烟、限酒、避免过量饮用咖啡及碳酸饮料；慎用影响骨代谢的药物。

（2）骨健康基本补充剂：①钙制剂：我国营养学会2013版中国居民膳食营养素参考摄入量建议，成人每日钙推荐摄入量为800mg（元素钙），是获得理想骨峰值、维护骨骼健康的适宜剂量，如果饮食中钙供给不足可选用钙剂补充，50岁及以上人群每日钙推荐摄入量为1000～1200mg。营养调查显示我国居民每日膳食约摄入元素钙400mg，故尚需补充元素钙约500～600mg/d。②我国营养学会2013版中国居民膳食营养素参考摄入量建议，成人推荐维生素D摄入量为400IU（10μg）/d；65岁及以上老年人因缺乏日照以及摄入和吸收障碍常有维生素D缺乏，推荐摄入量为600IU（15μg）/d；可耐受最高摄入量为2000IU（50μg）/d；维生素D用于骨质疏松症防治时，剂量可为800～1200IU/d。有研究表明，补充维生素D能增加老年人肌肉力量和平衡功能，因此降低了跌倒的危险，进而降低骨折的危险。

（3）药物治疗：抗骨质疏松的药物有很多种，作用机制也有所不同。或以抑制骨吸收为主，或以促进骨形成为主，也有一些药物具有多重作用。临床上抗骨质疏松药物的疗效判断标准为是否能提高骨量和骨质量，最终降低骨折风险。国内常用的药物有双膦酸盐类、降钙素类、雌激素类、甲状旁腺素（PTH）、选择性雌激素受体调节剂（SERMs）、锶盐、活性维生素 D 及其类似物、维生素 K_2（四烯甲萘醌）、植物雌激素、中药。

5. 饮食疗法

（1）多摄入牛奶及奶制品、鱼虾、芝麻、豆制品、紫菜、海带、新鲜蔬菜等高钙食物。

（2）多摄入富含钙质及维生素 D 的食物，以强化骨骼，促进钙质的吸收。如花椰菜、栗子、蛤、深绿色蔬菜、燕麦、芝麻、虾、含骨沙丁鱼、黄豆、豆腐及小麦胚芽等。富含类黄酮的黄豆制品对于更年期妇女特别有益，具有预防骨质流失的作用。

（3）在饮食中加入蒜头及洋葱，因为它们含硫，能强化骨骼。

（4）限量芦笋、甜菜及菠菜等含有大量草酸食物的摄入量，因草酸会抑制人体对钙质的吸收。

（5）避免摄取发酵食品，因为酵母的磷含量很高，摄入后会与钙竞争性吸收。

（6）避免过量饮用咖啡及碳酸饮料，否则都会增加患病概率。

（李　玲）

学习要点：

1. 骨质疏松症的定义及骨密度诊断标准。
2. 骨质疏松症的康复治疗方法。

第二节　肿　瘤　康　复

一、概述

（一）定义

肿瘤（tumor）是机体成熟或发育中的正常细胞在各种致瘤因素作用下，呈现失去控制的过度增生或异常分化而形成的新生物，局部常形成肿块。肿瘤细胞具有异常的形态和代谢功能，常呈持续性生长。能异常快速增殖且可发生扩散转移的肿瘤称为恶性肿瘤。本节主要介绍恶性肿瘤的康复。

（二）恶性肿瘤的常见临床问题

恶性肿瘤主要通过三条途径对患者产生影响：①肿瘤的直接影响（direct effect）；②肿瘤的全身效应或远隔影响（remote effect）；③肿瘤治疗的不良反应。

1. 心理障碍　确诊为恶性肿瘤对患者来说相当于宣布了死亡，对于一个事业蒸蒸日上或者家庭幸福的正常人，突然被诊断为恶性肿瘤也就是突然面对死亡，痛苦、悲观、失望和无助形成一种巨大的压力，轻则出现恐惧、焦虑等心理障碍，重则导致患者精神崩溃。长时间的疾病和治疗困扰，特别是治疗效果不明显、病情恶化时，患者逐渐对治疗失去信心，对自身的病情及未来悲观失望，情绪低落，出现丧失感和厌世感等抑郁情绪，严重者可出现自杀倾向。

2. 躯体与器官功能障碍　恶性肿瘤病灶或手术切除病灶均可以引起躯体与器官相应的功能障碍。如乳腺癌术后可出现上肢淋巴水肿和肢体运动功能障碍；消化道肿瘤手术后可出现进食和排泄功能障碍；肺癌手术后肺功能下降，不能满足正常活动的需要。另外，化疗、放疗及肿瘤的消耗，均会引起患者的体力、耐力下降，轻者不能完成日常生活活动，重者卧床不起。

3. 疼痛　恶性肿瘤的快速生长、转移病灶压迫或侵蚀神经产生癌性疼痛，轻者影响日常生活活动，重者痛不欲生。疼痛常常伴随患者终身，是恶性肿瘤患者的主要症状之一。

常见肿瘤对患者功能的影响见表8-1。

表 8-1　肿瘤对患者功能的影响分类

肿瘤部位	功能受损	活动受限	参与问题
脑	运动	运动	社会活动障碍（如建筑障碍） 适应性降低
	感觉	安全	安全：需监护或帮助
		疼痛	疼痛：不能耐受使疼痛严重加重的活动
			止痛药：导致感觉模糊、不能驾驶或操作重型机械
	认知	计划	缺乏计划与随机应变能力
		先后秩序	社交举止或行为不当
		记忆	丧失职业角色：工作、家庭、参与闲暇与运动活动的能力
		内省力	
		安全性	
	神经行为学损伤	妨碍 ADL 自理和使用器具的活动	不能独立地参与日常活动
	视觉受损：偏盲、忽略、低视力、皮质盲、空间觉丧失 运动计划能力受损		
	交流	言语	社会化障碍、不能分享想法
		阅读	参与受限的严重性取决于个人兴趣与角色
		书写	
骨骼	丧失运动 疼痛 受累部位再受伤	ADL（基本和器具性）	穿衣、沐浴和如厕能力下降 需改造环境或有照料者在场 四处活动（离开家庭在社区内活动）能力降低 对就业的可能影响 参与受限的严重程度取决于个人兴趣与角色
乳房	运动丧失 疼痛 活动受损 受累部位再受伤的危险	ADL 肩部运动受限	做家务、工作、闲暇活动暂时或长久中断 由于淋巴受阻所致的受伤危险 对性活动的影响
肺	肩部运动受损 呼吸受损 疲劳	ADL 肩部运动受限 呼吸耐力	与呼吸耐力相关的运动问题和活动距离问题 做家务、工作、闲暇能力暂时或长久中断 呼吸受累所致受伤危险 需要吸氧或雾化吸入装置
大肠	大便管理方式变化 身体清洗方式变化 化疗所致神经病变 疲劳	ADL 疲劳 与人交往不利（如不良气味、粪袋破漏） 精细运动受损（化疗致）	在社区交往中的尴尬境地
前列腺	尿失禁 性活动不能	ADL	丧失作为性伴侣的自我感觉、与失禁有关的劣势
头、颈部	不能吞咽或进食 嗓音丧失 颈肩 ROM 下降、肩胛稳定 性丧失	ADL（食、吞咽） 呼吸、口腔分泌物管理 双手过顶的活动 亲密行为问题	社区交往不利 需改变习惯（如吸烟）

二、康复评定

（一）心理评定

恶性肿瘤患者常有剧烈的心理变化，心理康复需贯穿于恶性肿瘤治疗的全过程。

1. 心理评定方法 与一般伤病相同，具体评定方法详见第三章第一节。

（1）情绪测验：采用汉密尔顿抑郁量表、汉密尔顿焦虑量表。

（2）人格测验：采用艾森克人格问卷。

2. 心理障碍过程

（1）确诊前后：有些患者误认为恶性肿瘤等于死亡，对发病的思想准备不足而产生害怕、恐惧、抑郁、焦虑、悲观，有的出现否认、淡漠等异常情绪，处于心理休克期、冲突期。

（2）治疗前后：恶性肿瘤患者对手术、放疗、化疗的治疗作用，以及治疗后可能出现的副作用、后遗症常存在疑问、焦虑、恐惧等心理障碍。治疗后出现严重功能障碍、残疾、毁形、毁容时，常再次出现心理的震惊、混乱期。

（3）终末期：有些患者进入恶性肿瘤晚期后，因可能即将失去生命而出现个性改变，极大的悲观失望。癌痛患者因不能耐受剧烈疼痛而出现精神崩溃，不能自控，有的甚至要求提前结束生命。

（二）癌痛评定

肿瘤长大压迫邻近的神经、血管、器官，肿瘤浸润周围组织，手术、放疗、化疗致神经等组织损伤，均可引起疼痛，称为癌痛（cancerous pain）。癌症转移至骨所引起的疼痛最重、最多见。

1. 通用的疼痛评定法 多采用视觉模拟评分法（VAS）、McGill 疼痛问卷法。具体评定方法详见第九章第二节。

2. 癌痛的五级评定法 根据癌症患者应用镇痛剂的种类和方式，将癌痛分为 0～4 级，见表 8-2。

表 8-2　癌痛五级评定法

级别	应用镇痛剂情况
0 级	不需使用
1 级	需非麻醉性镇痛剂
2 级	需口服麻醉剂
3 级	需口服和（或）肌肉注射麻醉剂
4 级	需静脉注射麻醉剂

（三）躯体功能评定

恶性肿瘤患者在患病及进行手术、放疗、化疗后，多系统器官功能减退，需要适时进行躯体功能康复。

1. 躯体功能评定 通用的躯体活动功能评定采用日常生活活动能力 Barthel 指数测定、功能独立性测定（FIM）等。具体评定方法详见第三章第一节。

2. Karnofsky 患者活动状况评定 主要按照患者能否自理生活、是否需要他人照顾、能否进行正常生活和工作的进行评定，采用百分制，见表 8-3。

表 8-3　Karnofsky 患者活动状况评定分级标准

分数	表现	活动独立性
100	正常，无疾病表现	不需特殊照顾
90	能正常活动，有轻微症状、体征	
80	勉强能正常活动，有某些症状、体征	
70	能自我料理生活，但不能胜任正常工作	不能工作，基本能自理生活

续表

分数	表现	活动独立性
60	需他人帮助,生活基本自理	
50	需要一定帮助和护理	
40	不能活动,需特殊照顾	不能自我照料,病情发展,需特殊照顾
30	严重不能活动,需住院照料	
20	病情严重,需住院积极治疗	
10	病危,濒临死亡	
0	死亡	

三、康复治疗

(一)心理治疗

1. 心理治疗方法

(1)支持性心理疗法:倾听患者的诉述,观察其表现,帮助分析,给予疏导、安慰和鼓励,使之得到心理支持,能乐观面对现实,渡过心理危机。

(2)行为疗法:针对患者的病态心理、异常表现和不良行为,通过强化良好行为、抑制不良行为,建立正确的行为。

(3)其他康复治疗:对有躯体功能障碍、癌痛、形象缺陷者进行有针对性的康复治疗,减轻痛苦,改善躯体功能与外观形象,可使患者的心理达到新的适应与平衡。

2. 各阶段的心理治疗

(1) 确诊前后:分析纠正患者对恶性肿瘤不正确的认识,使其能正确认识和对待疾病,迅速通过心理休克期、冲突期,进入适应期。同时动员患者的家属和同事,配合医务人员消除患者的顾虑,解决实际困难,达到心理康复。

(2)治疗前后:治疗癌症前使患者了解治疗的目的、方法,以及可能出现的副作用、功能障碍、残疾及其处理、康复治疗方法,使患者在治疗后能很快适应和正确对待。对有严重功能障碍、毁形、毁容和复发者更应加强心理康复,使其尽快通过再次的心理休克期、冲突期。必要时请同类病情的病友来现身说法,可能会有现实的引导作用。

(3)终末期:对能正确对待疾病的晚期患者要给予最大的帮助和支持,使其尽可能完成其最后的心愿。对悲观绝望的患者要安排安静舒适的环境,给予细致周到的护理及充分的关怀和安慰,也可配合采用放松技术和必要的药物。对有剧烈癌痛的患者给予镇痛治疗、生物反馈疗法、催眠和言语暗示疗法和精神支持,减轻其身心痛苦,直到临终。

(二)癌痛治疗

1. 药物疗法　药物疗法是最常用的镇痛措施。应遵循世界卫生组织推荐的癌症三级止痛阶梯疗法指导原则。

(1)轻度至中度疼痛:采用第一阶梯用药,应用非阿片类镇痛剂,首选非甾体类抗炎药。可先用阿司匹林、对乙酰氨基酚等解热镇痛药,效果不明显时改用布洛芬、吲哚美辛等非甾体抗炎药。

(2)中度至较重疼痛:采用第二阶梯用药,首选弱阿片类镇痛剂,如可待因、芬太尼等。

(3)严重疼痛:采用第三阶梯用药,首选强阿片类镇痛剂,如吗啡、哌替啶、美沙酮等。

在上述各阶梯给药时,适当给予一些辅助用药,包括皮质类固醇、三环类抗抑郁药(阿米替林等)、抗惊厥药(卡马西平、加巴喷丁等)、抗组胺药、抗痉挛剂、肌肉松弛剂及破坏神经的药物,骨转移疼痛还可应用双磷酸盐类药物。联合用药可增强镇痛效果,降低麻醉性镇痛剂的级别,减少用药剂量。

进行药物治疗时要注意药物特性（镇痛强度、效应时间、控制能力等）、应用途径（口服、皮下注射、肌肉注射、植入式可控微量注射泵等）、合理剂量（从小剂量开始，逐步加量，以"需要"为基础，规律给药，维持血药有效浓度），尽量减少毒副作用的产生，避免耐药性和成瘾性。

2. 放射疗法　对恶性肿瘤尤其是癌痛有较好的缓解效果，可在数日内使疼痛得到缓解。

3. 中医疗法　针刺远隔的相关腧穴有一定的镇痛效果，但禁止在肿瘤局部针刺。

4. 注射治疗　可应用末梢神经阻滞、神经根阻滞、交感神经阻滞、蛛网膜下腔阻滞、硬膜外腔阻滞等方法。阻滞剂可选用局部麻醉剂、6%苯酚（石炭酸）、10%苯酚甘油、无水酒精等，也可进行脊神经后根冷冻或射频凝固。

5. 手术治疗　对顽固的严重疼痛可进行病灶切除或部分切除术、神经松解术、神经切断术、脊神经后根切断术、脊髓前柱切断术等。

6. 心理疗法　可给予咨询、暗示、放松等，详见前面部分。

7. 矫形器与支具的应用　对于恶性肿瘤转移引起脊柱或肢体骨骼破坏的患者，可以应用相应的矫形器或支具，以防止病理性骨折而引起继发性伤害，亦可减轻疼痛。

8. 康复护理　将癌痛患者安排在安静、光线柔和、室温和湿度适宜、无刺激性气体的环境内，医护人员与家属亲友对患者温和体贴，可使患者平静。

（三）躯体功能康复

1. 康复护理　长期卧床的患者需定时翻身，保持适当的体位，防止皮肤受压摩擦，清洁皮肤，防止压疮。叩打振动背部，促使排痰。还要做好口腔护理、二便护理等基础护理，保持皮肤干燥、透气。

2. 营养支持　根据患者的全身情况和消化系统功能，给予合理的肠内或肠外营养。

3. 运动治疗　进行适合患者全身情况的运动。体质较弱的卧床患者可在床上进行呼吸体操、肢体躯干活动，防止坠积性肺炎、肌肉萎缩、关节挛缩、下肢深静脉血栓形成等并发症的发生。能下地活动者可进行健身操、步行、上下楼、健身跑、骑自行车等较低强度的耐力运动，运动的强度和时间循序渐增，逐步增强心肺功能，增强体力。贫血及心肺功能下降者需控制运动强度，注意监测疲劳水平。血小板计数低下者需谨慎运动，过低者禁忌运动。白细胞计数降低者只能做轻度活动，并应注意适当的消毒隔离。骨转移癌与严重骨质疏松者应谨慎运动或使用适当的辅助用具，注意监护，防止跌倒。已发生病理性骨折者禁忌患部运动。

4. 作业治疗　进行日常生活活动能力训练，提高生活自理能力。

5. 职业康复　对处于就业年龄、病情稳定、全身状况恢复较好的患者可根据其功能状况、劳动能力进行职业技能训练，以恢复原来的工作或更换其他合适的工作。

6. 形体康复　恶性肿瘤治疗后因组织器官缺损、形象严重受损而形成心理功能障碍者，应及时安装假体或予以整形、整容，尽可能进行补偿，以利心理与功能康复，回归社会。

（四）器官功能康复

1. 器官功能康复评定　与一般伤病的器官功能康复评定相同。恶性肿瘤患者器官的功能评定重点有：①关节活动范围、肌力、肌张力、步行能力、肢体周径、骨转移、骨折等；②中枢神经功能、周围神经功能、疼痛、言语功能、吞咽功能等；③心功能、肺功能、排尿功能、排便功能等；④压疮等并发症的评定。

2. 器官功能康复治疗　与一般伤病的康复治疗相同，但具有自身的特点，需根据肿瘤患者自身的具体情况针对性选择使用。

（五）物理因子治癌

手术治疗、放射疗法、化学疗法、免疫疗法、中医疗法等都是治疗恶性肿瘤的重要手段。为了进一步提高疗效，国内外对物理因子治癌技术及其临床应用进行了研究，常规物理因子对组织细胞有修复作用，但达到一定强度、剂量时，可以破坏细胞而产生杀灭癌细胞的作用，如高频电（短波、超短波、分米波、厘米波）的高热疗法，高频电（射频、厘米波）的组织凝固疗法等与放疗、化疗、手术相结合。治疗方法可在体外局部一次治疗,亦可在体腔内或在术中经内镜治疗。与其他治癌方法相比,物理因子治癌的操作相对简便易行,对患者的损伤小,全身不良反应小或无不良反应,易为患者所接受,并有利于健康的恢复和功能的康复。但有些治疗技术、测温技术等有待进一步改进,癌症多处转移的全身性治疗方法也需继续探索和研究。

四、常见癌症治疗后的康复

(一)乳腺癌(breast cancer)根治术后康复

乳腺癌在妇女特有癌症中的发病率居第 2 位,目前多采用手术治疗。乳腺癌根治术切除胸部、腋下大量组织,并结合化疗、放疗等进行治疗,后续的问题主要包括:①胸、腋部皮肤张力高,术后早期影响呼吸、咳嗽,并致肩关节活动受限;②术后疼痛,如幻乳痛等;③腋窝淋巴结被大量切除,术后粘连压迫可致术侧上肢静脉、淋巴回流障碍,发生淋巴性水肿(lymphatic edema);④心理适应不良。

1. 康复评定

(1)心理评定:患者因术后肩活动受限及上肢淋巴性水肿产生焦虑,年轻女患者因术后乳房缺如的形象缺陷产生抑郁。

(2)肩关节活动范围测定:对术后肩关节被动与主动活动范围进行的测定,并与健侧对比。

(3)上肢周径测定:测定术后上臂、前臂周径,并与健侧对比。

2. 康复治疗

(1)心理康复:向患者说明手术的必要性,并对有关的康复治疗技术进行指导。

(2)呼吸功能康复:①术后定时改变患者的体位,叩打背部,促使痰液排出;②鼓励患者深呼吸,促使肺叶扩张,既能防止肺部感染,又有利于胸部术区皮肤放松。

(3)肩关节活动功能康复:①术后将术侧肩置于功能位,术后第 2 天做肩关节被动活动,起初外展、前屈不得超过 40°,第 4 天开始,肩关节活动范围每天增加 10°～15°,但不能超过耐受度。手术切口引流条撤除前,肩外展应限制在 45° 以内,以后逐渐增加,内旋、外旋不受限制。切口引流条撤除后即可开始用术侧上肢洗漱、梳头、进食。②术后 2 周切口拆线后可逐步加大活动范围,做深呼吸运动、耸肩旋肩运动、上肢钟摆样运动、双臂上举运动、手指爬墙运动、护枕展翅运动,并可适当增加抗阻运动和器械运动。③出院回家后逐步增加日常生活活动项目和负荷量,从个人卫生到打扫房间、烹饪,直至背包、提包及其他轻量体育活动。

(4)淋巴性水肿康复:目前国际上推崇的是包括有手法淋巴引流、加压治疗、运动和皮肤护理等在内的综合性消肿疗法(complex decongestive therapy,CDT)。①体位:术后经常抬高术侧上肢。②主动运动:术后第 1 天即可做伸指、握拳活动,第 2～3 天开始屈肘活动。在做肩关节活动功能训练的同时做术侧上肢各关节的主动活动、静力性等长收缩。③护理:避免在患肢测量血压、静脉抽血、输液。注意保持患侧上肢清洁卫生,避免受压、抓伤、割伤、蚊子叮咬,不使用腐蚀性洗涤剂,有破损或感染时及时对症处理。④压力治疗:采用正压充气压力治疗仪对患肢从远端到近端加压治疗,促进淋巴和血液循环。也可以对术侧上肢使用弹力绷带、弹性袖套或序贯性间断性压力袖套,根据需要每天应用 2～12 个小时。⑤肌内效贴(kinesio taping):也称贴扎治疗,系使用弹力粘胶布带贴于皮肤表面进行治疗的方法,其利用粘胶布带的弹性与牵拉作用,可以使皮下淋巴开放淋巴管,促进淋巴引流,缓解淋巴水肿(图 8-1)。Pekyavaş 等(2014)研究显示贴扎疗法与 CDT 联合,疗法对于乳腺癌切除术后上肢淋巴水肿疗效良好而且持久,且

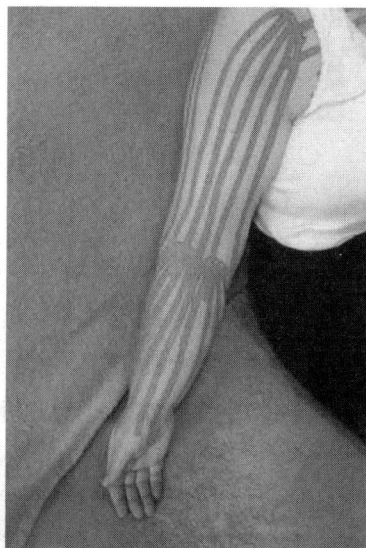

图8-1 肌内效贴治疗淋巴水肿

患者耐受性好。

（5）形体康复：①衣物修饰：穿宽松上衣以掩盖胸部不对称的缺陷。②安装义乳：切口愈合后安装义乳。③乳房重建术：有条件的年轻患者可以行乳房重建术。

（6）幻乳觉康复：①心理康复；②使用乳房假体；③局部轻柔抚摸；④药物治疗；⑤冷疗或经皮电神经刺激疗法，但应避免强电流与强热。

（二）肺癌术后康复

肺癌（lung cancer）的发病率与病死率高，在某些城市居恶性肿瘤的首位。常用手术治疗，术后患者呼吸功能减弱。

1. 康复评定

（1）心理评定：患者通常对肺癌的预后及术后的呼吸、咳嗽障碍顾虑较多。

（2）呼吸功能评定，具体评定方法详见第三章第二节。

2. 康复治疗

（1）心理治疗：向患者说明手术和术后呼吸训练的必要性，并对有关康复治疗技术进行指导。

（2）呼吸道护理：①术后使患者采取有利于呼吸道分泌物排出的体位，拍打振动背部，鼓励患者咳嗽；②患者应忌烟酒与辛辣食物，保持周围环境空气清新，温度、湿度适中，无烟尘刺激，也可行超声雾化吸入，保持呼吸道湿润。

（3）呼吸训练：①术前即应对患者进行术后所必需的腹式呼吸、咳嗽、咳痰动作的训练。②术后胸部包扎不得过松过紧，以不影响呼吸时胸部的扩张为度。平卧时头与躯干抬高30°～45°，以免腹腔脏器向上妨碍膈肌运动而压迫肺叶下部。每1小时翻身一次，防止呼吸道分泌物坠积。③胸部伤口疼痛时可进行必要的镇痛治疗，并先进行腹式呼吸，以后改为自然的胸式呼吸。伤口拆线后胸部深呼吸，并过渡至缩唇呼吸和吹气球等抗阻呼吸。④不同手术部位的呼吸训练方式不同：为加强肺上部通气，可双手叉腰，放松肩胛带进行深呼吸；为加强肺下部通气和膈肌运动，深吸气时高举双臂，呼气时还原；为加强一侧肺下部通气和膈肌运动，躯干屈向对侧深呼吸，吸气时高举同侧上肢，呼气时还原。

（4）下肢运动：卧床期间多做下肢运动，能下地时尽早步行、上下楼梯，以增大肺通气量，并防止下肢深静脉血栓形成。

（5）矫正胸廓、脊柱畸形：术后出现两侧胸廓不对称、脊柱侧弯时，可进行矫正畸形的体操训练。

（三）喉癌全喉切除术后康复

喉癌（laryngocarcinoma）在头颈部癌症中的发病率居第2位，以手术治疗为主，切除全喉，颈前作气管造口。术后患者无喉，失去发声、言语交流能力。

1. 康复评定

（1）心理评定：患者无喉，失去发声、言语交流能力，易出现痛苦、抑郁、焦虑、烦躁等心理异常。

（2）吞咽功能评定：通过吞咽时舌骨活动的方向、次数和幅度，以及进食时是否有噎呛、声音变化评定吞咽功能。

（3）言语功能评定：通过发声的清晰度、音色、声时、连贯性和流畅性评定言语功能。

2. 康复治疗

（1）心理康复：向患者说明手术的必要性，并对有关的康复治疗技术进行指导，帮助患者调整生活方式与交流方式。

（2）气管造口护理：①定时清除气管套管内的分泌物，保持套管内清洁通畅，防止分泌物与干痂堵塞套管，并注意保持管口周围清洁，防止感染。每天更换套管进行消毒。②拔去套管后，气管造口前方覆盖一块双层清洁湿润纱布，保护造口，防止呼吸道感染。③患者应忌烟酒和辛辣食物，避免刺激。保持周围环境空气清新，温度、湿度适中，无烟尘刺激。也可行超声雾化吸入，保持呼吸道湿润。

（3）吞咽功能康复：①术后患者鼻饲，第4天开始训练吞咽动作，吞咽少量唾液，每3小时练习

3~5分钟;②术后第7~10天开始进食,先小口吃糊状食物,咀嚼后堵住造口再咽下。少量多餐,适应后加量并改变食物性状。

(4)言语功能康复:①非言语方式交流:术后先用手势、书写、文字画板等方式进行非言语方式交流。②食管言语训练:术后第7~10天开始学习咽食管发声,患者堵管深吸气,使咽缩肌收缩形成类似声带的皱襞,使空气进入食管,以嗳气的方式徐徐放出气体,使皱襞振动而发出基音,再经颊、腭、舌、齿、唇等构音器官加工成言语。一般训练4~6个月即可掌握。食管音的清晰度较好,但基音低,音量较小。③安装人工喉:食管发声训练失败者可安装人工发声装置。④有条件时进行发声重建术。

(四)鼻咽癌放疗后康复

鼻咽癌(nasopharyngeal carcinoma)的发病率在全身癌症中居第8位,多采用放射治疗,放疗后鼻咽部黏膜的反应较重,腮腺分泌唾液明显减少,颞颌关节及周围软组织受损,影响张口活动、进食和吞咽。

1. 康复评定

(1)心理评定:鼻咽口腔的放疗反应重,患者难以进食、吞咽,情绪焦虑。

(2)吞咽功能评定:包括吞咽全过程的评定,重点在口腔期、咽期吞咽评定。

(3)颞颌关节功能评定:包括张口度及张口对称性的评定。

2. 康复治疗

(1)心理康复:向患者说明放射治疗的必要性,并对有关的康复治疗技术进行指导,帮助调整饮食,适应新的生活。

(2)口鼻咽护理:①每日多次漱口,随时清除口腔和咽喉部的痰液与残留物,保持口腔卫生和湿润;②向咽喉部喷布喉风散;③向鼻内滴清鱼肝油或消炎清热滴鼻剂;④服清热生津中药。

(3)进食吞咽功能康复,确保营养平衡:①调整饮食,进软食或半流食、流食,少量多餐,注意保证合理平衡营养。②进行口唇和颜面部肌肉以及舌运动训练,唾液少时舌在口腔内来回转动,上下左右各十余次,以按摩口腔黏膜和牙龈,加强血液循环,促进唾液分泌,并有清洁口腔的作用。吞咽唾液可润滑口咽黏膜,减轻口咽干痛。③颞颌关节受损致张口受限时可行局部按摩或颞颌关节松动治疗。

五、癌症患者生存质量的提高

(一)提高癌症患者生存质量的意义

据统计,约有1/3的癌症患者经治疗后痊愈,约1/3患者带癌生存,他们的身心功能障碍较重,生存质量较差。怎样提高这个特殊人群的生存质量,过去未受到重视,现在已逐步列入研究课题。不但要使更多的癌症患者生存下去,还要使他们的生存质量最大限度地提高。这是生物-心理-社会这个现代医学模式给我们提出的任务。

(二)癌症患者生存质量的评定

适用于一般人群的健康状况调查问卷、生存质量测定量表虽然也可用于癌症患者,但缺乏对癌症的针对性,近年逐渐加强了癌症患者生存质量的专门分析研究,出现了癌症通用的或某种癌症专用的生存质量评定量表。我国学者不但开发应用了国外量表的中文版本,并且设计了符合中国特点的癌症通用的生存质量表,以及宫颈癌、乳腺癌、肺癌、食管癌等专用的生存质量量表,为分析研究全面情况和有关影响因素提供了工具和资料。

(三)全面做好提高癌症患者生存质量的工作

有许多因素影响着癌症患者的生存质量。在医学方面,诊断、治疗、护理、康复工作直接影响癌症的预后结局。在康复方面,医学康复、康复工程、教育康复、社会康复、职业康复多方面的工作都影响着癌症患者的全面康复。家庭、社区、单位、社会、政府各方面的支持协作都是重要的影响因素。

因此,提高癌症患者的生存质量不仅是医学界、康复医学科的任务,更是社会多层次、全方位的综合工程。目前只处于初级阶段,今后还需大力加强。

(郭铁成)

学习要点:

1. 恶性肿瘤患者与康复相关的常见问题及其康复治疗的常用方法。
2. 乳腺癌根治术后肩关节活动功能障碍与淋巴性水肿的康复。
3. 肺癌术后呼吸功能的康复。
4. 喉癌全喉切除术后言语功能的康复。
5. 鼻咽癌放疗后进食吞咽功能的康复。

第三节　烧　伤　康　复

一、概述

烧伤是以火焰、热水、热蒸气、热油、热水泥、电流以及化学物质和放射性物质等因子,作用于人体皮肤、黏膜、肌肉等造成的损伤。皮肤热损伤后发生的一系列局部和全身反应以及临床过程取决于患者的烧伤面积、部位和烧伤深度。身体部位的烧伤以头、颈和上肢部位较常见,这些部位的烧伤常常导致毁容和功能障碍,影响患者的工作和生活。在烧伤救治的过程中早期介入康复治疗,不仅可以促进创面愈合,而且可以缓解肥厚性瘢痕的形成和关节的挛缩,减少和减轻并发症的发生,使患者早日重返社会。

二、康复评定

(一)烧伤深度及面积和严重程度的评定

烧伤面积的评定是按照烧伤范围占全身体表面积的百分数来确定,我国一般采用经实测中国人体表面积而建立的"中国新九分法"来表示(表8-4),手掌面积约为体表面积的1%,按体表面积划分为11个9%的等份,另加1%,构成100%的体表面积。烧伤深度的分类通常采用"三度四分法"。

表 8-4　烧伤面积评估表(中国新九分法)

部位		占成人体表 %		占儿童体表 %
	发部	3		
	面部	3	9	9+(12-年龄)
	颈部	3		
	双上臂	7		
	双前臂	6	9×2	9×2
	双手	5		
	躯干前	13		
	躯干后	13	9×3	9×3
	会阴	1		
	双臀	5		
	双大腿	21	9×5+1	9×5+1-(12-年龄)
	双小腿	13		
	双足	7		

烧伤严重程度可分：1）轻度：总面积≤9%的Ⅱ°烧伤。2）中度：总面积10%～29%，或Ⅲ°面积<10%。3）重度：总面积30%～49%，或Ⅲ°面积10%～19%；或烧伤面积<30%，但有下列情况之一者：①全身情况较重或有休克；②复合伤；③中、重度吸入性损伤；4）特重烧伤：总面积≥50%，或者Ⅲ°≥20%。见表8-5。

表8-5 烧伤深度评估

深度	损伤深度	外观特点	转归
Ⅰ°	伤及表皮，生发层大部分存在	局部红斑，轻度红肿，表面干燥	3～5天愈合，不遗留瘢痕
浅Ⅱ°	伤及表皮，生发层大部分存在	水疱较大，渗出较多，去表皮后创面红肿、湿润	2周愈合，不遗留瘢痕
深Ⅱ°	伤及真皮深层，存留皮肤附件	水疱较小，去表皮后创面红白相间，可见网状栓塞血管	3～4周愈合，遗留瘢痕
Ⅲ°	伤及皮肤全层，甚至深筋膜以下组织、器官	创面无水疱，干燥，皮革样，可见树枝状栓塞血管	愈合缓慢，需植皮及其他方式手术愈合，遗留瘢痕、畸形及功能障碍

（二）肥厚性瘢痕（hypertrophic scar）的评定

肥厚性瘢痕是皮肤真皮损伤后形成的色红、质硬、高出周围皮肤的病理结构，以结缔组织过度增生、胶原过度沉积为其病理特征，主要影响是毁容和挛缩。

肥厚性瘢痕是烧伤后遗症，处于关节部位的肥厚性瘢痕发生挛缩，可造成患者关节活动受限，甚至关节强直。肥厚性瘢痕评定可分为临床评定和仪器评定两方面。

1. 临床评定 肉眼观察和拍照比较肥厚性瘢痕的颜色、厚度、弹性质地、面积。颜色分稍红、粉红、红、紫红、深紫红；弹性分很软、软、稍硬、硬、坚硬；厚度分很薄、薄、稍厚、厚、很厚；是否伴随痒、痛症状的评定分为：无、偶有、需药物控制3个等级。弹性可用弹力计测定。

2. 仪器评定

（1）超声波测量：高分辨率脉冲超声波的分辨率达0.05mm，频率在10～15MHz之间，根据两个主要峰之间的距离计算出瘢痕的厚度。

（2）经皮氧分压（$TCPO_2$）的测定：可反映肥厚性瘢痕的代谢状况。用血氧测量计测定瘢痕的$TCPO_2$，肥厚性瘢痕的$TCPO_2$明显高于正常瘢痕和正常皮肤，且与治疗效果成反比。

（三）肢体运动功能的评定以及日常生活活动能力的评定

这些评定对烧伤患者的生活质量及回归社会有着重要意义，其评定方法见第三章第一节。

（四）心理评定

烧伤患者很容易产生焦虑、抑郁、恐惧等不良心理，心理评定结果对于康复治疗方案和康复目标的设定有重要意义。常用的心理评定有汉密顿焦虑评定、汉密顿抑郁评定、自我效能评定等。

三、康复治疗

烧伤后由于皮肤等组织及器官的损害、患者长期制动、并发症的出现等，会引起一系列问题，这些都需要康复处理。烧伤康复的处理原则是促进创面愈合、保护关节功能、减少挛缩、抑制肥厚性瘢痕形成、预防并发症发生等，最终目标是提高烧伤患者的生活自理能力和生活质量。

（一）早期创面治疗

烧伤创面愈合以前，物理治疗的目的主要是预防和控制感染，促进肉芽和上皮生长，加速创面愈合，为早日进行功能训练奠定坚实的基础。

1. 水疗 可根据患者的具体情况，采用盆浴或淋浴，以清除坏死组织和分泌物，保持创面的清洁，水中可加入1:5000高锰酸钾溶液或1:1000苯扎溴铵溶液起到消毒的作用，水温以37～39℃适宜,时间为15~20分钟,每日或隔日一次。

2. 光疗 ①电光浴、红外线照射疗法:主要作用是使创面干燥结痂,减少血浆渗出,预防和控制创面感染。大面积烧伤时采用全身或局部电光浴,每日1~2次,持续30~60分钟,必要时可进行较长时间的治疗。小面积烧伤时采用红外线照射,每次30~60分钟,每日1~4次。②紫外线疗法:创面的坏死组织或脓性分泌物较多,肉芽生长不良,用中或强红斑量照射;当分泌物减少或者脱痂露出新鲜肉芽组织时,应减量至阈红斑量。浅平而新鲜的创面,可用亚红斑量紫外线照射,每日1次。

3. 短波及超短波治疗 主要用于局部烧伤的治疗,短波、超短波穿透较深,能穿透敷料,可以促进坏死组织分离、脱落,有消炎、镇痛和促进组织再生的作用。采用微热量,每日1~2次,每次15分钟。若创面合并有蜂窝织炎,采用无热量,起到消炎、消肿的作用,每次治疗10分钟,每日1次,疗程视具体病情而定。

(二)早期关节功能障碍的预防

1. 体位保持 保持正确的体位,可以预防关节挛缩,一般采用抗挛缩体位,应注意避免长期屈曲和内收的体位。当患者不能自觉维持正确体位时,可采用毛巾垫、枕头或矫形器、牵引等维持肢体在恰当的位置上。

2. 保持关节活动范围的运动 目的是维持关节活动范围,防止关节挛缩,保持肌肉力量和功能。运动应尽早开始,尽可能进行主动或助力运动,只有患者不能主动运动时才进行被动运动。若无禁忌证,躯体运动在急性期就应开始,以防形成体位畸形。

3. 以下情况功能训练应慎用 ①手背部烧伤,无论是深Ⅱ度烧伤,还是Ⅲ度烧伤,运动疗法均受到限制,应立即用夹板固定,在治疗师的指导和监督下训练;②穿着弹力衣治疗时,治疗师不能直接观察创面张力变化,容易造成创面撕裂;③关节或肌腱暴露时,不能进行运动,即使轻柔的关节活动也应避免,否则可能导致肌腱或关节囊的断裂或关节结构的移位;④关节深部疼痛,提示关节存在病理性变化,查出原因前停止关节运动;⑤皮肤移植术后5~7天内,禁止被动关节运动。

(三)后期创面治疗

烧伤后期创面已基本愈合,主要存在新生上皮起水泡、裂开、糜烂、溃疡,肥厚性瘢痕的增生、粘连,瘢痕区疼痛、瘙痒等问题。

烧伤愈合后的新生上皮特别脆弱,即使是轻微的损伤,比如运动治疗、夹板和弹力衣的压力、力量很小的碰撞都可能导致新生皮肤的磨损和水疱。小水疱可用无菌针头抽吸水疱内的液体,并用棉签轻轻挤压,若出现较大的水疱,用碘伏涂抹效果较好。愈合后的烧伤皮肤因干燥和缺乏弹性易裂口、瘙痒和撕裂,可采用如下方法:冷敷可使痒缓解数小时之久;用清水清洗痂皮保持皮肤的清洁;干燥的皮肤用无香味、无刺激性的油膏类涂抹保持局部湿润;口服抗组胺剂可以减轻瘙痒症状。

物理治疗可以促进残余创面愈合、促进烧伤区新生皮肤的"老化",软化瘢痕、减轻疼痛和瘙痒症状。

1. 音频电疗 对瘢痕有止痛、止痒、消炎消肿的作用,可能还有软化瘢痕和松解粘连的作用。

2. 蜡疗 具有较强、较持久的温热作用,可减轻疼痛,加速组织的修复生长,松解粘连,软化瘢痕,促进炎症消散,消肿以及润滑皮肤。此法不适用于肥厚性瘢痕增殖期。

3. 超声波 中、小剂量的超声波可改善皮肤营养,加速真皮再生,同时也有镇痛的作用。超声波疗法结合冰疗,对瘢痕组织镇痛效果较好。

4. 红外线及低能量激光 能促进渗出吸收、消肿、镇痛,促进肉芽组织和上皮的生长,松解粘连的作用。

5. 紫外线 红斑量的紫外线照射可促进烧伤残余创面的愈合,同时小剂量的紫外线对愈合不稳定的烧伤新生皮肤,有促进其"老化"的作用,一般采用弱红斑量。

6. 直流电碘离子导入 能起软化瘢痕和粘连、消除慢性炎症的作用。

(四)后遗症的康复治疗

烧伤的后遗症主要是肥厚性瘢痕和挛缩。肥厚性瘢痕可依赖各种康复手段预防和减轻其发展。

而挛缩的防治需从受伤开始,即给予康复医学的早期全面介入。

1. 挛缩

(1) 原因:①长期卧床:患者长期卧床,身体不能自由活动,同时疼痛、创面未愈等因素也导致患者不敢活动,加上不正确体位(多表现为肢体的屈曲、内收松弛位)的摆放,久之必然造成关节挛缩。②深Ⅱ度和Ⅲ度烧伤容易产生肥厚性瘢痕,位于关节附近肥厚性瘢痕收缩,造成关节挛缩。

(2) 治疗:

1) 运动疗法:①牵引:包括牵伸、滑车训练、起立矫正台、足关节背伸训练、矫形器等。②被动运动:对已经发生挛缩的患者,越早开始运动疗法效果越好,主动运动和被动运动结合,以被动运动为主。为改善软组织的延伸性,在运动前进行温热治疗,以改善结缔组织的黏弹性,增加牵伸的效果。

2) 作业疗法:①支具(夹板):目前多使用低温热塑夹板制作,除有固定作用外,尚可置敷料于表面加压包扎。夹板固定于抗痉挛位,每天做主动活动时除去夹板。②功能性作业活动:结合患者的挛缩情况和人生角色的需要设计有目的、有意义的作业活动,改善挛缩的同时增强患者康复意志,使患者主动参与治疗,帮助患者尽早适应以后的工作和生活。

3) 手术治疗:对严重影响关节活动功能而保守治疗无效的挛缩部位,可以选择手术治疗,手术可采用局部松解、皮片移植、皮瓣修复等方法,手术后配合康复治疗可以提高和巩固手术效果。

2. 肥厚性瘢痕

(1) 病因及病理:肥厚性瘢痕往往局限于损伤范围内,一般在烧伤后3个月开始出现,0.5~1年最明显,最后自行变软、变薄,整个由增厚到成熟的过程可以持续2~3年,最终为部分缓解或完全缓解,也可能终生不缓解。其病因及发病机理尚不完全清楚。肥厚性瘢痕的形成与烧伤深度、创面愈合时间、移植物、受伤部位、年龄、皮肤张力等有关。

(2) 预防与治疗:

1) 压力治疗:是目前公认的预防和治疗肥厚性瘢痕最有效的方法。持续施以与毛细血管压力3.33kPa(25mmHg)相等或更大的压力,可以减少局部的血液供给和组织水分,阻碍胶原纤维的合成、毛细血管的增生和肌成纤维细胞的收缩,并能使胶原纤维重新排列。

预防性加压时机原则上是创面愈合后越早开始越好,必须每天持续加压包扎23小时以上,坚持0.5~3年,甚至更长时间,直到瘢痕成熟(变薄、变白、变软)为止。压力治疗的方法主要有弹性包裹、管形加压绷带、紧身服(套)。对于高低不平的部位需使用轻薄而可塑的弹性物,塑成体表形态,支具下的缝隙部位可垫以可塑的弹性物,或注入可迅速固化的硅酮凝胶,以保持均匀持久加压。

压力治疗的效果取决于压力的合适与否和患者的合作态度,二者缺一不可。压力治疗效果肯定,但也有不足之处:费用较高,部分患者难以承受;使用时间长,给患者生活带来不便,难以坚持使用;特殊部位如关节、面部、腹部等难以维持有效压力;有一定并发症,如手部长期压力治疗可破坏手掌弓形结构,影响手的功能,儿童长期使用可影响其局部生长发育。

2) 支具(夹板):合适的夹板配合压力治疗对烧伤后瘢痕,特别是手部瘢痕有明显的预防和治疗效果,既能控制瘢痕的发展,又能减少手指畸形的发生。

3) 硅胶治疗:硅胶治疗能使肥厚性瘢痕在短时间变薄、变软,目前已广泛使用。硅胶治疗宜早期使用。一般采用硅胶膜贴敷的方法,需持续使用,疗程大于3个月,直到瘢痕消退为止。硅胶还可作为皮肤与夹板间的连接,使其固定在充分的伸展位,且有润滑皮肤,防止瘢痕发展的作用。硅胶填充在脸部面具内,可作为压力治疗的衬垫,使凸凹不平的区域也能获得充分的压力。硅胶治疗具有周期短、可作用于人体任何部位、副作用较少的优点。硅胶治疗的原理尚不清楚。

4) 手术治疗:手术切除对皮肤造成二次创伤,单纯的手术治疗肥厚性瘢痕复发率较高,只适用于严重影响功能者。大面积的肥厚性瘢痕发生挛缩时,只能行切开或部分切开以松解挛缩。在手术同时于切口边缘注射激素,术后配合压力治疗或放疗,则可减少瘢痕复发。

5) 放射治疗:浅层X射线和β射线均能破坏细胞的分裂,减少肥厚性瘢痕的形成,故在瘢痕形成早期有一定效果。单独的放射治疗效果不肯定,结合手术治疗则效果较肯定。但此法不宜治疗大面积肥厚性瘢痕,否则可能产生全身副作用。

6）药物治疗:糖皮质激素类是目前最常用的药物治疗,临床一般用醋酸地塞米松注射于瘢痕区,每次用量在 20mg 以内,每周 1 次,4 次为 1 个疗程。

7）激光治疗:激光可使组织中的直径小于 0.5mm 的血管闭塞,产生周围组织局灶性坏死,并有直接和间接增加胶原酶的作用,达到治疗肥厚性瘢痕的目的。

8）心理疗法:心理疗法针对烧伤患者的焦虑、抑郁、恐惧等精神症状进行干预,改善非适应性行为,具体治疗方法见第四章第四节。

（刘宏亮）

学习要点:

1. 烧伤创面治疗的常用物理治疗方法。
2. 早期功能障碍的预防措施。
3. 肥厚性瘢痕压力治疗的原则及方法。

第四节　重　症　康　复

一、概述

重症患者往往存在多器官功能障碍,需要抢救及各种生命支持,生命体征需要密切监护,带有各种置管（包括呼吸机辅助通气、气管插管或切开、鼻饲、尿管、各种引流管及静脉置管等）,活动能力明显受限,大部分重症患者经抢救后可保住性命,但存活的患者往往遗留严重的后遗症,如昏迷、瘫痪、认知障碍等,严重影响患者的生活质量,增加家庭负担,增加社会医疗支出。

重症患者的康复主张早期进行,只要不加重病情,不影响抢救,即可进行床旁治疗。重症患者的康复与患者的意识状态无关,无论意识清楚与否,只要病情允许,即可进行早期康复。为确保患者的安全,每次康复治疗前都要进行详细评估,评估需要与重症病房的医护人员协同进行,明确康复训练开始的指征,明确康复训练的禁忌证和需要终止治疗的指征。

目前,重症患者的早期康复主要分为被动运动、主动运动和渐进式康复。被动运动主要是指人工被动运动、踏车及持续被动机械运动,主要用于无法配合指令的患者。非疲劳性被动运动可以提高患者功能状态、改善认知功能、增强肌力、降低疼痛。对重症患者而言,主动运动是国际指南推荐且有效的一项康复治疗,包括主动或抗阻运动、坐、床上运动、体位转移等,适用于血流稳定且清醒能配合指令的患者,一般在入重症病房的第 1 天即可开始主动运动。渐进式康复是指根据患者的活动水平设计阶段性运动。第 1 阶段为被动关节活动度训练,主要适用于无意识的成人患者。随着患者活动水平及配合度的提高,患者将逐步参与主动关节活动度训练:床上活动,床边坐,日常生活活动,甚至行走等。

二、制动带来的不良改变

重症患者往往处于卧床制动体位,而制动会给人体带来各系统的不良改变。重症患者活动的减少,会导致肌肉骨骼和心血管系统快速减退,而这两个系统是实现和保证功能独立性的核心。

1. **心血管系统的影响**　心动过速;体位性低血压;心肌萎缩,每搏量减少;增加血栓和肺栓塞的风险;总血容量减少。

2. **骨骼肌肉系统的影响**　骨骼肌萎缩;肌肉力量降低;骨量丢失或骨质疏松;关节挛缩。

3. **呼吸系统的影响**　潮气量及残气量减少;气道分泌物增加;清除气道分泌物能力降低;误吸和肺炎风险增加;肺不张风险增加。

4. **消化系统的影响**　便秘；肠梗阻。

5. **泌尿系统的影响**　尿潴留；泌尿系感染；泌尿系结石。

6. **精神神经系统的影响**　焦虑；抑郁；睡眠模式改变。

7. **皮肤的影响**　压疮。

三、重症患者常见的并发症

（一）生理功能障碍

1. **ICU 获得性肌无力（ICU-acquired weakness，ICU-AW）**　是指重症监护病房（intensive care unit，ICU）重症患者除危重疾病外无明确原因而继发出现的肌无力。表现为脱机困难、轻瘫或四肢瘫痪、反射减少和肌肉萎缩。ICU 获得性肌无力可致重症患者住院时间延长与病死率增加，遗留不同程度的功能障碍，降低了患者的生存质量。ICU 的停留时间无疑是重症患者发生肌无力的最重要因素，卧床者肌力每日降低 1%～1.5%，卧床 7～9 天，肌力减少 20%～30%。ICU 的早期康复被认为是防治 ICU 获得性肌无力的重要策略。

2. **重症肺炎**　重症肺炎和呼吸机相关肺炎是 ICU 常见疾病，严重影响着患者预后。早期康复治疗通过体位变化，靠重力作用使肺叶或肺段内深部气道分泌物引流排除，结合胸部物理治疗则更有利于痰液排出，促进恢复，同时也有利于呼吸机相关肺炎的预防；研究发现早期康复治疗能有效地减少呼吸机相关肺炎的发生。

3. **深静脉血栓（deep venous thrombosis，DVT）**　长期卧床、制动、血管损伤和（或）血液高凝状态等因素，重症患者是发生 DVT 的高危人群。国内外研究均表明通过早期康复能增加骨骼肌的肌肉力量，还可防治微血管功能障碍，促进下肢血液回流，有效地减少 DVT 的发生。

（二）认知功能障碍

谵妄：谵妄状态，不仅有意识障碍，且有动作增加，患者定向力全部或部分丧失，思维零乱，对周围环境不能正确辨认。常有幻觉，多为视幻觉，亦可有前庭幻觉、听幻觉、触幻觉等。患者有时可与外界有些接触，呼之能简单应答，常不切题，且维持很短时间。患者睡眠节律也有障碍，夜晚多加重，骚动不安，日间则表现嗜睡。常伴出汗、心跳加快、面色潮红、粗大震颤等躯体症状。谵妄增加重症患者病死率，延长 ICU 停留时间和住院时间，并可引起患者认知障碍等。老年人出现谵妄更常见，其发生与镇静时间相关。有研究显示，早期物理治疗能够减少谵妄的发生和缩短其持续时间。

（三）心理障碍

重症患者由于受到严重疾病及在重症病房内缺乏亲人陪护等因素影响，容易产生焦虑、抑郁及认知障碍，心灵脆弱、悲观，严重者甚至有自杀倾向，心理状态极不健康。早期康复治疗能够改善重症患者的功能状态和心理状态，一旦开始进行康复功能锻炼，患者对疾病的康复就更加乐观。

四、康复评定

（一）一般评定

了解患者病史、目前治疗情况、注意患者营养状态。进行专科体格检查，了解化验检查结果。量表的评价，包括生理功能、生活能力、精神状态等。参见第三章相关内容。

（二）特殊评定

重症患者要随时关注生命体征变化，保证患者治疗安全是至关重要的。每次行康复治疗前康复医师和治疗师均应与重症病房的医生和护士组成治疗小组，对患者的呼吸、循环、神经系统等情况进行评估，主要评估何时开始早期康复治疗，判断患者是否存在早期康复治疗的风险。同时治疗过程中要严密观察患者的反应，出现异常情况随时停止治疗。

1. **康复开始指征**　①对刺激保持反应；②吸入氧浓度（fraction of inspiration O_2，FiO_2）≤60%；呼气末正压通气（positive end expiratory pressure，PEEP）≤10cmH$_2$O；和（或）患者准备撤机；③无直立性

低血压或无需泵入血管活性药物。

2. 不宜康复的指征　①心率超过年龄允许的最高心率的70%，在静息心率的基础上下降>20%；心率<40次/分或>130次/分；出现新的心律失常，应用新的抗心律失常药物；出现新的心肌梗死。②血氧饱和度<88%。③血压：收缩压>180mmHg或有直立性低血压；平均动脉压<65mmHg或>110mmHg；新加了血管升压药物种类或剂量。④呼吸频率：<5次/分或>40次/分。机械通气：$FiO_2 \geqslant 60\%$，$PEEP \geqslant 10cmH_2O$；人机对抗；通气模式为控制通气。⑤其他情况：镇静或昏迷（RASS镇静程度评分$\leqslant -3$分）；患者明显躁动，需要加强镇静剂量，RASS>2分；患者不能耐受活动方案；患者拒绝活动。

3. 康复治疗过程中需要终止治疗的情况　①收缩压<90mmHg或>200mmHg，平均动脉压<65mmHg，不稳定的心率或需要用抗心律失常药物，需要使用血管活性药物，有活动性出血，使用主动脉球囊反搏，出现急性心肌梗死；②急性颅内或蛛网膜下腔出血，颅脑损伤，缺血性脑卒中，不稳定的颈椎骨折和脊髓损伤，神经功能恶化，需颅内压监测及脑室引流；③$FiO_2 > 60\%$，$PEEP > 10cmH_2O$，呼吸>35次/分，需压力控制通气或使用神经肌肉阻滞剂；④其他需停止的情况还包括：患者感到费力，出现胸痛、眩晕、出汗、疲乏及严重呼吸困难，血氧饱和度<90%等。

五、康复治疗

康复治疗原则：先确保患者安全和自身安全，改善患者的功能障碍要分主次、先后。意识清楚者以脱机、坐位、站位、提高日常生活活动能力等为目标；意识不清者以促醒，预防压疮、水肿、深静脉血栓、关节挛缩、肌肉萎缩等并发症为目标。

（一）体位管理

对于不同患者应采取不同的治疗体位。骨骼系统疾病的患者应采取功能性体位；神经系统疾病的患者应采取良肢位；呼吸系统疾病的患者应采取坐位，身体前屈，上肢和头部置于体前的高枕上或治疗桌上的放松体位，同时要注意结合排痰的治疗体位（见本节排痰训练）；心血管系统疾病的患者应采取端坐位和抬高床头的治疗体位，对于合并有下肢水肿的患者应采取抬高床脚的治疗体位；对于伴有呕吐、昏迷的患者应采取头偏向一侧、舌头拉出口外。

（二）运动疗法

尽早尽可能进行重力体位肢体的活动，进行四肢的抗阻训练。关节活动度训练的目的主要是预防长期卧床患者产生肌肉失用性萎缩、肌腱挛缩、关节僵硬等。注重呼吸肌训练，以改变呼吸模式、改善或提升肺功能，促进咳嗽排痰为主要目的，治疗技术包括气道廓清技术、胸廓放松训练和呼吸训练等。

1. 抗阻训练　详见第四章第一节。

2. 关节活动度训练　详见第四章第一节。

3. 气道廓清技术

（1）呼吸技术：包括主动循环呼吸技术和自主引流。

1）主动循环呼吸技术（active cycle of breathing techniques，ACBT）：是一种灵活的方案，任何患者，只要存在支气管分泌物过量的问题，都可以单独应用ACBT或辅以其他技术。分为三个部分：呼吸控制（breathing control，BC）、胸廓扩张运动（thoracic expansion exercise，TEE）和用力呼气技术（force expiration techniques，FET）。

呼吸控制，患者按自身的速度和深度进行潮式呼吸（tidal breathing），并鼓励其放松上胸部和肩部，尽可能多地利用下胸部，即膈肌呼吸模式来完成呼吸。它使肺部和胸壁回复至其静息位置。

胸廓扩张运动是指着重于吸气的深呼吸运动。吸气是主动运动，在吸气末通常需屏气3秒钟，然后完成被动呼气动作。

用力呼气技术由1~2次用力呼气（呵气，huff）组成，随后进行呼吸控制一段时间再重新开始。

呼气可以使低肺容积位的更多的外周分泌物移出,当分泌物到达更大的、更近端的上气道时,在高肺容积位的呼气或咳嗽可以将这些分泌物清除。

2)自主引流(autogenic drainage,AD):目的是最大限度地增大气道内的气流,以改善通气功能并清除黏液。在实施自主引流时,患者应在不同肺容积位进行平静呼吸,以松解、移除和清除气管分泌物。

(2)手动技术:包括体位引流、胸部叩击和震颤。

1)体位引流(postural drainage,PD):利用体位和重力作用,使黏稠的痰液排出气道。相对于其他肺段,受累的肺段应置于最高的位置,以利于排痰。引流频率视分泌物多少而定,分泌物少者,每天上、下午各引流 1 次,痰量多者每天引流 3～4 次,餐前进行为宜,每次引流一个部位,时间 5～10分钟,具体引流方法见表8-6。

表 8-6　各肺段引流排痰体位

肺叶	肺段	引流体位
右上叶	尖段	直坐
	前段	仰卧,右侧垫高
	后段	左侧卧位,面部向下转 45°,以枕支持体位
左上叶	尖后段	直坐,微向前或右倾斜,或俯卧,床头抬高 30cm
	舌段	仰卧,向右转体 45°,床尾抬高 40cm,呈头低足高位
右中叶		仰卧,向左转体 45°
肺下叶(左、右)	背段	俯卧,腹部垫枕
	前基底段	仰卧,大腿下方垫枕,双膝屈曲,床尾抬高 50～60cm,呈头低足高位
	外侧基底段	侧卧,患侧在上,腰部垫枕,床尾抬高 50～60cm,呈头低足高位

2)胸部叩击、震颤:此项属于手法治疗,治疗时手指呈并拢弯曲状,双手轮流叩击拍打 30～45秒,叩击拍打后手按住胸壁部加压,治疗者整个上肢用力,此时嘱患者做深呼吸,在深呼气时作震颤抖动,连续作 3 次～5 次。

(3)机械装置:包括呼气正压、震荡呼气正压、高频胸壁压迫和肺内叩击通气。

4. 胸廓放松训练　主要是维持和改善胸廓的活动性、柔软性,缓解肌肉紧张,减轻疼痛。

1)取坐位,吸气时,向胸腔绷紧的相反方向牵拉,扩张胸腔;呼气时,朝绷紧侧侧屈,推紧绷紧侧胸壁;之后嘱患者上肢上举向对侧侧屈。

2)松动上胸部及牵张胸肌。

3)松动上胸部及肩关节。

5. 呼吸训练　通过呼吸模式纠正和呼吸肌训练来重建正常的呼吸模式,增强呼吸肌功能,改善肺通气,减轻呼吸困难,提高肺功能。

(1)腹式呼吸训练:以训练腹式呼吸、强调膈肌运动为主的训练方法。以改善异常呼吸模式,有效减少辅助呼吸肌的使用,达到改善呼吸效率,降低呼吸能耗的目的。可采用抬臂呼气法和吹蜡烛法。

(2)抗阻呼气训练:在呼气时施加阻力的呼吸训练方法。以适当增加气道阻力,减轻或防止病变部位小气道在呼气时过早闭合,从而达到改善通气和换气,减少肺内残气量的目的。可以采用缩唇呼气、吹瓶呼吸和发音呼吸等。

(3)深呼吸训练:胸式深呼吸训练,目的是增加肺容量,使胸腔充分扩张。

(4)局部呼吸训练:针对肺的某些区域可能出现的换气不足,对肺部特定区域进行的扩张训练。

(5)呼吸肌训练:为改善呼吸肌力量和耐力,缓解呼吸困难而进行的呼吸训练方法。

(三)作业治疗

早期的日常生活活动(ADL)作业治疗对于急性期后的患者的生活自理和生活质量的提高都有

着重要意义。早期就要按着被动、主动助力、监护主动到完全主动独立的训练原则进行 ADL 治疗。

1. 离床　早期离床活动，无论对哪一类的急性期的患者来说都是非常必要的，因为长期的卧床制动会导致循环、呼吸、内分泌等系统的功能障碍，早期活动可减少压疮、肌肉萎缩、关节挛缩、肺内感染、深静脉血栓等并发症的发生。同时，早期离床活动可起到促进下肢的早期负重、减少骨质疏松、促进骨折愈合、促进胃肠蠕动、增加食欲的作用。尤其是对患者的本体感觉的恢复有着重要的意义。

2. 床上移动　在患者病情稳定的前提下做横向的床上移动。

3. 起坐　待床上移动能力增强后试着从仰卧位到坐位的训练，根据病情可每日重复多次。同时要注意呼吸的调整，避免憋气。

4. 坐位　待患者体力恢复后，可让患者在床上采取长坐位。以后根据体力的增强增加坐位的时间。待能力增强后，可将下肢移到床沿下端坐，同时训练患者的平衡反应。

5. 转移　待病情稳定和能力增强后，患者可在家属的帮助或监护下离床，利用助行器离床，进行室内如厕等活动。

6. 更衣　为了增强患者的自理的能力，应尽早教会患者穿脱衣裤，尤其是偏瘫或截瘫的患者，这样可以增加患者的自信心。

7. 就餐原则　能经口的不下鼻饲，能自己吃的不用别人喂，能坐着吃的就别躺着吃，能到桌前的就不在床上吃。对于一些上肢功能障碍的患者可采用自助具来帮助患者进食，增加患者的自理能力。

8. 个人卫生　每天至少整理打扮两次，最好自己进行洗脸、刷牙、洗头、洗脚、梳头、化妆等活动，以增加自信心，二便最好在床下进行，以上的个人卫生训练都可以应用一些康复工程辅助器具，提高患者的自理能力。

9. 移动　待患者坐位平衡可独立维持后，先进行从坐位到立位的训练，然后才能做移动的训练。根据患者的情况采用不同的助行具，如拐杖、助行车、轮椅等在治疗室内走动，距离不要太长，以免发生意外。

（四）中医传统康复疗法

早期针灸治疗，如头针等，可改善脑的代谢和脑血流量，降低血管阻力，增加葡萄糖供应。根据大脑皮层的可塑性研究，改变外周刺激的输入可导致大脑皮层功能代表区的重组即脑内固定神经通路的激活。有研究表明针灸对早期昏迷和植物状态有促醒作用。

（五）物理因子治疗

1. 电疗　无热量的高频治疗对于各种原因引起的感染性疾病有很好的治疗作用，可以促进炎症的吸收。中频电疗可起到镇痛、解除痉挛、松解粘连、预防肌肉萎缩、促进神经功能恢复的作用。早期使用神经肌肉电刺激疗法（NMES）和功能性电刺激疗法（FES）可刺激神经肌肉，使肌肉收缩、预防肌萎缩和促进神经功能恢复。

2. 超声波疗法　采用超声雾化吸入的方法可起到消炎、化痰、促进痰液排出、减轻感染的作用。超声波治疗还有消肿、镇痛、防治粘连、增强骨质等作用。

3. 光疗　各种开放性感染的伤口早期应用无热量红光治疗，可促进炎症的吸收；紫外线有灭菌消毒的作用，大剂量紫外线可促进伤口坏死组织的脱落，小剂量可促进肉芽增长，促进伤口愈合；对于鼻出血、眼底出血可用激光疗法止血。

4. 压力疗法　气压治疗可以起到促进静脉回流及淋巴回流，减轻肿胀，防治深静脉血栓形成的作用。

5. 其他疗法　高压氧治疗有改善组织氧含量，增加缺血组织氧供，提高血氧弥散率，减轻脑水肿，促进意识恢复等治疗作用。磁刺激：目前临床研究及应用比较普遍的是重复经颅磁刺激（rTMS），对中枢神经系统疾病（包括运动障碍、失语、吞咽障碍、痉挛、二便障碍、意识障碍等）的治疗，缓解疼痛，改善精神心理症状等有较好作用。

（六）营养支持管理

重症患者全身性代谢紊乱、能量消耗增加，合并感染时代谢率增高，加之昏迷、躁动等精神症状使许多患者不能进食，造成入量不足，出现负氮平衡及蛋白质 - 能量营养不良。此类患者营养支持原则如下：应尽早给予营养支持，首选肠内营养，重症患者可出现胃动力障碍，难以耐受肠内营养，特别是经胃喂养时，可尝试小肠喂养或给予全肠外营养。长时间需要管饲者，应考虑胃镜引导下经皮胃造瘘，以免长期留置鼻胃管或肠管；糖脂双能源提供能量有助于避免进一步加重高血糖程度，蛋白质补充量 2.0～2.5g/（kg·d）；脑水肿高峰期应控制液体入量，尿量异常增多时应注意水与电解质的补充；对于昏迷、躁动的急危重症患者，应注意监测胃残余量和选择小肠喂养方式，减少反流误吸及肺炎发生。

（七）心理治疗和健康宣教

重症患者由于受到严重疾病及在重症监护病房内缺乏亲人陪护，面对生疏的环境以及床旁复杂的各种抢救、监护设备，会产生沉重的思想负担，容易产生焦虑、抑郁及沮丧、绝望。因此对于清醒的患者，医务人员要经常到他的床边与其交谈，告诉他对病情有利的信息，解除思想负担，增强患者战胜疾病的信心。同时要告诉患者早期的床上主动活动，必要时布置适合患者本身的运动治疗处方如定期呼吸训练、咳嗽训练、背肌锻炼等，使其思想放松，有利于病情的恢复。

重症患者的健康教育应根据实际情况采取针对性的形式。对于昏迷未醒的患者我们采用物理因子如声（音乐）、光、电的方法促醒治疗，待患者清醒后，我们可以在病房内通过多媒体的方式播放各种疾病不同时期应该采取的体位姿势、自我锻炼方式、活动范围、饮食起居等知识，指导患者积极进行康复训练。同时我们也可以把有关的健康教育内容做成交流手册，图文并茂，挂在患者床头，有利于患者翻阅，从而有利于医务人员指导患者模仿执行，提高患者的日常生活能力，早日康复。

（张志强）

学习要点：

1. 重症患者在评估后可以进行早期康复治疗。
2. 制动后机体各系统的不良改变。
3. 重症患者常见并发症。
4. 重症患者早期康复的时机选择和指征把握。
5. 重症康复治疗方法。

第五节　手术快速康复

一、概述

（一）定义

1997 年丹麦学者 Kehlet 首次提出了加速康复外科（enhanced recovery after surgery，ERAS）的概念，又称快速康复外科（fast track surgery），其实质就是应用循证医学的证据，优化围术期处理，减少创伤应激和并发症，缩短住院时间，加速患者的功能恢复。由于在临床应用已取得了很大的成功，目前这一概念已在国际上被广为接受，并且扩展应用到了绝大多数的外科领域。

ERAS 是一个多学科协作的过程，不仅包括外科医生、麻醉师、康复治疗师、护士，也包括患者及家属的积极参与。此外，快速康复外科强调在术前、术中及术后不同时期有效治疗方法的综合与良好整合，一般包括以下几个重要内容：①术前患者教育；②更好的麻醉、止痛及外科技术以减少手术应激反应、疼痛及不适反应；③强化早期康复治疗和早期肠内营养。康复科应该积极、主动配合手术科室开展手术快速康复，将康复理念和干预措施更好地融入 ERAS 这一多模式治疗策略（multimodel approach）中，促进手术患者功能恢复。

（二）手术患者的功能问题

正常情况下，一个健康的个体能应对生理性应激并恢复身体生理性平衡，这一过程被称为稳态应变（allostasis）。然而，一个需要手术治疗的患者能否实现稳态应变取决于很多的因素，包括术前的功能状态、住院和手术应激等（图8-2）。术前的功能状态与年龄、运动习惯和疾病本身等因素相关。随着年龄增长，人体的适应性能力逐渐下降，体力活动减少所致的功能下降在老年人中普遍存在，有研究表明入院前有高达50%的老年患者存在功能下降。此外，某些疾病会影响手术的预后，比如慢性阻塞性肺疾病（chronic obstructive pulmonary disease，COPD）患者存在术后肺部并发症（postoperative pulmonary complication，PPC）的高风险，其胸部手术后发生PPC的比例可高达30%。

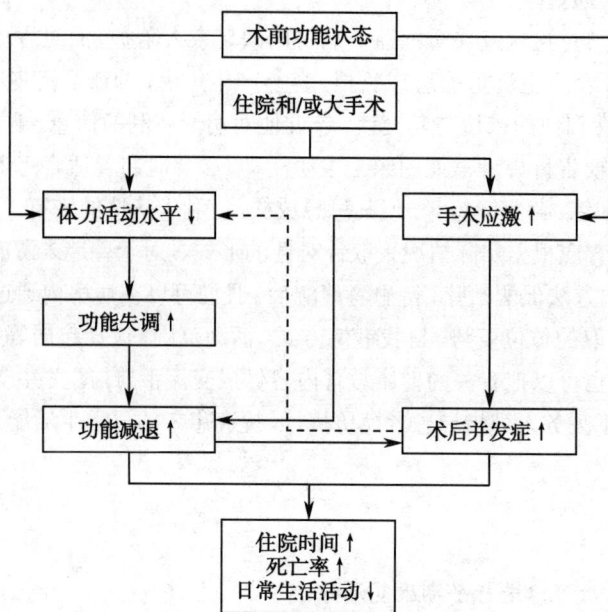

图8-2　术前功能状态、卧床休息和手术等因素对术后转归的影响

另一方面，受传统观念的影响，一些患者入院后大部分时间以卧床为主。卧床休息曾经被认为有利于疾病和术后的恢复，然而从20世纪中期开始，人们越来越多地意识到由麻醉、镇静剂或者自身疾病所带来机体制动的危害。长时间卧床不但加剧患者骨骼肌的丧失、降低肌力、削弱肺功能及氧合能力，而且由于下肢静脉回流缓慢，容易诱发静脉血栓及栓塞，不利于患者康复。所谓的重症监护病房获得性神经肌肉无力（ICU acquired neuromuscular weakness）在患者摆脱生命威胁数年后依然对其功能产生负面的影响。

手术应激反应是与患者功能下降相关的重要生理性因素。手术应激综合征包括一系列的生理性效应，直接损害心肺、肌肉和神经功能，并导致非脂肪组织的加速丢失。手术应激反应会加剧肌肉的丢失，尤其是那些接近膈肌部位的手术会导致更严重，甚至是危及生命的情况。这些手术所引发的膈神经传出和（或）机械通气的反射性抑制，会加剧膈肌的退变，进一步损害膈肌功能，继而增加了严重呼吸并发症的风险。

上述因素会单独或者协同作用导致患者功能的持续下降，可能会增加术后并发症和死亡率的风险，导致住院时间延长或者再次入院，甚至是终身的运动功能障碍和日常生活活动能力的下降。康复干预的目的，就是在术前和术后采取预防性和治疗性措施，促进患者更好和更快的功能性恢复。

二、术前康复

手术相关的功能下降将在术后阶段恢复，绝大多数患者表现出良好的手术应激反应，可以重新获得住院前的功能水平。然而，术前功能状况较差的患者也许并不能针对住院和手术的有害作用做出适宜的反应，这会妨碍术后恢复，并增加住院时间和手术的死亡率。术前机体功能失调会对术后恢复产生不利的影响，术前康复则有助于预防术后并发症的发生，改善术后功能恢复。因而，术前康复，尽管很多方面还需进一步探讨，被认为是改善术后功能的有效措施。

（一）术前评估

医务工作者应该筛选和监测患者已知的危险因素，了解他们的身体状况和活动习惯，以判明手术是否及何时是适宜的，并对那些需要的患者采取必要的预防措施。肺功能评估是患者术前功能评估的主要内容，包括患者的呼吸困难程度、气道炎症、吸烟指数、肺功能检查等。术前肺功能评估可预测手术效果及术后并发症，有助于选择手术类型和手术范围。必要时可行心肺运动试验，以客观评估患者的运动能力（功能储备或身体健康），识别高危患者，同时可作为制订患者术前运动负荷量的依据。

（二）呼吸系统管理

呼吸系统管理是 EARS 的重要环节且贯穿围术期全程。手术对呼吸系统的影响与手术类型、方式以及涉及的脏器直接相关，有研究结果显示：手术后初期肺活量会下降 25%～50%，特别是腹部（尤其是上腹部）手术。这一下降与某些患者术前自身肺活量的下降叠加，导致其肺活量处于一个很低的水平。肺活量越接近潮气量，手术风险就越大。术前肺活量的提高，不仅会降低死亡率，也会降低术后并发症。有研究结果显示，37.8% 的外科手术患者术后合并肺部并发症。对于高危患者积极进行术前康复干预有助于提高肺功能及对手术的耐受性，明显降低术后肺部并发症发生率，缩短住院时间。

（三）术前康复的主要措施

术前康复措施主要包括健康教育、呼吸和肢体运动等。术前在指导下戒烟（至少 2 周）；戒烟 4 周可降低围术期并发症发生率。制订呼吸锻炼计划，通过指导患者进行有效咳嗽、体位引流、胸背部拍击等方法，帮助患者保持呼吸道通畅，及时清除呼吸道分泌物。肺功能正常的患者可以在手术前一天进行练习，这是预防可能发生的肺并发症（分泌物潴留、肺不张和肺炎等）的重要部分；患有哮喘、肺气肿或所谓"慢性支气管炎"的患者应进行两到三周的呼吸训练，直到所有分泌物消失，或者减少至胸片呈清晰。呼吸和肢体运动可以增加呼吸运动，导致肺通气改善和静脉血回流增加，增加呼吸道分泌物的排出，保持肢体肌肉张力。

（四）常见外科手术的术前康复

术前康复的具体实施因手术类型不同而有所侧重。

1. 心脏手术　大多数接受心脏手术的患者会出现恐惧和焦虑。患者等待手术时间越长，就越有可能出现活动量减少，以及随后的机体功能、活力和健康水平的下降。常采用六因素模型（年龄 70 岁、咳痰、吸烟、糖尿病、吸气肺活量及最大呼气压力低于预计值的 75%）预测择期心脏手术患者发生术后 PPC 的风险。术前康复治疗已被证实能减少择期心脏手术患者的 PPC 的发生和住院时间。术前吸气肌训练，尽管对健康患者的作用并不显著，然而对具有 PPC 高风险的择期心脏手术患者具有积极作用。

2. 胸/腹部手术　胸/腹部手术的预后与身体体能（physical fitness）、心肺功能和肌肉功能等密切相关。例如，心肺功能是非小细胞肺癌（non-small cell lung cancer, NSCLC）患者术后独立生活能力的一个强大的预测指标；老年腹部手术患者的术后结果（例如死亡率、住院时间及功能恢复等）与他们的身体体能与活动显著相关。此外，身体体能也是术前一个可调节和治疗的因素。研究表明术前吸气肌训练减少了了胸/腹部手术后 PPC 的发生率；此外，术前有氧训练则与患者术前体能改善和术后功能提高相关。考虑到手术前时间短，进行个体化、有监控的及逐渐递增的高强度训练是必要的。

3. 髋/膝关节置换术　从医疗的角度，髋/膝关节置换术被认为是非常成功的手术，因为手术的并发症和假体失败率相对较低。然而，近一半的患者在疼痛和功能方面的预后不佳，其中大多是有其他合并症的老年患者。目前认为，术前康复对健康成年人术后结局影响有限，但对于那些伴有合并症和（或）高龄的高风险患者则有积极的意义，因此对高风险患者的选择是术前康复成功的关键。考虑到费用低廉、耐受性好和临床相关性强，应将术前康复作为高风险患者的一个常规措施以促进其术后功能恢复。

三、术后康复

手术及其应激反应会对患者功能产生负面的影响，传统的观点是术后以卧床休息为主，随着制动相关副作用得到了越来越多的认识，这种传统观点开始被颠覆。作为术前康复的延续，术后康复是践行 ERAS 理念的重要一环，其目的是减轻手术应激反应，缓解术后焦虑，减少并发症，促进患者功能恢复，缩短住院时间。需要指出的是，很多情况下术后康复是个长期的过程，本章所讲述的仅仅是针对术后早期阶段的康复，并着重从康复理念、相关事宜和康复措施等方面进行介绍。

（一）早期活动（early mobility）

术后康复的核心理念是早期活动。术后长时间卧床不但加剧患者骨骼肌的丧失、降低肌力、削弱肺功能及组织氧合能力，而且由于下肢静脉回流缓慢，容易诱发静脉血栓及栓塞，不利于患者功能恢复。术后早期活动的益处和安全性的报道促使了手术患者加速恢复正常生活的观念转变，成为术后康复的必要部分。更有研究结果显示，术后 1~3 天早期下床活动与 ERAS 成功与否明显相关。术后早期活动的主要目标包括：①增加肺容量、优化肺泡通气量/肺血流量（VA/Q）比值和提升气道畅通性能；②降低制动相关的 PPC 风险；③提高意识水平；④增加功能独立性；⑤改进心血管适应度；⑥心理效益。

早期活动目标的达成有赖于术前宣传教育、施行多模式镇痛和早期拔除引流管。为实现上述目标，需要多学科医护人员共同配合。目前早期活动的方案还没有标准化，活动时间是个重要的因素，普遍认为应积极鼓励患者从术后第 1 天开始下床活动并完成每日制订的活动目标，也有观点认为术后应该更早开始活动：针对髋/膝关节置换术的功能性活动再训练应在手术后 4 小时内重新开始；还有研究发现开胸肺叶切除术患者术后 4 小时比术后 1 天开始活动在呼吸功能恢复和住院天数等方面更有优势。依据患者功能情况和活动反馈，需逐渐增加活动量。要做到这一点，训练有素的物理治疗师的监督是必不可少的，应避免低强度和无监督的活动。

术后充分镇痛是促进患者早期活动的重要保障，然而麻醉剂可能导致直立性不稳，从而成为早期活动的阻碍。一项针对腹腔镜妇科手术患者的回顾性研究表明，延迟活动和直立耐受不能与持续芬太尼输注密切相关。因此，有必要在适当的镇痛和相关副作用之间进行平衡，并尽可能选择局部镇痛方法，避免不良的全身效应。

（二）术后重症监护患者的康复问题

危重患者术后会转入 ICU，然而存活者往往会遗留一系列的生理、认知和心理的功能障碍，也被称为重症监护后综合征（post-intensive care syndrome, PICS），这在很大程度上与患者长时间不活动有关。研究表明机械通气超过 7 天的患者大约 1/4 会发生 ICU 获得性无力，使用呼吸机被动呼吸的患者早在 18 小时后就开始出现膈肌萎缩。这些变化一旦发生，可能会在出院后数年内对患者功能产生持续负面的影响。因此，即便在机械通气脱管前，也应视情况考虑康复早期介入。

早期康复介入被证实有助于减少上述并发症的发生以及改善脏器的功能，主要的康复措施包括早期活动、体位变换和物理治疗（physical therapy, PT）等。针对急性呼吸衰竭且接受机械通气患者的早期康复可以缩短机械通气时间，促进肺部吸收更多的氧气，减少呼吸机相关肺炎的发生和抗菌药物的使用；针对循环系统，早期康复可以改善全身循环，增加脑部血液供应，预防静脉淤血，减少深静脉血栓的形成；针对运动系统，早期康复介入可以减少早期及远期并发症的发生，包括关节僵硬和疼痛，同时增强肌肉的新陈代谢，增加肌肉力量，改善肢体功能状态，从而起到预防神经肌肉并发症的作用。不仅如此，康复的早期介入还可减轻患者的疼痛和焦虑，缩短平均住院时间和后续康复时间，减少住院花费，并可改善患者出院后的步行能力和提高生活质量。

一般来说，外科 ICU 患者在生理指标稳定后就可以开始早期活动，常采用阶梯式活动方案，从床上关节被动活动，到床边坐、转移到椅子，站立，行走。当然在实施过程中需要考虑一些特别因素，比如伤口愈合、术后疼痛、负重限制和手术引流等。尽管整体的安全性和有效性得到肯定，但具体的实施方案必须考虑疾病的特点以及患者的个体差异。比如，神经 ICU（neurological ICU，NICU）患者在实施早期康复计划前，必须仔细考虑患者的诊断、开始活动的时间、体位改变和运动的影响，以及活动的类型及剂量等要素，并做安全性检查。神经外科术后患者建议在生命体征平稳 24 小时以后开始。实施过程中应密切观察颅内压的变化，但排便、注射等所致的颅内压波动不应是终止计划的理由。另外，考虑到患者的意识障碍和（或）对命令的执行能力，在早期应更多地采用被动的直立。

（三）呼吸系统管理

呼吸系统管理贯穿围术期全程，患者术后可通过呼吸和肢体运动增加呼吸运动，改善肺的通气并改善心脏的静脉回流，清除呼吸道分泌物，并维持四肢肌肉紧张。即便对于术后保持插管和机械通气的患者，相关康复措施也是可行的，且表现良好的耐受性。这些治疗可以缩短机械通气的持续时间，且有助于患者出院时功能独立性的恢复。常用的康复措施有：

1. **呼吸肌训练（respiratory muscle training）** 呼吸肌无力、肌肉力量与呼吸系统负荷的失衡，以及心血管功能障碍是导致术后患者拔管失败的主要原因，额外的机械辅助通气更会导致外科 ICU 患者发生膈肌快速萎缩和功能失调。通过吸气肌肉训练会显著增加吸气肌肉力量，改善呼吸功能。

2. **电刺激** 神经肌肉电刺激（neuromuscular electrical stimulation，NMES）可以在不影响通气压力的情况下诱导肌肉功能变化，非常适用于卧床患者下肢肌肉训练；经皮膈神经电刺激可以通过刺激膈肌活动，增强呼气肌肉力量。经皮神经电刺激（transcutaneous electrical nerve stimulation，TENS）可显著减少术后疼痛，并可增强呼吸肌肌力。

3. **呼吸训练（breathing exercise）和强化吸气锻炼器（incentive spirometry，IS）的使用** 尽管还缺乏足够的证据，IS 广泛应用于腹部、心脏和胸部等手术患者术后康复。有研究证实了在腹部手术后使用呼吸训练和 IS 在预防 PPC 发生和呼吸功能恢复等方面的益处。

4. 肢体运动同样不能忽视，因为它们不仅可以加速血液流向心脏，双腿的主动和被动运动可以增加呼吸通气多达 150%。

（四）常见外科手术的术后康复举例

1. **心脏手术** 在冠状动脉旁路移植术（coronary artery bypass graft，CABG）后，物理治疗师常采用呼吸和咳嗽训练，早期活动和呼吸道分泌物清除技术等措施，以预防 PPC 的发生。然而这些术后措施在减少 PPC 发生以及如何确定受益患者等方面还存在争议。总的来说，相似的程序在术前实施，被认为能有效降低 PPC 的风险，而术后实施尽管也能显著减少术后发生肺不张的人数，但没能减少呼吸感染的发生。此外，术后以早期活动为目标，考虑患者年龄、需求和可能的病理的个体化 PT 方案，被认为效果最佳。在心脏大手术后，吸气肌肉训练能提高吸气肌力，增加瘫痪膈肌的活动度。而针对这些患者，特别的运动形式，如行走或自行车，并不影响 PT 的结局。

2. **胸/腹部手术** 上腹部和胸部手术会导致患者肺活量下降，继而引起其 VA/Q 比值不匹配和低氧血症。此外，手术所致的膈肌功能紊乱，会使得术后 PPC 的发生率显著高于下腹部手术。肺叶切除术后行 IS 和胸部物理治疗，能显著减少住院时间、降低费用和肺不张的发生。术后行物理治疗，能显著增强患者下肢肌肉力量，并更早恢复术前水平的运动能力（exercise capacity）。胸部手术患者术后采用正压呼气（positive expiratory pressure，PEP）治疗较单纯呼吸训练疗效更好。上腹部手术后呼吸运动提高呼吸肌肉力量，但无论是呼吸运动，还是 IS 使用是否能减少 PPC 的发生尚未得到证实。有研究证实了腹部手术后 PEP 治疗的疗效，术后胸部 PT 能改善血氧饱和度，而不恶化腹部疼痛。

肺癌患者被认为是术后康复治疗的适宜人群，欧洲呼吸学会和欧洲胸科医师学会专门发布了肺癌患者肺切除术后康复指南。目前的证据表明术后运动训练能提升患者的运动耐受力，并可能会降低手术和死亡的风险，有益于功能恢复和症状控制。此外，NSCLC 患者在肺叶切除术后，高频胸壁振动治疗（high frequency chest wall oscillation therapy），与传统胸部 PT 相比，肺功能恢复更快、更好，且无副作用。

（倪国新）

学习要点：

1. 手术快速康复的概念及主要内容。
2. 术前肺功能评估的主要内容及作用熟悉。
3. 呼吸系统管理常用的康复措施。
4. 常见手术的围术期康复措施。

第九章　临床常见问题的康复评定与处理

第一节　局 部 感 染

一、概述

（一）定义

葡萄球菌、链球菌、大肠杆菌、铜绿假单胞菌（绿脓杆菌）等一种或多种化脓性细菌侵入人体某一部位生长繁殖，破坏组织时所发生的炎症过程为化脓性感染，通常先有急性炎症反应，继而形成局部化脓。

（二）临床表现

常见的化脓性感染有疖、痈、蜂窝织炎、脓肿、丹毒、睑板腺炎、乳腺炎、淋巴结炎、手部感染等。化脓性细菌感染所致化脓性骨髓炎可涉及骨膜、骨皮质与骨髓，化脓性关节炎为关节内的化脓性感染。内脏器官的化脓性感染有肺脓肿、化脓性胸膜炎、阑尾脓肿、化脓性腹膜炎、肾周围脓肿、化脓性盆腔炎等。

对炎症感染的及时控制可以避免或减轻炎症感染的一些后遗症及其可能导致的功能障碍。

二、康复评定

（一）局部症状

急性炎症有红、肿、热、痛和功能障碍的典型表现。化脓性骨关节炎肢体常处于半屈曲位，可有反应性关节积液；软组织慢性感染有局部肿胀或硬结肿块；骨关节慢性感染脓肿穿破后形成窦道或瘘管，症状有所减轻。

（二）功能障碍

感染侵及某一器官时，该器官或其所属的系统出现功能障碍，如肾盂肾炎可出现尿频、尿急等。

（三）全身症状

感染轻微时无全身症状，感染重时可以出现毒血症。

（四）临床伤口评估

慢性伤口评估应每周或每两周实施一次，以记录治疗的有效性并及时调整治疗方案。

1. **伤口面积**　最简便的方法是以厘米为单位记录伤口区域的垂直线性尺寸，测量伤口边到边的最大长度和与长径相垂直的最大宽度。

2. **伤口体积**　伤口体积可近似地用伤口面积乘以深度估算。

3. **伤口外观**　伤口愈合情况、程度，有无感染等。

4. **灌注评估**　灌注评估更常见于腿或足部等末梢血管处的伤口。进行区域性的灌注评估非常重要，因为在低灌注区域，治疗性加压可能会导致坏死，灌注水平是预测伤口关闭的重要因素。大循环灌注评估可以采用踝肱指数或血管造影术等。踝肱指数（ankle-brachial index，ABI）是踝关节和上臂收缩压的比值，正常值为 0.8～1.3。微循环灌注评估可以以测量经皮氧分压，其正常值在 50～60mmHg 以上，当低于 40mmHg 时对伤口愈合不利。制动状态、疼痛和缺血性溃疡的经皮氧分压为 20mmHg 左右，低于 20mmHg 时截肢发生的风险很高。测量经皮氧分压的典型位置为大腿、足背和伤口周围。

5. 压力和剪切力评估 皮肤承受的有害压力和剪切力是慢性伤口病理力学的重要因素。

三、康复治疗

（一）软组织急性化脓性感染

软组织发生急性化脓性感染时,物理治疗配合药物、手术等治疗能提高疗效,缩短病程。

1. 早期浸润阶段 常用的物理治疗如下:

（1）紫外线照射:多用于较表浅炎症。一般采用红斑量照射,照射野应包括病灶周围 1～3cm 的正常皮肤,具有镇痛、局限炎症的作用。炎症范围较大、感染严重时可采用中心重叠照射,即在病灶中心进行超红斑量照射,以加强对感染的控制,对病灶周围 3～5cm 范围内的正常皮肤进行红斑量照射,以增强组织免疫力,控制炎症向周围发展,通常照射 1～2 次即可收到明显的效果。

（2）超短波治疗:常采用小剂量(无热量,5～8 分钟)治疗,可以促进血液循环,减轻组织水肿。剂量过大往往使渗出增多,红肿加重。组织疏松、血管丰富部位的炎症(如睑腺炎、乳腺炎等)治疗时尤应注意防止剂量过大。

早期炎症经过适当治疗可能停止发展而逆转,完全吸收。如感染严重、患者体质较差及治疗不当,常致炎症发展,进入化脓坏死阶段。

2. 化脓坏死阶段 此时炎症局限,但炎症已不可逆转。常可以应用较大剂量超短波(微热量,10～15 分钟)、白炽灯、红外线等温热治疗和紫外线红斑量照射,以促使组织坏死液化,加速脓肿形成。感染灶中心坏死严重时可采用超红斑量紫外线照射,促使坏死组织脱落。脓肿完全成熟出现波动时,常自行破溃,需切开引流,排出脓液。感染灶中心坏死严重时,可用超红斑量紫外线照射,促使坏死组织脱落。

3. 吸收修复阶段 可进行以下物理治疗:

（1）微热量超短波、亚红斑量紫外线、氦氖激光等治疗:可促进创口肉芽组织形成及上皮细胞再生,加速修复愈合,缩短创口愈合过程,可避免或减轻纤维组织过度增生所致的功能障碍。

（2）白炽灯、红外线、微波等治疗:可改善组织血液循环,促使炎症完全消散,创面干燥愈合。

4. 慢性迁延阶段

（1）可采用白炽灯、红外线、激光、微波、电刺激、电磁疗法等治疗加强局部血液循环,改善组织营养,提高免疫力,促进创面床准备,促进炎症完全吸收。

（2）慢性伤口可根据需要采用手术清创、锐器清创、机械清创、酶解清创等方法去除坏死组织。机械清创是指漩涡疗法、强压冲洗法或使用湿干敷料清创。湿干敷料清创过程为将一张全部打开的湿润敷料紧贴住创面的每一个部位,敷料变干后,撤除敷料,坏死组织即随之清除,该过程伴疼痛感。酶解清创可利用胶原酶等清创剂去除坏死组织。

（3）创面层可应用各种敷料以加速创面愈合、防止细菌感染、减少瘢痕形成等。敷料分类包括抗菌型、吸收型、藻酸盐型、泡沫型、凝胶型、薄膜型等。需注意使用敷料类型并非越多越好。对于小创面、清洁度为二期和三期伤口,一般使用凝胶、水凝胶和薄膜。

（4）高压氧治疗可应用于糖尿病足溃疡感染或坏疽、难治性骨髓炎、放射性溃疡或黏膜损伤等慢性伤口。高压氧对伤口愈合的炎症反应、修复和重构均有重要作用。

（5）超声波治疗伤口通过两种方式实现:热效应和非热效应。热效应由高强度的超声波产生,可升高组织温度,增加血流量和胶原蛋白的延展性。非热效应包括刺激蛋白合成、成纤维细胞和炎症细胞增殖,促进血管生成、胶原蛋白沉积和纤维蛋白溶解,释放细胞因子和生长因子等。

（6）局部负压治疗是在伤口表面提供负压以促进伤口愈合。其治疗机制为:通过给机体提供局部负压,可增加局部血流、减轻水肿、减少伤口渗出液、减少细菌定植、刺激细胞增殖、形成肉芽组织和提供湿性伤口环境。

（7）皮肤替代物的应用治疗是通过在创面基底面填充表皮或真皮成分,为不同类型的伤口提供快速短暂或永久的覆盖保护。即使在血管较少的创面，皮肤替代物仍能够存活，且具有加快伤口愈合、提高存活率、改善伤口功能和外观的作用。

5. 溃疡、窦道、瘘管　在除外结核等特异性感染和癌变后可进行物理治疗。

（1）感染较重时：①紫外线照射：采用红斑量照射，主要用于较表浅或创底暴露较好、分泌物较多的创面，照射野可包括周围1～2cm的正常皮肤。②超短波治疗：一般采用中等量（微热量，10～15分钟）。因超短波有促进结缔组织增生的作用，故治疗次数不宜过多，以免瘢痕过度增生，影响愈合。③直流电抗菌药物离子导入：治疗时将浸药的棉花或纱布置于创底进行药物离子导入。

（2）感染不明显但愈合缓慢时：①紫外线照射：主要用于创底暴露较好的创口及石英导子可伸达底部的窦道、瘘管。肉芽水肿、血液循环不佳时采用红斑量照射，好转时采用亚红斑量照射。②红外线、白炽灯、氦氖激光、微波、直流电锌离子导入等治疗可改善血液循环，增加组织营养，促使肉芽及上皮生长。

（3）对产生慢性感染的病症：亦需给予必要的物理治疗。糖尿病患者有肢体动脉血循环障碍、组织营养不良、慢性溃疡时，可进行肢体气压疗法或中等强度温热疗法等，以改善周围血液循环，加速溃疡的愈合。疖病患者全身多处反复发生感染，可进行全身紫外线照射以提高机体免疫力，增强皮肤对化脓性感染的抵抗力。

（二）骨关节化脓性感染

化脓性骨髓炎、化脓性关节炎可在应用抗感染药物的同时早期应用物理治疗。首选超短波，以缓解疼痛，消散水肿，减少渗出，增加药物在局部的吸收及促使炎症局限消散。急性期先用无热量，炎症静止后采用微热量，疗程可长达20～30次。急性期亦可进行局部紫外线红斑量照射，以减轻疼痛，控制炎症。炎症开始消散或转入慢性期时仍可继续应用微热量超短波治疗或改用红外线、激光、微波等疗法，以改善局部血液循环，促进炎症消散，防止发生粘连、肥厚、瘘管等后遗症。

（三）内脏器官化脓性感染

内脏器官炎症感染的部位较深，单用药物治疗会使之不能完全吸收而转为慢性。在急性期全身中毒症状消失后，即可采用无热量超短波治疗；炎症局限后改用微热量治疗，疗程可稍长。

（四）炎症后遗症

1. 肥厚性瘢痕　伤口感染持续越久，所遗留的瘢痕往往越肥厚，不但影响美观，也会造成局部活动功能障碍，应早期进行康复治疗。

（1）蜡疗、红外线等温热疗法：有改善血液循环，软化瘢痕的作用。石蜡具有较好的润滑性，冷却时有机械压迫作用，疗效更好。瘢痕组织的血液循环较差，感觉较迟钝，故蜡温不宜过高，以免造成烫伤。

（2）音频电、调制中频电、直流电碘离子导入等治疗：有较好的消散粘连、阻止结缔组织增生、软化瘢痕及止痛止痒的作用，与温热疗法合用时疗效更好。

（3）超声波治疗：具有松解粘连，软化瘢痕的作用。一般采用接触法治疗。表面凹凸不平的瘢痕不能与声头紧密接触，宜采用水下法或水囊法。

（4）磁疗：具有消炎、消肿、减轻瘢痕粘连、促进骨质生长等作用。

（5）运动治疗：关节活动受限者应进行运动疗法，可减轻瘢痕挛缩，改善关节活动功能。于温热疗法治疗后进行活动的效果更好。

（6）按摩：具有改善血液循环、软化瘢痕的作用，常与温热疗法、运动疗法结合应用。

（7）压力衣的应用：对治疗瘢痕有效。

2. 关节挛缩　关节感染制动易致关节囊和韧带肥厚、粘连，而致关节挛缩。因此，在急性感染基本控制后应早日开始进行关节功能性活动，一旦出现关节挛缩，即应开始积极的康复治疗。

（1）蜡疗、红外线等温热疗法：可改善血液循环，阻止关节挛缩的发展。

（2）音频电、调制中频电、直流电碘离子导入、超声波等治疗：有阻止纤维增生、消散粘连的作用。治疗前加用温热疗法可提高疗效。

（3）运动疗法和按摩：与温热疗法结合应用可增进关节活动功能。主动运动、被动运动、肢体牵引、器械运动和实用性运动等具有积极的治疗作用，要长期坚持，直到关节活动功能完全恢复正常或接近正常。

3. 腹腔内粘连　腹腔感染治愈后应尽早开始康复治疗，以减轻或防止粘连的形成。

（1）蜡疗、红外线：可改善血液循环，缓解腹胀、腹痛等症状。

（2）音频电、干扰电、调制中频电疗：不但具有消散粘连、缓解疼痛的作用，而且可促进肠蠕动，缓解便秘。

（3）呼吸运动、腹肌锻炼、腹部按摩及下肢活动：有利于预防粘连的形成，改善消化功能。

4. 胸膜粘连　化脓性胸膜炎病情初步控制后即应指导患者进行呼吸训练，加大胸廓活动度，防止粘连形成。粘连已形成时，可进行吹瓶等有阻力的呼吸训练。胸膜粘连的物理因子治疗可根据粘连部位选择相应的治疗，但心前区禁用中频电疗。

（黄晓琳）

学习要点：

1. 软组织感染物理治疗的意义。
2. 软组织急性化脓性感染各期物理治疗的目的及方法。
3. 炎症后遗症瘢痕的治疗方法。

第二节　疼　痛

一、概述

（一）定义

1986 年国际疼痛学会将疼痛（pain）定义为"一种与实际的或潜在的损害有关的不愉快的情绪体验"。2001 年将疼痛定义为"一种不愉快的感觉体验，和伴有实际或潜在组织损伤的情绪体验。疼痛的表达，在某种程度上可以降低个体正经受的伤害"。2016 年更新的疼痛定义为：疼痛是具有感觉、情绪、认知和社会层面的实际或潜在组织损伤所引起的痛苦体验。这一定义概括了主观和客观的感受，即疼痛是由于多因素如躯体、行为、心理、认知以及社会造成的。慢性疼痛常伴有精神、心理的改变。

（二）流行病学

目前尚缺乏疼痛的流行病学数据和资料，欧洲等 15 国对 46 392 人进行了调查，慢性疼痛发生率占 19%，其中 66% 为中性疼痛，34% 为严重疼痛。美国的调查表明慢性疼痛的患病率为 40%。慢性疼痛的发病率随年龄的增长而升高，60～70 岁达发病率的高峰。

（三）临床分型

国际疼痛学会将疼痛的类型分为神经性疼痛、中枢性疼痛和外周性疼痛。

1. 神经性疼痛　是有神经系统任何部位原发损伤或功能异常诱发或导致的疼痛。根据疼痛持续时间将疼痛分为急性和慢性疼痛。急性疼痛是短暂的，通常随着诱因（伤害或不良事件）的解除而消失，一般持续 3 个月。它表现的是机体对有害事件（如创伤、手术、急性疾病等）的一种预警反应。慢性疼痛通常是指持续超过 3 个月的疼痛，但也可以表现为多种形式，如在急性损伤治愈后仍持续超过 1 个月；在一段事件内反复发作；或与经久不愈的损伤相关。在临床过程中，患者对于疼痛的情感适应、认知行为适应和生理适应之间的相互作用是非常显著的。因此对于大多数患者来说，慢性疼痛也是一种疾病。急、慢性疼痛的传导不同。急性疼痛的传入途径是感觉神经细胞的有髓鞘的 Aδ 纤维，传导来自皮肤的急性外伤引起的可以明确定位的第一类疼痛，如锐痛与刀割样痛。而无髓鞘的细胞的传导速度慢的 C 纤维传导第二类疼痛,如烧灼样痛。第一级神经元在脊髓后角与第二级神经元构成突触。根据闸门控制学说,振动和本体感觉等由感觉神经粗纤维传入脊髓后角可以关闭疼痛细纤维传入的闸门,从而抑制疼痛。伤害性刺激可引起周围和中枢性敏感(sensitization)状态,即生理、生化、神经递质的改变与调控,并可继续经脊髓丘脑束和脊髓网状束,上传到内侧与外侧丘脑核和脑干,再投射到感觉皮质,形成定位的痛觉。最后通过复杂的神经网络,形成疼痛印象和疼痛记忆。

2. 中枢性疼痛　是指"与中枢神经系统损伤相关的疼痛"。中枢性疼痛综合征属于在评定和治疗方面都是最困难和最顽固的疼痛综合征。最常见的中枢性疼痛综合征是中枢性脑卒中疼痛和脊髓损伤后疼痛。中枢性脑卒中疼痛也被命名为"丘脑性"疼痛,部分原因是因为早期的研究认为丘脑是疼痛的来源。在中枢性脑卒中后疼痛的发展过程中,除了丘脑可能发挥作用外,皮质加工现在也已被证实是比较重要的。缺血性或出血性梗死后脊髓 - 丘脑 - 皮质通路可能受损。丘脑区域最常受累的是腹后下核和腹内侧核。正常的伤害性感受通路的丘脑及皮质加工过程发生改变,可以导致神经敏化和去抑制效应,从而导致痛觉通路在低于正常阈值时被激活。脊髓损伤性疼痛的发生机制之一被认为是伤害感受器的高兴奋性。伤害感受器的高兴奋性可以导致自发性疼痛和诱发性疼痛。当两种类型的疼痛都存在时,脊髓通路和脊髓上通路都可能受到累及。由于脊髓背侧和背外侧损伤会导致疼痛抑制信号下行至脊髓的过程发生异常,所以这类患者最常发生自发性疼痛。

3. 外周性疼痛　是指有外周神经系统原发损伤或功能异常诱发或导致的疼痛。导致外周性疼痛的病因是中毒、代谢性因素,创伤后因素、辐射因素、感染因素或自身免疫因素。最常见的病因是糖尿病导致感觉运动多发神经病变。外周性疼痛的病生理机制是由于中毒、缺血或压迫造成的周围神经损伤,触发了神经内的炎症反应。临近组织的修复过程和炎症反应造成伤害性刺激的初级传入感受器的高兴奋性,这一过程称为外周敏化。之后,中枢性神经元对这些伤害性感受器产生应答,从而使自身的兴奋性得到了功能性的提高,这一过程称为中枢敏化。

二、疼痛评定

(一)评定目的

疼痛是一种主观感觉,由多因素造成及影响,如躯体的、精神的、环境的,认知和行为的等等。所以有必要从多方面对疼痛进行评定,包括疼痛的部位、程度、性质,治疗疼痛的反应(缓解或加重),精神痛苦,患者对疼痛的感受程度等。

(二)评定方法

1. 目测类比测痛法

(1)方法:目测类比测痛法(visual analogue scale,VAS)是用来测定疼痛的幅度或强度,它是由一条 100mm 直线组成。此直线可以是横直线也可以是竖直线,线左端(或上端)表示"无痛",线右端(或下端)表示"无法忍受的痛",患者将自己感受的疼痛强度以"I"标记在这条直线上,线左端(上端)至"I"之间的距离(mm)为该患者的疼痛强度。每次测定前,让患者在未有画过的直线上再做标记,以避免患者比较前后标记而主观产生的误差。

(2)应用:视觉模拟评分简单、快速、精确、易操作,在临床上广泛应用评价治疗的效果。视觉模拟评分的信度被许多学者证实很高,同时具有较高的效度。它不仅用来测定疼痛的强弱程度,也可以测定疼痛的缓解程度,以及其他方面,如情感、功能水平的程度。视觉模拟评分的缺点是不能做患者之间的比较,而只能对患者治疗前后做评价。视觉模拟评分对那些理解能力差的人士会有困难。

2. 数字疼痛评分法

(1)方法:数字疼痛评分法(numerical pain rating scale,NPRS)是用数字计量评测疼痛的幅度或强度。数字范围为 0～10。0 代表"无痛",10 代表"最痛",患者选择一个数字来代表他自觉感受的痛。

无痛 =0　1　2　3　4　5　6　7　8　9　10= 无法忍受的痛

(2) 应用：数字疼痛评分法临床上因效度较高，常用于评测下背痛、类风湿关节炎及癌痛。

3. 口述分级评分法

(1) 方法：口述分级评分法（verbal rating scales，VRSs）是简单的形容疼痛的字词组成1到4级或5级，如：①无痛；②轻微疼痛；③中等度疼痛；④剧烈的疼痛。最轻程度疼痛的描述常为0分，每增加1级即增加1分。

(2) 应用：此类方法简单，适用于临床简单的定量评测疼痛强度以及观察疗效的指标。由于缺乏精确性、灵敏度，不适于科学研究。

4. 多因素疼痛调查评分法

(1) 方法：疼痛由感觉、情绪和评价等因素构成，为将这三种因素分开并使其数量化，临床上使用了一些定量调查方法，常用的是 McGill 问卷调查（McGill questionnaire）。此问卷调查表有78个描述疼痛性质的形容词，分为20组，每组2~6个词，1~10组表示躯体方面（somatic）的字词，即对身体疼痛的感受。11~15组是精神心理方面（affective）的字词，即是主观的感受。16组是评价方面（evaluative），即对痛的程度的评价。17~20组是多方面的（miscellaneous），即对多方面因素进行的评定。从这个调查表中可以得到：①疼痛评定指数（pain rating index，PRI）评分，它的评分的原则是每一组的第一个字词表示"1"，第二个字词表示"2"，依此类推，最后将选择20组中的20个字词的评分相加即为疼痛评定指数。②现时疼痛强度（present pain intensity，PPI）。

(2) 应用：多因素疼痛调查评分法是比较全面的评定疼痛性质、程度及影响因素。由于相对其他疼痛评定方法评定时间较长，多应用于科研。

5. 痛阈的测定
为主观的疼痛强度评测方法。是通过外界的伤害性刺激，如压力、温度或电刺激等，测定患者感受刺激的反应程度。常用的痛阈测定包括：

(1) 机械伤害感受阈（mechanical nociception threshold，MNT）：参考国标标准制作的机械伤害感受阈测量仪作为患者对外来伤害性刺激反应能力的客观标准。该仪器为一带有弹簧和刻度的尖端较锐的压力棒。使用时将尖端抵于患者皮肤并缓缓加压，令患者在感到疼痛时即报告，同时记录此时的压力数值，此压力数值为机械伤害感受阈值。

(2) 温度痛阈（thermal pain threshold）：温度痛域包括热痛阈和冷痛阈。评测方法主要包括两种：①限定法（method of limit）；②选择法（forced-choice method）。限定法是指当外界的温度刺激不断地增加或不断地减少时，患者刚刚感觉到热痛或冷痛时的温度值，作为热痛阈或冷痛阈。选择法是让患者在2次不同时间感受2个不同外界温度刺激，选择一个他能感觉到的温度刺激。限定法被认为是简便、快速测定方法。

(3) 电刺激痛阈（electrical pain threshold）：各种类型的电流均可作为引起疼痛的刺激，目前常用的电刺激测痛阈的仪器多采用恒流型低频脉冲电刺激，波型采用方波。因为方波电流的上升和下降速率极高，刺激强度（波幅）瞬时间内便可达最大值或下降为零，而且方波的波型规则，便于测量和计算。测量时，应用波宽为5毫秒，频率为100Hz，调制频率为120毫秒的脉冲电流，缓慢加大电流输出，从弱到强，至患者刚感觉疼痛时，记录此时的电流强度，作为电刺激痛阈。

三、康复治疗

(一) 物理治疗

1. 电刺激镇痛疗法

(1) 经皮神经电刺激疗法（transcutaneous electrical nerve stimulation，TENS）：应用一定频率、一定波宽的低频脉冲电流作用于体表，刺激感觉神经达到镇痛的治疗方法。治疗时将2个电极对置或并置于痛点、穴位、运动点、神经走行部位或神经节段。根据治疗需要选择电流频率、波宽、治疗时间。一般20~60分钟，每日1~3次，可较长时期连续治疗。适应证包括术后伤口痛、神经痛、扭挫伤、肌痛、关节痛、头痛、截肢后残端痛、幻痛、分娩宫缩痛、癌痛等。禁忌证包括置有心脏起搏器、颈动脉窦部位、孕妇下腹部与腰部。认知障碍者使用此疗法需要有人陪护,不得独自使用此疗法。

(2)经皮脊髓电刺激疗法(transcutaneous spinal electrostimulation,TSE):近年发展的一种新方法,将电极安放在相应脊髓节段的皮肤表面进行刺激,使用高频率、短时间电流刺激,使上行神经传导径路达到饱和,难以感觉疼痛。用TSE短时间刺激可以产生较长时间的止痛效应。

(3)脊髓刺激疗法(spinal cord stimulation,SCS):用导管针经皮或椎板切除术时在相应脊髓节段的硬膜外间隙安置电极,导线引出体外。硬膜外弱电流可以兴奋后索粗神经纤维,抑制痛觉传入而达到止痛。脊髓刺激疗法对血管性疼痛尤其有效。

(4)深部脑刺激(deep brain stimulation,DBS):通过神经外科手术,将电极置入脑部,电刺激垂体,治疗一些顽固性疼痛。

(5)其他电疗:如间动电疗、干扰电疗、感应电疗、音频电疗、正弦调制及脉冲调制中频电疗等,都有较好的止痛效果。超短波、微波电疗以及药物离子导入也有不同程度的止痛作用。

2. 热疗和冷疗

(1)热疗:热疗可以提高痛阈,也可使肌梭兴奋性下降,导致肌肉放松,而减少肌肉痉挛;热可产生血管扩张,增加血液循环,降低患部充血,促进炎症吸收;皮肤温度感受器受到刺激,可以抑制疼痛反射。如电热垫、电光浴、热水袋、热水浸泡、热水浴、热敷或蜡浴等。深部透热、超声可作用于机体深部组织,如关节韧带和骨骼。肌肉、关节和软组织病变所致的疼痛,热疗可以产生很好的治疗反应。退行性关节病变或椎间盘病变所致腰痛、痛性关节炎和肌筋膜炎等骨骼肌肉疾患,热疗都有效;胃肠道和泌尿道平滑肌痉挛,行深部热疗非常有效。

(2)冷疗:冷可以降低肌张力,减慢肌肉内神经传导速度,从而减轻原发骨关节病变所致的肌肉痉挛。损伤(不严重的)初期(48小时内)使用冷疗能减轻疼痛,预防和减少出血与肿胀;手术后,尤其是骨科手术后应用冷疗有助于止痛。头痛、牙痛、轻度烫伤、早期肱骨外上髁炎都可以应用冷疗。也可通过外科手术进行直接神经冷冻阻滞,或痛性骨结构进行冷冻止痛。有一些严重疼痛病症,热疗和冷疗可交替使用,比单用一种治疗效果更好。另一些病症可能只对一种疗法有特殊的治疗反应,如类风湿关节炎对冷疗效果很好,而用热疗却会使病情加重;相反,大多数其他的疼痛僵硬性关节炎用热疗可以使症状改善,但用冷疗却会使症状加重。

3. 运动治疗 指采用主动和被动运动,通过改善、代偿和替代的途径,改善运动组织(肌肉、骨骼、关节、韧带等)的血液循环和代谢,促进神经肌肉功能,提高肌力、耐力、心肺功能和平衡功能,减轻异常压力或施加必要的治疗压力,纠正躯体畸形和功能障碍的治疗方法。患者有主动活动的能力时,更要提倡主动活动。运动疗法主要通过神经反射、神经体液因素和生物力学作用等途径,对人体全身和局部产生影响和作用。特别是运动对骨关节和肌肉的影响、骨代谢的影响、免疫功能的影响及心理精神的影响有助于减缓疼痛。

4. 手法治疗 是指康复治疗人员应用手法使关节的骨端能在关节囊和韧带等软组织的弹性所限范围内发生移动的操作技术,包括推动、牵拉和旋转。这种被动活动具有一定的节律性,且患者可以对其进行控制或因疼痛产生抵抗。应用时常选择关节的生理运动和附属运动。关节的生理运动(physiological movement)是指关节在生理范围内完成的运动,可主动或被动完成,在关节松动技术中属于被动运动;关节的附属运动(accessory movement)是指关节在自身及其周围组织允许的范围内完成的运动,是维持关节正常活动不可缺少的一种运动,一般不能主动完成,需他人或本人对侧肢体帮助才能完成。松动术的主要作用是通过生物力学与神经反射作用而达到止痛效果,包括促进关节液的流动、改善关节软骨和软骨盘无血管区的营养;缓解疼痛,防止关节退变;可以抑制脊髓和脑干致痛物质的释放,提高痛阈。用于治疗疼痛的松动术常使用轻手法。

(二)认知行为疗法

50%~70%慢性疼痛患者均伴有认知行为和精神心理的改变,从而进一步加重疼痛,不进行干预,易形成恶性循环。认知行为疗法(cognitive behaviour therapy,CBT)是针对慢性疼痛患者的综合性、多方面的治疗。其目的是鼓励和教育患者积极参与,从而帮助患者学习自我控制和处理问题的能力,改善与疼痛相关的认知结构与过程及功能状态。采取的方法可包括忽略想象、疼痛想象转移、注意力训练等。放松训练是应用较多、效果较好的治疗方法。放松的方法可增加患者的活动,减少疼痛的压力,如缓慢深呼吸、膈肌呼吸、深部肌肉放松法等。

(三)姿势矫正和支具的应用

保持身体的正常对位、对线可以减缓疼痛。除让患者自身矫正、注意姿势外,可以采用支具,如腕部支具、脊柱支具等,可以稳定和支持关节,减少肢体的压力和应力。要注意合理使用支具和佩戴支具的时间。

(四)针灸、推拿和按摩

1. 针灸治疗　针灸可减轻或缓解疼痛。针灸可以激活神经元的活动,从而释放出 5- 羟色胺、内源性阿片样物质、乙酰胆碱等神经递质,加强了镇痛作用。

2. 推拿和按摩　对关节或肌肉进行推拿、按摩治疗,有助于肌肉的放松,改善异常收缩,纠正关节的紊乱,减轻活动时的疼痛。

(五)药物治疗

药物治疗是疼痛治疗中较为基本、常用的方法。目的是使疼痛尽快缓解,有利于患者尽早恢复或获得功能性活动。常选用的药物包括镇痛药、镇静药、抗痉挛药、抗抑郁药、糖皮质激素、血管活性药物和中草药。镇痛药是主要作用于中枢神经系统、选择性抑制痛觉的药物。一般分为三类:麻醉性镇痛药、非类固醇抗炎药和其他抗炎药。麻醉性镇痛药常用于治疗顽固性疼痛,特别是癌痛的主要手段。非类固醇抗炎药有中等程度的镇痛作用,是一类具有解热、镇痛、抗炎、抗风湿的作用,对慢性疼痛有较好的镇痛效果。慢性疼痛常伴有的焦虑、烦躁、抑郁、失眠、食欲缺乏等症状,需联合使用辅助药物治疗,如三环类抗抑郁药、苯二氮䓬类抗焦虑药和镇静催眠药物等。激素具有抗炎、免疫抑制及抗毒素等作用可全身给药,或局部注射常用于急性疼痛,特别是神经阻滞中使用以加强治疗效果。药物的使用要充分注意疼痛的特点,特别明确疼痛的病因、性质、程度、部位及对疼痛药物的反应。

(六)神经阻滞疗法

直接在末梢的神经干、丛,脑脊神经根、交感神经节等神经组织内或附近注入药物或给予物理刺激而阻断神经功能传导称为神经阻滞。神经阻滞疗法的机制是通过阻断痛觉的神经传导通路、阻断疼痛的恶性循环、改善血液循环、抗炎等达到镇痛目的。神经阻滞疗法短期镇痛效果可靠、治疗范围及时效可选择性强。疗效与操作技术关系密切,因此要求操作技术相对较高。注射的部位应根据不同病症的性质而定,有周围神经、中枢神经和自主神经。最常用的是周围神经。

1. 经皮用药(transdermal medication)　用稀释的局麻药在疼痛部位周围的真皮和皮下组织浸润,治疗带状疱疹后神经痛,对亚急性期效果更佳。常用局麻药有普鲁卡因、利多卡因、丙胺卡因和丁哌卡因。

2. 激痛点注射(trigger point injections)　许多肌筋膜痛都有"激痛点"。激痛点位于肌腹中,一般比较表浅,甚至只在真皮层,很少位于深部组织。激痛点有好发部位,但任何肌肉内都可以形成痛点而引起疼痛和肌肉痉挛。激痛点一般并不固定,也不完全等同于运动点和针灸穴位。可采用局麻药如 0.25% 丁哌卡因 1～5ml 注射。注射后,可以进行肌肉的主、被动牵伸。如果疼痛严重或持续时间很长,可以在注射前先给予 15 分钟的热疗或手法按摩。

3. 腱鞘内注射　将药物注入腱鞘内,有消炎、松解粘连、缓解疼痛的作用,常用于手指屈肌腱鞘炎和腱鞘囊肿等病症。

4. 关节内注射　将药物注入关节内,治疗关节炎疼痛或增加膝关节滑液的分泌,从而减少关节运动时疼痛。

5. 椎管内硬膜外给药　将药物持续或间断注入椎管内膜外腔中,可以消肿,减轻炎症反应,解除对神经根的压迫，使疼痛缓解，常用于腰椎间盘突出症、椎管狭窄症、下肢疼痛等。

6. 神经根封闭　神经根注射药物以缓解由神经根受压产生疼痛。交感神经节封闭治疗可引起体位性低血压。

7. 神经破坏因子（neurolytic agent）　应用药物对神经阻滞可以破坏神经轴索。主要有酚和酒精。50%～100% 的酒精可以破坏轴索和鞘膜，产生长期止痛效果，可用于肋间神经封闭，或腹腔神经丛封闭、三叉神经痛。

（七）健康教育

健康教育是针对患者疼痛的诱发因素及注意事项等进行宣传教育，利用口头宣教、宣传册、录影带等，将专业知识改编成简单易懂、图文并茂、生活化的语言，有效地预防疼痛及其并发症的再次发生。

临床中可用手术破坏神经通路达到止痛，还可进行外科冷冻神经、手术置入刺激器治疗慢性疼痛。手术的理想要求是只切断痛觉纤维，不损伤其他感觉纤维或运动纤维；手术对周围正常组织无侵袭；术后无疼痛复发。然而，到目前为止，尚无一种除痛手术能同时满足上述三条要求。手术除痛方法需慎重选择。

（王宁华）

学习要点：

1. 慢性疼痛的定义。
2. 疼痛治疗的主要评定方法。
3. 疼痛的主要治疗方法。
4. 热疗和冷疗的镇痛机制。

第三节　痉　　挛

一、概述

（一）定义

有关痉挛的定义，国际上尚未统一。对痉挛的认识大致经历了下列演变。

1. Lance 的定义　1980 年，Lance 提出痉挛的定义为"以速度依赖性的牵张反射增强、腱反射亢进为特征的运动障碍，是上运动神经元综合征（upper motor neuron syndrome，UMNS）的阳性表现"。UMNS 有四个特征性表现，即：①牵张反射增强（痉挛）；②下肢屈肌反射释放，出现病理征阳性；③手指运动灵活性丧失；④肌无力。前两个为阳性症状，后两个为阴性症状。虽然阳性和阴性症状均可引起功能障碍，但人们对"痉挛"尤为关注，主要原因为痉挛不仅影响功能恢复，而且导致继发性损害，如挛缩、无力和疼痛。

2. Young 的定义　1994 年 Young 等将痉挛定义为"以速度依赖的牵张反射增强为特征的运动障碍，源于异常的脊髓内原始传入冲动过程"。然而，上述定义是相对狭义的，并不能涵盖痉挛的所有临床表现。

3. Pandyan 定义　2005 年，Pandyan 等把痉挛的定义扩展并修订为"痉挛是一种感觉、运动控制障碍，由于上运动神经元损伤所致，表现为间歇性或连续性的肌肉不随意激活"。该定义旨在包含最近对痉挛病理生理和临床实践的理解。

综上所述，随着人们对痉挛认识的深入，痉挛的定义将会进一步深化。

（二）流行病学

临床医生治疗神经系统疾病时经常面临肌肉痉挛的问题，许多疾病如脑血管病、脊髓损伤、脑性瘫痪、多发性硬化等均可引起痉挛。痉挛的发病率和患病率目前没有准确的统计数据，但是，约 30%

的脑卒中患者、60% 的多发性硬化患者及 75% 的重度创伤性脑损伤患者会出现需要治疗干预的痉挛，全世界有超过 1.2 亿人受痉挛的影响。痉挛严重影响患者的功能活动，对患者的身心健康均有严重的不利影响，我们需要充分认识痉挛的严重性和危害，积极治疗，使患者的生活质量得到改善。

（三）临床分型及表现

痉挛常见于中枢神经系统疾病，如脑性瘫痪、脑卒中、脑外伤、脊髓损伤、多发性硬化等。根据病变部位不同分为下列三种类型，它们的生理差异在于处理外周传入信息的中枢不同。

1. 脑源性痉挛　多见于脑卒中、脑外伤和脑性瘫痪，一般在发病后 3～4 周内出现。当病变损害到皮质、基底节、脑干及其下行运动通路的任何部位，均可出现瘫痪肢体的痉挛。

（1）主要特点：①单突触传导通路的兴奋性增强；②反射活动快速建立；③抗重力肌倾向过度兴奋并形成偏瘫的异常姿势。

（2）临床表现：肌张力呈持续性增高状态，通过反复缓慢的牵张刺激可暂时获得缓解，但维持时间短。痉挛严重影响肢体协调性，使精细活动困难，尤其是在步行时，此种障碍表现得更突出，常表现出典型的划圈步态，且由于上肢屈肌群痉挛，呈现上肢屈曲内收，下肢固定伸展的异常姿势。而脑瘫儿童则由于内收肌痉挛出现特有的剪刀步态。

2. 脊髓源性痉挛

（1）病理生理变化：可见于脊髓损伤、脊髓缺血、退行性脊髓病、横贯性脊髓炎、脊髓肿瘤、颈椎病等，痉挛一般在发病后 3～6 个月内出现。脊髓损伤可波及上运动神经元和与之形成突触的中间神经元，以及下运动神经元。中间神经元以上损伤，可引起损伤平面以下的肢体痉挛。

（2）主要特点和临床表现：①节段性的多突触通路抑制消失；②通过对刺激和兴奋的积累，兴奋状态缓慢、渐进地提高；③从一个节段传入的冲动可诱发相连的多个节段的反应；④屈肌和伸肌均可出现过度兴奋。脊髓源性痉挛极易被皮肤刺激所诱发。有研究表明不完全性脊髓损伤的 ASIA 残损分级 B、C 级比完全性脊髓损伤的 A 级更易引起痉挛。

3. 混合型痉挛　多发性硬化引起的痉挛与上述类型的痉挛不同，该病常累及脑白质和脊髓的轴突，从而出现运动通路不同水平的病变而导致痉挛，可表现为全身性、区域性和局灶性痉挛，具体表现由病情程度和侵犯部位决定。

二、成人痉挛的评定

1. 肌张力量表

（1）Ashworth 痉挛量表（Ashworth spasticity scale, ASS）与改良 Ashworth 痉挛评定量表（参阅第三章第一节表 3-1）：是目前临床上常用的痉挛评定量表，它们将肌张力分为 0～4 级，使痉挛评定由定性转为定量。根据文献报道，此两种量表用于上肢痉挛评定的信度优于下肢。

（2）内收肌张力量表：该量表是评定髋内收肌群的特异性量表，主要用于内收肌张力高的患者治疗前后肌张力改变的评估，它包括 0～4 五个等级（表 9-1）。

表 9-1　髋内收肌群张力分级评定（adductor tone rating）

0 级	肌张力不增加
1 级	肌张力增加，髋关节在 1 个人的帮助下很容易外展到 45°
2 级	髋关节在 1 个人的帮助下稍许用力可以外展到 45°
3 级	髋关节在 1 个人的帮助下中度用力可以外展到 45°
4 级	需要 2 个人才能将髋关节外展到 45°

（3）临床痉挛指数（clinic spasticity index，CSI）：20 世纪 80 年代，加拿大学者 Levin 和 Hui-Chan 根据临床的实际应用，提出了一个定量评定痉挛的量表，包括三个方面：腱反射、肌张力及阵挛，目前主要用于脑损伤和脊髓损伤后下肢痉挛的评定，特别是踝关节，评定内容包括跟腱反射、小腿三头

肌的肌张力和踝阵挛。评分标准如下：

腱反射：0分：无反射；1分：反射减弱；2分：反射正常；3分：反射活跃；4分：反射亢进。

肌张力：0分：无阻力（软瘫）；2分：阻力降低（低张力）；4分：阻力正常；6分：阻力轻到中度增加；8分：阻力重度增加。

阵挛：1分：无阵挛；2分：阵挛1~2次；3分：阵挛2次以上；4分：阵挛持续超过30秒。

结果判断：0~6分：无痉挛；7~9分：轻度痉挛；10~12分：中度痉挛；13~16分：重度痉挛。

2. 其他综合能力评定 包括日常生活活动评定（Barthel指数）、功能独立性评定（FIM）、平衡评定和步态评定。

3. 电生理评定

（1）H反射：刺激混合神经干而强度尚不足以刺激运动神经引起M反应时，即刺激了感觉神经，兴奋经后根传至脊髓前角细胞，引起其兴奋，产生肌肉反应，即为H反射。

（2）分析指标：①H反射潜伏期：从刺激开始到H反射出现的时间。②H波最大振幅与M波最大振幅的比值，正常值应大于1。测定H反射的潜伏期可推测周围神经的传导情况。

三、康复治疗

（一）治疗原则

痉挛的表现在不同患者之间差异很大，带来的问题也是多方面的，痉挛的处理必须是在综合评估的基础上，制订个性化的综合治疗方案（图9-1）。

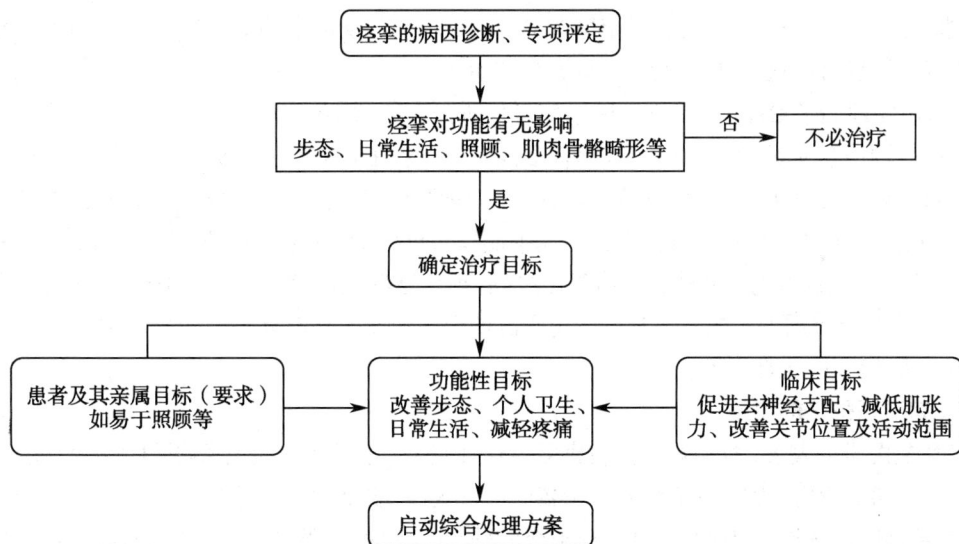

图9-1 痉挛治疗流程图

（二）治疗方法

痉挛治疗应是综合性的，包括预防伤害性刺激、早期的预防体位、运动疗法和其他物理治疗法、药物、神经阻滞及手术等。

1. 减少加重痉挛的不当处理和刺激

（1）抗痉挛模式：脑外伤、脑卒中、脊髓损伤等患者从急性期开始即应采取良姿体位，对于严重脑外伤、去皮质强直者采取俯卧位，去脑强直者宜取半坐卧位，使异常增高的肌力得到抑制。早期进行斜板站立和负重练习，避免不当刺激，如刺激抓握反射和阳性支持反射。

（2）消除加重或诱发痉挛的危险因素：压疮、便秘或尿路感染以及各种原因引起的疼痛，如合并骨折、嵌甲、关节疼痛等，都可使痉挛加重。

（3）慎用某些抗抑郁药：用于抗抑郁的某些药物可对痉挛产生不良影响，加重痉挛，应慎用或不用。

2. 运动治疗与物理因子治疗　保持软组织的伸展性和适当的训练，控制不必要的肌肉活动和避免不适当用力，将会使痉挛得到有效的控制。常用的方法有：

（1）持续被动牵伸：每日进行关节活动的训练是防治痉挛的最基本方法。关节活动应缓慢、稳定而达全范围。每日持续数小时的静力牵伸，可使亢进的反射降低。站立是对髋关节屈肌、膝关节屈肌和踝关节屈肌另一种形式的静态牵伸，它可使早期的挛缩逆转、降低牵张反射的兴奋性。除良姿体位外（尽量不使用加重痉挛的仰卧位），应用充气夹板，使痉挛肢体得到持续缓慢的牵伸以缓解痉挛。还可利用上、下肢夹板，矫形器做持续的静态肌肉牵伸，例如膝分离器、全下肢外展枕、坐位下用分腿器（这种辅助具可用硬塑泡沫制作，简单实用），保持软组织长度，伸展痉挛的肌肉，维持肢体在功能位。踝足矫形器可用于控制踝关节的痉挛性马蹄足畸形。

（2）放松疗法：对于全身性痉挛，放松是一种有效的治疗手段。例如，脑卒中或脑瘫患者，让其仰卧位屈髋屈膝，治疗师固定患者的膝、踝并左右摇摆，在不同体位下使用巴氏球，多体位下被动旋转躯干等。

（3）抑制异常反射性模式：①使用控制关键点等神经发育技术抑制异常反射性模式。②通过日常活动训练（如坐 - 站，行走）使患者获得再适应和再学习的机会。如要求偏瘫患者使用双上肢促进身体从坐位站起：首先在坐位下身体保持平衡、对称和稳定，在一个高的座位上双手十字交叉相握并抬起双上肢，骨盆前倾，腿脚适当放置负重，反复进行坐 - 站训练，不仅使患者学习掌控肌肉活动的时间，而且由于座位升高减少了使用伸肌的力量，使患者容易站起，并有助于抑制下肢屈曲的异常模式，从而抑制了痉挛。此外，鼓励非卧床患者参加某种形式的功能活动如散步、游泳、踏车练习等有助于减少肌肉僵直，同时也可以作为有效的抗痉挛治疗。

（4）常用物理因子治疗：许多物理因子均可使肌张力得到不同程度上的暂时降低，从而缓解痉挛。包括：①冷疗法：如冰敷、冰水浸泡，将屈曲痉挛的手放在冰水中浸泡 5~10 秒后取出，反复多次后手指即可比较容易地被动松开。②电刺激法：痉挛肌及其对抗肌的交替电刺激疗法（Hufschmidt 电疗法）利用交互抑制和高尔基腱器兴奋引起抑制以对抗痉挛。此外还有脊髓通电疗法、痉挛肌电刺激疗法、直肠电极植入电刺激法。③温热疗法：各种传导热（沙、泥、盐）、辐射热（红外线）、内生热（微波、超短波）。④温水浴：患者在具有一定水温的游泳池或 Hubbard 槽中治疗，利用温度的作用，并进行被动关节活动，也能缓解痉挛。

（三）痉挛矫形器的应用

随着康复医学的发展，矫形器慢慢被康复科重视起来。特别是低温热塑板材的出现和应用，大大增加了矫形器的应用范围和患者佩戴矫形器时的有效性、安全性和舒适性。

1. 常用矫形器材料　塑料是一种高分子合成材料，塑料矫形器的优点在于能直接在身体或身体某部分的石膏模上成型，而且具有加工方便、重量轻、压力分布均匀、服帖、易清洗、低过敏性等优点而被广泛利用。塑料可分为热固性塑料和热塑性塑料两种，其中临床较常用的热塑性板材又分为低温热塑板材和高温热塑板材（表9-2）。

表9-2　热固性塑料和热塑性塑料特性比较

板材类型		特性
热固性板材		主要用在较薄的的矫形器中，制作成本较高，工艺较复杂，对矫形师技术要求较高
热塑型板材	低温热塑板材	60~80℃时即可软化，强度较低，制作相对简单，对制作器具和制作环境的要求相对较低
	高温热塑板材	变形温度为 130~180℃，其分子结构相对稳定、强度较高，常用在下肢或痉挛程度较高的矫形器制作中

2. 痉挛矫形器的一般制作原则

1）矫形器制作前康复医生和治疗师共同了解患者病情。

2）根据矫形目的和矫形部位选择合适的制作材料和矫形器类型。

3）充分考虑当前有关的病理情况，如痉挛的体位或患者的现状。

4）交付矫形器时，向患者说明可能达到的效果和注意事项。

5）矫形器制作时将患者肢体置于合适的位置，不可引起患者其他不适或痉挛加重。

6）初次佩戴矫形器，脱下后应注意观察患肢体表是否有压迫，损伤等情况，并及时进行调校。

7）佩戴前应教导患者或患者陪护矫形器的使用方法及保养措施等。一般要求患者初次佩戴时间为1小时，脱下后观察体表是否有压迫损伤再进行调整。平时佩戴每2小时要松开矫形器，休息半小时后再次佩戴。若患者条件允许，鼓励患者脱矫形器睡觉。

（四）药物治疗

1. 口服药　①巴氯芬（baclofen）：是一种肌肉松弛剂，是脊髓内突触传递强有力的阻滞剂，同时作用于单突触和多突触反射而达到缓解痉挛的目的。该药对脊髓性痉挛有效，对脑损伤痉挛效果欠佳。②丹曲林（dantrolene）：肌肉松弛剂，是目前使用的唯一作用于骨骼肌而非脊髓的抗痉挛药。因作用于外周，与作用于中枢的药物合并使用可用于治疗各种痉挛。③替扎尼定（tizanidine）：咪唑衍生物是相对选择性肾上腺素受体激动剂，有降低脊髓和脊髓上张力和抑痛的作用。该药临床疗效类似巴氯芬和地西泮，但比巴氯芬较少出现无力，比地西泮的镇静作用弱，耐受性更好。④乙哌立松（eperisone）：属中枢性肌肉松弛剂，主要对 α 系、γ 系有抑制作用，并抑制脊髓、脑干等中枢内的多突触反射及单突触反射。对中枢性肌痉挛早期用药效果较好。⑤其他口服药：地西泮、复方氯唑沙宗、吩噻嗪类（氯丙嗪等）等中枢神经抑制剂，也可能降低过高的肌张力（表9-3）。

表 9-3　口服常用的治疗痉挛药物表

药物	初始剂量	最大服用剂量	副作用	用药监测	注意事项
巴氯芬	每日5～15mg，分三次服用	80mg 每日	肌无力，镇静，乏力，头晕，恶心呕吐	定期进行肝功检查	停药反应症状
地西泮	每日2mg分两次服用或睡前服用5mg	40～60mg 每日	镇静，认知障碍，抑郁	潜在的依赖性	停药反应症状
替扎尼定	每日2～4mg	36mg 每日	嗜睡，口干，头晕，可逆的剂量相关的肝酶增高	定期进行肝功检查	不得与降压药和可乐定联用
可乐定	每日0.1mg	还未证明用于痉挛；高血压患者，每日剂量高达2.4mg的用法已有研究，但未用于临床，常用剂量为每日0.2～0.6mg	心搏徐缓，低血压，口干，嗜睡，便秘，头晕，抑郁	定期进行肝功检查	联用其他降压药可能造成低血压 勿与替扎尼定联用
丹曲林	每日25mg	400mg 每日	肝中毒（潜在的不可逆转的肝毒性），虚弱，镇静，腹泻	定期进行肝功检查	肝中毒
加巴喷丁	每日100mg，分三次服用	3600mg 每日	胃部不适		

2. 局部注射　主要用于缓解靶肌肉或小肌群痉挛。这种方法使药物集中在关键肌肉,减少了全身副作用。

（1）肌肉注射:目前国内外最常用的是肉毒毒素。其中 A 型肉毒毒素（botulinum toxin A,BTX-A）是一种较强的肌肉松弛剂,肌肉注射后在局部肌肉内弥散,与神经肌肉接头的胆碱能受体结合,阻滞神经突触乙酰胆碱的释放,从而缓解肌肉痉挛。

靶肌肉的选择应根据异常运动模式、收缩肌和拮抗肌的张力及其平衡对关节畸形的影响、对功能的影响等综合因素确定,必要时可实施诊断性神经阻滞术,这也是制订临床治疗方案的依据。注射方法:根据体重和靶肌的需要剂量用生理盐水稀释 BTX-A 制剂。稀释后用 1ml 针管抽取,选用适当长度的针头,在皮肤常规消毒后直接向靶肌注射;注射时以靶肌的运动点（肌腹中心）为中心,参考靶肌的肌肉容积,可酌情进行全方位的多点注射,注意控制各个注射点的间隔距离。深层靶肌最好有肌电图或超声波检测定位,按照制剂的说明书、参考痉挛严重程度及个体状况计算临床治疗剂量。一般在注射后 2~10 天出现药物的有效作用,药效可维持 3~4 个月或更长时间。以后则根据需要再注射。

（2）鞘内注射:常用巴氯芬。对常规口服药物反应不良或不能耐受的患者,或其他物理疗法如电刺激等不起作用的难治性痉挛,以及严重痉挛伴剧烈疼痛的患者可考虑鞘内注射,所需剂量仅为口服用药的 1%。主要副作用是药物过量可导致呼吸抑制。最近人们使用巴氯芬泵,有控制地向鞘内注药。脊髓损伤后的严重痉挛应用此法效果良好。这种方法可逆、无破坏、可随时调整,非常适合那些既要控制痉挛,又要保留残留运动或感觉功能的不完全性瘫痪患者。

（3）神经或运动点阻滞:应用酒精、酚或局麻药进行神经阻滞,所产生的影响持续时间长。

当痉挛不能用药物和其他方法缓解时,可考虑手术治疗。通过破坏神经通路的某些部分,而达到缓解痉挛的目的。包括神经切断、高选择性脊神经根切断、脊髓部分切断、肌腱切断或肌腱延长术。

（范建中）

学习要点:

1. 痉挛定义的演变。
2. 痉挛的临床分型及表现。
3. 痉挛的常用评定方法。
4. 痉挛的常用康复治疗手段。

第四节　压　疮

一、概述

压疮是指局部皮肤长时间受压或受摩擦力与剪切力的作用后,受力部位出现血液循环障碍而引起局部皮肤和皮下组织缺血、坏死。多见于脊髓损伤、颅脑损害、年老体弱等长期卧床者,好发部位有骶尾部、足跟、股骨大粗隆、枕骨隆突、坐骨结节等骨隆突处,也可发生于身体任何软组织受压的部位,包括来自夹板、矫形器、矫形固定物的压迫。

2014 年,欧洲压疮咨询小组（European Pressure Ulcer Advisory Panel,EPUAP）和美国国家压疮咨询小组（National Pressure Ulcer Advisory Panel,NPUAP）在 2009 版《压疮预防和治疗临床实践指南》的基础上,联合泛太平力性损伤联合会（Pan Pacific Pressure Injury Alliance,PPPIA）共同制定了 2014 版国际《压疮预防和治疗:临床实践指南》。该指南仍采用 2009 版的压疮定义:皮肤和（或）皮下组织的局限性损伤,通常位于骨隆突处,由压力（包括压力联合剪切力）所致。许多影响因素或混杂因素也与压疮发生有关,但这些因素的重要性尚待研究阐明。NPUAP 在 2016 年将压疮更名为压力性损伤,重新定义为位于骨隆突处、医疗或其他器械下的皮肤和（或）软组织的局部损伤。可表现为完整皮肤或开放性溃疡,可能会伴疼痛感。损伤是由于强烈和(或)长期存在的压力或压力联合剪切力导致。软组织对压力和剪切力的耐受性可能会受到微环境、营养、灌注、合并症以及软组织情况的影响。这一更改更加准确地描述了完整或溃疡皮肤处的压力性损伤。

文献报道,一般医院压疮的发生率为 2.5%~8.8%,脊髓损伤患者的发生率为 25%~85%,老年住院患者的发生率为 10%~25%。若压疮长期不愈合可引发局部脓肿、菌血症、脓毒血症、骨髓炎等,严重影响患者受损功能的改善,甚至危及生命。

(一)形成压疮的危险因素

垂直作用于皮肤表面的机械压力是导致压疮的主要原因,但是这种压力必须持续一定的时间,超过一定的强度。剪切力和摩擦力也可使皮肤损害产生压疮。

1. 压力　长时间持续的机械压力由身体表面传送至骨面,压力呈锥形分布,锥底为受压的身体表面,而骨上的组织承受最大的压力。因此最重的损伤常见于肌层而非皮肤。一般压力持续 30 分钟,去除压力 1 小时后皮肤发红才开始消退;如果压力持续 2~6 个小时就会发生局部皮肤组织缺血,去除压力 31 小时后皮肤发红才开始消退;如果压力持续 6~12 个小时,局部皮肤色泽变暗、坏死,皮肤破溃,继而出现压疮。

2. 剪切力　当皮肤保持不动而其下的组织移动时会产生剪切力。剪切力与骶部压疮的发生率高有关。若床头抬高,则骶骨后部组织压力比床平放时更大,尽管骶尾部皮肤与床面紧贴在一起,但身体却滑向床尾,这就会使供给皮肤血液的深部动脉受压,使皮肤缺血而引起基底面积广泛的剪切性溃疡。产生局部剪切力的常见原因包括痉挛、坐姿不良、卧姿不良、转移时滑动而不是抬起等。

3. 摩擦力　若皮肤在其承重面上移动则会产生摩擦力。最轻的摩擦引起局部皮肤的损害,但破损限于表皮和真皮层。在合并有压力和剪切力时,摩擦力会进一步加重受累皮肤的损害。

4. 潮湿　潮湿是压疮形成的一个重要促进因素,若不能控制会使皮肤软化。随着表皮组织的软化,皮肤张力会降低,受压及给予摩擦力时易破损。过度潮湿由出汗、伤口引流及二便失禁引起。

(二)压疮的影响因素

1. 内在因素　营养不良、运动障碍、感觉障碍、急性疾患、年龄、体重、血管病变、脱水等。

2. 外在因素　压力、剪切力、摩擦力和潮湿。

3. 诱发因素　长时间坐或卧的姿势不良、移动患者的方法不正确、大小便失禁和环境因素等。

(三)压疮的发生机制

有研究表明,人体毛细血管内的压力为 10~30mmHg,当作用于皮肤的外力(压力、剪切力和摩擦力)超过这一数值时,可导致毛细血管腔的闭塞和局部淋巴回流受阻,从而引起局部皮肤组织的缺血、坏死。一般来说,局部皮肤受外力越高,造成压疮所需的时间越短,局部组织循环基础较差(如组织萎缩、瘢痕等)对外力的敏感性增加,发生压疮的概率就会增加。长时间保持坐位易发生坐骨结节处压疮,长时间保持半卧位或仰卧位易发生骶尾部和足跟部压疮,长时间保持侧卧位易发生受压侧肩部、股骨大转子和外踝处压疮。

二、压疮的评定

压疮的评定有助于对创面情况的详细了解,为去除病因、制订和实施相关的治疗提供科学的依据。压疮的局部评估包括压疮的形状、部位、范围、分期、渗出液量,以及局部感染和疼痛情况。

1. 国际 NPUAP/EPUAP 压疮分类系统

Ⅰ类/期:指压不变白红斑。局部皮肤完好,出现压之不变白的红斑,常位于骨隆突处。肤色深区域可能见不到指压变白现象;但其颜色可能与周围皮肤不同。与临近组织相比,这一区域可能会疼痛、发硬、柔软、发凉或发热。肤色较深的人可能难以识别Ⅰ类/期压疮迹象。可以提示为"风险"人群(有发病风险征兆)。

Ⅱ类/期:部分皮肤缺失。部分皮层缺失表现为浅表的开放性溃疡,创面呈粉红色,无腐肉。也可表现为完整的或开放/破损的浆液性水疱。外观呈透亮或干燥的浅表溃疡,无腐肉及瘀伤(表明有疑似深部组织损伤)。皮肤撕裂,医用胶布所致损伤,会阴部皮炎,浸渍糜烂或表皮脱落不应使用Ⅱ类/期描述。

Ⅲ类/期:全皮层缺失。全皮层缺失,可见皮下脂肪,但骨、肌腱、肌肉并未外露。可见腐肉,但并未掩盖组织缺失的深度。可出现窦道或潜行。Ⅲ类/期压疮的深度依解剖学位置而不同。鼻梁、耳朵、枕骨部和踝部没有皮下组织,这些部位发生Ⅲ类/期压疮可呈浅表状。相反,脂肪多的区域可以发展成非常深的Ⅲ类/期压疮。骨骼和肌腱不可见或无法直接触及。

Ⅳ类/期:全层组织缺失。全层组织缺失,并带有骨骼、肌腱或肌肉的暴露。在创面基底某些区域可有腐肉和焦痂覆盖。通常会有窦道或潜行。Ⅳ类/期压疮的深度依解剖学位置而不同。鼻梁、耳朵、枕骨部和踝没有皮下组织,这些部位的压疮可为浅表型。Ⅳ类/期压疮可扩展至肌肉和(或)支撑结构(如筋膜、肌腱或关节囊),有可能引起骨髓炎。暴露的骨骼/肌腱肉眼可见或可直接触及。

不可分期压疮:深度未知。全层组织缺失,创面基底部覆盖有腐肉(呈黄色、棕褐色、灰色、绿色或者棕色)和(或)焦痂(呈棕褐色、棕色或黑色)。除非去除足够多的腐肉和(或)焦痂来暴露伤口基底部,否则无法判断实际深度,也无法分类/期。足跟处的稳定型焦痂(干燥、紧密附着、完整而无红斑或波动感)可起到"机体天然(生物性)屏障"的作用,不应去除。

可疑深部组织损伤:深度未知。在皮肤完整且褐色的局部区域出现紫色或栗色,或形成充血的水疱,是由于压力和(或)剪切力所致皮下软组织受损导致。此部位与邻近组织相比,先出现痛感、发硬、糜烂、松软、发热或发凉。在深肤色的个体身上,很难辨识出深层组织损伤。进一步发展可能会在深色创面上出现扁薄(细小)的水疱。该创面可进一步演变,可覆有一薄层焦痂。即便使用最佳的治疗方法,也会迅速出现深层组织的暴露。

2. NPUAP(2016)压疮分期　NPUAP(2016)压疮分期中,除了将压疮更名为压力性损伤外,新的分期系统采用阿拉伯数字替代了罗马数字,"可疑深部组织损伤"名称中去除了"可疑"二字。另外还增加了"医疗器械相关性压力性损伤"以及"黏膜压力性损伤"两个定义。

医疗器械相关性压力性损伤:是指由于使用用于诊断或治疗的医疗器械而导致的压力性损伤,损伤部位形状通常与医疗器械形状一致。这一类损伤可以根据上述分期系统进行分期。

黏膜压力性损伤:由于使用医疗器械导致相应部位黏膜出现的压力性损伤。由于这些损伤组织的解剖特点,这一类损伤无法进行分期。

3. Braden scale 评分简表　有助于量化相关指标,得分为6~23分,分数越低越危险。15~18分为轻度危险,13~14分为中度危险,10~12分为高度危险,9分以下为极度危险(表9-4)。

表9-4　Braden scale 评分简表

项目	1分	2分	3分	4分
感觉	完全受限	非常受限	轻度受限	未受限
潮湿	持续潮湿	潮湿	有时潮湿	很少潮湿
活动能力	限制卧床	可坐椅子	偶尔行走	经常行走
移动能力	完全无法行动	严重受限	轻度受限	未受限
营养	非常差	可能不足	足够	非常好
剪切力和摩擦力	有问题	有潜在问题	无明显问题	—

三、压疮的治疗与预防

压疮在治疗时首先应明确并去除产生压疮的原因,否则即使给予了正确的局部和全身治疗也很难达到治疗目的。

（一）全身治疗

1.营养与能量的摄入　营养不良是压疮发生的危险因素，也不利于压疮的愈合。在组织水平上，持续压力是导致皮肤破损的重要局部因素，而在细胞水平上，由于营养物质的运输和代谢产物的排泄障碍而不能维持代谢，导致细胞分解，同时含有蛋白质、维生素和矿物质的液体通过压疮创面持续丢失。因此，对于压疮患者，若饮食摄入量无法满足营养需要时，还需向其提供高卡路里（30～35kcal/kg）、高蛋白的营养补充剂，同时增加液体的摄入量（240ml/2h）。对于合并糖尿病的患者，需积极控制血糖。

2.蛋白质的摄取　如果出现压疮，根据体重必须向患者提供1.25～1.5g/kg的蛋白质。对于Ⅲ或Ⅳ类/期成年压疮患者，或多发压疮的成年患者，当传统高卡路里及蛋白补充无法满足营养需要时，需要补充高蛋白质、精氨酸和微量元素。补充蛋白的过程中，需要评估肾功能状况。

3.维生素与矿物质的补充　对压疮患者提供/鼓励其摄入富含维生素与矿物质的平衡膳食。维生素C可以促进胶原蛋白合成，应每天补充1g。锌是蛋白质合成和修复的必要物质，应先检查是否有锌缺乏，因为过量的锌（>400mg/dl）可能会影响巨噬细胞的功能，如有锌的缺乏，建议每天给予锌15mg。若有明显的锌缺乏时，可每天给予锌135～150mg。

4.贫血的治疗　压疮患者因食欲差、从压疮处丢失血清和电解质、感染，以及虚弱等因素，往往有贫血。血色素水平低可引起低氧血症，导致组织内氧含量下降，氧合能力降低，不利于压疮愈合，因此需积极纠正贫血。

5.抗生素治疗　如果出现全身感染情况，或压疮局部有蜂窝织炎、肌膜炎、骨髓炎才给予抗生素治疗。进行抗生素治疗前应首先进行血培养、压疮创面分泌物培养，根据药敏结果选用敏感抗生素，并视病因结合手术治疗，如因软组织感染应行外科清创术、因骨髓炎应行截骨术。

（二）局部治疗

1.创面换药　换药是治疗压疮的基本措施。创面的愈合要求适当的温度、湿度、氧分压及pH值等。局部不用或少用外用药，重要的是保持创面清洁。根据病情可用生理盐水、带有表面活性剂和（或）抗菌剂的清洗溶液冲洗创面，促进健康组织生长而且不会引起创面损害。每次清洗创面时要更换敷料，并清除创口表面的物质，如异物、局部残留的药物、残留的敷料、创面渗出物和代谢废物。如有坏死组织，则易发生感染且阻碍创面愈合，此时可用外科清创、机械清创（包括超声和水刀）、自溶清创、酶促清创和（或）生物清创等方法清除，但应避免损伤正常的肉芽组织而影响上皮组织生长或引起感染扩散。如有局部脓肿，需充分引流。渗出多的创面应每日换药2次，无分泌物且已有肉芽生成时，换药次数宜逐渐减少，可由每日一次减少至每3日一次。

2.敷料的选择　压疮创面需覆盖，有助于平衡内环境和维持生理完整性，较理想的敷料应具有保持创面湿性环境的特性，能够保护创面，与机体相适应，并提供理想的水合作用。目前常用的敷料有纱布敷料、水胶体敷料、透明膜敷料、水凝胶敷料、藻酸盐类敷料、泡沫敷料、银离子敷料、蜂蜜敷料、卡地姆碘敷料、硅胶敷料、胶原基质敷料、生物敷料等。使用纱布敷料时，最好能够使纱布持续保湿。对于临床感染或严重细菌定植的压疮，可考虑使用银离子敷料，但当感染控制后，需立即停止使用。对于创面渗出较多时，藻酸盐类敷料和卡地姆碘敷料效果较好。

3.局部抗生素及生长因子的使用　引起感染的细菌种类较多，其中铜绿假单胞菌（绿脓杆菌）常见且难控制，多数细菌对常用抗生素耐药。控制感染的主要方法是加强局部换药，对抗生素在感染压疮创面上的局部使用应加以限制，除非患者受益方面超过药物的副作用及抗生素耐药。如果Ⅲ、Ⅳ类/期创面延迟愈合，可考虑使用血小板衍生生长因子，但其他生长因子的作用尚不明确，暂不推荐使用。

4.创面的物理治疗　①紫外线可有效地杀灭细胞并促进上皮再生，促进压疮创面愈合，但紫外线不应用于极易受损伤的皮肤或创面周围组织严重水肿的患者。②治疗性超声波可通过增强炎性反应期，从而更早进行增生期来加速创面的愈合。3MHz超声波用于治疗表浅创面，1MHz超声波用于治疗深部创口。对急性感染性创口或伴发骨髓炎时,应慎用或禁用超声波。③用于组织修复的电刺激通过刺激内源性生物电系统,促进电活动,改善经皮氧分压,增加钙吸收和三磷酸腺苷、蛋白合成,其杀菌作用能刺激慢性创伤愈合。可应用低强度直流电、高压脉冲电流和单相脉冲电流进行电刺激。电刺激可用于常规治疗无效的Ⅲ期和Ⅳ期压疮,以及难治的Ⅱ期压疮。此外,在不同阶段也可使用负压治疗(NPWT)、红外线、微波、超短波、氦氖激光等治疗。

5. 手术治疗 Ⅲ期和Ⅳ期压疮通过非手术治疗虽能治愈,但耗时较长,可长达数月,所以,对长期非手术治疗不愈合、创面肉芽老化、边缘有瘢痕组织形成、合并有骨关节感染或深部窦道形成者,应采用手术治疗。创口的早期闭合可减少液体和营养物质的流失,改善患者的全身健康状况,并使其早日活动及重返社会。压疮的手术方法包括直接闭合、皮肤移植、皮瓣或肌皮瓣转移等。若干燥稳定的焦痂下出现发红、压痛、水肿、脓液、波动感、异味等时,说明压疮已经发展,甚至可能出现全身感染,需急诊进行外科引流和(或)清创术。

(三)压疮的预防

压疮的预防是基于对病因学的理解,着重于能影响患者损伤的危险因子,卫生状况和良好的皮肤护理也尤为重要。

1. 体位变换 对所有的存在压疮风险(如运动功能障碍)或压疮患者应积极变换体位。体位变换的频率需要根据局部组织耐受程度、活动及移动能力、皮肤状况、舒适程度等决定,并制订减压时间表,教会患者使用抬起减压法或其他合适的减压手法。对存在瘫痪或有多处压疮的患者应用交替式充气床垫,避免持久受压,但应禁止使用橡皮圈,以免影响血流进而影响组织生长。对卧床患者应至少每2小时翻身一次,翻身时间并不是固定的,但翻身时必须检查皮肤情况。正确体位的目标是使压力分布在最大体表面积上,并避免骨突处受压,过度肥胖、痉挛、挛缩、矫形支具、牵引及疼痛会加大体位摆放的困难。

体位姿势的改变主要有4种:仰卧位、俯卧位、右侧和左侧卧位。可通过使用泡沫楔形物和枕头进行体位摆放。将患者抬离床面时,需教给患者减少身体和肢体通过床或椅面时的摩擦力和剪切力的技术。

2. 使用适合的轮椅及坐垫 轮椅坐姿应保证达座位区域的最大支撑面,足踏板应置于不将重量传送到坐骨而是让大腿承重的高度。若需侧面支持以维持躯干直立时要注意不能引起局部受压。坐轮椅时至少每半小时进行一次姿势改变,在轮椅上减除身体重量有多种方法,包括向后、前、侧面倾斜及向上抬高身体等。

3. 定期检查皮肤 定期进行皮肤检查与护理是预防压疮的基础,每天至少需要检查皮肤2次,特别要注意骨突部位的皮肤情况,同时要随时保持皮肤清洁、干燥,对受压部位的皮肤应避免按摩,避免加重对局部毛细血管的损伤。通过变换体位、采用特制的减压装置,使作用于皮肤的压力减小或均匀分布,缩短局部持续受压时间,恢复局部的微循环。另外,应特别注意避免碰到热源造成烫伤。要积极治疗原发病,补充营养,对患者及其家属进行健康教育,消除可能的危险因素,减少发生压疮的可能。

4. 其他 包括早期活动、微环境的控制(支撑面的温湿度情况)、预防性敷料的使用(骨隆突部位预防性使用聚氨酯泡沫敷料)、纤维织物和纺织物代替棉织物降低剪切力与摩擦力、电刺激等方式。

(倪朝民)

学习要点:

1. 了解压疮的发生机制。

2. 熟悉压疮的评定。

3. 掌握压疮的治疗与预防。

第五节　神经源性膀胱

一、概述

控制膀胱的中枢或周围神经伤病引起的排尿功能障碍，称为神经源性膀胱（neurogenic bladder）。可以由药物、多种神经系统疾病、外伤等原因引起，致排尿功能减弱或丧失，最终表现为尿失禁或尿潴留。神经源性膀胱是康复医学中常见的并发症之一，尤其多见于脊髓损伤。

肾衰竭是神经性下尿路功能障碍患者的主要死亡原因。由于膀胱排空障碍，使膀胱壁增生肥厚，膀胱输尿管连接部变成直行通过，严重时可出现反流，反流进一步并发感染及肾盂积水，最终导致肾衰竭。因此，维持膀胱的正常压力、预防和处理反流是治疗神经源性膀胱的关键。

二、分类

神经源性膀胱目前有多种分类方法，其中国内廖利民提出的神经源性膀胱患者全尿路功能障碍分类方法，得到较多学者认可，能较好地反映上尿路和下尿路功能和临床症状，可为制订治疗与康复方案提供全面、科学和客观的依据。具体见表9-5。

表9-5　廖氏神经源性膀胱患者全尿路功能障碍分类方法

下尿路功能		上尿路功能
储尿期	排尿期	
膀胱功能	膀胱功能	膀胱输尿管反流
逼尿肌活动性	逼尿肌收缩性	无
正常	正常	有；单、双侧
过度活动	收缩力低下	程度
膀胱感觉	无收缩	I
正常		II
增加或过敏	尿道功能	III
减退或感觉低下	正常	IV
缺失	梗阻	V
膀胱容量	过度活动（功能性梗阻）	
正常	逼尿肌-尿道外括约肌协同失调	肾盂输尿管积水扩张
增大	逼尿肌-膀胱颈协同失调	无
减小	括约肌过度活动	有；单、双侧
顺应性	括约肌松弛障碍	程度
正常	机械梗阻	1
增高		2
降低		3
		4
		膀胱壁段输尿管梗阻
		无
尿道功能		梗阻
正常		
功能不全		肾功能
膀胱颈		正常
外括约肌		代偿期
		失代偿期
		氮质血症
		尿毒症

三、治疗原则

神经源性膀胱康复治疗的原则包括：①控制或消除尿路感染；②使膀胱具有适当的排空能力；

③使膀胱具有适当的控尿能力。

四、治疗方法

(一)间歇性导尿

间歇性导尿(intermittent catheterization,IC)指定时将尿管经尿道插入膀胱内,使膀胱能够有规律地排空尿液的方法,根据操作时是否采用无菌操作,分为间歇性无菌导尿和间歇性清洁导尿两种,目前临床上多采用间歇性清洁导尿。

膀胱残余尿量增多或尿潴留的患者,多对其进行导尿。持续性导尿所留置的导尿管破坏了膀胱尿道的无菌状态,易引起尿路感染。1947年,Cuttmann提出对脊髓损伤患者采用无菌性间歇导尿技术,使膀胱周期性扩张与排空,接近生理状态,大大减少了感染的发生概率。1971年,Lapides提出的间歇性清洁导尿技术更是一个重大的进展。间歇性清洁导尿术目前已为临床所采用。

开始间歇性导尿的时机多为脊髓损伤患者手术后1~2周。在开始导尿前,要向患者详细说明导尿的目的,消除患者的顾虑。住院患者先由医护人员进行示范操作。患者取仰卧位或侧卧位,手法要轻柔,当导尿管前端到达尿道括约肌处时要稍做停顿,了解尿道括约肌部位的阻力,再继续插入。导尿完毕,拔管要慢,到达膀胱颈部时,稍做停顿,同时嘱患者屏气增加腹压,或医护人员用手轻压膀胱区,使全部尿液引出,达到真正的膀胱排空。在操作时,成年人用10~14号导尿管,每隔4~6小时一次,每日不超过6次。每次导尿量控制在300~500ml。对进行IC的患者,每日的液体摄入量应严格控制在2000ml以内,为1500~1800ml,具体方案为:早、中、晚入液量各400ml,另可在上午、下午和晚上睡前再各饮水200ml,睡后到次日起床前不再饮水。要求逐步做到均匀摄入,并避免短时间内大量饮水,以防止膀胱过度充盈。在每次导尿前,可配合各种辅助方法进行膀胱训练,诱导出现反射性排尿。出现反射排尿后,可根据排尿恢复的情况及排出的尿量作出相应的导尿次数的调整,如每天导尿减少为1~3次。

目前,常使用膀胱容量测定仪来测量膀胱容量,指导间歇导尿。一般说来,成人残余尿量少于100ml即认为膀胱功能达到平衡,可停止导尿。

在间歇性导尿的开始阶段,需每周检查尿常规,定期进行尿培养。若出现尿路感染征象,应及时应用抗生素,并根据具体情况,酌情进行膀胱冲洗。

对膀胱逼尿肌无力、残余尿量保持100ml以上或更多的患者,需要长期使用间歇性导尿术。此时,医护人员可耐心教会家属或患者本人进行间歇性清洁导尿,并定期复查。尿管经抗菌溶液消毒或沸水清洁后可以反复使用几周甚至几个月。

尽管间歇性导尿是绝大多数神经源性膀胱患者愿意接受的膀胱管理方法,但对于肥胖的患者、内收肌痉挛的女性患者、不能依从的患者或不能获得持久帮助的患者可能仍不适用,需要使用留置导尿。间歇性清洁导尿继发膀胱结石和尿路感染的概率低于留置导尿,对于反复出现尿路感染的患者,可使用间歇性无菌导尿或无接触的一次性导尿管。

(二)手法辅助排尿

手法辅助排尿包括Crede手法排尿、Valsalva排尿和扳机点排尿。Crede手法排尿和Valsalva排尿均为通过外力挤压膀胱促进排空。扳机点排尿的本质是刺激诱发骶反射排尿,但其前提是具备完整的骶神经反射弧,逼尿肌无反射的患者不适合扳机点排尿。扳机点法常用于骶髓以上神经病变。在腰骶神经节段区寻找扳机点,通过反复挤捏阴茎、牵拉阴毛、持续有节奏地轻敲耻骨上区、肛门指检形成的刺激或牵张肛门括约肌的刺激等,诱导反射排尿。

由于手法辅助排尿可能导致膀胱压力超过安全范围,因此,该类方法存在诱发或加重上尿路损害的潜在风险。实施手法辅助排尿前必须通过影像尿动力学检查,明确下尿路功能状态,证明膀胱出口的低阻力状态,保证上尿路处于安全状态。总体而言,手法辅助排尿的适宜患者群有限,应严格掌握指征、慎重选择;其禁忌证主要包括:膀胱输尿管反流、膀胱出口梗阻、逼尿肌-尿道外括约肌协同失调、盆腔器官脱垂、症状性泌尿系感染、腹部疝气等。

（三）集尿器的使用

外部集尿器主要是男用阴茎套型集尿装置，女用集尿装置还很不理想，往往仍需使用尿垫。集尿器适用于各种类型的尿失禁患者。尚需解决的问题是不易固定而滑脱，使用不当可引起感染、溃疡、坏死及皮肤过敏等并发症。

（四）药物治疗

根据不同情况选用抗胆碱能药物、肾上腺素能药物、平滑肌松弛药和骨骼肌松弛药等。近年来膀胱逼尿肌或尿道括约肌局部肉毒毒素注射也用于某些类型的神经源性膀胱的康复治疗。

（五）电刺激法

电刺激法需经外科手术将电极植入体内，通过电极直接刺激逼尿肌，诱导逼尿肌收缩。电刺激还可以对骶神经根（S_{2-4}）进行刺激，使骶神经兴奋，促使逼尿肌收缩，引起排尿。

（六）外科手术

经以上治疗无效者，可考虑外科手术治疗。如耻骨上造瘘术、膀胱功能重建术、经尿道膀胱颈切开术、经尿道外括约肌切开术等。

（吴　毅）

学习要点：

1. 了解神经源性膀胱的治疗方法。
2. 熟悉间歇性导尿术。

第六节　神经源性肠道功能障碍

一、概述

神经源性肠道功能障碍（neurogenic bowel dysfunction，NBD）指支配肠道的中枢或者周围神经结构受损或功能紊乱导致的排便功能障碍。常见于脊髓损伤、脑卒中、脑外伤、脑肿瘤、肌萎缩性脊髓侧索硬化症、多发性硬化、糖尿病等疾病。多表现为大便失禁或大便排空困难，导致患者饮食受限、户外活动受限、精神压力增加等一系列问题，严重影响患者的生活质量。

肠道的运动、分泌、血流调节受胃肠道的神经系统支配。该系统可分为内在神经系统和外在神经系统，内在神经系统即肠源神经系统，外在性神经系统即自主神经系统。中枢神经系统通过外在神经系统来调控胃肠道的内在神经系统。当肠道失去中枢控制时，其内在神经系统对肠道运动、分泌及血流调节作用就受到损害，最终引起大便失禁、排便困难等症状。

临床上根据骶髓反射是否存在而将排便障碍分为两种类型：上运动神经元病变导致的肠道功能障碍和下运动神经元病变导致的肠道功能障碍。具体如下：

1. **上运动神经元病变导致的肠道功能障碍**　该型肠道功能障碍由圆锥以上的中枢神经病变引起，多见于 L_2 节段以上脊髓损伤的患者。由于脊髓与结肠之间的反射弧没有中断，因此保留了神经反射的调节功能。主要表现为：机械性刺激结肠或直肠可以诱发脊髓排便反射，但患者感受便意的能力下降；肛门括约肌的静息张力增加，直肠肛门协调性运动受损，结肠通过时间延长，从而常常导致患者便秘和腹胀。然而当病变发生在 $L_2 \sim L_4$ 节段，排便抑制受损，肛门内、外括约肌均舒张，由结肠集团运动产生排便即大便失禁。

2. **下运动神经元病变导致的肠道功能障碍**　该型肠道功能障碍是由支配肛门括约肌的下运动神经元或外周神经病变引起，多见于圆锥或马尾神经病变、多发神经病、盆腔手术等。主要表现为：脊髓排便反射消失，无便意；肛门括约肌静息张力降低；结肠运转时间显著延长，从而出现排便困难。直肠肛门协调运动受损，当腹压增加时会出现"漏粪"现象。

二、康复评定

（一）病史资料

1. 应全面了解患者此前是否有神经系统疾病、胃肠道疾病等影响胃直肠功能的病史。

2. 了解发病前及发病后的肠道功能和排便模式，如完成排便所需的时间、排便频率、大便的性状。另外需了解有无使用直肠刺激、有无计划外排便、有无使用诱发排便的食物及影响肠道功能的药物史等。

3. 评估肠道症状对患者日常生活活动能力及社会参与能力的影响，具体可参见第三章第一节关于日常生活活动能力及社会参与能力的评定。

（二）体格检查

1. **精神状态** 了解患者的神志及精神状态，评估患者的认知能力、语言表达能力等。

2. **运动功能检查** 评估患者的肌力及肌张力，对于脊髓损伤的患者应确定受损的平面和程度。

3. **感觉功能检查** 对于脊髓损伤的患者要确定感觉损伤的平面。

4. **反射检查** 最常用的是球海绵体反射、提睾反射、肛门皮肤反射，可以帮助确定损伤的平面。

5. **专项检查** 了解肛门外括约肌的形态，检查肛门周围皮肤的触觉及针刺觉，通过直肠指检，评估外括约肌的张力等。

（三）辅助检查

1. **有无肠道结构性异常** 结肠镜或肛镜等内镜检查，腹部平片等。

2. **直肠动力学检查** 肛管直肠测压，以了解肛管直肠内的压力及结肠运动；肛门外括约肌肌电图检查，可了解支配该肌肉的运动神经有无失神经现象；盐水灌肠实验，可了解直肠对液体的控制情况。

三、康复治疗

根据评定结果及早制订一个综合性的、个体化的直肠管理方案，目标是降低患者便秘或大便失禁的发生率，降低对药物的依赖性，帮助患者建立胃结肠反射、直结肠反射、直肠肛门反射，使大部分患者在厕所、便器上利用重力和自然排便机制独立完成排便，在社会活动时间内能控制排便。

1. **定时排便** 参照患者既往的习惯安排排便时间，养成每日定时排便的习惯，通过训练逐步建立排便反射；也可每日早餐后进行排便，因为此时胃结肠反射最强。

2. **促进直结肠反射的建立** 手指直肠刺激（digital rectal stimulation，DRS）可缓解神经肌肉痉挛，诱发直肠肛门反射，促进结肠尤其是降结肠的蠕动。具体操作为食指或中指戴指套，涂润滑油后缓缓插入直肠，在不损伤直肠黏膜的前提下，沿直肠壁做环形运动并缓慢牵伸肛管，诱导排便反射。每次刺激时间持续1分钟，间隔2分钟后可以再次进行。

3. **排便体位** 排便常采用可以使肛门直肠角增大的体位即蹲位或坐位，此时可借助重力作用使大便易于排出，也易于增加腹压，有益于保护患者自尊、减少护理工作量、减轻心脏负担。若不能取蹲或坐位，则以左侧卧位较好。对于脊髓损伤的患者也可使用辅助装置协助排便。辅助装置常包括一个站立台和一个改良的马桶，有研究发现，站立台可减轻脊髓损伤患者的便秘。如果使用具有视觉反馈装置的改良冲水马桶装置可以显著减少排便的护理时间。

4. **饮食管理** 粗纤维饮食（如糙米、全麦食品、蔬菜等），通过改变粪团性状以降低直肠排空的阻力，但近年很多研究显示，高纤维饮食可能引起脊髓损伤患者结肠通过时间延长，与健康人相比并不能改善直肠功能。因此，单纯增加膳食纤维对提高直肠管理的意义不大。饮食需避免刺激性食物，可适量摄入亲水性食物，从而增加粪便的容积和流动性，缩短结肠通过时间，也可摄入适量的液体（不含酒精、咖啡、利尿剂等）。

5. **灌肠** 小剂量药物灌肠15分钟后即会出现肠蠕动，可减少自主神经过反射的发生，适用于T_6以上的脊髓损伤患者。但灌肠后痔的发生率较高，经常灌肠还可导致灌肠依赖、肠穿孔、结肠炎、电解质紊乱等不良反应。而脉冲式肛门灌肠法则能间歇、快速地将温水灌入直肠，分解嵌塞粪便的同时刺激结肠蠕动，减少肠道管理时间，减少对辅助的依赖及相关并发症。还可使用灌肠剂节制导管灌肠技术等新技术。

6. Brindley 型骶神经前根（S$_1$～S$_4$）刺激 该刺激器除了可以诱发排尿反射外，尚可用于诱发排便。刺激时直肠和括约肌同时收缩，刺激停止后，肛门外括约肌立即舒张，而直肠则缓慢松弛，引起自发性排便。

7. 药物治疗 新斯的明（neostigmine）有望成为神经源性肠道患者的有效促排空剂，该药主要作用于副交感神经，增加对结肠副交感神经冲动的传入。口服缓泻剂可软化粪便，刺激肠蠕动，如车前子、硫酸镁、乳果糖、酚酞、番泻叶、麻仁丸等，但长期应用接触性泻剂可以引起结肠壁神经丛的病理改变，可诱发或加重便秘，并对泻药产生依赖。常用的直肠栓剂有甘油栓剂及开塞露等，可润滑直肠，刺激肠蠕动，引发直肠肛门反射，促进排便。

8. 外科治疗 手术治疗使神经源性肠道患者肠道功能达到最佳的能力有限，最常用的术式是结肠造口术或回肠造口术。选择何种术式取决于结肠运输试验的结果。造口术可出现改道性结肠炎、肠梗阻、造口局部缺血、造口回缩、造口脱垂等并发症。

9. 其他治疗措施 大便失禁需注意清洁局部卫生，加强盆底肌训练。可适当给予直肠收敛性药物、直肠动力控制药物，对于合并直肠炎症的患者需注意抗感染治疗。

除了上述方法之外，住院康复期间需加强患者及陪护人员的直肠管理健康教育，帮助患者初步建立适宜的直肠管理方案，为患者出院后的自我直肠管理提供支持。随访期需及时发现患者直肠管理的问题，为患者找到解决问题的最合理的方案，改善患者的生活质量。

（吴　毅）

学习要点：

1. 了解神经源性肠道功能障碍的分类及特征。
2. 了解神经源性肠道功能障碍的具体康复治疗方法。

推荐阅读

[1] 黄晓琳,燕铁斌. 康复医学. 5版. 北京:人民卫生出版社,2013.

[2] 南登昆,黄晓琳. 实用康复医学. 北京:人民卫生出版社,2009.

[3] 卓大宏. 康复治疗处方手册. 北京:人民卫生出版社,2007.

[4] 郭铁成,黄晓琳,尤春景. 临床康复指南. 2版. 北京:科学出版社,2013.

[5] 燕铁斌. 物理治疗学. 2版. 北京:人民卫生出版社,2013.

[6] 倪朝民. 神经康复学. 2版. 北京:人民卫生出版社,2013.

[7] 中华医学会神经病学分会. 中国脑卒中早期康复治疗指南. 中华神经科杂志,2017,50(6):405-412.

[8] Frontera WR. Delisa's Physical Medicine and Rehabilitation: Principles and Practice(5th ed). Lippincott: Williams & Wilkins,2010.

[9] Frontera WR. Essentials of Physical Medicine and Rehabilitation: Musculoskeletal Disorders, Pain and Rehabilitation (3nd ed). Saunders: Elsevier,2015.

[10] Cifu DX. Braddom's Physical Medicine and Rehabilitation(5th ed). Saunders: Elsevier,2016.

中英文名词对照索引